U0450630

# 知行合弈

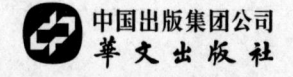

## 围棋技艺中的思维和战略

李小丰 陆吉浩 / 著

中国出版集团公司
华文出版社

## 图书在版编目（CIP）数据

知行合弈：围棋技艺中的思维和战略 / 陆吉浩，李小丰著. -- 北京：华文出版社，2021.3
ISBN 978-7-5075-5113-6

Ⅰ. ①知… Ⅱ. ①陆… ②李… Ⅲ. ①围棋－教材 Ⅳ. ①G891.3

中国版本图书馆CIP数据核字(2021)第047413号

---

**知行合弈：围棋技艺中的思维和战略**

| | |
|---|---|
| 作　　者： | 陆吉浩　李小丰 |
| 责任编辑： | 郭俊萍 |
| 出版发行： | 华文出版社 |
| 地　　址： | 北京市西城区广外大街 305 号 8 区 2 号楼 |
| 邮政编码： | 100055 |
| 网　　址： | http://www.hwcbs.com.cn |
| 电　　话： | 总编室 010-58336210　编辑部 010-58336254 |
| | 发行部 010-58336253　58336202 |
| 经　　销： | 新华书店 |
| 印　　刷： | 三河市百福春印刷有限公司 |
| 开　　本： | 710×1000　1/16 |
| 印　　张： | 27 |
| 字　　数： | 160 千字 |
| 插　　图： | 1000 |
| 版　　次： | 2021 年 3 月第 1 版 |
| 印　　次： | 2021 年 3 月第 1 次印刷 |
| 标准书号： | ISBN 978-7-5075-5113-6 |
| 定　　价： | 68.00 元 |

版权所有，侵权必究

# 吾当著棋史

——代序

围棋自创制以来，在漫长的历史中逐步完备，既古老，又年轻，看似简单，却无比深奥复杂，甚而玄妙神秘。无论是宇宙天地，还是兵法政事，都可寄寓在这个古老的东方游戏中。

围棋既是消闲遣闷的游戏娱乐，又是紧张刺激的竞技活动，比技艺，较高下，决胜负，还是一项清宁体道的文人雅事，手谈中说境界，坐隐中论风韵。博大精深的中华文化和东方智慧赋予了围棋充盈且生生不息的无限潜能，无论风云际会，还是时运流转，它总能在时代的召唤下，激发出强大的势能。古圣贤以弈事论专心，喻兵法，说国政，拟时局，可谓棋以载道；而在当下，新兴算法、深度学习、机器学习、人工智能等都陆续推进到这三尺之局的战斗场上，这些反过来又激发出围棋独具的、与时俱进的活力和能量。与此同时，又让人觉得黑白方圆的世界好像真的要"变天"了。

2016年3月，Alpha Go 以 4 : 1 战胜拥有 14 个世界冠军头衔的韩国棋手李世石九段。

2017年5月，Alpha Go Master 以 3 : 0 战胜当时世界排名第一的中国棋手柯洁九段。

2017年10月18日，Alpha Go Zero 问世，它抛弃了人类的弈棋经验，在空白状态下自行掌握围棋技艺，并在自我博弈中不断地学习进化，3 天即以 100 : 0 横扫之前的 Alpha Go 版本，40 天超越无比强大的 Alpha Go Master……

这是围棋的崭新时代。诸多的挑战前所未见，且出人意料，这些都是我们必须要面对的。

在传统社会中，围棋更多地以雅玩的方式存在。棋具精美雅致，对弈环境清幽静谧，三两好友对坐以忘忧，还有诗酒助兴，即便是旁观助阵，也是"楚江巫峡半云雨，清簟疏帘看弈棋"（唐·杜甫《七月一日题终明府水楼二首（其二)》),尽享一份清欢。难怪清代的张潮在《幽梦影》中发出这样的感喟。

> 昔人云:"若无花月美人,不愿生此世界。"予益一语云:"若无翰墨棋酒,不必定作人身。"

春花秋月,窈窕淑女,是一个有"情"的美丽新世界,人们心甘情愿地生活在其中。除此之外,古人还希望人生中有翰墨——诗文书画来发舒情性,有酒助兴,还要在棋声之中坐隐忘忧,领略一份清乐。

> 春听鸟声,夏听蝉声,秋听虫声,冬听雪声;白昼听棋声,月下听箫声,山中听松声,水际听欸乃声,方不虚此生耳。

对弈除了比技艺、分胜负,俨然还是一场运智体道的思想洗礼,一种高洁的玩味欣赏,完全可归入风雅的文事活动中,甚而成为士大夫精神生活的必备活动。对弈既是游戏,又是竞技,有时还有不菲的"彩头",它会不会滋生出夸能斗智的弊端,参与者会不会变得机心狡诈,傲慢邪僻……如果说孔夫子的"博弈犹贤"还算宽容大度的话,那么大儒朱熹在《游烂柯山》一诗中的感慨似乎就有些"不合时宜"了:"局上闲争战,人间任是非。空叫禾樵客,烂柯不知归。"

棋盘上尽是搏杀格斗,争先恐后,得失成败;人世间,已然有太多的是非善恶,好歹轻重,尔虞我诈。或许围棋太有魅力了吧,让进山砍柴的樵夫在观仙人弈棋时,竟浑然忘了归家之事。其实,若围棋竞技、对弈游戏脱离了独立主体精神的人,与人的德行建设、修养教化无关,何尝不是"闲争战",又何尝不是"任是非"?若非专业人士或职业棋手一味地在竞技场上蒙眼狂奔,让心魂都跟不上,究其竟,又何尝不是空空荡荡终无所获,还折损了几多光阴!有识之士甚至担心一个人长期沉湎于此,别无所长,其德行是否完美,人格会不会出现缺陷,甚至分裂,等等。这不,用围棋软件在赛场上作弊的报道已屡见不鲜,最让人忧心的是有的参与者年岁尚小,他们的心田播种下的又是怎样的种子!

我想,关捩处还在——人。围棋有过去,有现在,还要有未来,自有其大道和真谛在。这一竞技游戏体现了中国传统文化强调人的主体性、独立性和能动性,突出了以计算和谋略为基准的技能和智术。其实,作为生命的主体,我们更可以选择如何去面对它，如何去叩问它，如何去开掘它，如何去利用它，如何去驾驭它。面对Alpha Go们的无比强大，人类该怎么办？一位棋界贤达曾这样反问我：你在今天见过有哪位大力士去和起重机、推土机掰手腕的吗？既然是竞技，那就是人与人之间的事情，比的是技艺，拼的是意志，论的是精神品格。围棋唯有与人的生命相关时，才是围棋，才有绵延数千年的围棋史，才谈得上围棋的价值意义，否则它就是一堆没有温度的数字，一套生硬的代码、算法、算力……于是乎，释然。

以人为本，这是中国文化最根本的精神。既然围棋软件已足够强大，可以在方正的棋盘上轻松地碾压我们的计算、谋略和智慧，为何不放下对以计算力为基石的"技""术"的执着，回归以"人"为本的文化精神？否则，不也一样是迷失自我，而"烂柯不知归"吗？

从一个教育工作者的角度而言，我们在这个时代所致力的，就应当把这一古老的文化遗产转换到教育教化、文化修养的路向上来，让思维训练更有针对性；让深谋远虑更具大格局观。昔日的贤哲肯定这一古老游戏的价值，更希冀在弈棋过程中实现——守之以仁爱，行之以义理，规范之以礼仪，彰明之以智识。这正是在用文化精神的力量来护佑棋道之永恒。

不可否认，棋技棋艺的研习属专门之学，须专心致志，心无旁骛，刻苦钻研，而如何能在"数""术"的范畴中做到"下学以上达，修业以进德"，更是一个大难题。这本书的作者以围棋教育为职志，多以诗文讲棋形，解棋理，多了一份厚重和灵动，棋学的阐释则力求逻辑明晰和环环相扣。下一盘棋，从头到尾力求明其然，更明其所以然，可谓数术和德行兼顾，处处注目围棋的高境界和大精神，苦口婆心，难能而可贵。

清代诗人袁枚曾说"余不嗜弈，而嗜（范）西屏"。范西屏是雍正、乾隆时期的大国手，时至今日，我辈闻其事，览其谱，亦想见其为人。我和许多人一样都爱围棋，但只略知一二，并不擅长，更说不上嗜好。幼子学棋时，我默坐旁观而已。有缘与书的作者相识相知，他们嗜棋，又善棋，技艺有成，且正在由技进乎道，组织参与京城的围棋联赛，致力于围棋教育事业，孜孜不倦任劳任怨：他们大概就是我们这个时代的"西屏"吧。

他们说，这本书的目的，很单纯——想把单调枯燥且艰深晦涩的弈理和棋技，转化为普通读者一看就能理解，且还饶有兴味，并能持续进阶的文化读物。

我想，既然弈事乃传统文化之精粹，数千年华夏文明之光华，那就该让它回归自身的文化属性，有滋有味；开掘围棋的教育潜质，应该不剑走偏锋，让大家都能把握住，有获得感。

每次得晤详叙时，他们的指画讲解，已让我尝一脔肉而知一镬之味、一鼎之调。我也深信如南宋思想家陆九渊所言的道艺不二：棋，可以长吾之精神；琴，可以养吾之德行。我相信，若能入得门来，精进不断，积小以高大，必定可以从围棋中获得智慧的快乐；若能使更多的人去亲近围棋，感知黑白动静，领悟方圆奇正，转运棋理，让人在棋局内外，皆能专、精且正，进而彰文化之自信，显大国之风范，启文化交流之丝路，建中西对话之津梁，实为幸事，亦当可期可待。

范仲淹在《赠棋者》诗中赞叹一位棋士技艺精湛，称美围棋可精思入神，变化不可拟，自励要写出一部棋史来："成败系之人，吾当著棋史。"我很乐意以一个围棋爱好者的身份撰写此文，与广大读者共勉，共著新时代的棋史。

是为序。

孟敏杰

辛丑年初春

序于首都师范大学

# 目　　录

第一章　黑白方圆，东方智慧：认识围棋 ………………………………… 1
　　第一节　尧造围棋：圣贤教子的初心 ……………………………… 1
　　第二节　棋具形制：天地之象 ……………………………………… 4
　　第三节　围棋礼仪：争竞亦风雅 …………………………………… 11
　　第四节　棋力标准：绝艺如君天下少 ……………………………… 17
第二章　易知易从：围棋基本规则和原理 ………………………………… 25
　　第一节　空枰开局，黑先白后 ……………………………………… 25
　　第二节　轮流落子，一人一手 ……………………………………… 28
　　第三节　气尽棋亡 …………………………………………………… 30
　　第四节　同形禁复 …………………………………………………… 49
　　第五节　子空皆地，地多为胜 ……………………………………… 58
第三章　布局之思：角度、高度和速度 …………………………………… 71
　　第一节　角度：建立根据地 ………………………………………… 72
　　第二节　高度：战略发展的方向 …………………………………… 74
　　第三节　速度：安全与高效的抉择 ………………………………… 81
　　第四节　布局赏析："石佛"与"神猪"的对决 …………………… 83
第四章　定式：博弈中的均衡策略 ………………………………………… 86
　　第一节　星位定式 …………………………………………………… 86
　　第二节　小目定式 …………………………………………………… 88
　　第三节　复杂定式的简明化 ………………………………………… 90
　　第四节　攻守兼备的"中国流" …………………………………… 92
　　第五节　不定中求定，不变中求变 ………………………………… 97
第五章　连接与分断：中盘攻防战 ………………………………………… 102
　　第一节　直接连接 …………………………………………………… 102

1

第二节　间接连接 ·················· 107
　　第三节　连接与分断的时机 ············ 114

第六章　吃子技巧：剑术指楼兰 ············ 121
　　第一节　征　子 ·················· 121
　　第二节　双打吃 ·················· 130
　　第三节　门　吃 ·················· 136
　　第四节　抱　吃 ·················· 142
　　第五节　枷　吃 ·················· 147
　　第六节　倒　扑 ·················· 153
　　第七节　接不归 ·················· 159
　　第八节　吃子的小逻辑和大精神 ········· 168

第七章　死活问题：四海兵戈无静处 ········· 178
　　第一节　真眼和假眼 ················ 178
　　第二节　活棋与死棋 ················ 181
　　第三节　死活状态的判断 ············· 186
　　第四节　死活中的常形 ·············· 201
　　第五节　如何做活 ················· 215

第八章　杀棋方略：万军丛中取上将首级 ······ 226
　　第一节　直接破眼 ················· 226
　　第二节　缩小眼位 ················· 231
　　第三节　杀　机 ·················· 233

第九章　对杀：行进中的歼灭战 ············ 239
　　第一节　简单对杀 ················· 239
　　第二节　复杂对杀 ················· 243
　　第三节　对杀的妙招 ················ 245

第十章　收官：打扫战场，寸土必争 ········· 260
　　第一节　目的概念与计算 ············· 260
　　第二节　官子的种类 ················ 265
　　第三节　常见官子的计算 ············· 272

第十一章　输赢：沙场战罢论高下 ··········· 280

第一节　胜负要待局终时 ···················· 280
　　第二节　中盘已无补天手 ···················· 286
　　第三节　残雪压枝犹有橘 ···················· 294
　　第四节　内省而外物轻 ······················ 299
第十二章　复盘：温故而知新，可以为师矣 ············ 302
　　第一节　古有覆棋，今有复盘 ·················· 302
　　第二节　复盘进行时 ······················ 304
　　第三节　复盘的心法和技法 ··················· 323
第十三章　打谱：转益多师是汝师 ················· 325
　　第一节　一灯明暗覆吴图 ···················· 325
　　第二节　经典棋谱评析 ····················· 326
　　第三节　名家名局精解 ····················· 338
第十四章　弈史：旧学加邃密，新知转深沉 ············ 384
　　第一节　远古时期 ······················· 384
　　第二节　先秦时期 ······················· 388
　　第三节　两汉三国时期 ····················· 389
　　第四节　魏晋南北朝时期 ···················· 394
　　第五节　唐宋时期 ······················· 398
　　第六节　元明清时期 ······················ 407
　　第七节　近现代 ························ 412
结语　棋风：知行合一，成为你自己！ ··············· 415

# 第一章　黑白方圆，东方智慧：认识围棋

围棋，作为一项古老的竞技游戏活动，它的棋子、棋盘和棋盒以及行棋规则，历史地来看有变化，但不算大，尤其在思想内涵和精神品格上，更延绵不断。可以说，围棋千百年来基本上算是原汁原味地流传了下来。如此来看，简简单单的黑白方圆，独具东方风韵和智慧的围棋，是我们尤当珍视的历史文化遗产。下面，让我们来认识一下围棋到底是什么。

## 第一节　尧造围棋：圣贤教子的初心

明万历年间的学者谢肇淛曾经慨叹围棋太过迷人，有言曰："古今之戏，流传最久远者，莫如围棋。"年岁长于他的另一位学者胡应麟针对当时的游戏器具，也发表了自己的见解："今戏具，围棋最古，当是周时遗制。"那么围棋的发明创造是在周朝吗？有大方之家认为，可上推至尧舜时期，但具体是谁、在何时，却也避而不谈付诸阙如了。

关于围棋的起源问题，最通行的说法是——尧造围棋。战国史官撰写的《世本》一书有这样的说法：

尧造围棋，丹朱善之。

尧，传说中的远古帝王，最初封于陶，后迁居于唐，故称陶唐氏，史称唐尧。据说，他在位百年，有德政，在位期间曾设立官职掌时令，定历法，后让位于舜。

丹朱，尧之子，名朱，因居丹水，故而名曰丹朱。按司马迁《史记》的记载："尧知子丹朱之不肖，不足授天下，于是乃权授舜。"不肖，是说丹朱品行有问题，不能成治世之材。父亲深知于此，在大是大非的治国理政问题上英明地选择了舜。

丹朱精通围棋，擅长这门竞技游戏。

尧，一个部族首领，圣明帝王，他创制围棋的动力之源，又是什么呢？

东晋时期的张华在《博物志》书中有如下诠释：

> 尧造围棋，以教子丹朱。

是圣王，是首领，但更是一位父亲，他发明围棋，创造这个看似简单却又复杂深奥的游戏，目的是为了启迪、教育自家这个不争气的孩子，用心何其良苦！

张华在《博物志》紧承上述说法，还提供了一种"观点"：

> 或曰：舜以子商均愚，故作围棋以教之。

舜，同样是传说中的古帝王，号有虞氏，名重华，史称虞舜。

商均，大舜之子，相传舜认为商均德不配位——愚，乃使禹继位。

按古书的记载，尧和舜——这两位圣明的君主都有"子不类父"的忧心，因儿子的不肖或愚，于是乎"造"出围棋，以教之育之化之。

造，作，在古时都有创造、发明、兴起、制作的义涵。

至战国时期，围棋史迹绵渺，已不可稽考，而笔记类著述《博物志》的作者张华，则有名有姓，见诸史传。张华（232—300），字茂先，两晋范阳方城（今河北固安）人，治国有方，博学善文，性好人物，诱进不倦，卒之日，家无余财，唯文史充栋。另，张华在围棋史上也有自己的位置，在与晋武帝对弈的过程中，他及时上奏，定下伐吴之策，留下了君臣谋议的美谈。

《博物志》10卷，多取材于古书，分类记载异境奇物，多记古代琐闻杂事，其中多有宣扬神仙方术之处。原书已佚，今本由后人搜辑而成。这本书虽非正史，却颇具资料价值。

与张华的记载形成呼应的，是南朝梁刘孝标注《世说新语》时引用的《晋中兴书》的表述：

> 围棋，尧舜以教愚子。

可见，尧舜造棋之说，在那个时代已经被普遍接受，并转相传述。

其实，这一说法远非历史考古的理性结论，只是文化意义上的追认或者说建构。

援圣贤以自重，这是传统文化体系内在的价值生成机制。尧造围棋，或者说尧舜造棋，且用来教导下一代，意在突出围棋乃明帝圣王之所为，显然意在强调——围棋有教育教化之功，我们切不可小看了它！

此外，古人还认定围棋的"发明者"有：容成公、乌曹、箕子等。容成公，即容成，相传为黄帝大臣，发明了历法；又说容成公自称黄帝师，见于周穆王，能善补导之事，发白复黑，齿落复生。

容成公之所以被认为是围棋的发明者，是因为围棋世界中的黑白输赢，其中的道理，不外乎就是阴阳消长之道，与天时历法有莫大的关系。

乌曹，相传是夏朝的臣子，为博戏的发明者。因为博戏和围棋相类，古人常常"博""弈"连用，以至今天还有"博弈"一词。古人一时大意，竟然把两种游戏弄混了。

箕子，为殷纣王叔父，纣王暴虐，箕子谏而不听。后见比干被杀，箕子惧，披发佯狂为奴，为纣王所囚。周武王灭商，释放了箕子，而箕子不肯事周，于是率五千人避往朝鲜，后为君，亦称为"箕伯"。箕子是商末著名的卜筮学家，传说曾在棋子山隐居，根据天文历法而创制出围棋。

以上诸种说法，足以说明中国围棋源远流长，叶茂根深。

其实，围棋的发源问题很大，也很重，仅靠几句记载、几个传说是不能说清楚的。它是一个严谨且严肃的学术课题，或许未来也很难有一个明确的答案，让每个人都信服。但我们有理由相信——围棋正因它的无穷魅力，足以让我们在探究的路上不会停下脚步：它起始于何时、何地、何人抑或群体，对弈的器具、竞技的规则以及内在的哲思和旨趣，又是怎样一个衍生和变化的过程。兹有记叙为证。

刘勰认为：不述先哲之诰，无益后生之虑。

孔子曰：博弈犹贤；

孟子曰：弈秋之事，明专心致志之理；

班固曰：围棋有天地之象、帝王之治、五霸之权和战国之事；

唐太宗道：玩此孙吴意，怡神静俗氛；

杜甫诗言：老妻画纸为棋局；

苏轼指出：胜固欣然，败亦可喜；

文天祥诗云：纷纷玄白方龙战，世事从他一局棋；

王阳明感慨：却怀刘项当年事，不及山中一着棋；

孔尚任兴叹：宦海如斯首漫搔，围棋局里看英豪；

……

围棋的根深深地扎在东方这片土地中，与我们的先贤们或多或少都有了些"瓜葛"，无论如何都是一件幸事！

## 第二节　棋具形制：天地之象

今天说的围棋棋具，古人往往称之为"弈具"，主要包括：棋盘、棋子和棋盒。棋具呈现出天地方圆之象，对弈又包含阴阳动静之理。行棋如夜空中的星辰，分布有序，又变幻莫测，不经意间风云突变，雷霆万钧。棋子又如同天地间的草木，在权衡轻重后，在棋盘之上春有其生，秋有其杀；棋形又有百般模样，千绪万端，潜藏数之不尽的可能性。

### 一、棋盘

古人谓棋盘为"棋局"或"局"。唐代大诗人杜甫在《江村》一诗中有："老妻画纸为棋局，稚子敲针作钓钩。"这里的棋局，即棋盘。夏日的成都草堂，一派清幽景象，生活艰难，身躯多病，诗人享用老妻在纸上画出来的棋盘，乐观中有乐趣。

南朝乐府民歌《读曲歌》有："方局十七道，期会在何处？"这里的"方局"，即方形的棋盘，亦寓有心上人，是方方正正之意；道，棋道、棋路、棋盘上纵横的线；期会，恋人间的约会相聚。这里的"期"，与吟咏的"棋"为谐音双关。由南朝无名氏的歌咏，我们可以推知南朝时期的棋盘有十七路的（这里"路"即"道"）。在今天能见到的出土文物中，棋盘有十五路的（西汉中晚期古墓），有十七路的（东汉古墓），有十九路的（隋代），甚至还有十三路的（辽代古墓）。

《孙子算经》卷下第五算题是:

> 今有棋局方一十九道,问:用棋几何?答三百六十一。术曰:置十九道,自相乘之,即得。

《孙子算经》是一部启蒙算术书,位列"算经十书",书的题名虽有"孙子",但今天认为是南北朝时期的传世算书,成书于四五世纪。大致成书于北周时期(557—581)的敦煌写本《棋经》,认为棋盘上的交叉点依仿的是周天之数(360)。由此可知,在南北朝时期,十九路已是棋盘的主要形制。

今天的棋盘通常分为三种:九路棋盘、十三路棋盘和十九路棋盘。这3种棋盘虽大小不一,但行棋基本规则是一样的。

九路棋盘和十三路棋盘,主要适用于初学者。简单的死活练习、官子教学,以及趣味性的小比赛可以在这两种棋盘上进行,简单易学,直观明了。

如图1-1,这是一块九路棋盘。如图1-2,这是一块十三路棋盘。

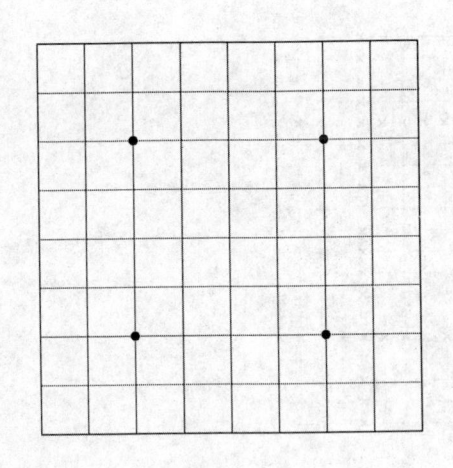

图1-1 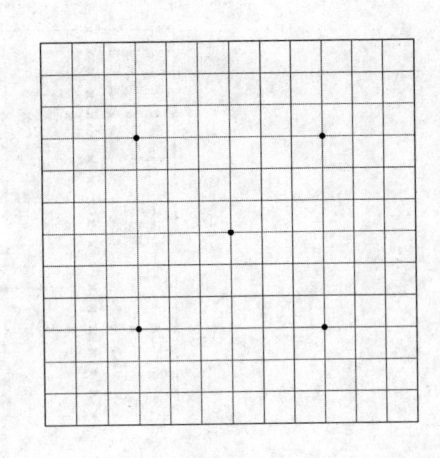            图1-2

十九路棋盘是今天的标准围棋盘。棋盘上纵横各19路线,共有361个交叉点。

棋盘上有9个星位,以圆点进行标示,分别是4个角星、4个边星,以及正中央的星位——我们又称之为"天元"。星位在今天看来主要便于识别定位,和其他交叉点一样，并没有什么特别的功用。如图1-3，这是一块十九路棋盘。对于棋盘而言，边为地，为内；中间为天，为外。

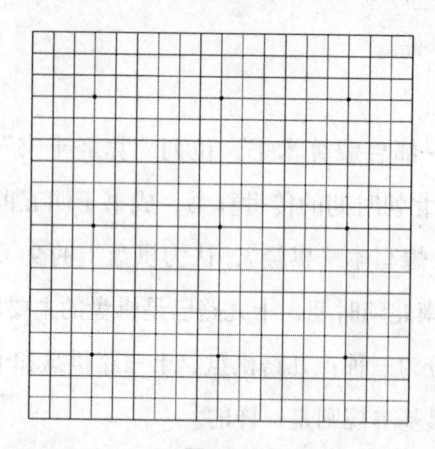

图1-3

以星位为基准点，我们可以把棋盘分成4个角、4条边和中腹共9个区域。如图1-4所示。

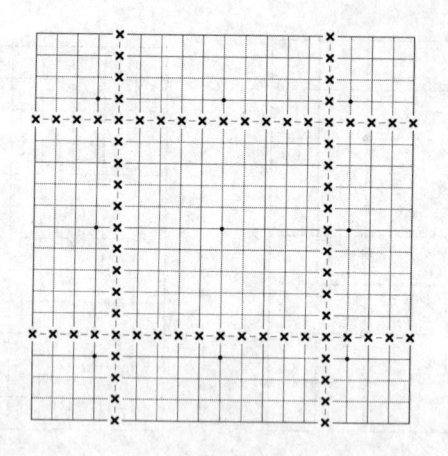

图1-4

棋盘上除9个星位以外，还有一些重要的点也有自己的特殊称谓——主要是围绕角星的点位，分别是三三、小目、目外和高目（五五过于偏向中腹，布局阶段较为罕见）。它们具有相当大的战略价值，因为对局双方在布局阶段抢占角部区域时，会经常要用到。

图1-5中，这4个×点，纵横都在三路线上，由此称之为"三三"。

图 1-6 中，这 8 个 × 点，既在三路线上，又在四路线上，我们称之为"小目"。

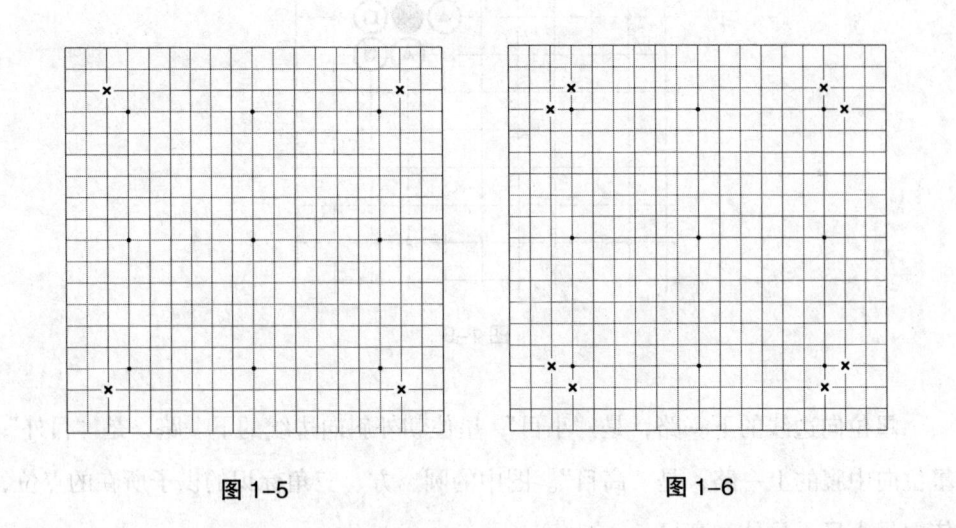

图 1-5

图 1-6

图 1-7 中，这 8 个 × 点，既在三路线上，又在五路线上，在小目之外侧，我们称之为"目外"。

图 1-8 中，这 8 个 × 点，既在四路线上，又在五路线上，在小目之外侧，且高于小目，我们称之为"高目"。

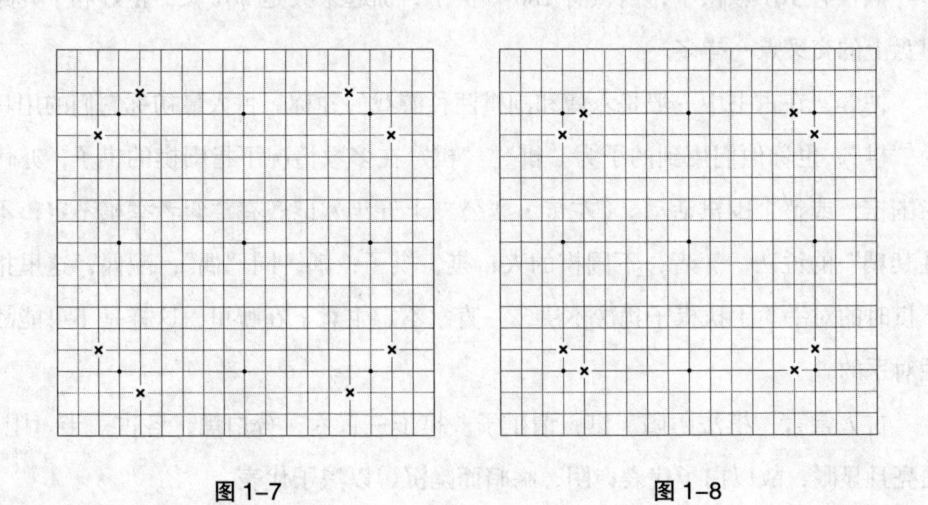

图 1-7

图 1-8

总结来看，上述的小目、目外和高目，皆以 4 个角上的星位为参考基点。以其中一个角部区域为例，如图 1-9 所示。

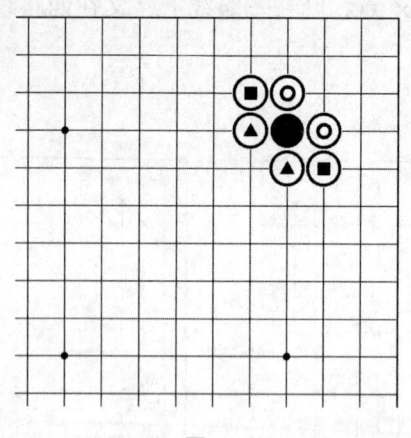

图 1-9

星位向边线的下一路，是"小目"；星位朝外斜向边线的下一路，是"目外"；星位向中腹的上一路，是"高目"。图中的圆、方、三角标识的棋子所在的点位，依次是小目、目外和高目。

对这些点予以特殊称谓，也突显出了棋盘角部区域的重要。

## 二、棋子

棋子均为圆形，分为黑色、白色两种颜色，对局双方各执一色。

黑棋有181颗棋子，白棋有180颗棋子，加起来共是361颗，正好和十九路棋盘上的交叉点一样多。

博弈，在古书中一般是六博和围棋两种游戏的并称。古人最初称它们的用具为"棋"，也称他们用到的子为"棋"。"棋"在多数情况下指围棋的棋子，亦代指围棋，或整个围棋活动。《左传·襄公二十五年》记载有"弈者举棋不定，不胜其耦"的说法。弈者，下围棋的人；棋，棋子；耦，同"偶"，配偶，这里指下棋时的对手。手执棋子犹豫不决，一直拿不定主意下在哪里，这样是不可能战胜对手的。

古人常言：棋法阴阳。棋，谓棋子。棋子三百六，分白黑，各占一半。阳，明亮且显眼，故以白子代表；阴，晦暗而幽沉，以黑子代表。

棋，从字形上来看，从木，或写作"棊"；或从石，作"碁"。这说明古时棋子的材质有的是木质的，例如，东汉扬雄《法言》有"断木为棋"，三国韦曜《博弈论》有"枯棋三百"之说。有的则以玉石制成，南朝梁武帝萧衍《围棋赋》有"子则白瑶玄玉"，瑶，似玉的美石；玄，深黑色。可见，棋子是用黑白两色的美玉美石制成的。

西晋刘宝墓出土有289颗围棋子——那时的围棋盘纵横各17道（路），共289个交叉点——以黑白两色的卵石打磨而成。唐李商隐《因书》一诗有言"海石分棋子"，江海边、山涧中的鹅卵石，在水流的冲击下，它们自相砥砺，形状团圆可喜，有的黑白分明，无疑是最天然的棋子质料。

有的白色棋子则以蚌壳雕琢磨制而成，尤显珍贵。唐代诗僧齐己在《谢人惠十色花笺并棋子》一诗中有"海蚌琢成星落落"，棋子温润晶亮，宛如天上散布的众多星辰。有的棋子以水晶、玛瑙、碧玉、白玉乃至犀角、象牙制成，突出的不再是实用功能，而是拥有者的身份和地位。

唐代傅梦求《围棋赋》有"子出滇南之炉"的记载。这说明在唐代，人们已开始把天然矿物调配成原料，经冶炼烧制而成棋子。

棋子在绝大多数情况下呈圆形，规则不规则可另当别论。其实，棋子也有制成方形的，或许最初是断木为棋，制作成方形或长方形是最易加工的。

古代的棋子一般为两面凸，只是凸起的程度有所不同。好处是执子落子并无正反之忧，但子在落定后往往会小有晃荡，显得不够稳当。由此，明清以来棋子的样式逐渐演化成一面平，一面凸，而日本至今还秉持棋子的古制，沿用两面凸的棋子样式。

棋分黑白，而各子的功能效力是均等的，唯有先后落在棋盘的具体点位上，才具有"效能""能量"上的差异。《淮南子·说林》："行一棋不足以见智，弹一弦不足以见悲。"的确，"泠泠七弦遍，万木澄幽阴"（唐·常建《江上琴兴》），抚琴一曲，自然不能只拨一下弦，发一声响。一局棋从开篇布局到官子终局，你来我往，须历经多手，才能看出一个人的智慧谋略到底如何。

若棋盘为大地，为空间，行棋先后为时间，为时序，对弈双方各执黑白，棋子代表着阴阳相推的力量。黑白棋子361颗，按古人的说法，是凑足了所谓的"周天之数"——历法以360度为周天。如此多的子数，足够演绎并验证我们的智力和谋略。

## 三、棋盒

棋盒，亦称棋罐，用来盛装棋子，形状大都是圆形的，放在手上方便握拿，取子时亦便利。

古人称棋盒、棋罐为"奁""棋奁",例如,唐李洞《对棋》诗:"雨点奁中渍,灯花局上吹。""奁",古代妇女梳妆用的镜匣,引申为一般的匣子,这里特指棋罐、棋盒;局,谓棋盘。雨点打在棋罐内,棋子上留下了渍痕,秉烛夜战,灯花落在了棋盘之上。

南朝梁武帝萧衍在《围棋赋》的开篇即有:"围奁象天,方局法地。"围奁,亦称"圆奁",与下句的"方局"形成对仗。中国传统上有天圆地方的观念,故而言"象天",即模仿效法于天。我们以"黑白方圆"指称围棋,其中的"圆"不仅指圆形的棋子,也指圆形的棋罐棋盒。圆圆的棋子盛在圆润的棋罐中,规规整整地置于棋盘两旁,真是方圆体分,日月叠璧,一派天地宇宙的气象。

相对而言,棋盒在围棋的棋具中没有那么出彩,功用属于辅助性的。即便如此,大政治家王安石仍从棋罢黑白棋子分别归仓入库中领悟出一番自己的道理来。

　　莫将戏事扰真情,且可随缘道我赢。
　　战罢两奁收黑白,一枰何处有亏成。

——《棋》

两奁,谓黑白棋子分开装盛;枰,谓木器之平,这里指棋盘。下完棋,收好棋子,棋盘还是棋盘,既没有多出一块来,也没有损失什么。在王安石看来,下棋是游戏,适情消闲忘虑,千万别太当真了。

历史地来看,围棋棋具大致经历了从简单到复杂、从素朴到精致的过程。即以棋盘为例,有刻在石头、陶质方砖上的,有画在纸、丝帛上的,有烧制成陶瓷的,等等;道数,从13道到15道、17道,一直到今天定型的19道。

东汉李尤的《围棋铭》是关于围棋的最早铭文,其中有句:

　　局为宪矩,棋法阴阳。
　　道为经纬,方错列张。

局，指的是围棋的棋盘，它方方正正，且线路正且直，进一步而言，尤当为人们立身行事的法式和典范。棋，谓棋子。传统哲学认为阴和阳是贯穿宇宙天地万物以及社会人事的两大对立面，而棋子的黑白两色，正是阴阳观念的具象化，是对这一思想主张的效法和践行。

道，谓棋盘上的线路。经纬、纵线和横线，这里喻条理有序。方，对弈双方不同的作战方略；错，交叉、错综。

列张，谓棋子散布开来，如星辰闪烁列于夜空。

铭文，本指铭刻在金石器物上的文字。这篇铭文当镌刻在围棋的棋具上，亦当刻在我们的心上，以时刻铭记围棋所追求的品质精神。的确，胜负输赢对围棋竞技而言很重要，但那也只是一个结果、一个侧面，而围棋的里里外外，对弈的全过程都有博大精深的文化在为它"赋能"，我们要汲取的还有很多。

## 第三节　围棋礼仪：争竞亦风雅

中国文化崇尚自然，重视和谐，忌讳杀戮，排斥争斗，贬抑机心。虽然中国古代对弈的主流是"围而杀之"的棋风，棋局上激烈碰撞、火光四溅、"硝烟"弥漫，但在行棋时相互致敬，谦卑礼让；复盘切磋时推心置腹，砥砺共进。描述弈棋的诗文，抒情达意又温文尔雅，文字表达意象生动，意蕴盎然，如"双飞燕""倒垂帘""金井栏""雪崩"等。这些字句修辞在相当程度上中和了竞技的锋芒、胜负的严峻、高下的分明。即便是要赢，在棋面上力求"赢止半子"；在舒缓之风中胜之，不咄咄逼人，而留足余味，仁义的思想和谦逊的做派贯穿于整个弈棋活动。

围棋是一种游戏，是一门技艺，更是一种文化。自社会的角度言，无论是比赛性质的两人对弈，还是更重娱乐趣味的多人联手棋，都是人与人之间的交往交流，是一场群体性的文体活动，不只是手执棋子围而相杀那么简单。在漫长的社会生活中，我们形成了自己独特的风俗习惯、道德观念以及审美风尚。围棋活动由此而拥有自己独特的礼仪礼节。

### 一、对局礼仪

早在西汉，汉元帝时的黄门令史游在其所著的《急就篇》中有言：

棋局博戏相易轻。

棋局，这里代指的是围棋；博戏，即六博，共有12棋子，6白6黑，投6箸，行6棋。这两者常常并列在一起，称为"博弈"。它们都是两人对战类的游戏，行棋规则虽有不同，但都是竞技性极强，最后要分出胜负的游戏。参与激烈竞争的双方，不免会有争竞之心，生发轻慢欺侮之意。

的确，在争胜中容易产生争执，言行中往往失于礼敬。争则乱，乱则穷。由此，对弈之时以规则或礼仪来解决争持。

克己为礼。礼是内心的庄敬，言行的恭谨和自持。在对弈行棋过程中，相应的礼仪礼节是不可或缺的。

（一）在对局开始前和结束后，双方应相互致意。在对局开始时，可以说"请多指教"或"向您学习"。在对局结束后，胜者可以说"承让"或"侥幸"，负者可以说"感谢指教"。胜不骄，败不馁，以棋会友。

（二）面对师长，应主动持黑，以示尊重。

（三）猜先。当无法确定谁执黑谁执白时，通常用猜先的方式来决定。一方从棋盒里抓出一把棋子，由另一方来猜单双。猜的一方从自己棋盒里拿出一颗棋子放在棋盘上，表示猜单数；拿出两颗棋子放在棋盘上，则表示猜双数。如果猜对了，则可以优先选择黑白，通常是选择黑棋，以示尊重。整个猜先过程，双方无须说话，安静、文雅，却心意相通。

（四）正确的执棋落子方式：用中指和食指夹住棋子，中指在上，食指在下。落子时，用中指压着棋子落在棋盘上。棋子落定在棋盘上后，就不能再移动了——落子无悔。

（五）对局开始时，黑方面对棋盘，落下的第一颗棋子应放在棋盘的右上方，以示尊重。

（六）落子力量不宜过重，过重则显得不礼貌。

（七）在对局时，要养成良好的落子习惯，谋定而后动，先想好要下在哪里，再去拿棋子。

（八）在对局过程中不宜做出有碍对方思考的行为。

（九）对局结束后，可以进行复盘，交流感想，探讨棋艺。是否复盘，应尊重败者的意见。

礼，是秩序，是庄敬，是谦和，在你一手、我一手的过程中尊重对手，敬畏规则。胜不骄，败亦从容欣然；复盘时谦逊平和。简而言之，即不耍赖，不胡搅蛮缠，不搞小动作，有君子之风。

## 二、猜先之礼

围棋是文化交流，以谦让为礼，在没有贴目或贴目很少的时代，执黑有先行之利，主动执黑或猜先后选择执黑，自谦艺不如人，有向对方学习请教之意。

在对局时，主动选择执黑，把白棋让给对方，表示礼敬。这一习惯一直沿用至今。

如果双方都懂礼节，都很谦让，希望自己执黑，那就需要进行猜先了。猜对的一方，通常会选择黑棋。

## 三、开局第一手

从礼的角度看，围棋的第一手棋应该下在自己面向棋盘的右上角，既表达敬意，又方便对方落子。

图1-10中，A位是三三，B位和D位是小目，E位是星位，C位和G位是目外，F位和H位是高目。这8个点都是第一手棋比较合适的选择。

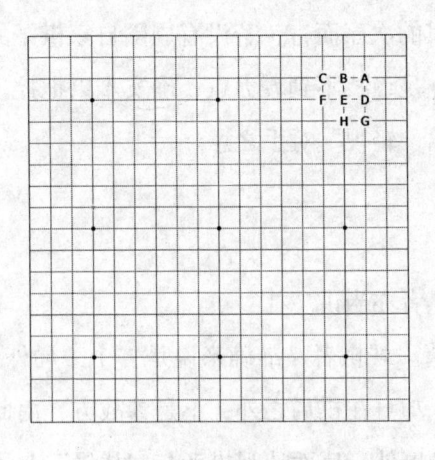

图1-10

不少围棋初学者看着大棋盘，心绪茫茫然，第一手不知从哪里着手，见天元

（图1-11最中间位置）在最中间，也较为显眼，于是随手把棋子往天元上一拍，至于走天元是什么意思，自己走得对不对，于对手是否礼貌，初学者自己也不明白。

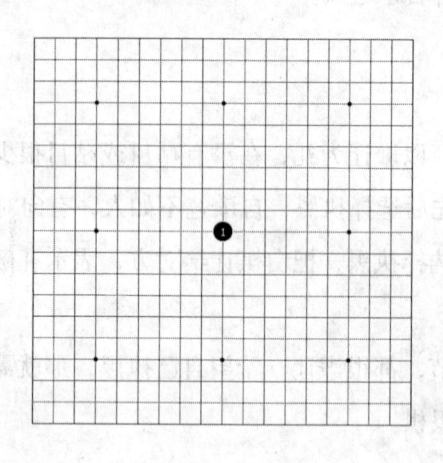

图1-11

从礼的角度来说，第一手棋下在棋盘最中间的天元位置，通常被认为是不礼貌的，多少有些不尊重对手的意味。天元，居于棋盘的最中央位置。"天"，本义为人的头顶——甲骨文作🧍，金文作🧍，在棋盘上意味着——高；"元"，甲骨文作🧍，金文作🧍，表示人的头，又有首、大、起始等义。天元的位置，就棋理而言，为高远之所在，既有元气淋漓的精神在，也有混沌不清的意味，甚至恍惚模糊不甚明了。从行棋的次序而言，若没有周围自家棋子的配合，会显得虚无缥缈，难以生根，无法立足，找不到着力点，确实难以把控。若第一手，或前几手直接行棋于此，给人以"轻视"对手之意。

## 四、观棋不语

对局有礼仪，观棋者亦当讲"礼"。

常言道：旁观者清。观棋者，准确来说是一个"局外人"。所谓的"局外"，即人在对弈的场域中，却身在棋局之外，不是参战方，由此与正在进行的酣战没有直接关系。正因置身事外，反而让观棋者与"战局"有了更高一层的关系——能把全局看得更清楚，更通透。正如清代诗人袁枚在《观弈》诗中所言，"悟得机关早，都缘冷眼明"。

正因自身不在热火朝天的厮杀战场上，反而能以更冷静、理性和客观的眼光来打量、审视整个战况，能瞅准关键处——即所谓的"机关"。苏轼在《朝辞赴定州论事状》一文中有言：

> 弈棋者胜负之形，虽国工有所不尽，而袖手旁观者常尽之。何则？弈者有意于争，而旁观者无心故也。

国工，乃一国之中技艺特别高超之人，因围棋的复杂多变、微妙深奥，也往往不能对胜负形势做出准确的判断和决策，而袖手旁观者们却能看得明明白白。原因在于棋手的身心意念全在"争"，有所聚焦，必然有所疏忽；而观战者是"无心"，如此则更超脱，更自然而然，更自由，更大方，不呆板，不受胜负心的牵绊和拘束。

冷眼，无心，让我们在观战时觉得黑白分明，全局在握，那索性就贯彻到底——还是那句老话：观棋不语真君子。

不语，不是不知，不是不想说，不是不想伸手指点，而是要默默地把战场交给正在角力的双方，让公平公正的竞技精神照耀你我他。

可是，人在对弈的场域中，虽是旁观者，亦不免愁眉紧蹙，紧张兮兮，"代人危急处，更比局中惊"（袁枚《观弈》）。讲礼，更讲理，我们会约束自己，默观不语，不把自己的"急"表现为戳戳点点，不把自己的"惊"弄出咋咋呼呼的声响来。

观棋不语的典范，当属南朝刘宋时期的徐羡之（364—426）。徐羡之，字宗文，东晋时官至吏部尚书，出任丹阳尹，为刘裕心腹。及刘裕代晋称帝，被封南昌县公，官至司空，"朝野推服，咸谓有宰臣之望"。据史书记载，徐羡之善弈棋，技艺颇佳，且有一个特点——"观戏常若未解"。观戏，犹言观看别人下棋。因为是围棋高手，当然是最解棋的，但不言说，不自以为是，不打扰正在进行的竞技游戏，而是常常做出"未解"的样子。徐羡之的棋品高，立身处世的境界更高，难怪当世之人"倍以此推之"。

设身处地想一想，真正明智的人不会"兴高采烈"地去对他人品头论足，单拿出人家的过失或错误来评论，而是反躬自省，搜求自家的不足和过失。如此，在观棋时默坐，不失为一种最积极的修为。

**思考与练习**

1. 猜先练习，整个过程要保持安静。
2. 落子练习，请使用正确的执棋手势，把棋子准确地放在棋盘的交叉点上。
3. 黑棋第一手棋下在什么地方是不礼貌的？

   A. 小目　　　　B. 天元　　　　C. 星位　　　　D. 高目
4. 图 1-12 至图 1-15 中，哪一个是以天元为中心的对称形？

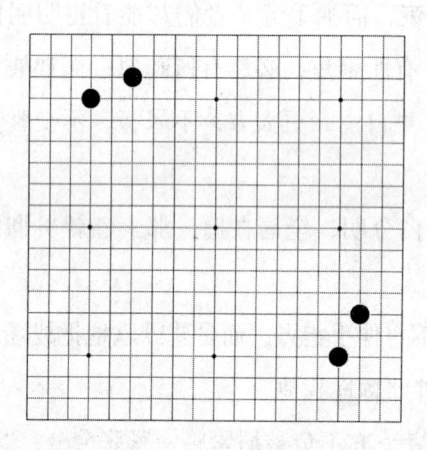

图 1-12

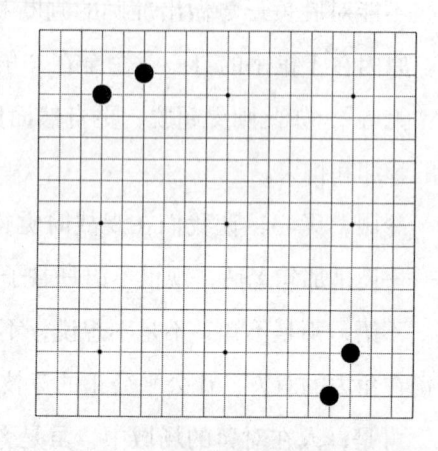

图 1-13

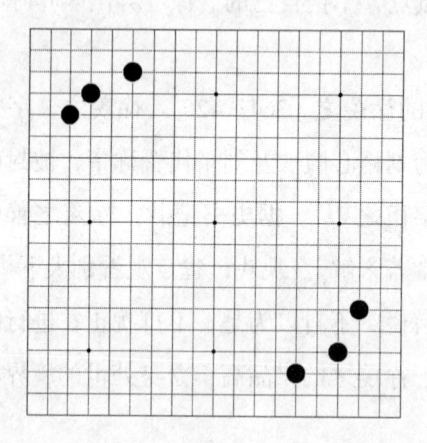

图 1-14

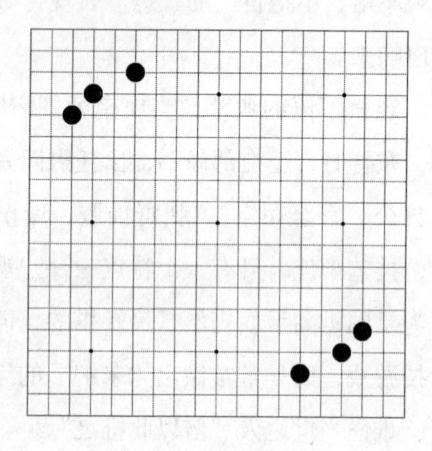

图 1-15

# 第四节　棋力标准：绝艺如君天下少

文无第一，武无第二。对弈如比武，孰优孰劣，是有定数的。棋技水平的高低，局面的胜败，通过数子点目是可以说清楚的。

## 一、棋力标准

### （一）职业段位

职业段位从高到低分为：九段、八段、七段、六段、五段、四段、三段、二段、一段（初段）。我们通常把一至四段称为低段，五段以上称为高段。

要想获得职业段位，主要有两个途径。一是通过每年中国棋院组织的职业定段赛，二是参加中国棋院认可的全国性业余围棋赛事并获得冠军。

获得职业段位后，职业棋手可以通过参加中国棋院组织的职业升段赛升段。

职业最高段位为九段。职业棋手如果在世界大赛中取得非常优异的成绩，可以直升九段。例如：获得世界职业围棋锦标赛冠军（含亚洲杯），在世界围棋团体锦标赛中三连胜以上（含）终结比赛，获得世界职业围棋锦标赛两次亚军（含亚洲杯），等等。

日本有七大新闻棋战——棋圣战、名人战、本因坊战、十段战、天元战、王座战和碁圣战。棋圣战、名人战和本因坊战，被称为"三大冠"；十段战、天元战、王座战和碁圣战，被称作"四小冠"。其中的"十段战"始于1962年，由日本产经新闻社主办，获胜者可以获得"十段"头衔。这个"十段"并不是通常意义上的段位，而是一种荣誉。

一般认为，段位的高低，与棋力的强弱是正相关的关系，但并不代表棋力的绝对强弱。与段位相比，反而是与实际战绩挂钩的职业棋手个人等级分，更能体现职业棋手的棋力或者竞技状态。

### （二）业余段位

业余段位从高到低分为：8段、7段、6段、5段、4段、3段、2段、1段。（注：业余段位的标注是阿拉伯数字，以和职业段位有所区分。）

业余1段至业余5段，可以通过参加市区县级体育部门或围棋协会组织的升段比赛获得，部分地区还可以通过棋力鉴定的方式获得。

想要获得业余6段和业余7段则有严格的程序。进入省市乃至全国性业余围棋比赛的前若干名，方可获得6段。夺得全国业余围棋比赛冠军，方能获得7段。夺得业余围棋世界大赛冠军，才能获得8段。

业余段位和职业段位是两套不同的体系。业余段位差1段，真实的棋力水平至少会差一个档次。即便是段位相同，由于不同地域的测评标准不一，真实棋力上的差距也有可能非常大。而对于职业棋手来说，段位之间的棋力差距是非常小的。

（三）业余级位

业余级位的高低排序和业余段位正好相反，按照棋力水平从高到低分为：1级、2级、3级、4级、5级、6级、7级、8级、9级、10级等，数字越大，所代表的棋力水平就越低。

业余级位的跨度非常大，有的地区最低级位甚至达到30级。业余级位水平低，不稳定，且相互之间实力差距非常大。

（四）网络段级位

一般来说，网络段级位从高到低分为：9D、8D、7D、6D、5D、4D、3D、2D、1D、1K、2K、3K、4K、5K、6K、7K、8K、9K、10K、11K、12K、13K、14K、15K、16K、17K、18K。最高为9D，最低为18K。

由于现实中的段级位代表着棋手曾经达到过的高度和水平，只升不降，且不同地区有不同的测评标准，而网络围棋段级位则面向全国甚至全世界的棋友，并且根据实战胜率有升有降，因此网络围棋段级位更能体现出一位棋手的真实棋力或竞技状态。

网络段级位通常指的是一个棋手在网络对弈平台上凭借自己的棋力能够达到的最高级别，有一些水平高的棋手"故意"注册低级别的网络段级位账户，下些娱乐棋，这样的账户俗称"地雷"，它并不能代表棋手本身的真实棋力。

## 二、让子棋

当对局双方棋力差距较大时，为避免对局时出现一边倒的情形，经对局双方友好协商，可以下让子棋。让子棋，通常是白棋先行，不贴目。

如图1-16，这是"让二十五子局"。黑方先在棋盘上摆25颗棋子，再进行对局。一般来说，懂得了围棋基本规则，熟悉简单的吃子技巧，能过职业棋手二十五子关的，就可以说是围棋入门了。

如图1-17，这是"让九子局"。黑方先在棋盘上摆9颗棋子，再进行对局。

一般来说，能过职业棋手九子关的，对围棋已经有一定理解，可以达到业余1段以上的棋力。

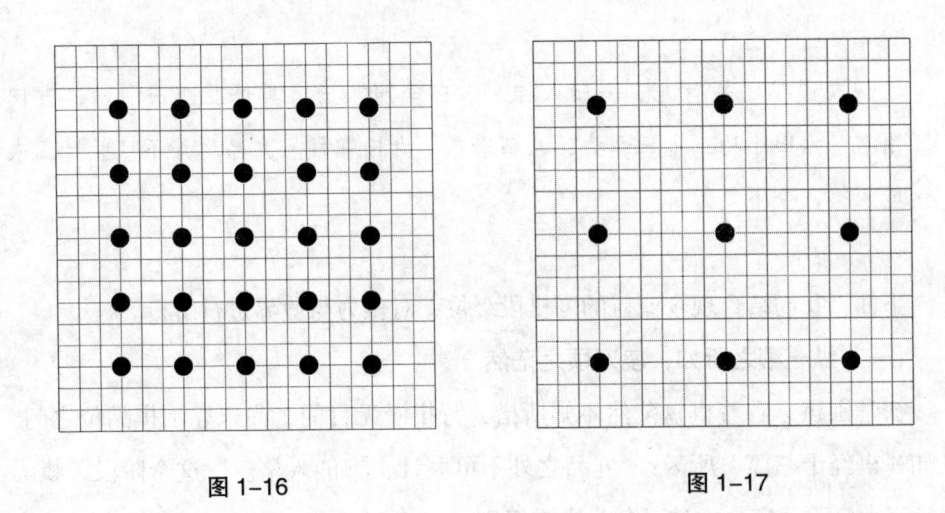

图 1-16

图 1-17

如图 1-18，这是"让四子局"。黑方先在棋盘上摆 4 颗棋子，再进行对局。一般来说，能过职业棋手四子关的，就能达到业余 5 段棋力，算得上是业余高手了。

如图 1-19，这是"让两子局"。一般来说，能在两子以内和职业棋手进行对抗的，就具备业余 6 段以上棋力水平了，可以算得上是业余顶级高手。目前，人类世界冠军和顶级人工智能围棋的差距在 2～3 子左右。

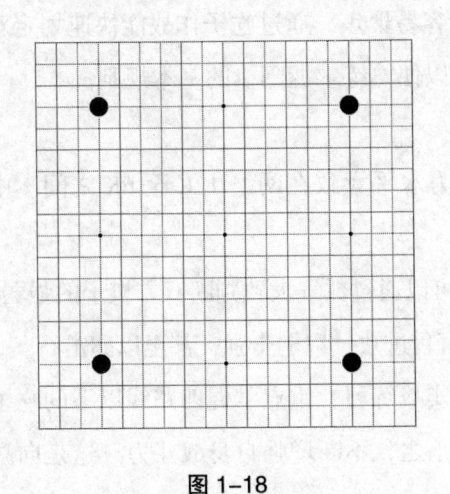

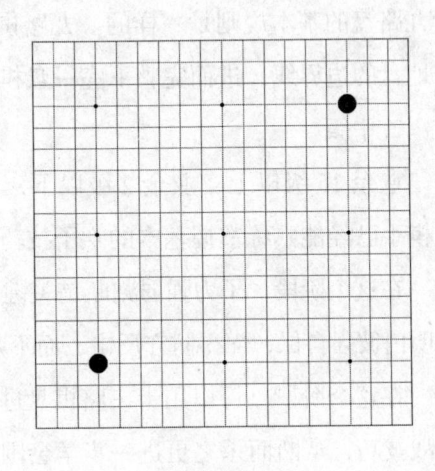

图 1-18

图 1-19

## 三、棋力与境界

中国古代采用的是品位制。

宋代张拟在《棋经十三篇·品格篇》中把围棋品位分为九品。

> 夫围棋之品有九。一曰入神，二曰坐照，三曰具体，四曰通幽，五曰用智，六曰小巧，七曰斗力，八曰若愚，九曰守拙。九品之外不可胜计，未能入格，今不复云。

下面，我们结合现今流行的围棋段级位，对棋力与境界进行解析。

### （一）纵一苇之所如，凌万顷之茫然

初学围棋，看着棋盘茫然不知所措，行棋漫无目的，尚未登围棋品位之门。正如《棋经十三篇》所云："九品之外不可胜计，未能入格。"这个阶段，棋力差距巨大且不稳定，大致可分为三个级别。

#### 1. 初级

业余15级以下，棋力水平大致在网络18K至12K之间。初级棋手刚了解围棋的基本规则，但只知"气尽棋亡"，不知"地多为胜"。

在初级阶段，吃子作战是主旋律，"棋从断处生"是战斗的基本指导思想，双方棋子贴身肉搏，拼的是力量，比的是细心。

初级选手可以用九路棋盘进行实战练习，棋盘虽小，五脏俱全，九路盘和十九路盘的基本规则是一样的。九路棋盘容易聚焦，通过吃子作战能快速划定双方地盘的边界线，进而完整下完一盘棋，以便熟练掌握围棋的基本规则。

#### 2. 中级

业余15级以上，业余2级以下，棋力水平大致在网络12K至6K之间。中级棋手已经能熟练掌握基本的吃子技巧。

在这个阶段，子力强弱判断是关键。可以通过数气大致判断双方棋子的强弱，要明白彼强自保，懂得防守反击，而不是盲目进攻，以弱击强，甚至以卵击石。

在这个阶段，可以用十三路棋盘进行实战练习，重点掌握四路线以下的吃子作战技巧，从断而杀之更进一步学会围而杀之，不断增强自身战斗力。这是向高级水平迈进的过渡阶段。

### 3. 高级

业余2级、1级，棋力水平大致在网络6K至2K之间。高级水平的棋手已经非常清楚围棋是"地多为胜"，行棋重点开始由你死我活的吃子战斗开始转向围地共存的和平发展。

在这个阶段，吃子多寡已经不是衡量水平高低的要素，学会运用长、尖、飞、跳等基本的行棋步法有效地进行围空才是获胜的关键。

在这个阶段，可以用十九路棋盘实战练习，认真下完每一盘棋，并用数子法准确判断最终的胜负。这个阶段是入段前的徘徊，围棋品位之门就在眼前。

### （二）昨夜西风凋碧树，独上高楼，望尽天涯路

守拙、若愚、斗力为下三品之境，虽为"困而学之之棋"，但终究算是入了格，这是普通人经过3~5年的努力就可以达到的。

在这个阶段，知死活，懂定式，却不明大小，故不知取舍和轻重缓急，对于局面的形势判断模糊不清，每品之间棋力差距在2颗子左右。

### 1. 九品

从境界上看，九品为守拙。守拙者持重而守，虽行棋效率偏低，却也会让力战者无计可施。

从棋力上看，业余1段，网络段位在2K、1K、1D之间，会一些简单定式，但还不会灵活运用，懂得基本死棋活形，但计算得不清楚，于是行棋稳重谨慎，不求有功，但求无过。

在这个阶段，应多做死活题，增强计算力。这样，棋力再进一步，应该不是难事。

### 2. 八品

从境界上看，八品为若愚。同样是防守，若愚比守拙高一个层次。棋形虽愚笨，却也实在，势头不容进犯。固守中蕴含有反击的力量。

从棋力上看，业余2段，网络段位在1D、2D、3D之间，已经会一些简单的布局，但还不知变通，有一定的作战能力，但还不敢主动出击。

在这个阶段，要尽量提高行棋效率，注重棋子之间的配合，加强对局势的判断力，在应该战斗时要勇于作战，放手一搏。

### 3. 七品

从境界上看，七品为斗力。《石室仙机》解释说："动则必战，与敌相抗，

不用其智而专斗力。"

从棋力上看，业余3段，网络段位在3D、4D、5D之间，已经会一些较为复杂的定式，死活题也较为熟练，具备一定的计算力和战斗力，故敢于一战。但有勇而无谋，缺乏战斗技巧，经常用力过猛而导致崩盘。局势判断混沌不清，往往是烽烟四起而不知所为，通盘拼杀而不知局势若何。

这个阶段是很多普通棋手的瓶颈，若总是不思而行，随手而应，纵使弈尽千局也难以再进一步。多做死活题，苦练战斗力是基本要求，经常复盘总结也是必备的功课。要想走出下三品，迈入中三品之境，非下一番苦功不可。

（三）衣带渐宽终不悔，为伊消得人憔悴

小巧、用智、通幽为中三品之境，为"学而知之之棋也"，常人需刻苦钻研，十年寒窗，方可到达此境地。

在这个阶段，战略清晰，目标明确，明棋理，知大小，能够冷静地判断形势，每品之间的差距只在1颗子之内。然而，达到如此高度以后，每想再进一品，都是异常艰难之事。

1. 六品

从境界上看，六品为小巧。所谓的小巧，是不追求长远，爱抖机灵，耍小聪明，精于局部算计，而不能在大局上有所作为。

从棋力上看，业余4段，网络段位在5D、6D之间，基本定式已经非常熟练，战斗经验丰富，经常能以巧制胜。但过于强调局部作战技巧，而不知结合全局形势灵活弃取。往往到了官子阶段才能合理地判断形势，水平发挥还不够稳定。

在这个阶段，要想再进一步，必须要重视全局的整体构思，布局、中盘、官子全面发展，不能有明显的短板。

2. 五品

从境界上看，五品为用智。用智，往往不能通达幽深玄妙的境界，有妙招却不能把棋意棋理融会贯通，还有不自然的痕迹。

从棋力上看，业余5段，网络段位在7D、8D之间，已是一方豪强。布局、中盘、官子均衡发展，在中盘战斗阶段就能合理地判断形势，进退有度，灵活弃取，发挥稳定，不易崩盘。行棋有谋略，对棋理有自己独特的见解，逐渐形成适合自己的棋风。

达到如此高度，要想进步，还需在精微之处再下苦功。但知易行难，绝大多数业余棋手终生止步于此。

3. 四品

从境界上看，四品为通幽。通幽，意谓技术手段过硬，又能出神入化，能战则战，不能战则不战。

从棋力上看，业余6段，能够打上网络9D，虽然偶尔也会掉到8D，但已能傲视群雄。棋理清晰，在布局阶段就能合理地判断形势，计算深远精微，鲜有失误。

如此棋力水平，从技术上看，已无明显缺陷，这是常人所能到达的巅峰。若想再进，格局须致广大，计算要尽精微。

**（四）众里寻他千百度，蓦然回首，那人却在灯火阑珊处**

具体、坐照和入神为上三品之境，为"生而知之之棋也"。无论是大局观还是计算力，均已达到人类顶级水平。知大小，明得失，算路精妙，判断精确，每品之间只差半先。达此境界，每想再进一步，难于上青天，半目天堑，修行已在棋外。

1. 三品

从境界上看，三品为具体。具体，意谓能从具体而微的复杂情势中解脱出来，兼具众人之长，战之能胜，取势有超越的高妙，守则稳健坚固，攻守自如，游刃有余。

从棋力上看，已是业余6段以上的业余天王或是职业低段，网络段位达到最高级别的9D。技术上不仅没有弱项，还能有特别擅长之处。因势利导，善于争先，不拘泥于棋形，时有精妙之着。

达此境界，均是具备下棋天赋的天才级棋手，要想再进一步，需从棋道、棋理上多下功夫。

2. 二品

从境界上看，二品为坐照。坐照，意谓无须劳神苦思，一切尽在把握。棋艺进入空灵之境，至虚而善应，不勉而中，不思而得，自然而行。

从棋力上看，已经是职业高段甚至世界冠军级别，在网络上已是巅峰9D。深谙棋理，行云流水，举手之间，便是符合棋理之着。影响胜负的，只是临局状态。

这几乎已是人类巅峰，博览群书，开阔眼界，丰富人生阅历，感悟哲理棋道，方能再上层楼。

3. 一品

从境界上看，一品为入神。入神，已是神妙而不可言说，技艺进入化境，不战而屈人之兵，神乎其神。

从棋力上看，这是人类历史上大师级别的人物，超越网络段位的存在。棋艺出神入化，妙至巅峰。由技入道、超越自我成为人生最高之追求。

一品再往上便是众生可望而不可即的神之境界，道可道，非常道，不可名状。

围棋的棋力变化曲线是抛物线。初学围棋，棋力曲线是非常陡峭的上升线，增长速度非常快。进入九品守拙时，棋力曲线开始进入拐点，进步速度就会逐步变缓。达到一品入神以后，棋力曲线已经极度平滑，甚至趋于水平，绝对的进步空间已经非常小了。人工智能虽然还在发展进步，但也只能无限趋近，不会到达最高的棋力极限值。

境界为知，棋力为行。境界高，棋力未必强，棋力强，境界未必高。境界高者棋理清晰，棋力高者实战能力强，唯境高力强、知行合一者方能神乎其技。

人类顶级围棋大师通过不懈努力，是可以达到极高境界的，但在实战上，和人工智能相比还是存在着质地不同的计算力差距。这一点是难以逾越和弥补的。

然而，人工智能是冷冰冰、没有丝毫情感的，假如世界上存在棋力至高无上的棋神，或许人工智能和棋神之间的差距，就是那么一丝人类情感或境界。

# 第二章　易知易从：围棋基本规则和原理

常言道：大道至简。围棋的规则，有近乎极致的简和易，而又能在此规则下演绎出无穷无尽之变化。这使得围棋千百年来一直屹立于人类智力游戏的巅峰之上，可谓难能而可贵。

《周易》六十四卦首列"乾"和"坤"两卦。乾卦是纯阳卦，坤卦是纯阴卦，分别代表阳和阴，是六十四卦的根本，常常被视为易之门户。乾坤之德纯一而不杂：乾德阳刚健行，坤德收敛闭藏。前者自强施仁，后者则厚德载物。简而言之，即是所谓的"易"和"简"。棋盘之上经纬纵横，承载的亦如天地之广大，象征着宇宙之浩瀚。黑白两色棋子，一阴一阳交替行进。就对弈而言，大的行棋规则亦可视为弈道之门户。

正如《周易·系辞上》所言："易则易知，简则易从。"正因有"易"和"简"的内在特质，使得步入围棋殿堂的台阶不算险峻，入门便捷，上手快，可谓易知易从。围棋规则简而言之，可归结为：空枰开局，黑先白后，轮流落子，一人一手，气尽棋亡，同形禁复，子空皆地，地多为胜。

## 第一节　空枰开局，黑先白后

经过"猜先"的仪式，确定好双方所执的棋子的黑白后，对局就可以开始了。空枰开局，黑棋先行，白棋后行。

古时黑白棋子孰先孰后，并无定则，到了明末，国手苏亦瞻在《弈薮·凡例》中提出一律改为白先，后来编写的围棋谱据此均统一为白先。而日本的近代围棋制度则明确规定黑先白后。为便于围棋的国际交流和交往，自1956年起，中国围棋由"白先黑后"改为"黑先白后"。

对局时空枰开局，棋子要落在棋盘上线与线的交叉点上，以占据棋盘上的地盘。棋子落定，就不能再移动了——落子无悔。

如图2-1，这是2020年11月2日，第25届三星杯世界围棋大师赛决赛的第一局。韩国等级分排名第一的申真谞执黑，中国等级分排名第一的柯洁执白。本次决赛以网络远程对战的形式进行。前20手可谓波澜不惊，棋逢对手。

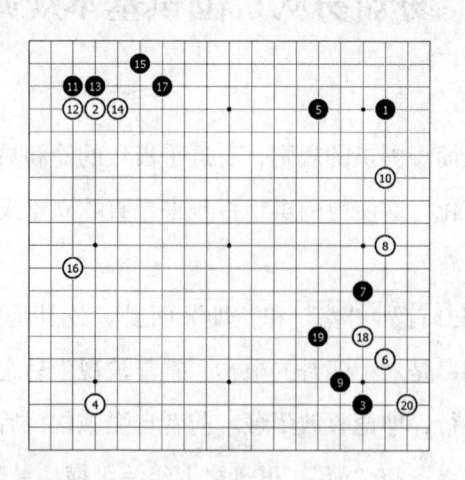

图 2-1

申真谞下第 21 手棋时，因鼠标线碰到电脑触屏，导致意外落子，棋子落到了边上的一路线上，如图 2-2 所示。这在局面该大张大合的布局阶段，几乎相当于停了一手棋，损失巨大。顶尖高手的对决，胜负本就在电光火石之间，更何况这么明显的失误。最终，柯洁中盘获胜，在比赛中先拔头筹。

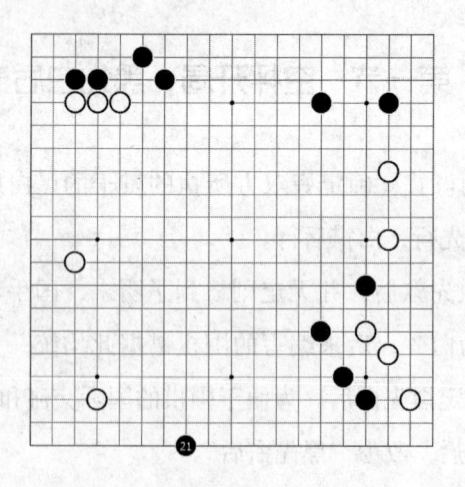

图 2-2

赛前，中方和日方曾向主办方韩国提议：鉴于网络对战的特殊性，万一出现像"滑标"这样的意外事件,是否允许棋手提出悔棋的申请。韩方坚持"落子无悔"的原则,并没有采纳提议。

下面我们讲一讲古时实行的"座子制"。

古时的座子制,要求双方先在角上的星位处摆上棋子,形成对角星的局面(如图2-3),然后再开始落子对局,且由白棋先行。由于没有"贴目",执白先行是有优势的,所以对弈时棋手往往主动执白,以示技不如人,同时表达礼敬之意。

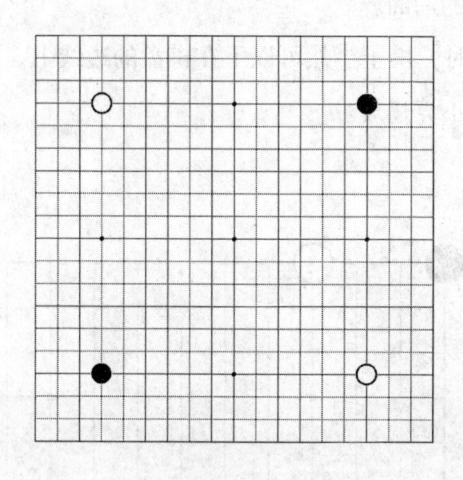

图 2-3

座子制预先在棋盘上布置4颗棋子,鼓励中盘战斗,轻视布局理论,禁锢了自由思想,限制了想象空间,在一定程度上制约了棋艺的进步。

围棋传入日本后,日本最初也采用座子制,到四五百年前的日本战国时期,就废除了。座子制被废除后,日本围棋的布局理论得到了飞速发展。时至近现代,日本围棋整体实力领先全世界,远超中国。由于与日本棋手在棋力上存在巨大差距,中国棋界开始锐意改革,积极创新,座子制在民国时期逐渐退出了历史舞台。

## 第二节 轮流落子，一人一手

双方在对局时轮流在棋盘上落子，每人每次只能下一颗棋子。如果连下两手，就是违规，直接判负。

正因如此，在局势看不到翻转的希望、无力回天之际，不须要言语，主动在棋盘上投下两颗棋子——算是一种优雅的认输方式。

虽然不能多落子，却可以不落子，让对方继续下，这叫停一手。如果双方都"停"一手，棋局就自然结束了。因为这表示双方都认为棋已经没有再走下去的必要了，认可了当下的局面。

如图 2-4，开局时，棋子当然可以下在棋盘的边线上，即便不小心让棋子从棋盘上掉落下来，也不算违规。

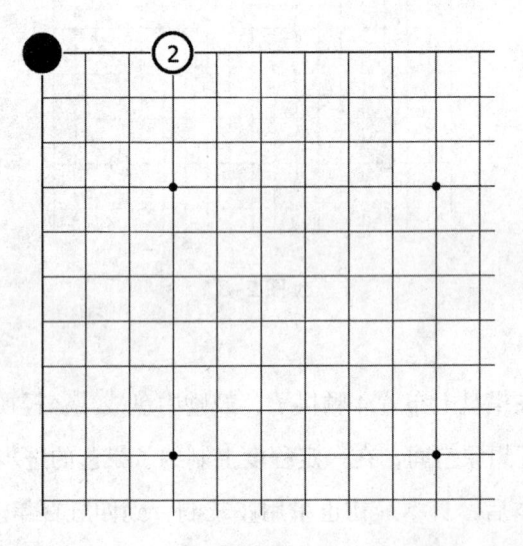

图 2-4

但在刚开始的布局阶段，棋局空荡荡，局面开阔充满无限可能性时，就在棋盘边线落子，并不是好的选择。因为不仅行棋效率低，还存在一定的"危险性"。例如，在前面提到的三星杯"滑标"事件中，韩国棋手申真谞九段第 21 手时，不小心让棋子落在了一路线上，直接导致大局势急转直下，最终输掉了比赛。

正式比赛中有没有违反"一人一手"规则的案例呢？还真有。

1987年10月7日，日本名人挑战赛的第三局，林海峰九段执黑挑战加藤正夫名人。前两盘加藤正夫以2：0领先。这一盘林海峰奋起反击，发挥出色。行棋至中盘，已是林海峰即将大胜的局面。但加藤正夫还是异常顽强地把战局拖至最后时刻，如图2-5。

白188吃掉黑×一子后，进而威胁黑▲一串棋子。正常情况下，黑棋必然会走A位寻求联络。但加藤正夫停顿了一下，并没有马上落子，而林海峰沉浸在大赛的氛围中，或许由于过度紧张，突然出现"错觉"，理所当然地以为黑棋已经在上边落子了，于是又在B位走了一手。

连下两子，按"一人一手"的围棋规则，林海峰被直接判负，大好局势也因此葬送。在双方接下来的第四局比赛中，林海峰始终无法调整好心态，再次败北。加藤正夫四战全胜，"零封"林海峰，成功卫冕，实现了日本名人赛的两连霸。

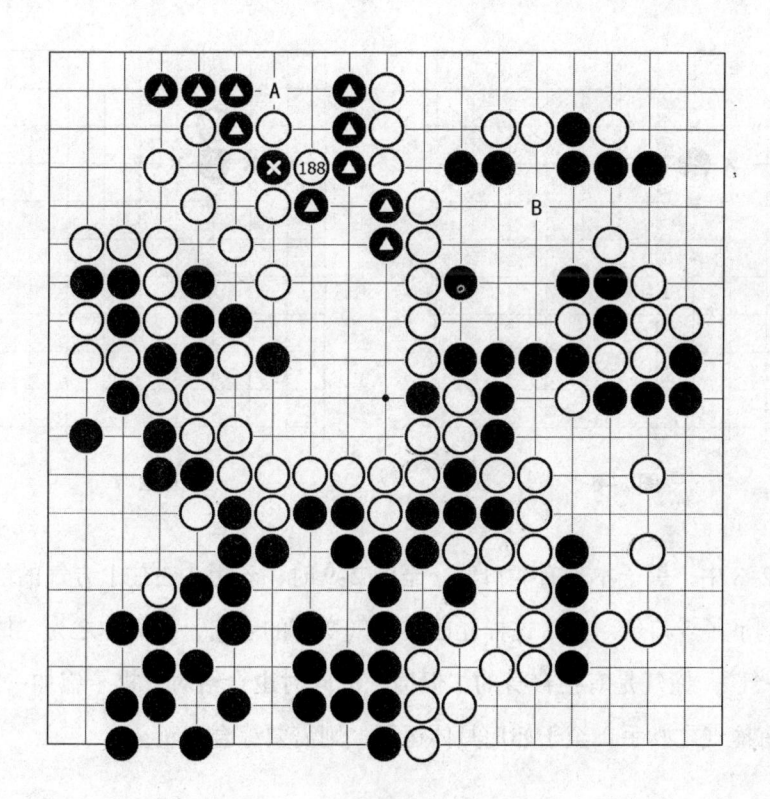

图2-5

## 第三节　气尽棋亡

### 一、气

气，是围棋最重要的概念之一。

棋子，落在了棋盘上，如同人立在大地之上。人没有了气，就无法存活下去；而棋子在棋盘上没了气，就必须从棋盘上拿走。此即：气尽棋亡。

与棋子通过直线紧挨着的空着的交叉点，就是棋子的"气"。如果最近的交叉点上有对方或己方的棋子占着，则不是气。

图 2-6 中的黑子有 4 口气，图 2-7 中的黑子被上面的白子堵了 1 口气，还剩下 3 口气。

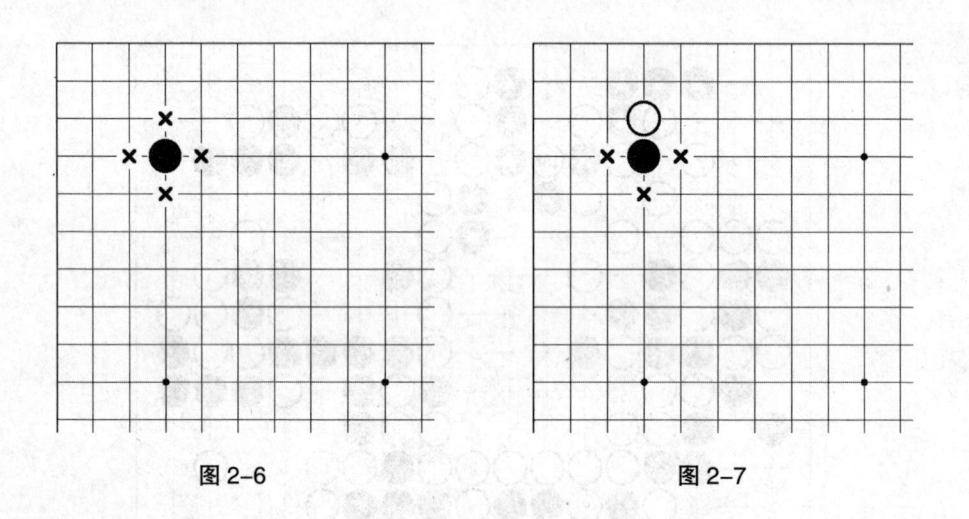

图 2-6　　　　　　　　　　图 2-7

图 2-8 中，黑子本来有 4 口气。至图 2-9 时，若黑 1 占住上方气的位置，黑棋就只剩下了 3 口气。黑 1 这样让己方的气变少的着法，我们称之为"撞气"或"自紧一气"。撞气是有损自身的，但撞气的同时也会给对方棋子施加一定影响，有时也有撞气之妙手，至于如何具体运用，则需要综合考量。

图 2-8　　　　　　　　　　　　　图 2-9

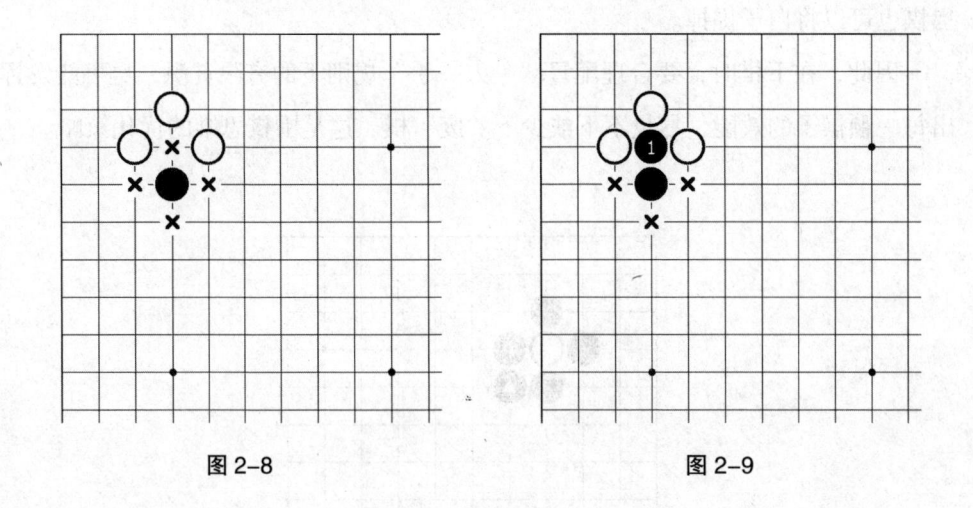

提子（或吃子）是围棋中最直接争夺地盘的作战手段。

如图 2-10，前面的 3 颗白子，没有被完全包围住，还有气，是可以存活在棋盘上的；而最后的 1 颗白棋▲，被 4 颗黑棋团团包围，上下左右通往外面的线路全都被堵住了，也就是没有了气，成为一颗死子。按照规则，这颗棋子必须从棋盘上拿走，这就叫作"提子"（或"吃子"）。

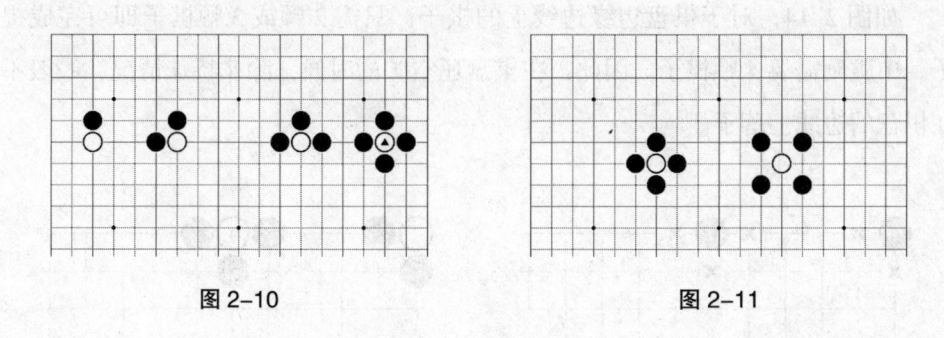

图 2-10　　　　　　　　　　　　　图 2-11

但是"包围"不完全等于吃掉。

图 2-11 中，仔细观察这两个图形的异同。左边的白子已经被吃掉了，而右边的白子虽然被 4 颗黑子包围，但还有 4 口气，依然可以在棋盘上暂时存活。

正因为围棋的基本规则是一人一手，要想抢占更多的地盘获得最终的胜利，行棋的效率就是关键。因此，在吃子时首先需要考虑的是——效率，而不是下无用之棋，或图杀敌提子的一时之快。

图 2-12 中，黑▲一子对于黑棋来说就略显多余，因为即使没有黑▲一子，

黑棋也可以将白子提掉。

因此，在下棋时，要合理配置"一人一手"规则下的有限资源，尽可能发挥出每一颗棋子的效能，尽量不下或少下"废"棋。这是围棋思维的优化策略。

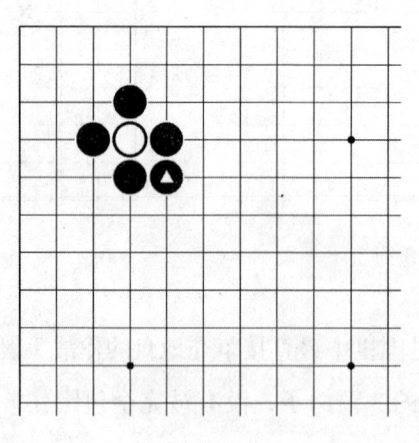

图 2-12

如图 2-13，在一路边线上的棋子由于处在棋盘的边缘地带，比在棋盘中间的棋子的气要少。气越少，棋子活力就越小，也越容易被对方吃掉。

如图 2-14，对于棋盘边缘边线上的棋子，只需 2 颗或 3 颗棋子即可完成提子，中腹则需要 4 颗棋子。因此，在棋盘还空旷的时候，除非特殊情况，一般不在棋盘的边线上落子。

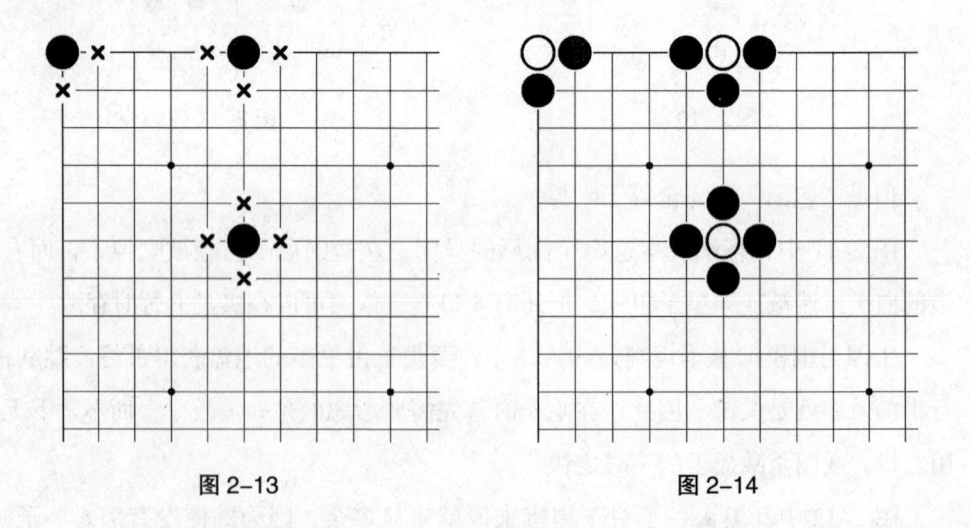

图 2-13　　　　　　　　图 2-14

## 二、一块棋的气

棋盘上相同颜色的棋子，经由棋盘上的直线紧紧连在一起，就形成了一整块棋，棋子的气是"共享"的。

如图 2-15，这两颗棋子就是一块棋。这一整块棋，共有 6 口气。

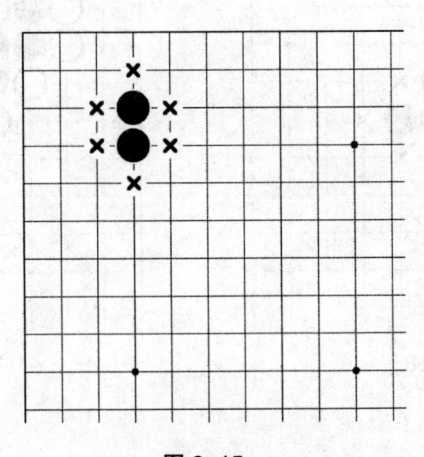

图 2-15

如图 2-16，棋盘上并没有连接它们的斜线，所以这 2 颗棋子并不构成"连接"的关系，还不能算是一整块棋。

如图 2-17，这是两块棋，黑 ×4 颗子是一块棋，黑 ▲ 4 颗子是另一块棋，它们并没有直接连接在一起。

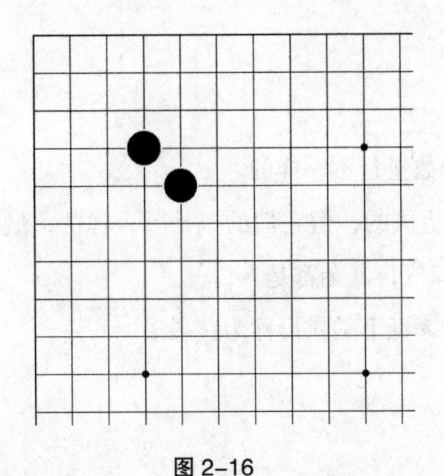

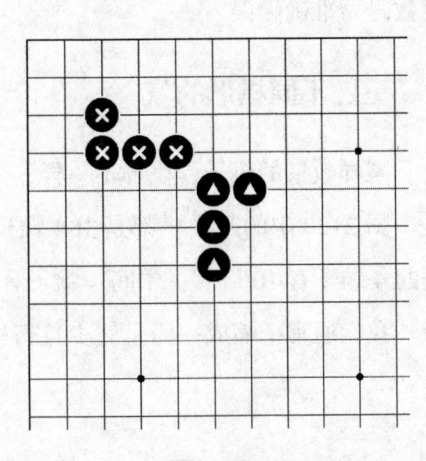

图 2-16    图 2-17

图 2-18 和图 2-19 中，这一块棋一共有 7 颗棋子，共有 11 口气。如果这 11 口气全部被白棋"堵"上，这一整块黑棋就都没有气了，全部被白棋吃掉了。

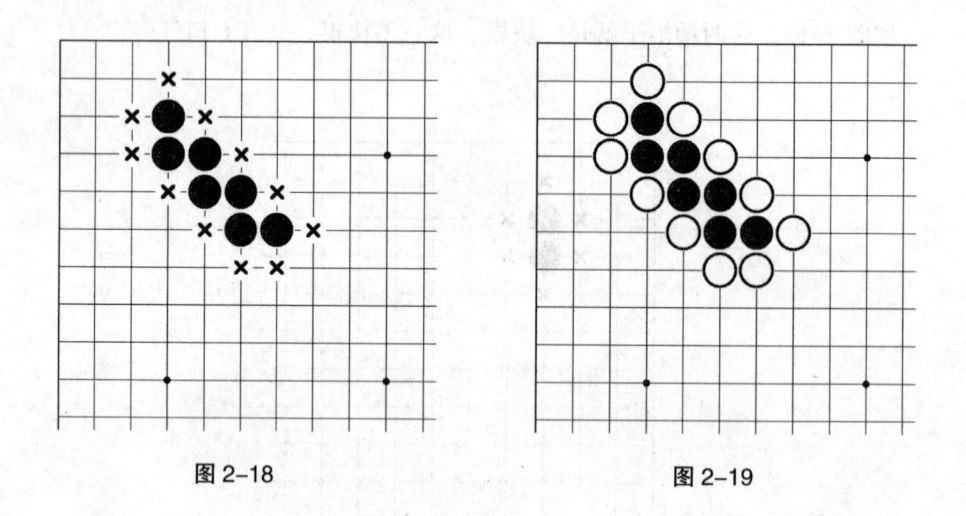

图 2-18

图 2-19

由此，数气是围棋的基本功，要做到精确无误，一气不差。

给一块棋数气时，可以按照顺时针或者逆时针的方向挨个数，不要重复数，更不要漏数。

一块棋有多少口气，就意味着对方需要连续花多少手棋才能吃掉这块棋。

在练习数气时，如上两图，可以试着用白棋一颗一颗地给这块黑棋紧气，直至最后完全包围起黑棋，看最少需要多少颗白子能把这块黑棋全部吃掉，以验证气数是否准确无误。

## 三、不同棋形的气

同样数量的棋子，棋形不一样，气的数量是不一样的。

图 2-20 中的几块棋都是由 4 颗棋子组成的，但它们的气是不一样的，最上面的 4 颗子有 10 口气，中间 4 颗子有 9 口气，其余都是 8 口气。

我们通常把缩成一团、气少且行棋效率低下的棋形称为"愚形"。

图 2-21 中的三块棋是常见的 3 种愚形，我们分别称之为方四、丁四、刀把五。在实战中要尽量避免把自己的棋下成这样的愚形。

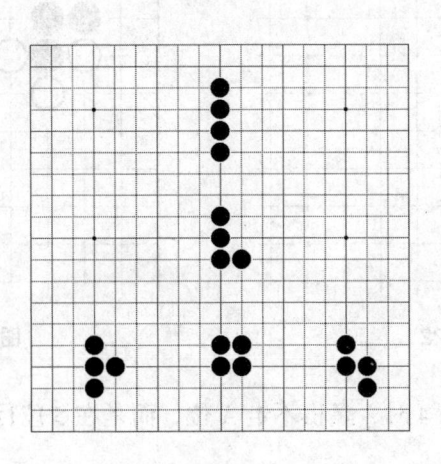

图 2-20

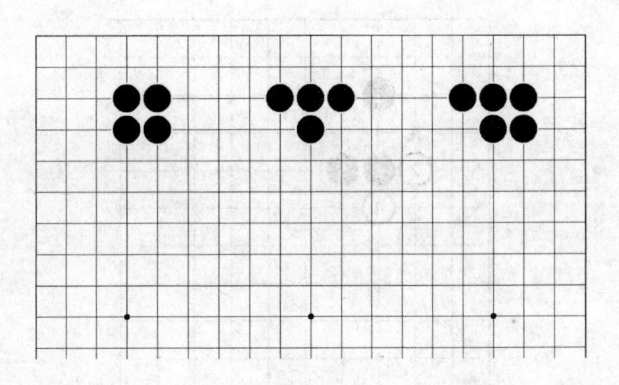

图 2-21

在实战中，我们可以因势利导，采取一定的战术技巧逼迫或诱使对方下出愚形，以此来获得行棋效率上的优势。

图 2-22 中，白 6 威胁黑 3，下一步如果在 A 位落子，就可以把黑 3 吃掉。图 2-23 中，白棋迫使黑 7 粘成一团，形成丁四的愚形。

棋形越舒展，气就越长，生命力就越强，视觉上往往能给人带来一种美的享受。

图 2-22

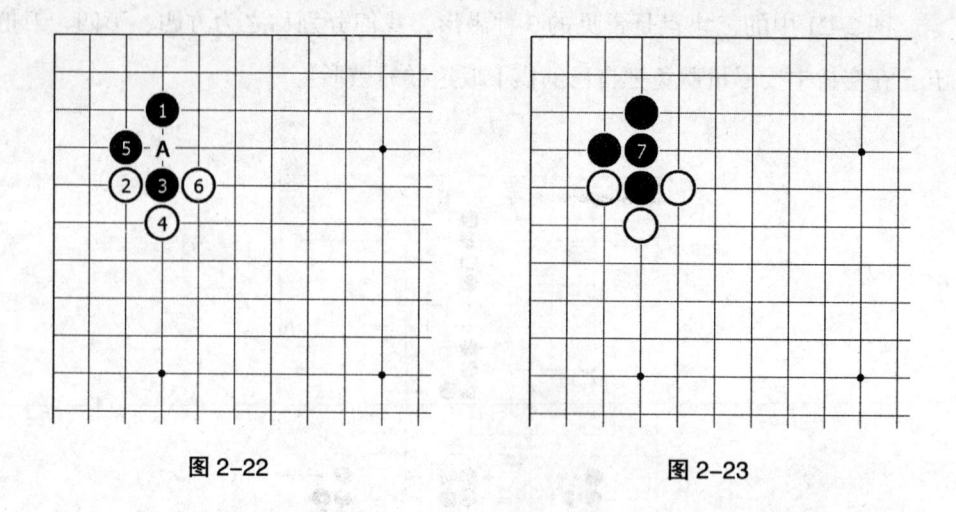

图 2-23

图 2-24 中，当白 4 时，黑棋不走 A 位，而是在 5 位行棋，棋形既舒展，又可避免被迫形成愚形。

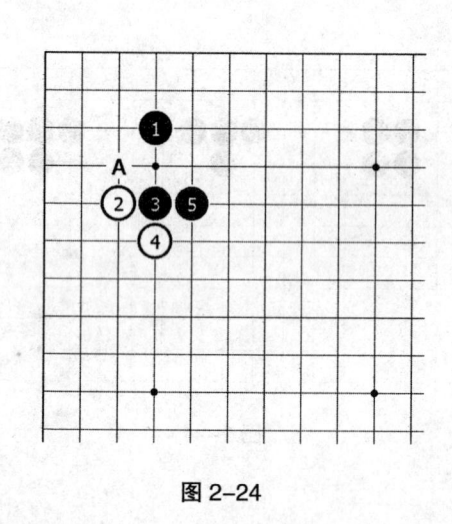

图 2-24

## 思考与练习

1. 图 2-25 中，数一数这 3 块黑棋，分别是几口气？

2. 图 2-26 中，有两块白棋和两块黑棋，数一数，它们分别有几口气？

3. 图 2-27 中，这是大型定式"妖刀"的一个变化图，数一数黑白双方一共有几块棋？分别是多少口气？

4. 提子练习，如图 2-28，黑棋怎么下，就可以提掉白子？

图 2-25

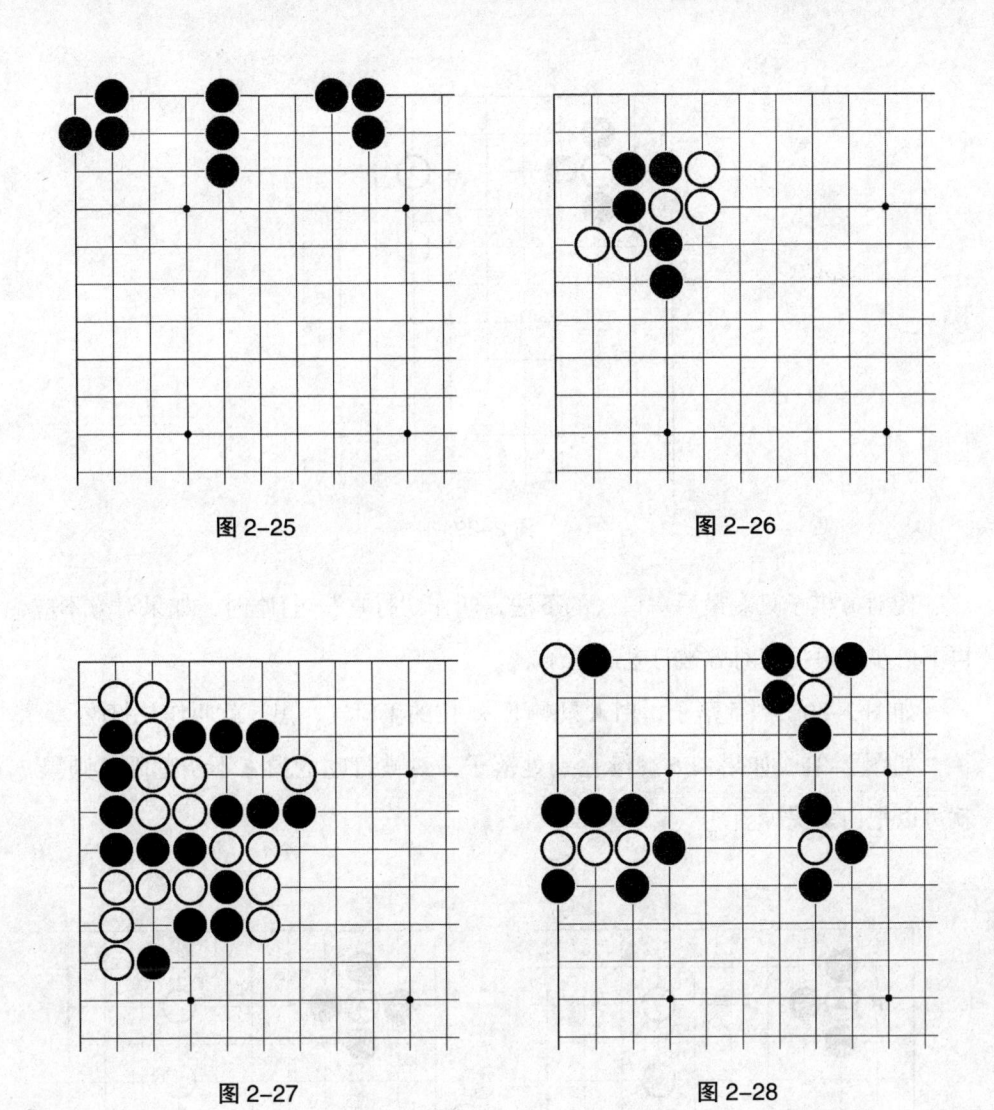

图 2-26

图 2-27

图 2-28

## 四、紧气、打吃和提子

将棋子下在对方棋子"气"的位置，使对方的气减少的下法，叫作"紧气"。

图 2-29 中，黑 1、3、5 都是紧白棋的气，紧气就是进攻。白 2、4 走在其他位置，没有直接理会黑棋的进攻，这称之为"脱先"。

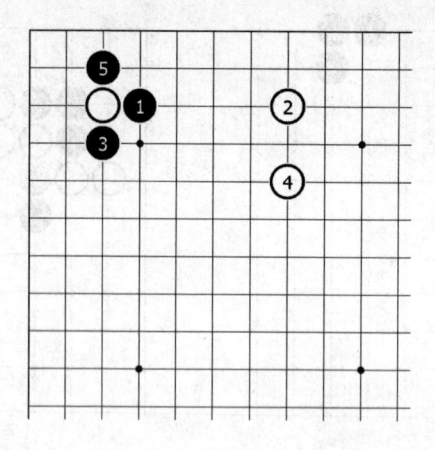

图 2-29

使对方棋子只剩最后一口气的下法,叫作"打吃"。打吃时,如果对方不应,再下一步即可提掉对方被打吃的棋子。

如图 2-30,黑 5 落子,白▲只剩下 × 位的 1 口气,黑 5 就叫作"打吃"。

如图 2-31,如果白 6 继续在别处落子,对被打吃的白▲不予理睬,则黑 7 就可以把白▲提掉。

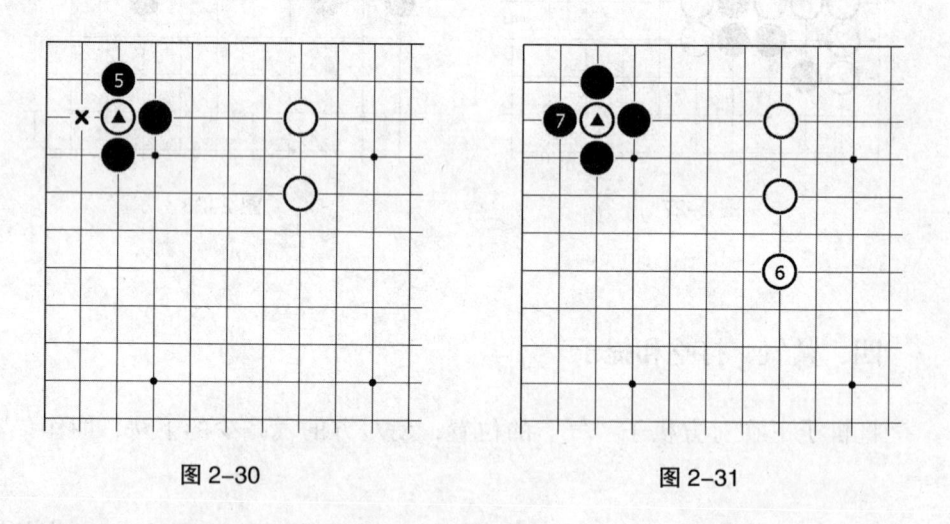

图 2-30

图 2-31

如图 2-32 和图 2-33,黑棋可以从不同方向打吃。无论从哪个方向紧气,让对方的棋只剩下 1 口气的下法,都叫"打吃"。

图 2-34 中的 3 颗白子均处于被打吃的状态，其中，角落的白子，只需 1 颗黑子就可以形成打吃。可见在棋盘边缘落子时，需要格外注意棋子的气。

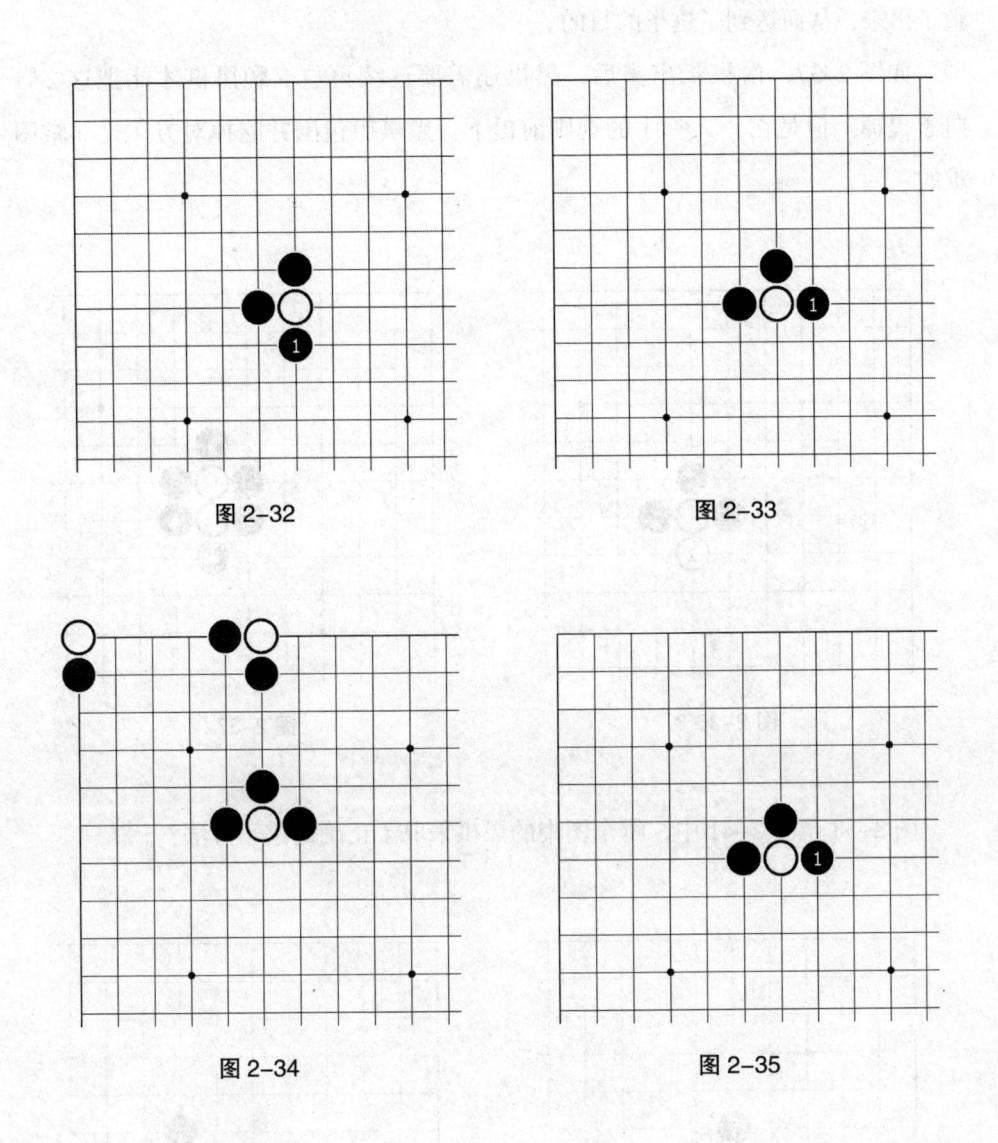

图 2-32

图 2-33

图 2-34

图 2-35

## 五、长出与逃子

按照围棋对弈规则，落在棋盘上的棋子是不可以移动的。

图 2-35 中的白棋被黑棋打吃后，眼看就要被提掉，棋盘上的棋子不能移动，白棋应该怎么办才能避免被提掉呢？

如图 2-36，白 2 通过直线紧连着自己向外延出一子，叫作"长"或者"长出"。通过长出，白棋从 1 口气变成了 3 口气，将自己处于被打吃状态的棋子营救了出来，从而达到了逃子的目的。

如图 2-37，白棋长出来后，黑棋还需要连续再放 3 颗黑棋才能把这 2 颗白子提掉。但是在一人一手的规则前提下，黑棋想包围并吃掉对方，是非常困难的。

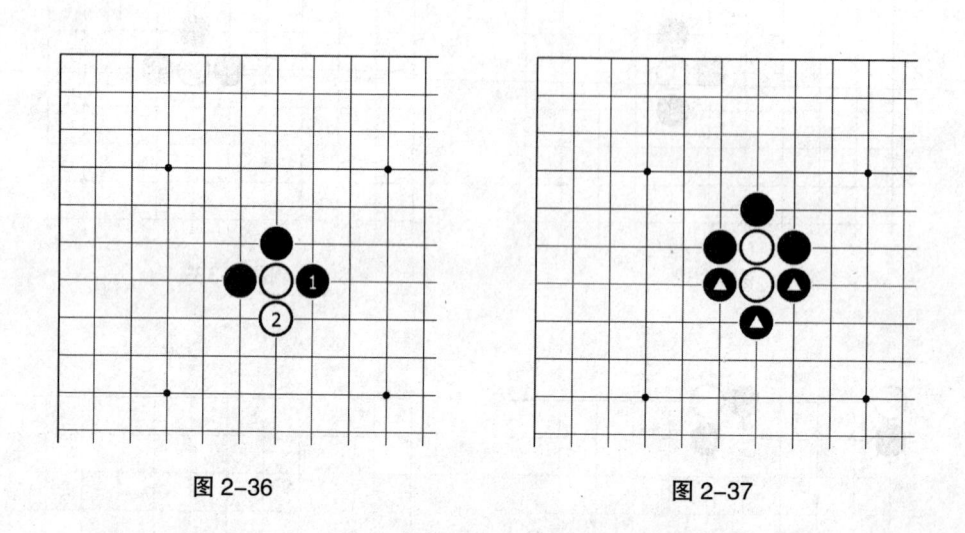

图 2-36

图 2-37

图 2-38 至图 2-41 中，哪个图中的黑棋采取了正确的逃子方法？

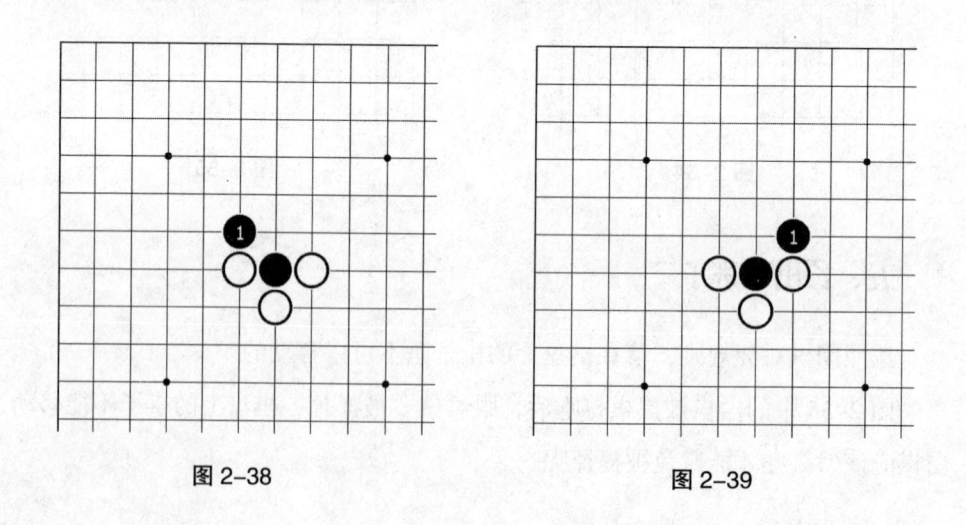

图 2-38

图 2-39

图 2-40

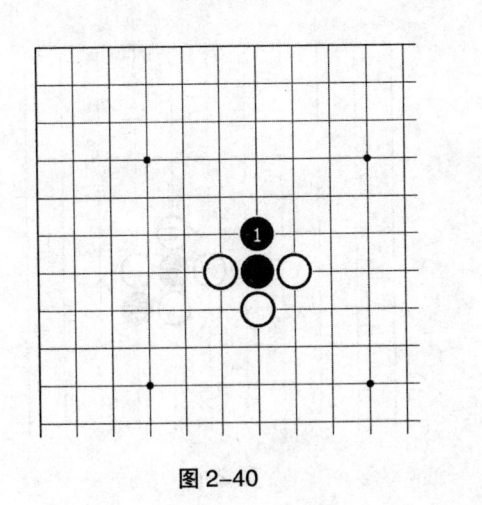

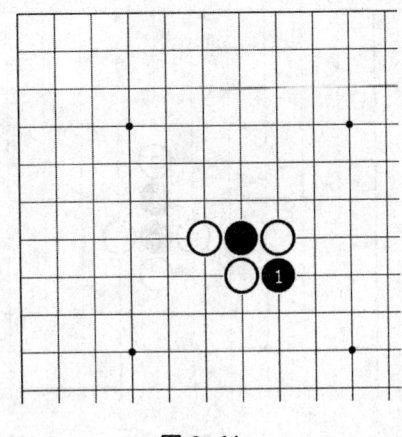

图 2-41

棋盘上没有斜线，斜对着的两颗棋子是不能连接成一个整体的。

图 2-42、图 2-43、图 2-45 中的黑 1 都是错误的逃子方法，白 2 可以直接提子。只有图 2-44 中的黑 1 是正确的逃子方法，接下来，白棋无论下哪里，都无法一手棋提掉黑棋。

在实战对局中，不是说只要被对方打吃了，就一定要逃，而是要随机应变，正确取舍。对于初学者来说，首先要能及时发现自己被打吃的棋子，然后再选择逃还是不逃。

图 2-46 和图 2-47 中的黑子都处于被打吃的状态，可以逃子吗？

图 2-48 中的黑子只能逃一下，图 2-49 中的黑子越逃损失越大。

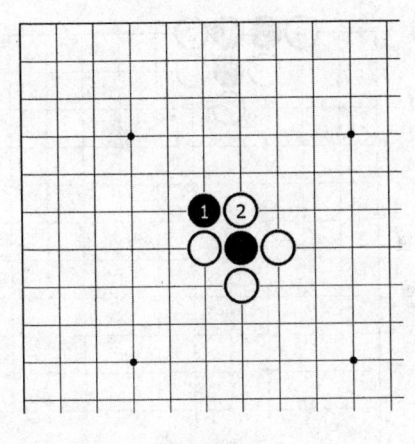

图 2-42

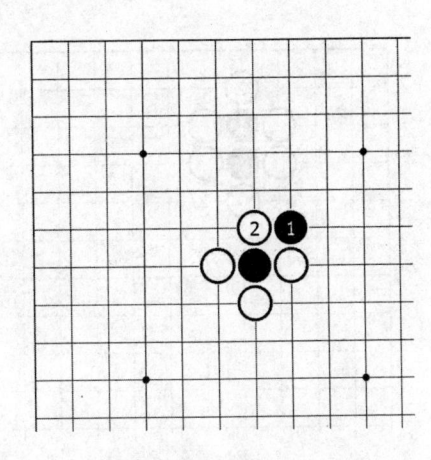

图 2-43

图 2-44

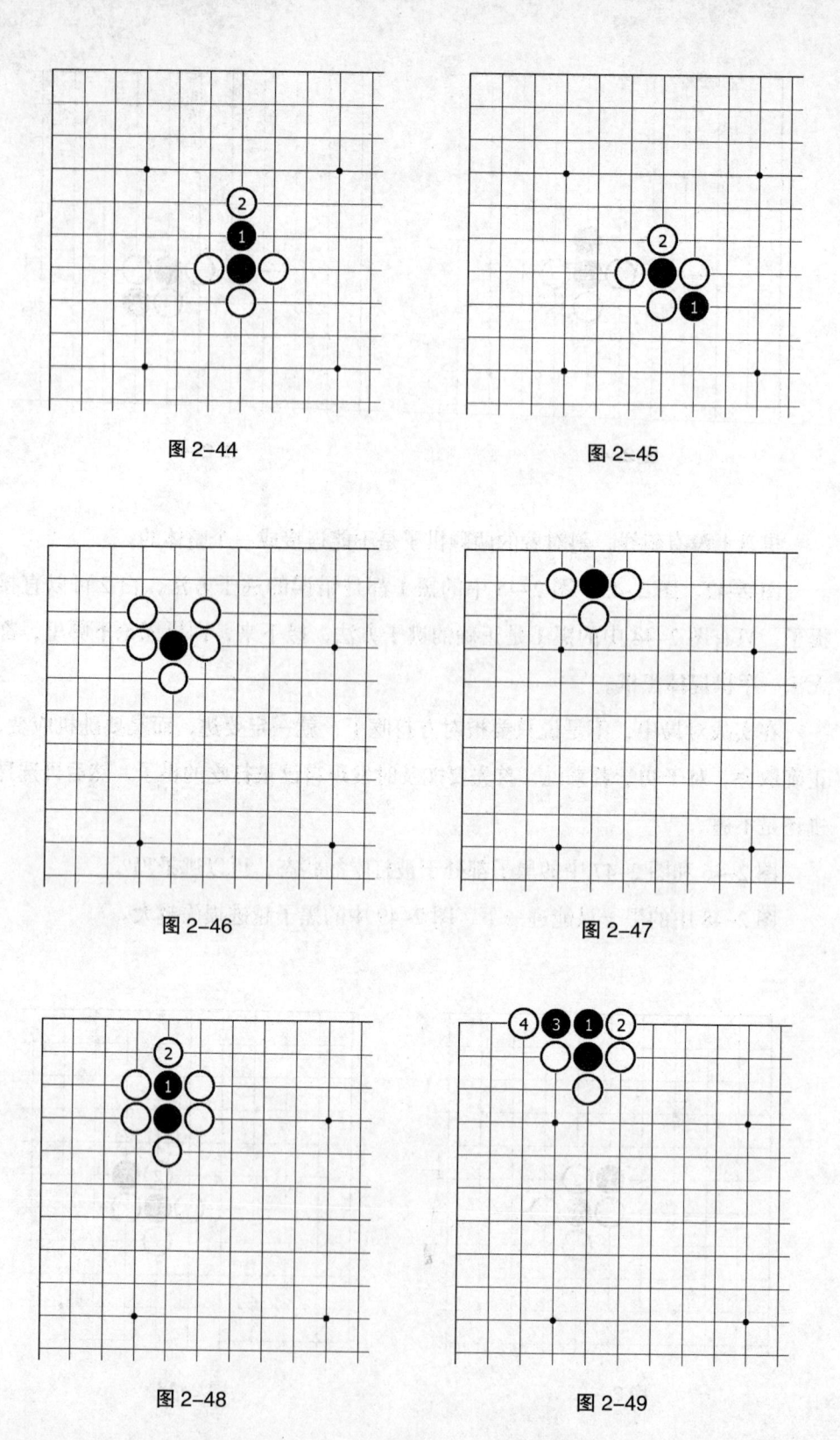

图 2-45

图 2-46

图 2-47

图 2-48

图 2-49

如图 2-50 和图 2-51，黑 1 放弃逃子，在别处行棋，白棋可以提掉黑子，但从效率上看，白 2 若提子，相当于浪费了一手棋。因为黑子已经无法逃脱，白棋没有必要专门再花一手棋去提掉黑子。

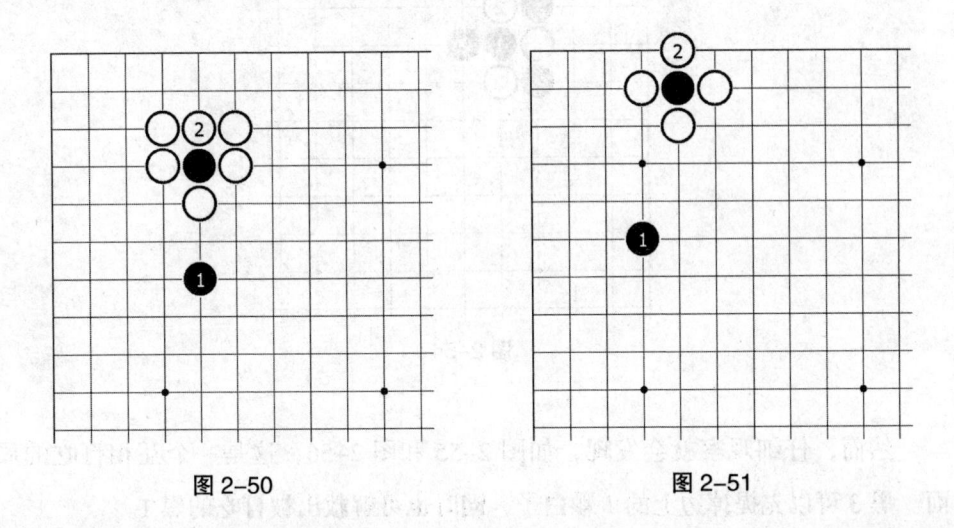

图 2-50

图 2-51

每一手棋都有存在的价值，当棋局进行至双方均认为再下已没有价值时，棋局也就该结束了。

如图 2-52，当黑棋被打吃的时候，黑▲也可以拐着弯进行逃子。斜着走和拐着弯走是有区别的，拐着弯走时，棋子是连接在一起的。

而图 2-53 中，白 2 打吃黑棋，黑 1 处于被打吃状态，需要长出逃子吗？有没有更好的办法？

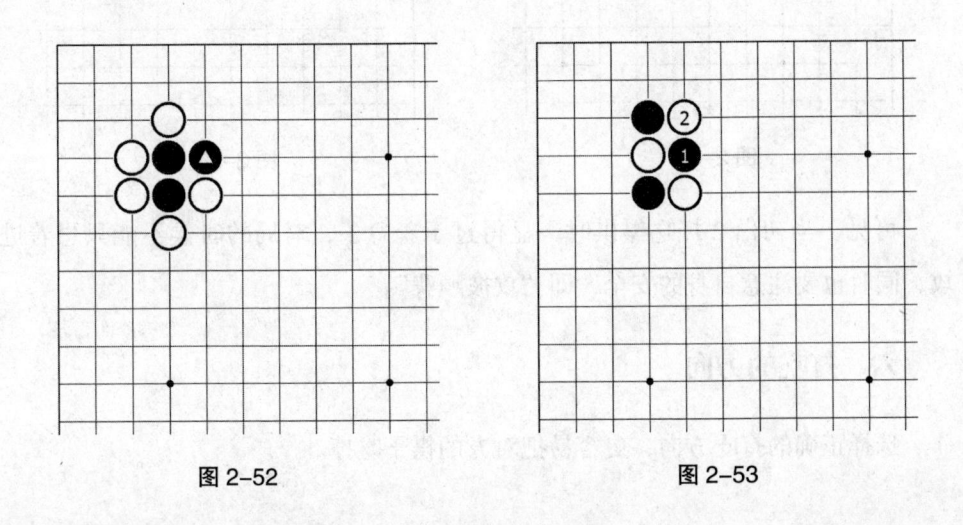

图 2-52

图 2-53

如图 2-54，黑 3 简单长出，即可救出黑 1。

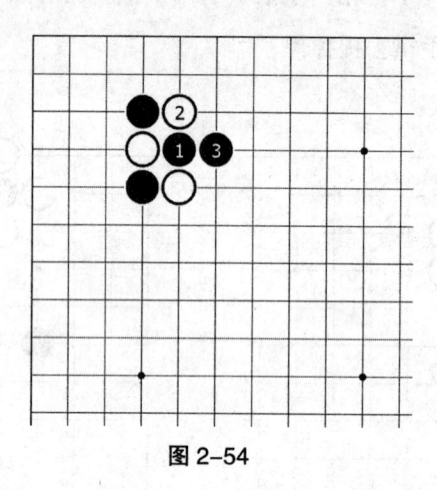

图 2-54

然而，仔细观察就会发现，如图 2-55 和图 2-56，这是一个互相打吃的局面。黑 3 可以先提掉边上的 1 颗白子，同时也可解救出被打吃的黑 1。

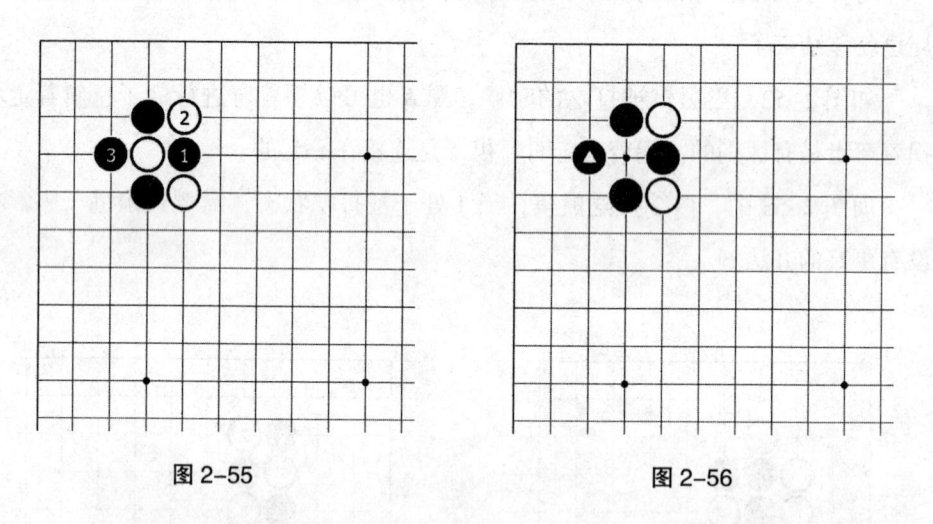

图 2-55　　　　　　图 2-56

可见，当初白 2 打吃黑棋时，显得过于着急了，对局的时候不能只想着进攻，同时也要注意自身的安全，即"攻彼顾我"。

## 六、打吃的方向

选择正确的打吃方向，更容易把对方的棋子吃掉。

1. 把对方向棋盘边角的方向赶

如图 2-57，白子还有 2 口气，黑棋有 A 位和 B 位两个打吃方向，应该怎么选择呢？

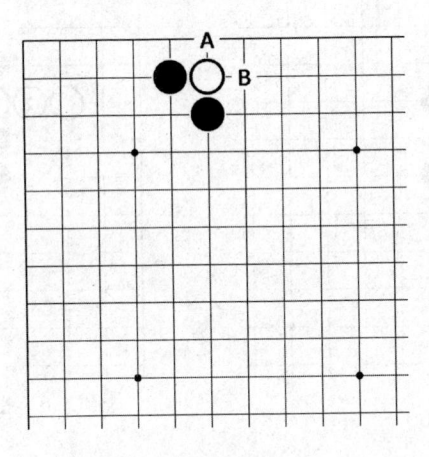

图 2-57

如图 2-58，黑 1 从 A 位打吃，白 2 简单一长，便可扬长而去。

如图 2-59，黑 1 从 B 位打吃，白 2 长出时，只能逃向棋盘边缘，黑 3 继续追击，最终将白棋全部吃掉。

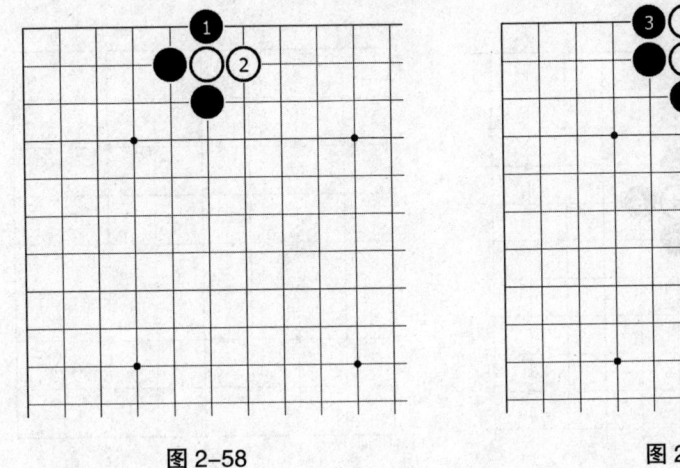

图 2-58

图 2-59

2. 把对方赶向自己有棋子的方向

如图 2-60，有两颗白子，气少的是目标。黑棋有 A 位和 B 位两个打吃方向，应该怎么选择呢？

如图 2-61，黑 1 从 B 位打吃，白 2 长出，3 颗白子就连接到了一起。黑棋再难发起下一步的进攻。

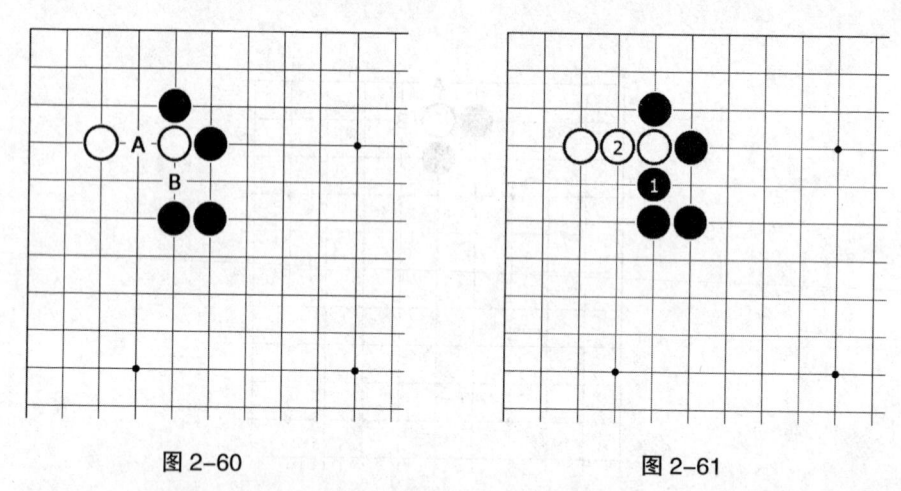

图 2-60

图 2-61

如图 2-62，黑 1 从 A 位打吃，把两颗白子分割开来，同时把白棋赶向自己黑子的方向，白 2 长出逃子，黑 3 继续追击，最终全歼白棋。

如图 2-63，九路棋盘空间较小，双方一开局就容易发生激烈的接触战。初学围棋，我们可以在九路棋盘上进行吃子练习，熟悉作战技巧。比一比，看谁先吃掉对方的棋子。

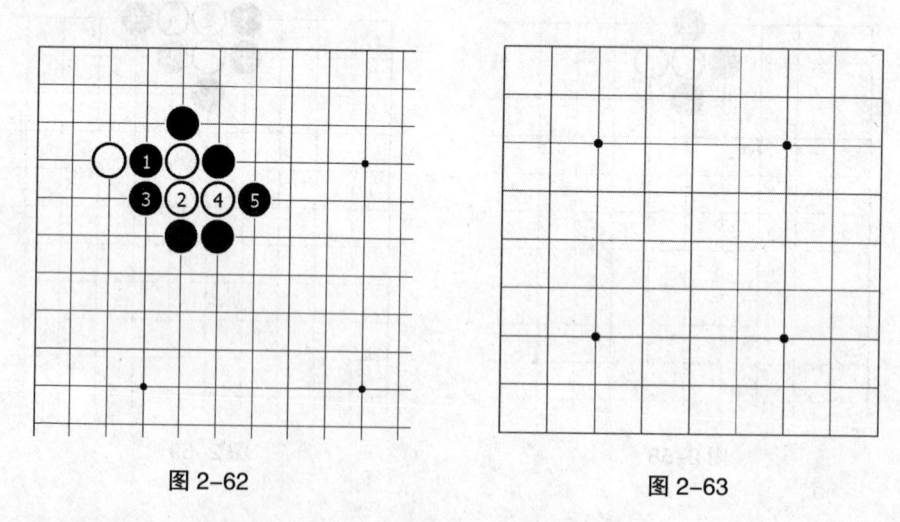

图 2-62

图 2-63

在实战或练习的过程中，要尽量避免出现两种极端情况。一种是只想着去吃别人的棋子，自身到处都是弱点。另一种是害怕被别人吃棋，落子时一个紧挨着一个，行棋效率低下。

## 思考与练习

1. 图 2-64 中，哪颗黑子没有紧住白棋的气？

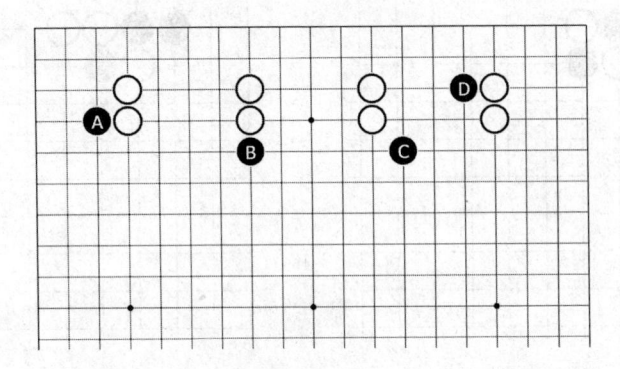

图 2-64

2. 图 2-65 至图 2-68 中，黑棋应该怎么下？

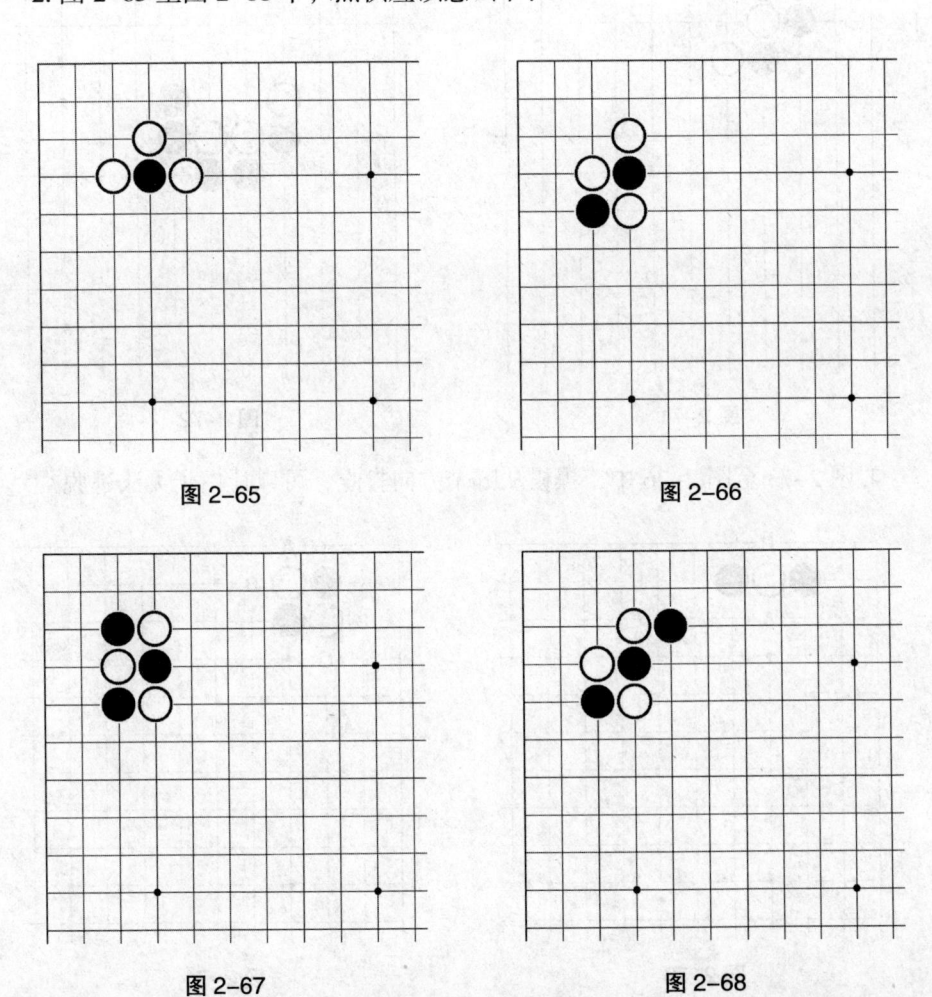

图 2-65

图 2-66

图 2-67

图 2-68

3. 图 2-69 至图 2-72 中，黑棋走哪里可以打吃白棋呢？

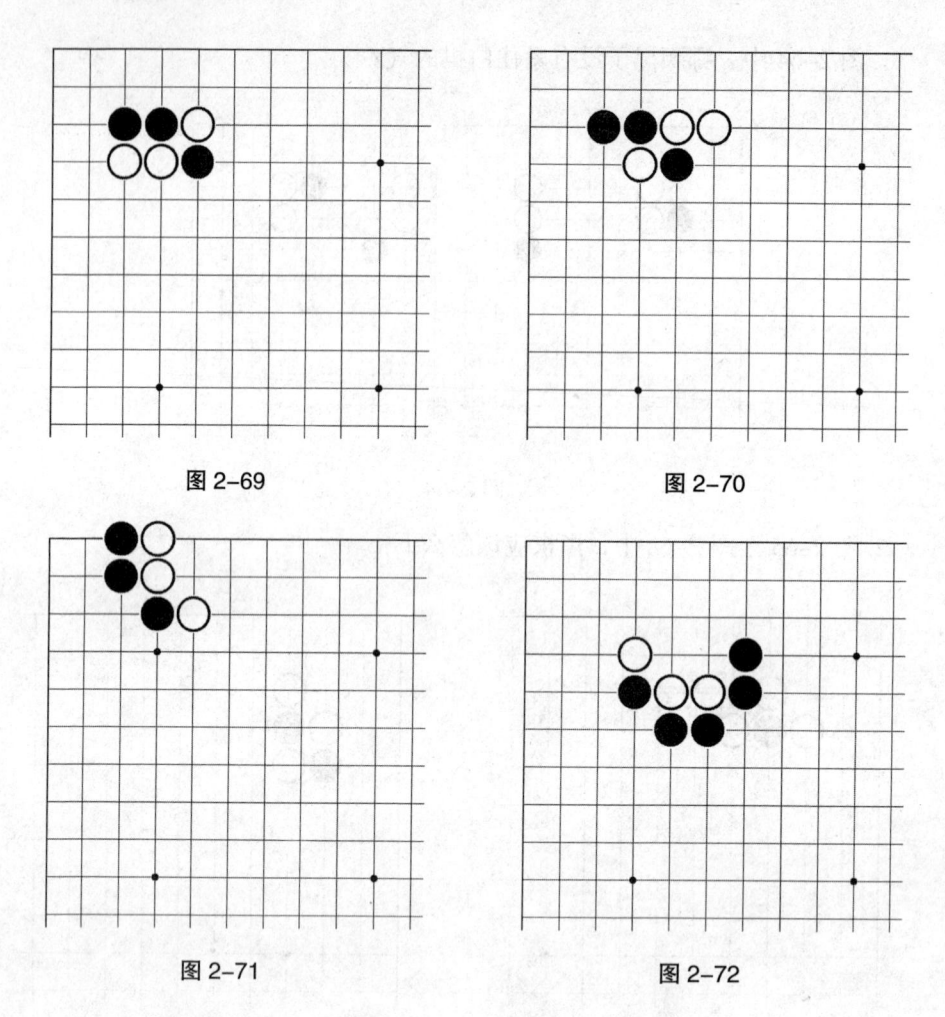

图 2-69

图 2-70

图 2-71

图 2-72

4. 图 2-73 至图 2-76 中，黑棋从哪个方向打吃，可以让白子无法逃脱？

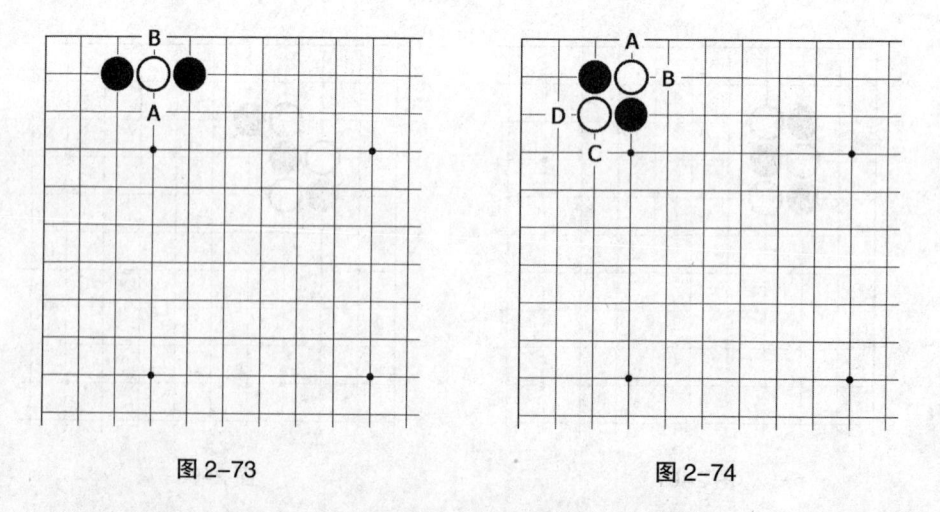

图 2-73

图 2-74

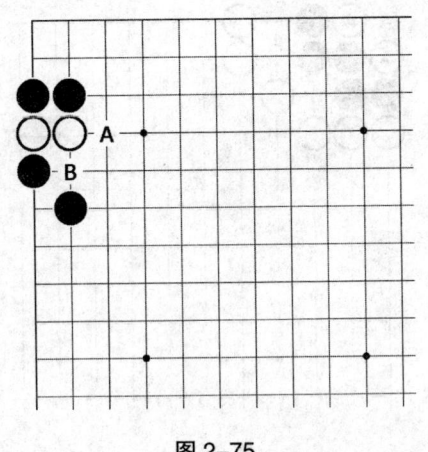

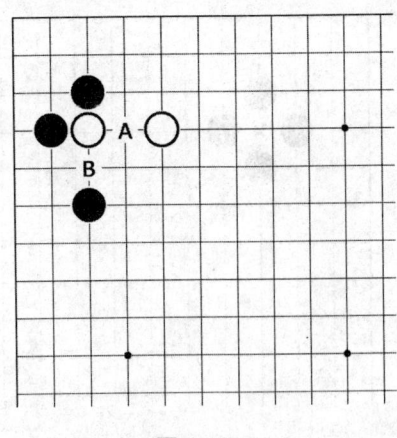

图 2-75　　　　　　　　　图 2-76

## 第四节　同形禁复

围棋变化复杂，有几种特殊的情况会导致无限循环局面的出现。比如：劫争、长生劫和双提。为了避免对弈双方行棋的无限循环，围棋规则禁止同样形状重复出现，即"同形禁复"。

在此之前，我们先了解一下禁入点的概念。

## 一、禁入点

棋盘上如果有这么一个点，一方在上面落子，不仅不能立即提掉对方的棋子，还使得自己的棋子成为无气状态，这个点就叫作"禁入点"。

禁入点不能落子，落子即判负。

如图 2-77，这里有一个已经被黑棋包围的交叉点，白棋如果在这里落子，自己便处于没有气的状态，这个交叉点就是白棋的"禁入点"，白棋不允许落子。

如图 2-78，A 位也是白棋的禁入点。因为在 A 位落子会使白棋整块棋成为无气状态。

如果落子后能提掉对方的棋子，则不是禁入点。

如图 2-79，× 这个点看似禁入点，但如果黑棋在此落子，能立即提掉白棋的 3 颗棋子（如图 2-80），黑▲便有了气。所以，这个点就不是黑棋的禁入点。

图 2-77

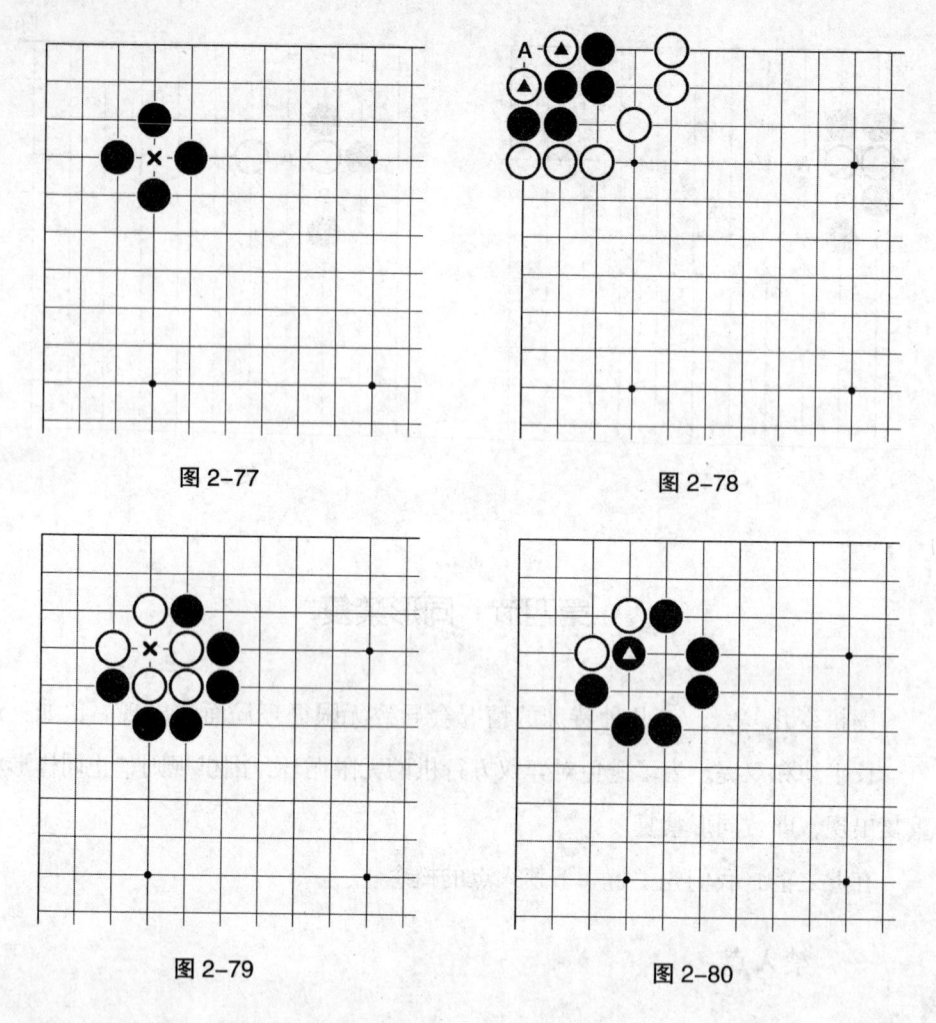

图 2-78

图 2-79

图 2-80

图 2-81 中的 × 点,对于白棋来说,也不是禁入点。图 2-82 中,白▲放进去能提掉 2 颗黑子。

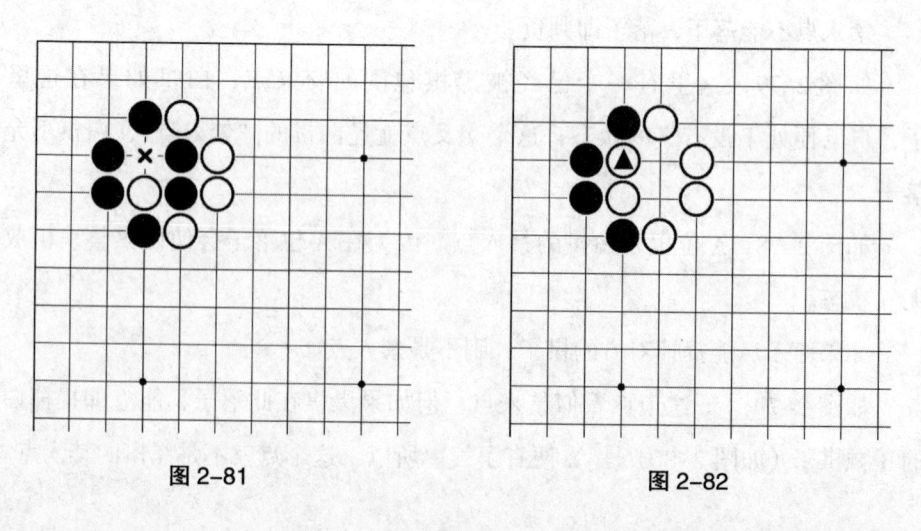

图 2-81

图 2-82

图 2-83 和图 2-84 中，黑▲吃掉白棋 3 颗子后，会形成 3 个空格。图 2-85 中，白 1 是可以立即再点入的，因为白 1 点进去后还有 2 口气，并不违背围棋的基本规则。

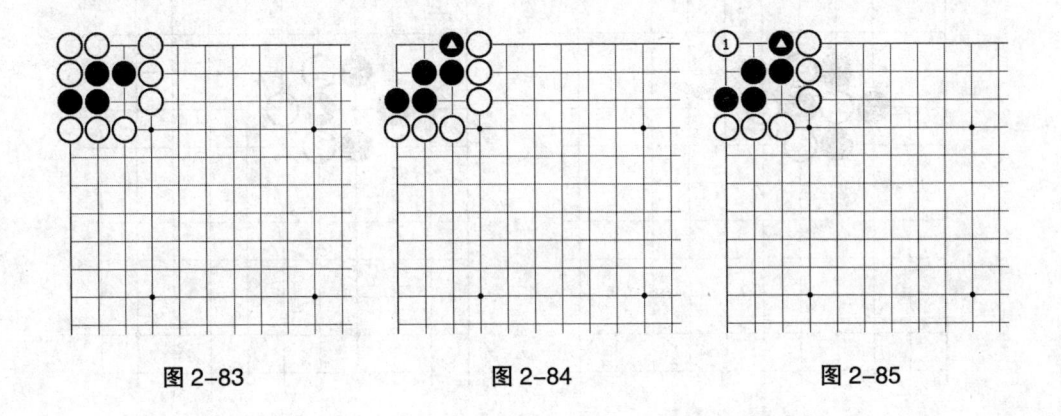

图 2-83　　　　　图 2-84　　　　　图 2-85

一般来说，直接侵入到对方势力范围内，如果不能吃掉对方棋子或者获得其他利益，白白损失一手棋，也没有实际意义。

当然，随着学习的深入，我们会知道，图 2-85 中的白 1 点入，是一着妙手，整块黑棋危在旦夕。请思考为什么？

## 二、劫争

如图 2-86，这是围棋中的一种特殊棋形。

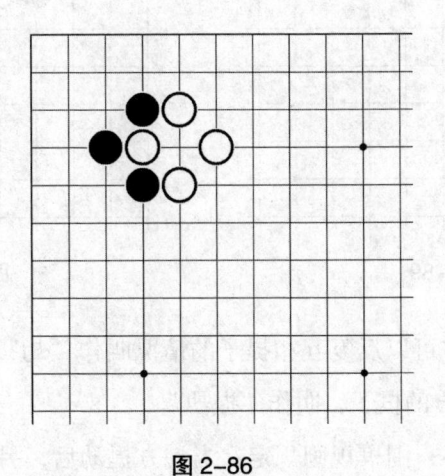

图 2-86

如果轮黑棋下，如图 2-87，黑▲可以将白棋一子提掉，形成图 2-88 的形状。

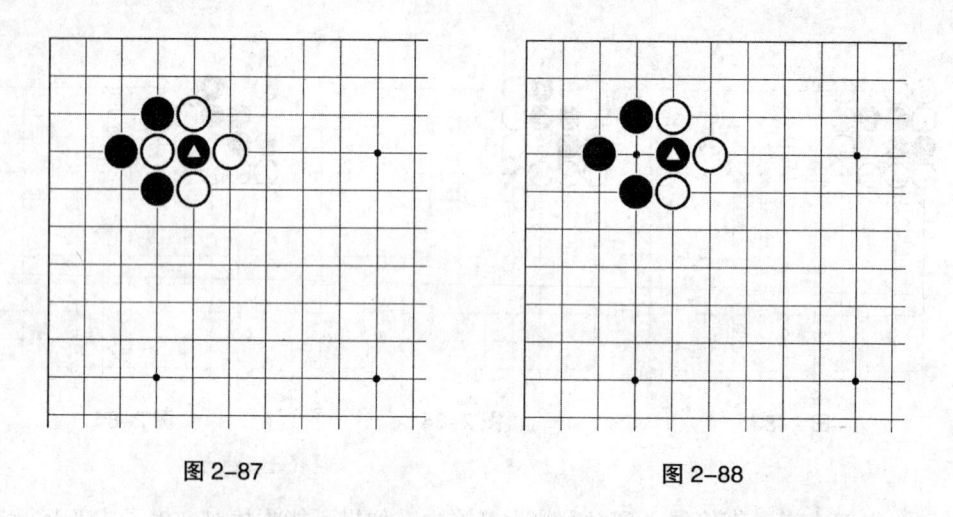

图 2-87

图 2-88

接上图，此时轮到白棋走，如图 2-89，白棋把黑子提掉，然后又轮到黑棋走，如图 2-90，黑棋又回过头来把白子提掉。如果双方坚持，都不肯退让，这样的局面就会无限反复循环。

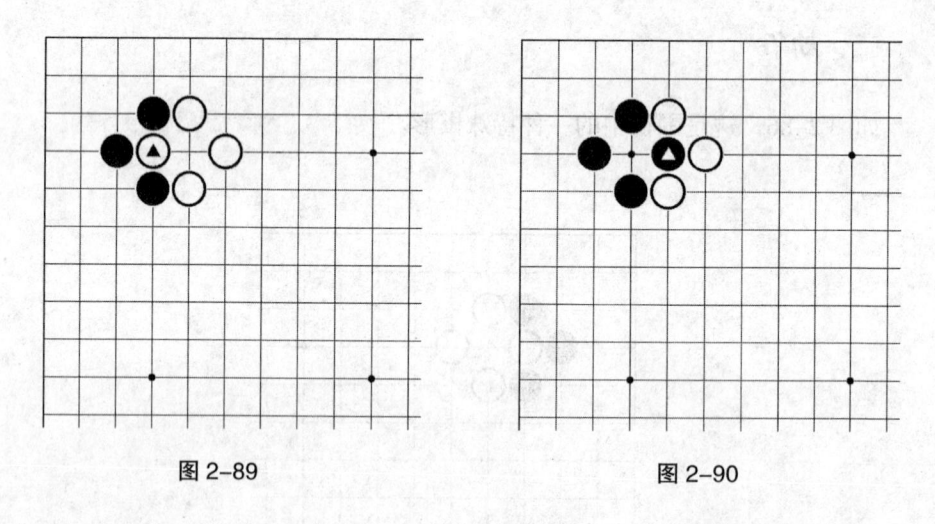

图 2-89

图 2-90

像上面这样双方可以反复互相提子的情况叫作"劫"，也叫"劫争"或"打劫"。一方先吃掉对方的棋子，叫作"提劫"。

为避免无限循环，围棋规则规定，当一方提劫后，另外一方不能马上提回，而是需要隔一手棋之后才能提回。

如果白棋在其他地方落子能逼迫黑棋应对一手，白棋的这一手棋称为"找劫材"，黑棋被迫应的这一手棋叫"应劫"。

黑棋应劫后，再轮到白棋走，就可以选择把劫提回来了。

如图2-91，黑1提劫，白2找劫材，黑3应劫，图2-92中，白4把劫提回来。

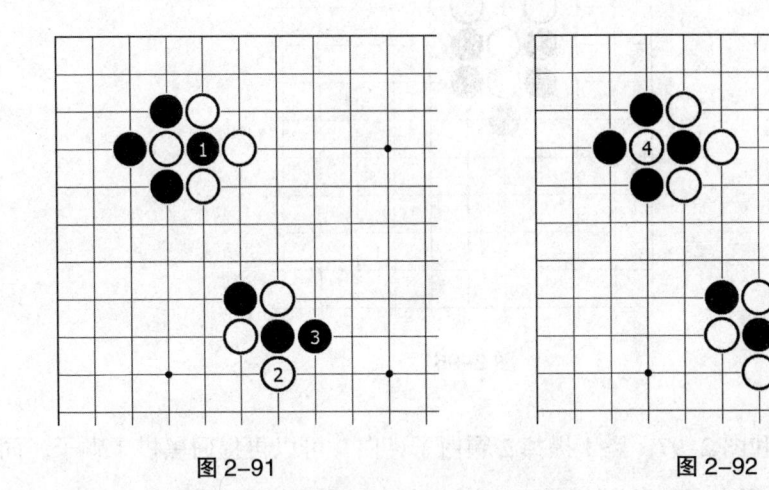

图 2-91　　　　　　　　　　　　图 2-92

当然，白棋在其他地方落子，黑棋也可以置之不理，即"不应劫"，把发生劫争的地方"粘"上。这样劫争就被消除了，我们称之为"消劫"。

如图2-93，黑1提劫，白2只能往别处落子，黑3消劫（如图2-94）。

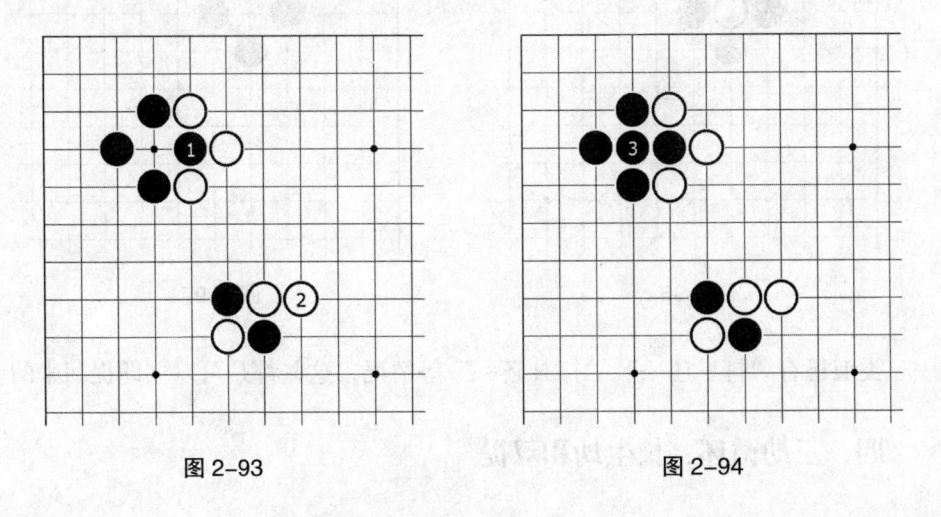

图 2-93　　　　　　　　　　　　图 2-94

劫争虽有一个"争"字，但并非是要逢劫必争。劫败未必输，劫胜未必赢。劫争非常复杂，关于它的取舍和得失是围棋的难点之一，故有"低手怕打劫"之说。

## 三、打二还一

图 2-95 看似劫争，实际上却不是，我们称之为"打二还一"。

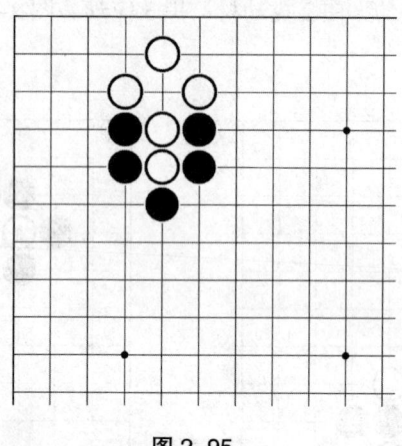

图 2-95

如图 2-96 和图 2-97，黑 1 提掉 2 颗白子，白 2 可以再提回黑棋 1 颗子。同样的棋形不会反复出现，所以白棋可以直接提回，无须再隔一手。

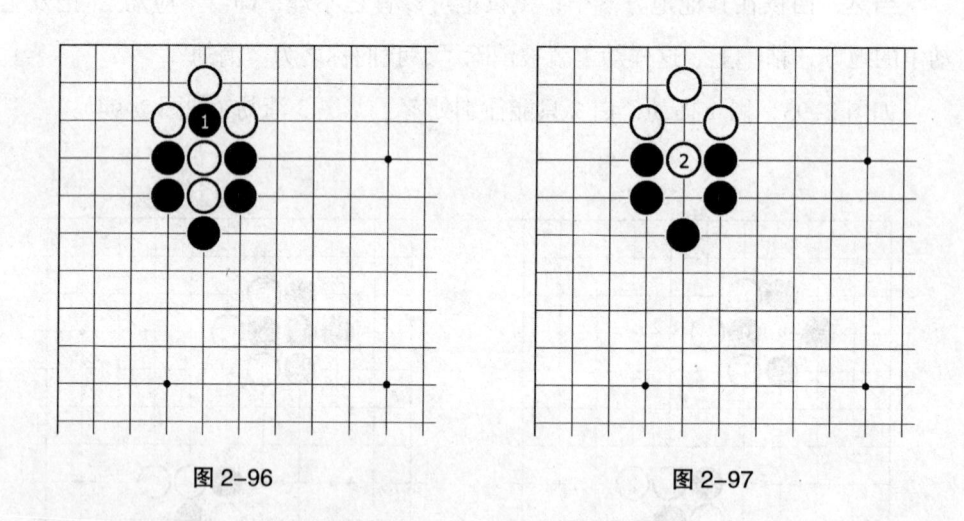

图 2-96

图 2-97

类似还有"打三还一""打 N 还一"等情况，这些都是可以立即提回来的。

## 四、三劫循环、长生劫和双提

三劫循环、长生劫和双提是实战中非常罕见的 3 种特殊情况。在此给大家简单介绍一下。

如图 2-98，如果棋盘上同时存在 3 个劫争，会发生什么情况？

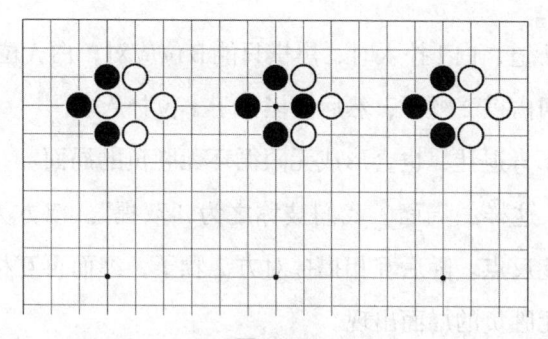

图 2-98

遇到这种情况，如果双方都不愿退让，不肯放弃劫争，就会无限循环下去，形成"三劫循环无胜负"，成为和棋。

2020 年 8 月 26 日，中国围棋甲级联赛第 3 轮，上海建桥学院队对阵日照山海大象队的主将战中，李维清（白）与江维杰（黑）弈出"四劫循环"奇局。

图 2-99 中，A、B、C、D 四处均成劫争，双方均不肯退让，形成无限循环的局面，最终本局按规则判定为无胜负。

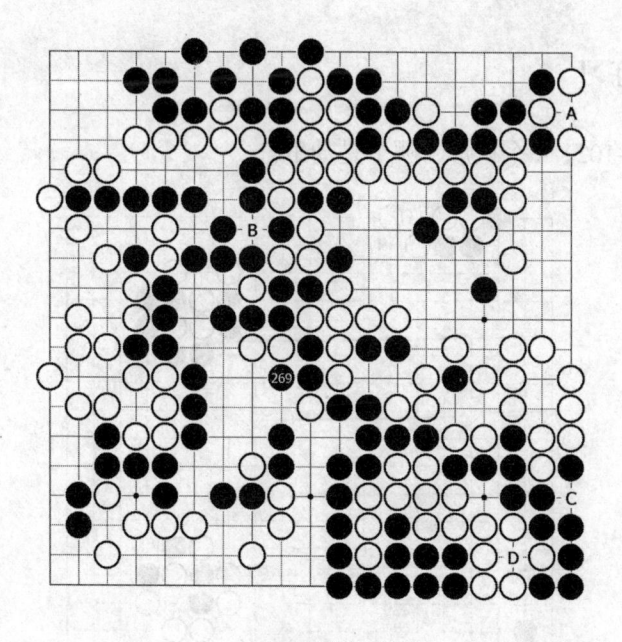

图 2-99

如图 2-100，这是更为罕见的长生劫，它虽不是劫争的形式，但同样具有同形反复的特性。

双方为局势所迫，白 1 扑入时，黑棋只能 B 位应对，白 A 位提掉黑棋 2 颗子，接下来黑棋再提回白棋 2 颗子，然后白棋再于 1 位扑入。

如果双方均不肯退让，也会形成无限循环无胜负的局面。

如图 2-101，这样的局面，我们被称之为"双提"。双方为局势所迫，黑 1 点入后，白 2 只能反点。随后互相提掉对方 2 颗子，继而再互相点入。如此反复无穷，也会导致无胜负的局面出现。

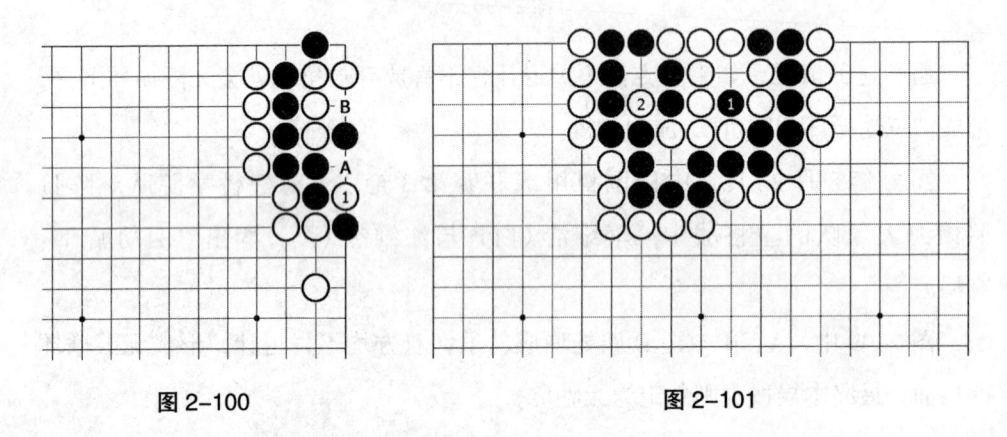

图 2-100

图 2-101

## 思考与练习

1. 如图 2-102，4 个棋形，哪个是劫争？

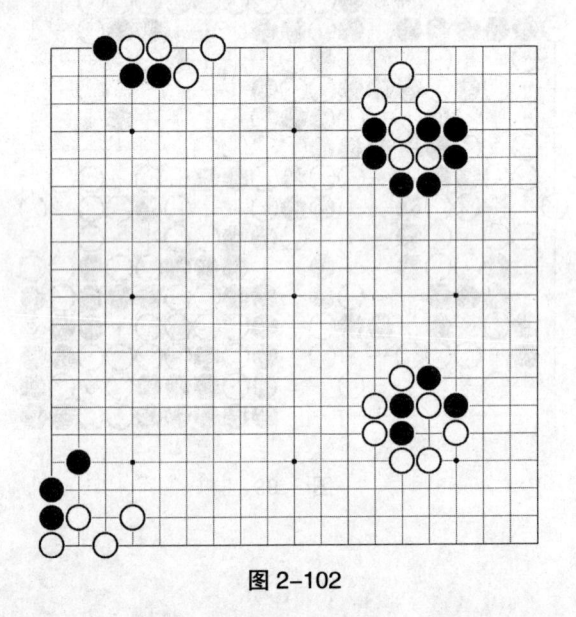

图 2-102

2. 图 2-103 中，有一个位置是白棋的禁入点，能找到在哪里吗？

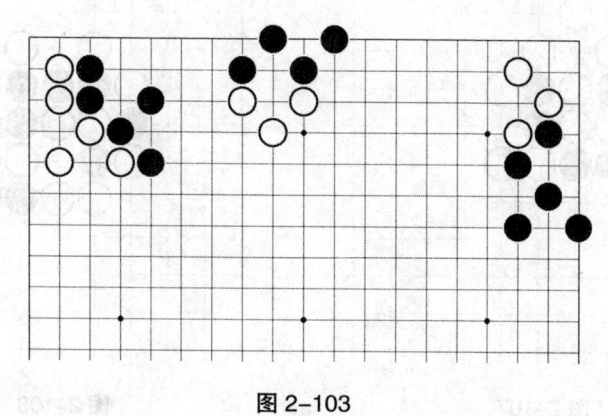

图 2-103

3. 图 2-104 中，有一个位置是黑棋的禁入点，能找到在哪里吗？

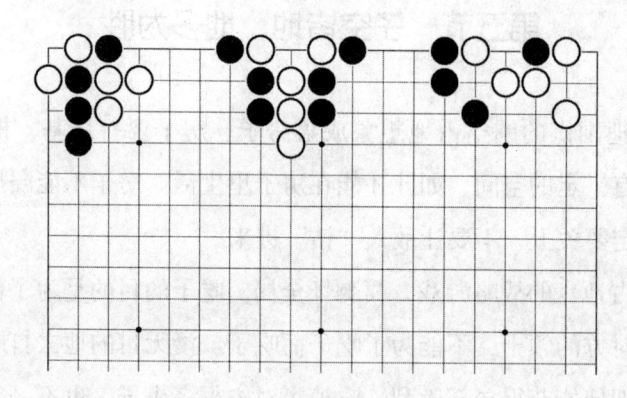

图 2-104

4. 图 2-105 至图 2-108 中，轮黑棋走，应该怎么下呢？

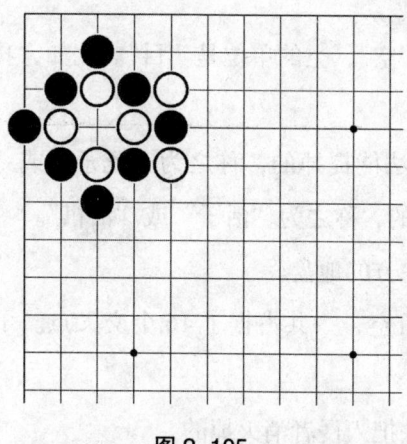

图 2-105 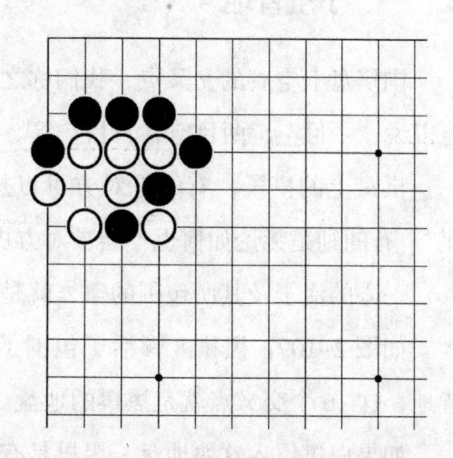　　　　　　　　　图 2-106

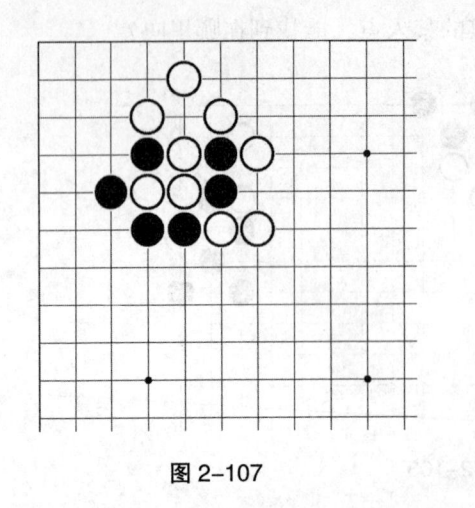

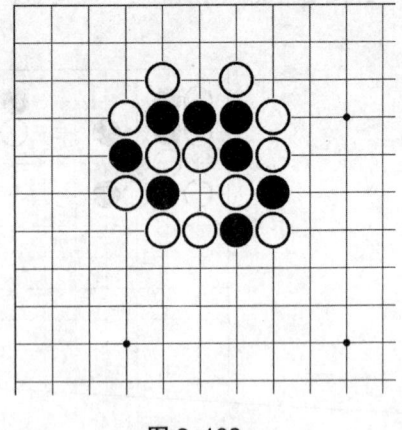

图 2-107　　　　　　　　图 2-108

## 第五节　子空皆地，地多为胜

我们可以把围棋的围空占地想象成盖房子。房子要打地基，框架要结实牢靠，其内还要有一定的空间，如此才能在房子里生活。房子不能漏风，门窗该关上的时候就一定要关上，不要让敌人"钻"进来。

围棋是抢占地盘的战略游戏，要胸怀全局。吃子的目的是为了保卫自己的地盘，或者抢占对方的领土，不能为了吃子而吃子。漫无目的地去打吃，急于在阵前挑起战斗，即使能获得局部胜利，吃掉了对方很多棋子，也不一定会获得最后的胜利。因为围棋比的是谁占地更大、谁"生活得更美好"的游戏。

### 一、子空皆地

围棋盘上空着的交叉点，我们称之为"空"，空的单位是"目"。比如，我们可以说，一目空，两目空，三目空等。

棋盘上的棋子，有的是对方可以想办法能提掉的，称之为"死子"或"死棋"。有的则是无论如何也不会被对方提掉的，称之为"活子"或"活棋"。

一方的活子及其所包围的空，就是这一方的地盘。

如图 2-109，黑棋 8 颗活子包围了 8 目空，一共占据了 16 个交叉点。子空皆地，这 16 个交叉点就是黑棋的地盘。

如果白棋侵入这块地盘，黑棋是有办法把入侵者消灭掉的。

如图 2-110，白 1 和白 3 侵入进去，只要黑棋一一正确应对，很容易就把入侵的白棋给吃掉。

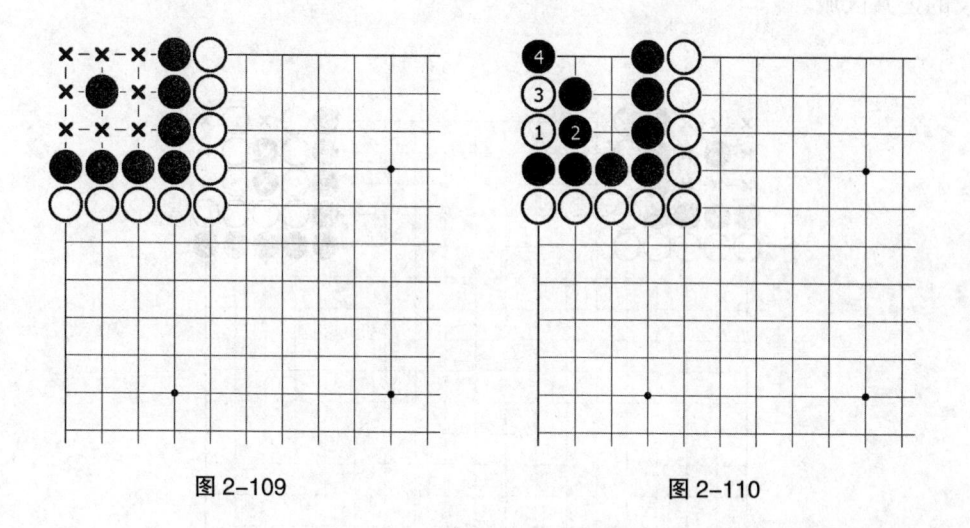

图 2-109

图 2-110

相应地，对方的活子及其所包围的空，就是对方的地盘。

如图 2-111，白棋 10 颗棋子包围了 4 个交叉点，加上包围住的 2 颗黑子是死子，一共占据了 16 个交叉点。

被包围的 2 颗黑子已经无法逃出，只要白棋愿意，随时可以提掉这两颗黑棋。不过，在实战中，白棋没有必要再花费一手棋去提死子。

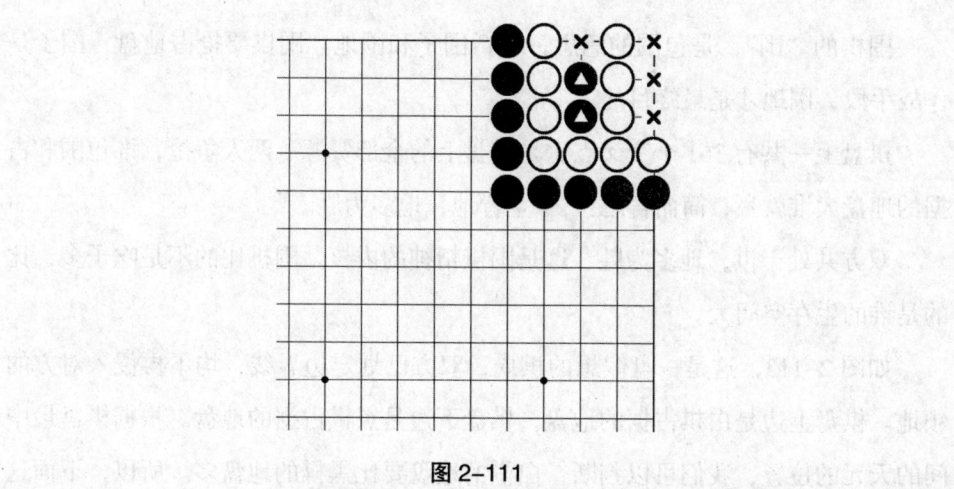

图 2-111

双方都可以去争夺的空地，是公共区域。图 2-112 中，左上和右下是黑棋的地盘，右上和左下则是白棋的地盘。中间的广阔区域，则是双方谁都可以去争抢的公共区域。

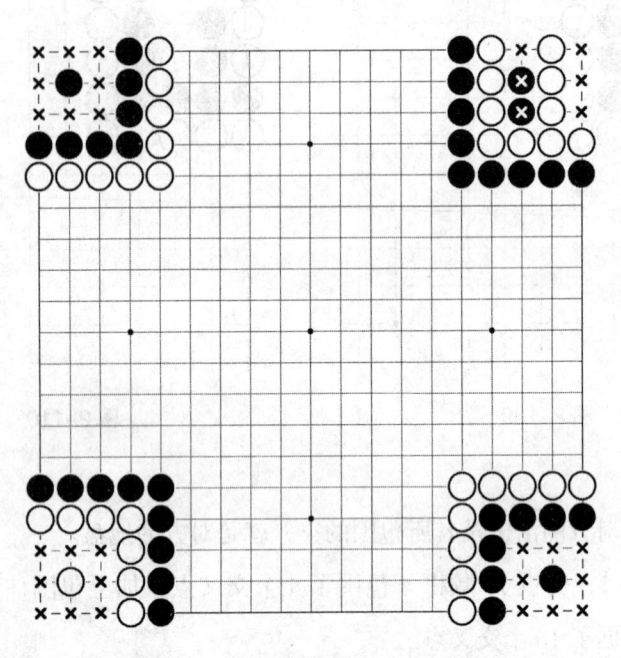

图 2-112

## 二、地多为胜

围棋的"围"，是包围的意思，包括围子和围地。围棋要抢占地盘，围子是作战手段，围地才是最终目的。

棋盘上一共有 361 个交叉点，是棋盘上的全部资源。两人争抢，谁包围和占据的地盘大谁就赢，简而言之："子空皆地，地多为胜。"

双方共处于世，地多为胜，这是围棋精神的内核。围棋比的不是吃子多，比的是谁的生存空间大。

如图 2-113，这是一盘假想的棋局，双方已划定边界线，均不再侵入对方的领地。棋盘上边是白棋占据的地盘，棋盘下边是黑棋占据的地盘。根据棋盘最中间的天元的位置，我们可以判断，白棋的地盘要比黑棋的地盘多。所以，下面这盘假想棋局的结果是——白胜。

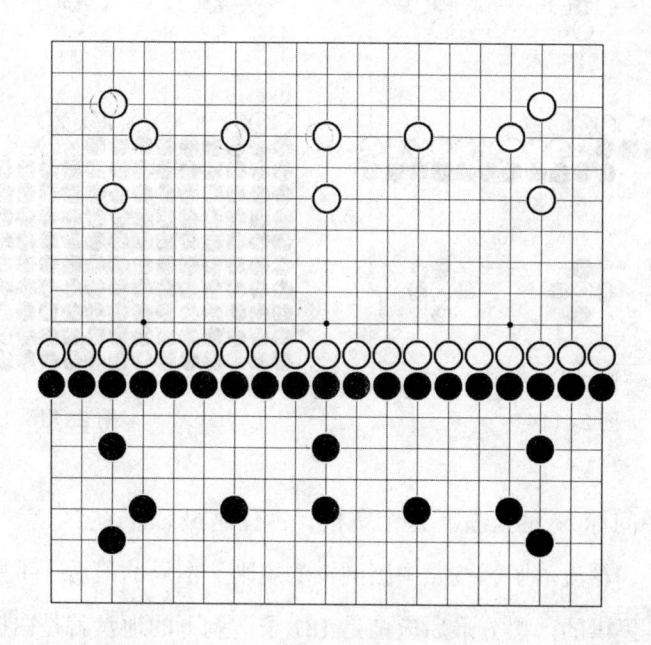

图 2-113

围棋比的是谁围的地多,但是需要把握围地的分寸,围得过于广阔,对方就容易侵入;围得过于狭窄,可能会不如对方围的地多。

## 三、胜负的判定

目前,围棋比赛中最流行的判定胜负的方法有两种,一种是数子法,一种是数目法。中国围棋规则是数子法,日本和韩国的围棋规则是数目法。

(一)数子法。中国围棋规则为数子法:子空皆地,地多为胜。一方棋子及其所围的空的总和就是全部地盘。按照中国围棋规则,由于黑棋有先行优势,终局数子时,黑棋需要贴还 3.75 子给白棋,即黑棋 184.25 子为胜,白棋 176.75 子为胜。通常我们只需记住黑 185 子为胜即可。

如图 2-114,下方是黑棋地盘,上方是白棋地盘。标注▲的棋子为被吃掉的棋子。双方在自己的地盘内吃子,不影响地盘大小。

如图 2-115,用数子法,数一方地盘即可。我们数黑棋,用黑子将黑空填满,再数子,黑棋一共 180 子。

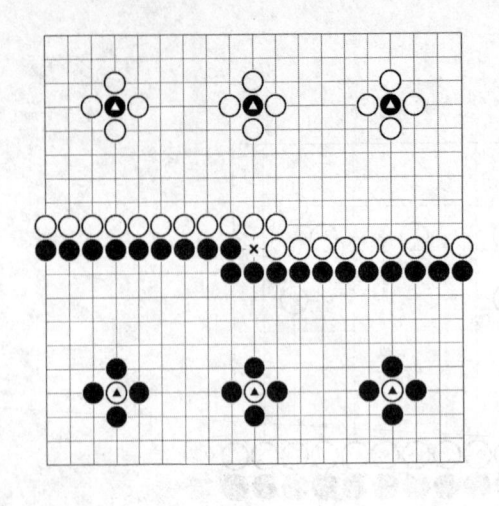

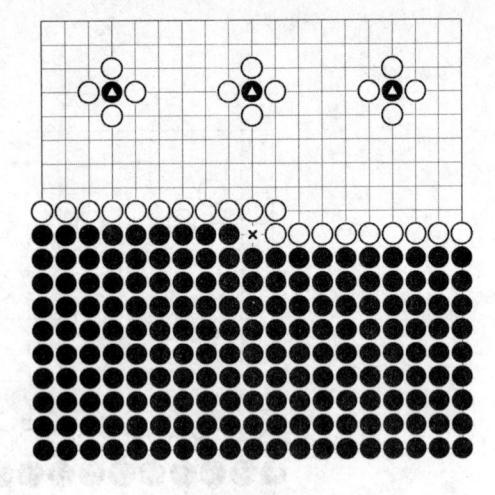

图 2-114　　　　　　　　　　　图 2-115

图的最中间标 × 的位置，是个空格，占住这最后一个点，就叫作"收后"。围棋一人一手，轮流落子，按照中国围棋的规则，本局的最后一手黑棋下，这最后一个点就是黑棋的。黑方最后应该是 181 子。剩下的地盘就是白棋的，白棋为 180 子。

如果不贴子，则黑棋以一子的优势获胜。而中国规则是黑棋需要贴还 3.75 子，所以黑棋反而输了。

（二）数目法。日本和韩国围棋规则都是数目法。提子和空皆为目，目多为胜。以韩国规则为例，由于黑棋有先行优势，终局数目时，黑棋需要贴还 6.5 目给白棋，即黑棋至少要比白棋多 7 目才能获胜，如果只多 6 目则要输 0.5 目。

图 2-116 和图 2-114 是一样的图，下方是黑棋的地盘，上方是白棋的地盘。

使用数目法时，需要计算双方围住的目，目数多的为胜。由于提掉对方 1 颗棋子，对方的棋子就会少 1 颗，所以需要计算为 1 目棋。黑棋提掉了白▲3 颗子，为 3 目。这 3 颗白子拿掉后，每颗棋子原有的位置上还会留下一个空，也需要计算目数。所以围棋里有"提一子两目"的说法。

图的最中间标 × 的这个空，是否需要落子，就是数子法和数目法最大的差别。数子法是需要下的，因为这有一子之差。而数目法则是不用下的，因为无论黑白，不管谁下在 × 位上，都不能多围出空来。也就是说，这手棋是无目之棋，我们称之为"单官"。数目法是不需要走单官的，因为这不影响最后的胜负。

经过数目，白方为 148 目，外加 3 颗黑棋的死子，一共为 151 目。黑方同样也是 148 目，外加 3 颗白棋的死子，一共 151 目。如果不贴目，那就是和棋。如果黑棋需要贴 6.5 目，那就是黑棋输 6.5 目。

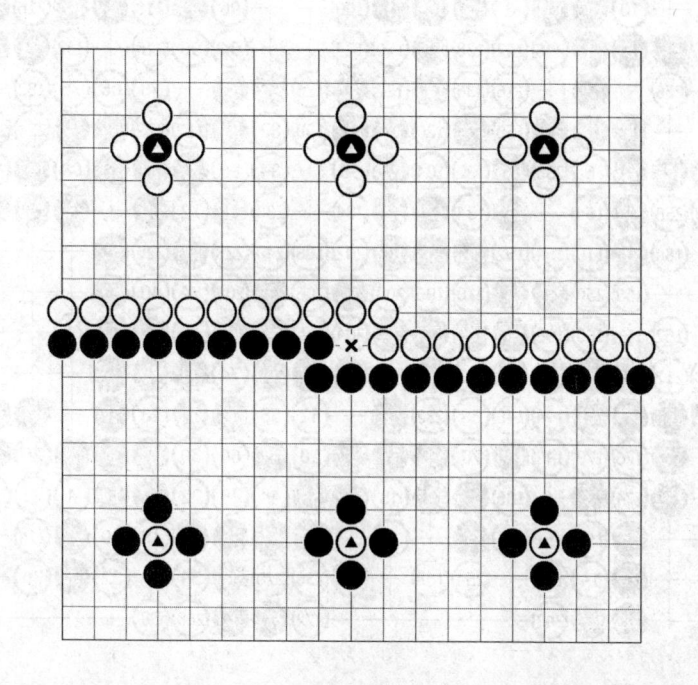

图 2-116

使用数目法计算胜负，要妥善保管双方已经提掉的死子，因为在计算胜负时，提掉的棋子是要计算目数的。而数子法，则不需要，因为已经从棋盘上拿走的棋子，并不影响最后的地盘大小。

## 四、实战胜负计算

### （一）中国棋手首胜日本九段

如图 2-117，这是 1963 年 9 月 27 日，陈祖德九段（黑）对战杉内雅男九段（白）的实战棋谱。

如图 2-118，这是棋局结束时的局面。经过激烈的战斗，双方已经划定边界，明确了各自的地盘。黑白双方均没有继续下的必要，因为在对方空里下棋会被吃掉，往自己空里填子，也无法扩大自己的地盘。

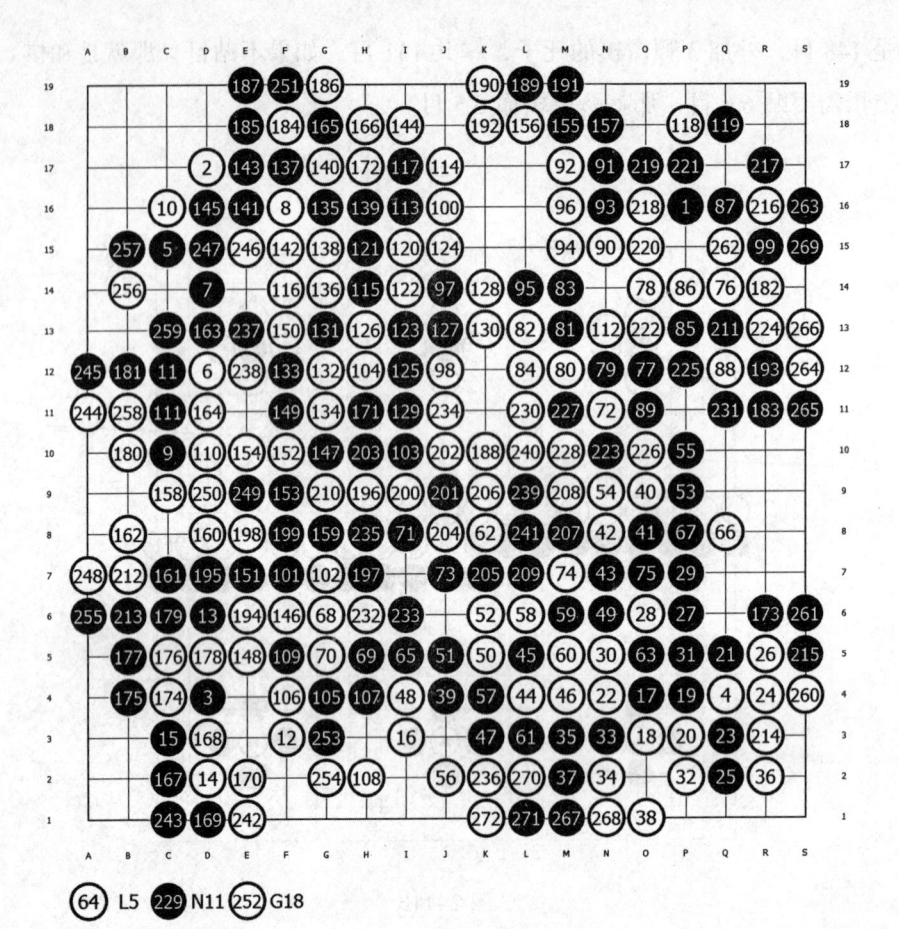

图 2-117

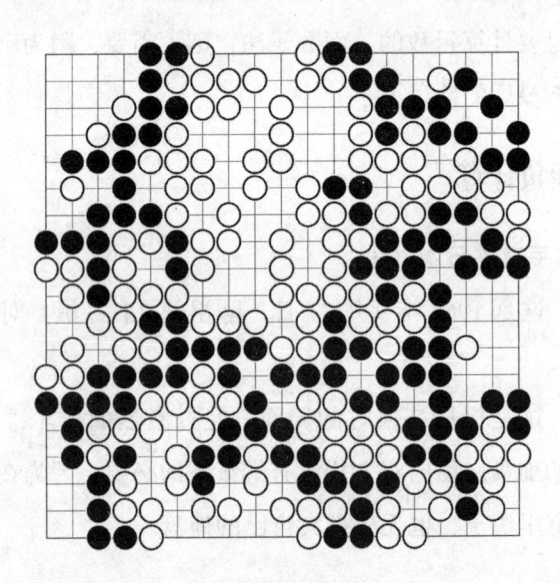

图 2-118

那么，怎么判定最后的胜负呢？

如图 2-119，标 × 的棋子，处于对方的势力范围内，难以逃脱，可以看成是死子（这需要对局双方的认可），在清点双方地盘时需要从棋盘上拿掉。

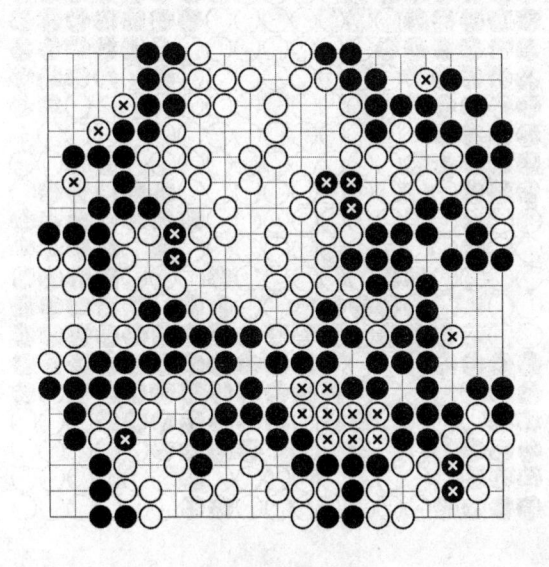

图 2-119

如图 2-120，所有标▲的点都是黑棋围住的空，加上全部黑子，就是黑棋占据的全部地盘。所有标 × 的点都是白棋围住的空，加上全部白子，就是白棋占据的全部地盘。

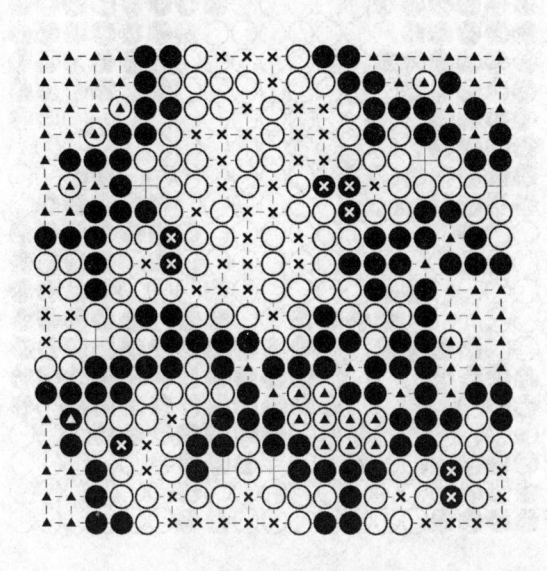

图 2-120

65

为了更加清楚地清点地盘，如图2-121，我们可以用黑子和白子分别把各自围住的空全部填满，然后再数子，比较双方的全部子数就可以得出最终的胜负结果。

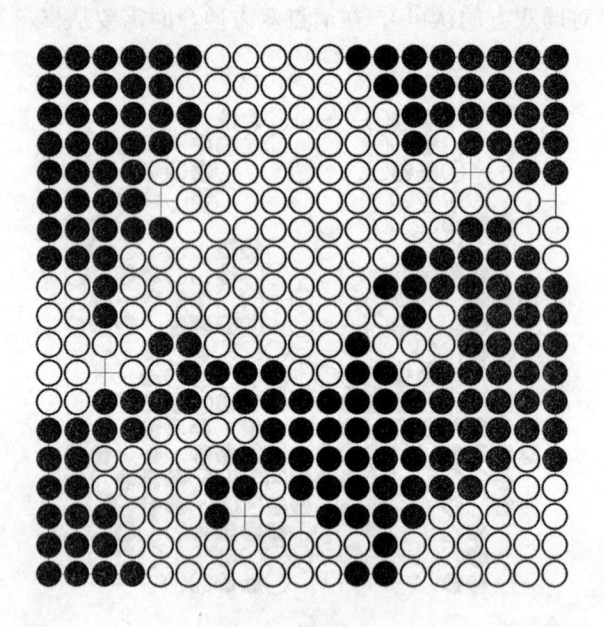

图 2-121

如图2-122，因为棋盘总交叉点数是固定的，我们在实战数子时，只需将看起来地盘较少的一边填满数子即可。

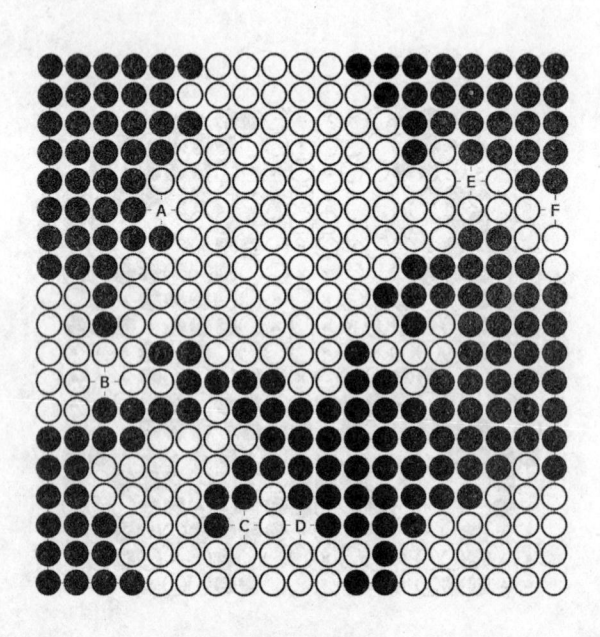

图 2-122

细心的朋友会发现，棋盘上还有A、B、C、D、E、F共6个点没有棋子。这6个剩下的点都是不能围住空的点，也就是单官。

由于围棋规则是一人一手，轮流落子，剩下6个点必然是一人三子，并不影响最终的胜负。按照日本围棋规则（数目法），不收单官，就不需要再下了。

按照中国围棋规则（数子法），则需要把剩下的6个点全部占完，再数子。我们可以将黑白各增加三子，把棋盘全部填满后，再数子。

数子的结果是：黑棋181子，白棋180子。

棋盘上一共有361个点，361的一半是180.5。如果按照现行的中国围棋规则，黑棋要贴3.75子，需要185子才能获胜，这样陈祖德就输了。

但按照本次比赛的规定，黑棋不需要贴目，即黑棋181子正好能赢。最终，陈祖德执黑险胜杉内雅男，这是中国人第一次在比赛中战胜日本九段，在中国围棋史上具有划时代的意义。

（二）最年轻的八冠王柯洁

如图2-123，是2020年11月2日，第25届三星杯世界围棋大师赛决赛第二局，中国柯洁九段执黑对阵韩国申真谞九段的棋谱。

双方激战三百余手，黑329和白330是双方的最后一手棋，收完了最后的单官。下面我们来计算一下最终的胜负。

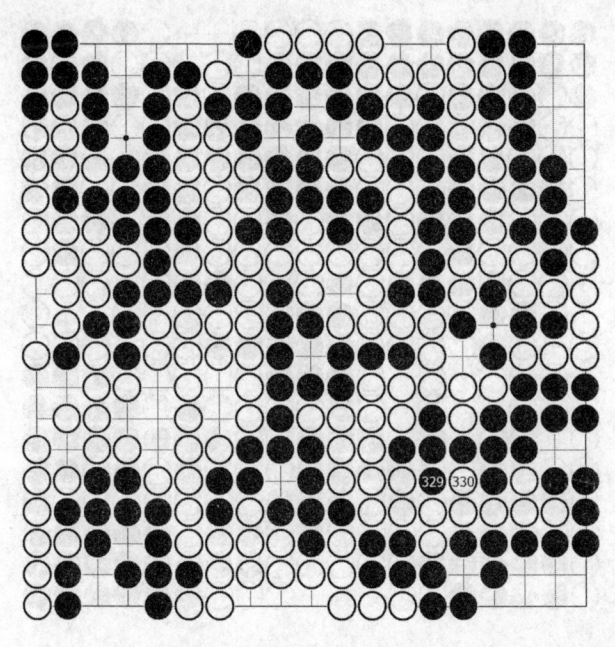

图 2-123

如图 2-124，清理双方的死子（标▲的棋子）。

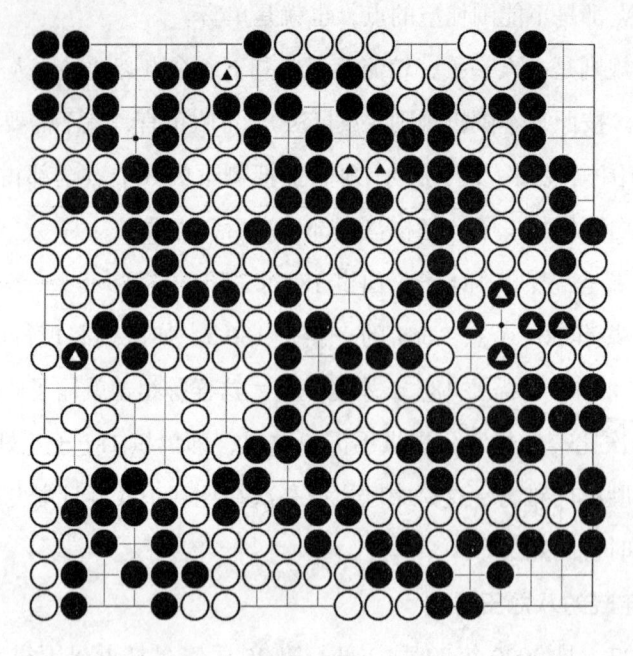

图 2-124

如图 2-125，用黑子把黑方的空全部填满。在这里，我们数黑棋一方的地盘即可。

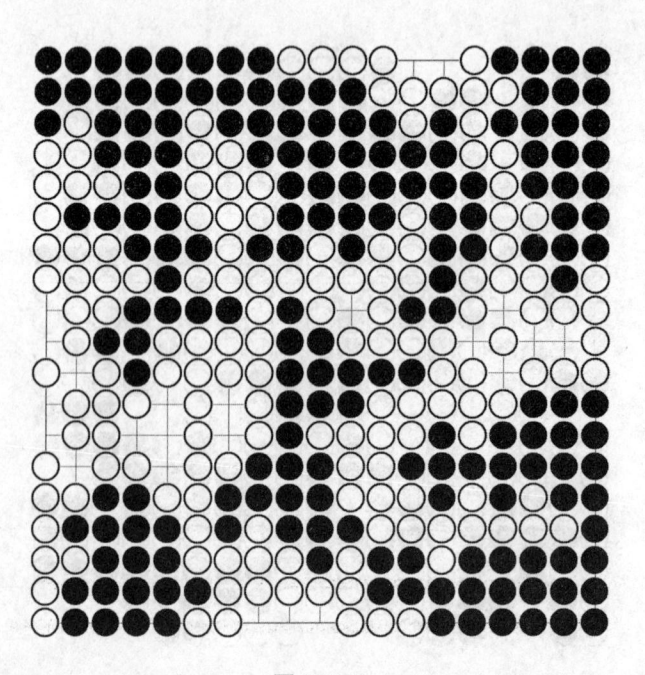

图 2-125

经过数子，黑棋一共184子。棋盘一共有361个交叉点，我们可以计算出白棋为177子。黑棋比白棋多7颗子，可以理解为多7目棋。三星杯是韩国围棋规则，黑贴6.5目。也就是说，柯洁最终以0.5目的微弱优势险胜申真谞。

假如说，比赛采取的是中国围棋规则，黑贴3.75子，相当于贴7.5目，则柯洁便要输0.5目。

柯洁此局获胜后，以2∶0的总比分战胜申真谞，夺得三星杯世界冠军。这是柯洁继第20、21、23届之后，第四次获得三星杯冠军，追平韩国棋手李世石，成为获得三星杯冠军次数最多的人。这也是柯洁个人获得的第八个世界冠军，和古力并列成为中国棋手中夺得世界冠军最多的人。

至此，围棋的基本规则和胜负的判定已全部介绍完毕。就围棋规则本身而言，九路棋盘和十九路棋盘是一样的，初学者可以先用九路棋盘进行实战对局练习，重在理解和掌握围棋基本规则，以便快速入门。

**思考与练习**

1. 如图2-126，请先找出下面的图中白方的死子，再数一数黑棋一共占据了多少地盘？比一比黑棋的哪块地盘最大？哪块地盘最小？

2. 如图2-127，4个角全部是黑棋的地盘吗？白棋还可以钻进去吗？

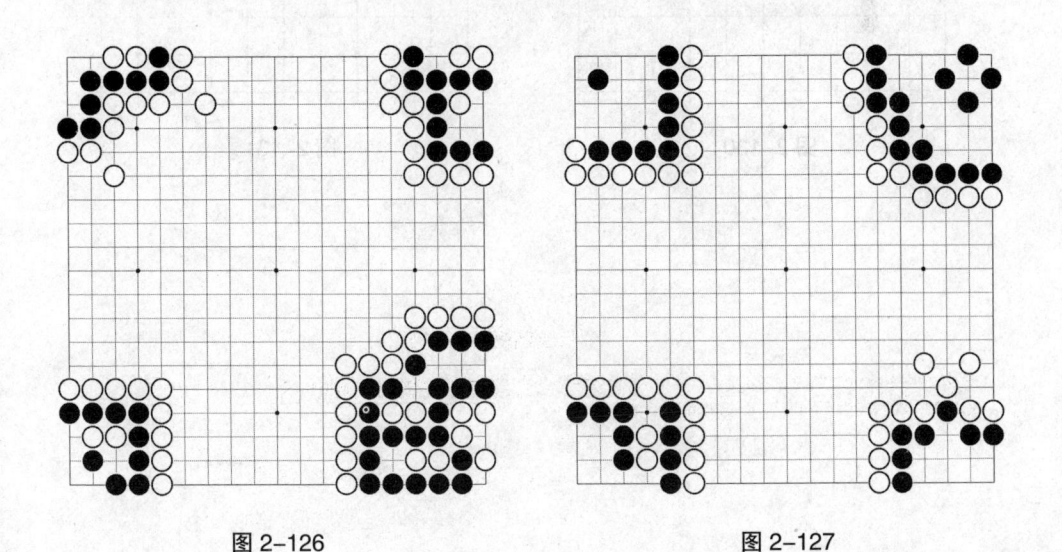

图 2-126

图 2-127

3. 图 2-128 至图 2-131 中，数一数，黑棋分别在角上围住了多少目空？

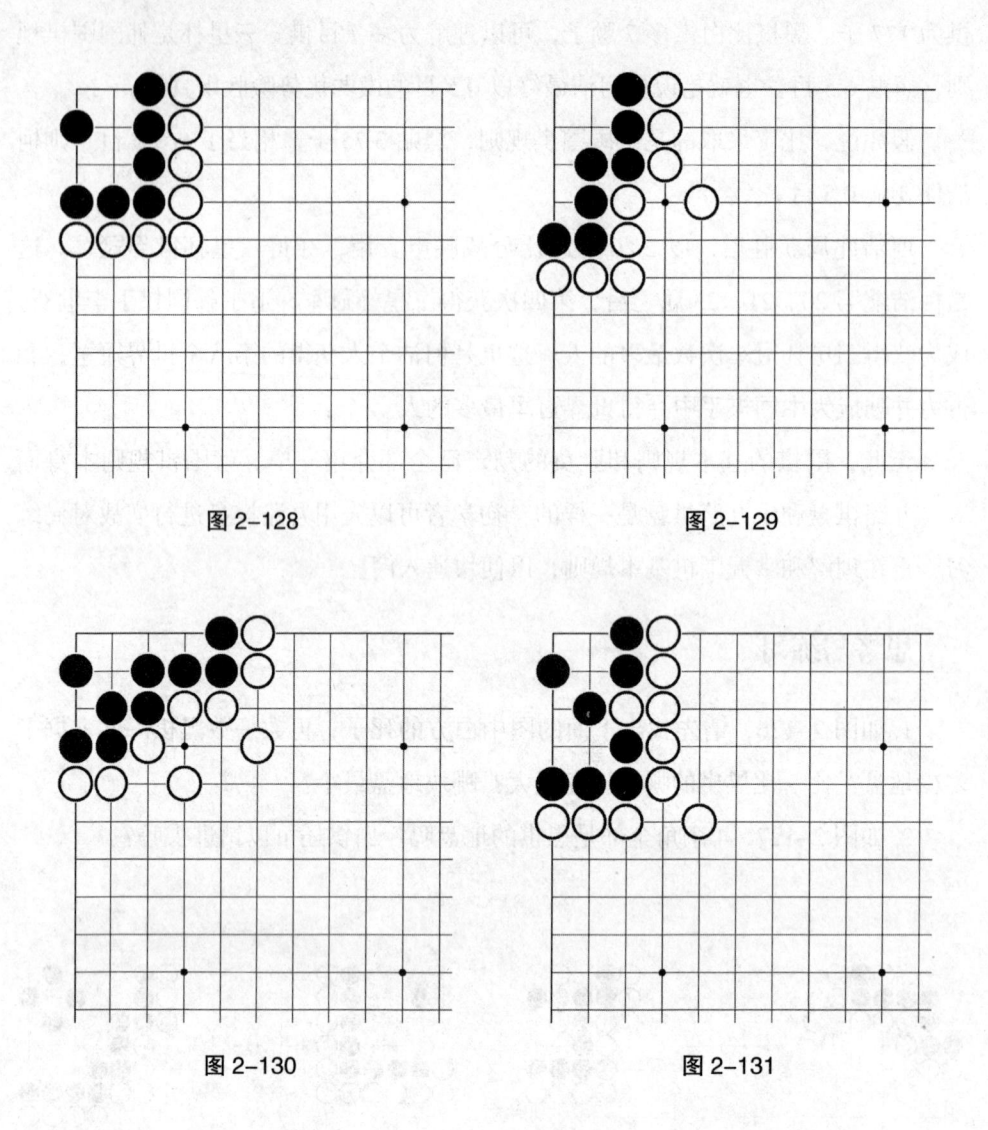

图 2-128

图 2-129

图 2-130

图 2-131

# 第三章　布局之思：角度、高度和速度

　　一局棋通常可以分为布局、中盘和收官三个阶段，我们首先从布局开始讲起。棋局一开始，双方抢占要点，布置阵势，为即将到来的中盘战斗做准备，这一阶段我们称之为——布局。

　　布局阶段的最大特点是，棋盘上棋子较少，是"空"和"虚"的，所以，在布局阶段，理论知识、视野思路比具体的作战技巧要显得重要一些。

　　对弈双方在棋盘上排兵布阵，在很大程度上更像是一个地理现象，或者说如同地缘政治学。地理学上的空间，指的是地球上的空间，以地面为基准，拓展到人类的活动所能达到的或延伸到的范围。其实，严格地来说，一切地理意义上的事物形态，包括人在内，在空间上都是三维的：长、宽、高（厚）。如果再加上时间因素，地理学在地球表面上就有了四个尺度：长，宽，高（厚）和时间。

　　从地理学的观点来看棋盘，地理剖面的差异性塑造出地球表面的基本形态，同时决定了地球承载层面的基本性质。就地缘政治的战略思考而言，这具有决定性意义。自棋理而言，在行棋的时间维度下，棋子摆放在棋盘上，须考虑它在长、宽和高三个尺度下的价值和能量。对于方方正正的棋盘而言，两人对弈的策略可转化为角度、高度和速度三个维度。

　　围棋讲究"致广大而尽精微"，就布局阶段而言就是要"致广大"，不能拘泥于一城一地之得失。胸怀全局，时刻从宽广处着眼、落子。弃子争先，舍小就大，是基本的战术素养。

　　下面，我们分别从角度、高度和速度三个维度来学习布局的基础理论。

## 第一节 角度：建立根据地

### 一、角、边和中腹

角度即棋盘的空间、位置、方位。我们通常把围棋盘划分为角、边、中腹。

如图 3-1，四块小的标 × 的区域是角，一块大的标▲的区域是中腹，其余没有标注的区域就是边。

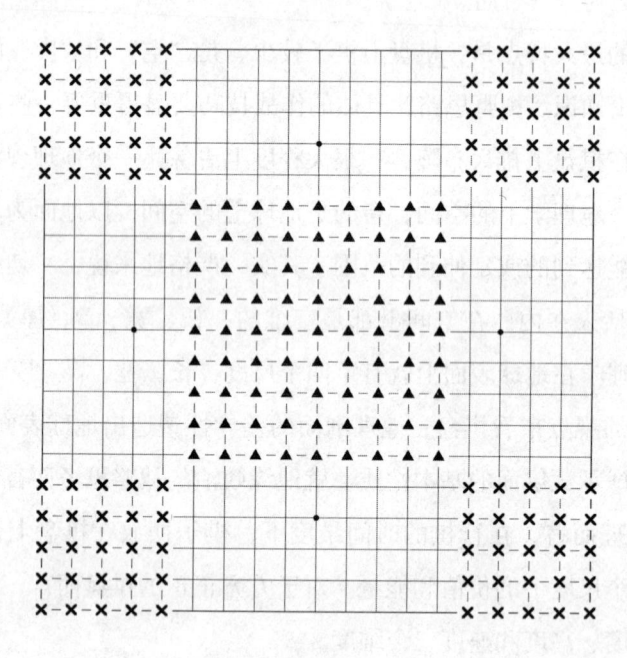

图 3-1

### 二、金角、银边、草肚皮

既然围棋是一场竞技游戏，比的是谁围的地多，且遵循"子空皆地，地多为胜"的胜负规则，谁最后占据的地盘多谁就获得最后的胜利，那么在"一人一手，轮流落子"的行棋规则之下，围空的效率就成为胜负输赢的关键。

如图 3-2，角上完整围住 9 目空，需要 7 颗棋子；边上完整围住 9 目空，需要 11 颗棋子；中腹完整围住 9 目空则需要 16 颗棋子。

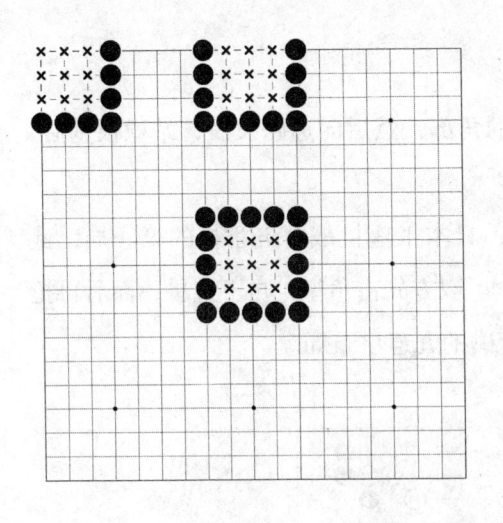

图 3-2 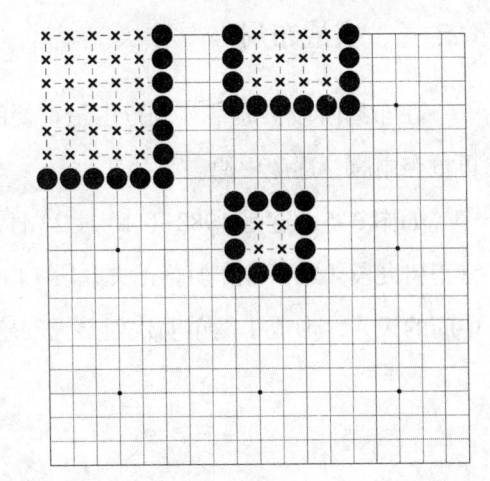                                  图 3-3

如图 3-3，同样是 12 颗棋子，角上能围住 30 目空，边上能围住 12 目空，而中腹则只能围住 4 目空。

可见，由于有棋盘边界线的帮助，角上的围空效率最高，边上次之，中腹最低。所以，围棋里有"金角、银边、草肚皮"的说法，指的就是围空的效率。

围住一定的空间，就相当于有了根据地，可以在棋盘上立足，不容易遭到致命的攻击。没有空间，就没有根基，犹如无根之木，在激烈的中盘战斗中会处于被动或者危险的境地。

如图 3-4，同样是 3 颗棋子，角上的 3 颗棋子就有根据地，非常安稳。而中腹的 3 颗棋子则"飘"在空中，没有根茎，将来或许会成为被攻击的目标。

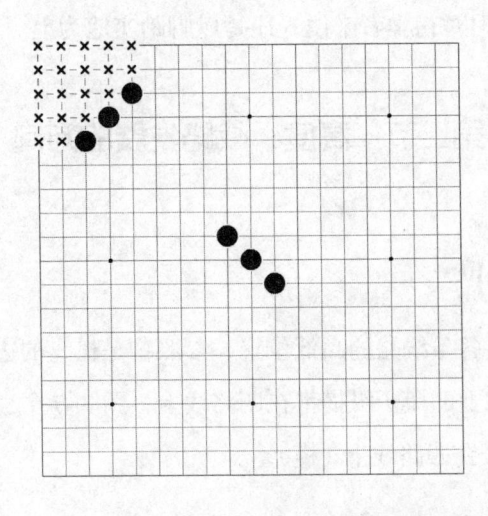

图 3-4

### 三、实战布局

在布局阶段，通常是先抢占最重要的角部，然后向边路发展，站稳根基后，再抢夺中腹，逐鹿中原。

如图 3-5，这是 1988 年 10 月 27 日，日本王座挑战赛五番棋的第一局，武宫正树九段（黑）对阵加藤正夫九段（白）。双方先占角星，再下边星，而后再抢中间的天元，形成了简单明快而又大气磅礴的九连星布局。

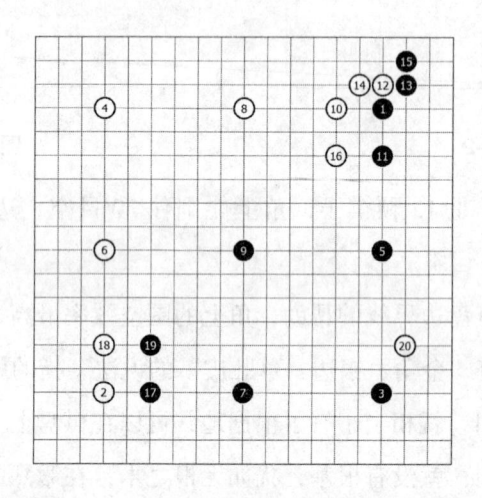

图 3-5

当然，围棋是辩证的，中腹的棋子辐射范围广，可能会遭到攻击，但也可以用来攻击对方。棋之高者，作战力量大，运筹能力强，攻守转换之妙存乎于心，故曰"高者在腹"。但对初学者来说，还是以脚踏实地为上。

## 第二节　高度：战略发展的方向

### 一、高位与低位

高度，即棋盘上各条线路的高低位置，参照物是棋盘的边界线。

图 3-6 中，星位上的黑子纵横都在四路线上；图 3-7 中，小目上的白子则既在三路线上（纵），又在四路线上（横）。

图 3-6

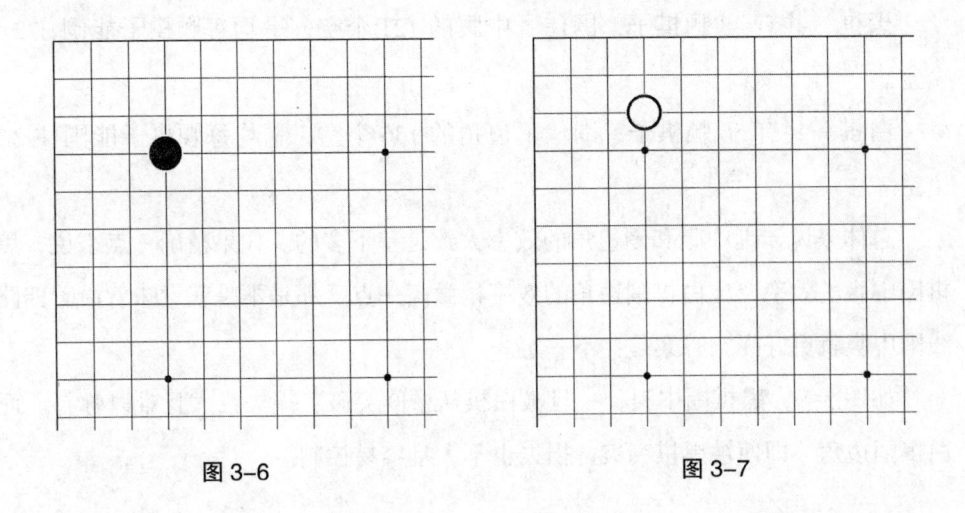

图 3-7

在布局阶段，我们通常是在一、二、三、四、五、六路线上行棋，其中，一、二、三路线为低位，四、五、六路线为高位。再往上，则统称为"中腹"。

## 二、中腹与边角

如图 3-8，这是一个概念图。白棋沿着三路线围住了边角的区域，黑棋沿着四路线围住了中腹的区域。在这种情况下，黑白双方的围空效率如何？

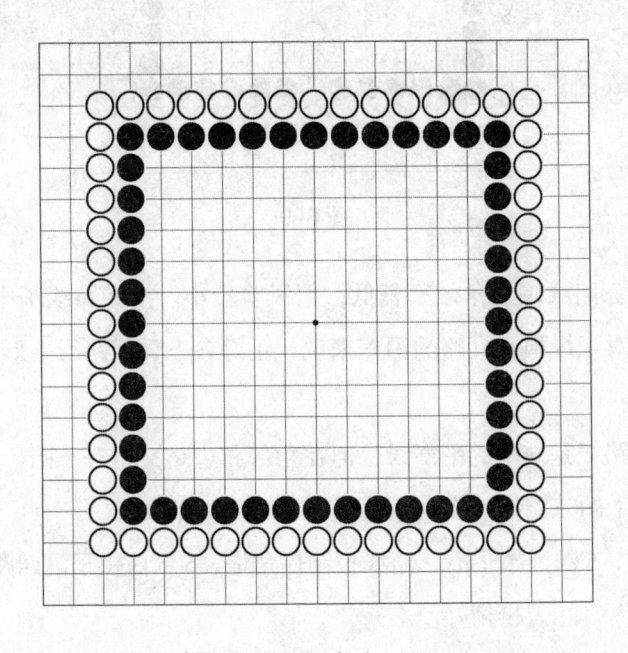

图 3-8

黑棋一共有48颗棋子，围住了中腹的121个空，平均每颗棋子能围住2.5个空。

白棋一共有56颗棋子，围住了边角的136个空，平均每颗棋子能围住2.4个空。

总体来说，围中腹和围边角的效率大致是差不多的。如果精确一点来说，黑棋围中腹的效率要比白棋围边角的效率稍微高一点。那是不是就意味着沿着四路线围中腹就更好呢？答案是：不一定。

如图3-9，黑棋围中腹，一旦被白棋从中间突破，损失巨大且难以弥补。而白棋围边角，即使被黑棋突破，损失也不大且容易控制。

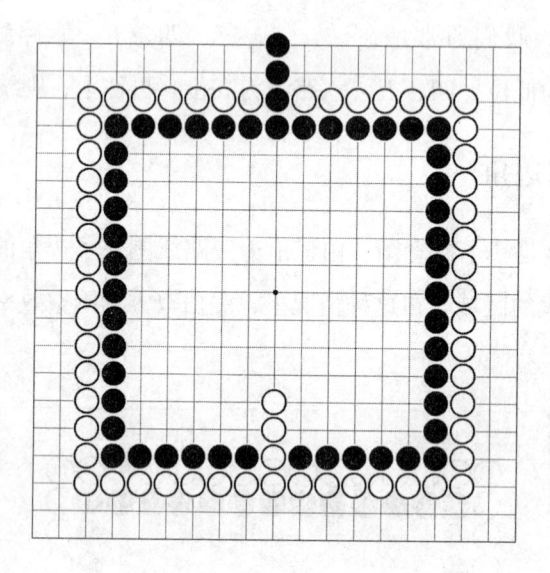

图 3-9

因此，沿三路线围边角效率稍低，但风险较小。沿四路线围中腹效率稍高，但风险较大。对于纵横十九路的围棋来说，正好在三、四路线上形成了一种微妙的平衡关系。

三路和四路线是效率的平衡线，但在角部和边路又略有不同。角上的三路线效率略高，边上的三路线效率则略低。

如图3-10，5颗黑棋子沿三路线控制住角地，5颗白棋子沿四路线面向中腹，仅就局部棋形而言，黑棋稍好。

如图3-11，5颗黑棋子沿三路线控制边路，5颗白棋子沿四路线面向中腹，仅就局部棋形而言，白棋稍好。

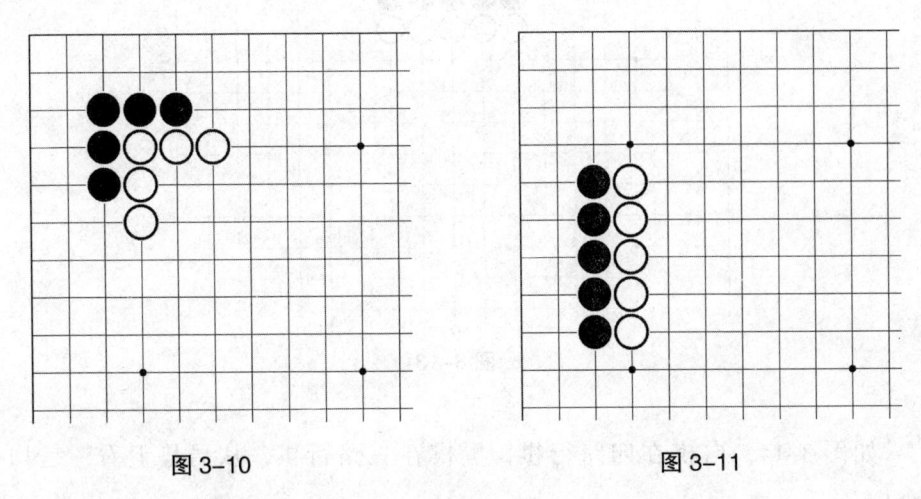

图 3-10

图 3-11

无论是沿五路围中腹还是沿二路线围边角，从布局阶段来说，效率都是偏低的。

如图 3-12，黑白各 5 颗棋子，黑棋在四路线上，面向边路，白棋在五路线上，面向中腹。仅就这个局部而言，可以认为黑棋的行棋效率要高一些。在实战对局中要尽量避免被对方沿四路线围住边角上的空。

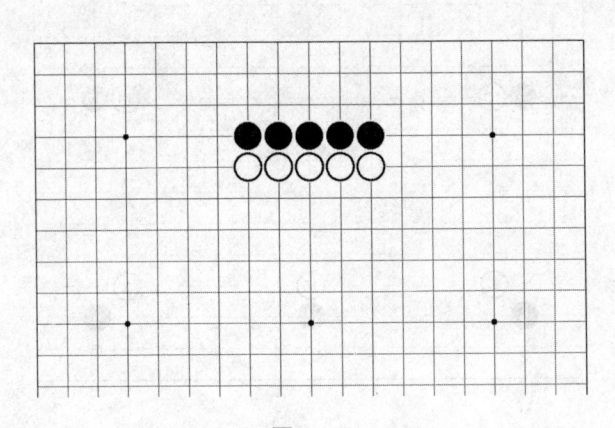

图 3-12

如图 3-13，黑白各 5 颗棋子，黑棋在二路线上，面向边路，白棋在三路线上，面向中腹。仅就这个局部而言，可以认为白棋的行棋效率要高一些。围棋里有"七子沿边活也输"的说法，意思就是说被对方压制，连续在二路线上下了 7 颗棋子，即使能获取一些小的利益，但从全局大势来看恐怕是要落后的。

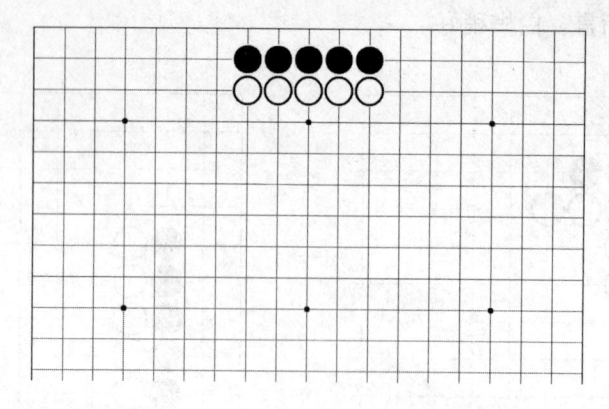

图 3-13

如图 3-14，白棋在四路行棋，黑棋在三路行棋，从局势上看，是均衡之局。

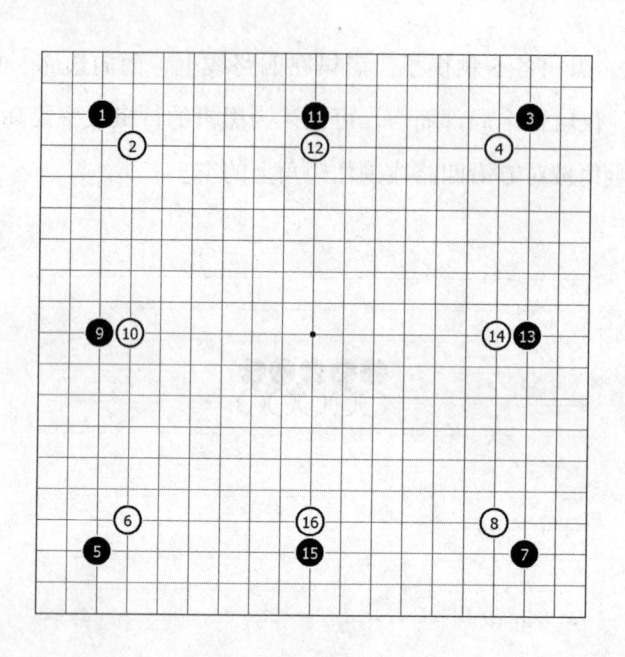

图 3-14

对于星位，我们经常可以看到走 A 位（三三）抢夺角部地盘的，但极少见到走 B 位（五五）压迫星位而围中腹的，就是因为通常情况下，走五五的效率偏低（如图 3-15）。

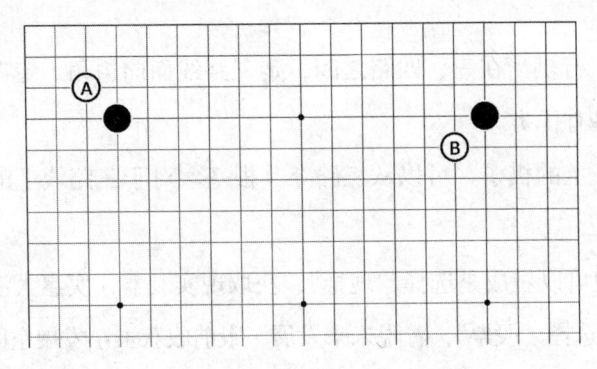

图 3-15

## 三、地与势的选择：不三不四

行棋的高度，关乎战略方向的选择。

一路为地线。位置低得不能再低，实得不能再实，效率也低得不能再低。布局阶段，通常不在一路行棋。而一旦行于一路，则实极而虚，必关乎生死，当慎之又慎。一路线，唯宜潜藏，勿可施用，无妨称之为"潜龙勿用"。

二路为根基线。二路行棋围空效率偏低，但步调扎实，一步一个脚印。布局阶段行于二路，通常是为了就地生根。二路线，是阳气稍稍发显，是可以经营的有益之处，无妨称之为"见龙在田"。

三路为实地线。这里是稳健地捞取实地的最佳选择。棋盘上的三三围地，则是酷爱实地棋手的必争之地。棋手于此路线不骄不忧，当"终日乾乾，夕惕若厉，无咎"。

四路为势力线。四路利于取势，选择经营外势的棋手，通常会把棋走在四路线上。同时因为角部具有容易围空的特性，四四（星位）可以在实地与外势之间相机转换，正是所谓的"或跃在渊"，是布局阶段效率最高的点。

五路是向外出头，稳步进军中腹的必经之地，颇有"飞龙在天"的意味。从另外一个角度来说，我们也可以从五路线上去截击，限制对方向中腹发展。

六路是四、五、六路高位线的最高位，再高便是中腹，六路对边角实地缺乏控制力，欲围中腹效率则过低。六路处于战与不战的边界，行棋则当思"亢龙有悔"。

六路以上统称为中腹，布局阶段一般不在中腹行棋，即使有，也是因为作战的需要。整个棋盘的最中间就是天元。布局走天元，无法有效围空，必然要选择战斗，虚极而实，通过战斗或许可以获得实利，但具体能获得多少实利，则完全不可知也。

布局阶段，行棋当在三、四路之间，走三路线面向边角，走四路线面向中腹都是可行的，各有优劣。

对于四路线上的棋子，可以从三路夺其根基。对于三路线上的棋子，可以从四路去其外势。

三路围实地可以看成是选择"现金"，获取现实利益，实惠大潜力小。四路取外势可以看成是选择"股票"，着眼未来发展，眼前收获虽小发展空间却大。双方各有所得，各有所获，只是选择不同，并没有上下高低之分。这就是围棋里"地"与"势"的平衡。

通常情况下，对于星位，从五五的位置进行压迫是非常损实地的下法。但围棋局势变幻莫测，也有高手在特定局势下，根据全局战略或其他棋子的配合，破例为之。理论可以指导实战，但围棋绝不意味着墨守成规。

下面就给大家介绍一个特殊的战例——大气磅礴的"宇宙流"。

武宫正树是最浪漫的围棋大师，他的棋被称为"宇宙流"。1988年9月2日，在第1届富士通杯世界围棋锦标赛决赛中，武宫正树黑69的这一手五五肩冲，意在中腹，犹如天马行空，技惊四座（如图3-16）。

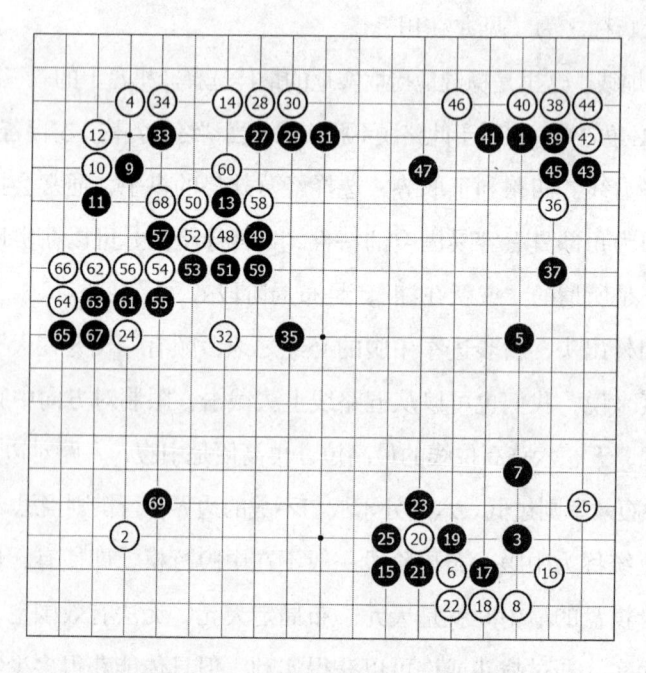

图 3-16

最终，武宫正树执黑中盘战胜林海峰。敢于在世界大赛中下出五五这样的棋，贯彻宇宙流的精神始终如一，说明武宫正树对于自身棋道的执着，对于棋盘上未知天空宇宙的探索，已经远远超越了胜负本身。

日本棋圣藤泽秀行曾说："几百年后，我们下的棋会被慢慢遗忘，只有武宫正树的棋才能流芳百世。"此言不虚。

## 第三节　速度：安全与高效的抉择

速度，即行棋的效率，也就是子效。

围棋里常见的行棋步法有6种：长、尖、跳、飞、大跳、大飞。

如图3-17，黑棋紧挨着自己的棋子落子，称之为"长"，虽然非常坚固扎实，但显得缓慢，效率偏低。图3-18，黑棋斜而落子，称之为"尖"，比长的速度要稍微快一点，效率稍微高一点。

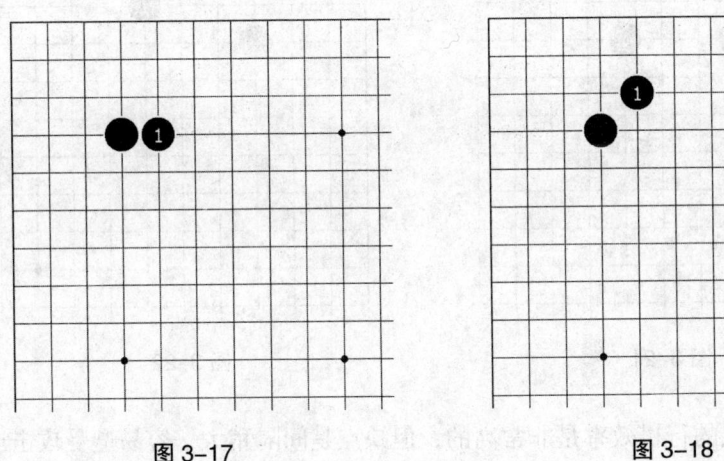

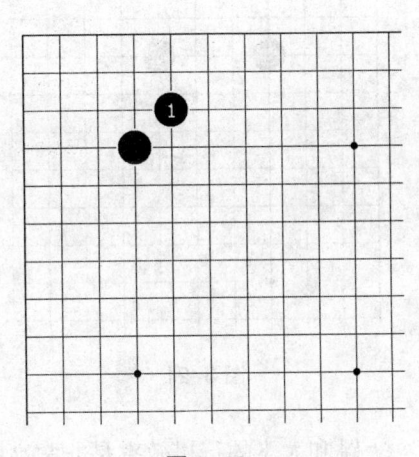

图 3-17　　　　　　　　　　图 3-18

如图3-19，黑棋隔一路直行，称之为"跳"。如图3-20，黑棋隔一路斜走，称之为"飞"。跳和飞，间隔适中，行棋效率较高，且非常实用。

图 3-19

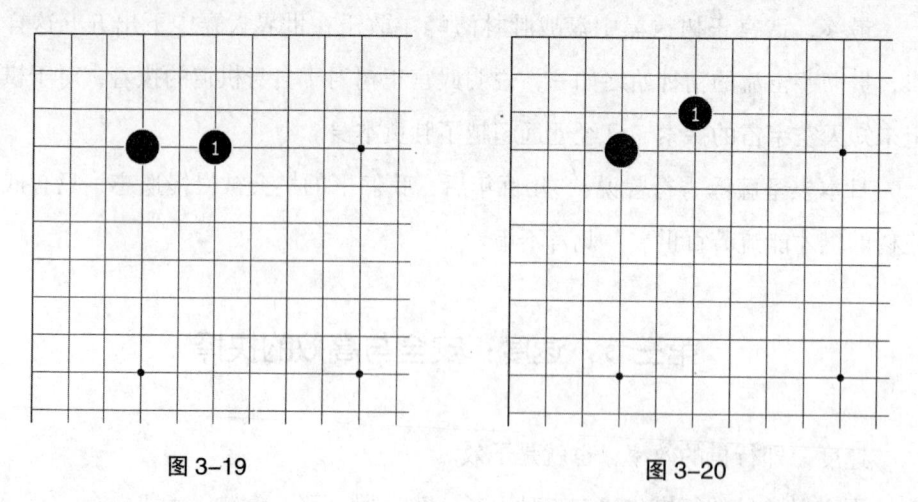

图 3-20

图 3-21，黑棋隔两路而直走，称之为"大跳"。图 3-22，黑棋隔两路而斜走，称之为"大飞"。

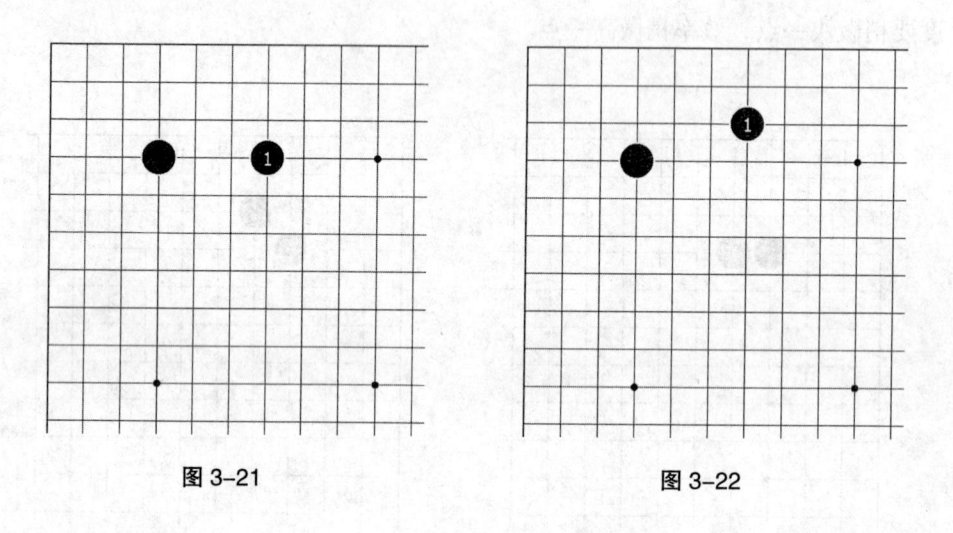

图 3-21

图 3-22

大跳和大飞的行棋效率是非常高的，但缺点是间隔稍大，容易遭受攻击或被分断。

"长、尖、跳、飞、大跳、大飞"这6种基本的行棋步法长短不一，各有优劣。在实战对局中，要扬长避短，灵活运用。一般来说，在没有危险的情况下，尽量隔开一定的距离行棋。

如图 3-23，在局势空旷时，黑1大跳，既强化角部，又兼顾外围，是行棋效率非常高的一手棋。

图 3-23　　　　　　　　　图 3-24

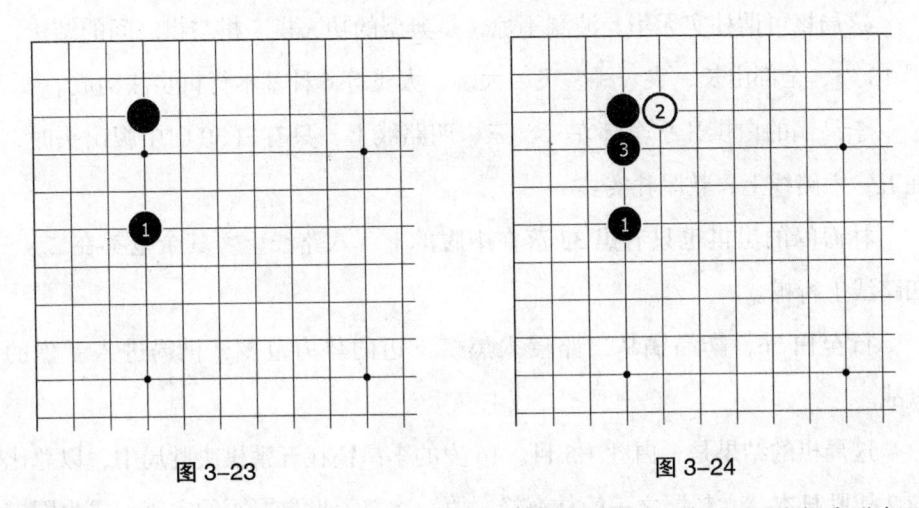

如图 3-24，如果白 2 进行贴身肉搏，则黑 3 就可采取长的行棋方式进行防守，结实坚固。而白 2 促使黑棋从四线围空，通常情况下不是好的选择。

## 第四节　布局赏析："石佛"与"神猪"的对决

下面我们结合布局的基本原理，欣赏两盘当代棋界顶级高手的布局。

### 一、"石佛"李昌镐

如图 3-25，这是 1992 年 1 月 27 日，第三届东洋证券杯世界杯决赛的第五局，日本棋手林海峰九段（黑）对阵韩国棋手李昌镐五段（白）。

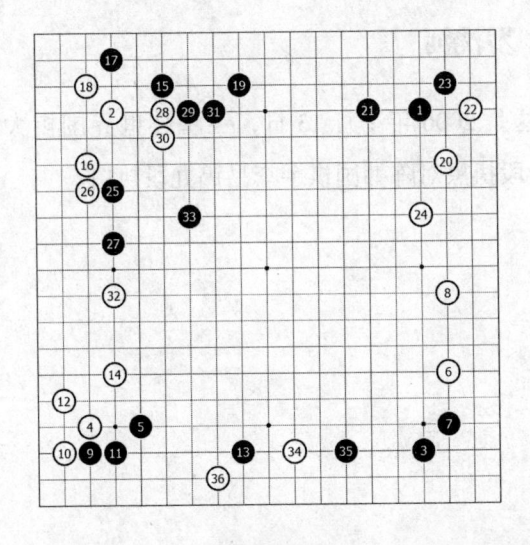

图 3-25

这局棋可谓朴实无华，波澜不惊，是典型的功夫棋。棋与棋之间的结构，除黑13外，全部由长、尖、跳、飞、大跳、大飞等6种基本行棋步法构成。

李昌镐的白棋几乎全部在二、三、四路线上，只有白30向中腹出头时，落在五、六路线上，敦厚扎实。

林海峰的黑棋也只有黑33落在中腹的七、八路线上。其余也都在二、三、四路线上行棋。

行至白36，李昌镐从二路侵入黑棋下边的势力范围，棋局进入激烈的中盘战。

这局棋的结果是，白胜1.5目。16岁的李昌镐在五番棋决胜局中，以总比分3∶2战胜日本"六超"之一的林海峰，第一次登上世界冠军的宝座，成为围棋史上最年轻的世界冠军。

起初，很多棋界高手对李昌镐并不看好，认为他的棋平淡无奇，每次都是赢在最后的官子阶段，即使赢，也只是赢1目或0.5目的，能拿世界冠军实属"侥幸"。

但让全世界震惊的是，李昌镐居然就这样每局只赢这么一点点，在接下来的14年间先后获得17个世界冠军，连续六届中日韩三国擂台赛中赢得主将14连胜，对中、日两国选手番棋不败，开创了无敌于天下的"李昌镐时代"，统治围棋界长达14年之久。重剑无锋，大巧不工，不求多胜，不动如山，人称——"石佛"。

## 二、"神猪"罗洗河

如图3-26，这是2006年1月13日，三星杯世界围棋大赛决赛的第三局，中国棋手罗洗河九段执黑对阵韩国棋手李昌镐九段执白。

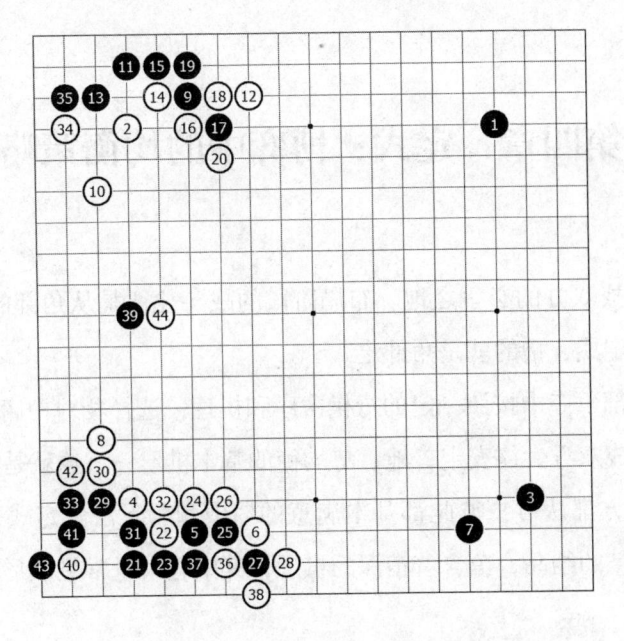

图 3-26

黑棋罗洗河把棋子全部走在四路线以下，强行夺取四角实地，以彼之道还治其身。

眼看布局阶段实空不足，白 44 时，一向沉稳的李昌镐从五路直接摁住黑 39 一子，凭借强大的外势，强行发起进攻，双方进入中盘战。

这局棋的结果是，黑胜 5.5 目，罗洗河以 2∶1 的总比分战胜李昌镐，首夺世界冠军。

在本届三星杯世界围棋大赛中，罗洗河九段横空出世，从预选赛打起，一路过关斩将杀入本赛，连克韩国顶尖高手赵汉乘、宋泰坤、李世石和崔哲瀚，直至杀到李昌镐面前，并最终将"石佛"李昌镐打下神坛。罗洗河有此番壮举，中国棋迷兴奋之余，亲切地称之为"东方神猪"。

# 第四章　定式：博弈中的均衡策略

角部是对战双方的必争之地。布局阶段的战斗往往是从角部的争夺开始的。我们通常说的定式，指的就是角部定式。

双方在角部争夺中按照一定的行棋次序和棋理，选择相对中庸、力求平衡的着法，最终形成双方大体安定，地、势均衡的基本棋形——这就是定式。

定式是双方都认可，彼此都基本满意的"中和"下法。定式是历代棋手经验的总结、智慧的结晶，蕴含着精深的棋理，其中有大量常见棋形的应对方法和方略。

从棋形上看，定式主要有以下两个特点。

一是注重地、势均衡。三路取地，四路取势，行棋常在三、四路上。有时会根据形势在二路和五路行棋，二路行棋与根基有关，而五路行棋则和战斗有关。

二是兼顾高效与安全。灵活运用长、尖、跳、飞、大跳和大飞的基本行棋步法。贴身战斗时，棋子紧接，在确保行棋安全的同时，给对方施压；而在己方较强或能保证安全的前提下，则尽量隔几路跳跃行棋，以求高效率。

## 第一节　星位定式

如图4-1，这里的星位，特指角上的星位，纵、横均在四路线上，利于取势，但弱点是角部略显空虚。

### 一、点三三

对于星位，点三三直接抢夺角空，是最简明的进攻方法。

如图4-2，白2点三三侵入黑角。黑棋主场作战，从外围压迫白棋。白6、8、10被迫在二路行棋，局部虽然稍微亏损，但为了获得根据地，这是不得已而为之的下法。如果白棋在二路线上只爬两步，则除了角部空间太小，还有被攻击的

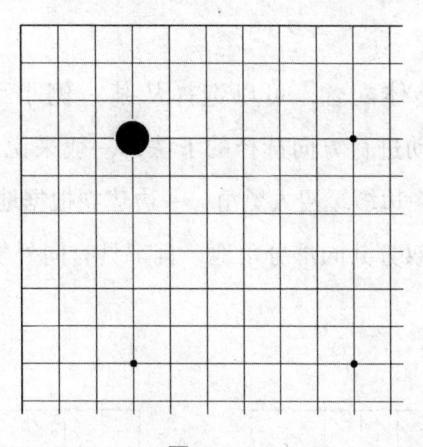

图 4-1

可能；如果连爬 4 步则太委屈，围空效率偏低；所以爬 3 步，刚刚好。

这个定式的结果是，黑棋获得外势，白棋取得实地，双方各取所需，达成妥协，局部作战告一段落。

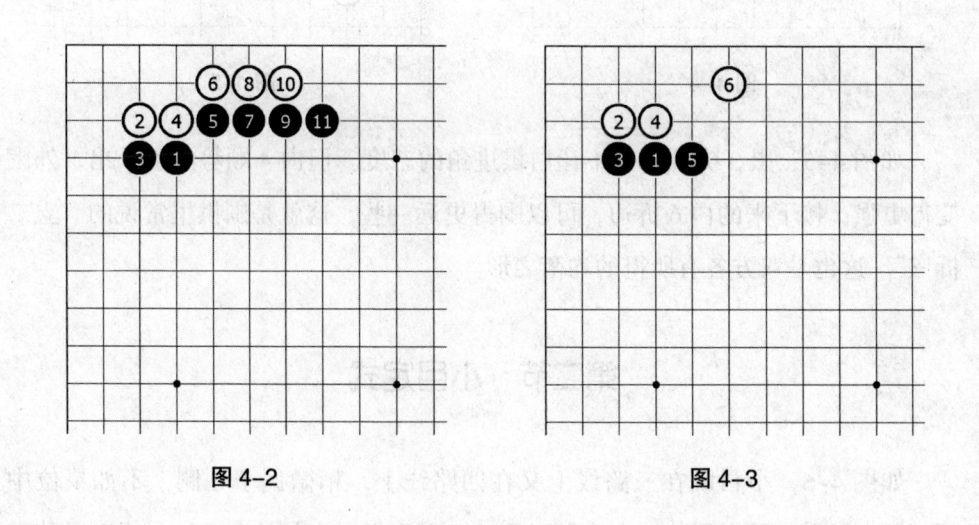

图 4-2　　　　　　　　图 4-3

如图 4-3，黑 5 单长，3 颗棋子都在四路线上，没有断点，扎实厚重。白 6 则直接在二路小飞，迅速建立根据地。双方简单明快，形成地与势的均衡，暂时都无法向对方发起有效进攻，局部争战告一段落。

## 二、小飞挂角

白棋如果注重整体配合，可以选择从某一侧小飞挂角，如图4-4中的白2。小飞挂角是主动进行方向选择的下法，一般来说，哪边宽阔就从哪边挂角。白4二路小飞，一边缓缓侵入黑角，一边建立根据地。黑5小尖是稳重的防守方法。这个定式，双方共同瓜分角地，且都具有向外发展的潜力，各有所得，形成平衡之形。

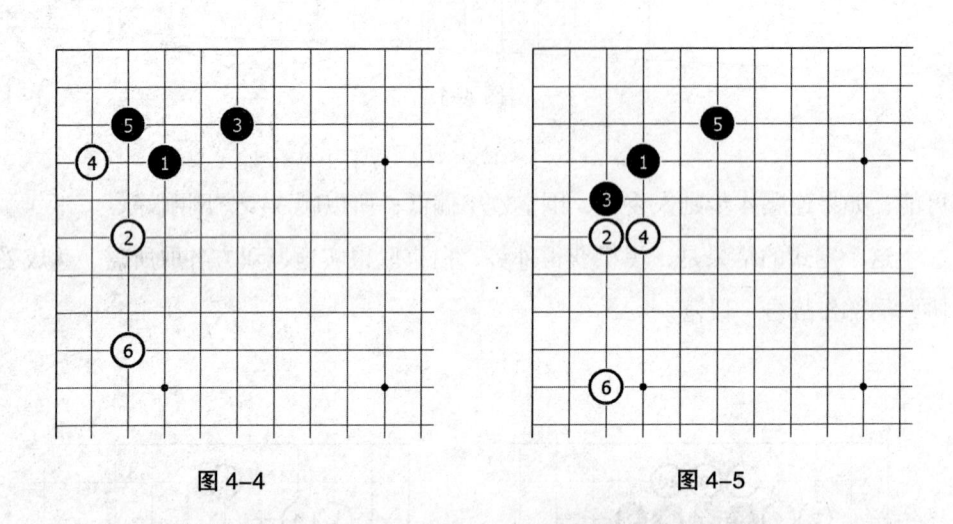

图4-4

图4-5

如图4-5，黑3尖顶，是不让白棋进角的态度。但白4顺势向上长出，外围变得更强，接下来的白6拆边，可以围得更远一些，这就是围棋里常说的"立二拆三"。这也是双方各有所得的均衡之形。

## 第二节　小目定式

如图4-6，小目既在三路线上又在四路线上，稍微偏于一侧，不如星位中正。但小目向外可以取势，向内可以取地，可根据对方的挂角方法，或自己的整体战略构思，因变而变。

## 一、一间高挂

如图4-7，白2隔一路，从四路线进攻过来，四路为高位，所以称之为一间高挂。白2位于四路利于取势，由此黑3从三路托，夺取角地。白6结实粘上后，

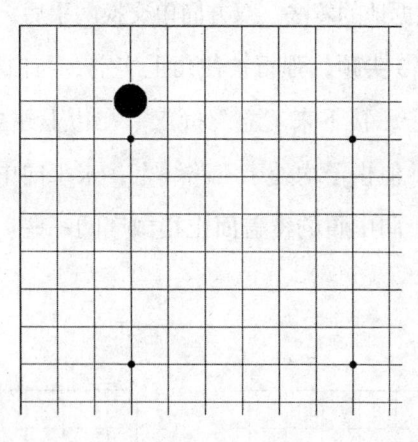

图 4-6

"立二拆三"在边上建立根据地。局部看,黑棋获得角部实空非常实惠。而白棋则侧重于未来向中腹发展。双方形成地与势的均衡。

图 4-8 中,当黑棋觉得右侧的发展潜力更大时,可以黑 3 向四路小飞,防守的同时,把头抬起来,兼顾向中腹的发展。而白 4 则乘机瓜分角地。这个定式中,黑棋两颗棋子位于二路线上,非常结实稳固,速度略缓,但有厚积薄发之意。双方各自贯彻自己的战略意图,均可满意。

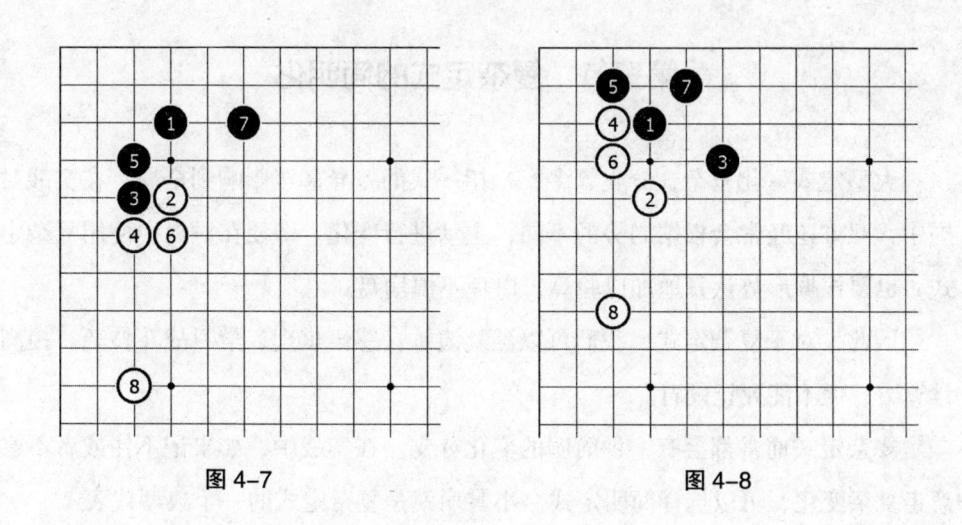

图 4-7    图 4-8

## 二、小飞挂

如图 4-9,白 2 从小飞的位置挂角,称之为"小飞挂"。小飞挂处于三路低位,利于取地。所以,黑 3 向四路小尖,强化自身的同时,兼顾取势。白 4 拆二,是经典的在三路线上建立根据地的着法。双方简单交换两手后，局部之争告一段落。

而图4-10中，黑3尖顶，强行护住角上实空，与白棋针锋相对。白4上长，强化被攻击的白2一子，接下来"立二拆三"在边上建立根据地。和上图相比，黑棋的实空更多一些，但棋子均处于三路线上，未来向中腹的发展则显局促。白棋边空要稍微多一些，向中腹的覆盖面也稍微广阔一些。总体来说，黑白双方也是均衡之势。

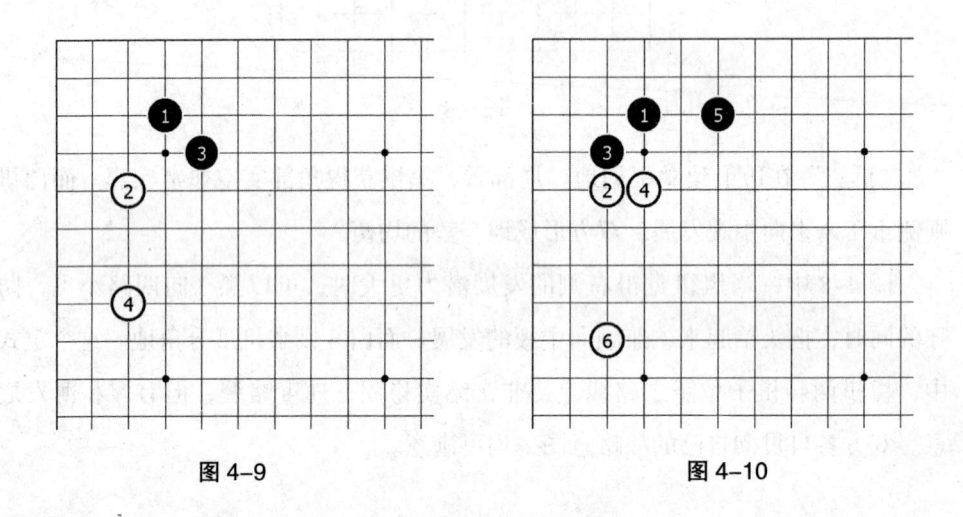

图 4-9　　　　　　　　　　　图 4-10

## 第三节　复杂定式的简明化

大型定式变化复杂，分支繁多，一招一式的差异甚至影响到全局。在实战对局中，双方还经常会根据局势的不同，主动进行变化。即便在对局中使用复杂定式，也要根据形势认真地加以验算，以免不慎崩盘。

因此，对于复杂定式，我们可以反复演练，感悟棋理，学习战斗技巧，提高计算力，但不能死记硬背。

复杂定式通常都会有一种简明的变化分支。在实战中，如果记不住或者不愿意走复杂变化，可以选择简明定式。小雪崩就是复杂定式的一个典型代表。

图4-11是小雪崩的一个变化图，非常复杂；图4-12是激烈战斗之后所形成的局面。

图 4-11

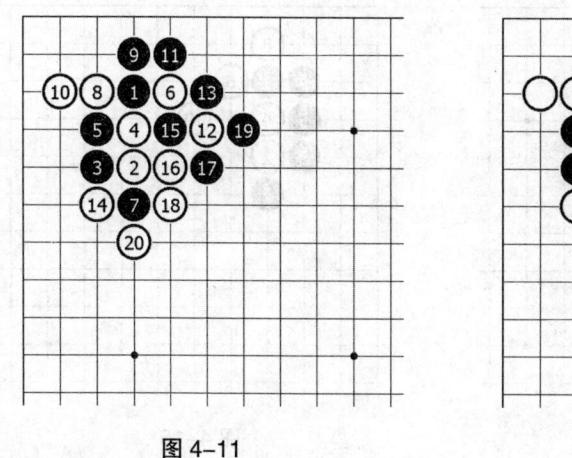

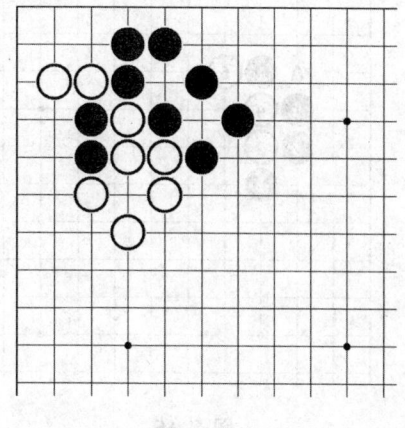

图 4-12

对于双方来说，如何简化局面呢？

图 4-13 是小雪崩的起手式。对于黑棋来说，接下来如果走 A 位强行扳起就是小雪崩，变化非常复杂。如想规避复杂变化，黑棋只需在 B 位粘上断点即可。

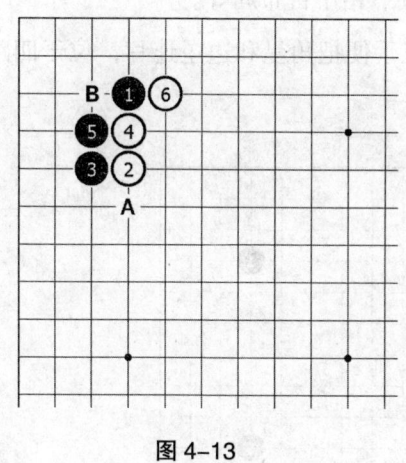

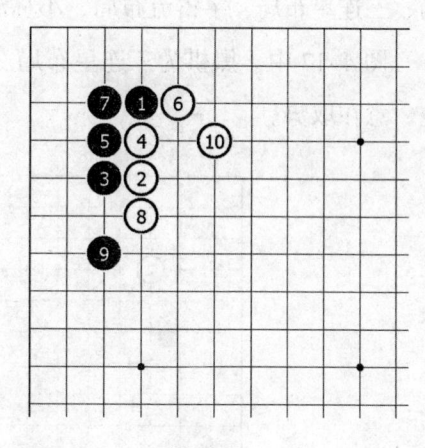

图 4-13

图 4-14

如图 4-14，这是黑方主动选择的简明型，黑棋获取实地，白棋取得外势。

如图 4-15，如果黑棋想走小雪崩，可以黑 7 扳起，白棋如果在 A 位断，就会演化为小雪崩。

如图 4-16，这是白方主动选择的简明型，白 8 打吃后，白 10 再回补一手，护住断点即可。这同样是黑棋获取实地、白棋取得外势的局面。

图 4-15　　　　　　　　　　　　图 4-16

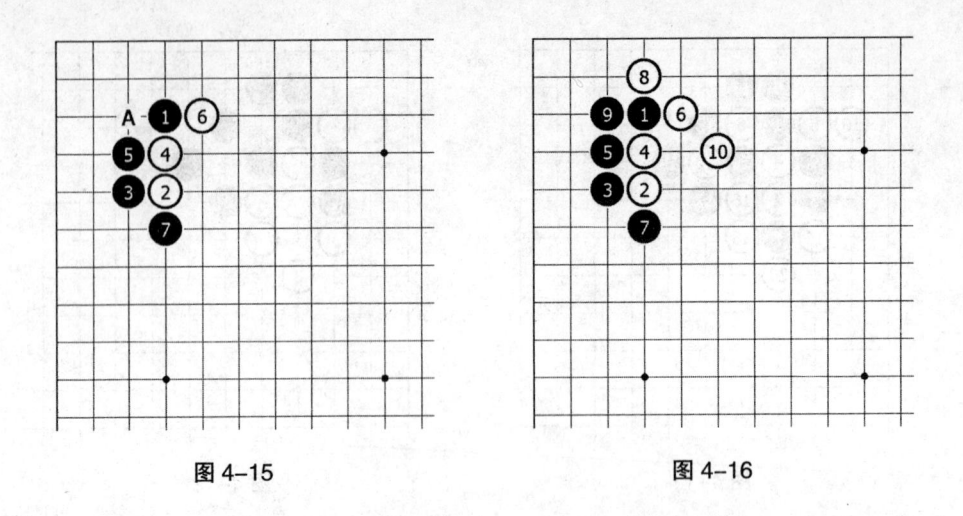

## 第四节　攻守兼备的"中国流"

在布局阶段，除了掌握基本的定式外，我们还要了解一些经典的布局套路。这些布局套路是整体作战的构思，是简单定式的综合运用，常见的有中国流布局、三连星布局、宇宙流布局、小林流布局、错小目布局等。

图 4-17 中，黑棋为三连星布局。前三手便把角星和边星连片，位于四路线上，意在取势。

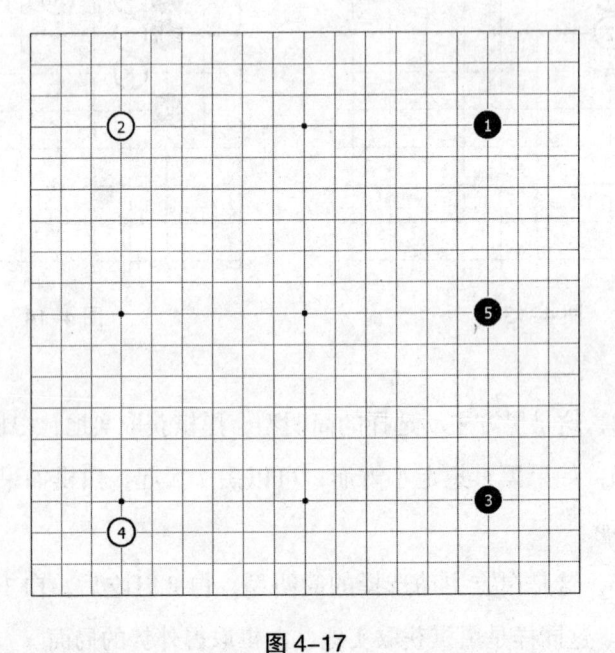

图 4-17

图 4-18 中，黑棋为日本的超一流棋手武宫正树九段的宇宙流布局，和普通的三连星布局相比，不拘泥于角部实地，更加注重边角和中腹的整体配合。在三连星的基础上，继续抢占边星，形成规模宏大的四连星，甚至早早就在五路线上落子。

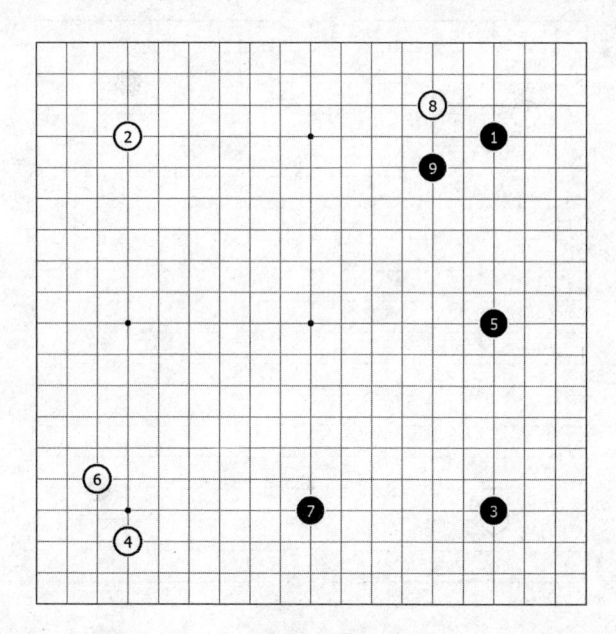

图 4-18

图 4-19 中，黑棋是小林流布局。这是日本的超一流棋手小林光一经常使用的布局。子力偏重于一侧，通过进攻获取实地。

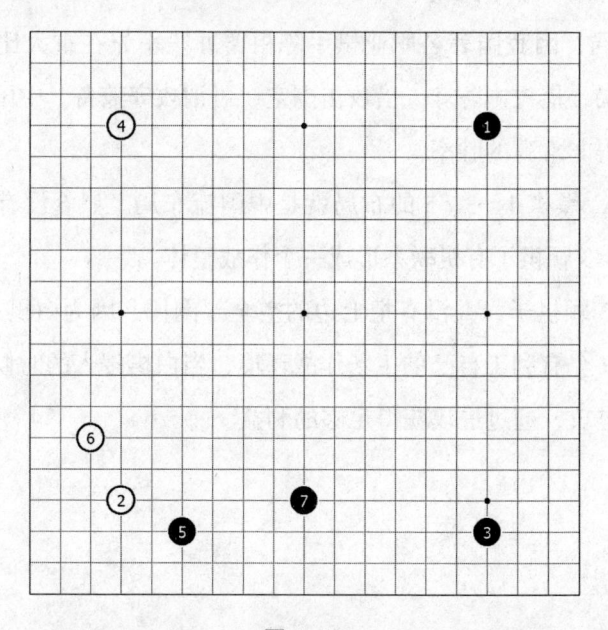

图 4-19

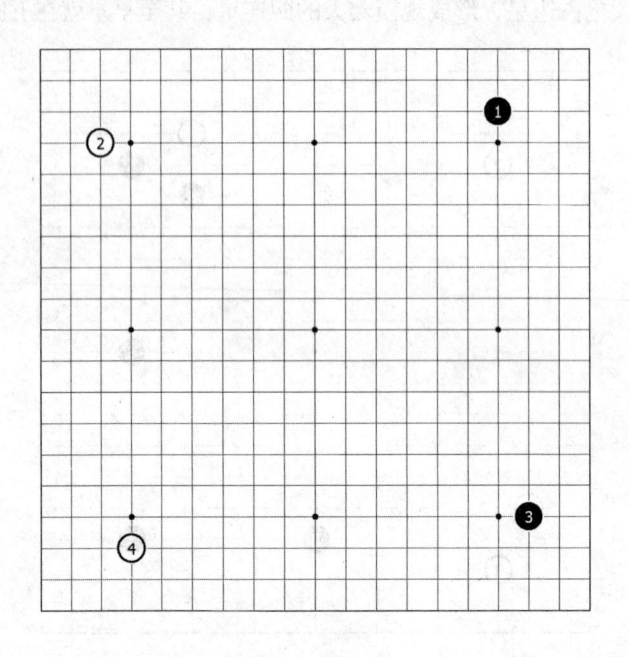

如图4-20，黑白双方都是错小目布局，属于偏向获取实地的布局。

图4-20

下面重点介绍一下中国流布局。

中国流布局，因我国著名职业棋手陈祖德九段率先在重大比赛中使用而得名。中国流布局，借攻击防守，借攻击围空，可谓攻守兼备。中国棋手使用中国流布局一度取得非常高的胜率。

如图4-21，黑棋1、3、5的布局就是中国流布局。黑5没有选择守角，而是在边上连片，3颗棋子有机联系形成一个作战整体。

黑棋的这3颗棋子，并没有把上边的空全部围住，因为白棋是可以侵入的。但黑棋创造了一个有利于自己的主场作战环境，当白棋侵入的时候，黑棋可以对白棋进行有效进攻，通过进攻获得足够的利益。

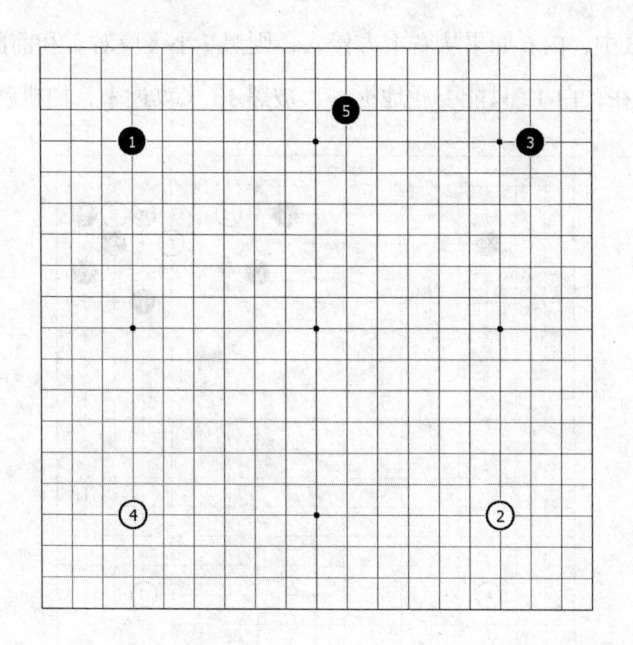

图 4-21

如图 4-22，如果白 6 从左上侵入进来，则黑 7 尖顶。由于黑 5 的存在，白 10 在边路只能拆二，非常委屈。黑 11 飞攻，继续对白棋施加压力，同时扩张自己的右上的阵势，黑棋保持了十足的活力。

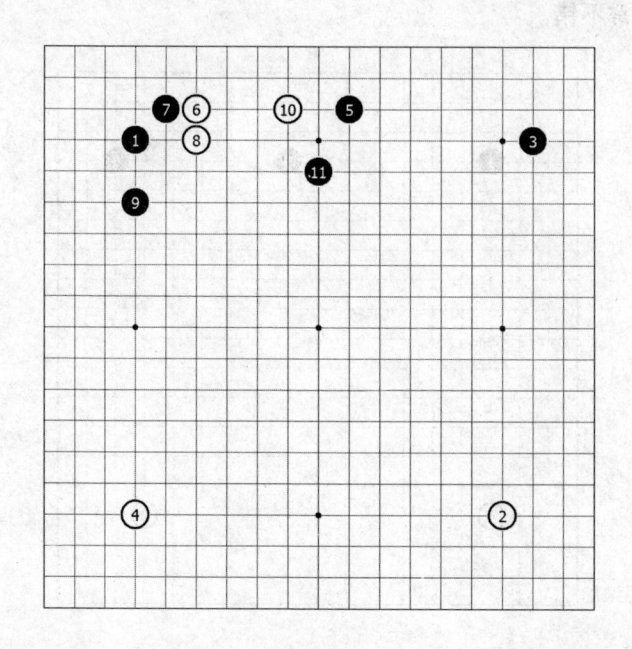

图 4-22

而图 4-23 中，白 6 如果从右上方侵入，则黑 7 小飞应对。和前面的情况类似，由于黑 5 的存在，白 12 只能委屈地拆一，被黑 13 飞攻过来，白棋就非常被动了。

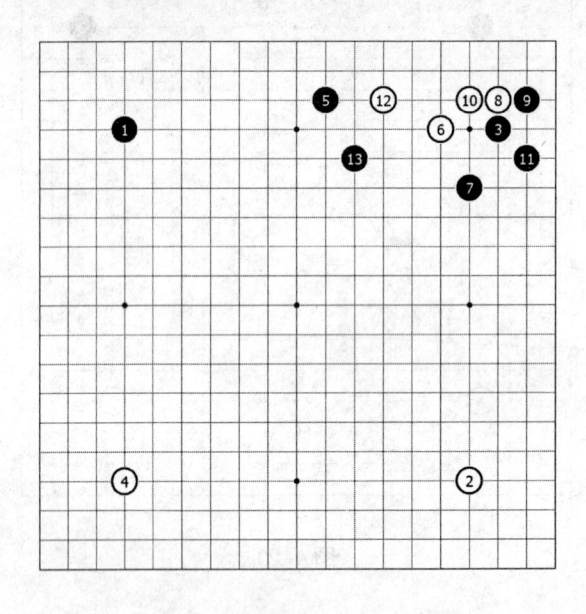

图 4-23

如图 4-24，黑 5 下在四路线上，则是中国流的一种变形，我们通常称之为"高中国流"。其作战策略和中国流（亦称低中国流）类似，都是通过进攻自然围地，效果也非常不错。

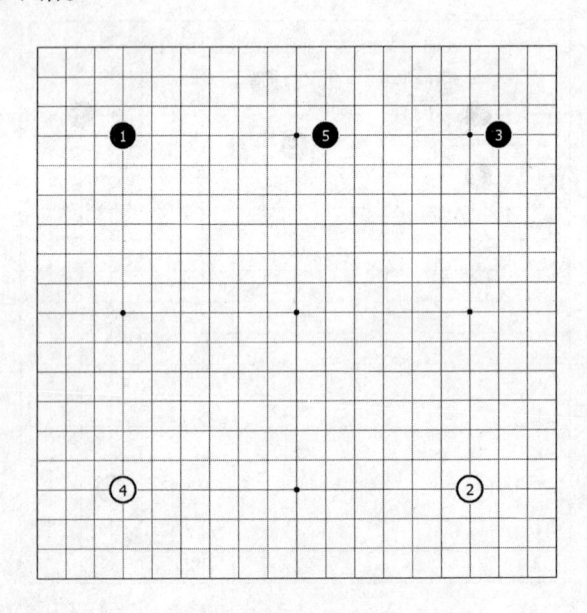

图 4-24

如图 4-25，这是 1965 年 10 月 25 日，中日围棋友谊赛，陈祖德执黑战胜日本棋手岩田达明九段的对局。

黑 1、3、5 就是陈祖德得意的中国流布局。

在接下来的实战中，陈祖德并没有拘泥于右侧的中国流布局阵势，而是主动放弃了右上角。这样的下法，得失难以定论，但从战略上看，陈祖德抓住了局面的主动权，抢先对左边的白方弱棋发起进攻，是本局获胜的关键所在。

至黑 23 为止，本局提前进入激烈的中盘攻防战。

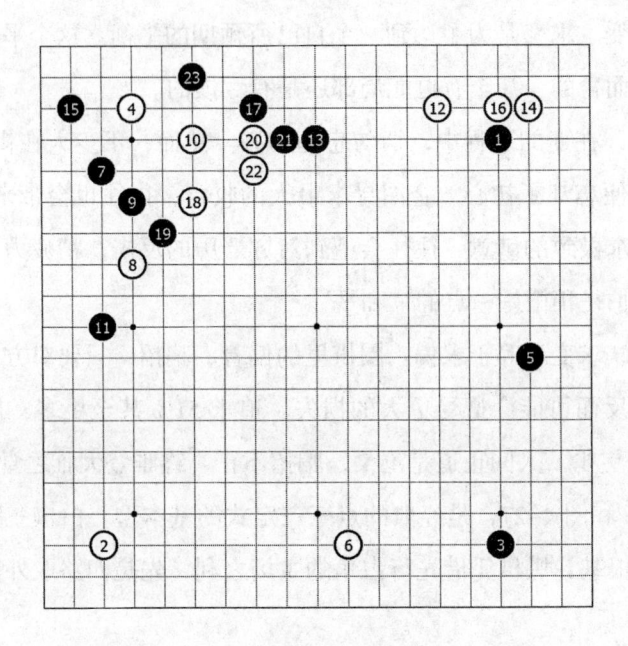

图 4-25

当时，也就是在 20 世纪 60 年代，中国围棋水平还远不如日本。这一局棋是我国棋手在分先情况下第一次战胜日本九段棋手，意义重大。

## 第五节　不定中求定，不变中求变

"石佛"李昌镐不求有功，但求无过，以半目优势横行天下 14 年；"天煞星"加藤正夫着法凌厉，杀伐果断，却终生未能夺世冠。赢百目是赢，赢半目也是赢，围棋归根结底是黑白双方在共存且争竞的前提下，比谁在棋盘上占据的空间更大的游戏。

围棋终究还是要分胜负的，本质还是要争的。但战争的目的是为了求"和"。就围棋而言，争的目的是为了获得比对方多的地盘，哪怕只是多一点点。因此，围棋的最优策略绝不是利益的最大化，而是求得一个自己可以满意的"和平"的结果。君子藏器，待机而动。下棋时不能一味进攻，也不能一味防守，不主动求战，但也不畏战，和平发展而兼备作战能力，战则必胜。

围棋要争，所以定式的本质其实是不定的。"定"只是双方相争相持的结果，是双方作战时的动态平衡，是双方局部的妥协。定式的选择要服务于全局，根据全局战略而求变。求变是为了达到一个自己所预期的平衡。这个平衡仅是就自己的观点或判断而言的，甚至可能局部还是有亏损的。

定式千变，在变的过程中，切勿忘却初心。然而，不少人在棋盘上相争时，不知不觉之中便忘却了初心。企图寻求最大的收益，往往也会带来相应的风险；全力以赴地追求极致的满意，往往会遭到对方严厉的反击，精疲力竭而得不到最初所期待的哪怕是稍微好一点的"和平"。

行棋要正，求变不等于求偏。围棋里的偏着、骗招，只要对方沉着冷静，应对正确，自己反而可能会遭受更大的损失。追求51%甚至更多，最终得到的往往是49%甚至更少。人间正道是沧桑，骗招不正，终难登大雅之堂。

如图4-26和图4-27，是经典的点三三定式的基本型。白棋三路取实地，进而二路爬获得根基，黑棋凭借先行占角的主场之利，先是四路取外势，进而三路线压迫白棋。

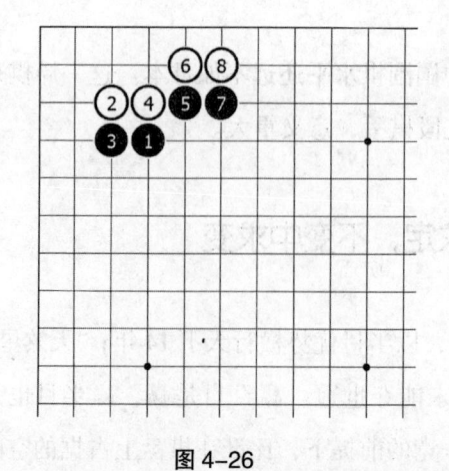

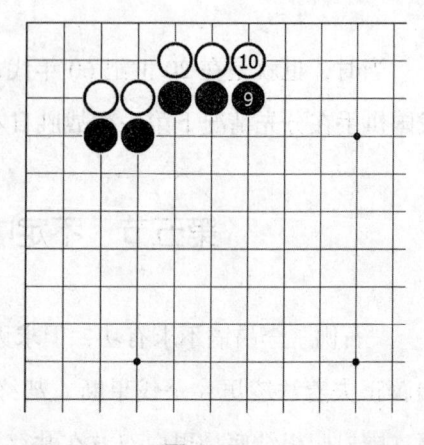

图 4-26

图 4-27

如图 4-28，在行棋过程中，如果黑方不满足于定式的平衡，想争取更大利益，则可用黑 9 进行变招，下在二路线上，直接挡住白棋的去路，强行封住白棋。但有得必有失，追求更大利益的同时，自身也会露出破绽。黑棋的外围同时出现 A 位和 B 位两个断点，很可能会遭到白方的反击。

咎莫大于欲得。如图 4-29，只要白棋反击，白 10 一断，黑方作战不利，很可能会遭受较大损失。

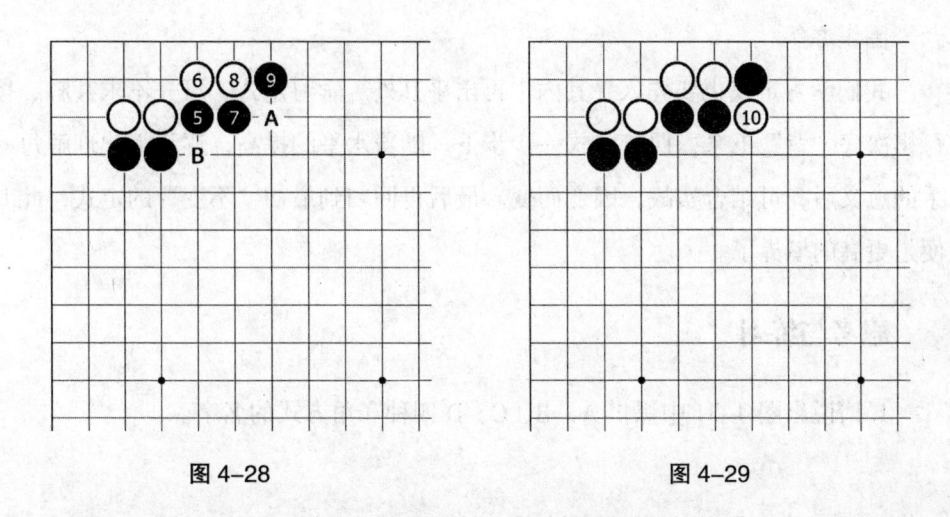

图 4-28

图 4-29

如图 4-30，这是定式的正常着法。黑 11 在三路线上再长一手，不愠不火，这是双方均可接受的局面。黑方如果还想更进一步，就要在 C 位封住白棋。同样，黑棋也会遭到白棋在 11 位断的反击，作战也未必有利。

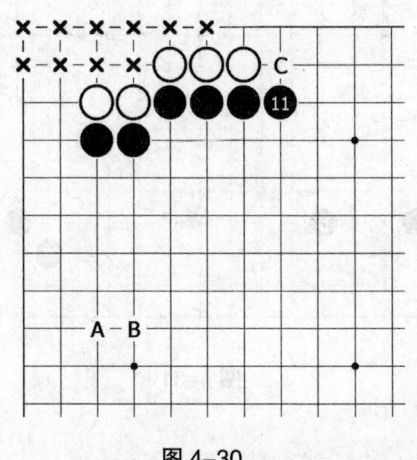

图 4-30

这个定式至此告一段落。对于白棋来说，已经获得了左上的实地，以后只需要在 A 位和 B 位附近落子，远远限制黑棋外势的发挥即可满意。对于黑棋来说，则要考虑将来如何充分发挥外围 6 颗黑子的作用。外势一般不刻意围空，最好是通过攻击顺势成空，如此则"道法自然花满枝"。

清代国学大师王国维认为，诗人对宇宙人生，须入乎其内，又须出乎其外。入乎其内，有了真切的体验和认知，故能写出来；出乎其外，有了更高的思想境界，故能观览全局。入乎其内，有生气；出乎其外，有高致。

围棋亦然。

我们学习定式也要先入乎其内，再出乎其外。学习定式，可先不求甚解，按行棋次序"背"下来，照着定式一步步下。随着水平的提高，逐步消化理解每一手的意义后，可结合实战，因变而变。最后再回归到最初"不变"的定式，此时便是更高的境界了。

## 思考与练习

1. 请说出图 4-31 中黑棋 A、B、C、D 四种守角方式的名字。

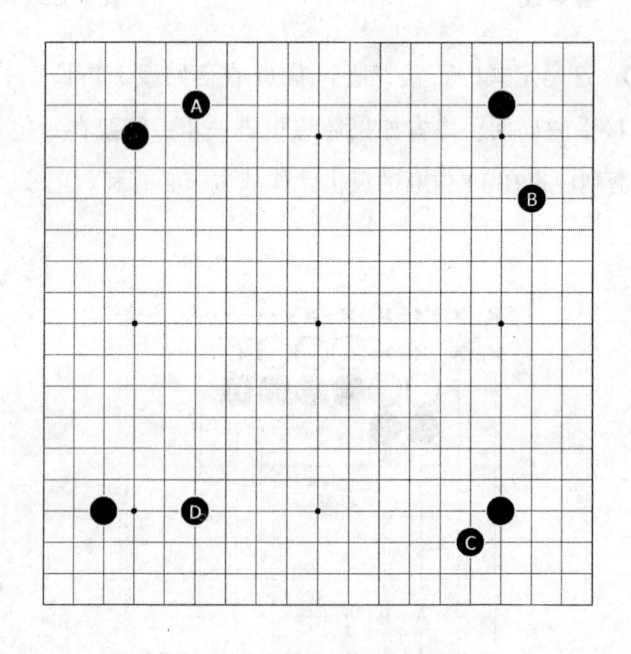

图 4-31

2. 图 4-32 中的黑子，一共有几种小飞的方法？大飞呢？

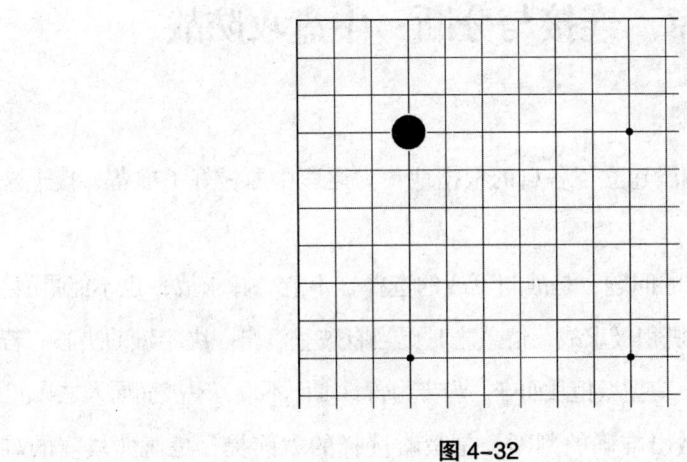

图 4-32

3. 图 4-33 中，我们把黑 1 称之为星位占角，白 2 称之为小飞挂角。请问，黑 3、5 和白 4、6 这四手棋分别叫什么名字？

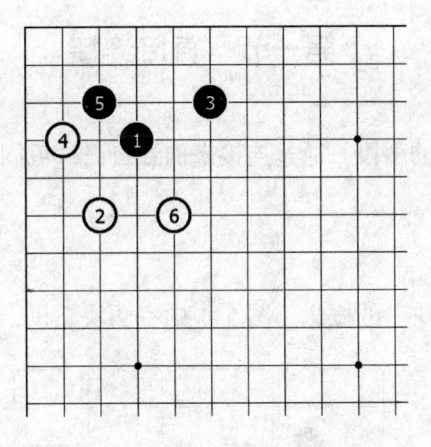

图 4-33

# 第五章  连接与分断：中盘攻防战

对弈双方在布局阶段建立了各自的根据地，为逐鹿中原做好了准备，接下来便是激烈的中盘博弈。

中盘博弈首先遇到的问题，是战与不战的选择。不能一味求战，也不能畏战。局面落后时，应寻找时机积极求战，情急之时更当有破釜沉舟一决雌雄的决心。若是优势在我，胜券在握，应据城拒敌而守，步步为营，围而不攻，不战而屈人之兵。

能否对局面形势做出准确的判断，是策略选择的大前提，是对弈攻守的难点，也是高手与低手的分水岭。对初学者来说，可先从局部开始，分析棋形的相对强弱，从而做出合理的战术选择。一般来说，气长则强，气短则弱；防守要连，攻击则断。

## 第一节  直接连接

连接是一种防守的手段。通过连接来加强自己，巩固自己。

### 一、粘和断

前面我们讲过"块"的概念，图 5-1 中有两块黑棋，两块棋之间没有通过直

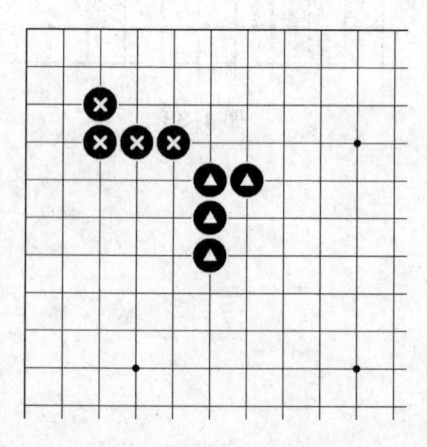

图 5-1

线连接在一起。

为了更好地理解连接与分断的概念，我们在周围加上一些白棋。

如图 5-2 和图 5-3，A 位和 B 位，我们称之为"断点"。

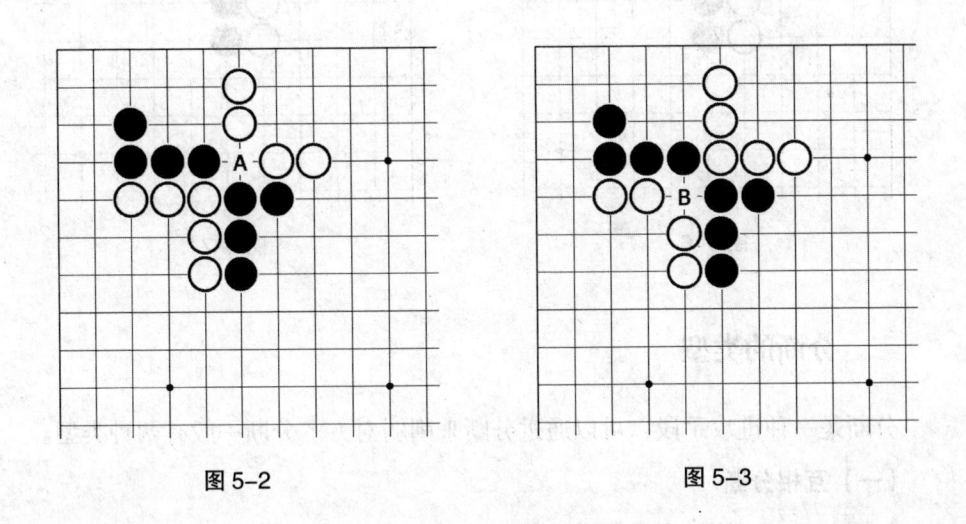

图 5-2

图 5-3

如图 5-4 和图 5-5，白 1 占据断点，就把黑棋从这里分成了两块，称之为"断"，或者"分断"。

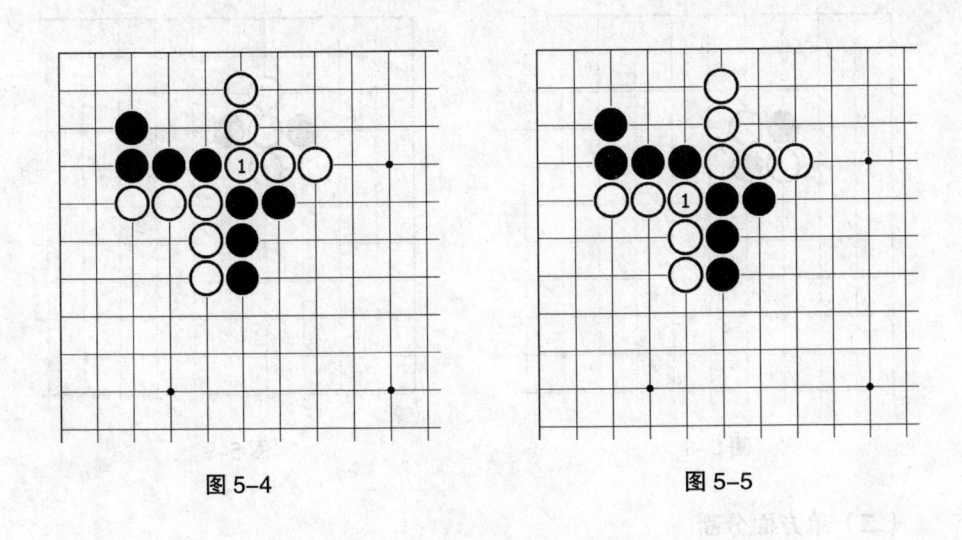

图 5-4

图 5-5

如图 5-6 和图 5-7，如果黑 1 在断点上落子，可以把两块黑棋连接起来，我们称之为"粘"。粘就是直接连接。

图 5-6　　　　　　　　　　　图 5-7

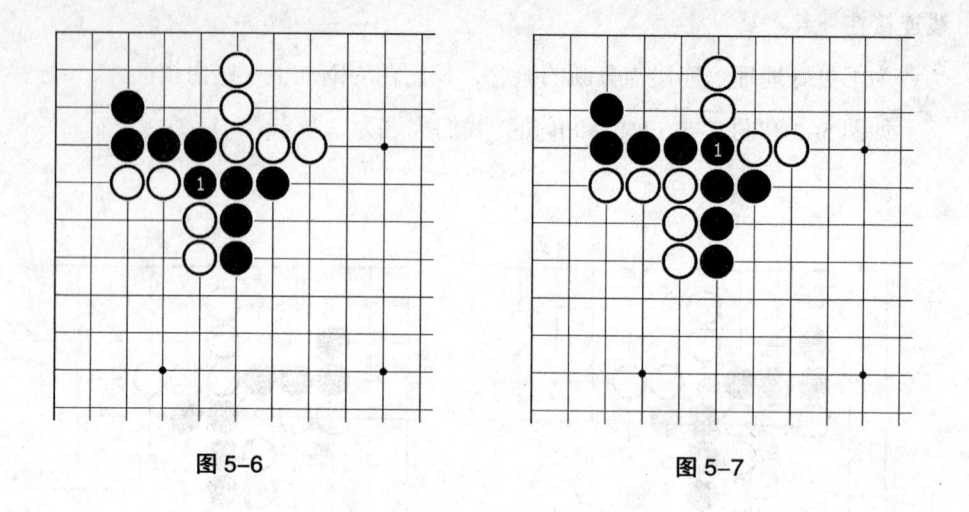

## 二、分断的类型

分断是一种进攻手段，可以通过分断来削弱对方。分断一般有两种类型。

### （一）互相分断

如图 5-8，这种棋形我们称之为"扭十字"，是互相分断的一种常见棋形。一方主动求战，形成扭十字的形状，也叫"扭断"。双方混战在一起，结果好坏取决于双方各自的计算力和战斗力。

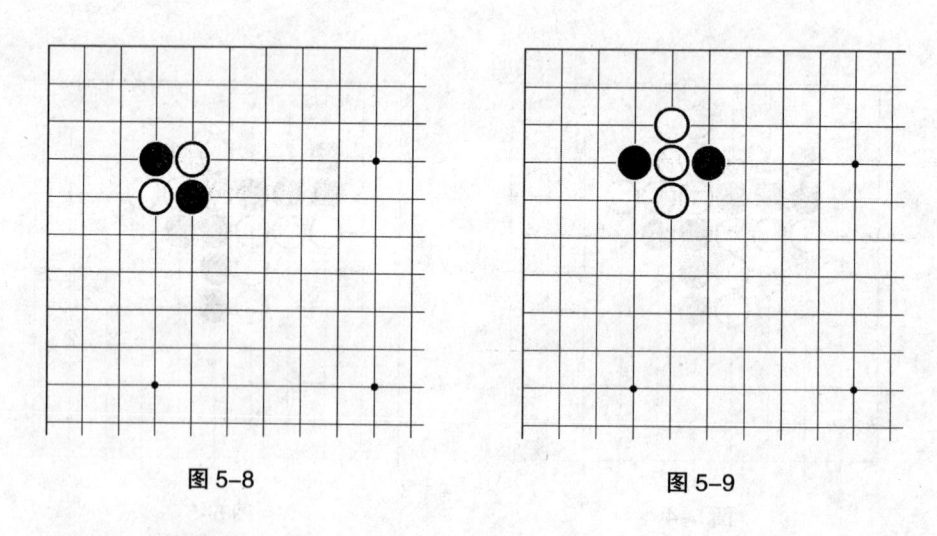

图 5-8　　　　　　　　　　　图 5-9

### （二）单方面分断

如图 5-9，白棋单方面分断了黑棋，我们把黑棋这样的形状称之为"裂形"。这是单方面挨打的形状，在行棋过程中一定要尽量避免。

## 三、分断的方法

棋从断处生。两棋接战，在不知如何着手时，我们可以通过分断对手，寻求自己行棋的步调。

### （一）直接断

如图 5-10 和图 5-11，黑 1 就是直接断，把白棋分成两块。

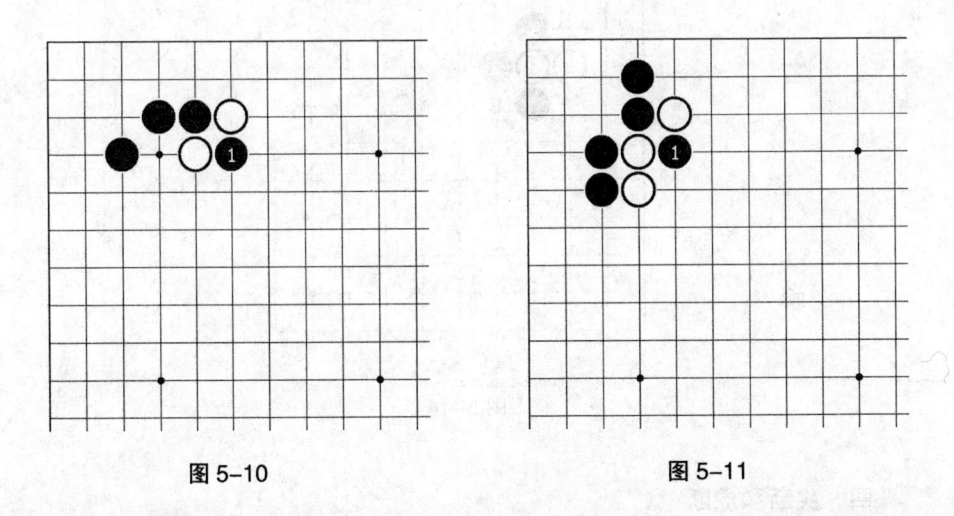

图 5-10

图 5-11

### （二）冲断

如图 5-12 和图 5-13，黑 1 冲，白 2 挡，就形成了两个断点，黑 3 便可以分断白棋了。在己方原有棋子的基础上，向对方两块棋子中间长出，称之为"冲"，继而分断对方，整个过程称之为"冲断"。

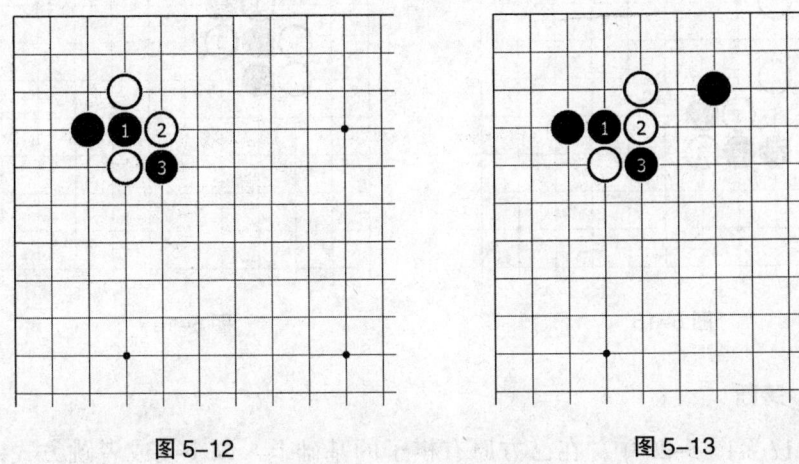

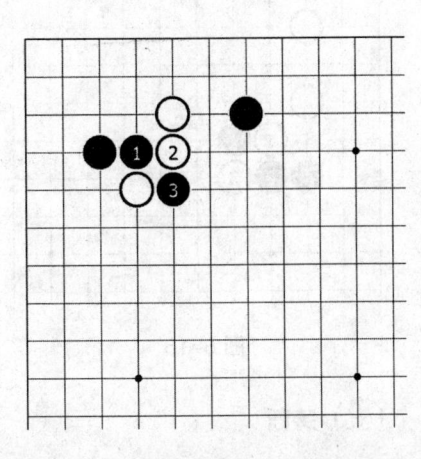

图 5-12

图 5-13

## （三）挖断

如图 5-14，白 1 直接在黑棋跳的形状中间行棋，称之为挖。黑 2 打吃，白 3 长出后，就形成了 A 位和 B 位两个断点。接下来，黑棋 A 位粘，则白棋 B 位断。黑棋 B 位粘，则白棋 A 位断。白棋对两个断点必得其一。这个过程称之为"挖断"。

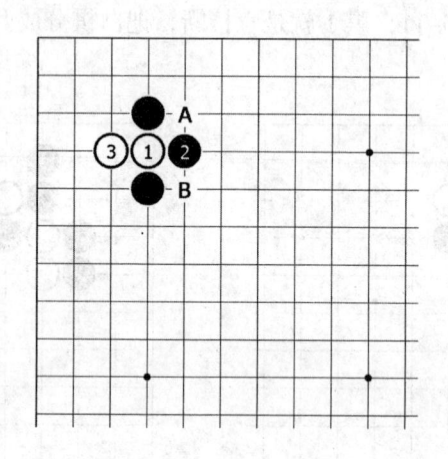

图 5-14

## （四）尖断和虎断

如图 5-15，以先尖后断的形式分断对方，称之为"尖断"。如图 5-16，以先虎后断的形式分断对方，称之为"虎断"。虎，我们在下一节会详细解释。

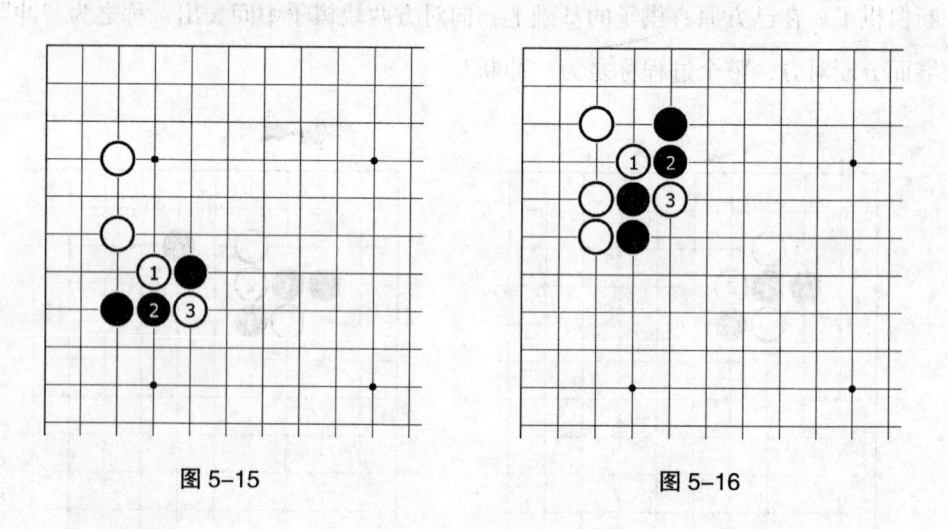

图 5-15　　　　　　　　图 5-16

## （五）跨断

图 5-17 至图 5-20 中，在己方原有棋子的基础上，以小飞或者跳方式，越

过白棋小飞棋形的中线而行棋,称之为"跨"。继而分断对方,整个过程称之为"跨断"。

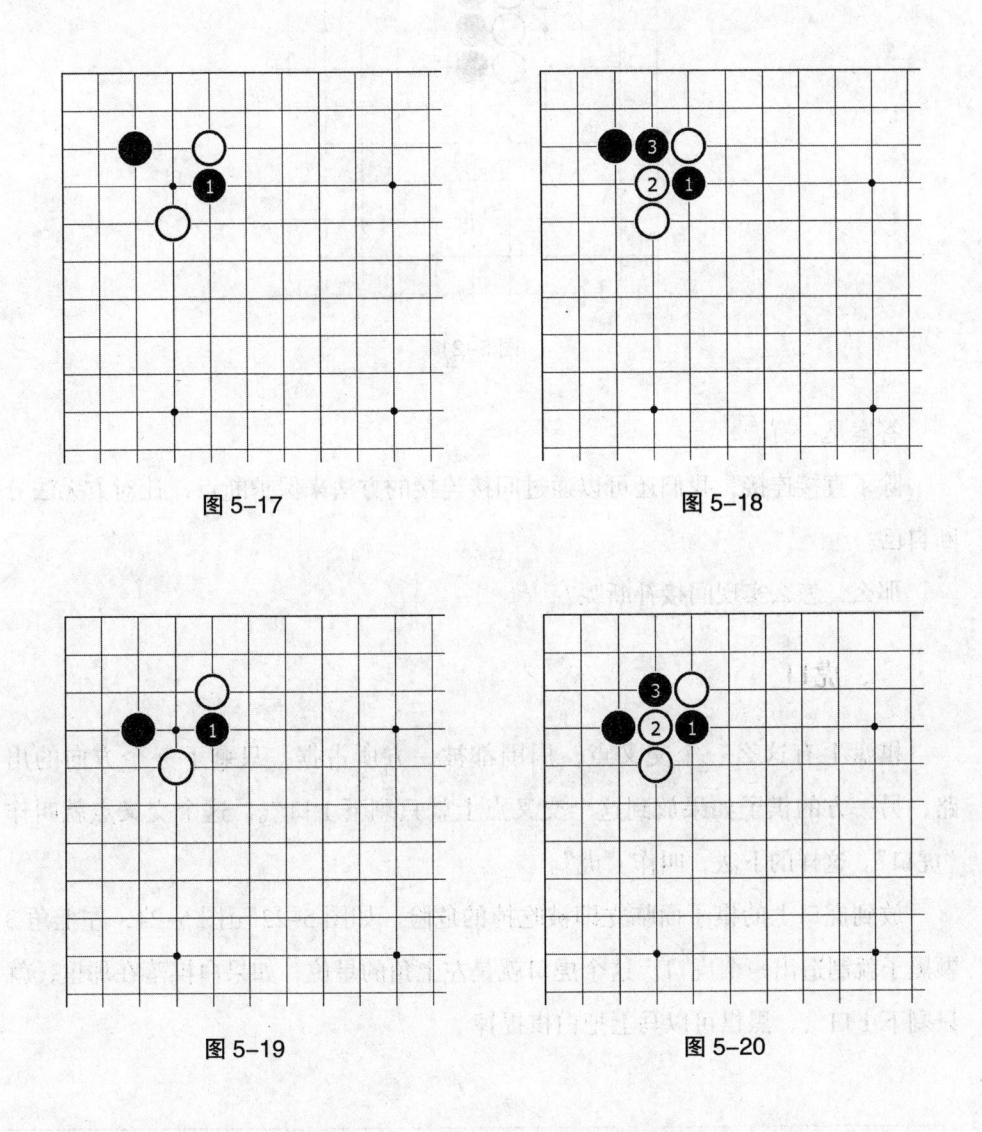

图 5-17

图 5-18

图 5-19

图 5-20

除了上述几种分断方法之外,还有顶断、靠断、挤断等,这里不再一一介绍。

## 第二节　间接连接

请问图 5-21 中的黑棋有没有断点?如果有,除了直接粘上,还有没有别的方法来防止白棋的分断?

图 5-21

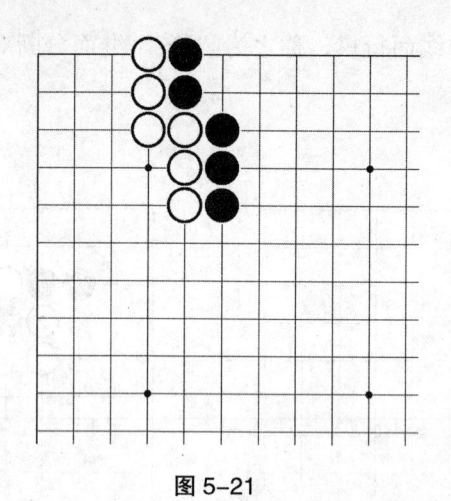

答案是：有。

除了直接连接，我们还可以通过间接连接的方法来保护断点，让对方无法分断自己。

那么，怎么实现间接补断呢？

## 一、虎口

棋盘上有这么一个交叉点，周围都被一方所占据，只剩下一个方向的出路，另一方的棋子如果放到这个交叉点上就只剩下 1 口气，这个交叉点就叫作"虎口"。这样的下法，叫作"虎"。

放到虎口上的棋子面临立即被吃掉的危险。如图 5-22 至图 5-24，左上角 3 颗黑子就制造出一个虎口。这个虎口就是左上角的星位，如果白棋落在那里，就只剩下 1 口气，黑棋可以马上把白棋提掉。

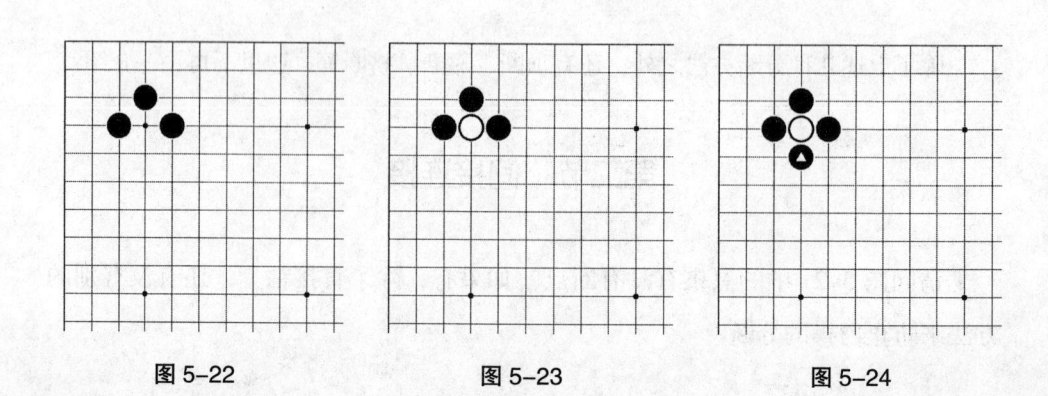

图 5-22　　　　　图 5-23　　　　　图 5-24

通过制造虎口就可以实现间接补断,虎口虽然没有形成直接连接,依然存在一个断点,但对方如果一定要去分断,则去分断的那颗棋子落下去就只剩下1口气,会马上被提掉。

现在我们就可以回答前面的那一个问题了。如图5-25,黑棋可以通过制造虎口的方式来补断,效率更高,形状看起来也更美观,这样的手法称之为"虎"。白棋是不能在虎口处强行分断黑棋的。

如图5-26,黑棋下在另外一个位置上,看起来有点怪,但却可以形成虎口。

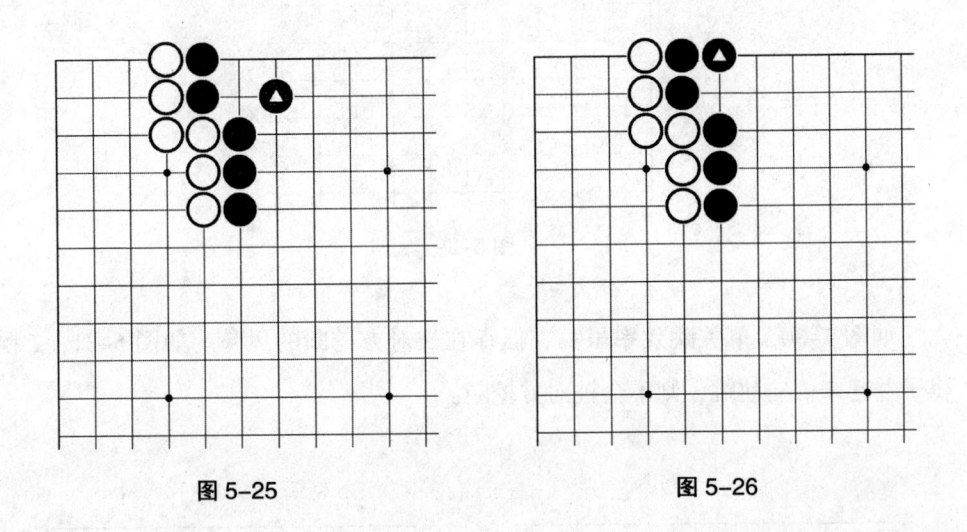

图 5-25　　　　　　　　　　图 5-26

如图5-27和图5-28,黑1落子后,同时形成两个"虎口",也叫"双虎"。同时护住了A位和B位两个断点。

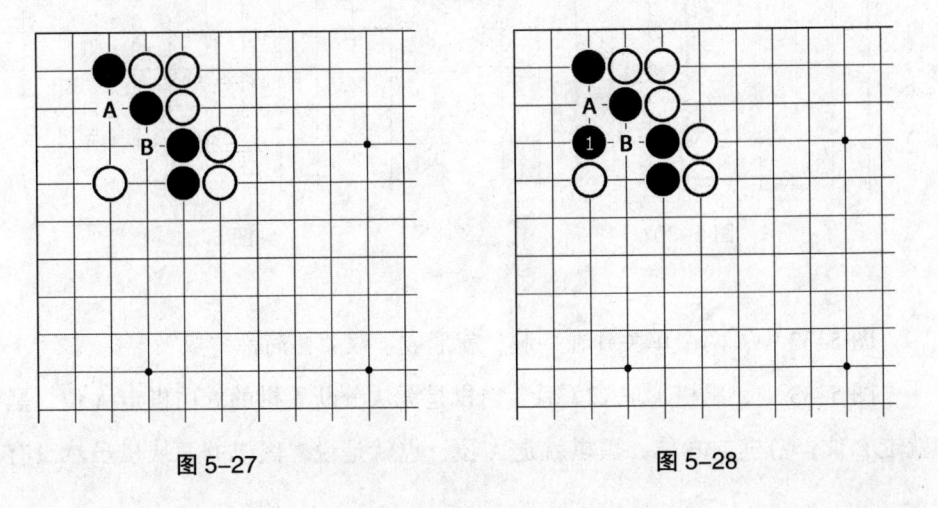

图 5-27　　　　　　　　　　图 5-28

## 二、双关

如图 5-29，围棋里把下面的形状称为"跳"，也叫"单关"或"单关跳"。

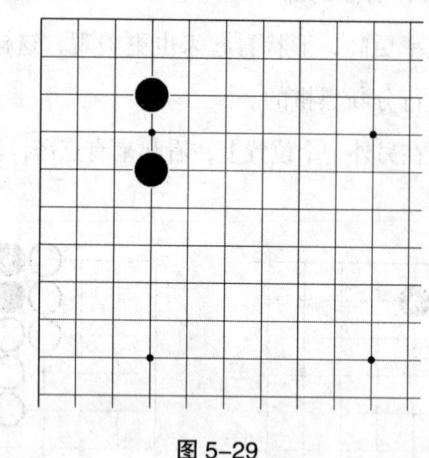

图 5-29

如图 5-30，单关跳效率虽高，但存在被对方挖断的风险。如图 5-31，2 颗棋子并起来再向前跳，则不会被对方挖断。

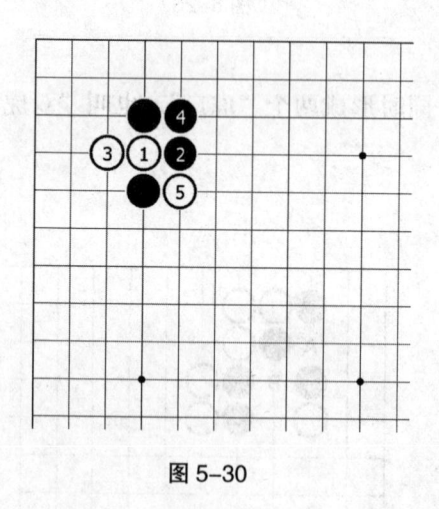

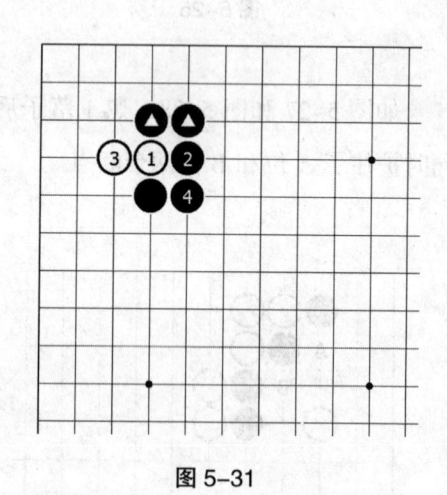

图 5-30

图 5-31

图 5-32 中，两个单关并在一起，就形成了双关，简称"双"。

图 5-33 中，黑棋形成双关后，白棋是无法分断黑棋的。白棋走 A 位，黑棋就走 B 位；白棋走 B 位，黑棋就走 A 位，也就是说，黑棋的两块棋虽然没有直

接连接在一起，但 2 个连接点必得其一，对方无法通过一手棋把两块棋分断，从而实现间接连接。

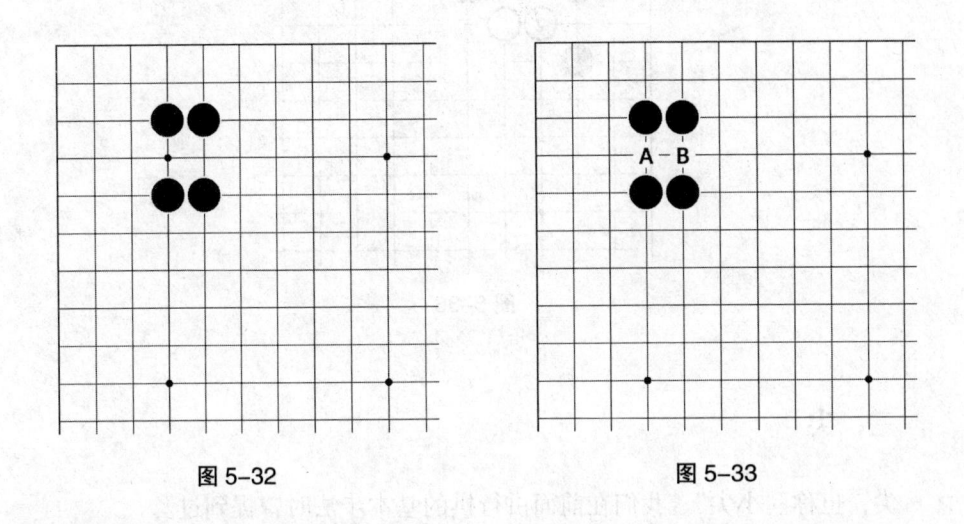

图 5-32

图 5-33

实战运用：如图 5-34，黑 1 "刺"，下一步想分断白棋，白棋怎么应对比较合适呢？

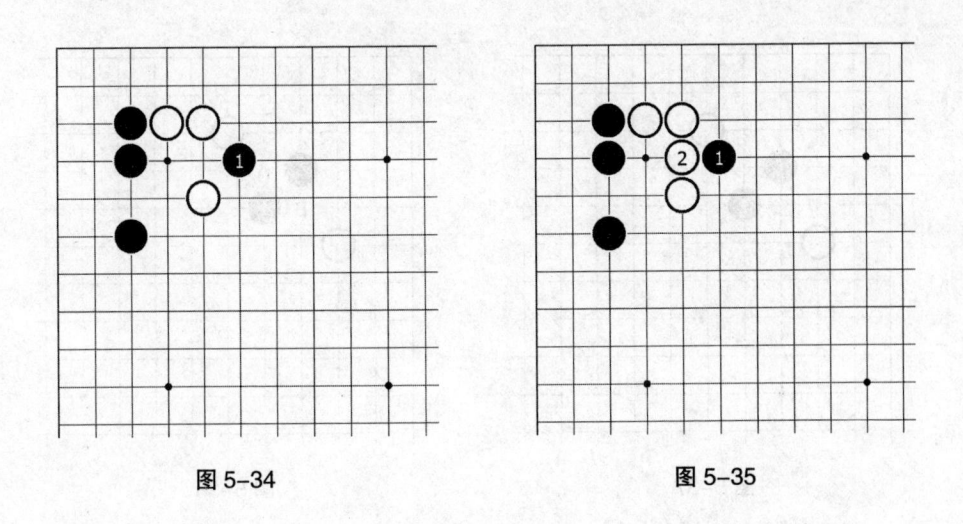

图 5-34

图 5-35

如图 5-35，白 2 虽然可以直接连接起来，但略显呆板，有没有更好的办法呢？

如图 5-36，正确答案是 "双"。间接连接，效率更高，同时还能对左边的黑棋施加一定的压力。

图 5-36

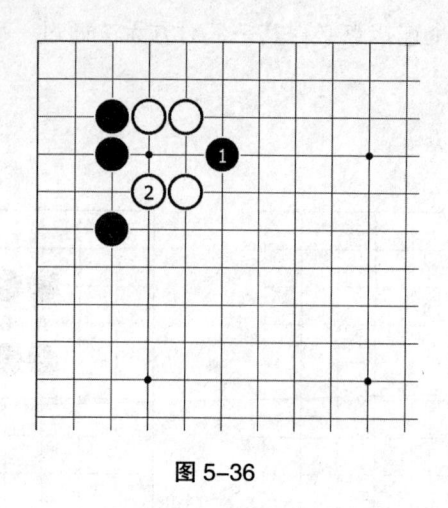

## 三、尖

尖，也称"小尖"。我们在前面讲行棋的基本步法时曾提到过。

如图 5-37，黑 1 就是小尖。黑棋的这 2 颗棋子虽然没有直接连接起来，如图 5-38，但由于 A、B 两位黑棋必得其一，白棋是无法分断黑棋的。

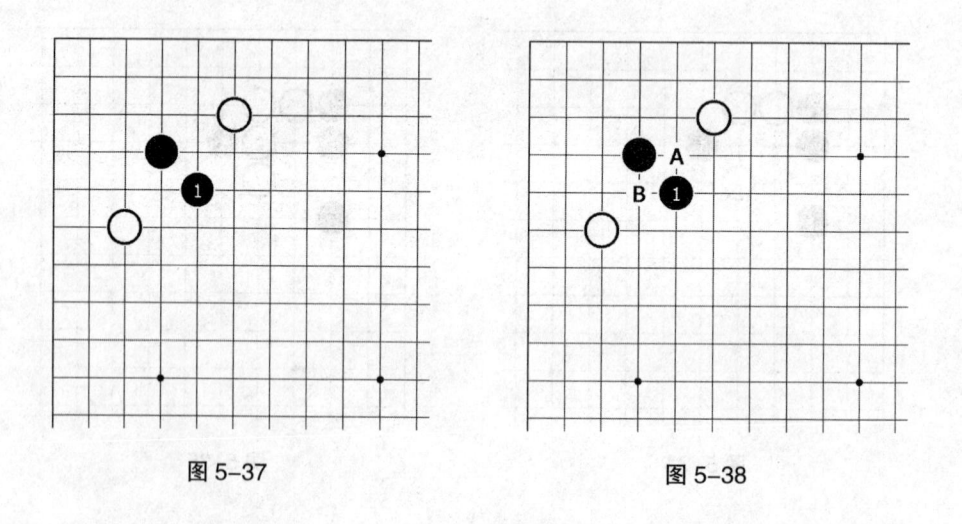

图 5-37

图 5-38

如图 5-39 和图 5-40，在一人一手的前提下，白棋是无法分断黑棋的。所以，尖是一种非常实用的间接连接方法。

图 5-39

图 5-40

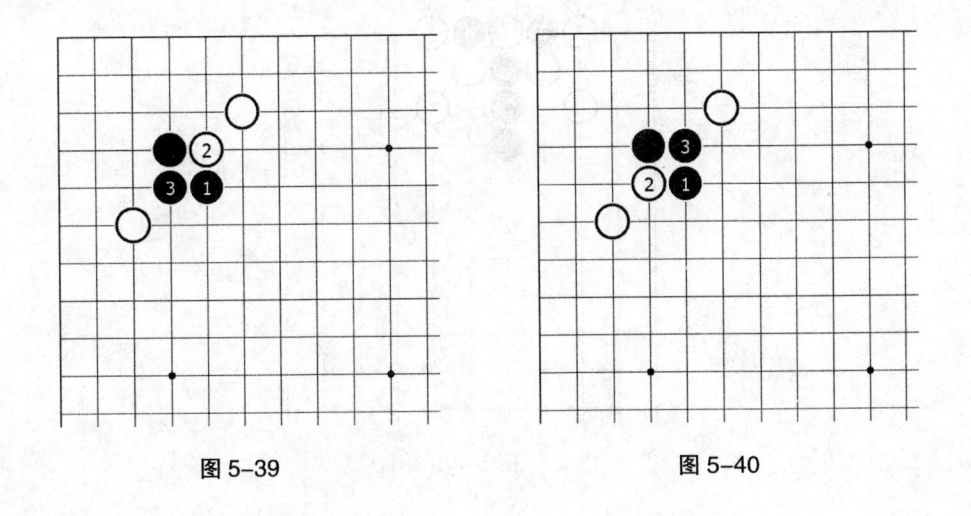

## 四、渡

如图 5-41，白棋被黑棋从中间分断，眼看就要成为"裂形"，还有什么办法可以把它们连接起来吗？

如图 5-42，白 1 从边上将两边的棋子间接连接起来的手法，叫作"渡"。虽然有 A、B 两个断点，但由于边路具有特殊性，这 2 个点实际上是 2 个虎口，黑棋是无法分断白棋的。

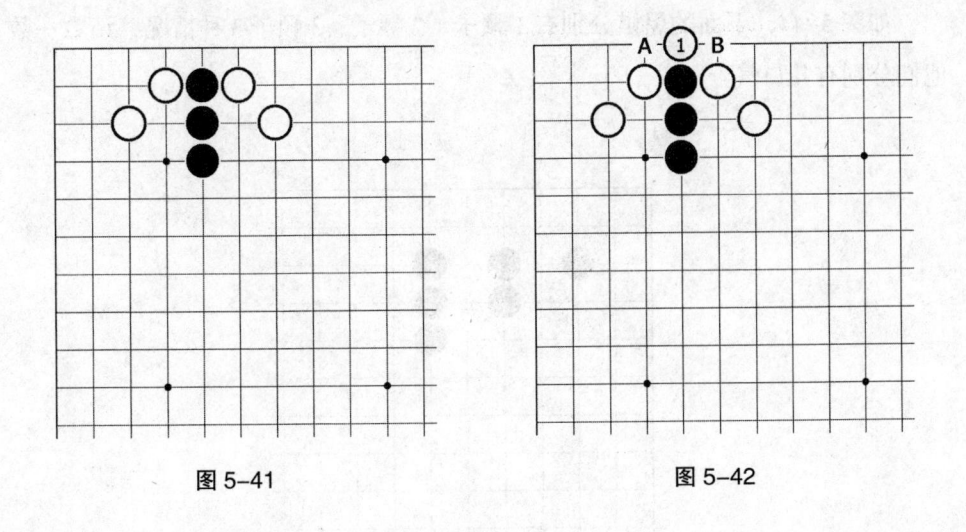

图 5-41

图 5-42

如图 5-43，黑棋 2、4 强行分断白棋，白棋如想连接，简单 3、5 提子即可。

113

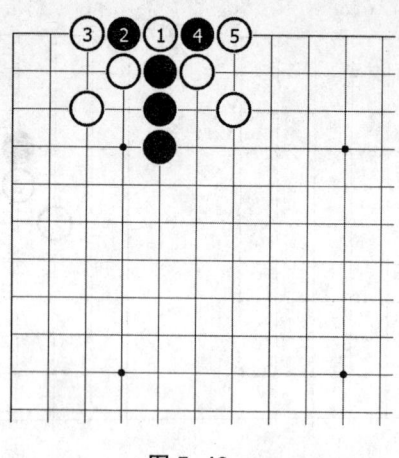

图 5-43

面临分断的时候要多思考，尽可能选择一个最佳的连接方式。

## 第三节　连接与分断的时机

连接是防守的手段，分断是进攻的手段。那么，在什么情况下需要连接？什么情况下可以分断？这就需要冷静分析，把握时机。

### 一、气和强弱

如图 5-44，下面的黑棋分别有 1 颗子、2 颗子、3 颗子 3 种情况，请数一数，他们分别有几口气？

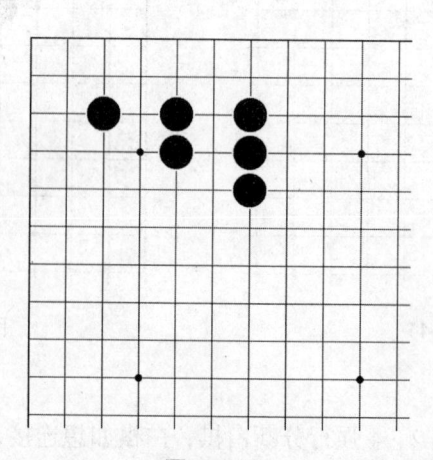

图 5-44

图 5-44 中的三块黑棋分别是 4 口气、6 口气、8 口气，想吃掉最左边那 1 颗黑子需要 4 颗白子，而要想提掉最右边那 3 颗黑子，则需要 8 颗白子。

一块棋的气越长，想提掉它就越困难，这块棋也就越强；一块棋的气越短，就越弱，也就越容易遭到对手的攻击。

如图 5-45 和图 5-46，气少的棋是弱棋，进攻弱棋更容易占据优势获得利益。

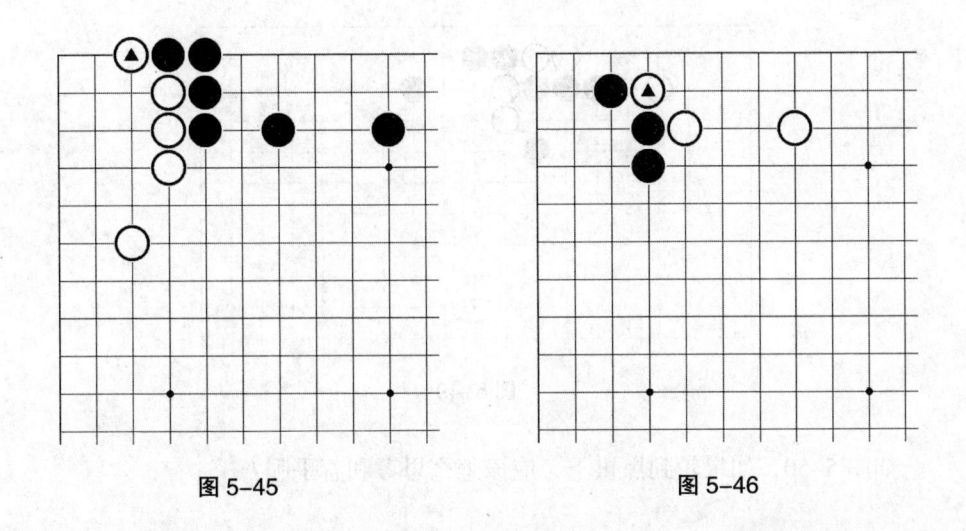

图 5-45　　　　　　　　图 5-46

图 5-47 和图 5-48，黑 1 分断白棋的同时，还打吃白▲一子，也称之为"断打"。白▲一子已经无法逃脱。

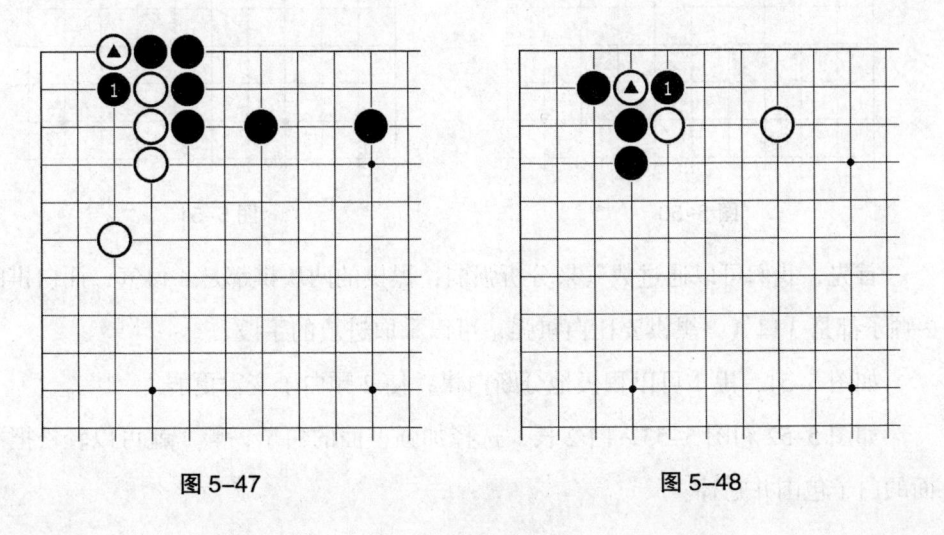

图 5-47　　　　　　　　图 5-48

## 二、棋从断处生

棋从断处生。我们可以采用分断的方法，给对方"制造"出弱棋，创造出进攻的机会。

如图 5-49，黑棋断，白棋被分成了两块，面临被攻击的危险。相反，如果白棋粘成一块，则会变得强大，黑棋就不容易进攻了。

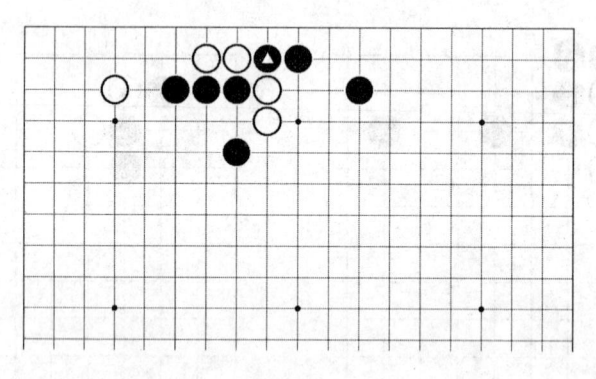

图 5-49

如图 5-50，如果轮到黑棋下，应该怎么思考和着手呢？

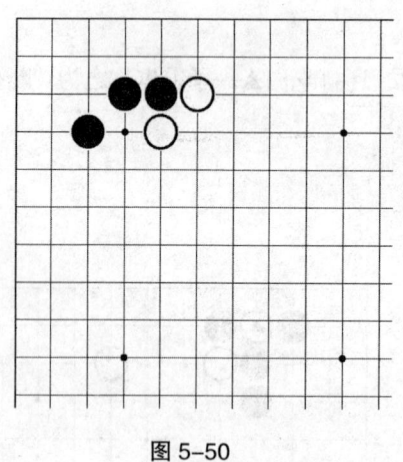

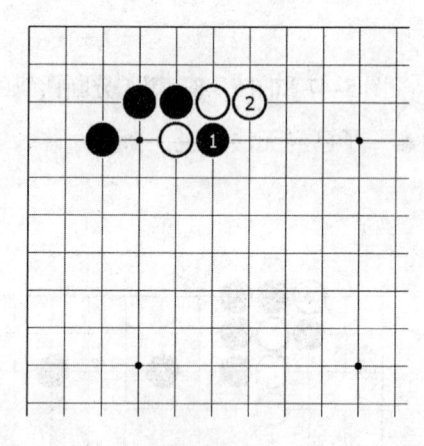

图 5-50　　　　　　　　图 5-51

首先，我们可以通过数气来分析强弱，黑棋的两块棋都是 4 口气，而白棋的 2 颗子都是 3 口气，黑棋要比白棋强，可以采取进攻的手段。

如图 5-51，黑 1 可以积极地分断白棋，使 2 颗白子变得更弱。

如图 5-52 和图 5-53，白 2 长，选择加强上面的白子，黑 3 就可以轻松把下面的白子包围并吃掉。

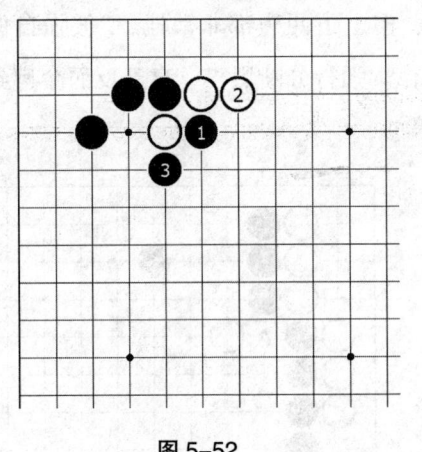

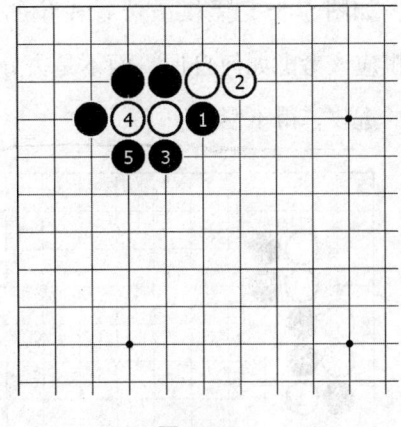

图 5-52　　　　　　　　　　图 5-53

对于初学者来说，3口气以下的棋子可以认为是弱棋。1口气的棋子马上会被对方吃掉，2口气的棋子面临被打吃的危险，3口气的棋子也是对方进攻的潜在目标。4口气以上的棋子，则可以认为是强棋了。

根据棋形的强弱，可以初步做出进攻或防守的选择。一般来说，当自己的棋比对方强的时候要进攻；当自己的棋比对方弱的时候要防守。要进攻对方的弱棋，远离对方的强棋。尽量不要以弱攻强，纠缠对方已经非常强大的棋。

## 三、连接与分断的时机

棋谚有云："两活勿断，皆活勿连。"这是说如果对方两边都是活棋，就不要分断对方，因为即使分断也无法向对方的活棋发起有效的进攻。如果自己两边都是活棋，就不需要加一手棋进行连接，因为没有防守的必要。把两块活棋连接起来，行棋效率就降低了。

当看到对方的棋形有断点时，要考虑如果分断对方，是否能向对方的两块棋发动有效进攻；如果不能，专门花一手棋去分断对方则没有实际意义或效率不高。

当看到自己的棋子有断点时，要考虑，如果对方分断自己，被分断的两块棋子会不会有危险。如果有危险，则需要想办法连接，确保自身安全；如果没有危险，则没有必要花一手棋连接起来。

如图 5-54，外面的黑棋有 2 个断点，相对较弱。白 1 断，主动求战，是很强硬的好棋。

如图 5-55，黑棋虽然有 A 位的断点，但上下两边都非常强。"彼强自保"，白棋应该考虑如何自保，而不是去分断黑棋。强行分断黑棋，自己反而会遭到黑棋的进攻，得不偿失。

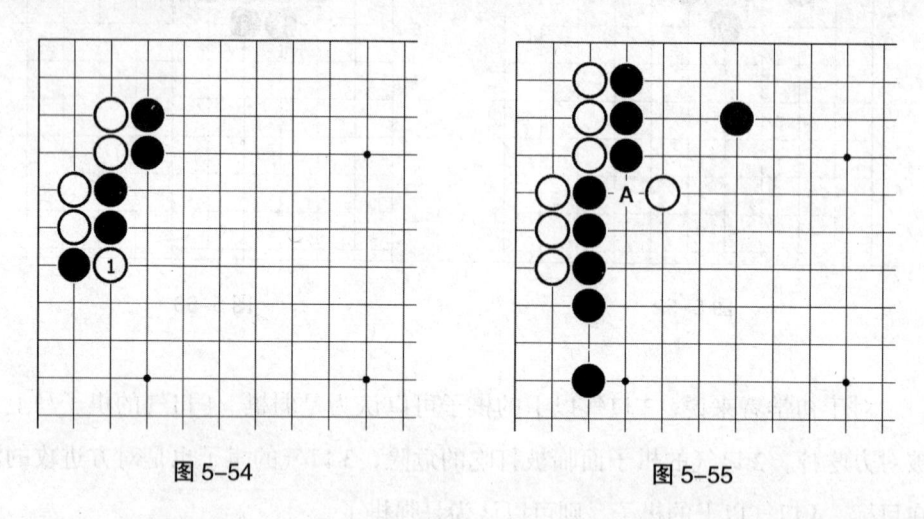

图 5-54

图 5-55

分断与连接的概念本身不难，难在运用。有危险的时候才需要连接，在没有危险的时候，没必要连接。当然，不同棋力水平的人对"危险"的理解是有差异的。在行棋时，不能一见到对方有断点就去断，有时候分断对方，反而会遭到对方猛烈的反击。

因此，在实战对局的时候，要多思考"为什么分断？为什么连接？"这是很有必要的。

**思考与练习**

1. 如图 5-56 和图 5-57，请使用直接连接的方法把黑棋连接起来。

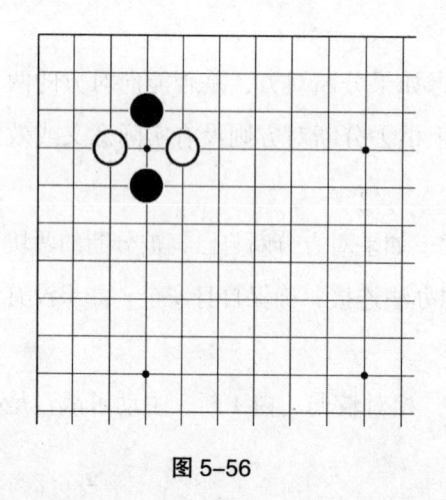

图 5-56

图 5-57

2. 如图 5-58 和图 5-59，请使用间接连接的方法把黑棋连接起来。

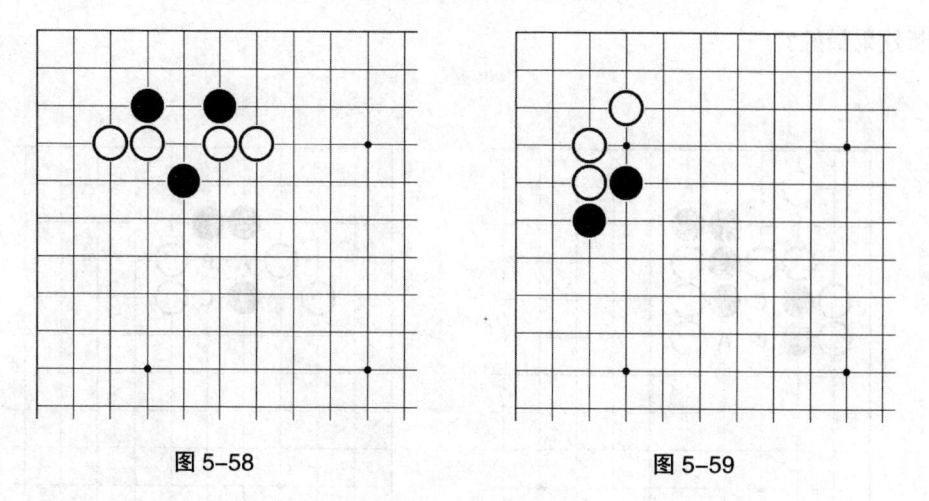

图 5-58

图 5-59

3. 如图 5-60 至图 5-63，黑棋怎么分断白棋？

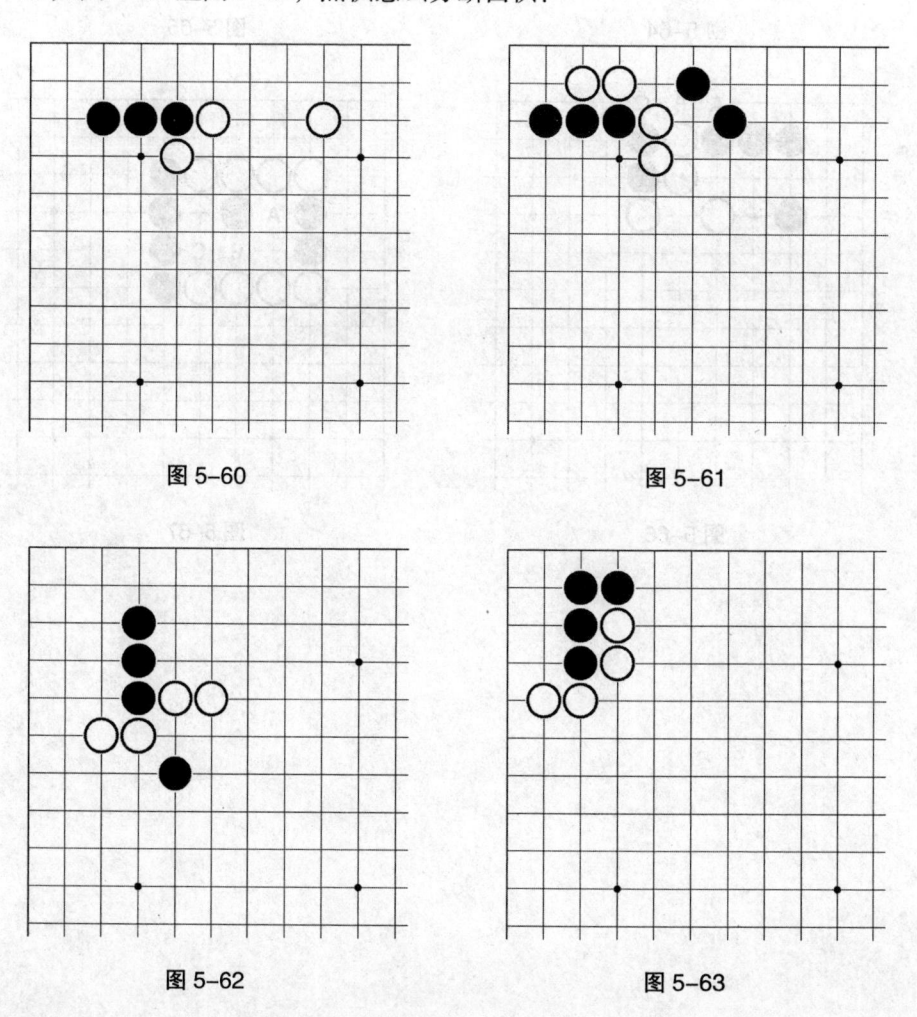

图 5-60

图 5-61

图 5-62

图 5-63

119

4. 如图 5-64 至图 5-67，分别有 A 位、B 位、C 位共 3 种选择，黑棋怎么补断效果最好？

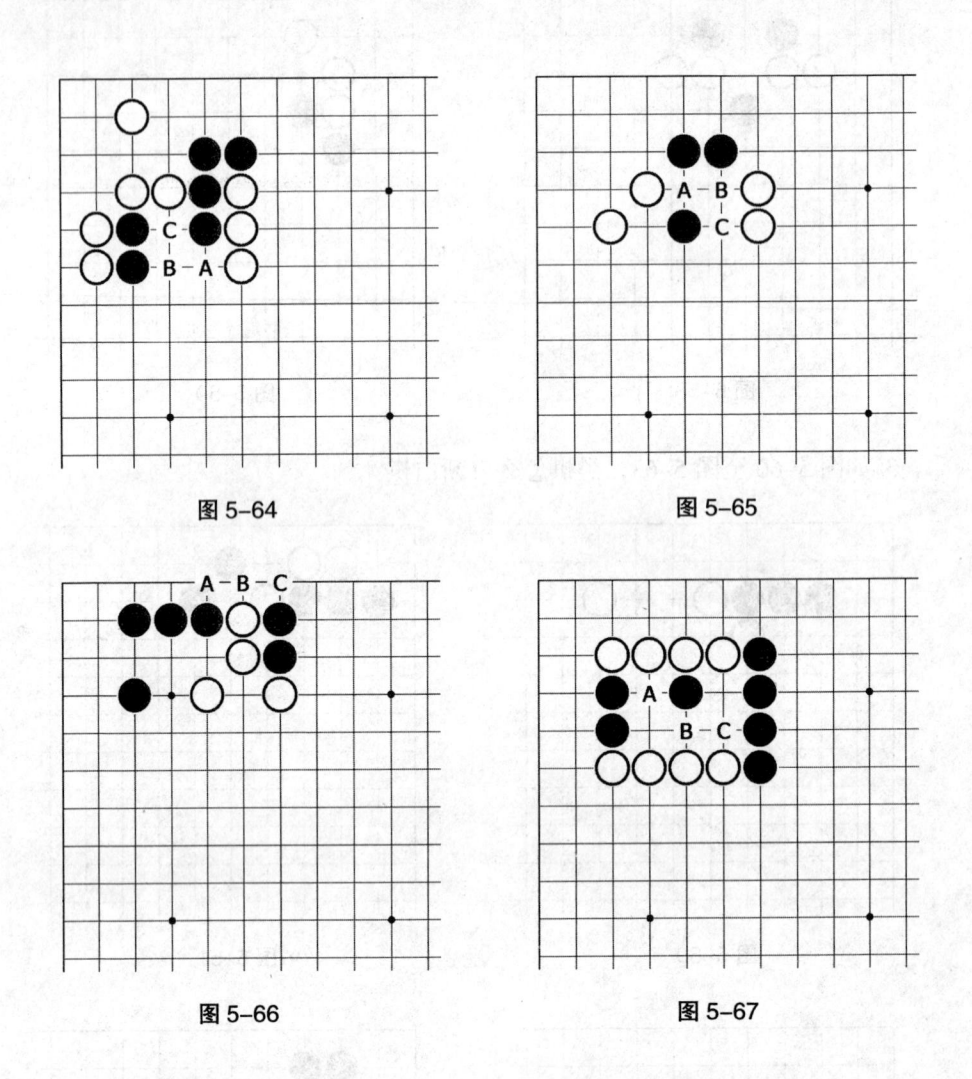

图 5-64

图 5-65

图 5-66

图 5-67

# 第六章　吃子技巧：剑术指楼兰

双方中盘鏖战厮杀，你中有我，我中有你，形成彼此咬合的局面，其中自有要冲和关键点。弈者需要有敏锐的洞察力，运化巧思妙想，以精准的计算、巧妙的手段去吃掉对方的棋子，恰如驱马驰骋沙场，以高超的剑术直指楼兰，杀敌以拔得头筹，赢得先机。

弈棋过程中有很多吃子的技巧，让我们先从"征子"开始吧。

## 第一节　征　子

### 一、征子基本型

如图6-1，先仔细观察，认真思考，再试一试，看看黑棋是否能把这一颗白子吃掉。

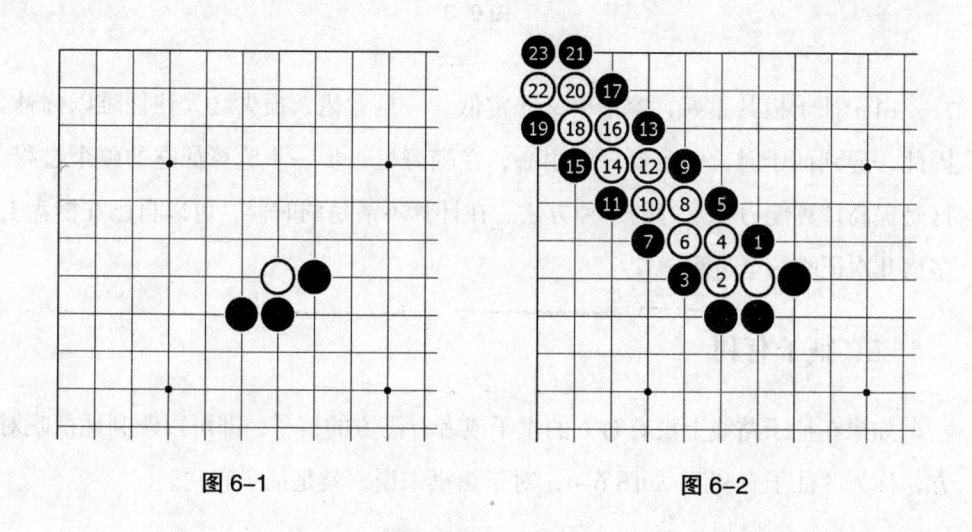

图 6-1　　　　　　　　　图 6-2

答案是，可以。如图6-2，黑棋步步紧逼，一路叫吃，将白棋追至棋盘的边线，最终可以把白棋全部吃掉。

这种左右围堵，使对方棋子逃跑出来只有 2 口气，一路不间断地打吃的方法叫作"征子"，也叫"征"或"征吃"。

如图 6-3，通过一个贯穿整个棋盘的例子来进一步加深对征子的印象。请认真体会双方在征子过程中的每一步棋，尤其要注意黑棋的打吃方向。

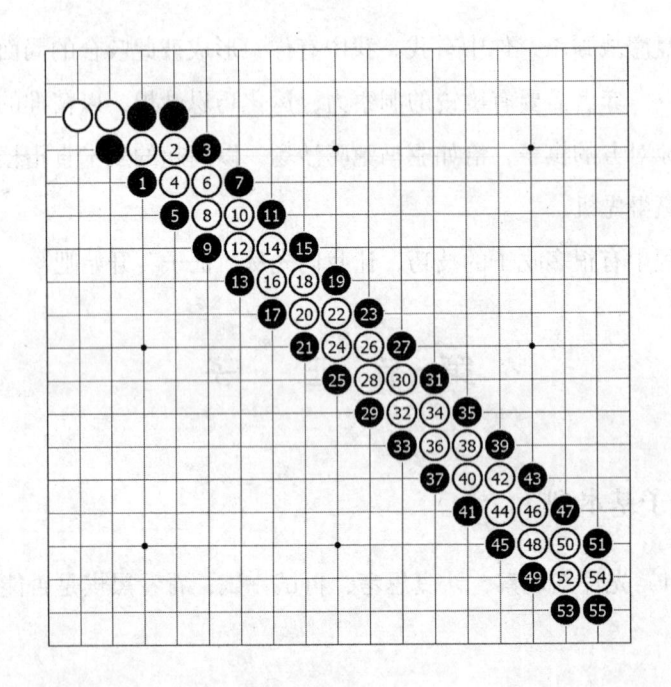

图 6-3

由于征子极其重要，容错率又非常低，一旦看错，损失之大往往难以弥补。因此，遇到征子时，一定要仔细耐心，在脑海里一步一步验算征吃的整个过程。这是提高计算能力非常好的一种方法。在计算不清楚的时候，可以自己在棋盘上多摆几次征吃的全过程。

## 二、征子有利

如果在征子路线上没有对方的棋子或者有己方的棋子，即可以顺利地征吃对方，称为"征子有利"。如图 6-4，对于黑棋来说，就是征子有利。

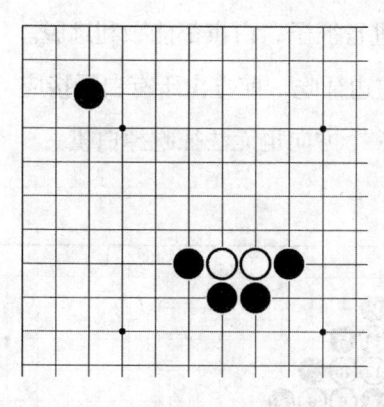

图 6-4

如图 6-5 和图 6-6，黑棋无论从哪个方向进行征吃，白棋都无法逃脱。

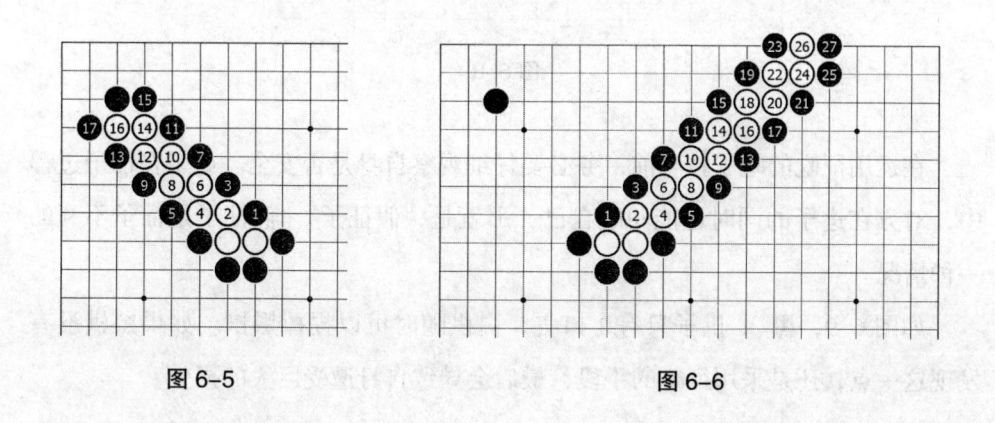

图 6-5

图 6-6

## 三、征子不利

如果在征子路线上有对方的棋子，则会受到对方棋子的影响而无法顺利完成征子，称为"征子不利"。

如图 6-7，对于黑棋来说，即为征子不利。

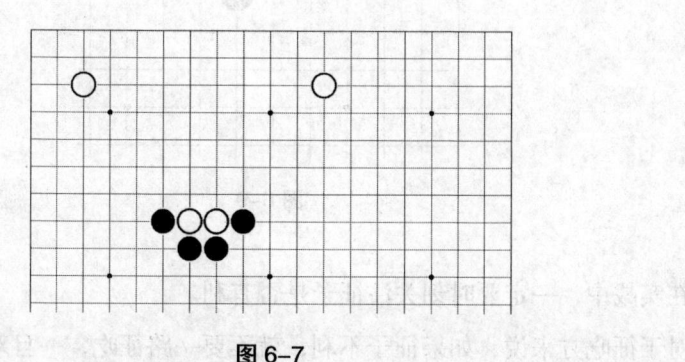

图 6-7

黑棋无论从哪一边进行征子，白棋都能顺利逃脱。

如图6-8，黑棋往左边征吃，前方由于有白子接应，黑棋无法吃掉白棋。

同理，黑棋从另外一个方向也无法征吃掉白棋。

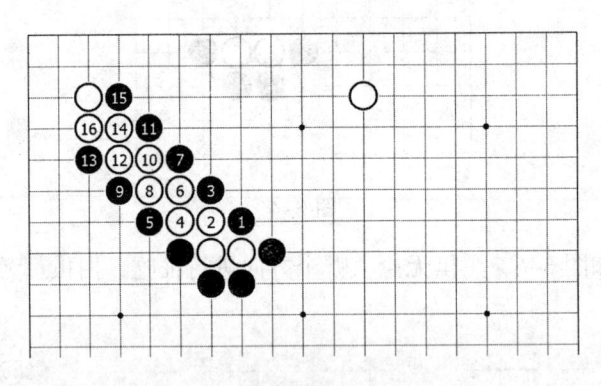

图 6-8

在运用征吃的吃子技巧前，务必要仔细观察自身是否安全。如果在征子过程中，对方在逃子的同时还能叫吃自己，那就是"假征子"。假征子是征子不利的一种情况。

如图6-9，黑×棋子只有1口气，白棋随时可以提掉黑棋。如果黑棋没有发现这一点，还是采用征吃的手段，最后会导致自身遭受巨大的损失。

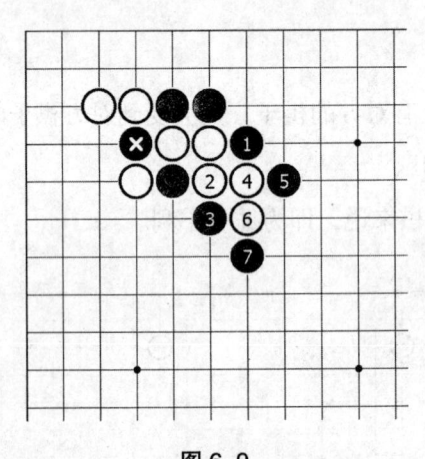

图 6-9

在实战中，一定要时刻关注征子是否有利。

对于征吃方来说，如果征子不利，就不要一路征吃，一旦对方逃脱，损失将会非常惨重。

对于被征吃方来说，如果征子不利，也不要盲目出逃，因为逃出去的越多，最终死的也越多。

## 四、引征

如图 6-10，有 1 颗黑子被征吃，且征子不利，黑棋应该怎么办呢？

如图 6-11，黑 1 在征子路线前方落子，白棋如果没有看出黑棋意图，白 2 脱先，在征子的路线外面落子，黑 3 就可以长出被征吃的一子，前方由于有黑 1 的存在，白棋征子不利，无法征吃黑棋。

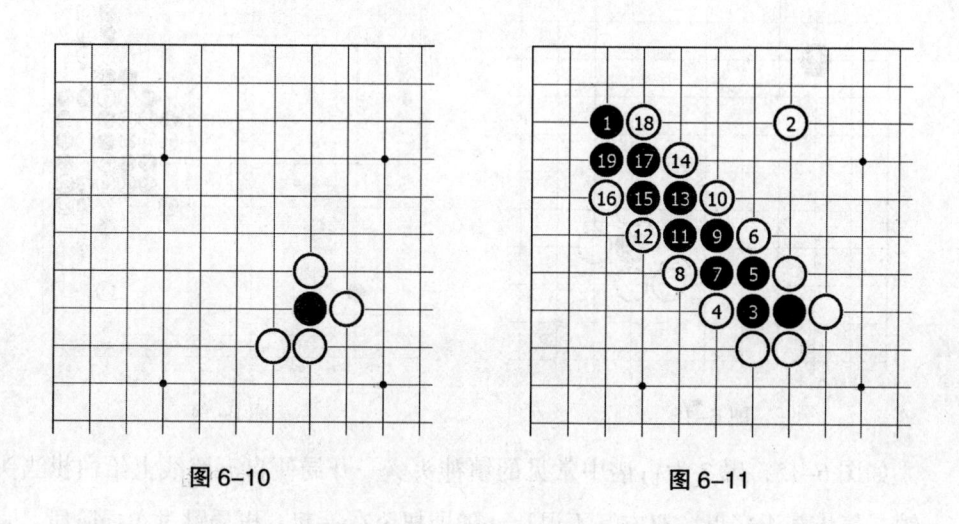

图 6-10

图 6-11

如图 6-12，白 2 将黑子提掉，黑 3 可以继续在左上角行棋。

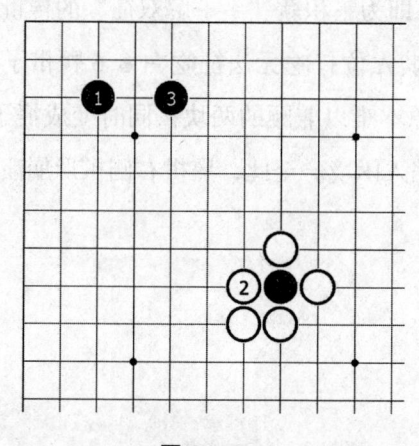

图 6-12

也就是说，黑棋相当于可以在左上角走两手棋，获得另外的利益，弥补被征吃一子的损失。

如图 6-13，黑棋这种在征子路线前方落子，使得征子变得对己方有利的行棋方法叫作"引征"。

引征属于围棋里的高级战术，高手们经常运用这种手段在棋盘上声东击西，斗智斗勇。

如图 6-14，这是宋李逸民的《忘忧清乐集》中记载的王积薪"一子解双征"棋谱。

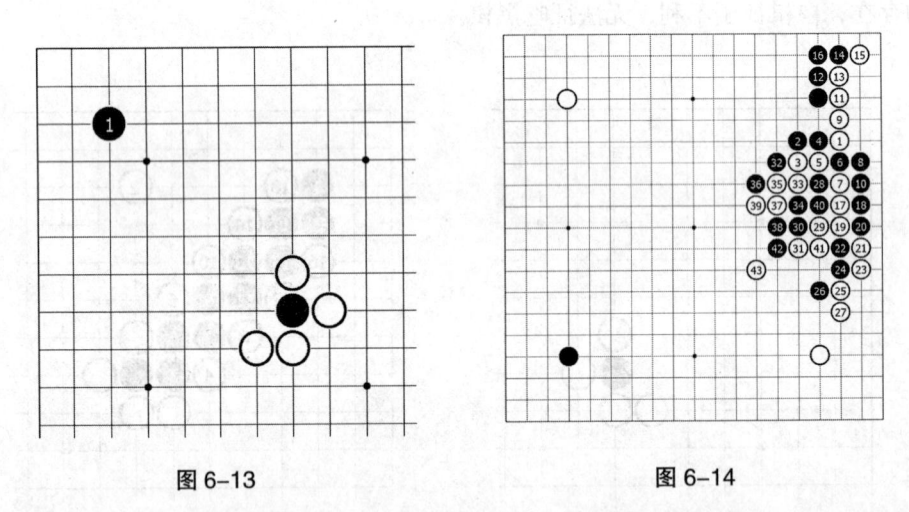

图 6-13

图 6-14

如图 6-15，黑 2 为古谱中常见的镇神头。一开局便自五路线上给白棋当头一镇，气势甚于实惠。双方互不退让，随即扭杀在一起，棋局跳过布局阶段，直接进入到了激烈的中盘肉搏战。

如图 6-16，白 43 即为王积薪"一子解双征"的传世妙手。此手正好落在关键的征子线路上，黑棋 A 位打吃无法征吃白▲ 6 颗棋子，B 位打吃也无法征吃白■ 6 颗棋子。白方原本难以兼顾的两块棋同时变成征子有利，一并起死回生，而黑▲ 5 颗棋子反而陷入困境。至此，黑棋右侧棋形崩溃，难以为继。

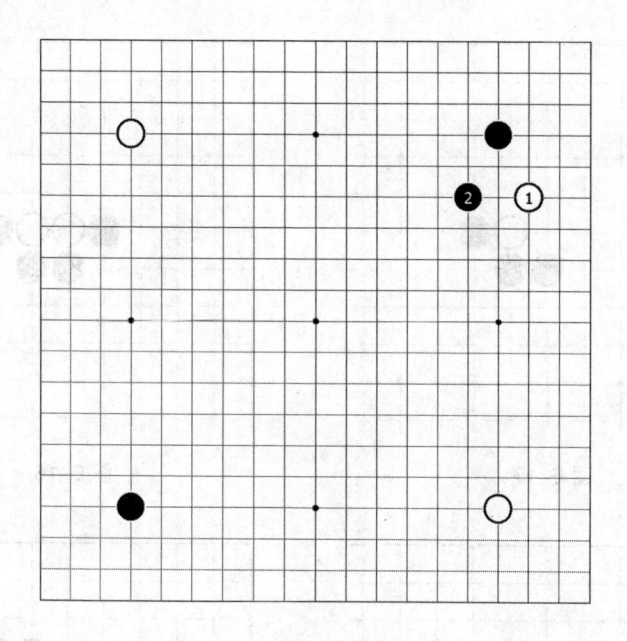

图 6-15

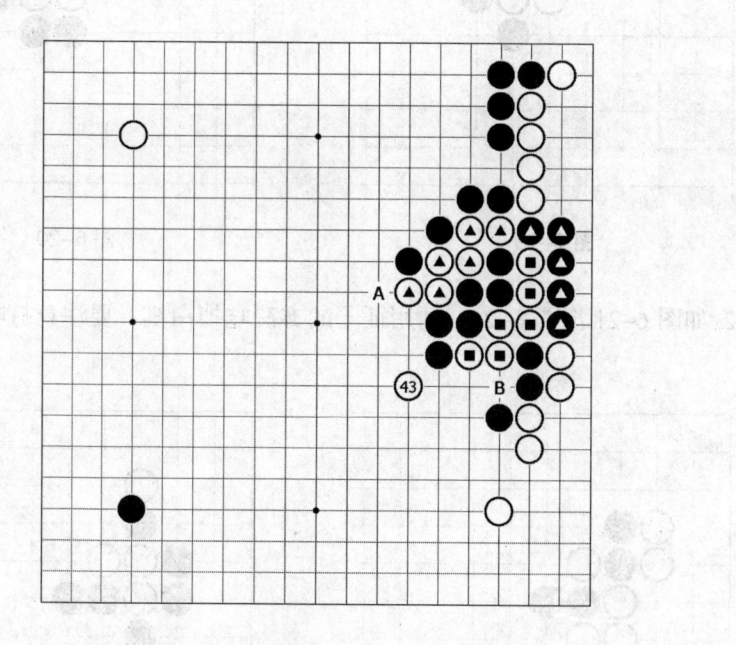

图 6-16

## 思考与练习

1. 图 6-17 至图 6-20，请使用征子的方法吃掉白棋。

127

图 6-17

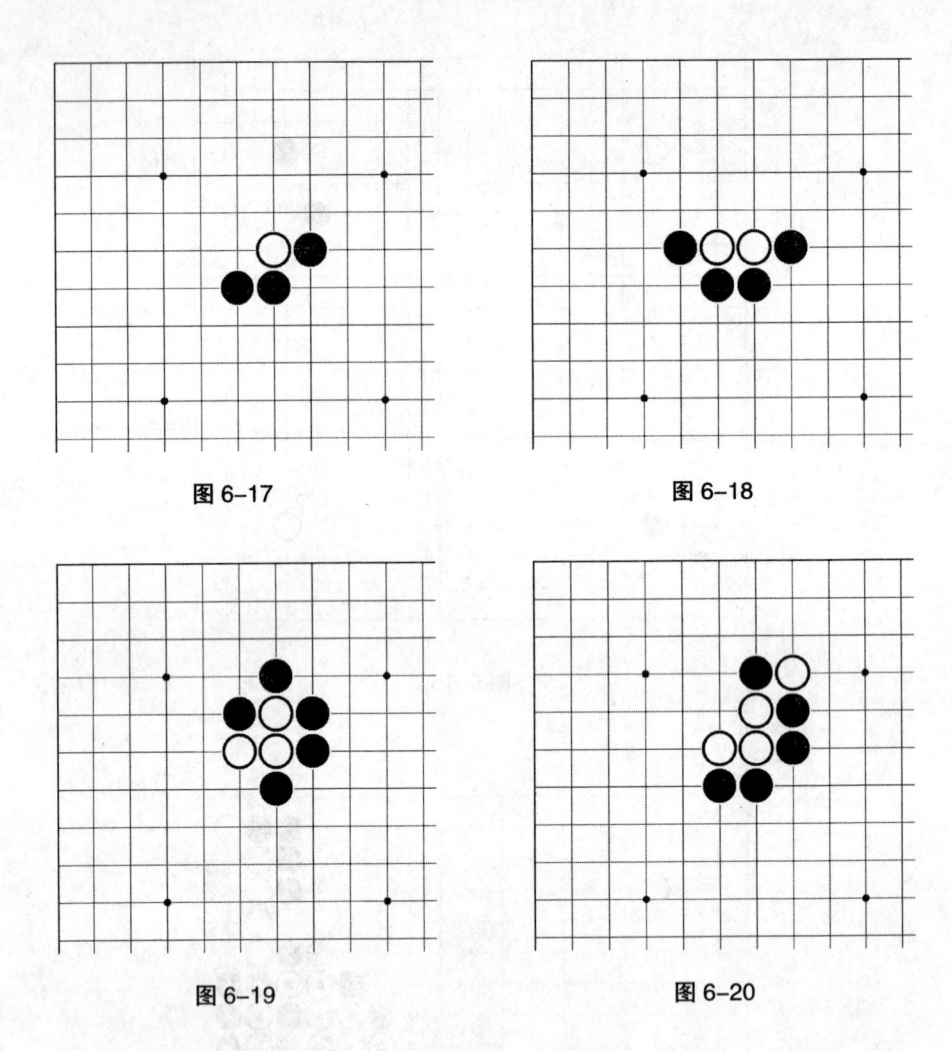

图 6-18

图 6-19

图 6-20

2. 如图 6-21 至图 6-24，请用征子的方法吃掉白棋，要注意打吃的方向。

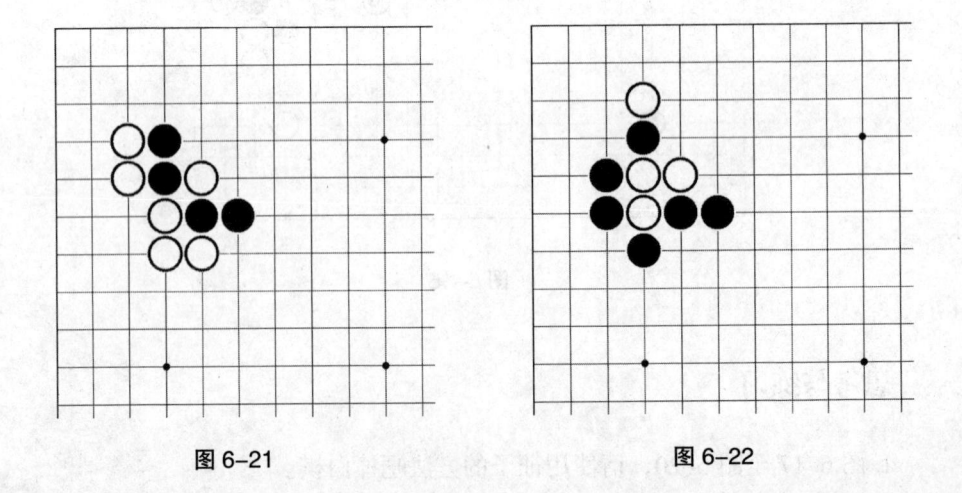

图 6-21

图 6-22

128

图 6-23

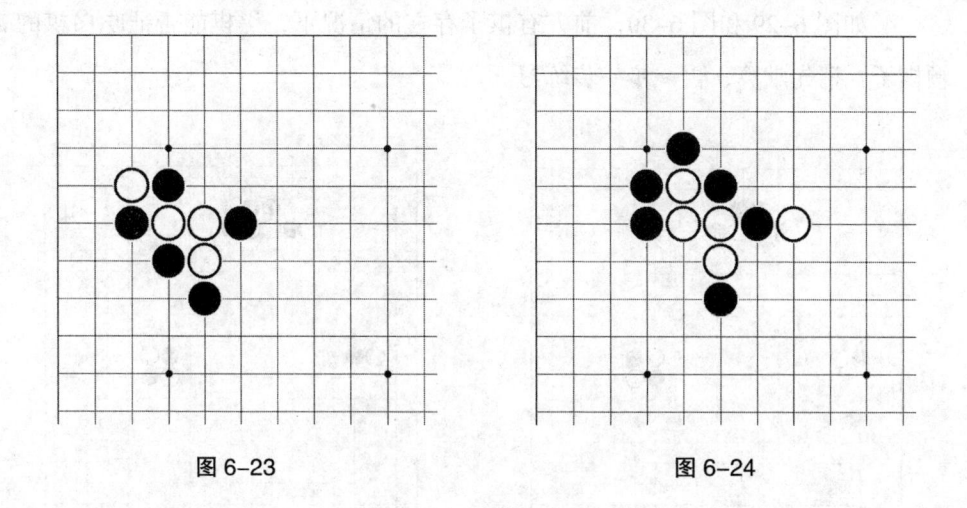

图 6-24

3. 如图 6-25 至图 6-28，黑棋有 A 位和 B 位两个打吃方向，哪个是正确的？

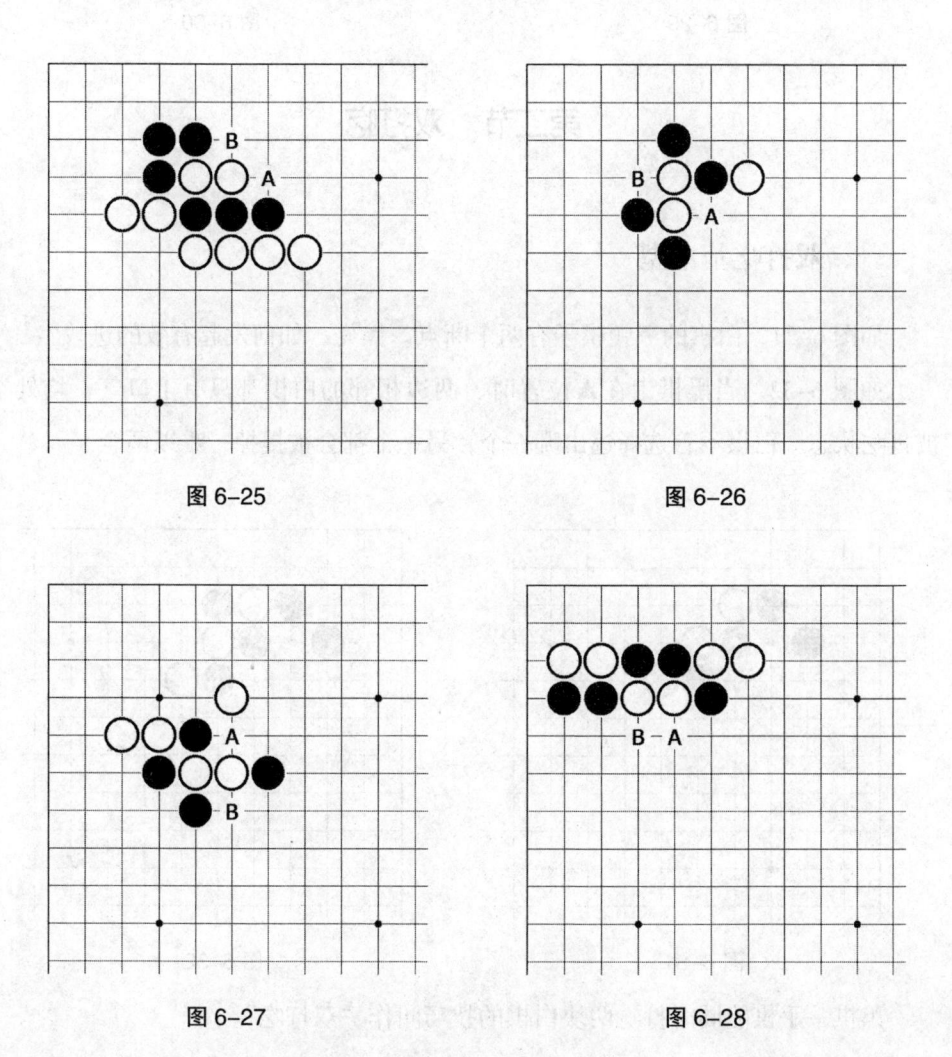

图 6-25

图 6-26

图 6-27

图 6-28

4. 如图 6-29 和图 6-30，前方有棋子存在的情况下，黑棋能否征吃白棋的 2 颗棋子？请先默算，再一步一步练习。

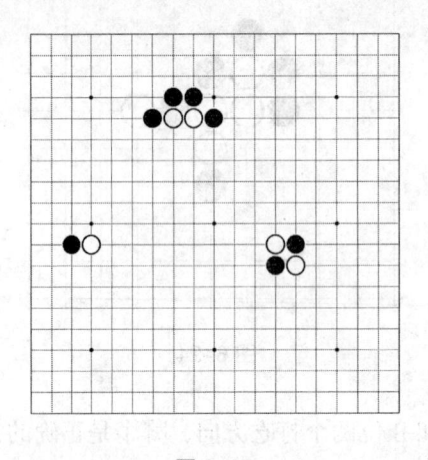

图 6-29 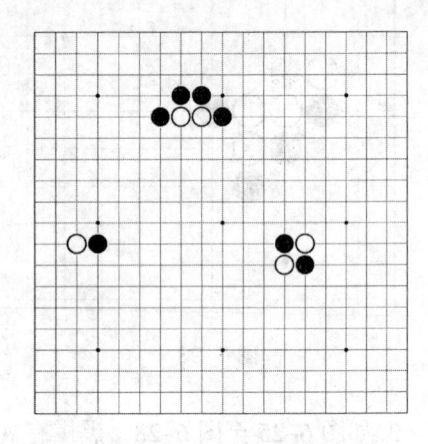　　　　　　　　　　图 6-30

## 第二节　双打吃

### 一、双打吃基本型

如图 6-31，白棋的三颗棋子有两个断点。黑先，如何发起有效的进攻？

如图 6-32，当黑棋走在▲位置时，两边相邻的白棋都只有 1 口气，均处于被打吃状态。白棋不管选择逃出哪一个，另一个都会被提掉，难以两全。

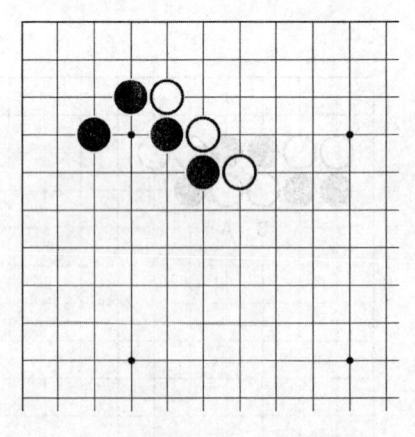

图 6-31 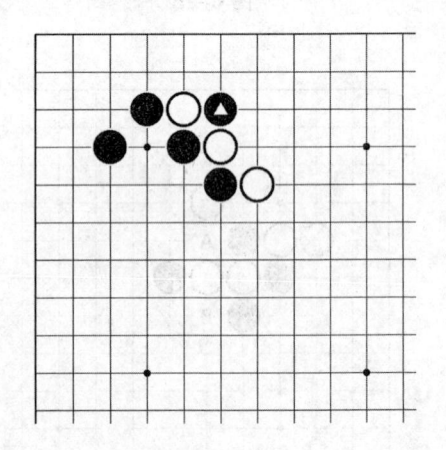　　　　　　　　　　图 6-32

黑棋一手棋能同时打吃两块白棋的技巧叫作"双打吃"。

一般来说，断点越多，就越容易产生双打吃。双打吃是实战中最常用的吃子技巧之一，必须熟练掌握。

如图 6-33，如果这时候该白棋走，应该走在哪里？

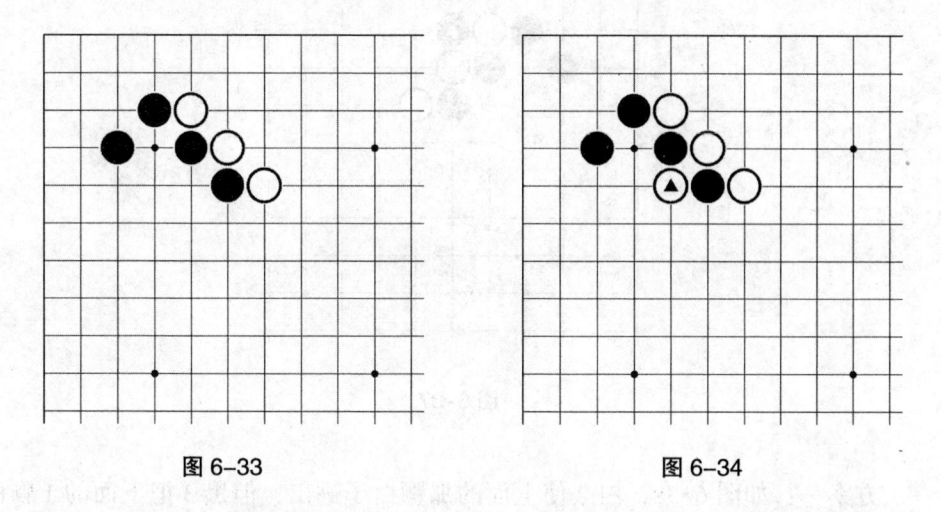

图 6-33

图 6-34

图 6-34 中，白▲也是双打吃。黑棋有两颗棋子同时处于被打吃的状态，不能兼顾。

那么，图 6-34 中，作为被双打吃的一方，应该如何正确应对呢？

方案一：如图 6-35，黑 1 使上面的那颗黑子逃出，但白 2 把下面的 1 颗黑子提掉了。

方案二：如图 6-36，黑 1 使下面的那颗黑子逃出，但白 2 把上面的 1 颗黑子提掉了。

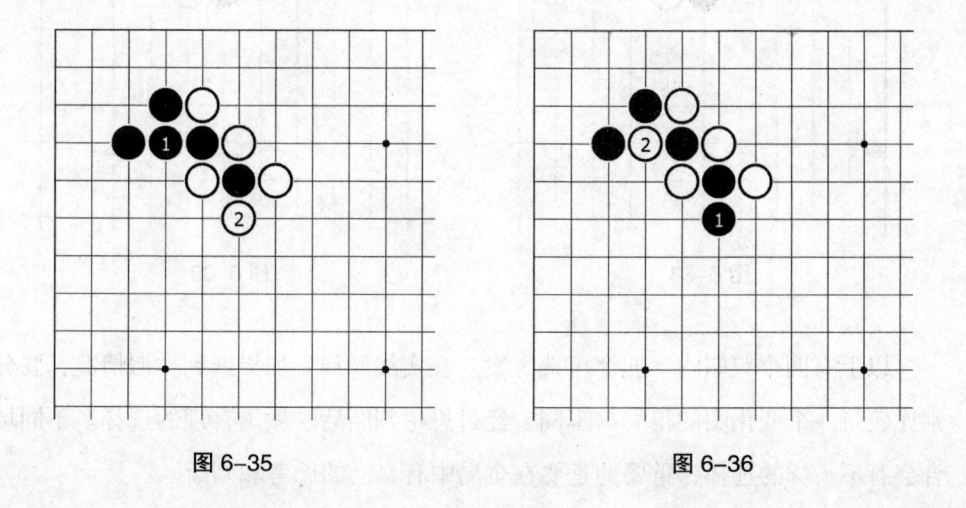

图 6-35

图 6-36

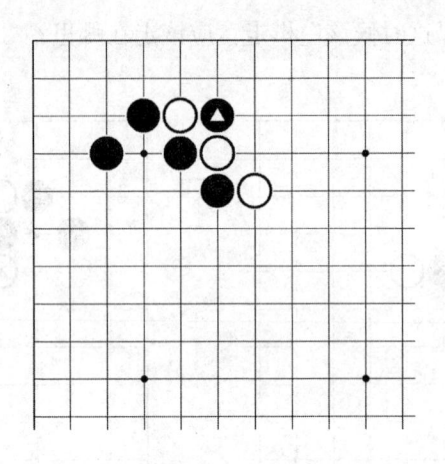

如图 6-37，如果是白棋被双叫吃了，又应该怎么处理呢？

图 6-37

方案一：如图 6-38，白 2 使上面的那颗白子逃出，但黑 3 把下面的 1 颗白子提掉了。

方案二：如图 6-39，白 2 使下面的那颗白子逃出，但黑 3 把上面的 1 颗白子提掉了。

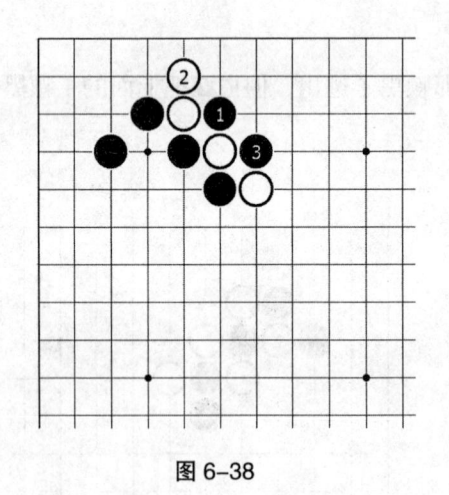

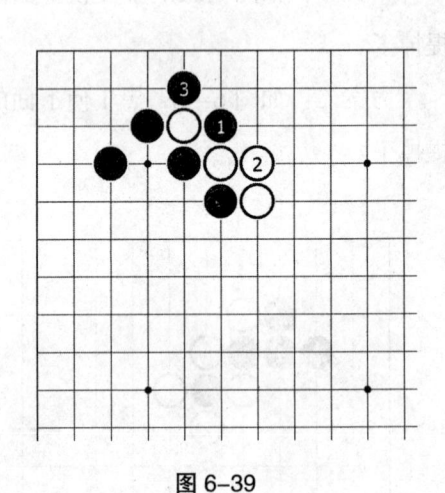

图 6-38

图 6-39

以上有两个双叫吃，四个可选方案。在实战对局，如果遇到类似情况，要分别比较每一个变化图的得失与不同，经过思考判断后，做出合理的选择。不同场合会有不一样的选择，重要的是要在全局中有自己的思考和判断。

## 二、征子与双打吃

如图 6-40，黑棋如果想吃住中间的 2 颗白子，应该怎么进攻？

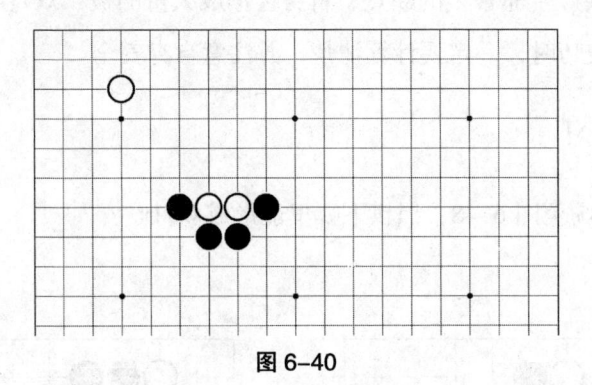

图 6-40

如图 6-41，黑棋向右边进行征吃，由于前方没有白子的接应，黑棋最终是可以吃掉白棋的。

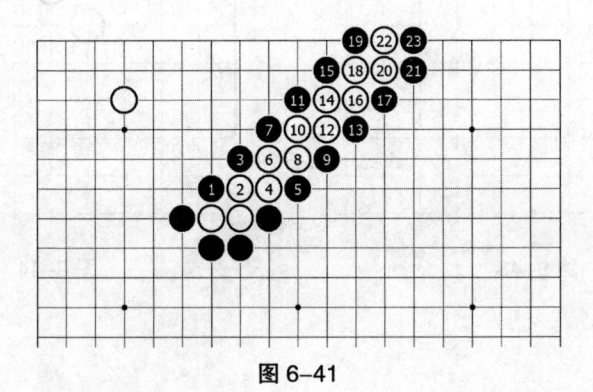

图 6-41

如图 6-42，如果黑棋选择从另外一个方向进行征吃，一路连续打吃，到白 12 时，由于前方有 1 颗白子接应，白棋变成了 3 口气，黑 13 无法形成打吃，自身反而会有危险。

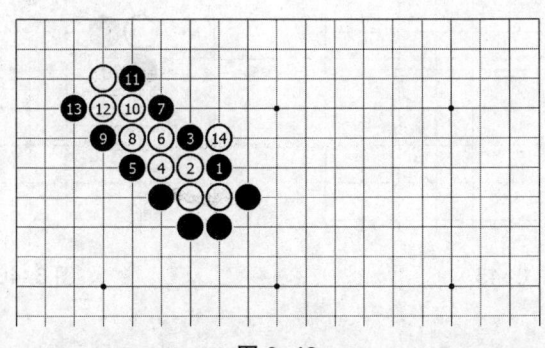

图 6-42

因为白棋一旦长出气来，有2口以上的气，就可以转守为攻，比如：图6-42中的白14双打吃，就是非常有力的反击手段，黑棋难以应对。

征子过程会产生非常多的断点，自身会形成大量的被"双打吃"的形态，因此在运用征子技巧时，一定要计算清楚，并注意自身安全。

## 思考与练习

1. 如图6-43至图6-48，黑棋下哪里能形成双打吃？

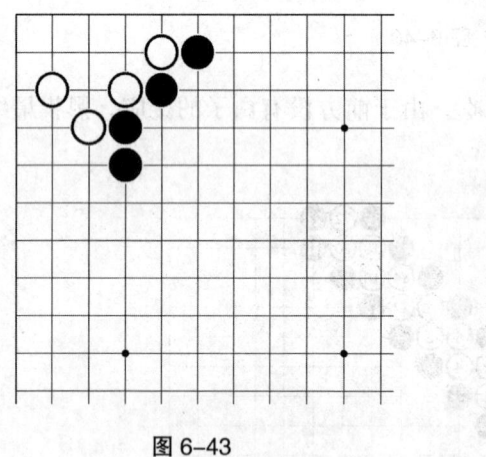

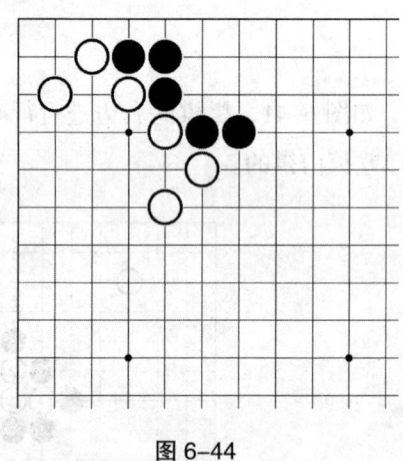

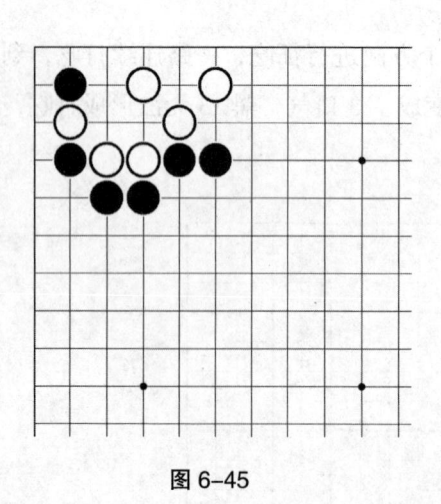

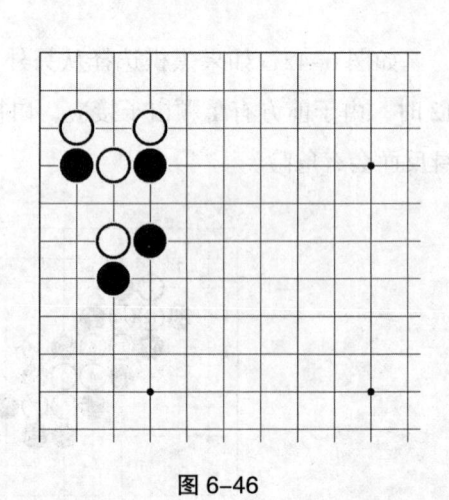

图6-43

图6-44

图6-45

图6-46

图 6-47

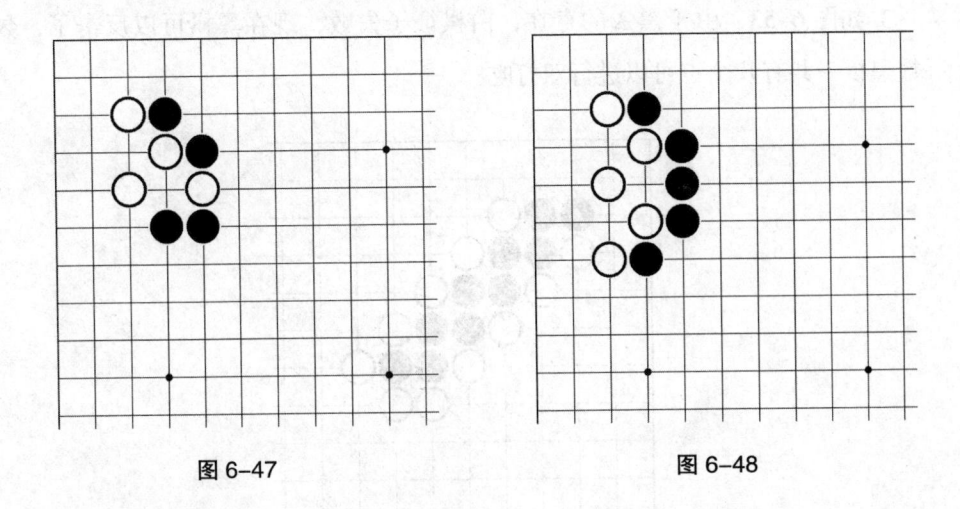

图 6-48

2. 如图 6-49 至图 6-52，白棋被黑▲双打吃了，A 位和 B 位应该怎么选择？

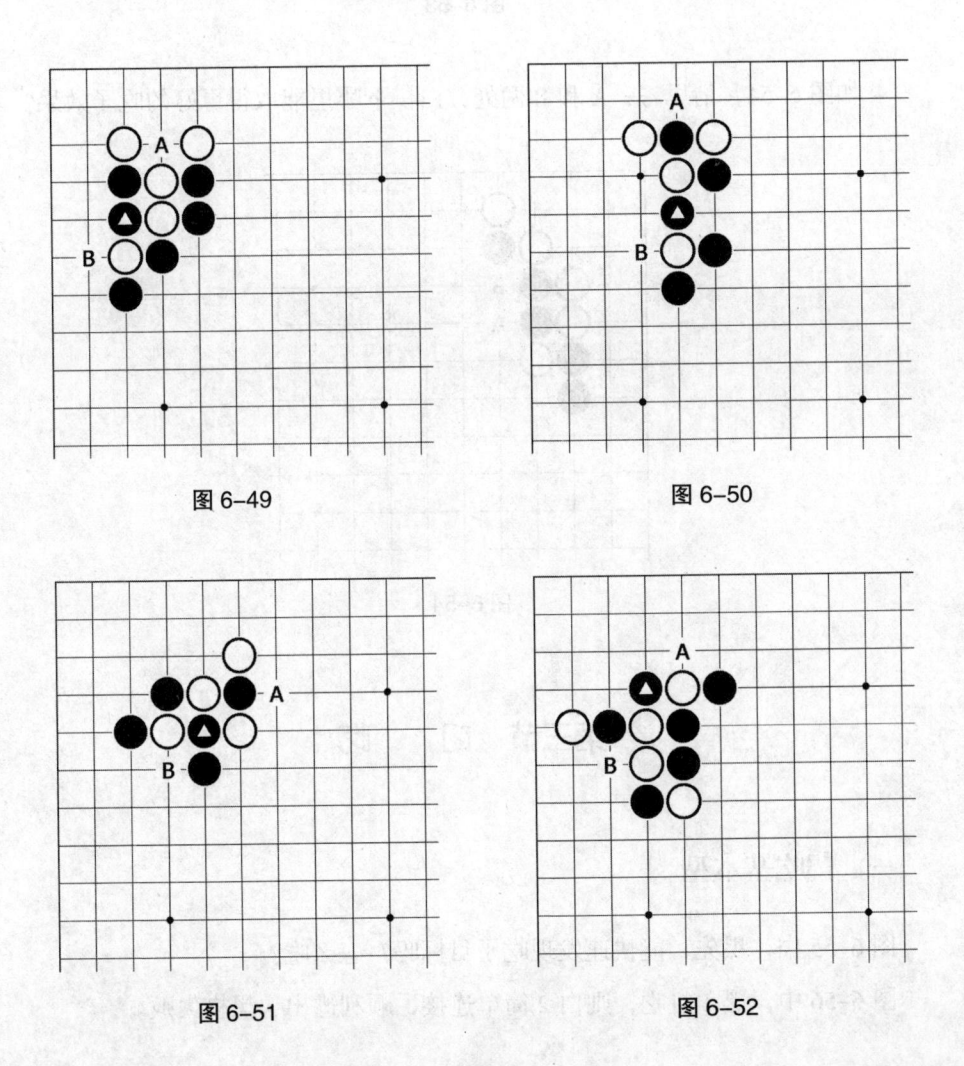

图 6-49

图 6-50

图 6-51

图 6-52

3. 如图 6-53，由于黑▲的存在，白棋征子失败，现在黑棋可以反击了，数一数黑棋一共有几个点可以进行双打吃？

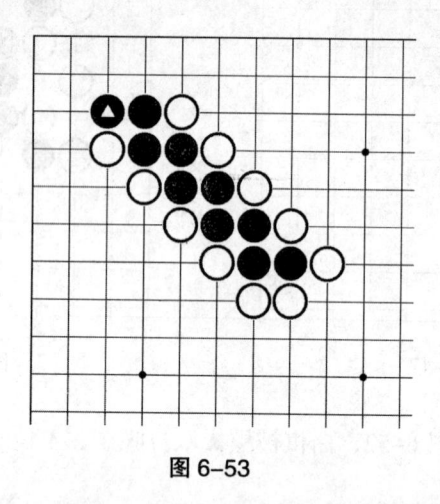

图 6-53

4. 如图 6-54，请思考：A 和 B 两处，白棋下哪里能取得更好的吃子效果？

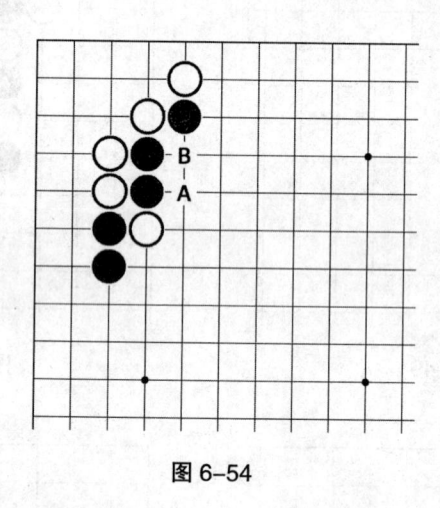

图 6-54

## 第三节  门  吃

### 一、门吃基本型

图 6-55 中，黑先，能快速发现吃子目标吗？怎么吃？

图 6-56 中，黑 1 打吃，则白 2 简单连接，顺利逃出，黑棋失败。

图 6-55

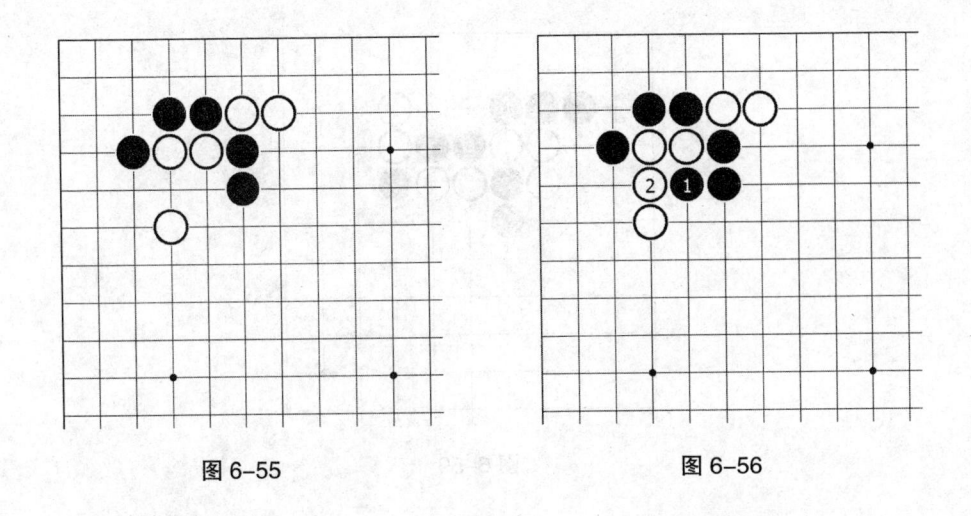

图 6-56

如图 6-57 和图 6-58，黑 1 从左边打吃是正着，白棋已经无法逃出。

如果白 2 强行逃出，则损失会更大，3 颗子全部被黑棋提掉。在实战中，如果遇到这种情况，白棋一般不会再选择逃子了。

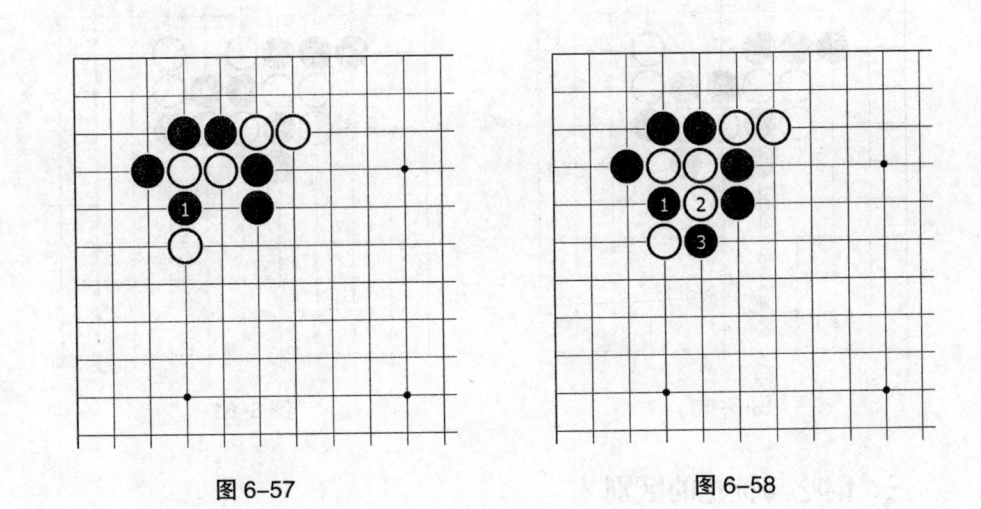

图 6-57

图 6-58

这种吃子方法叫作"门吃"，也称"关门吃"。打吃的时候，目标棋子的两侧各有己方的 1 颗棋子，如同两扇门一样阻止对方棋子出逃，对方即使长出逃子，也无法长出气来，把"门"关上后，立即可以把对方提掉。

## 二、门吃实例

图 6-59 中，黑白双方扭杀在一起。黑先，应该走哪？如果是白先呢？

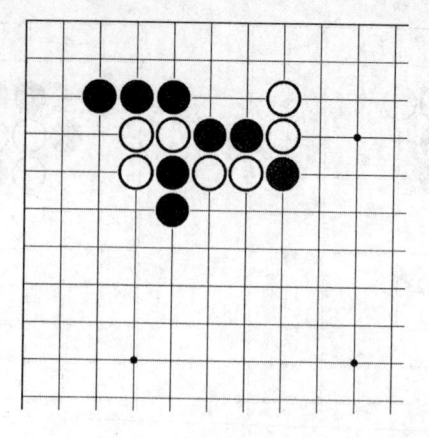

图 6-59

如图 6-60，黑先。黑 1 门吃，白▲ 2 颗子被关在门里，无法逃脱了。

如图 6-61，如果是白先，白 1 也是门吃，黑▲ 2 颗子也被吃住了。

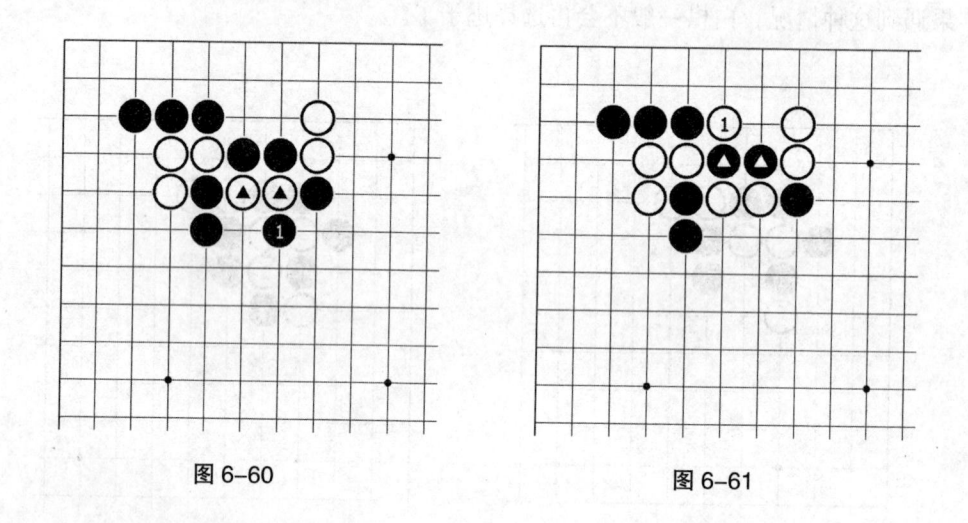

图 6-60

图 6-61

### 三、门吃与征吃的区别

如图 6-62，A 位是门吃，B 位是征吃，都可以把 3 颗白子吃住。但门吃和征吃是有区别的。

如图 6-63 和图 6-64，黑 1 是门吃，非常直接地把白▲ 3 颗子吃住。白棋是无法逃出的。但白棋之后还可以白 2"刺"，迫使黑 3 提掉白棋的 3 颗子。因为白 2 在外面，黑 3 在里面，白 2 的效率显然要比黑 3 稍高一点。

138

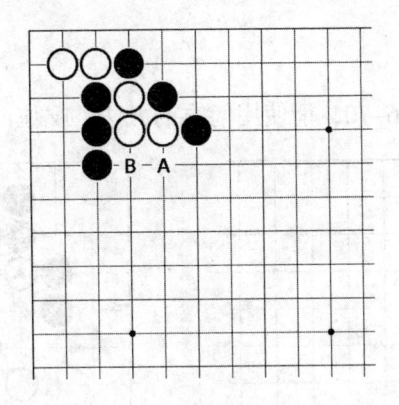

图 6-62

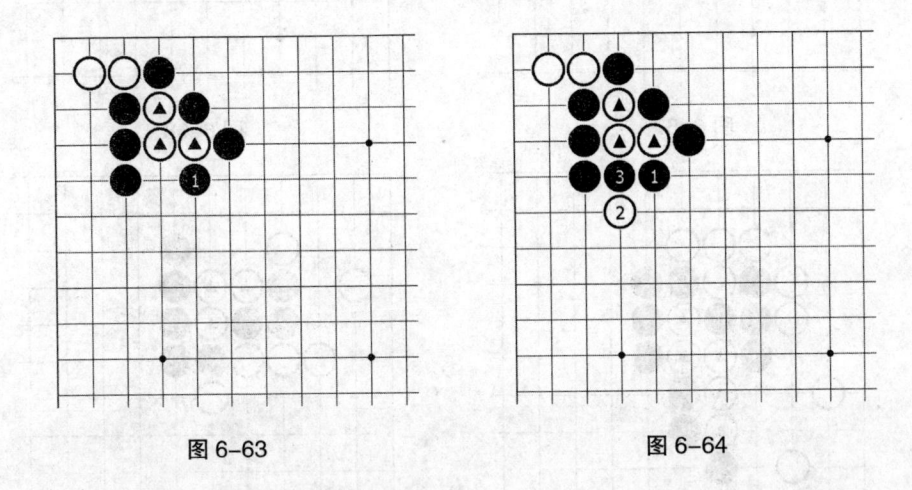

图 6-63

图 6-64

如图 6-65 和图 6-66，走黑 1 是典型的征子手法，白▲3 颗子已经无法逃脱，越逃被吃掉得越多。但白棋可以在远处引征（如白 2），获得在征子路线上连走两手的补偿，甚至可能带来更大的利益。一般来说，征吃对方时，对方可借用之处更多一些。

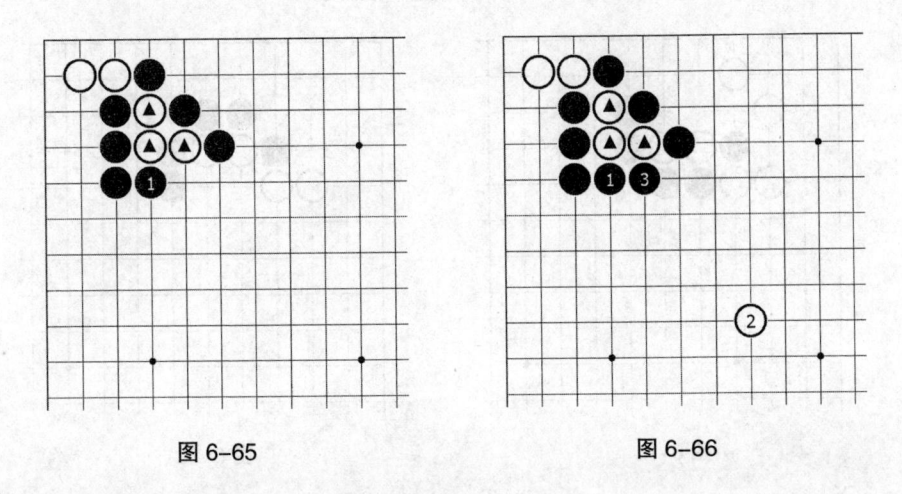

图 6-65

图 6-66

139

**思考与练习**

1. 如图 6-67 至图 6-70，请使用门吃的方法，吃住白▲。

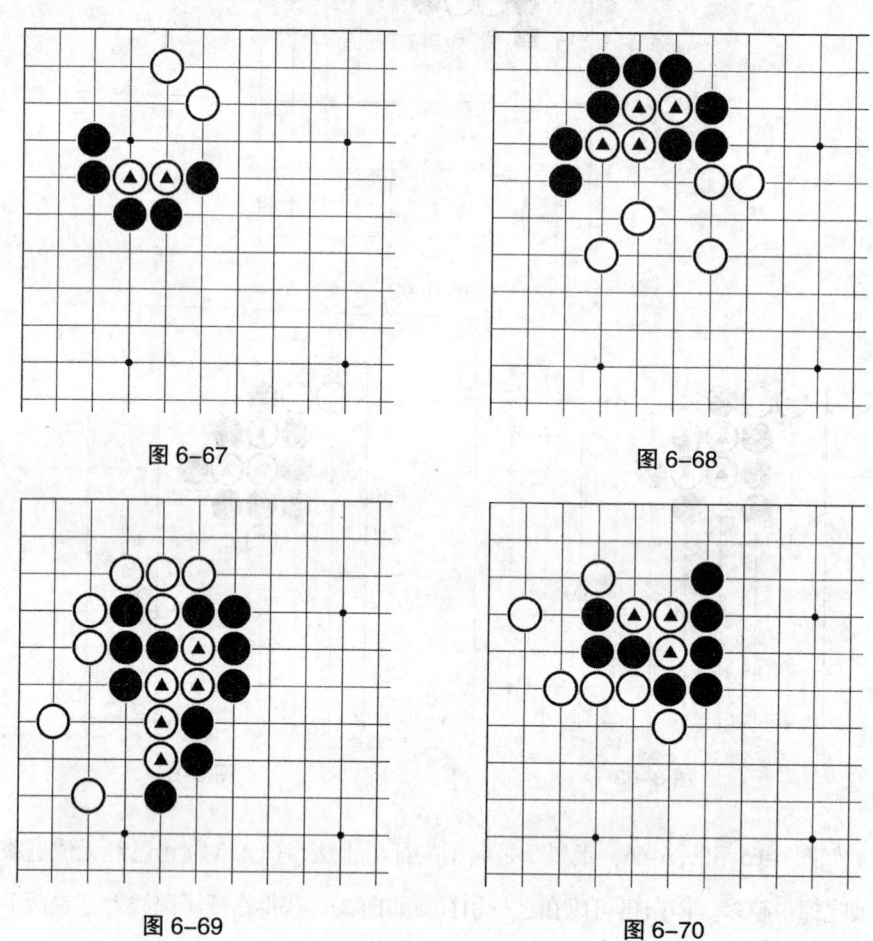

图 6-67

图 6-68

图 6-69

图 6-70

2. 如图 6-71 至图 6-74，黑先，应该怎么走呢？

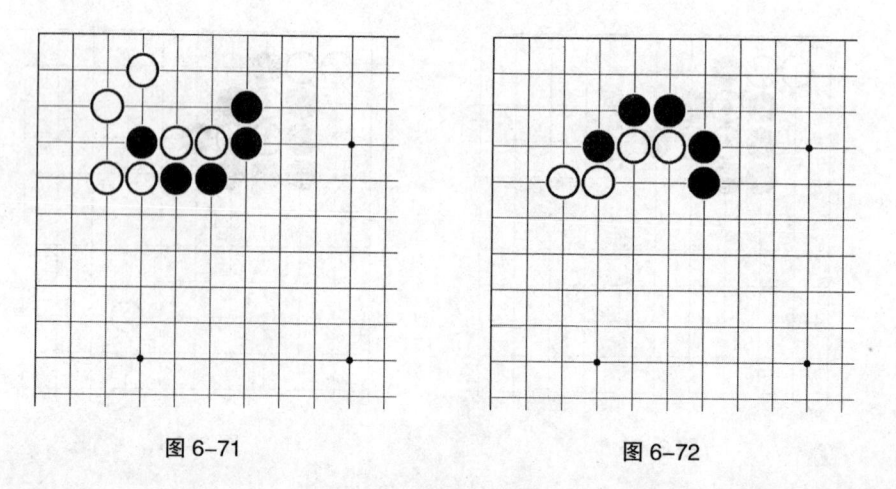

图 6-71

图 6-72

140

图 6-73

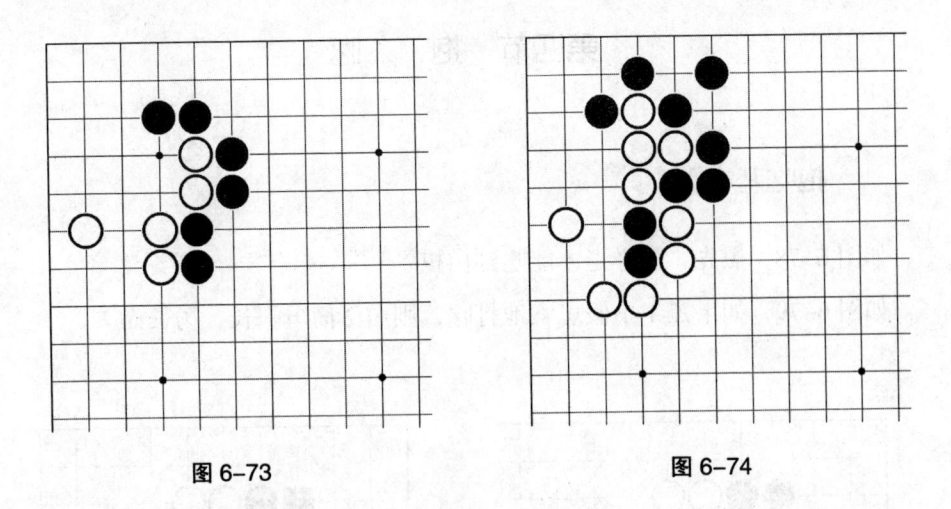

图 6-74

3. 如图 6-75 和图 6-76，A 和 B，黑棋应该选择哪个点呢？

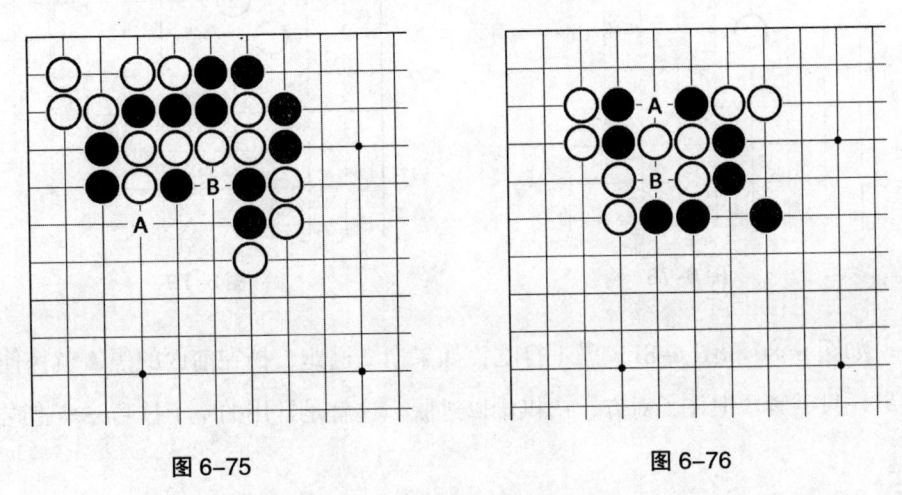

图 6-75

图 6-76

4. 如图 6-77，当黑▲打吃时，白棋能在 A 位粘上吗？为什么？

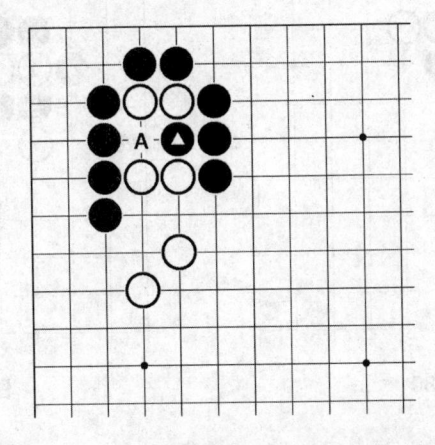

图 6-77

## 第四节 抱 吃

### 一、抱吃基本型

如图 6-78，黑先，怎样走才能吃到白棋？

如图 6-79，如果黑 1 不假思索地打吃，则白 2 简单一长，扬长而去。

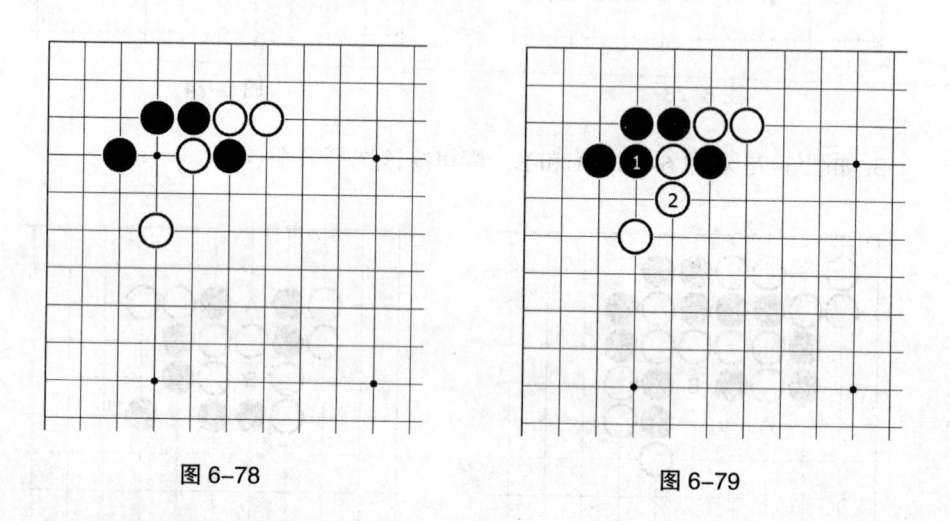

图 6-78

图 6-79

如图 6-80 和图 6-81，黑 1 打吃，如果白 2 逃跑，挡在前面的黑▲就像伸出了另一只手紧紧抱住了对方，白棋难以逃脱。这就是常用的吃子技巧——抱吃。

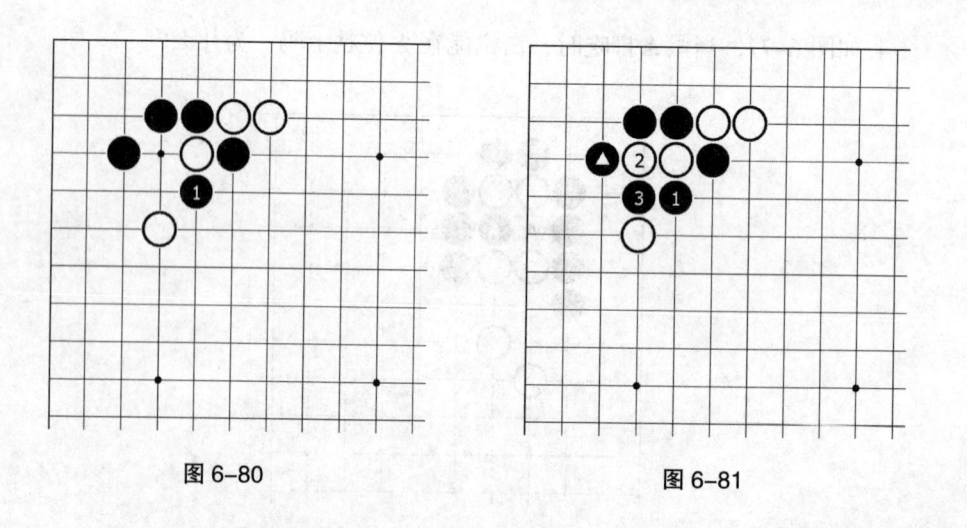

图 6-80

图 6-81

## 二、抱吃实例

如图 6-82，黑棋应该怎么下呢？

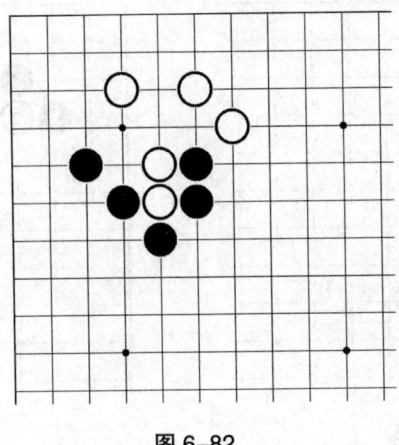

图 6-82

如图 6-83 和图 6-84，黑棋抱吃，2 颗白棋就无法逃脱了。如果白 2 逃子，黑▲正好挡在前面，黑 3 可以全歼白棋 3 颗子。

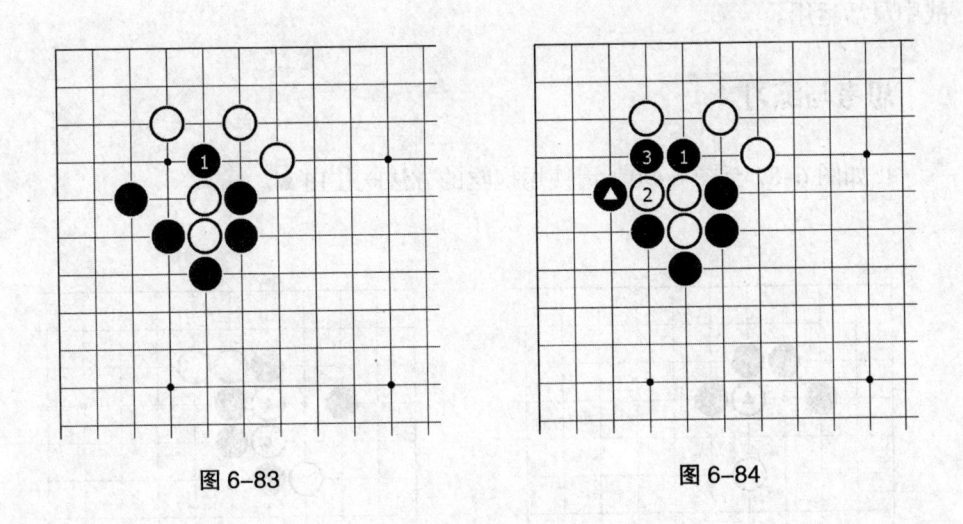

图 6-83　　　　　　　　　图 6-84

## 三、门吃与抱吃的区别

如图 6-85，当黑 1 门吃的时候，虽然在白棋的出逃路线正前方并没有棋子挡着，但如果白2长出逃子，逃跑路线两侧的黑子，就像两扇门一样夹住了白棋，使白棋只剩下一口气，难以逃脱。

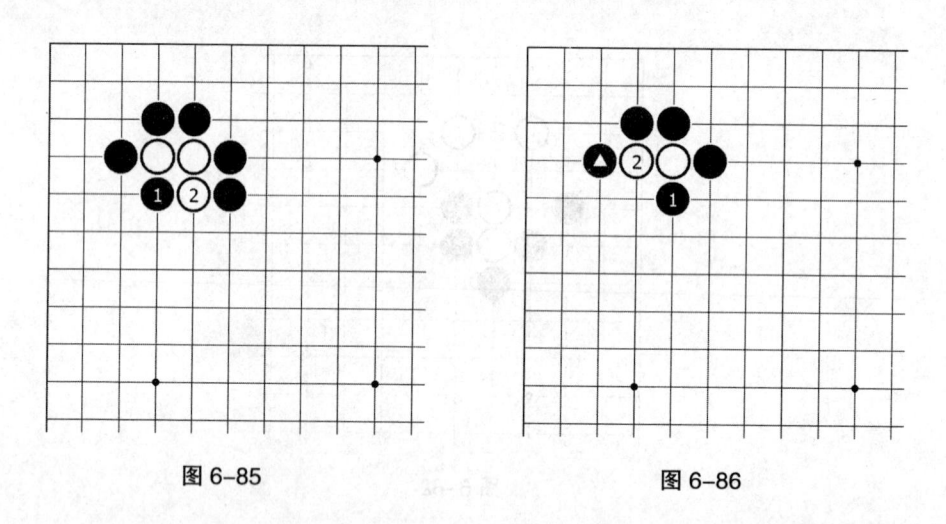

图 6-85

图 6-86

如图 6-86，当黑1抱吃时，白棋已经无法逃脱，因为在出逃路线的正前方有黑▲等着，正好能发挥围堵的作用。

门吃与抱吃是围棋中最基本的吃子技巧，必须熟练掌握，勤加练习，并在实战中灵活运用。

## 思考与练习

1. 如图 6-87 至图 6-90，请使用抱吃的方法吃住白▲。

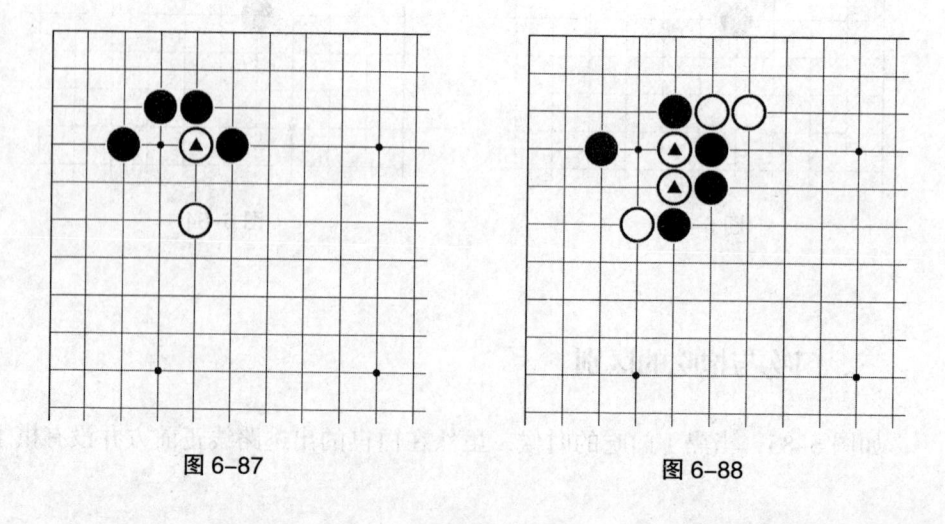

图 6-87

图 6-88

图 6-89

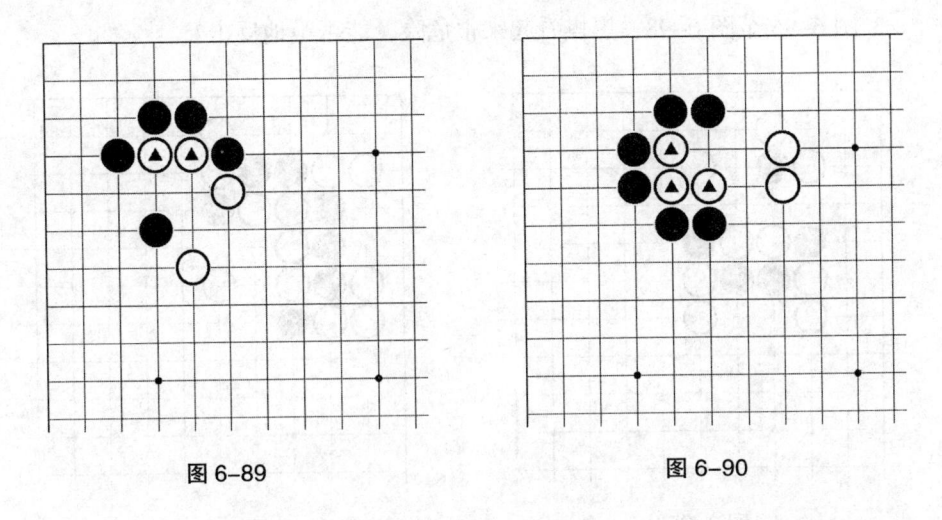

图 6-90

2. 如图 6-91 至图 6-94，快速找到吃子目标，并使用正确的方法吃住它们。

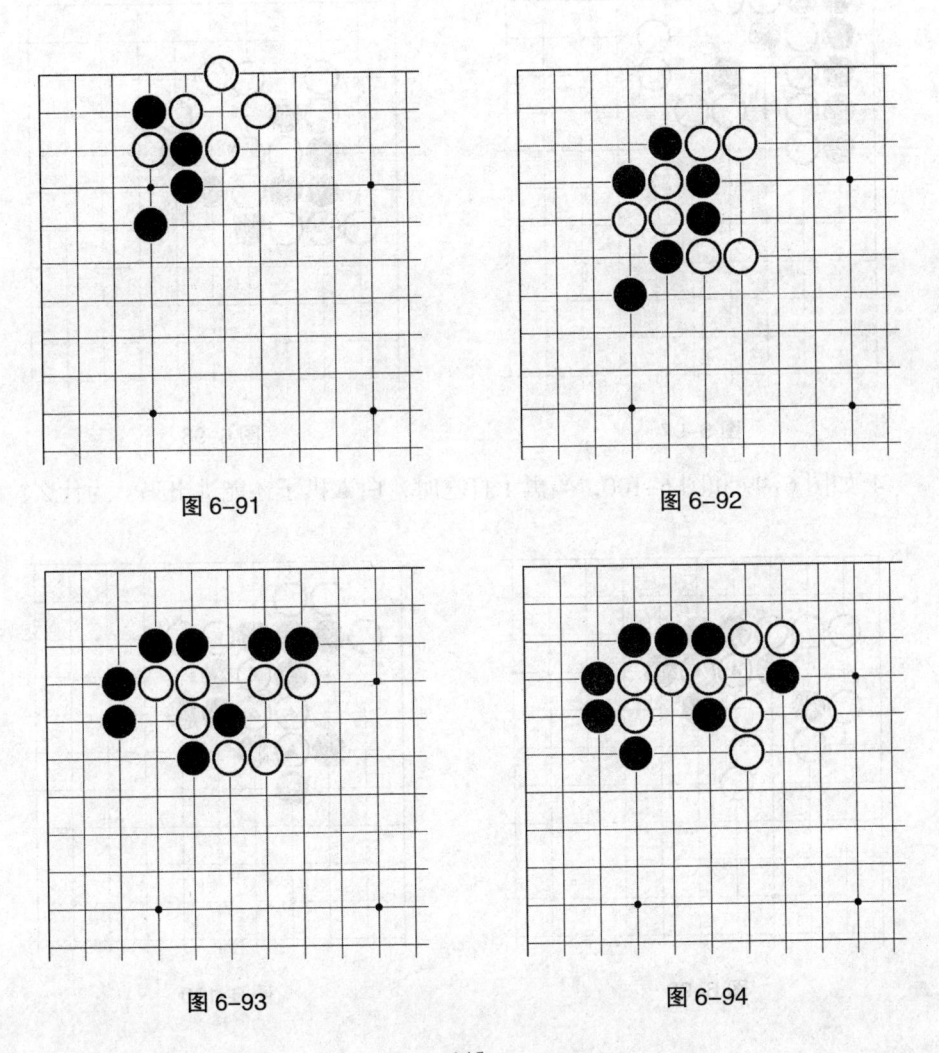

图 6-91

图 6-92

图 6-93

图 6-94

3. 图 6-95 至图 6-98，黑棋看起来很危险，能否绝地反击？

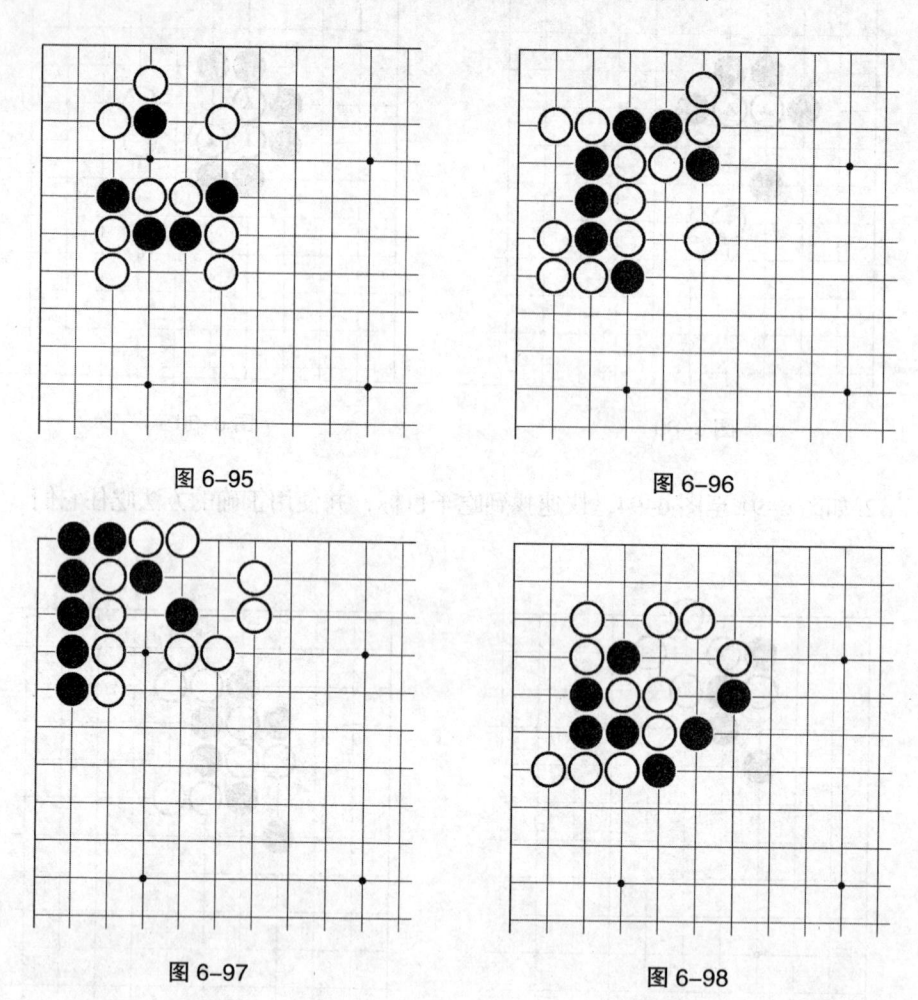

图 6-95

图 6-96

图 6-97

图 6-98

4. 如图 6-99 和图 6-100，当黑 1 打吃时，白▲棋子还能逃出吗？为什么？

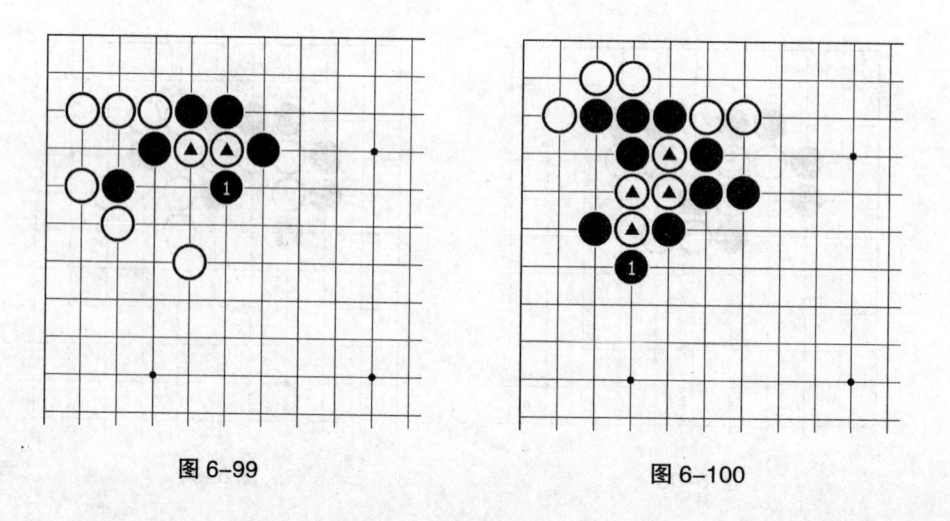

图 6-99

图 6-100

## 第五节 枷　吃

### 一、枷吃基本型

黑棋能否把图 6-101 中的白 × 棋子吃掉呢？由于下方有 1 颗白子接应，征吃的手段明显是不成立的。

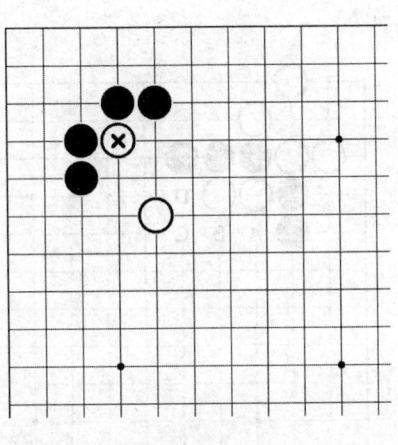

图 6-101

如图 6-102，黑▲是好棋，白棋已经无法逃脱。

如图 6-103，白棋试图逃跑只会损失更大。

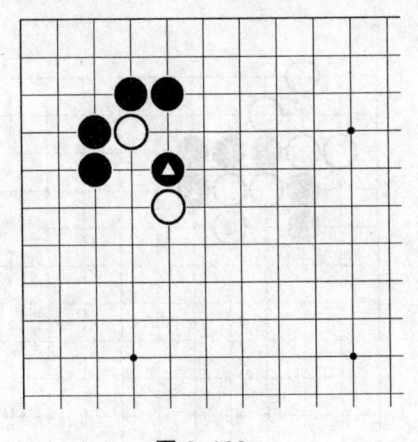

图 6-102 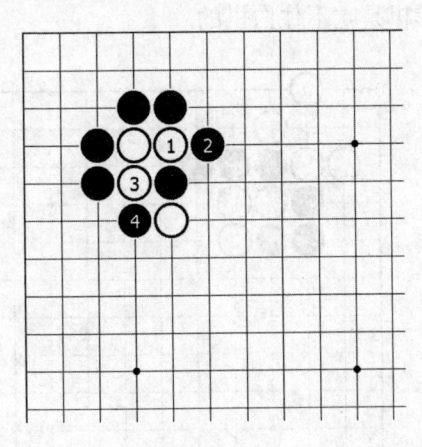　　　　　　图 6-103

像上面这样，把对方棋子罩住，像网一样使对方不能逃脱的吃子方法叫作"枷吃"。

枷吃对方时，并没有直接紧气，而是占据对方棋子逃跑方向上的要点。这个点一般位于紧邻气点的中间区域。

枷吃反映出围棋技术的一个重要特点——包围。想吃住对方，并非一定要紧挨着对方，留下一点余地或许更好、更妙。

## 二、枷吃实例

如图 6-104，能否运用枷吃的方法吃掉 2 颗白棋子？A、B、C、D 四个点，哪个点才是枷吃的要点呢？

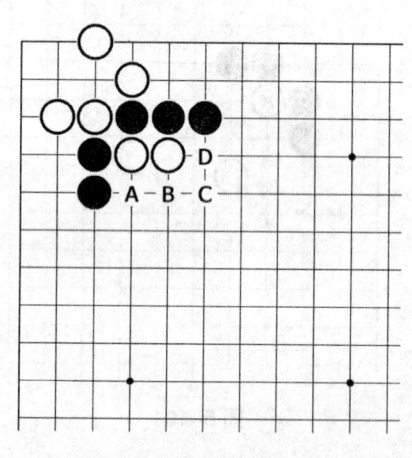

图 6-104

如图 6-105 和图 6-106，黑 1 分别在 A 位和 D 位直接紧气，白 2 拐弯逃出，黑棋是吃不住白棋的。

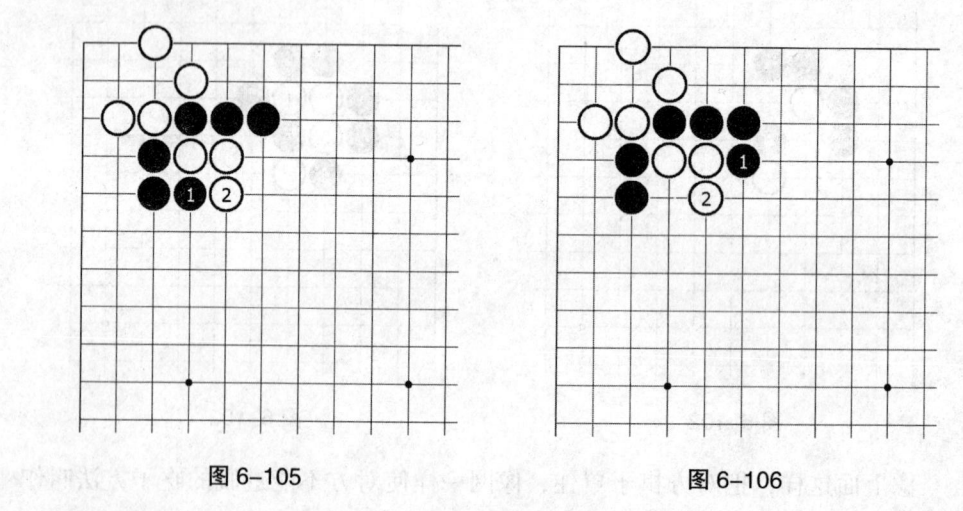

图 6-105    图 6-106

如图 6-107，黑 1 在 B 位跳，有点枷吃的意思，但还是紧靠着白棋，白 2 依然可以扬长而去。

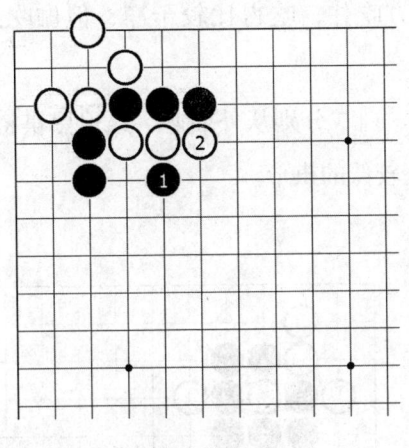

图 6-107

如图 6-108，黑 1 在 C 位包围，是正确的枷吃方法，白棋的 2 颗子已经无法逃脱。

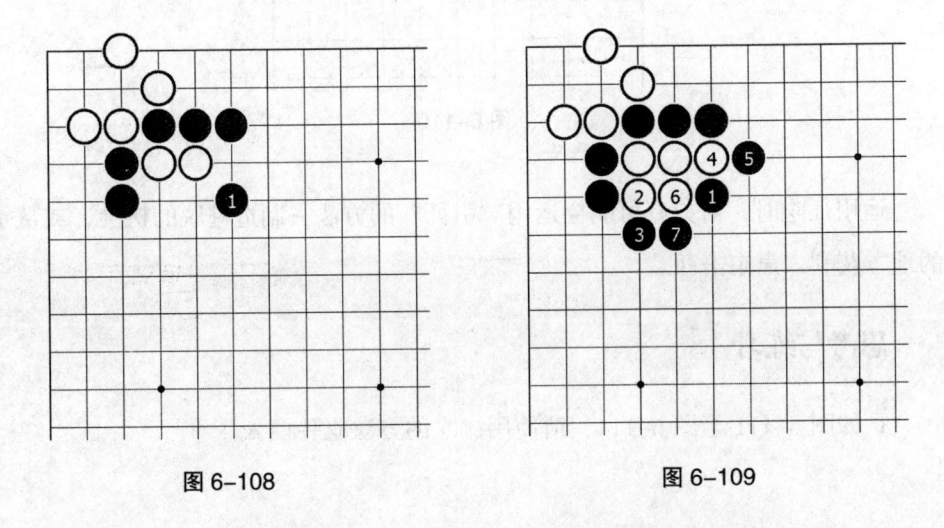

图 6-108　　　　　　　　图 6-109

如图 6-109，不管白棋从哪个方向冲出，黑棋都能挡住白棋的去路。

枷吃是围棋局部的一种吃子手段，能让我们的思路得到进一步的拓展。

由于围棋是一人一手，一般来说，想要直接紧气进攻吃掉对方，其实是不容易的。采用迂回包围的方式行棋，准确占据要点，正确运用类似于枷吃这样的技巧，吃子反而会变得容易些。

## 三、枷吃与征吃

在实战对局中，经常会出现既能征吃又能枷吃的情况，往往需要我们根据情况进行选择。

枷吃能一手将对方吃住，吃得比较干净，但枷吃过后也可能会面临对方"刺"的侵扰。

如图 6-110，白 1、白 3 分别从外面刺，逼迫黑棋将已经无法逃跑的白子提掉，却使黑棋形成效率较低的棋形。

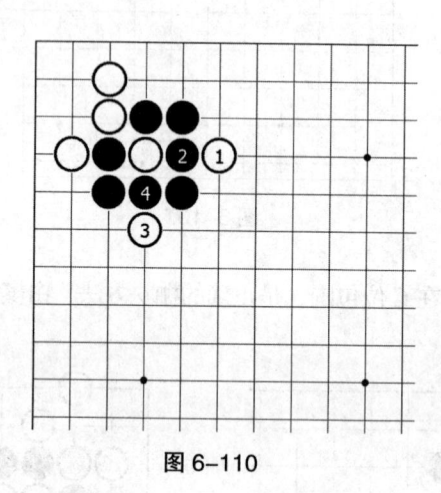

图 6-110

运用征吃时，对方有可能会运用"引征"的方法去制造逃脱的机会，或从别的地方获利，声东击西。

## 思考与练习

1. 如图 6-111 至图 6-114，请使用枷吃的方法吃住白▲。

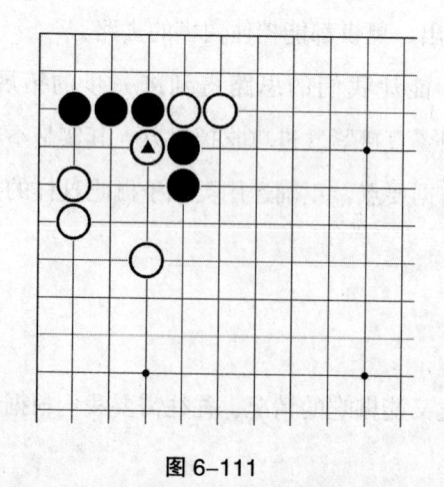

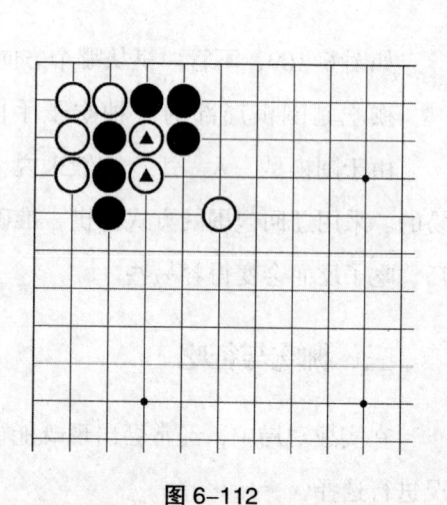

图 6-111                图 6-112

图 6-113

图 6-114

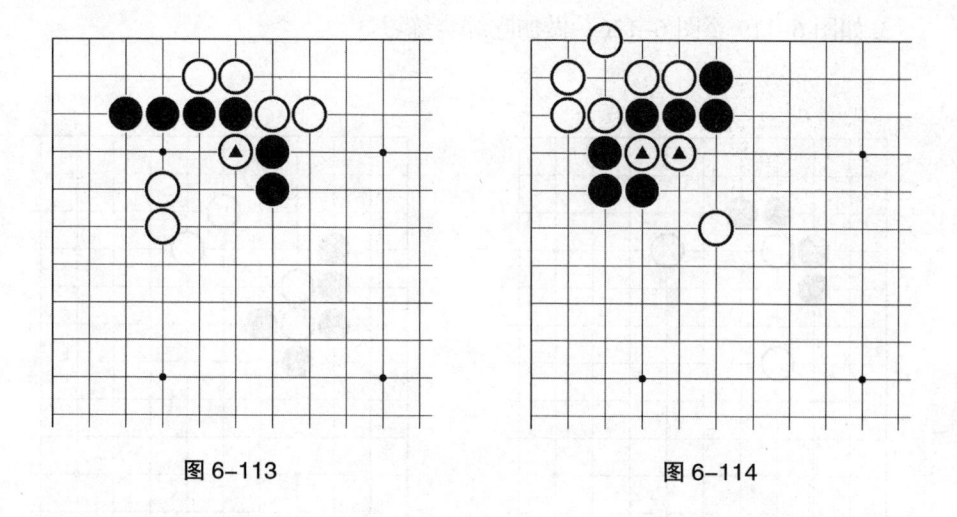

2. 枷是远远地包围。图 6-115 至图 6-118 中，枷吃的关键点在哪里呢？

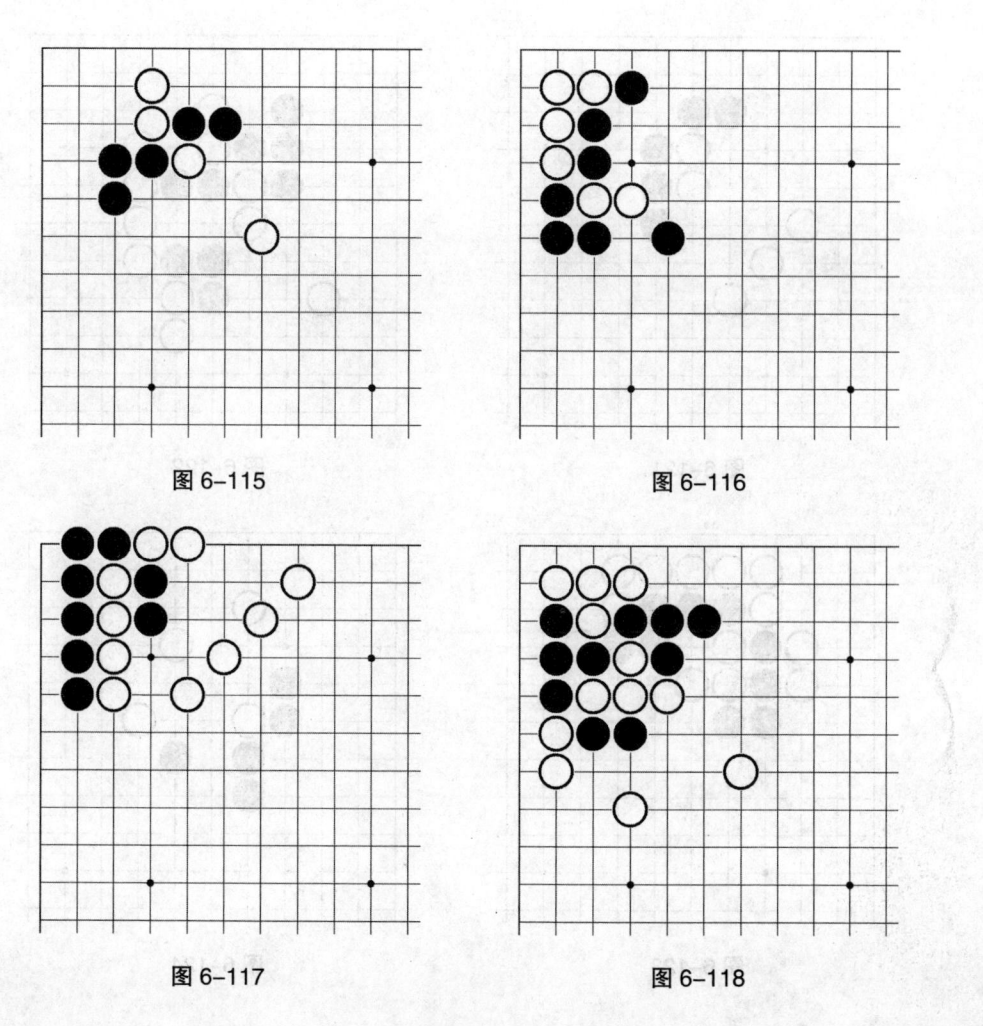

图 6-115

图 6-116

图 6-117

图 6-118

151

3. 如图 6-119 至图 6-126，做枷吃综合练习。

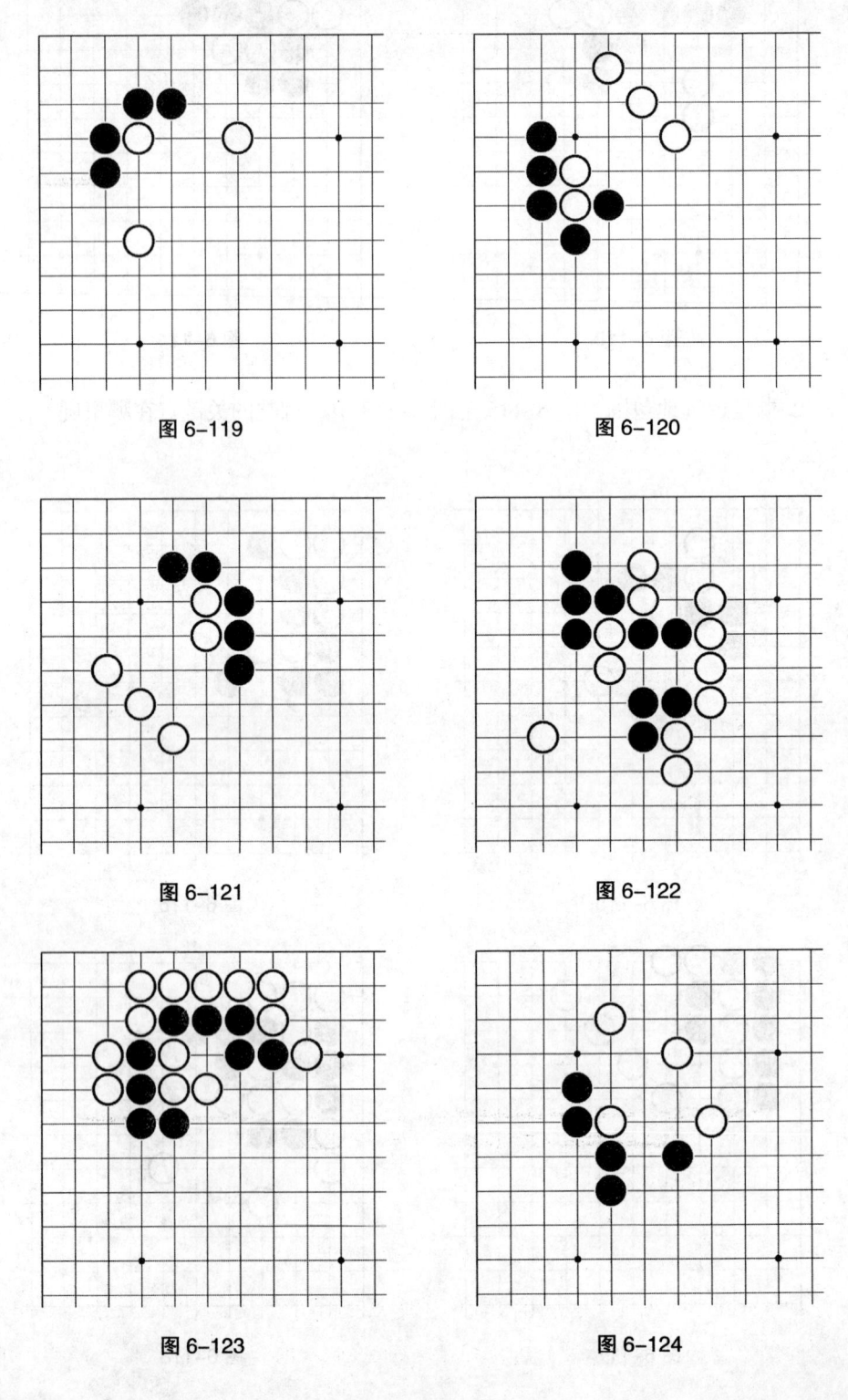

图 6-119

图 6-120

图 6-121

图 6-122

图 6-123

图 6-124

图 6-125　　　　　　　　　　　图 6-126

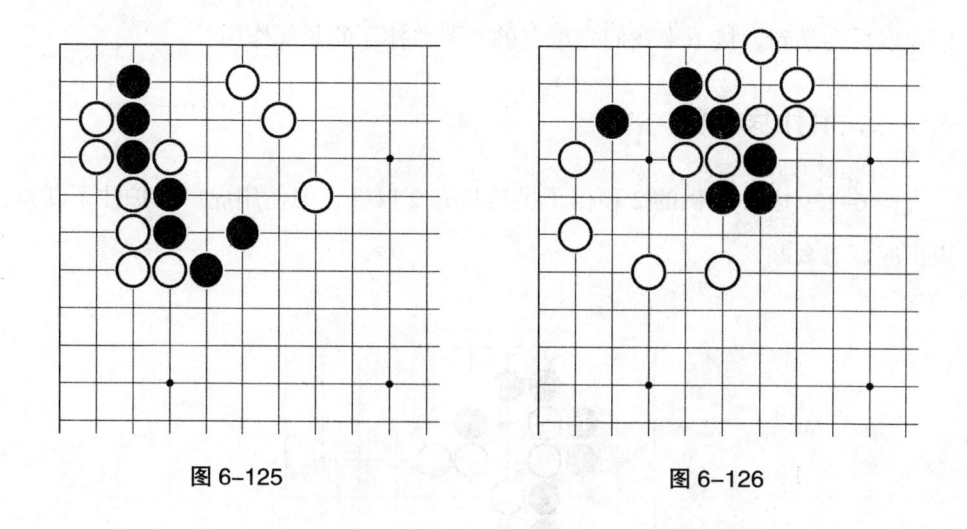

## 第六节　倒　扑

### 一、扑和倒扑

主动往对方的虎口里送吃 1 颗子，叫作"扑"。

图 6-127 和图 6-128 中，3 颗白子形成了一个虎口，黑棋把棋子放进去就叫扑。扑进去的黑子只有 1 口气，白棋随时都可以把这颗黑子吃掉。

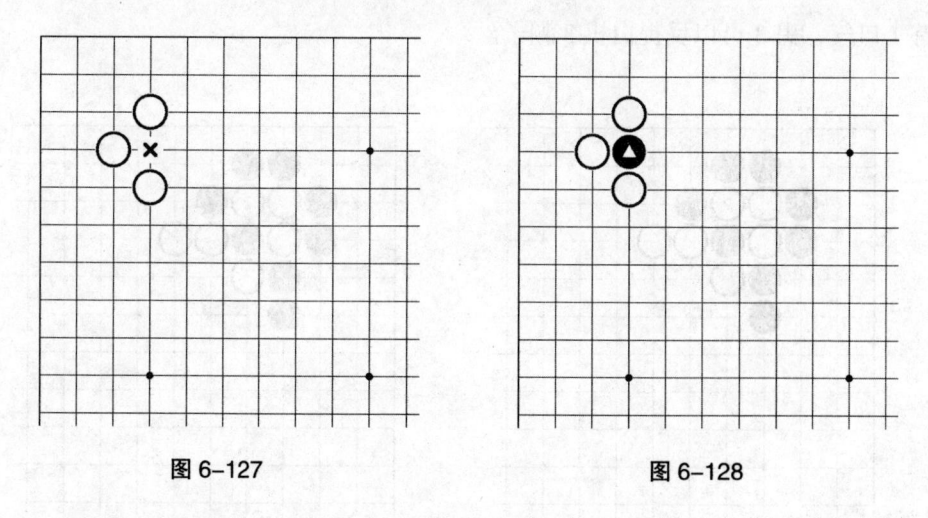

图 6-127　　　　　　　　　　　图 6-128

大家可能会有疑问，这岂不是故意送给对方吃吗？

扑，作为围棋里常用的一种作战技巧，在合适的场合运用时往往能起到非常大的作用。因为"扑"经常可以达到紧气或者破眼的目的。"眼"和"破眼"，我们在以后会学到，接下来我们先重点讲一下"扑"的紧气作用。

## 二、倒扑基本型

图 6-129 中，白棋的 2 颗棋子虽然只有 2 口气，但使用虎口保护住了断点，黑棋应该怎么办？

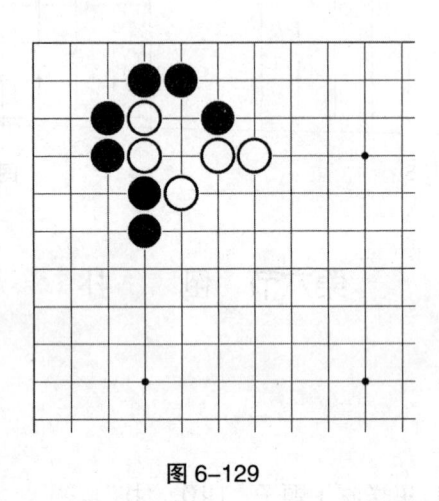

图 6-129

如图 6-130，黑 1 扑，故意送吃 1 颗子，不让白棋粘上，是正确的下法。图 6-131 中，白 2 虽然可以提掉黑棋 1 颗子，但提掉 1 颗子后，白棋的 3 颗棋子只有 1 口气，黑 3 可以反提白棋 3 颗子。

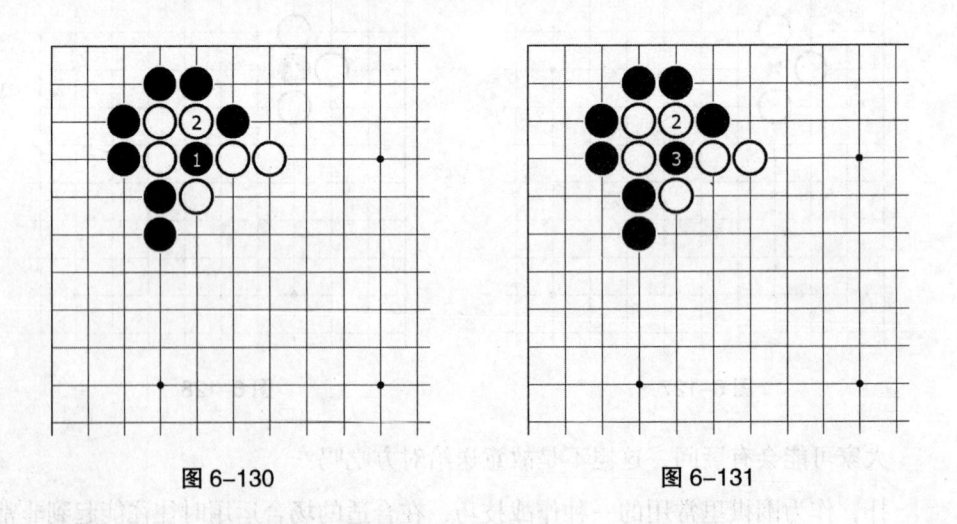

图 6-130　　　　　　　　　　图 6-131

这种扑入对方虎口故意送吃 1 颗子后，能立即反提更多棋子的吃子技巧叫

154

"倒扑"。表面是送吃一子，实际上是先弃后取，吃住了对方更多的棋子。"扑"在这里起到了紧气的作用。

倒扑和劫争是有区别的。劫争是"打一还一"，需要隔一手才能提回，否则会形成无限循环，而倒扑是"打一还三"，可以直接提回，不会形成无限循环。

## 三、倒扑实例

如图 6-132，黑棋如何运用倒扑的方法吃掉白▲ 4 颗子呢？

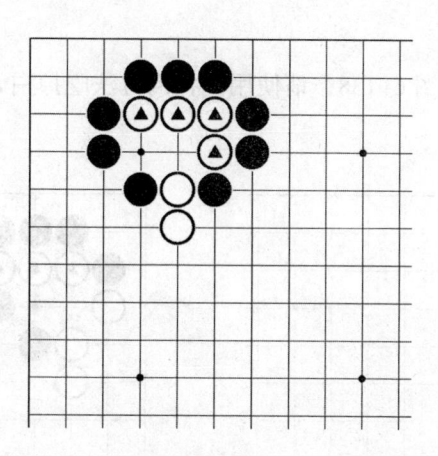

图 6-132

如图 6-133，黑 1 直接打吃，看似稳妥，实则放虎归山。白 2 粘上，就变成一整块棋，从而成功逃脱。

如图 6-134，黑 1 扑，白▲ 4 颗子已经被吃住。如果白棋 A 位吃掉黑 1，就会形成倒扑。黑棋还能马上反提回来。

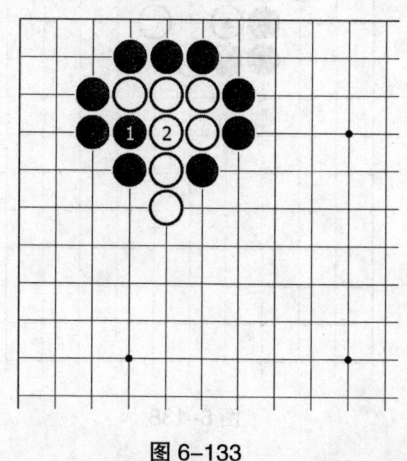

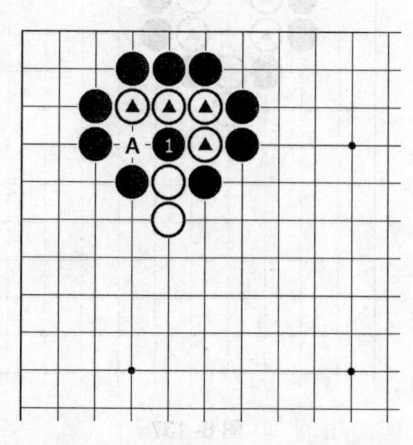

图 6-133　　　　　图 6-134

学习扑的技巧，一定要达到某种目的，比如：紧气、破眼或者找劫材，否则便是白白送给对方 1 颗子。

能熟练运用扑和倒扑，可以说是思维上的一次跨越。行棋者脑海中要先勾画出被对方吃掉棋子后棋盘上将要形成的画面，然后采取最有效的手段来应对。

初次接触倒扑时，扑入，被提掉，再提回，每个环节都要在棋盘上依次展现出来，切勿想当然地一带而过。

**思考与练习**

1. 如图 6-135 至图 6-138，请使用倒扑的方法吃掉白▲这几颗子。

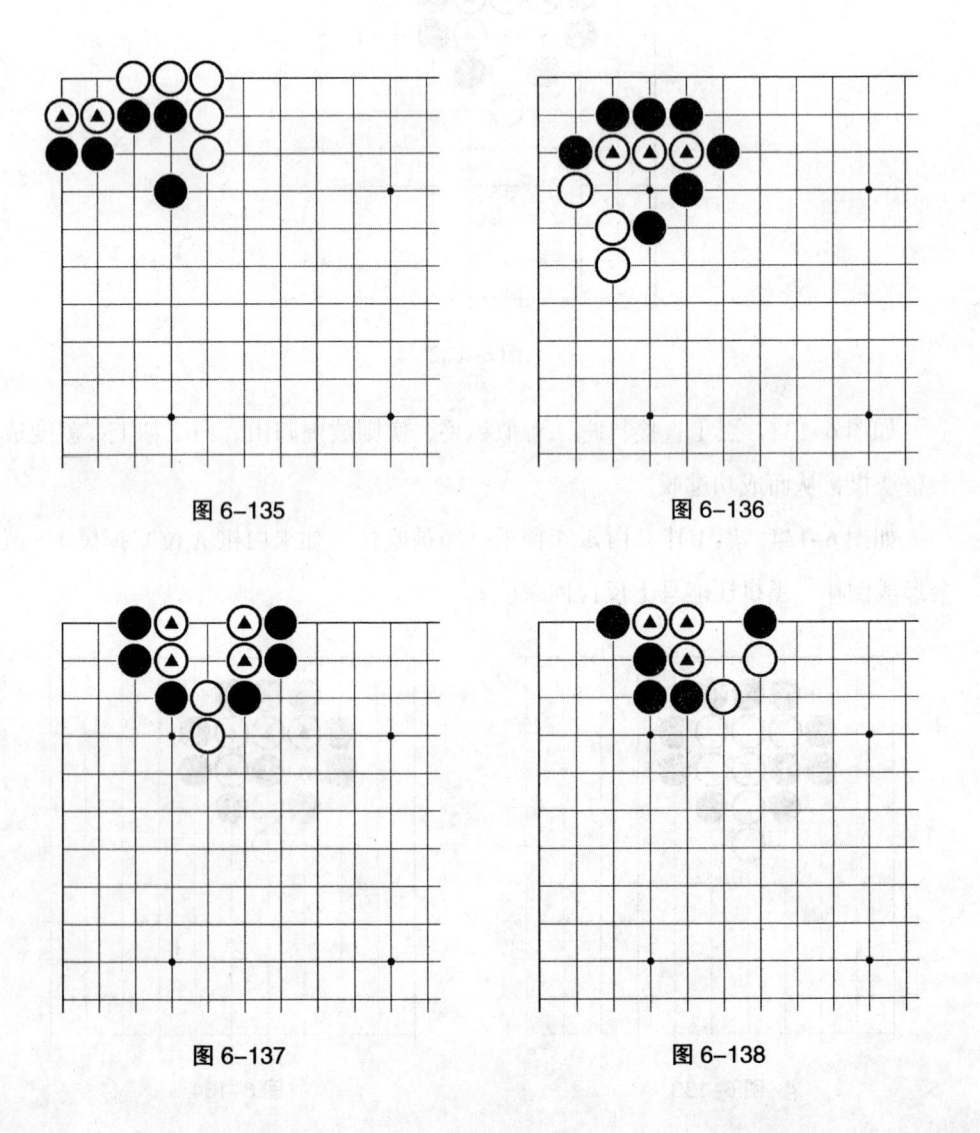

图 6-135

图 6-136

图 6-137

图 6-138

2. 如图 6-139 至图 6-144，快速寻找目标，并运用正确的方法吃掉它们。

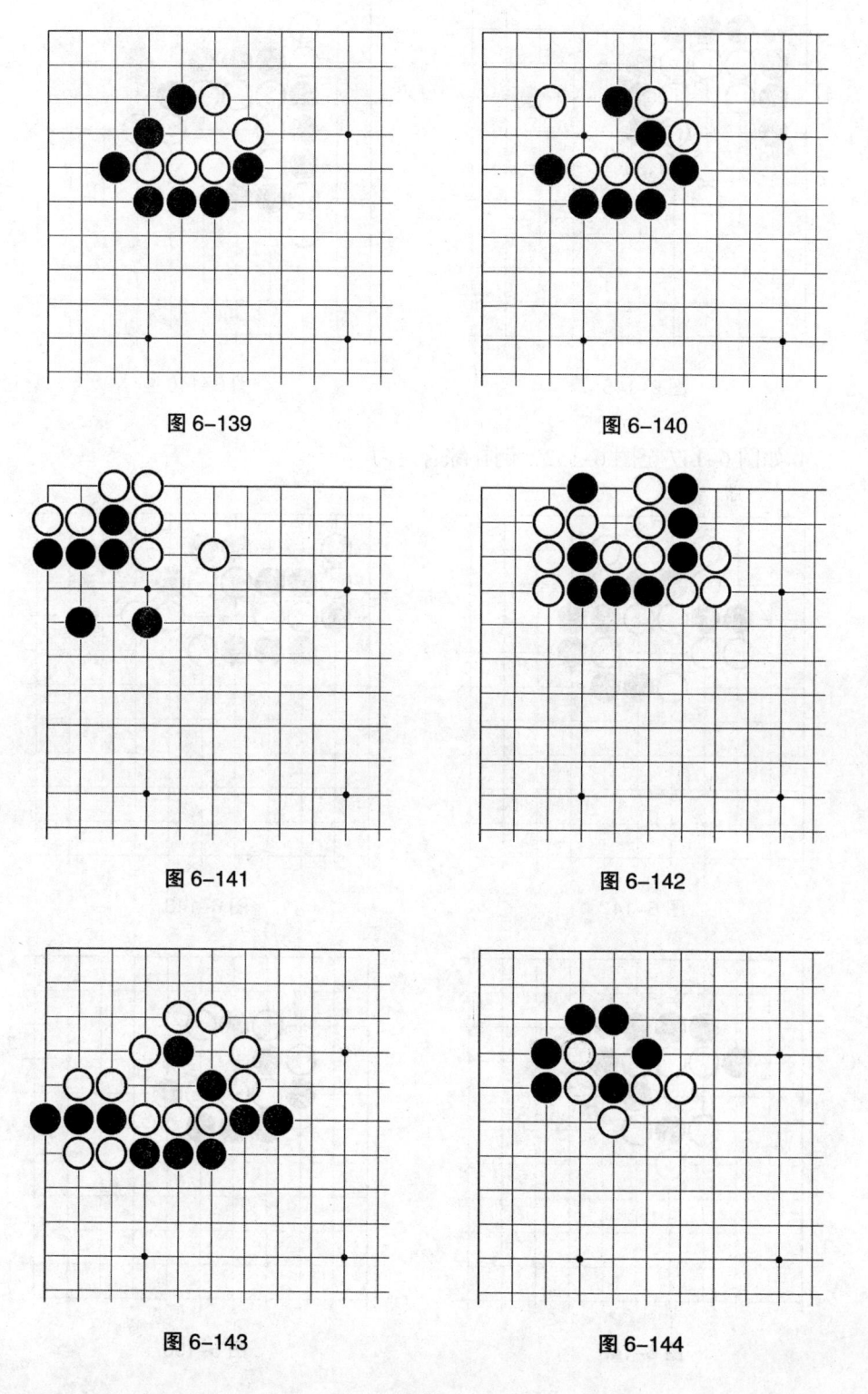

图 6-139

图 6-140

图 6-141

图 6-142

图 6-143

图 6-144

3. 如图 6-145 和图 6-146，黑先。有时候需要主动制造倒扑的机会，试一试。

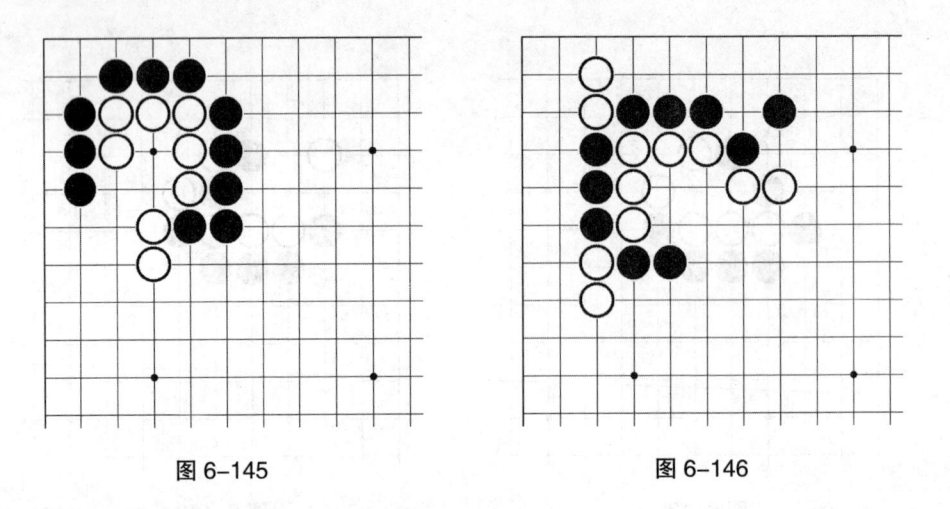

图 6-145

图 6-146

4. 如图 6-147 至图 6-152，倒扑综合练习。

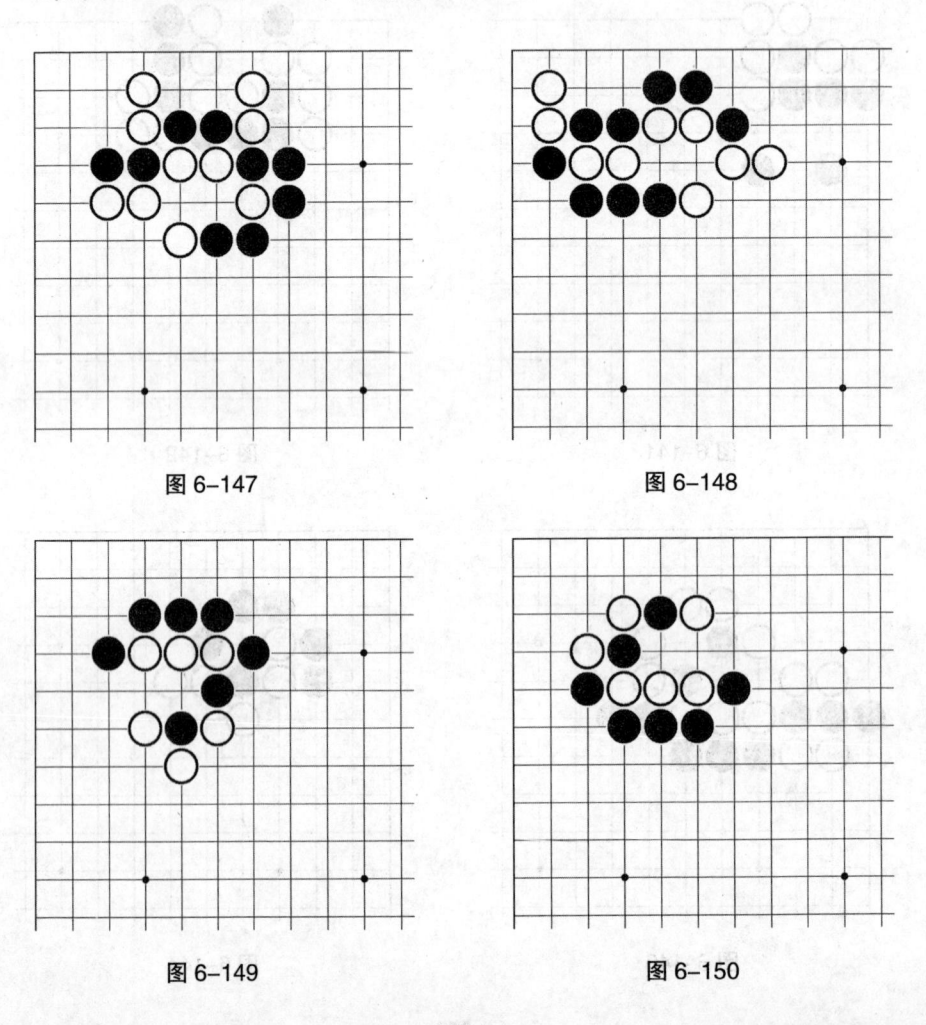

图 6-147

图 6-148

图 6-149

图 6-150

图 6-151

图 6-152

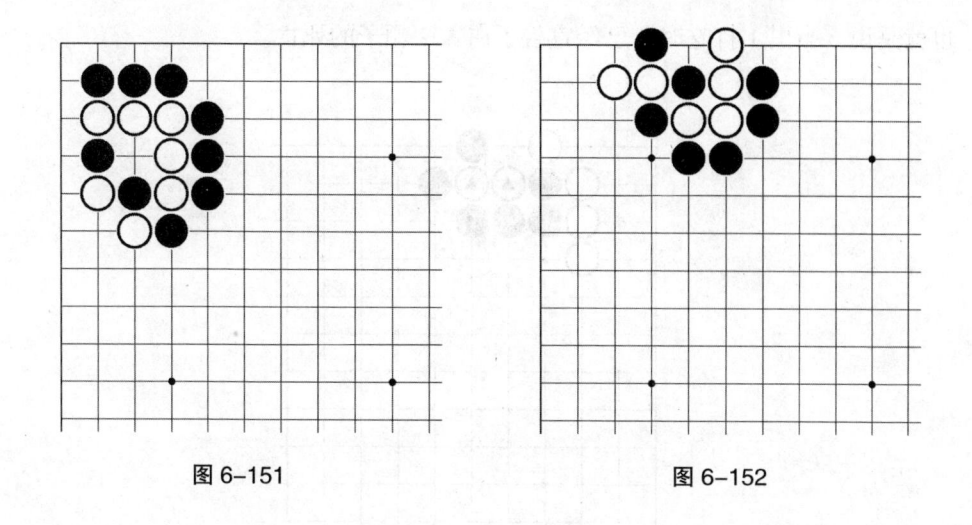

## 第七节　接不归

### 一、接不归基本型

如图 6-153，黑先，怎么下可以吃到白方的棋子？

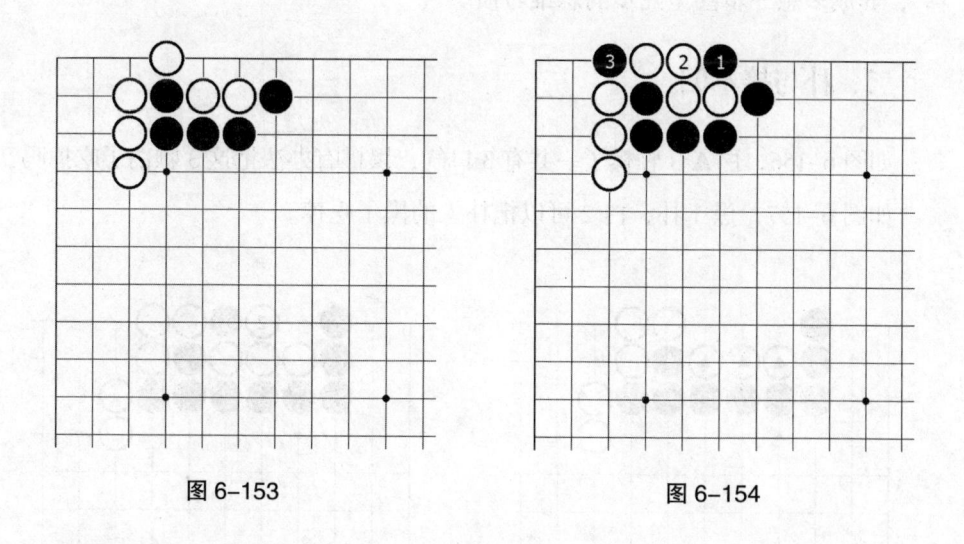

图 6-153

图 6-154

如图 6-154，黑 1 打吃，白 2 粘，黑 3 可以将白棋 4 颗子全部提掉。

棋子被打吃时，虽然可以连回，但还是会被对方持续追击吃掉的这种状态，叫作"接不归"。

如图 6-155，当出现接不归的时候，被打吃的棋子实际上已经无法逃脱了。

也就是说，当黑1打吃时，已经宣告了白▲2颗子的死亡。

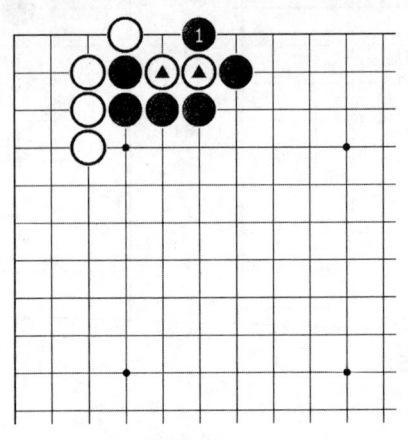

图 6-155

"接不归"的棋形乍一看，被叫吃的棋子是可以和自己的棋连接上的，初学者非常容易看错、看漏，甚至一错再错，粘上已经接不归的棋子，导致损失进一步扩大。

在实战对局中，脑子里经常要有"接下来会怎么样"的思考，也就是"默算"，养成多想一步甚至几步的思维习惯。

## 二、扑与接不归

如图6-156，白▲3颗棋子一共有3口气，黑棋有办法把这3颗白子吃掉吗？
如图6-157，黑1扑，白2可以把扑入的黑子吃掉。

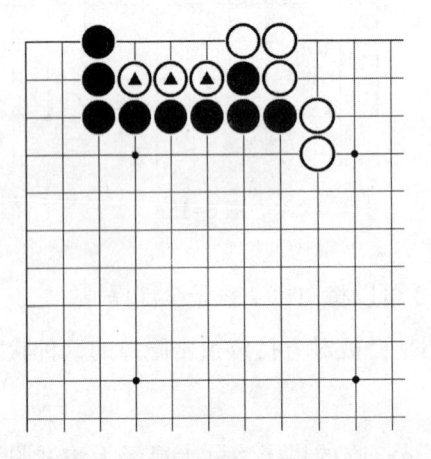

图 6-156 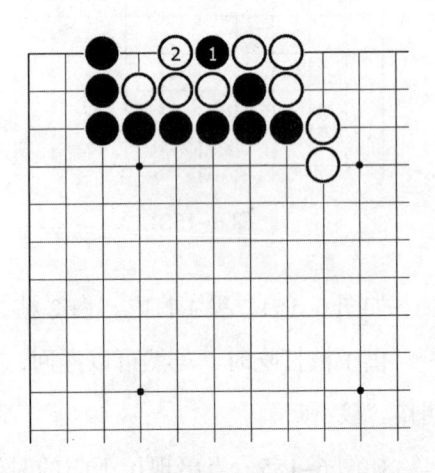　　　　　　　　图 6-157

图 6-158，这一块白棋从 3 口气变成了 2 口气，比黑棋扑之前少了 1 口气。这就是扑的紧气作用。

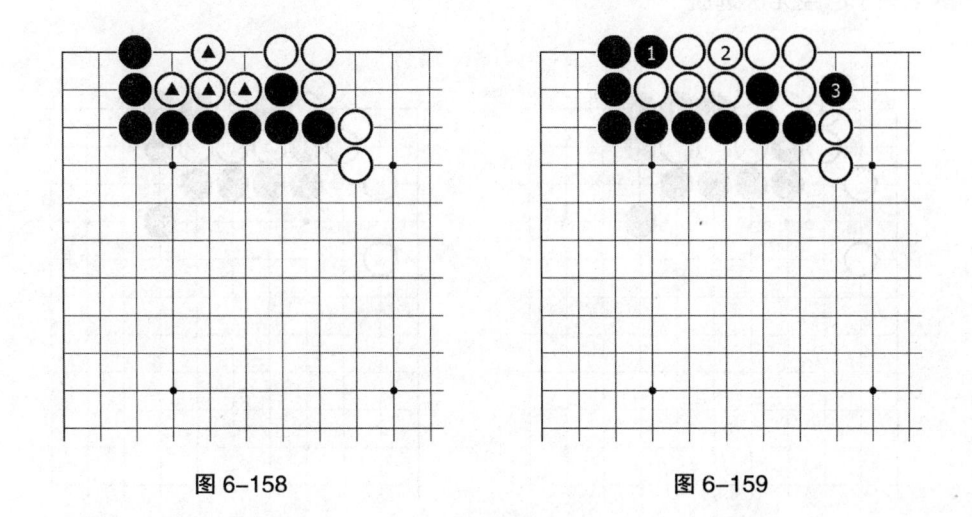

图 6-158

图 6-159

在双方激烈的接触战中，多一口气或少一口气是非常关键的。如图 6-159，正因为白棋少了 1 口气，当黑 1 从后面打吃时，白棋 4 颗子就无法逃脱了。白 2 如果执意粘上，则黑 3 可以把白棋一整块棋全吃掉。

正因为扑可以达到紧气的目的，经常能制造出接不归的机会。扑和接不归的结合运用往往能形成漂亮的组合拳，起到非常好的作战效果。

如图 6-160，黑棋应该如何着手呢?

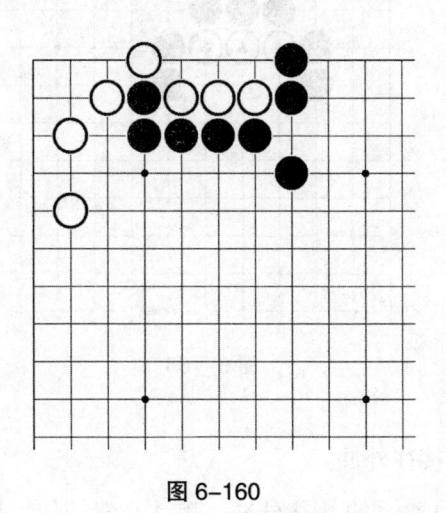

图 6-160

图 6-161 中，黑棋若直接收气，白棋可以安全连回。

图 6-162 中，黑 1 扑是好棋，白 2 只能提，黑 3 继续叫吃，形成接不归，白棋 4 颗子已经无法逃脱。

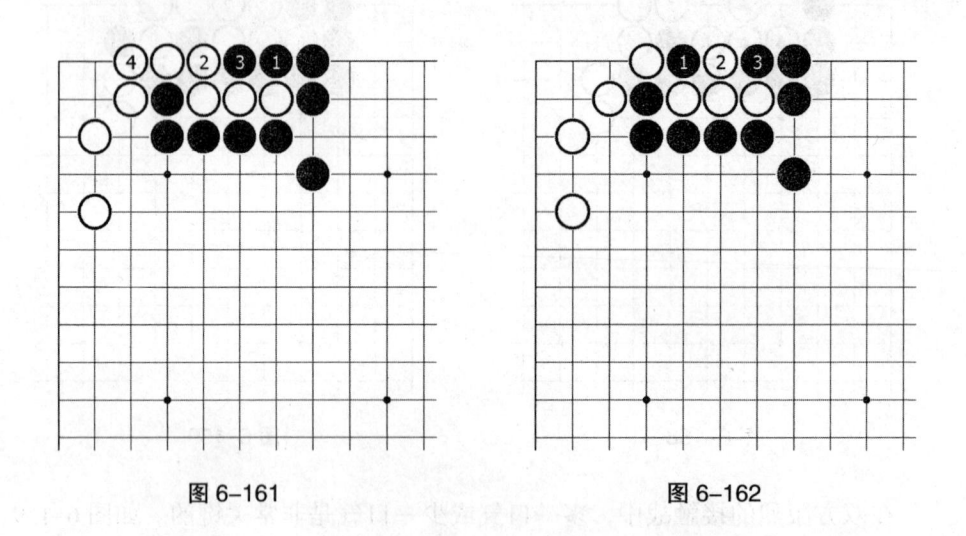

图 6-161

图 6-162

## 三、乌龟不出头

如图 6-163，白▲ 3 颗子，还有 3 口气，能逃出黑棋的包围圈吗？

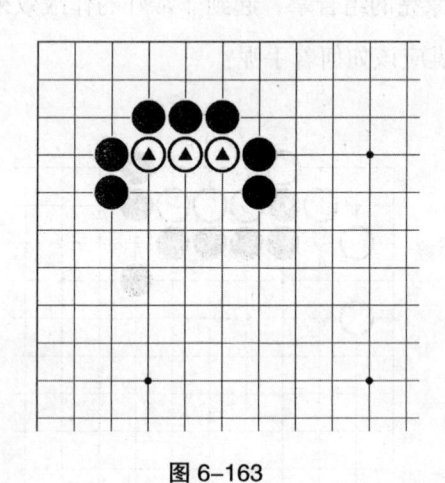

图 6-163

方案一：白棋直接往外冲。

如图 6-164，白 1 弯，直接往外冲，黑 2 必然挡住。接下来，白 3 虎，眼看就要冲出重围。黑棋应该怎么办呢？

如图 6-165，黑 4 扑是制胜的关键，白 5 只能提掉。

图 6-164

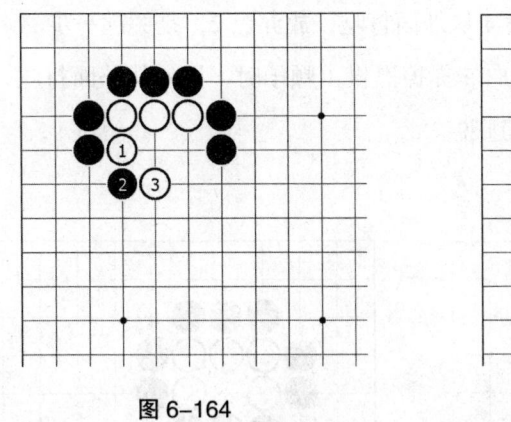

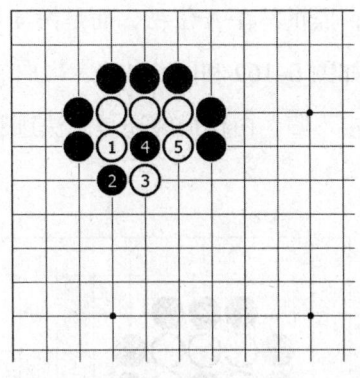

图 6-165

如图 6-166，黑 6 打吃，是最后一击，白棋形成接不归棋形。

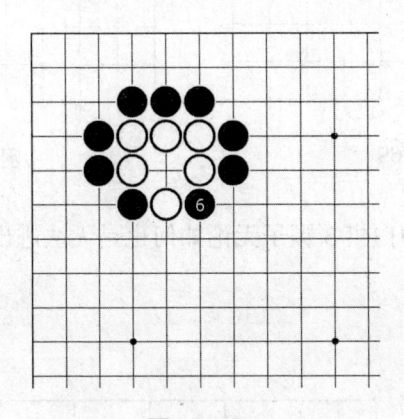

图 6-166

方案二：白棋向外跳出。

图 6-167，白 1 向外跳出，黑棋怎么办呢?

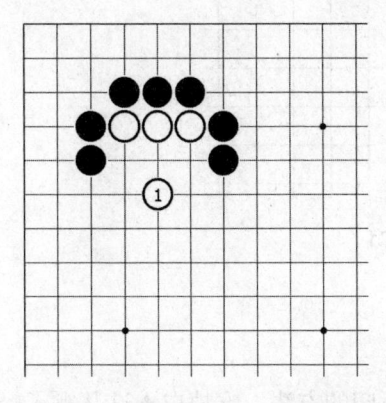

图 6-167

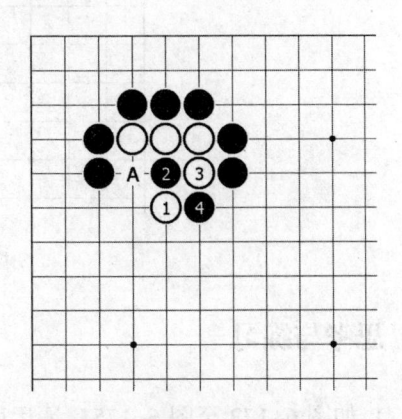

图 6-168

如图 6-168，黑 2 "挖"，强行分断白棋，是非常有效的手段。当白 3 打吃的时候，黑棋不在 A 位粘，而是黑 4 从外面打吃，放弃黑 2，是关键一步。

如图 6-169 和图 6-170，当白 5 提掉黑棋 1 颗子时，黑 6 从外面打吃，又形成了接不归。白棋最终还是无法逃脱。

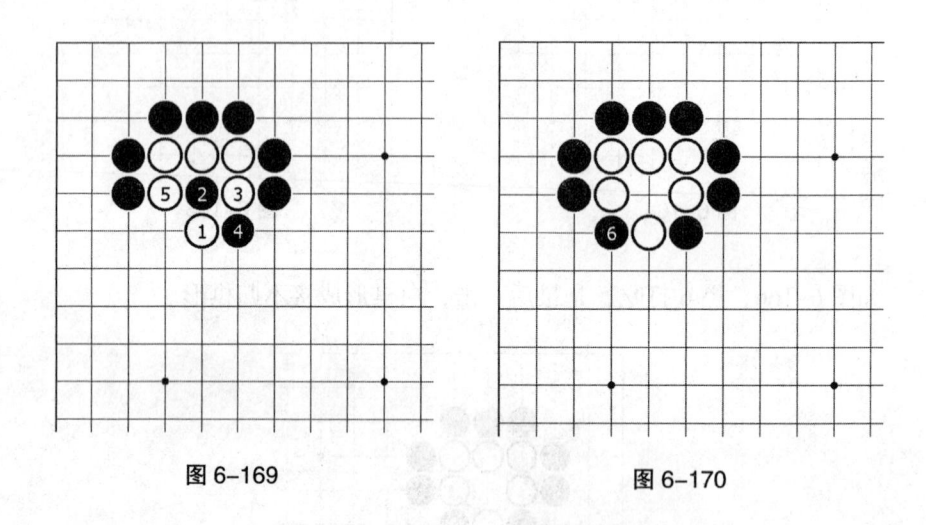

图 6-169

图 6-170

可见，图 6-171 中白棋 3 颗子无论如何也是无法逃出的。我们把这个棋形称之为"乌龟不出头"。

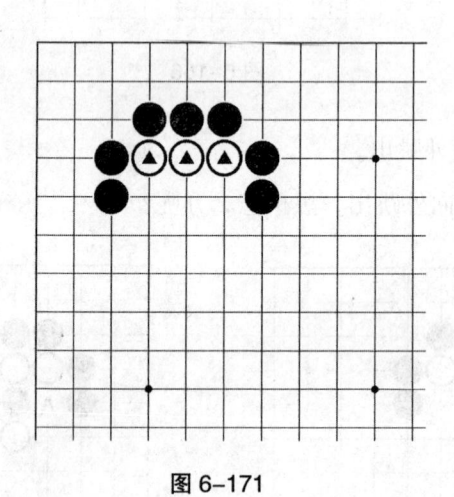

图 6-171

**思考与练习**

1. 如图 6-172 至图 6-175，请运用接不归的方法，吃掉白▲这几颗子。

图 6-172

图 6-173

图 6-174

图 6-175

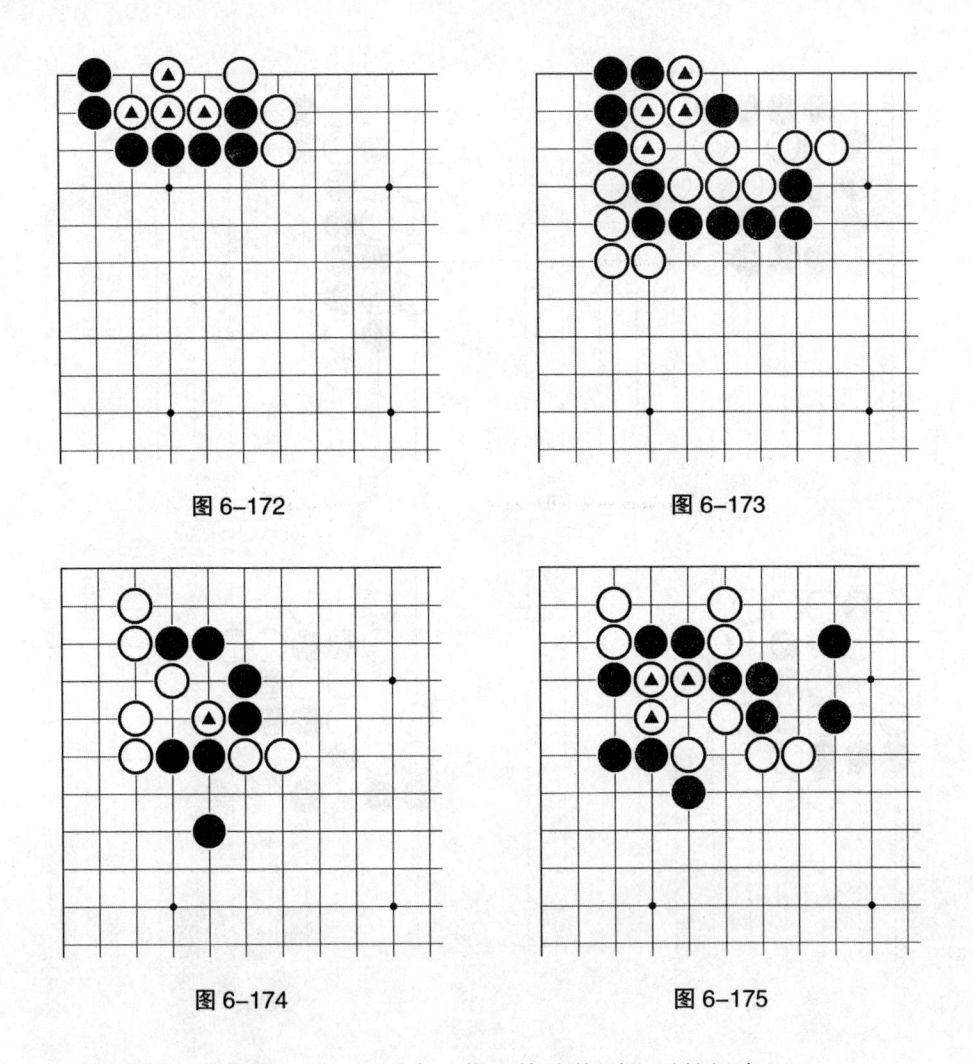

2. 如图 6-176 至图 6-181，黑先，能否快速找到吃子的机会？

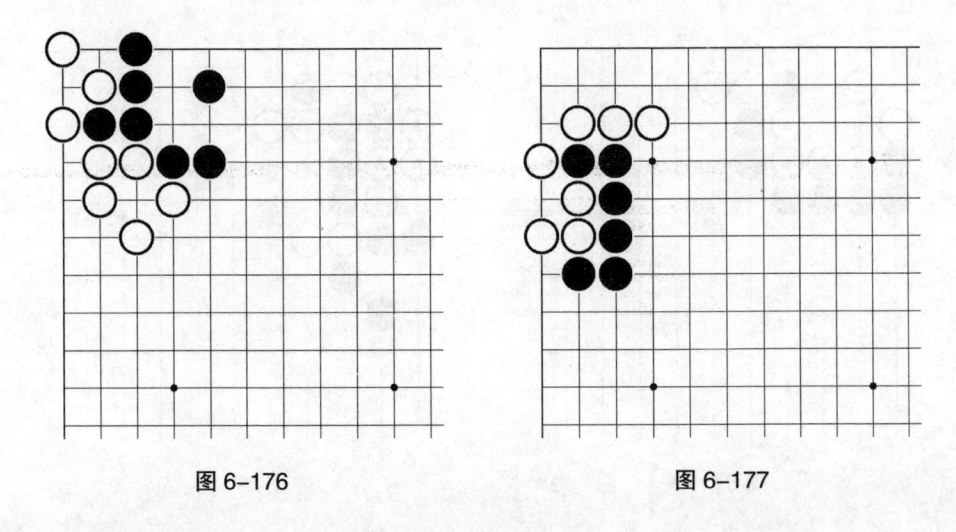

图 6-176

图 6-177

165

图 6-178

图 6-179

图 6-180

图 6-181

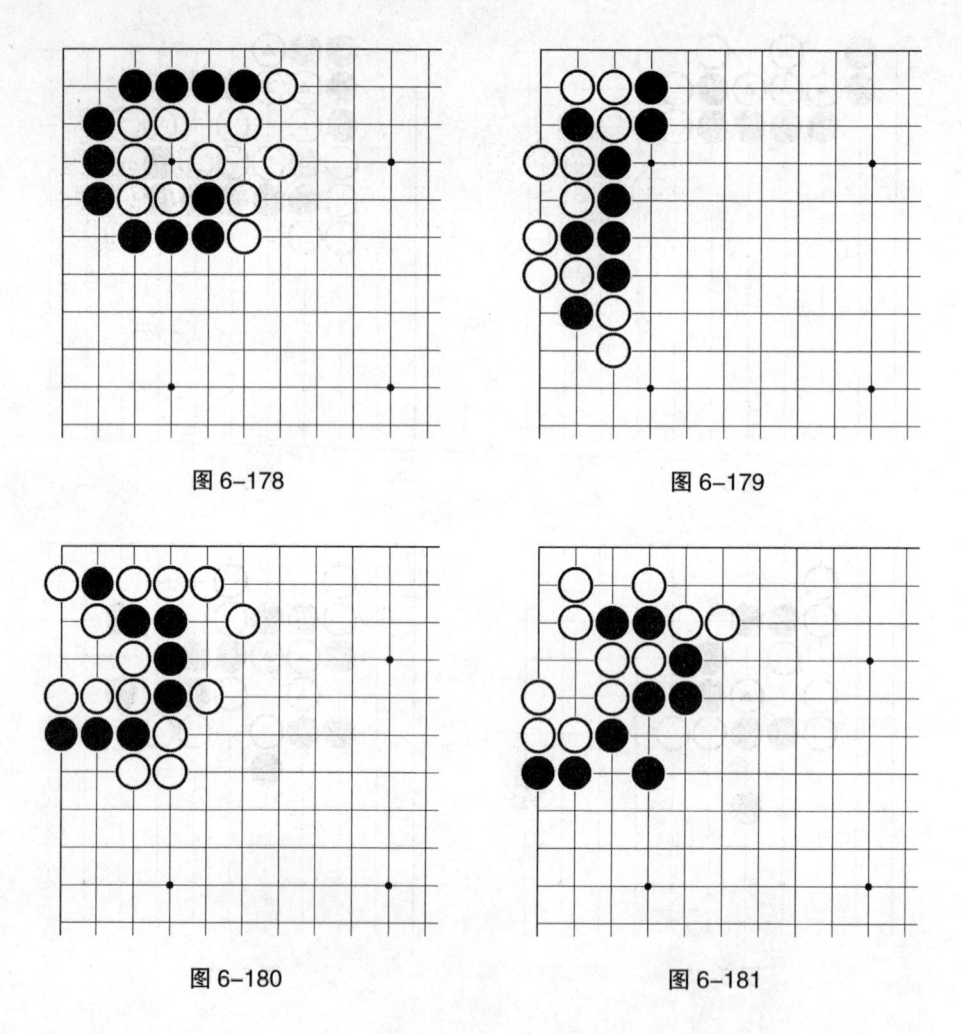

3. 如图 6-182 至图 6-187，请合理运用扑的技巧，吃掉白▲这几颗子。

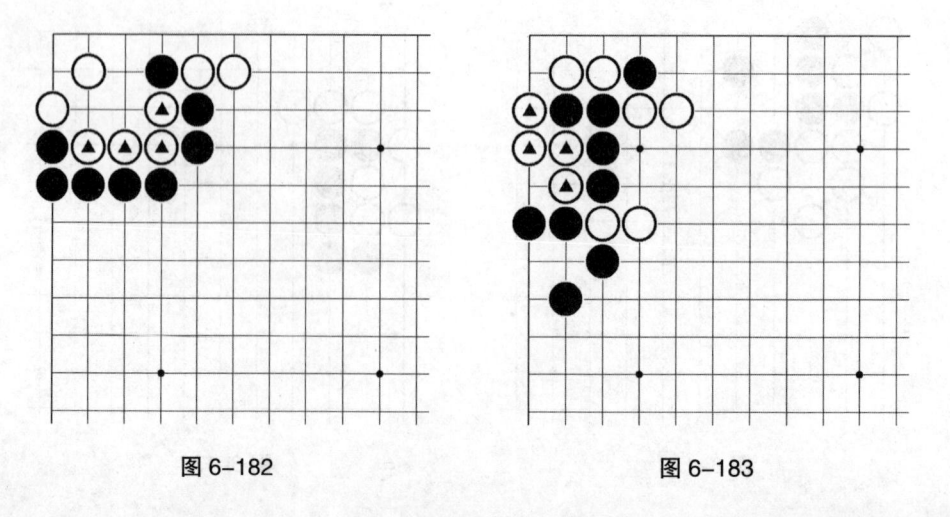

图 6-182

图 6-183

166

图 6-184

图 6-185

图 6-186

图 6-187

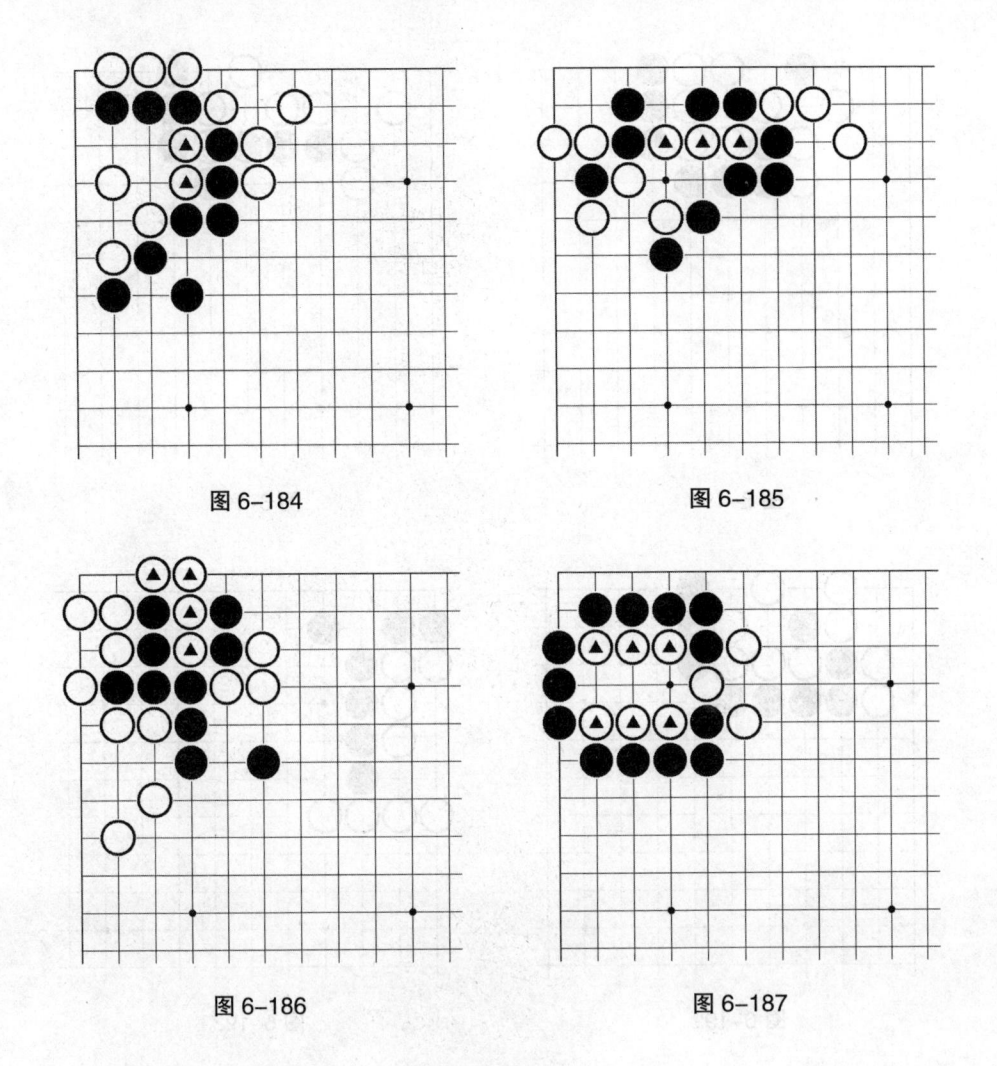

4. 如图 6-188 至图 6-193，接不归综合练习。

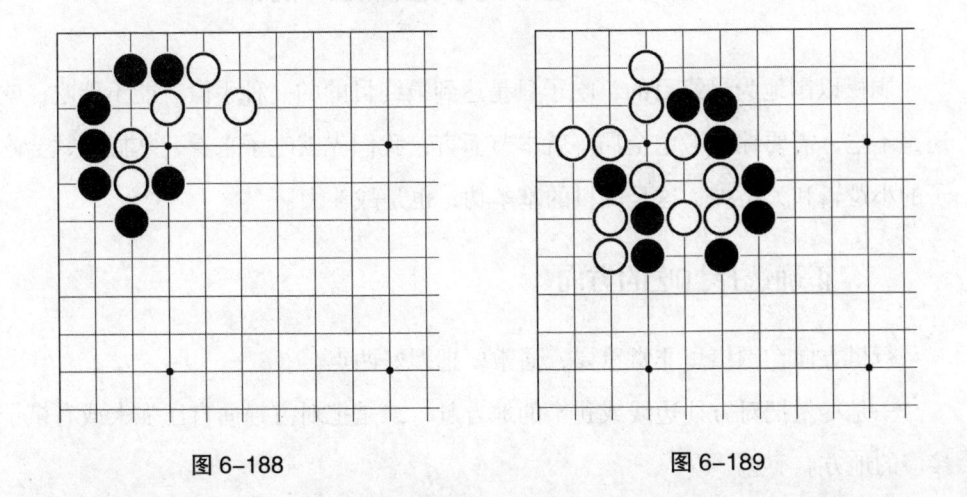

图 6-188

图 6-189

167

图 6-190　　　　　　　　　　图 6-191

图 6-192　　　　　　　　　　图 6-193

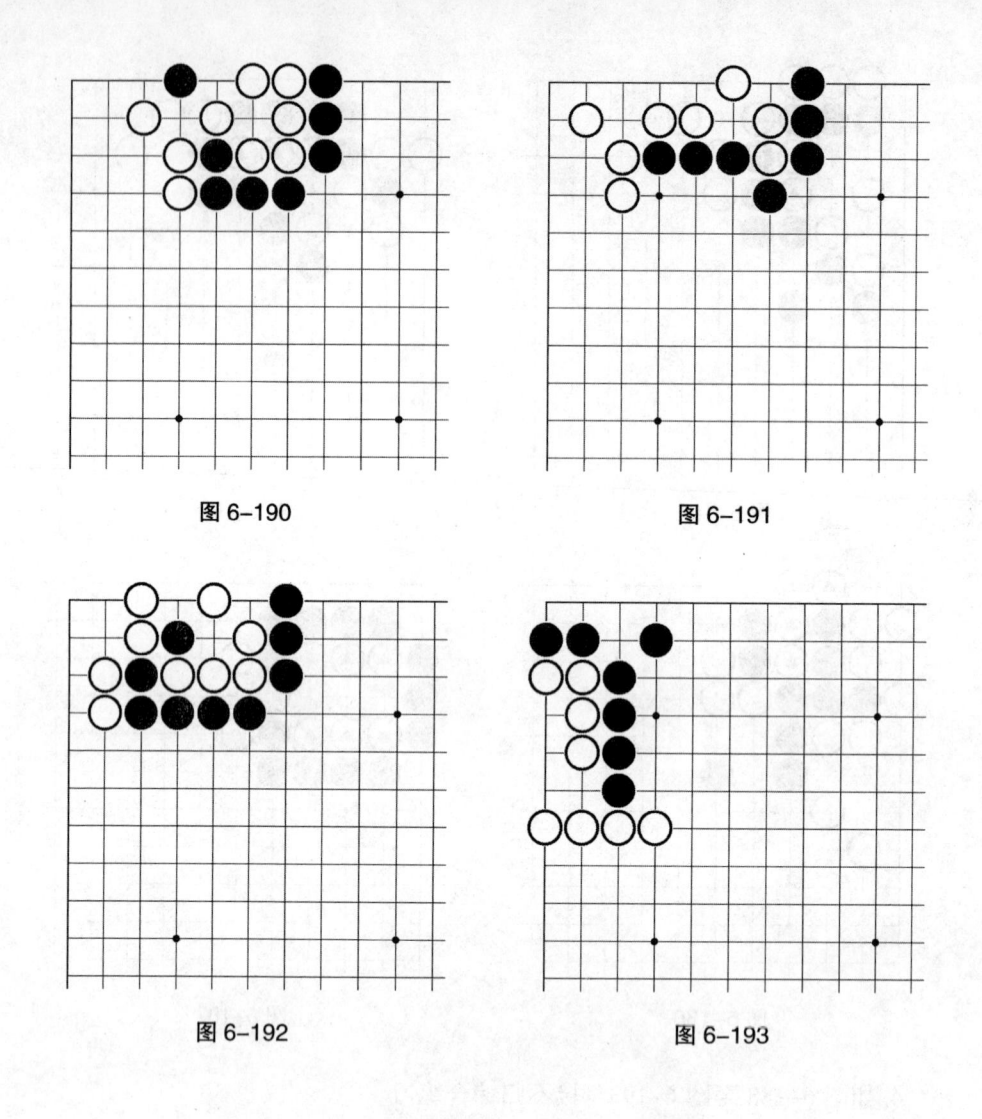

## 第八节　吃子的小逻辑和大精神

围棋以围地为最终目的，吃子只是达到最终目的的一种手段。能不能吃，吃还是不吃，需要综合考虑全局。就本节而言，我们先就吃子来看，掌握并领会吃子的小逻辑和大精神，这是围棋的基本功，也是战斗力。

### 一、正确选择打吃的方向

行棋方向在围棋里非常重要，通常要把握好两点。

一是尽量把对方往边线或狭窄的地方赶；二是把对方逼向自己强大或有棋子接应的地方。

如图 6-194 和图 6-195，我们先来看一个简单的例子。在实战中，我们可以正确利用边路线的特点来作战。比如，在进攻对方的时候，可以考虑把对方往边线上赶，这样更容易吃掉对方的棋子。

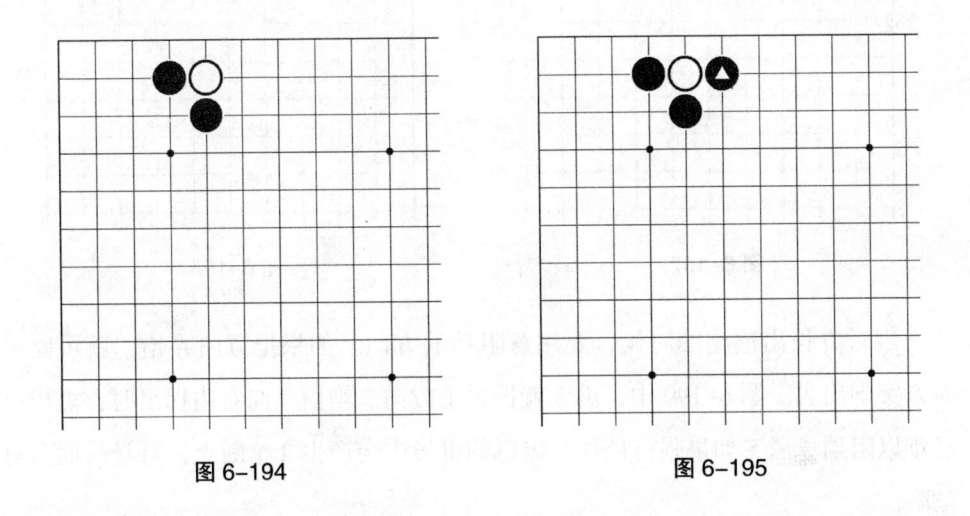

图 6-194

图 6-195

再来看看稍微复杂的例子。如图 6-196，这里有两个棋形，如果轮到黑棋走，分别应该从哪个方向打吃白棋呢？

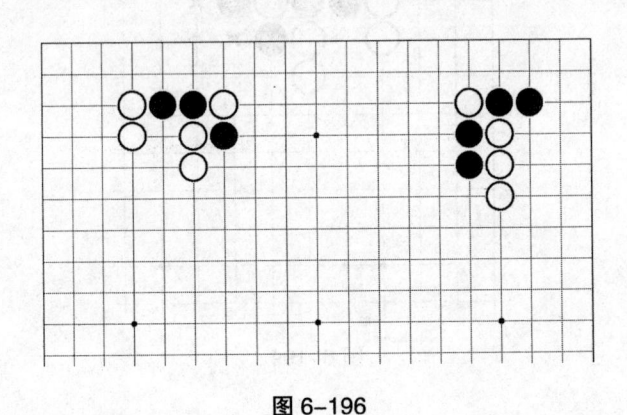

图 6-196

这两个棋形非常相似，我们先看左边的棋形，图 6-197 和图 6-198 中，黑 1 打吃，把白棋往边路上赶，是正确的选择。接下来，黑 3 是关键，要把对方往自己强大的一面赶。之后白 4 若向左边逃子，黑 5 直接挡住即可吃住白棋。

图 6-197

图 6-198

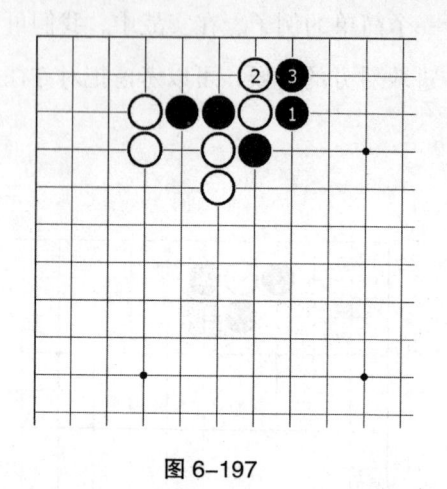

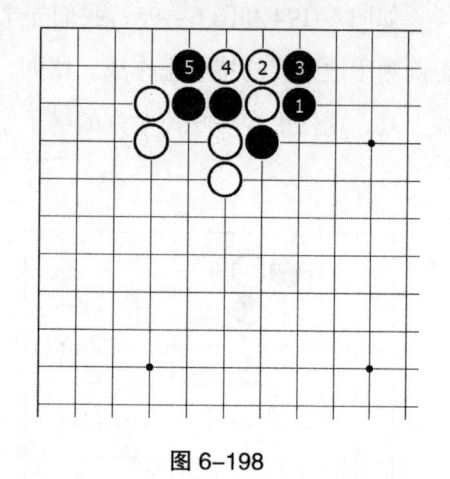

当对方长出逃跑的时候，要注意阻挡的方向。如果把方向弄错，就可能被对方突围出去。图 6-199 中，黑 3 就挡错了方向。当白 4 向右边拐出时，黑棋已经难以阻挡。黑 5 如果强行挡住，黑棋的棋形中会产生 2 个断点，自身反而会有危险。

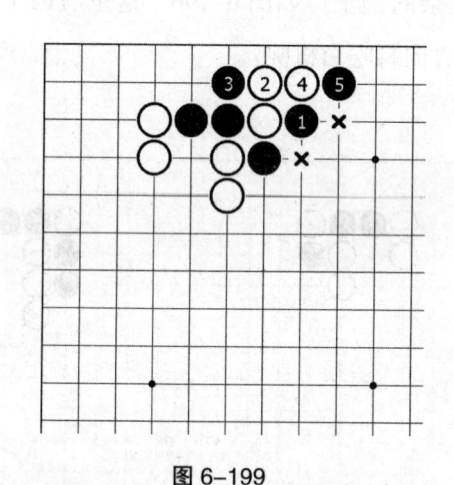

图 6-199

如图 6-200，黑 5 强行阻挡白棋去路，则白 6 断打，黑 7 只能粘上，接下来，白 8 就可以轻松将黑 5 吃掉，黑棋大败。

我们再看右边的棋形，图 6-201 中，黑 1 把白棋打向边路，随后挡在自己相对薄弱的左边，当白 4 向右边逃子时，黑 5 顺势一拐即可吃住白棋。

图 6-200

图 6-201

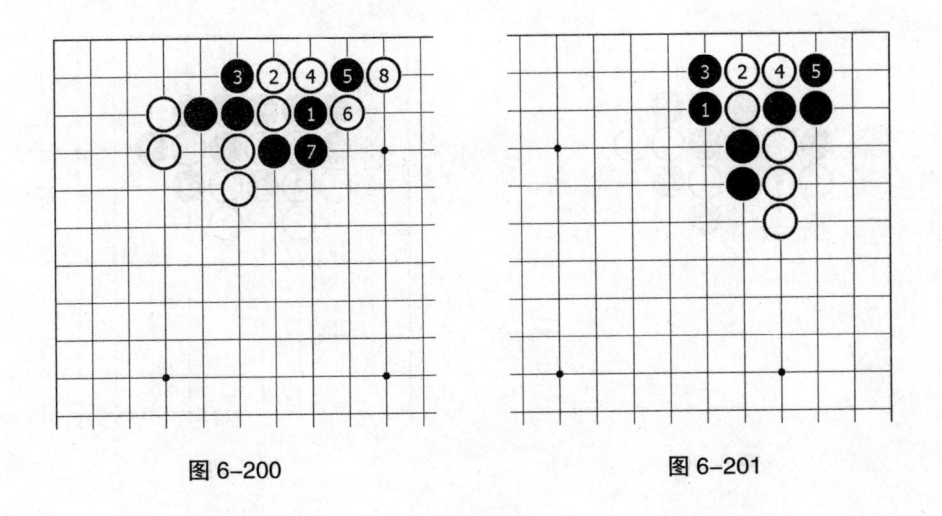

## 二、主动创造吃子条件

在实战过程中，对方一般不会主动送给我们吃子的机会，由此需要我们积极去创造吃子的条件。

如图 6-202，黑子怎么创造吃子的条件呢？

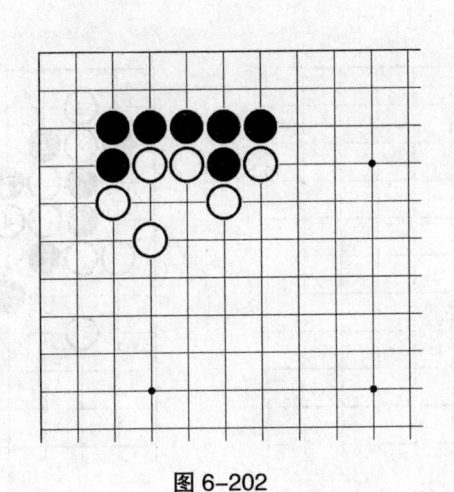

图 6-202

白棋的断点很多，只要多思考一步，就能发现很好的机会。

如图 6-203，像黑 1 这样分断白棋的同时还进行打吃的方法，我们称之为"断打"。黑 1 断打后，逼迫白 2 逃出，黑 3 再次断打，便形成了双叫吃，白棋无法兼顾。

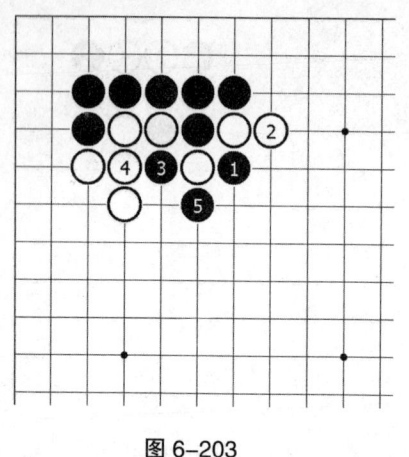

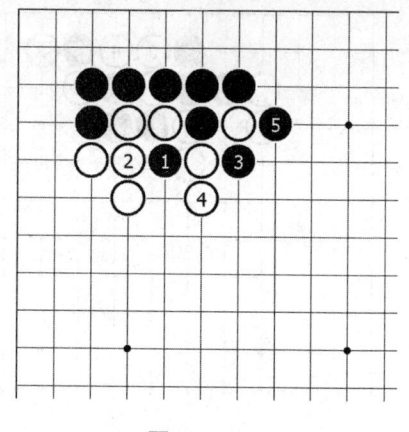

图 6-203　　　　　　　　　　图 6-204

以上的吃子技巧也叫"两步吃子法"。其方法是：第一步创造条件，第二步运用基本吃子技巧吃子。

两步吃子法的第二步往往需要转换进攻目标，我们要根据棋形的变化随时调整。

当然，黑棋按照图 6-204 这样的顺序进行打吃也是可以的。

图 6-205，黑先，应该如何行棋呢？

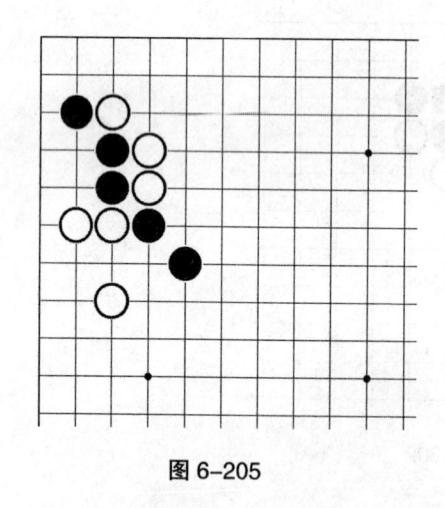

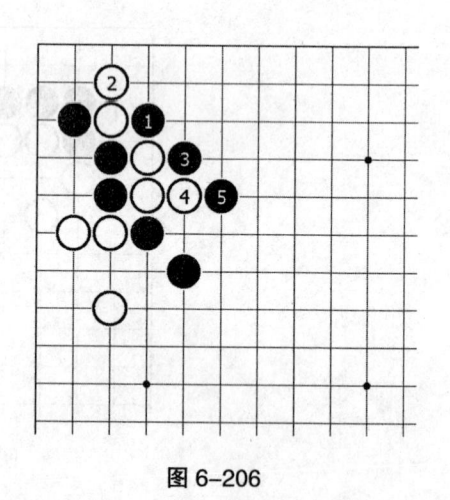

图 6-205　　　　　　　　　　图 6-206

和前面一题类似，关键在于第二步。如图 6-206，黑1断打创造条件，白2若长出逃跑，黑3、黑5就可以回过头来把下面的3颗白子"抱吃"掉。

## 三、滚打包收

通过扑和弃子，使对方的棋子一直保持气紧状态，从而导致作战不利甚至被吃，我们把这种技巧称之为"滚打包收"。

如图 6-207，黑 1 长，一边逃出一边叫吃白▲。白棋接下来应该怎么下呢？

如图 6-208，白 2 简单提掉黑棋 1 颗子是恋子的下法，黑 3 落子以后，大块黑棋便可顺利逃出，而白棋所得极其有限。

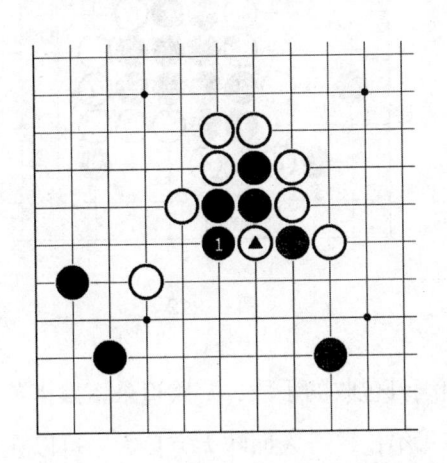

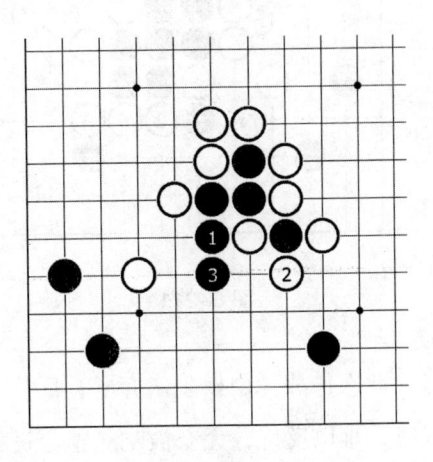

图 6-207

图 6-208

如图 6-209，白 2 反打，果断弃掉被打吃的 1 颗白子，是滚打包收的好棋！

如图 6-210，接下来，等黑 1 粘上后，白 2 继续叫吃，黑 3 只能委屈地愚形逃窜。白 4 视自身断点而不见，直接跳枷，又是妙手！

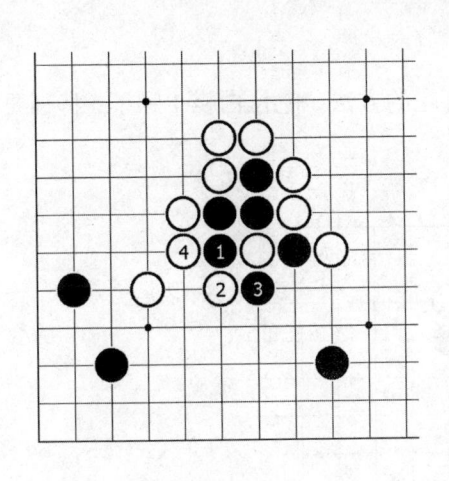

图 6-209

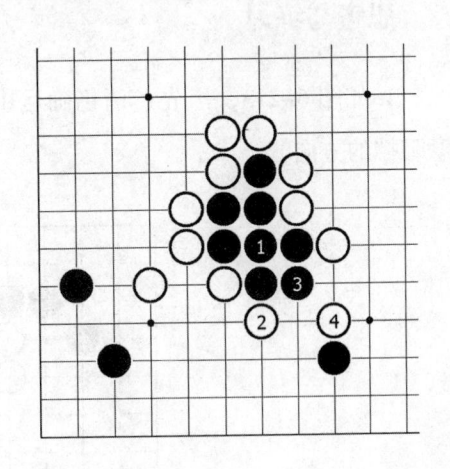

图 6-210

图 6-211 中，当黑 5 叫吃时，白 6 再度弃子，再次形成滚打包收之形。

图 6-212 中，黑 1 提掉白子，白 2 继续追击，黑 3 无奈粘上。白 4 打吃后，

白6再枷吃，一剑封喉！黑棋再也无法逃脱，全部被吃。

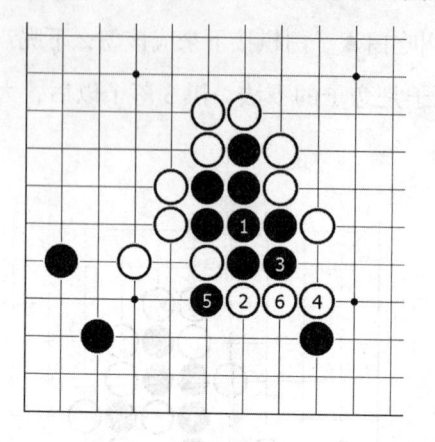

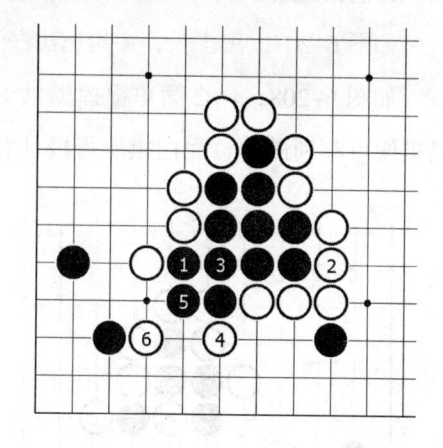

图 6-211

图 6-212

此次作战，白棋多次弃子，反复运用滚打包收的手段，一路追杀，黑棋苦于气紧，难以反抗，无奈被吃。整个过程精彩绝伦，令人回味无穷！大家可以在棋盘上反复摆一摆，细细品味。

在综合运用吃技巧时，要时刻用心默算，当对方长出逃跑后，棋子会变成几口气，是否能和其他棋子相连。在继续追吃的过程中，要优先分断对方并尽可能让对方的气变少，同时还要注意自己棋子的气和安全。

**思考与练习**

1. 如图 6-213，黑先，请正确运用打吃的方法，吃住白棋 1 颗子（特别要注意阻挡的方向）。

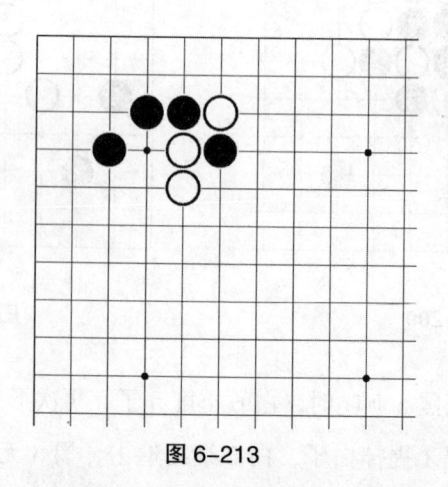

图 6-213

2. 如图 6-214 至图 6-219，黑先，怎么创造出吃子的机会？

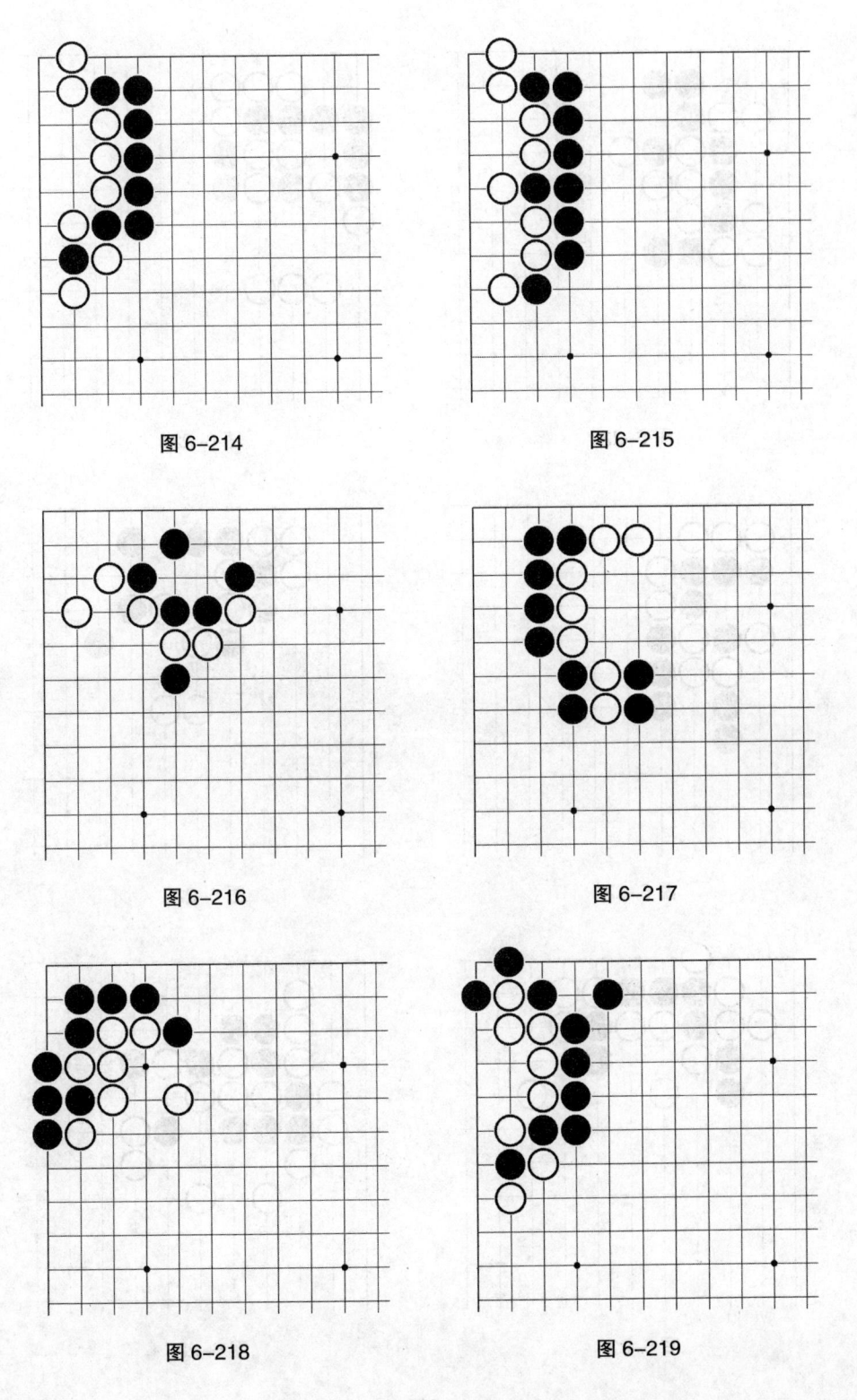

图 6-214

图 6-215

图 6-216

图 6-217

图 6-218

图 6-219

175

3. 如图 6-220 至图 6-225，黑先，做滚打包收练习。

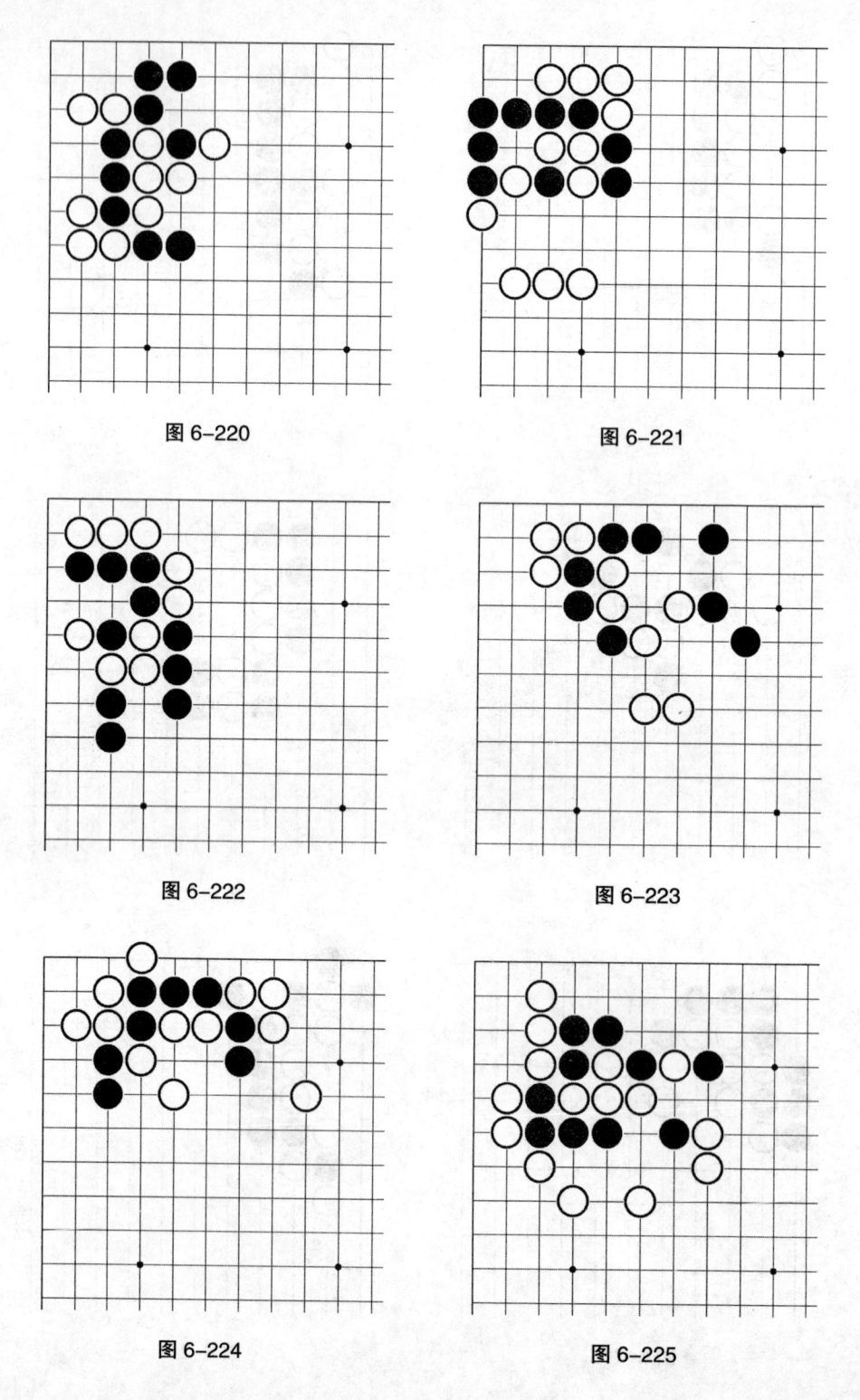

图 6-220

图 6-221

图 6-222

图 6-223

图 6-224

图 6-225

4. 图 6-226 至图 6-231，黑先，吃子综合练习。

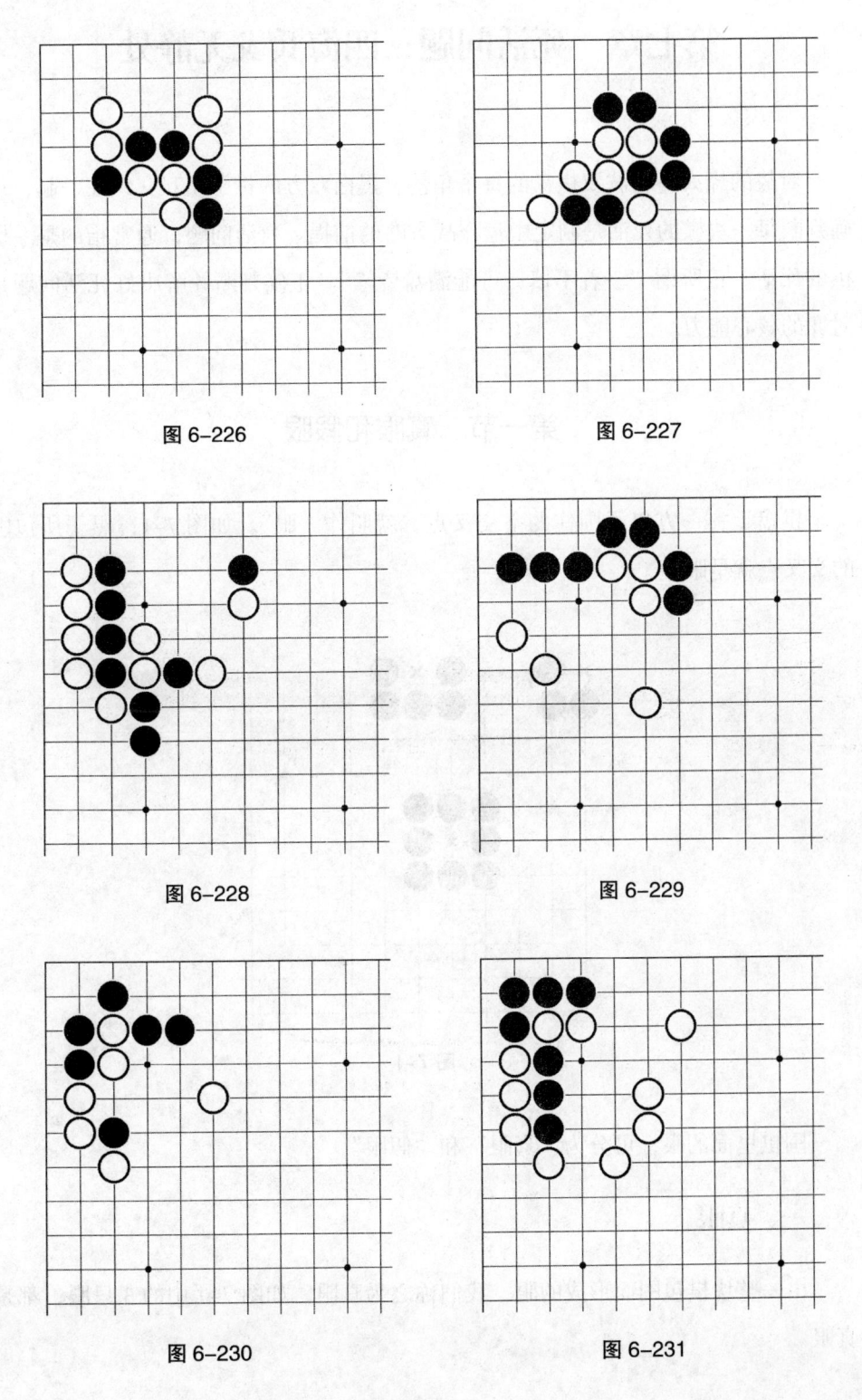

图 6-226

图 6-227

图 6-228

图 6-229

图 6-230

图 6-231

# 第七章　死活问题：四海兵戈无静处

对战的烽火终将波及棋盘的每个角落，黑白双方的棋子相互交织在一起，正确判断每一块棋的死活是制定中盘作战方略的前提。死活问题，通常指的是一块棋的死活。正所谓"一着不慎，可能满盘皆输"。正确判断并解决好死活问题是对弈的核心能力。

## 第一节　真眼和假眼

棋盘上，一方棋子围住的空交叉点，就叫作"眼"。如图7-1，黑子所包围的交叉点就是眼。

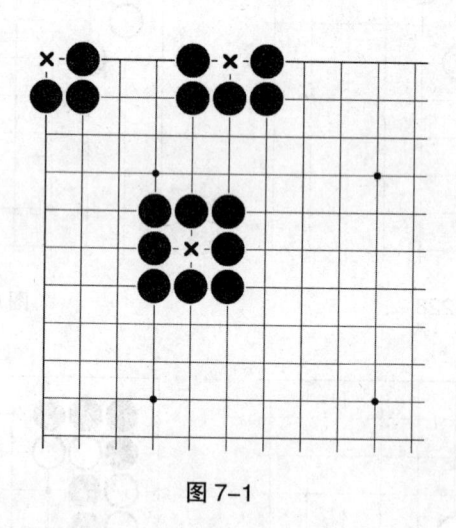

图 7-1

围棋里面的眼，可分为"真眼"和"假眼"。

### 一、真眼

由一整块棋包围而形成的眼，我们称之为真眼。如图7-1中的3只眼，都是真眼。

如图 7-2，这 4 只眼也都是真眼。围成真眼的几颗棋子是一个整体，同生共死，无法分割。

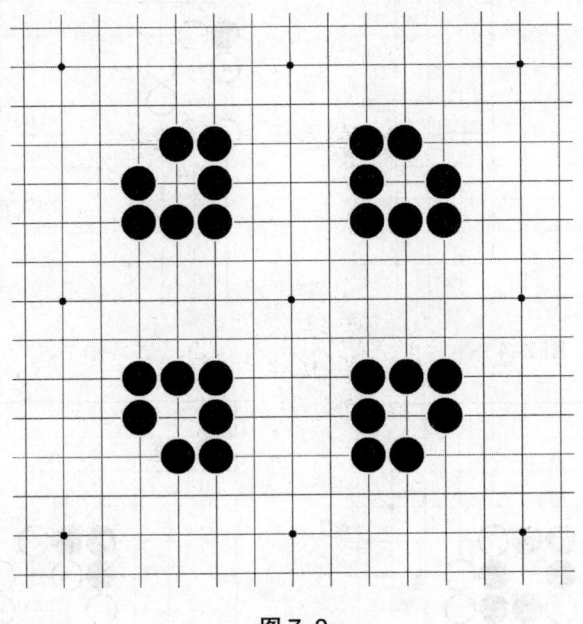

图 7-2

## 二、假眼

不是由一整块棋包围而形成的眼，我们称之为"假眼"。如图 7-3，这 3 只眼都是假眼，他们都是由两块棋包围而成的。

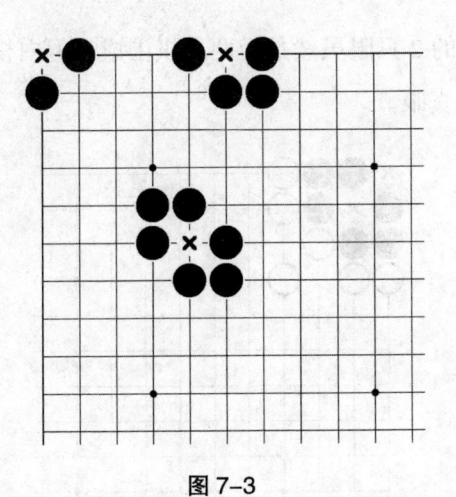

图 7-3

如图 7-4 至图 7-7，假眼是可以通过吃掉部分棋子的方式破坏掉的。

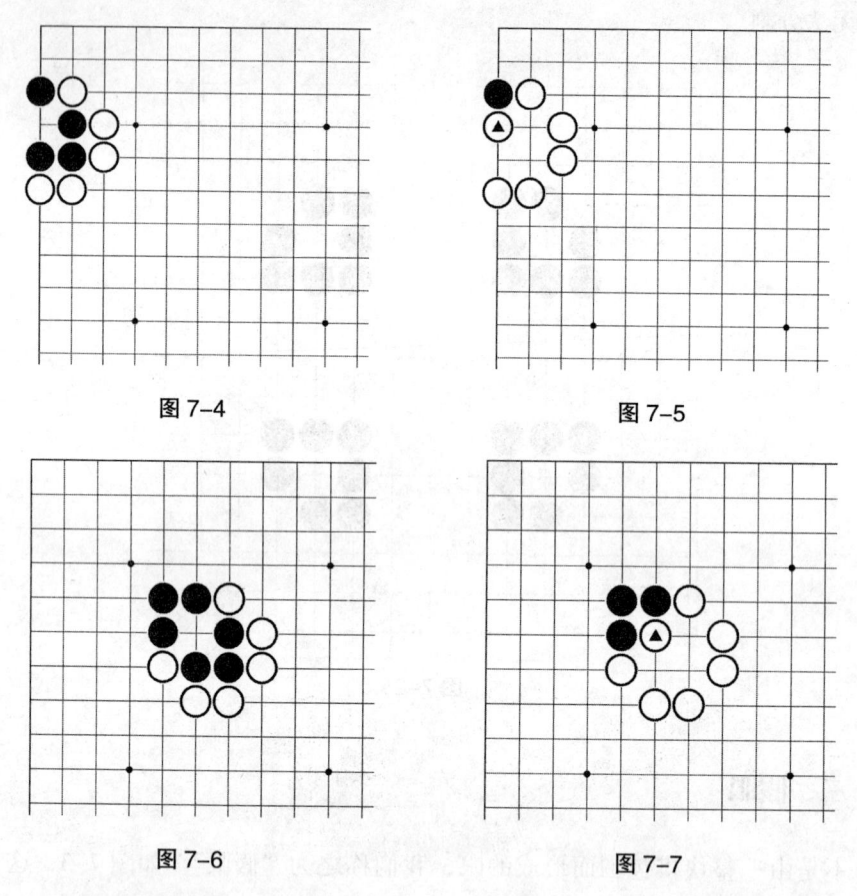

图 7-4

图 7-5

图 7-6

图 7-7

## 三、特殊的真眼

如图 7-8，黑棋的 2 只眼虽然是由两块棋围成，但白棋无论如何也无法破坏掉。这是 2 只特殊的真眼。

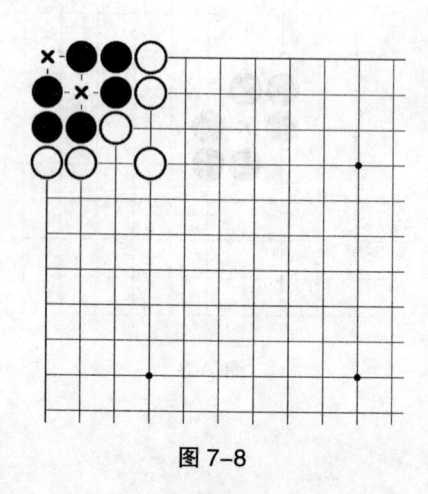

图 7-8

## 第二节　活棋与死棋

### 一、活棋

#### （一）活棋原理

棋盘上双方均认可的、对手无法吃掉的棋就是活棋。有 2 只真眼的棋肯定是活棋。

当然，由于有双活的情况存在，"两眼"是活棋的充分条件，而非必要条件。

如图 7-9，白棋虽然被黑棋围住，但拥有 2 只真眼，所以是活棋。

因为围棋规则是"一人一手，轮流落子"，黑棋一手棋无法同时破坏掉白棋的这 2 只真眼。这 2 只真眼便成了黑棋的两个禁入点，黑棋无论如何也吃不掉这块白棋。

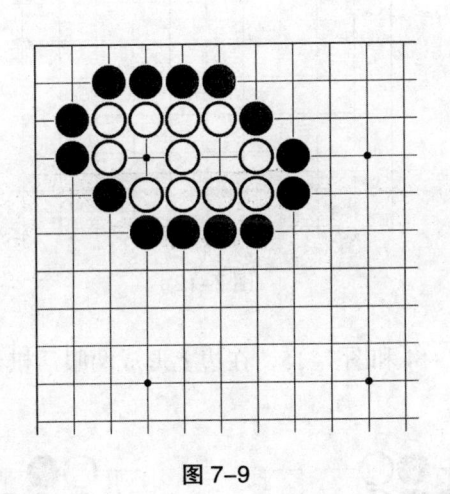

图 7-9

值得注意的是，两眼活棋并不是围棋的基本规则，而是根据围棋基本规则推导出来的一个结论。

#### （二）再谈金角、银边、草肚皮

如果要在角上、边上和中腹形成两眼活棋，分别最少需要几颗棋子呢？

图 7-10、图 7-11 和图 7-12 中，在角上形成两眼活棋，最少需要 6 颗棋子。

图 7-10　　　　　　　　　　　　图 7-11

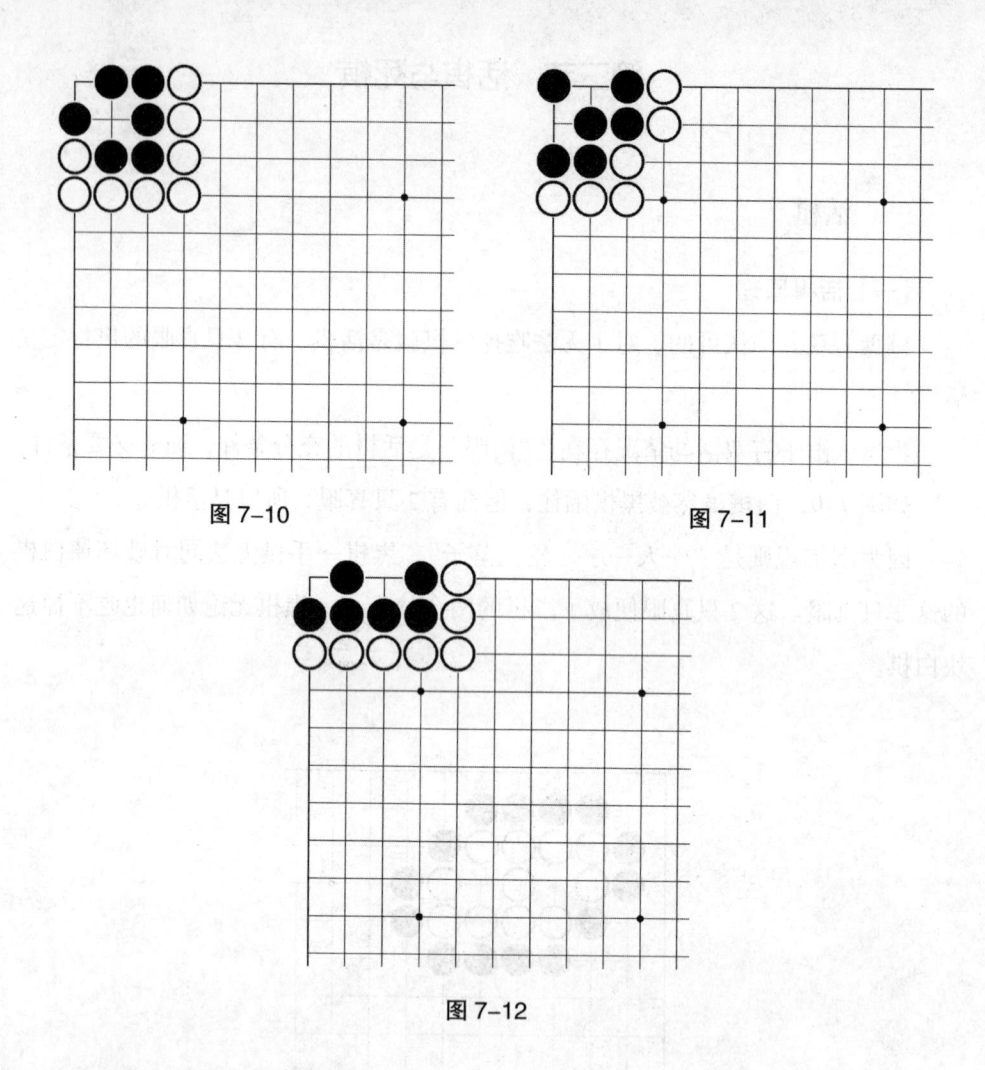

图 7-12

如图 7-13、图 7-14 和图 7-15，在边上形成两眼活棋，最少需要 8 颗棋子。

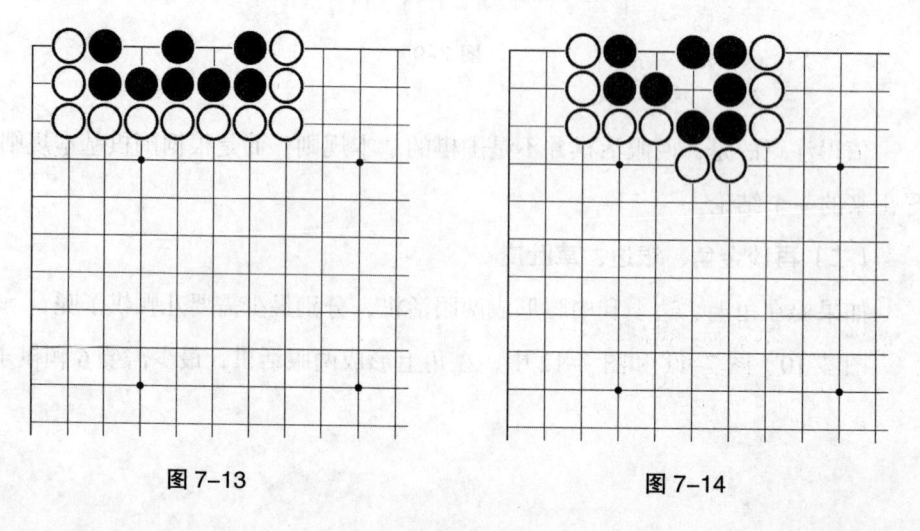

图 7-13　　　　　　　　　　　　图 7-14

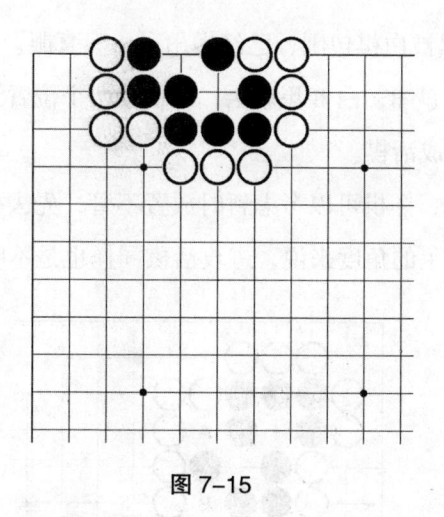

图 7-15

如图 7-16、图 7-17，在中腹形成两眼活棋，最少需要 10 颗棋子。

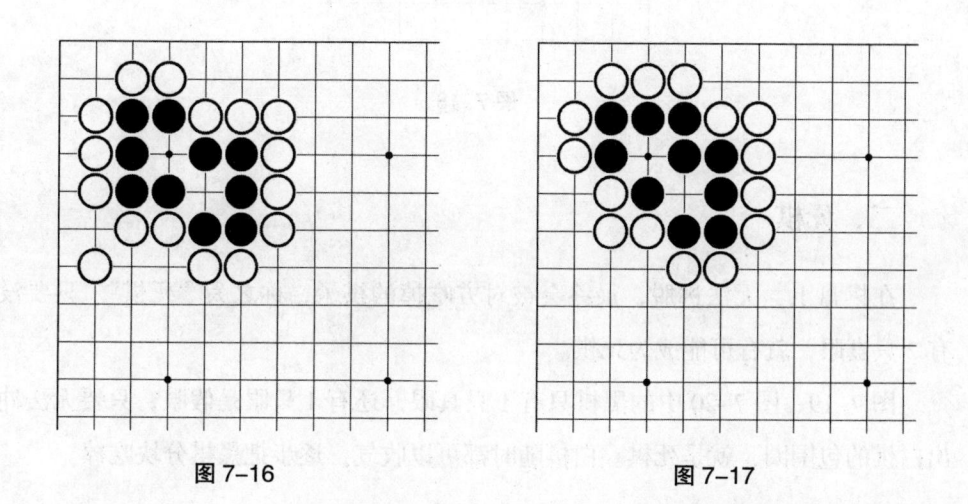

图 7-16　　　　　　　　　图 7-17

经比较，我们可以知道，角部两眼活棋所需棋子最少，最容易形成根据地，而中腹两眼活棋是最难的。所以，下棋时一般是优先抢角，其次占边，最后走中腹。

在这里，我们从做活的角度再次验证了"金角、银边、草肚皮"的说法。

（三）活棋不补

在实战中，如果能确保做出真眼，不一定非要立即完整地摆出来，也可以等对方企图破坏这只眼时，再进行回补。

如图 7-18，黑棋被白棋包围，已经做出了 1 只真眼。

接下来，白 A 黑就 B，白 B 黑就 A，A 和 B 两个位置黑棋总能抢到一个，做出另外一只真眼，形成活棋。

如果轮到黑棋走，黑棋可以考虑暂时放置不管，先去抢占别的地方。如此行棋，效率才高。从对手的角度来说，进攻活棋同样也是不明智的选择。

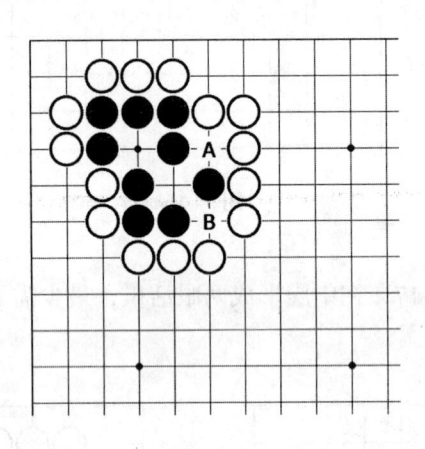

图 7-18

## 二、死棋

在棋盘上，无法逃脱，最终会被对方吃掉的棋子，称之为"死棋"。只要没有 2 只真眼，就有可能成为死棋。

图 7-19、图 7-20 中的黑棋只有 1 只真眼，还有 1 只眼是假眼，只要无法冲出白棋的包围圈，就是死棋。白棋随时都可以收气，逐步把黑棋分块吃掉。

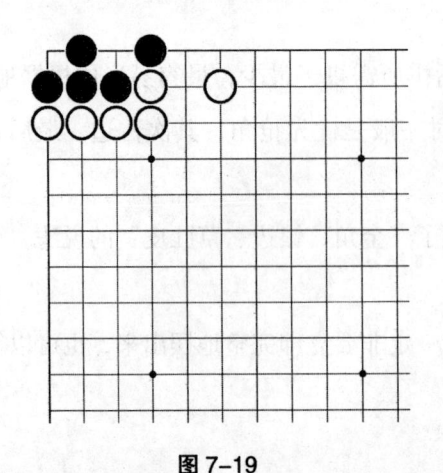

图 7-19　　　　　　　　图 7-20

图 7-21 中，黑棋虽然围住了两个空，但这两个空只能做出 1 只真眼，最终还是死棋。

图 7-22 中，白棋可以先放入一颗棋子。黑棋如果不吃这颗棋子，则白棋再放入 1 颗棋子就可以将黑棋全部吃掉。黑棋如果吃掉这颗棋子，则只能形成了 1 只标准的真眼，同样也会被吃掉。

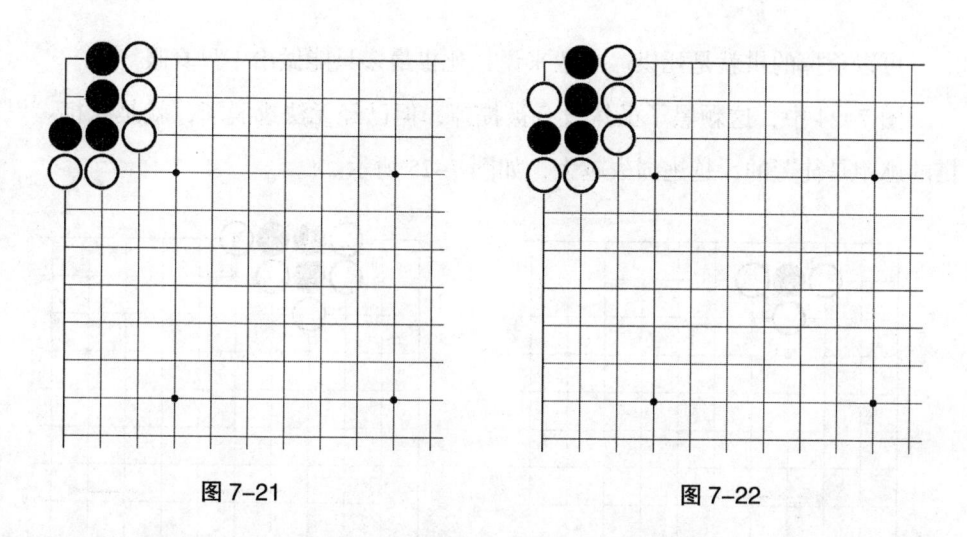

图 7-21　　　　　　　　　图 7-22

如图 7-23，白▲ 4 颗子虽然还剩下 5 口气，但已经被黑棋团团包围，不可能突围，在有限的空间内也不可能做出两只眼，是死棋。对此，白▲ 4 颗子已经是黑棋的囊中之物，黑棋没有必要专门去花几手棋把这 4 颗白子提掉。

死棋不吃。吃掉已经没有活路的死棋，是没有意义的废棋。

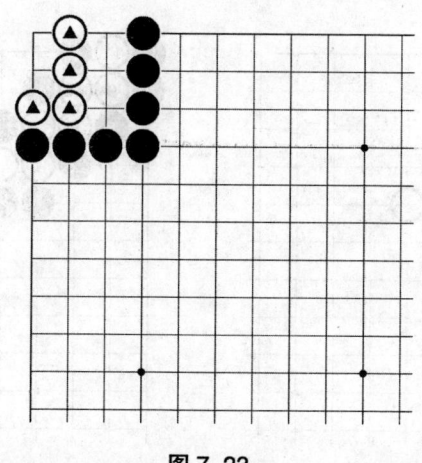

图 7-23

## 第三节 死活状态的判断

在实战对局中，我们时刻都要对棋的状态进行正确判断。一块棋在棋盘上，主要有以下五种状态：死棋、活棋、补活、双活和劫活。

### 一、死棋

可以杀掉的棋就是死棋。一般来说，死棋最多只能做出 1 只真眼。

图 7-24 中，这颗黑子虽然没有被提掉，但已经无法逃脱了，就是死棋。黑棋的逃跑是徒劳的，越逃损失越大，如图 7-25 所示。

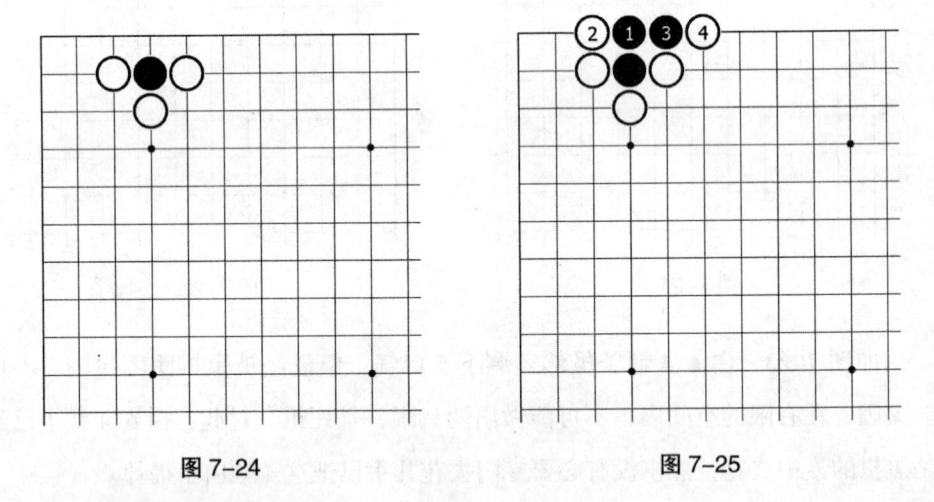

图 7-24

图 7-25

如图 7-26，这颗白▲被征吃，虽然没有被提起来，但已经无法逃脱——如图 7-27 所示。由此，这颗白▲同样也是死棋。

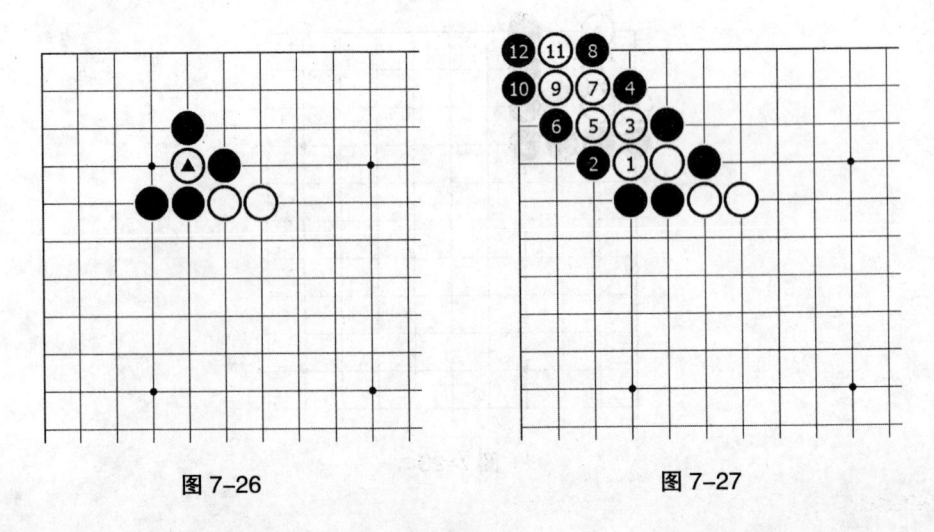

图 7-26

图 7-27

如图 7-28，黑棋在白棋的包围圈中，只做出了 1 只眼，还是死棋。图 7-29 中的黑棋虽然有两个空，但连起来的两个空是 1 只大眼，也是死棋。

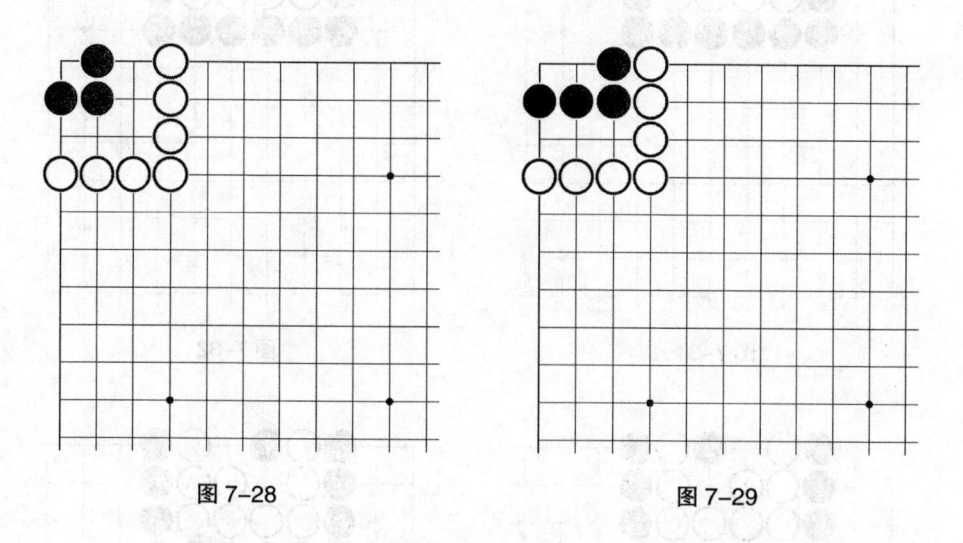

图 7-28　　　　　　　　　图 7-29

图 7-30，我们通常把这块白棋称为"方四"，请问这个方四是死棋吗？

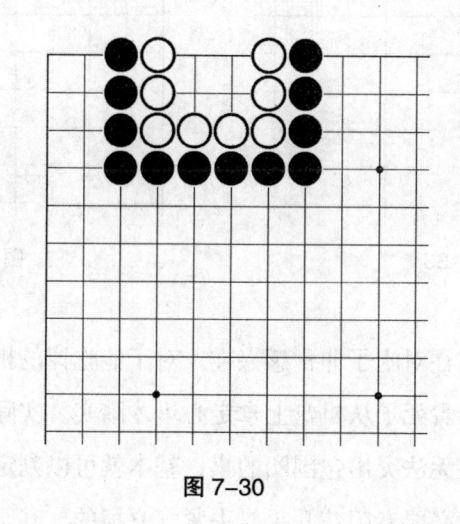

图 7-30

答案——死棋。

如图 7-31 至图 7-34，就算让白棋先走，也难以做出 2 只真眼。4 个空格，无论白棋走哪，黑棋都会点入剩下的 3 个空格的中间。白棋即使提掉黑子，也只能形成 1 只眼。白棋还是无法存活。

图 7-31

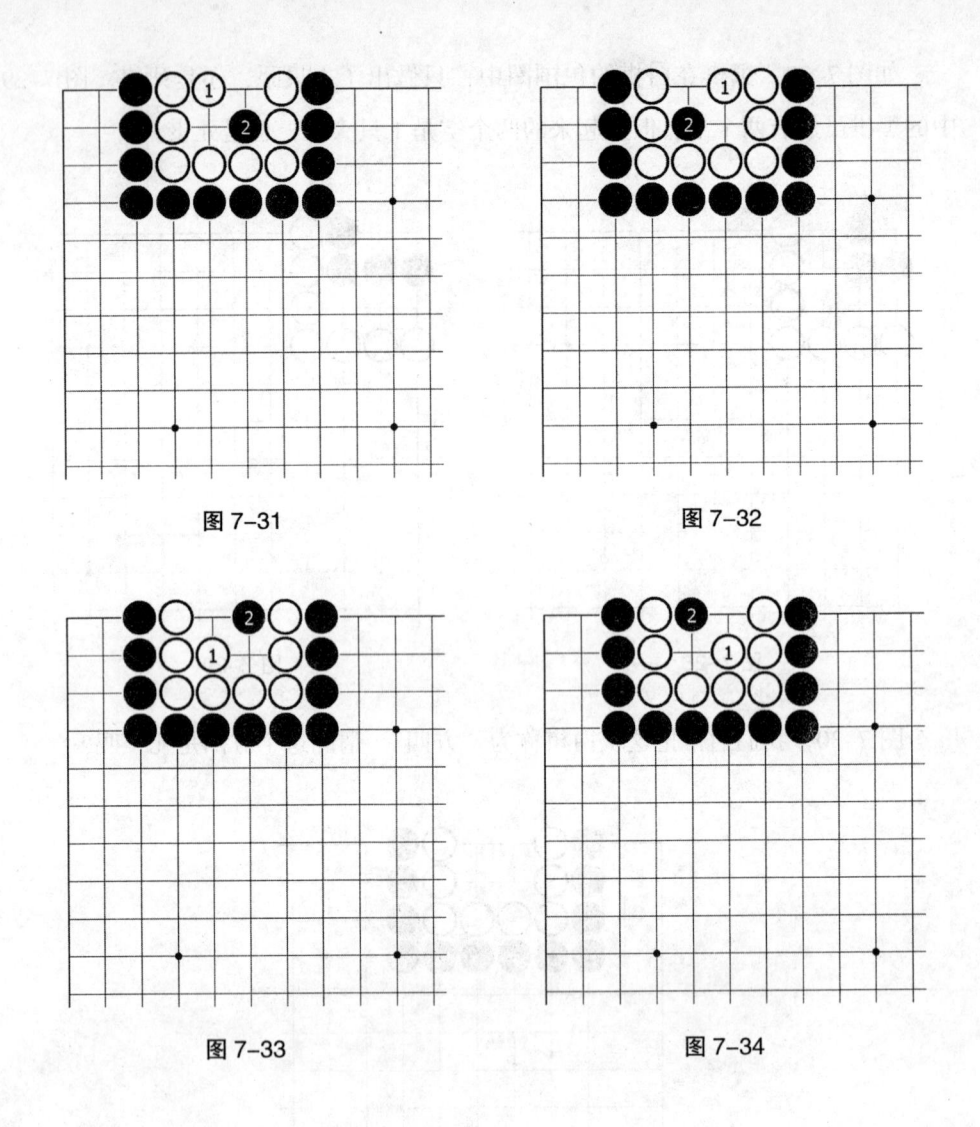

图 7-32

图 7-33

图 7-34

初学围棋者，往往对吃子非常感兴趣。对于能吃掉的棋子，总是想立即去紧气，吃掉它，只有看着死子从棋盘上拿走心里才踏实。实际上，对于做不出 2 只真眼，孤立无援，又无法突出包围圈的棋，基本就可以判定为死棋了。只要对方无法救活，其实是没必要专门花几手棋去紧气吃掉的，甚至在棋局结束时都没有必要去吃，因为终局清点盘面之前，对局双方会确认并清理死子。如果能意识到这一点，快速地判定棋的死活，作战水平必定能向前迈进一大步。

二、活棋

无论如何也杀不掉的棋就是活棋。能做出 2 只真眼的棋就是活棋。

图 7-35 中的黑棋的形状，我们称为"直四"。请问它是活棋还是死棋？

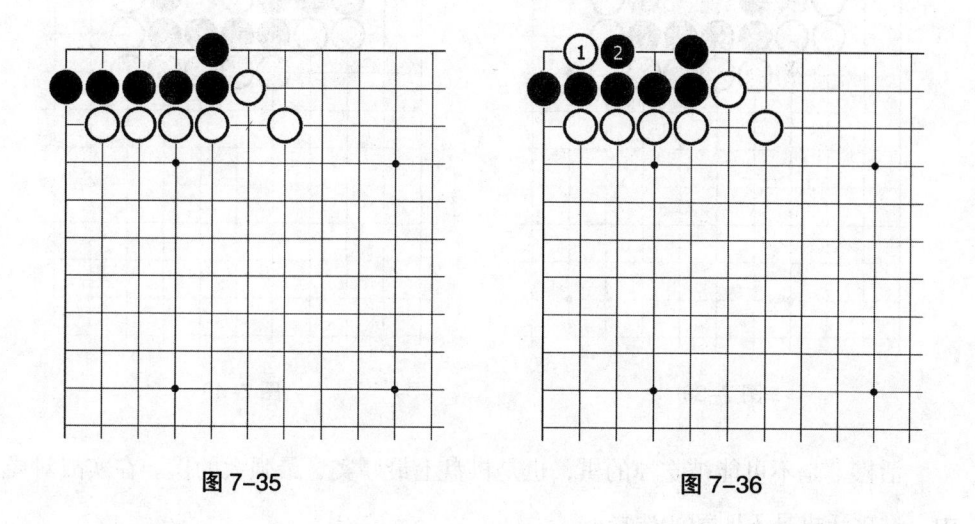

图 7-35

图 7-36

黑棋虽然暂时没有做出分隔开来的 2 只真眼，但是白棋如果想去吃黑棋，黑棋是能够做出 2 只眼的，如图 7-36 所示。所以，直四是活棋。

图 7-37 中的黑棋的形状，我们称为"曲四"，也是活棋。白棋无法将黑棋的眼位缩小至 1 个，如图 7-38 所示。

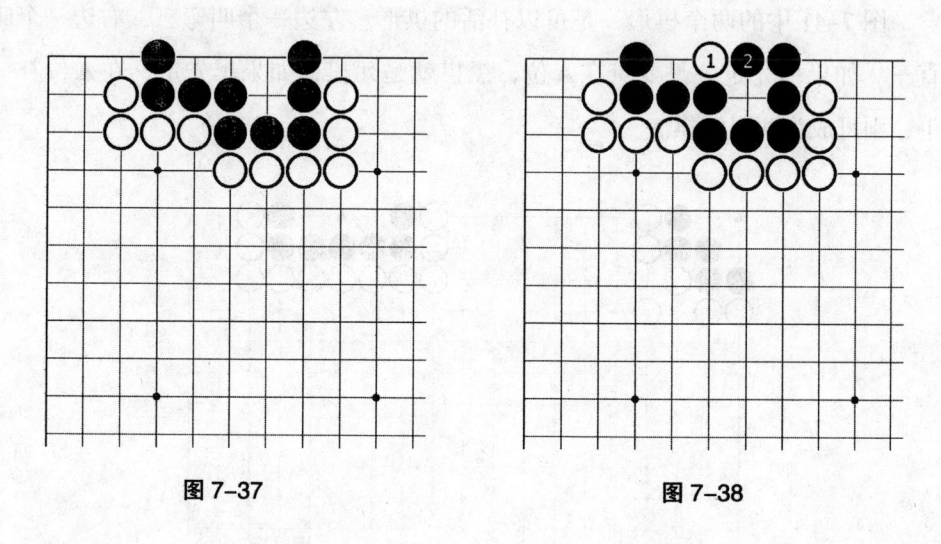

图 7-37

图 7-38

图 7-39 中的黑棋的形状，我们称为"弯四"，同样也是活棋，如图 7-40 所示。

图 7-39　　　　　　　　图 7-40

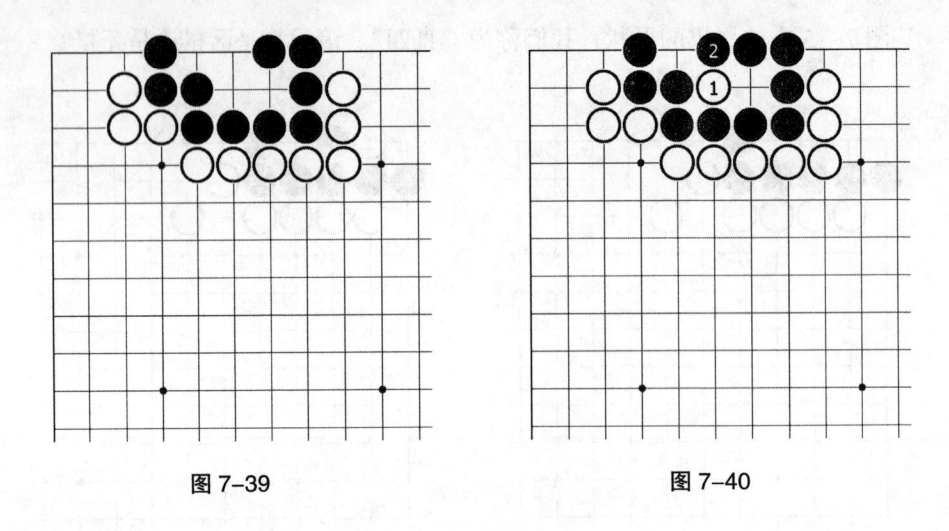

活棋，是不可能被吃掉的棋，也是棋盘上最厚实、最强大的棋。在实战对局中，进攻活棋是不明智的选择。

## 三、可补活的棋

可补活的棋，是死活待定的棋。如果主动补一手则可以做活，如果不补，被对方先下手，则会成为死棋。

图 7-41 中的两个棋形，是可以补活的棋形。左边一个叫弯三，右边一个叫直三。如果白先走，只要点在▲位，黑棋就是死棋；如果黑先走，在▲位补一手，则可成为两眼活棋。

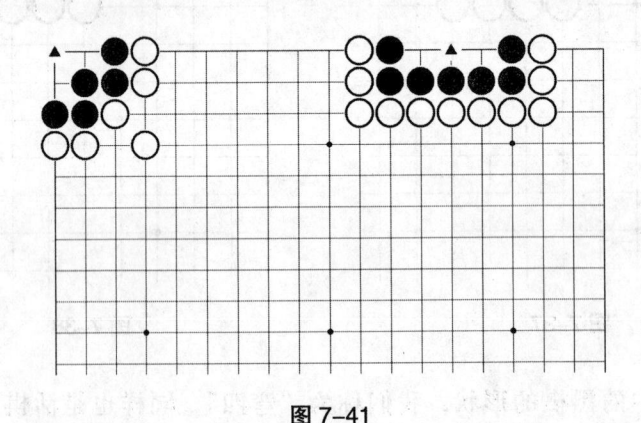

图 7-41

如图 7-42，黑棋的 4 个棋形分别称为：丁四、刀把五、花五、葡萄六。他们都是可补活的棋形。

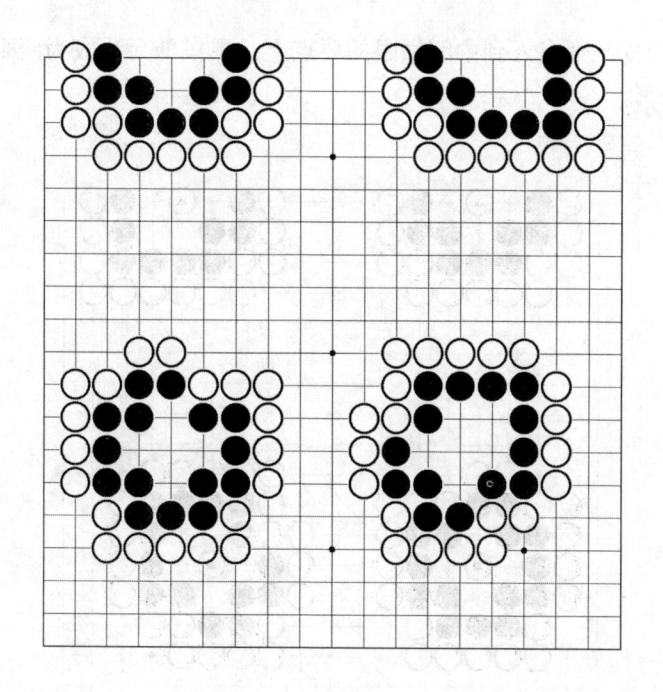

图 7-42

如图 7-43，如果是黑先，只需黑▲补一手，即可轻松做活。

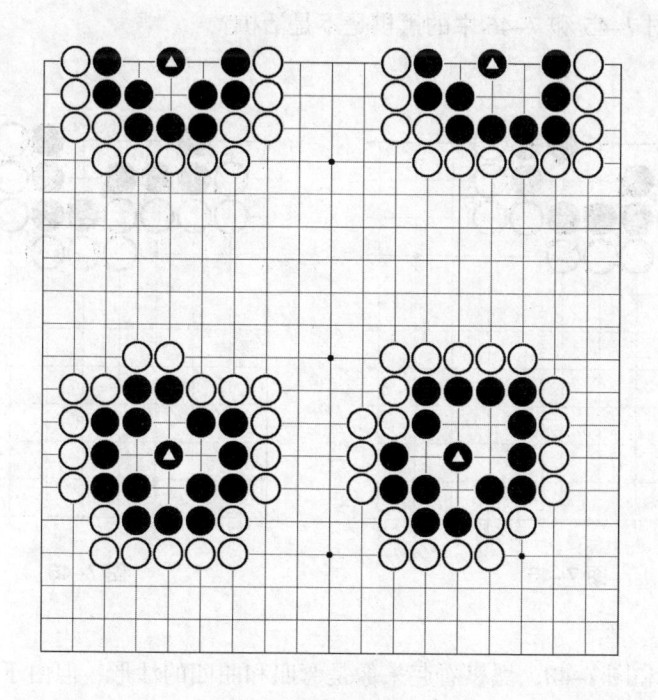

图 7-43

如果是白先，则点入到中间做眼的要点上，黑棋即无法成为两眼活棋了——如图 7-44 所示。

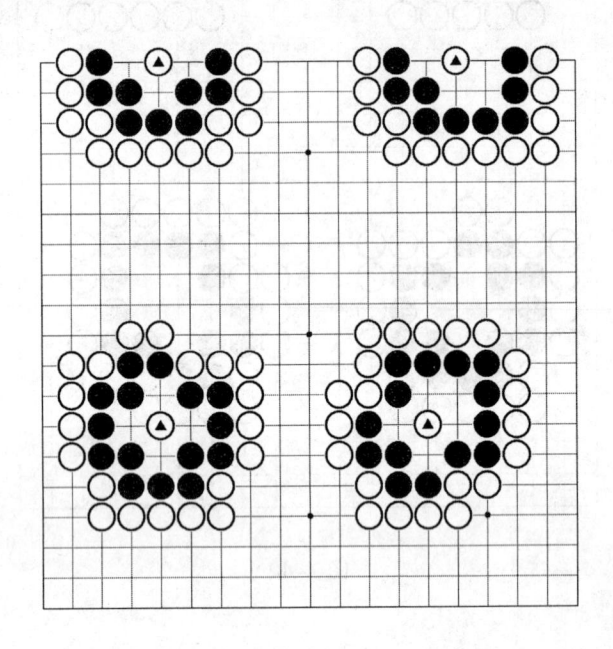

图 7-44

请问，图 7-45 和 7-46 中的黑棋是不是活棋？

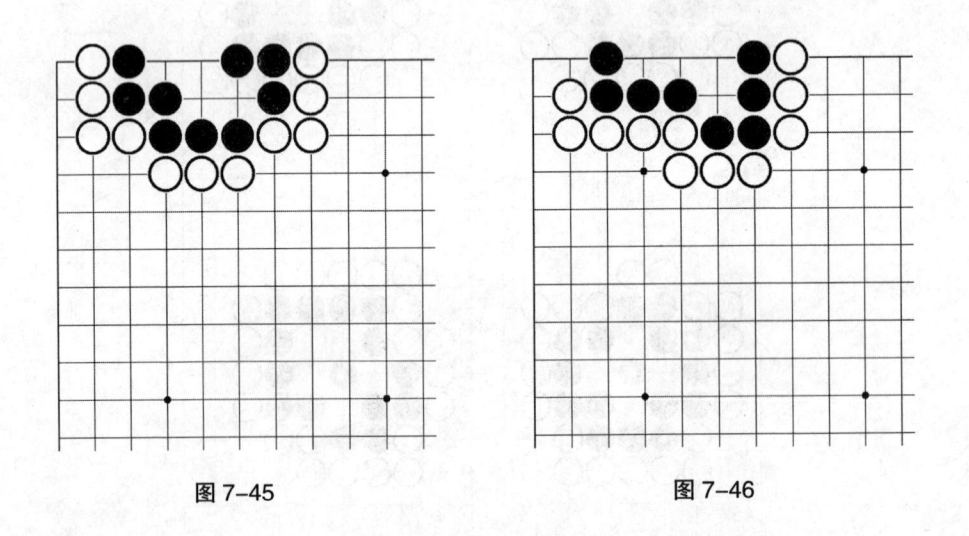

图 7-45

图 7-46

图 7-47 和图 7-48，黑棋看起来像是弯四和曲四的活形，但由于白▲的存在，黑棋内部是有缺陷的，并不是完整版的弯四和曲四。

如果白先，则白1可以形成叫吃，破坏掉黑棋的眼位，从而杀掉黑棋。

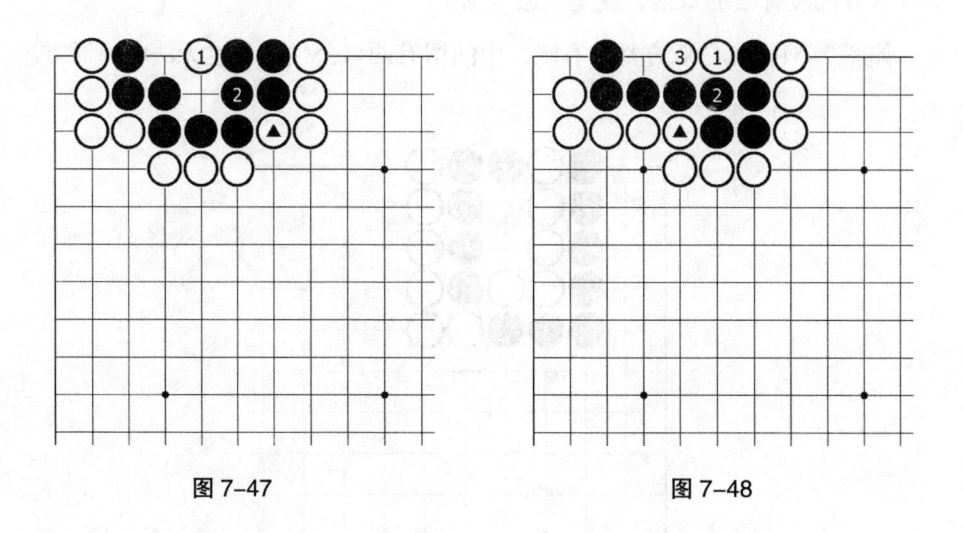

图 7-47　　　　　　　　　　图 7-48

如图7-49和图7-50，如果黑先，只需要补一手，在做眼的同时把缺陷补上，即可成两眼活棋。

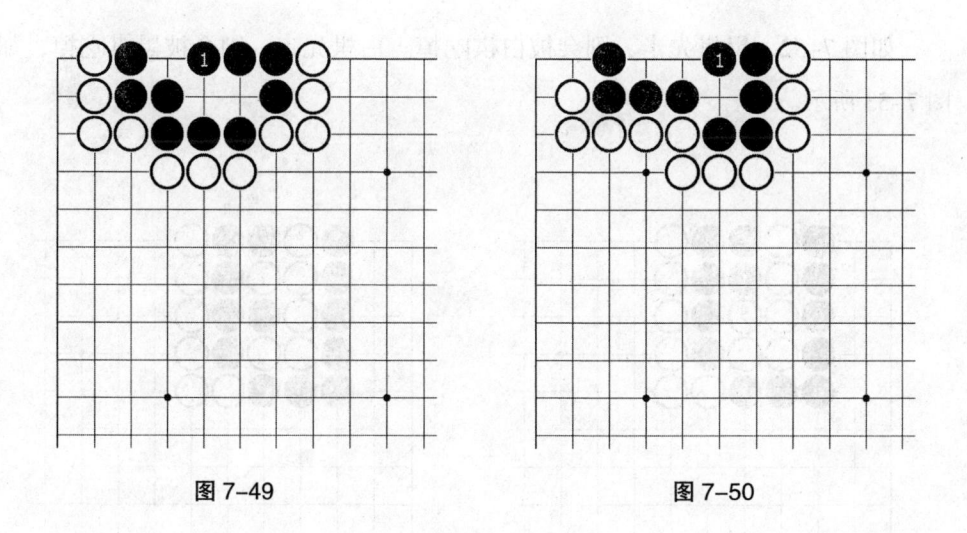

图 7-49　　　　　　　　　　图 7-50

## 四、双活

黑白双方互相包围，虽然都没有两眼活棋，但双方都不能主动去吃对方，因为先动手的一方反而会被对方先吃掉。这就是活棋中的特殊情况——双活。

双活一般有种情况：无眼双活、有眼双活。

（一）无眼双活

双方都没有眼的双活，就是无眼双活。

如图 7-51，黑白双方都没有眼，中间留有两口公气，谁也无法吃掉对方。

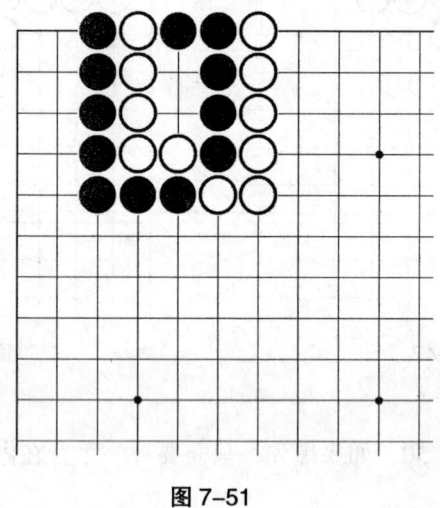

图 7-51

如图 7-52，黑棋先走，则会被白棋吃掉。白棋先走，则会被黑棋吃掉，如图 7-53 所示。

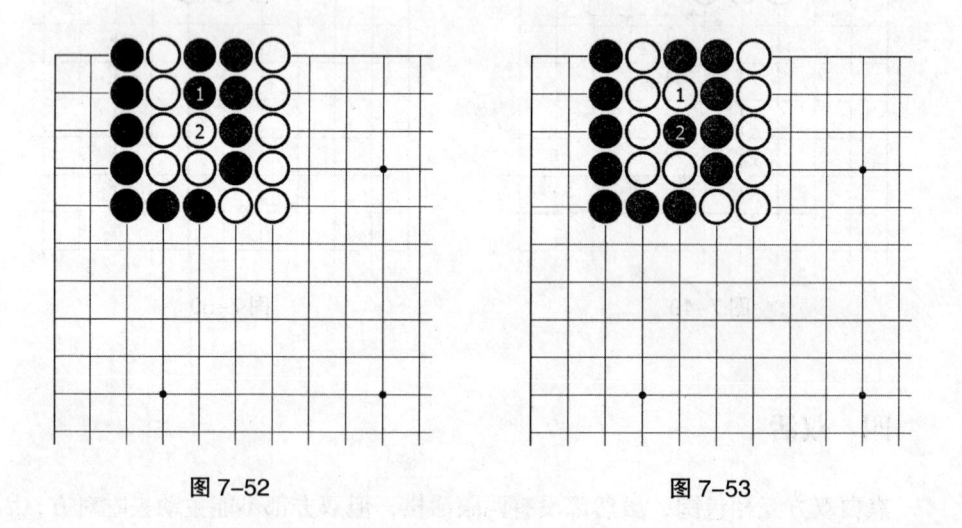

图 7-52                    图 7-53

也就是说，双方如果都理智，谁都不会在这两个交叉点上落子，由此而形成双活。如图 7-54，棋局结束清点地盘时，双方共同拥有这两个交叉点，平均计算即一人一个。

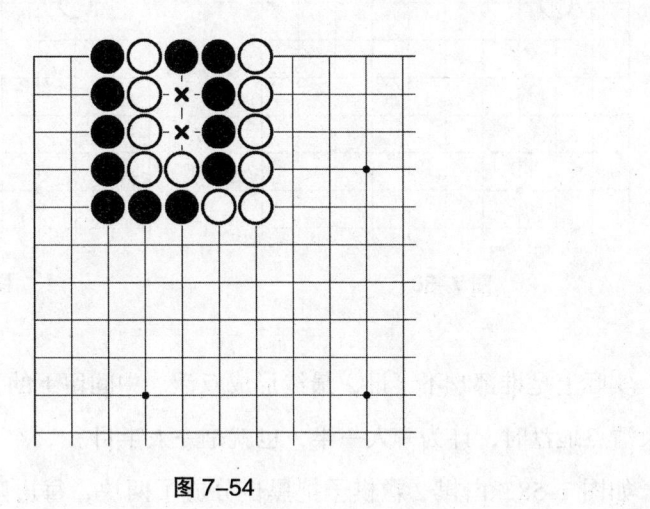

图 7-54

## （二）有眼双活

如图 7-55，黑白双方各有 1 只真眼，中间留有 1 口"公气"，这样就形成了有眼双活。

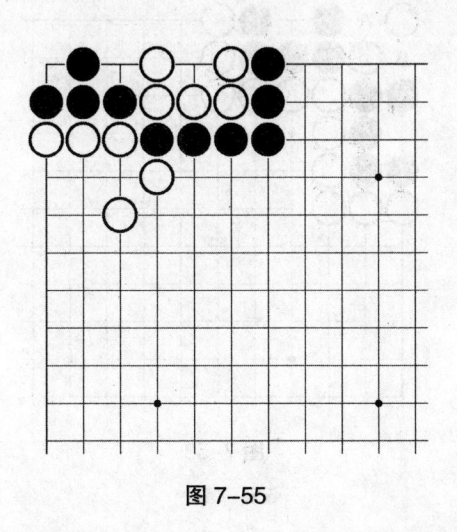

图 7-55

如图 7-56 和图 7-57，如果想要吃掉对方，首先要把中间的空填上紧气，但紧对方气的同时也紧了自己的气，接下来轮到对方走，就会被对方先吃掉。

图 7-56    图 7-57

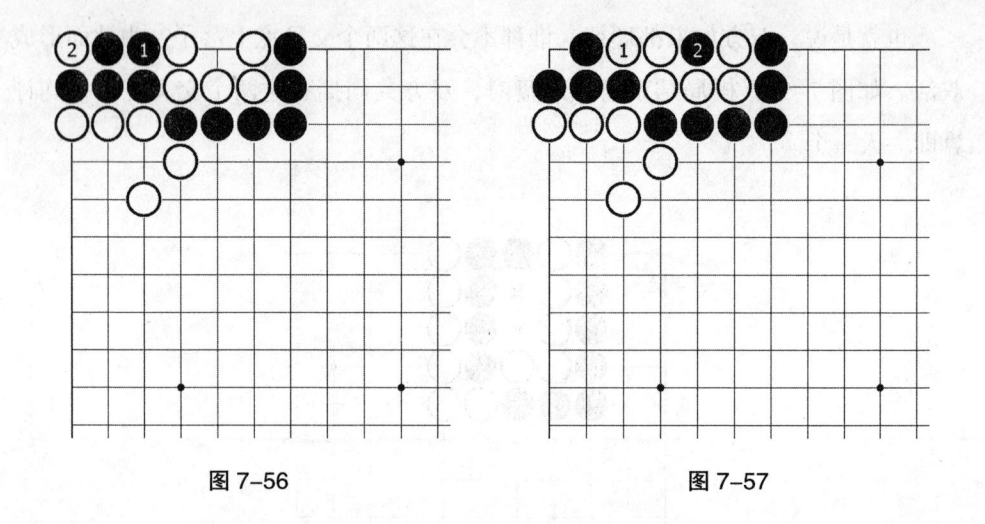

实际上是谁都吃不了谁，最终形成双活。中间留下的那个公共交叉点在棋局结束清点地盘时，计为一人一半，也就是一人半目。

如图 7-58，白棋 2 颗棋子把黑棋分成了两块，每边黑棋各有 1 只眼，中间 AB 两点，黑白双方谁都不会主动去落子，这也是双活的一种情况。有意思的是，这 2 颗白子既没有连接在一起，也没有眼，却是活棋。

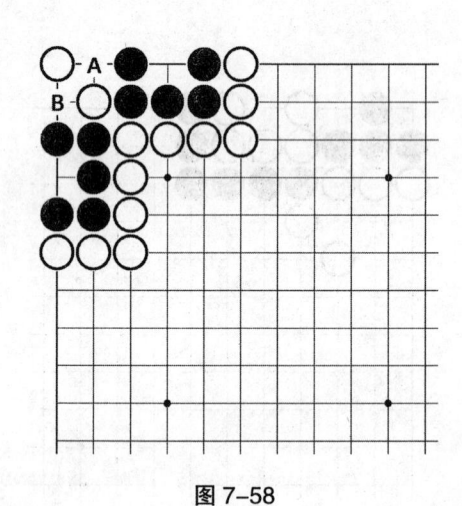

图 7-58

## （三）假双活

在实战对局中，有的棋形看起来像是双活，但如果有一方有办法去破坏这种双活的平衡，那就是假双活。

图 7-59 中，白▲ 3 颗子和黑▲ 4 颗子中间存在 2 口公气，它们是双活吗？

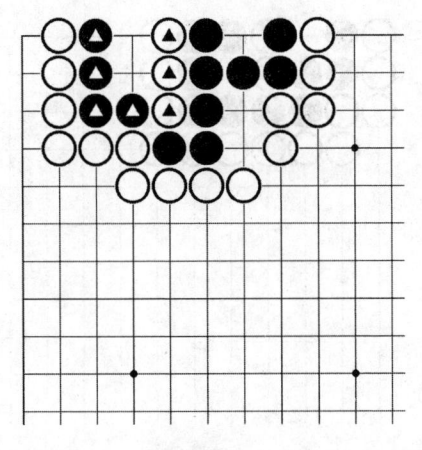

图 7-59

看起来像是双活，但白棋可以单方面破坏这种平衡关系，如图 7-60。因为右侧的一块黑棋是死棋，白棋可以从外面紧气，先吃掉右侧的黑棋，接下来就可以吃掉黑▲4 颗子，对此，黑棋是没有任何抵抗手段的。

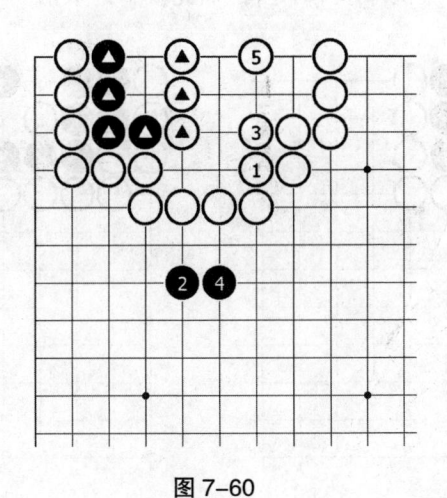

图 7-60

请问，图 7-61 中的棋形是双活吗？

无论黑棋还是白棋，只要谁先在中间留下的两个空格中落子，都会被对方先吃掉，看起来好像是双活。

这种局面对于黑棋来说，要想吃掉白棋，确实没有什么好的办法。但对于白棋来说，却是可以强行落子的。

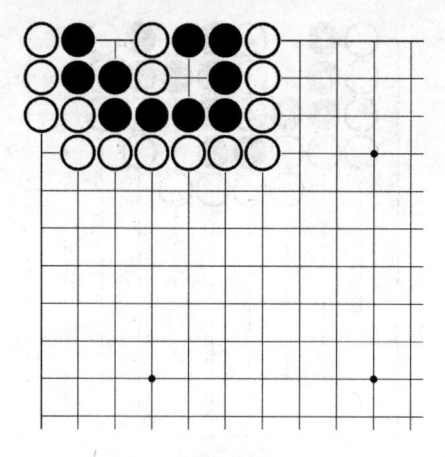

图 7-61

如图 7-62，白 1 紧气，黑 2 只能将白棋 3 颗子吃掉。等黑棋将白棋 3 颗子提掉后，我们会发现，黑棋形成了一个弯三的形状，如图 7-63。白 3 再往中间一点，黑棋整块棋就无法做出 2 只真眼，最终全部被吃掉。

白棋可以杀黑，黑棋却杀不了白，如此就不是双活。

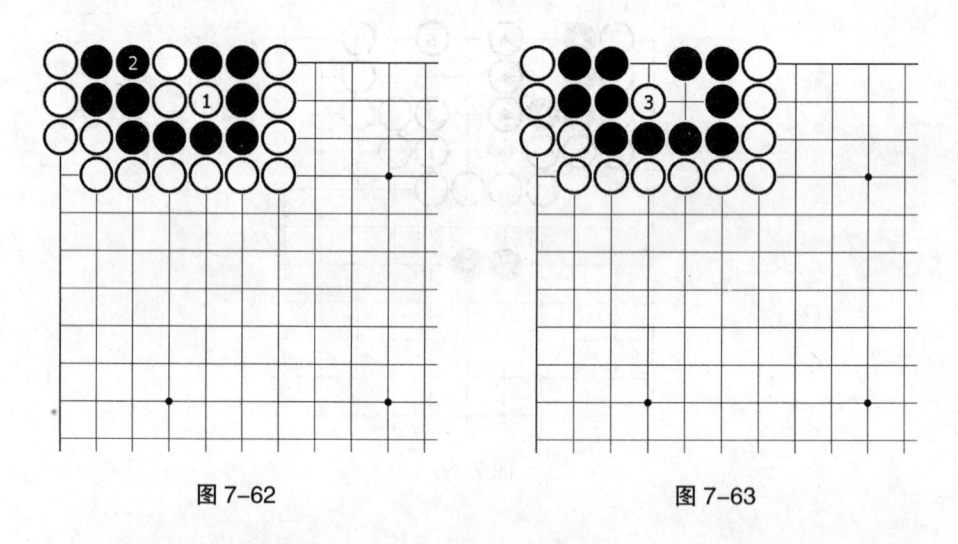

图 7-62　　　　　　　图 7-63

双活不是绝对意义上的活，而是双方在理性分析后，达成妥协的结果。双方中间的公共区域在规则上是允许落子的，并不是禁入点，尤其在出现劫争的时候，这里便存在劫材，可能产生多种变化和转换。

## 五、劫活

由劫争来决定棋的死活，劫胜则生，劫败则亡，称为"劫活"，也叫"打劫活"。

如图 7-64，白先，就是劫活。

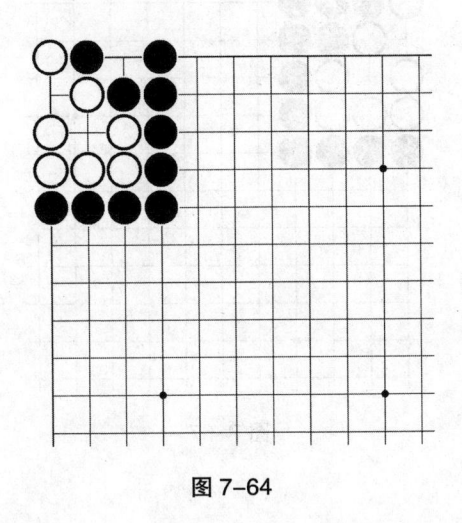

图 7-64

图 7-65 和图 7-66 中，白 1 提劫后，如果黑 2 找不到合适的劫材，白 3 粘上，就是活棋。

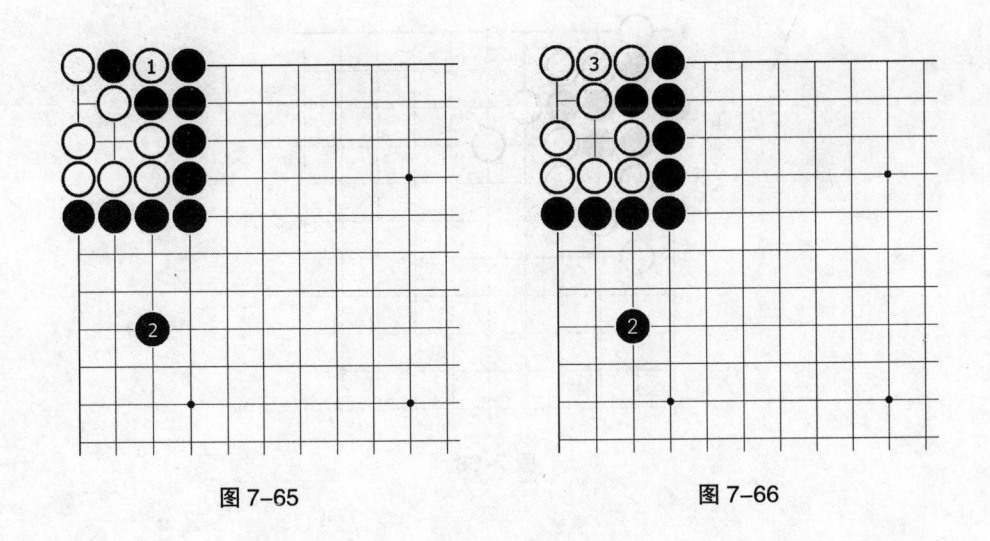

图 7-65　　　　　　　　　　图 7-66

反之，如图 7-67 所示，如果黑棋劫胜粘上，那么整块白棋就是死棋了。当然，黑棋也可以继续提取白子，白棋也是死棋。

劫争是围棋里既常见又非常复杂和变化多端的战术，最终的结果往往取决于双方劫材的多少。关于劫价值大小的判断，又是非常重要的。劫活大致相当于活一半，因为双方都有劫胜的可能性。

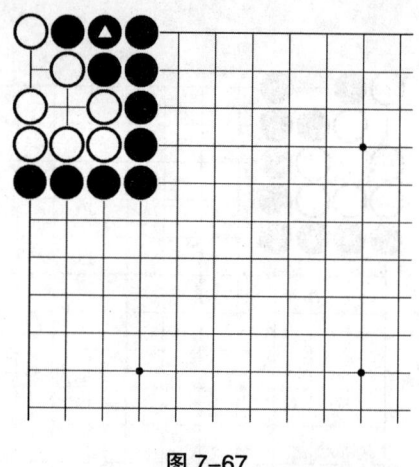

图 7-67

如图 7-68，黑棋看上去只有 1 只眼，一般的手段是无法做成活棋的，这个需要一定的技法才能做活。

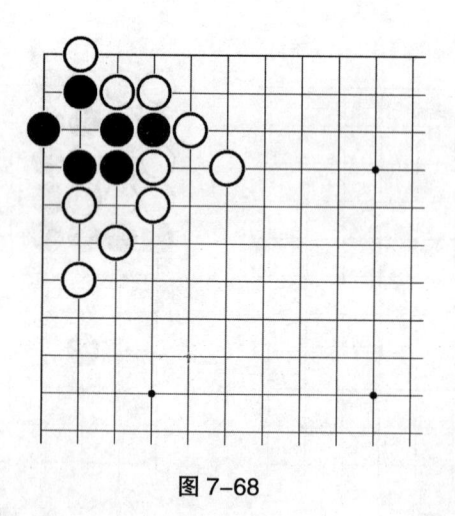

图 7-68

如图 7-69，黑棋只有争取吃掉白▲，才能做出第 2 只真眼。黑 1 扑，白棋如果要杀黑棋，只能提掉黑 1，成为劫争。黑棋充分利用角上的特殊性，做成了劫活。

如图 7-70，白 2 如果粘上退缩，黑 3 可以从二路整体打吃，还是劫争。

图 7-69

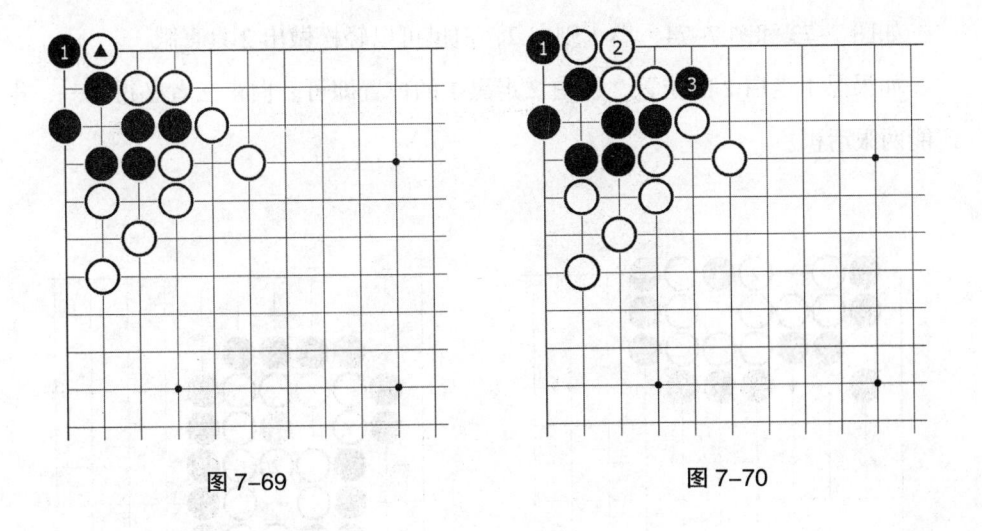

图 7-70

## 第四节 死活中的常形

### 一、普通曲四的死活

图 7-71 和图 7-72 中，白棋围住四目空，形成曲四的形状。边上和中腹的曲四，如果没有缺陷，就是活棋。

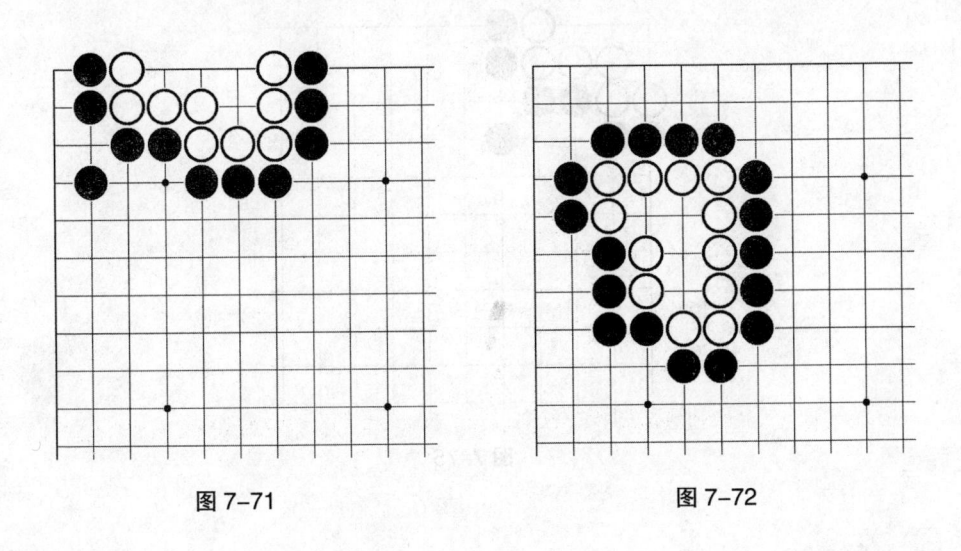

图 7-71

图 7-72

如图 7-73 和图 7-74，黑 1 则白 2，白棋可以轻松做出 2 只真眼。

如果黑 1 走白 2 的位置，则白 2 走黑 1 的位置即可。白棋二者必得其一，肯定能两眼活棋。

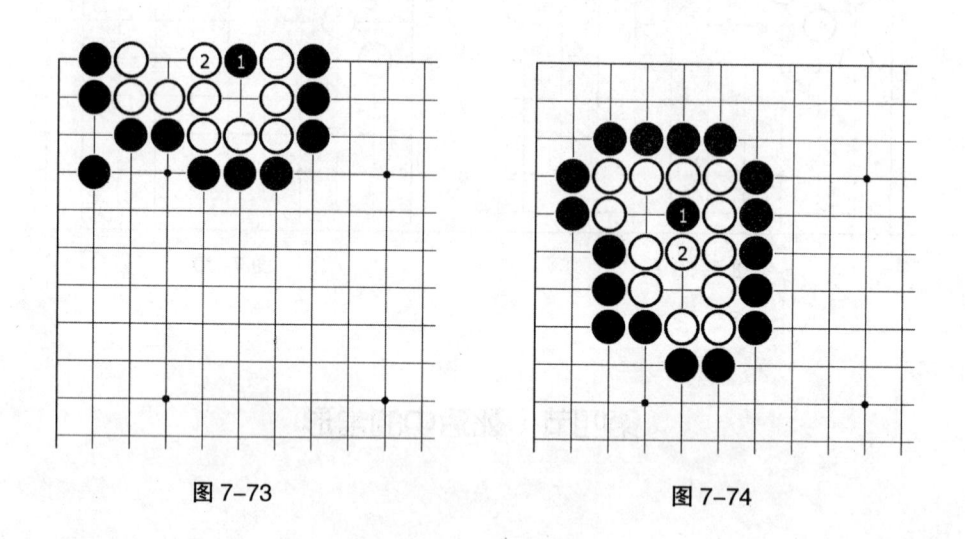

图 7-73

图 7-74

我们需要注意的是，角部的曲四有其特殊性。

如图 7-75，黑先，白棋还是活棋吗？

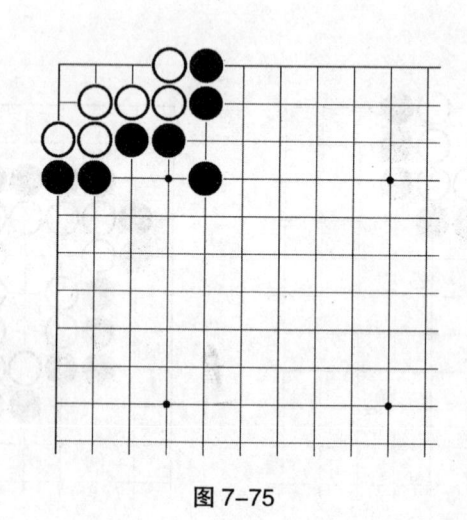

图 7-75

如图 7-76，黑 1 点，正中要点。由于角部的特殊性，试图做眼的白 2 只有一口气，黑 3 可以直接提子，如图 7-77 所示。双方最终在角上形成劫争。

202

图 7-76

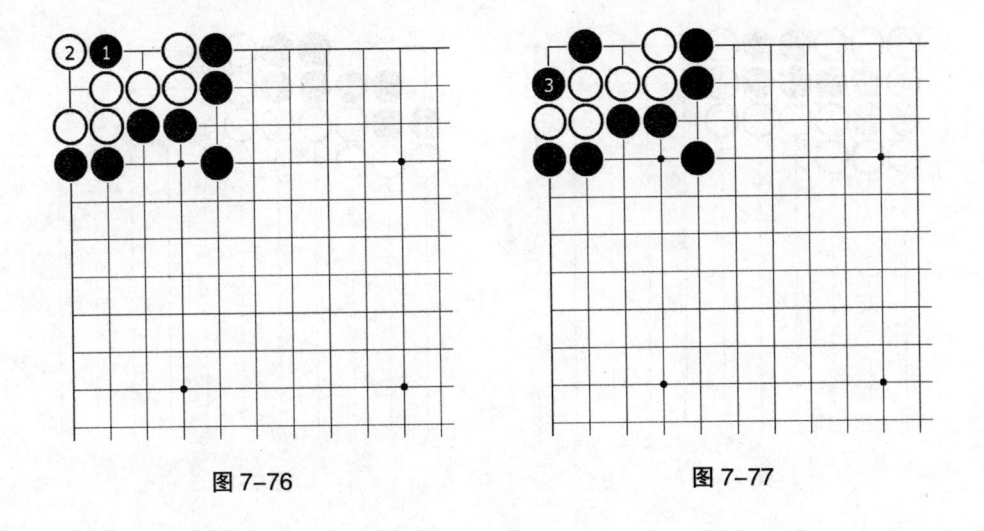

图 7-77

## 二、盘角曲四，劫尽棋亡

图 7-78 中的棋形，我们称之为盘角曲四。

从黑棋的角度来看，黑棋是不能主动去吃白棋的。从白棋的角度来看，先落子肯定也会被吃，看起来像是双活。

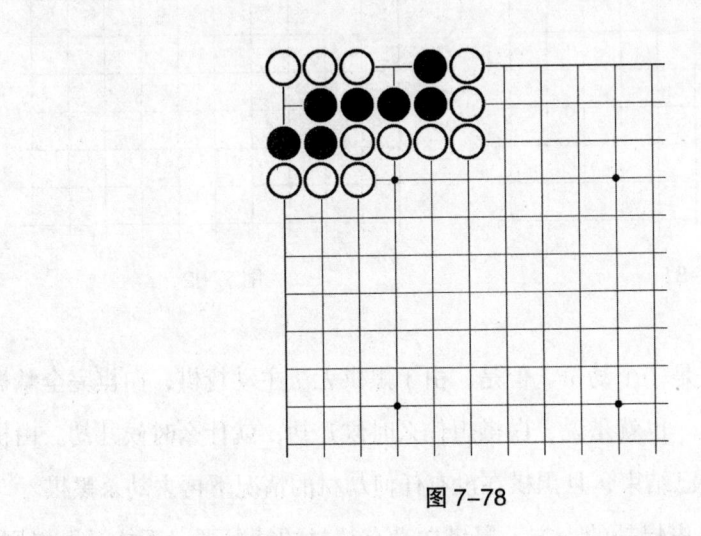

图 7-78

图 7-79，白 1 主动送吃后，形成了曲四的棋形，如图 7-80 所示。

图 7-79

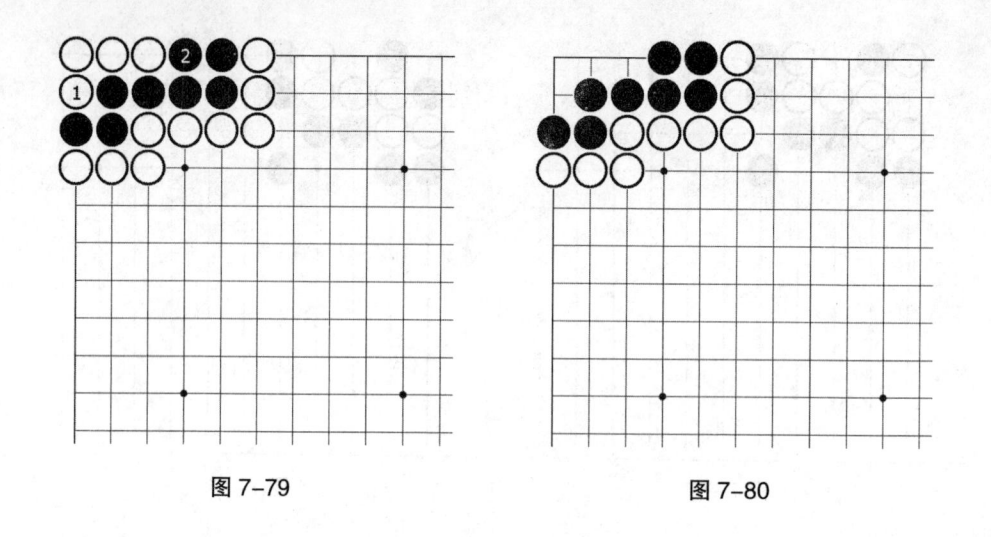

图 7-80

接下来，图 7-81 和图 7-82 中，白 3 点入做眼的要点，黑 4 扑，白 5 提，形成劫争。

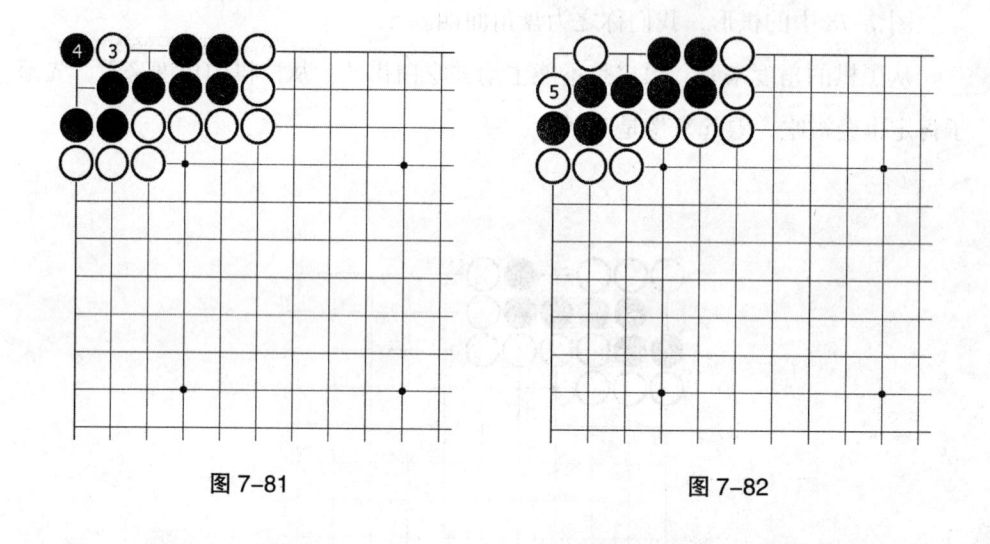

图 7-81

图 7-82

从表面上看，这是一个劫争。但是，由于黑棋无法主动行棋，白棋完全掌握了发起劫争的主动权。也就是说，白棋想什么时候开劫，就什么时候开劫。白棋完全可以选择在全盘已结束，且黑棋在没有任何劫材的情况下再去劫杀黑棋。

由于白棋必然是先提劫的一方，黑棋在没有劫材的情况下，不能马上提回，就是净死。所以，围棋里有"盘角曲四，劫尽棋亡"的说法。

按照日本围棋规则，只要出现盘角曲四，就判定为死棋。

而如果按照中国围棋规则，则是通过实战解决，即根据实战的实际进程来判定死活。

如果棋局中同时存在一个无法补尽的劫材，盘角曲四就未必是死棋，而是双活了。

如图 7-83 所示，这是一个双活的棋形。A 位和 B 位是黑白双方都不肯下的点。如果出现劫争，这 2 个点就可以作为劫材来使用。而这一个劫材，是黑白双方都没法主动补掉的。

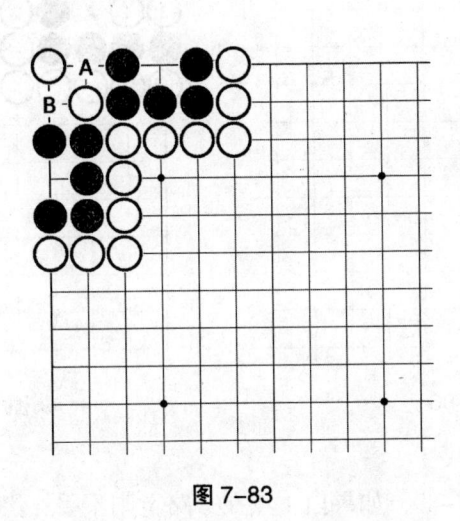

图 7-83

## 三、板六的死活

和曲四一样，边上和中腹完整的板六棋形都是活棋。

如图 7-84 和图 7-85，黑棋 A、B 两点必得其一，可轻易两眼活棋。

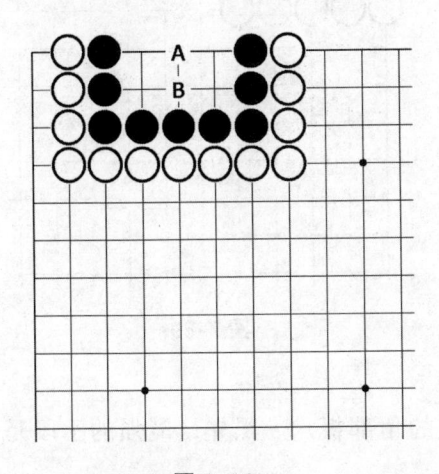

图 7-84

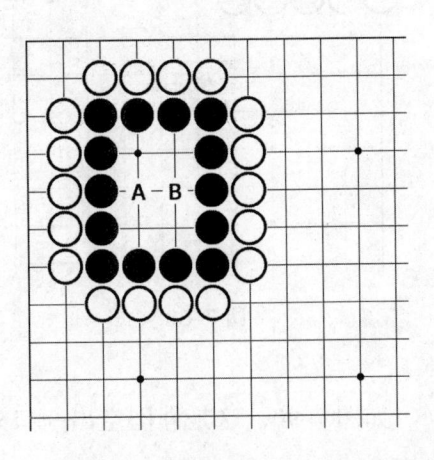

图 7-85

但如果是在角上，情况就有所不同了。

如图 7-86 所示，这是白棋将黑棋周围的外气全部贴紧的角上板六，如图 7-87。白 1 点入时，黑棋为了做出分隔开来的 2 只眼，最强的抵抗是黑 2 夹住，但白 3 之后，由于气紧，黑走 A 位则白走 B 位，黑棋净死。

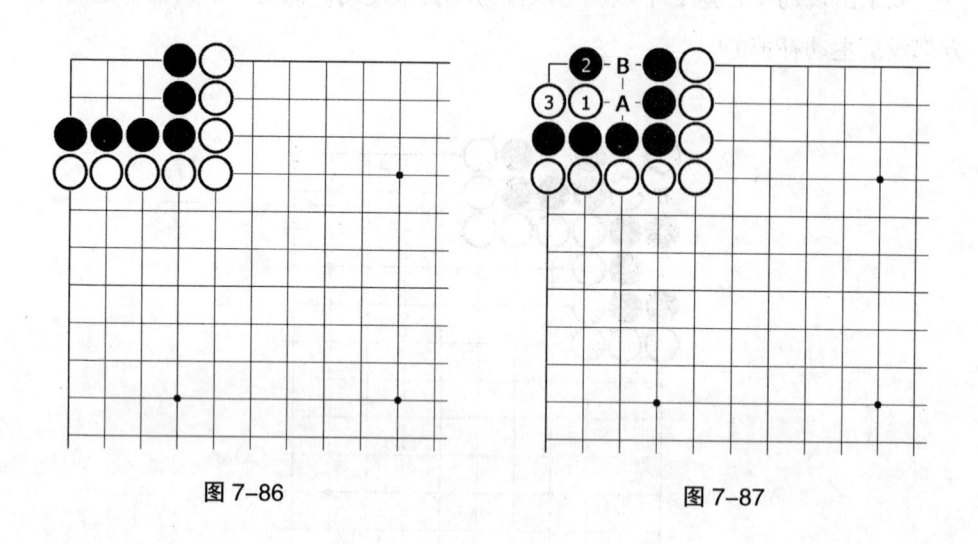

图 7-86　　　　　　图 7-87

如图 7-88 和图 7-89，如果白 1 点在一路上则不妥，黑 2 顶住至黑 4 扑，成为劫杀。

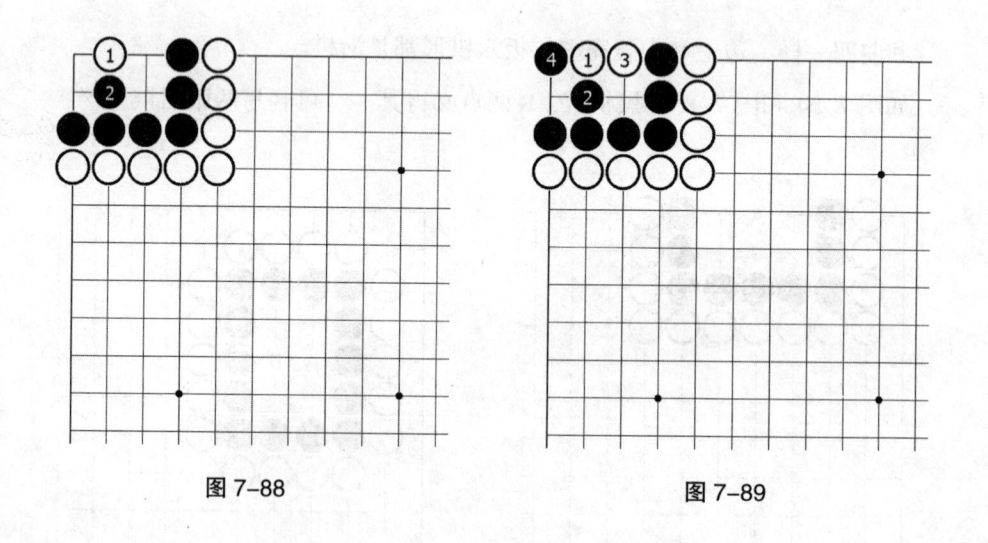

图 7-88　　　　　　图 7-89

如图 7-90，这是外围空出一口外气的角部板六。黑先，最强的手段是什么呢？

图 7-90

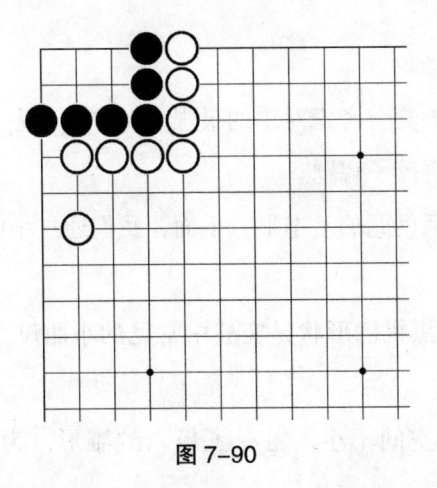

如图 7-91，如果白棋还是和紧气板六一样，靠在二路线上，则黑 2 夹住后，由于外围多了一口气，黑 4 就可以将白棋侵入的 2 颗棋子吃住了。白棋失败。

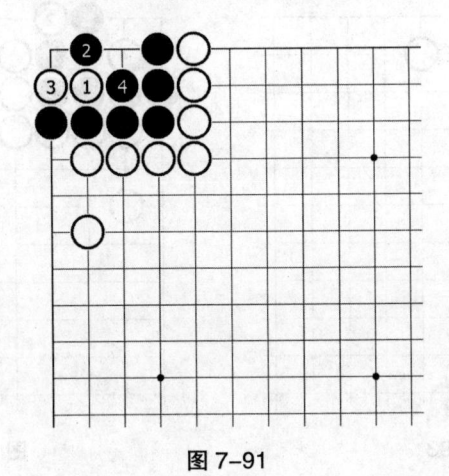

图 7-91

如图 7-92，白 1 点在一路线上才是此时最强的手段，至黑 4 扑入，双方形成劫争。

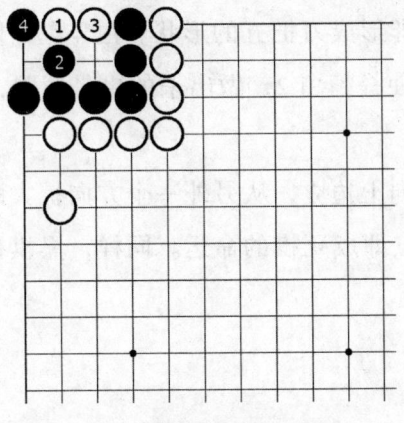

图 7-92

## 四、小曲尺

做死活题，必须要充分考虑对手的最强应对方法，先在脑子里演化各种变化图，经过认真计算后再落子解题。

小曲尺是边角死活问题的基本形。下面，我们通过小曲尺的基本变化图给大家展示基本解题思路。

如图7-93，角上黑棋的形状是实战中常见的小曲尺。即使黑棋先走，也无法补活。

看起来黑棋角部空间不小，也有了板六的雏形，为什么黑棋还是无法补活呢？

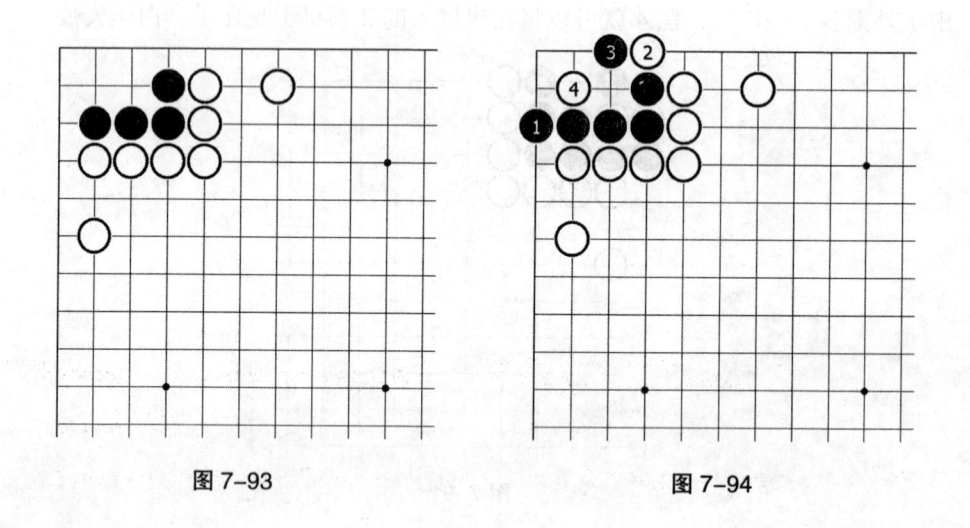

图7-93  图7-94

如图7-94，黑1立下，扩大做眼的空间。白2扳，缩小眼位，针锋相对，黑3挡住后，黑棋随即形成刀把五的形状。白4点在做眼的要点上，黑棋无法两眼成活。黑棋即使提掉白2，做出来的也是假眼，和整块棋的死活没有关系。

如图7-95，黑棋向上边立，从另外一个方向扩大眼位。但同样无法逃脱白2和白4的一扳一点即成死棋的命运。同样，黑棋提掉白2是假眼，无关死活。

图 7-95

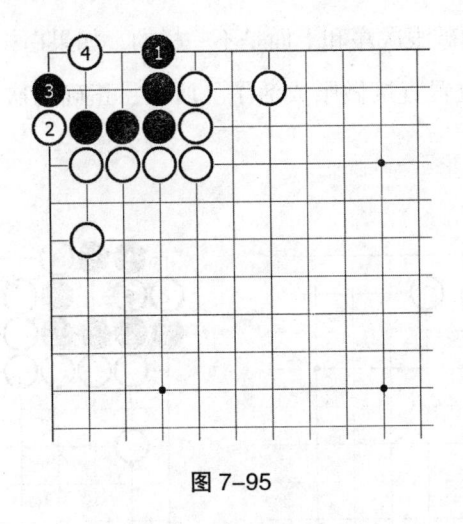

那么，如果黑棋先从内部着手呢？如图 7-96，黑 1 曲，试图做出分开的 2 个眼位。

如图 7-97，白棋同样可以白 2 扳先缩小眼位，然后再以白 4 点入做眼杀棋。黑 5 虽然可以阻止白棋渡回家，但白 6 向里边长，多送一子是好棋，黑棋即使能吃掉白棋 2 颗子，但整块棋最多只能做出一只大眼，还是死棋。

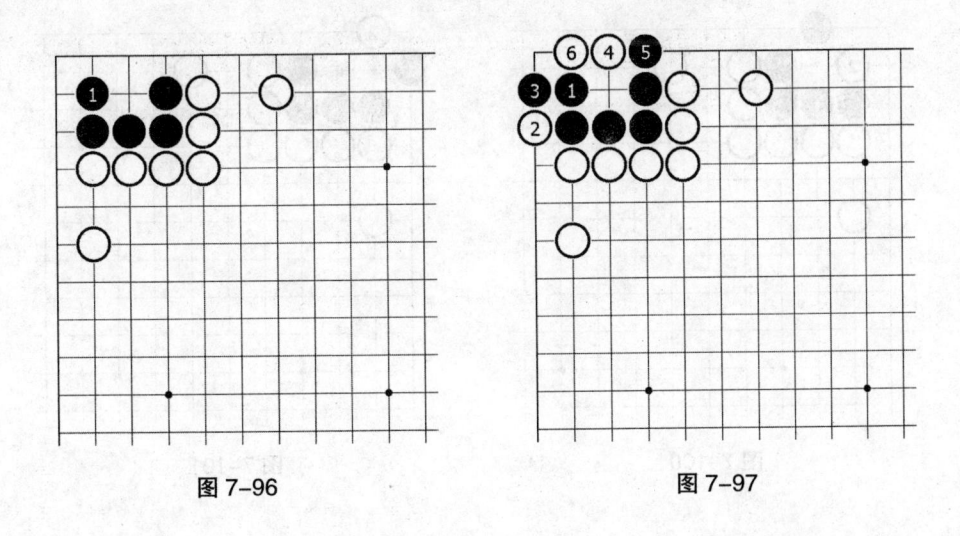

图 7-96　　　　　　　　图 7-97

如图 7-98，黑 1 跳下，很多时候这是做眼的要点。如图 7-99 所示，白 2 先点入，然后再白 4 缩小眼位，最后白 6 往里一长，黑棋还是无法做活。

在这里，白棋的破眼次序和上面是不一样的，如果白棋先走白 4 的位置，则黑棋就会走白 2 的位置直接做眼成活了。所以，正确的次序在围棋里是非常重要的。

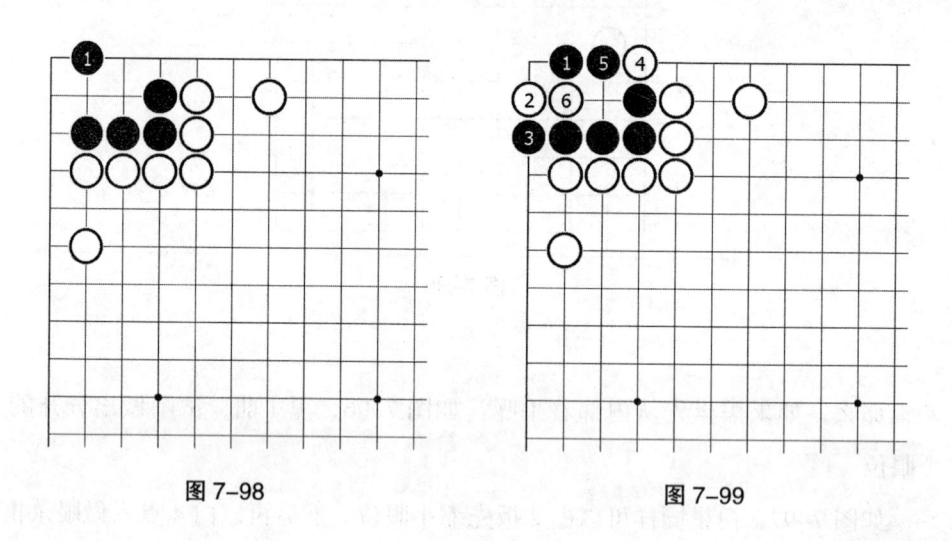

图 7-98　　　　　　　　　　　图 7-99

图 7-100 和图 7-101 中，虽然黑棋还有别的一些做眼手段，但只要白棋应对无误，黑棋始终无法做活。

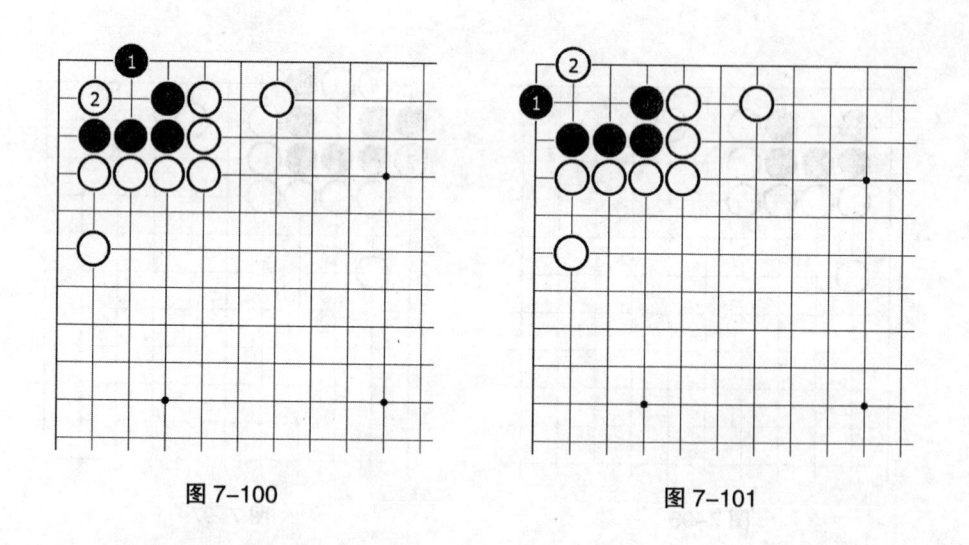

图 7-100　　　　　　　　　　　图 7-101

## 五、小曲尺的衍生形

棋子所围空间越大，眼形越丰富，就越容易成活。我们需要对前面简单死活问题做进一步思考，温故知新，举一反三。

210

如图 7-102，这个棋形比小曲尺多了一个二路拐，眼位空间要比小曲尺大一些，是可以补活的棋形。

如果是黑先，则黑 1 跳在做眼的要点上，眼位丰富，可轻松做活，如图 7-103 所示。

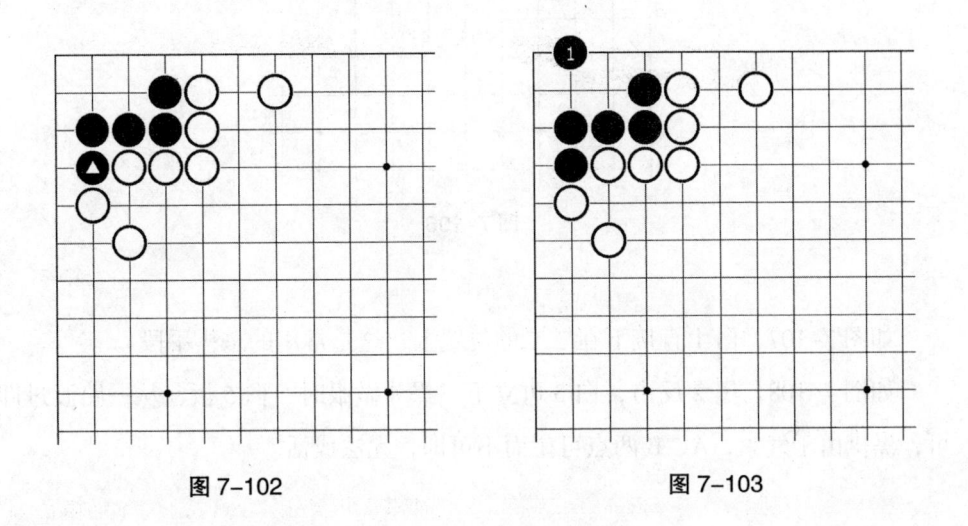

图 7-102　　　　　　　　　图 7-103

如图 7-104 和图 7-105，无论白棋是先缩小眼位，还是先点入，都无法阻止黑棋的两眼成活。

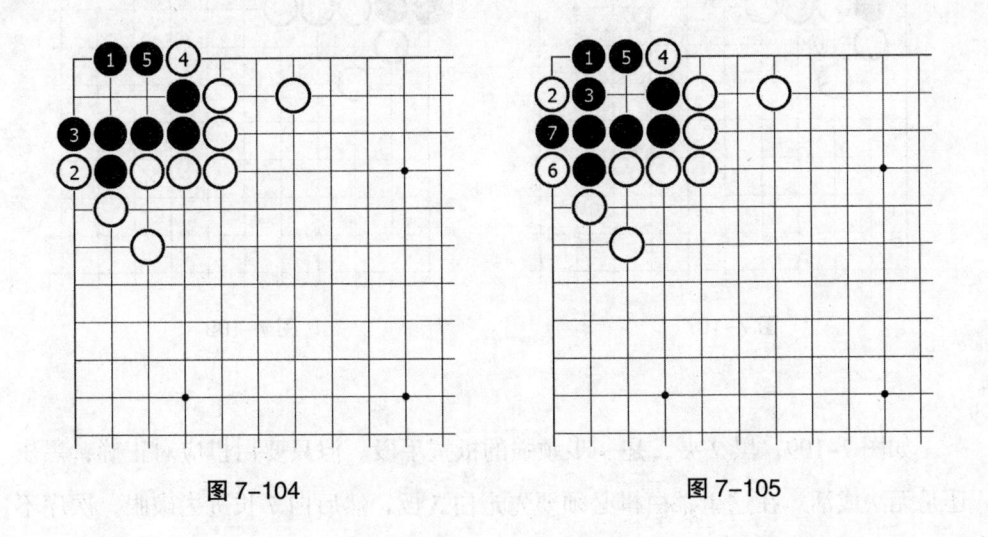

图 7-104　　　　　　　　　图 7-105

如果是白先，则白 1 简单在一路扳，如图 7-106，缩小黑棋的眼位，即还原成我们在前面学过的小曲尺的形状。黑棋无法做活。

图 7-106

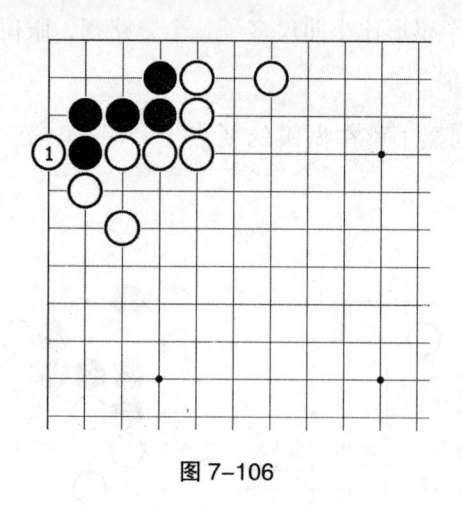

如图 7-107，白 1 直接下在二二的位置上，这是常用的杀棋手段。

如图 7-108，黑 2 反击，白 3 可立下。黑 4 做眼时，白 5 扳，从一路渡过即可，黑棋由于气紧，A、B 两点可望而不可即，无法成活。

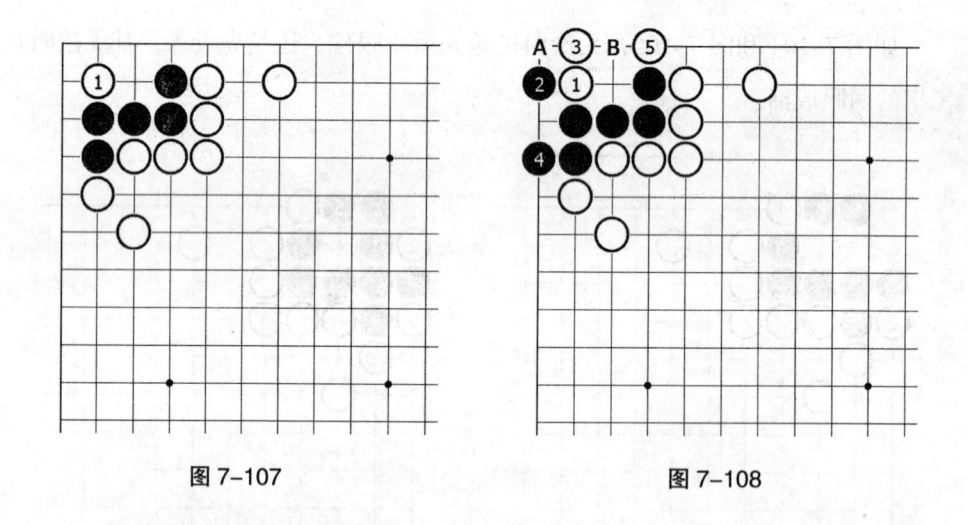

图 7-107　　　　　　　　　图 7-108

如图 7-109，黑 2 夹，是一步顽强的抵抗手段。但只要白棋应对正确，黑棋还是无法成活。在这里，白棋必须要先走白 5 扳，然后白 7 长进去破眼，次序不能有误，否则便会成为双活。

图 7-109

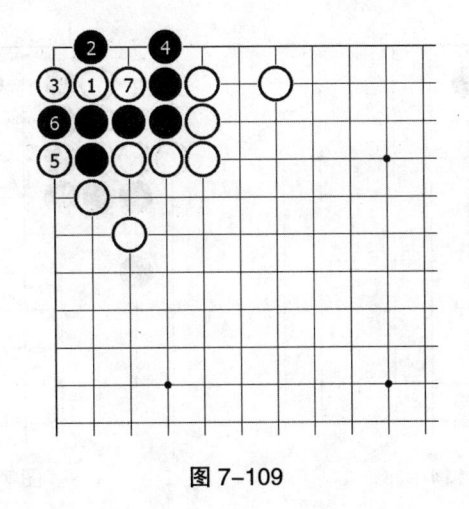

## 思考与练习

1. 如图 7-110 至图 7-115，黑先，如何吃掉白棋?

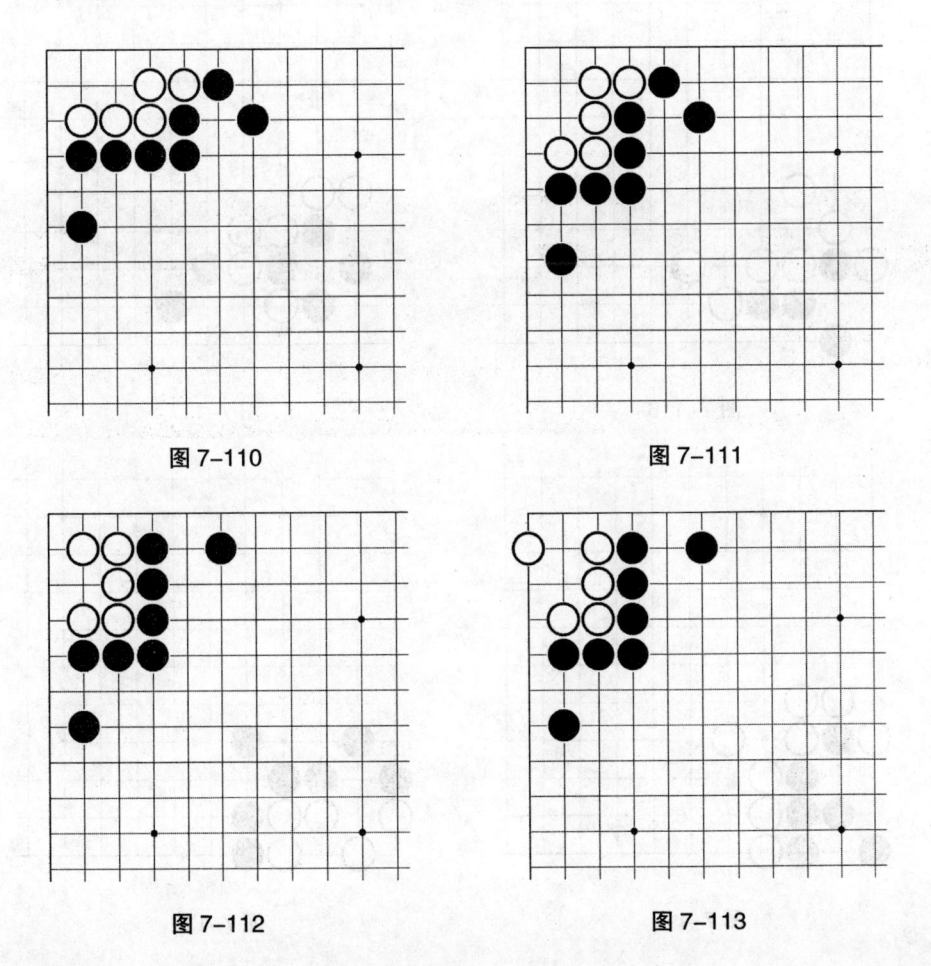

图 7-110

图 7-111

图 7-112

图 7-113

图 7-114                    图 7-115

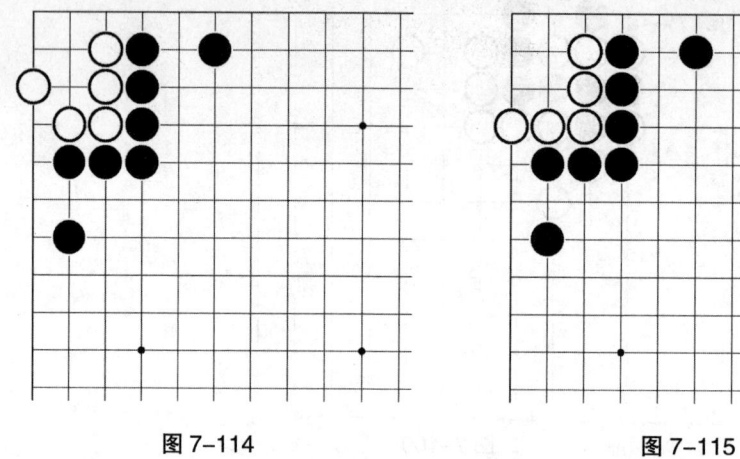

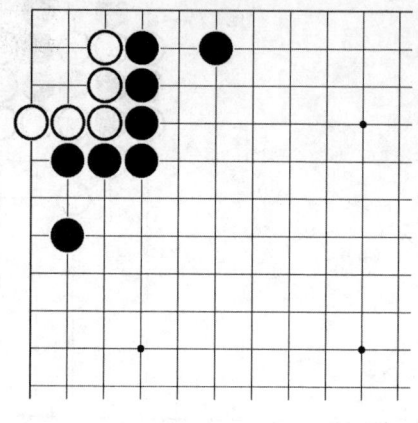

2. 如图 7-116 至图 7-119，黑先，怎样取得最佳效果？

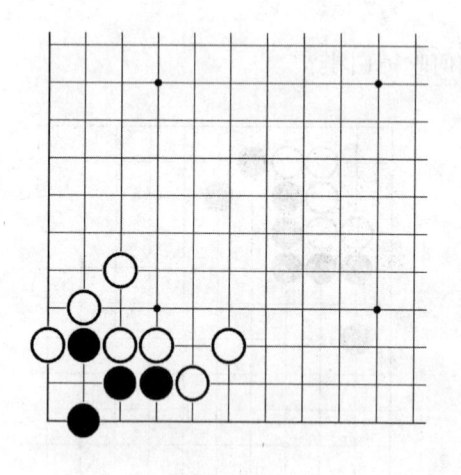

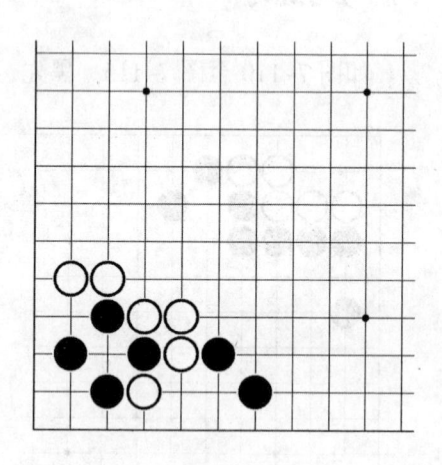

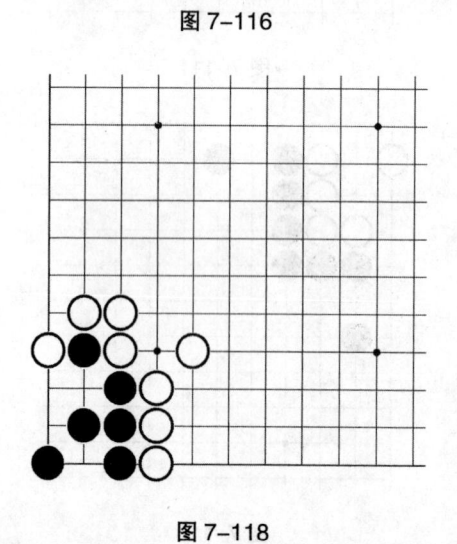

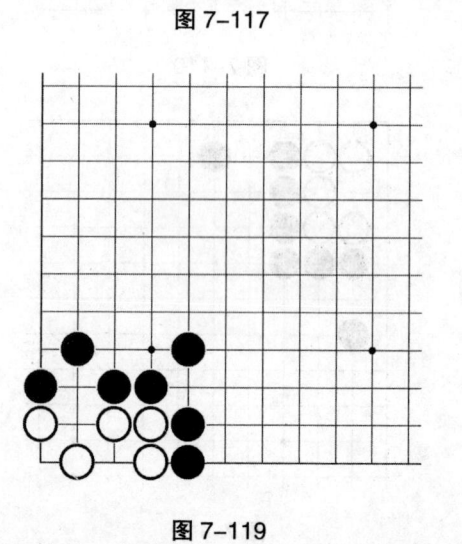

图 7-116                    图 7-117

图 7-118                    图 7-119

## 第五节　如何做活

要做活一块棋，会有很多巧妙的技巧手段。这里简单介绍直接做眼、扩大眼位、占据要点、胀牯牛等最基本的做活技巧。

### 一、直接做眼

在实战对局中，如果被对方包围，又无法突围，就需要想办法做出 2 只真眼，以避免被吃掉。

图 7-120 中的黑棋，已经有 1 只真眼了，还需要做出另外 1 只真眼才能活棋，应该怎么办呢？

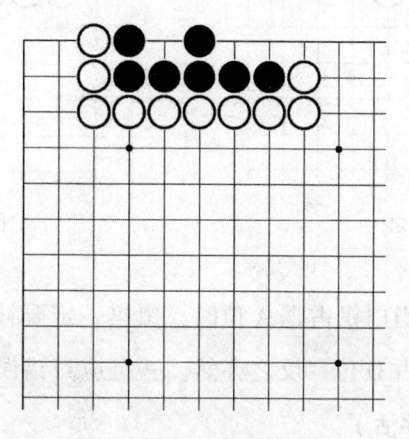

图 7-120

如图 7-121 所示，黑▲是正确的做眼方法。有了两只真眼，白棋对黑棋就无可奈何了。

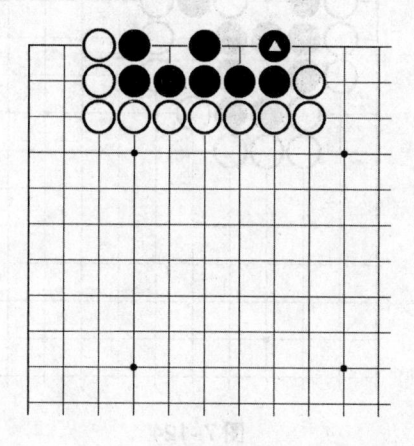

图 7-121

图 7-122 中的黑棋已经有了 1 只眼，还需要做出另外 1 只眼才能成活。应该如何做眼呢？

如图 7-123，黑 1 围住 1 个交叉点，即可做出眼来。

这 2 只眼看起来还不是真眼，但由于 A 位和 B 位必得其一，C 位和 D 位也必得其一，黑棋的 2 只眼最终都可以变成真眼，这块黑棋可成功做活。

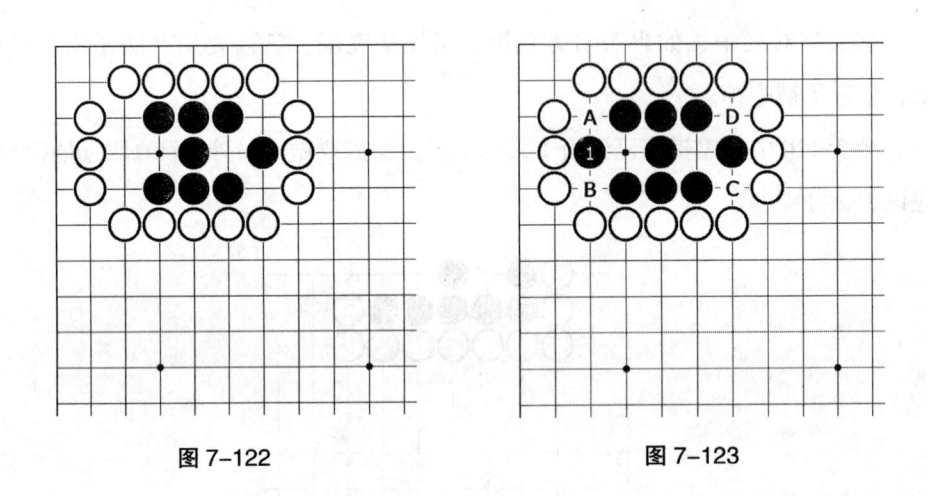

图 7-122

图 7-123

需要注意的是，当白棋占据 A 位时，黑棋一定要补占 B 位，当白棋占据 C 位时，黑棋一定要补占 D 位，反之亦然。一旦应对错误，其中 1 只眼变成了假眼，整块黑棋就无法存活了。

如图 7-124，黑先，应该怎么走呢？要小心陷阱，三思而后行。

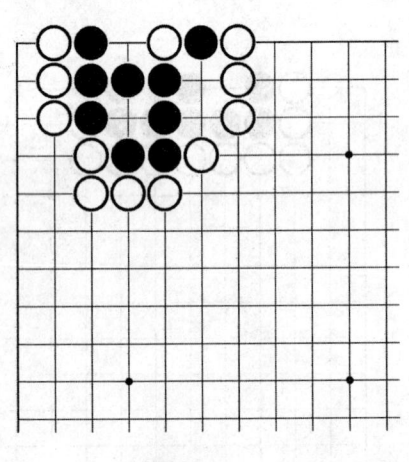

图 7-124

如图 7-125，黑 1 贪吃白▲一子，是初学者常见的错误。白 2 挤，黑棋提掉 1 颗子形成的眼是假眼，整块黑棋仍然无法存活。

如图 7-126，黑 1 直接做成真眼是正确的着法，黑棋安全做活。

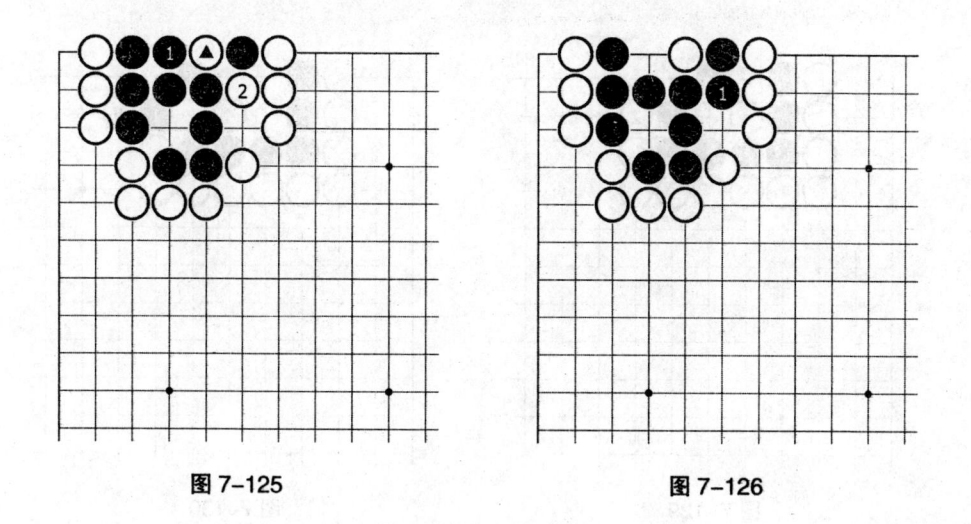

图 7-125

图 7-126

## 二、扩大眼位

要想做活，必须有足够的做眼空间。所以，行棋时，要尽可能地扩大生存空间，也就是扩大眼位。当然，扩大眼位的同时，也自然会扩大己方占据的地盘。

如图 7-127，黑棋如何做活？

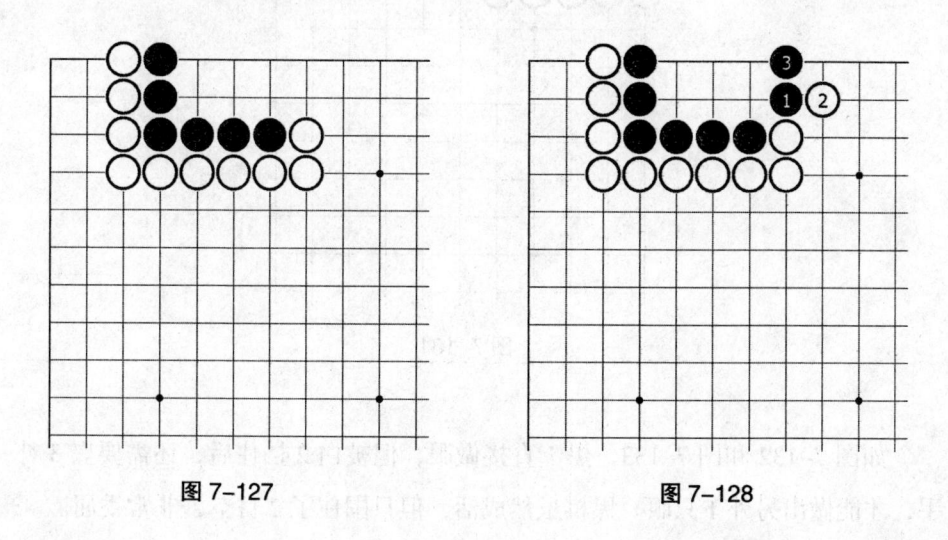

图 7-127

图 7-128

如图 7-128，黑 1 向外扳是扩大眼位的常用着法。白棋挡住去路后，黑 3 立，尽最大可能扩大做眼空间，形成了边上的板六，成为活棋。

如图7-129和图7-130，黑1和黑3往里缩了一点，没有充分扩大眼位，最后被白4在做眼的要点上一点，无法做出2只眼，也就成了死棋。

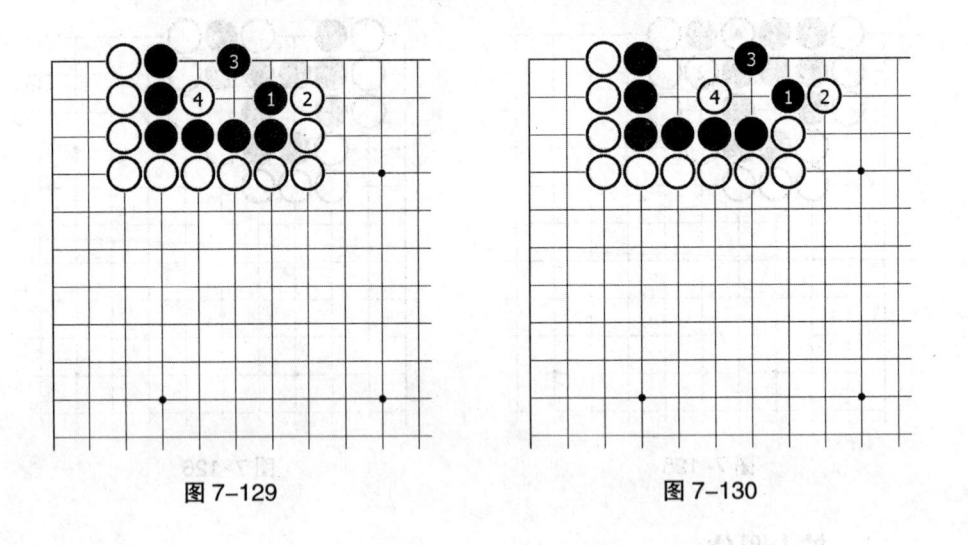

图 7-129

图 7-130

做活的同时还需要充分考虑效率问题。如图7-131，黑先，应该如何做活？

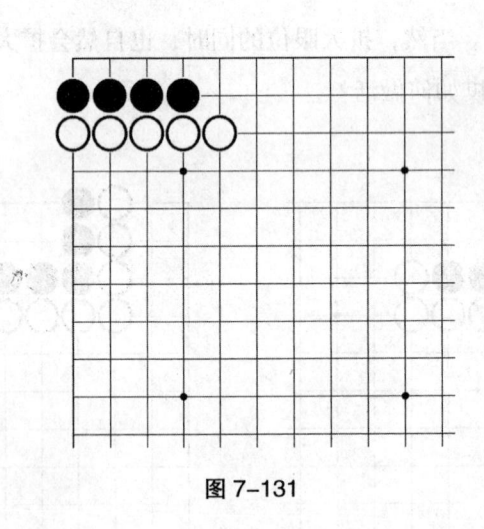

图 7-131

如图7-132和图7-133，黑1直接做眼，但被白2挡住后，还需要黑3补一手，才能做出另外1只眼。黑棋虽然成活，但只围住了2目空，非常委屈。

图 7-132　　　　　　　　　　图 7-133

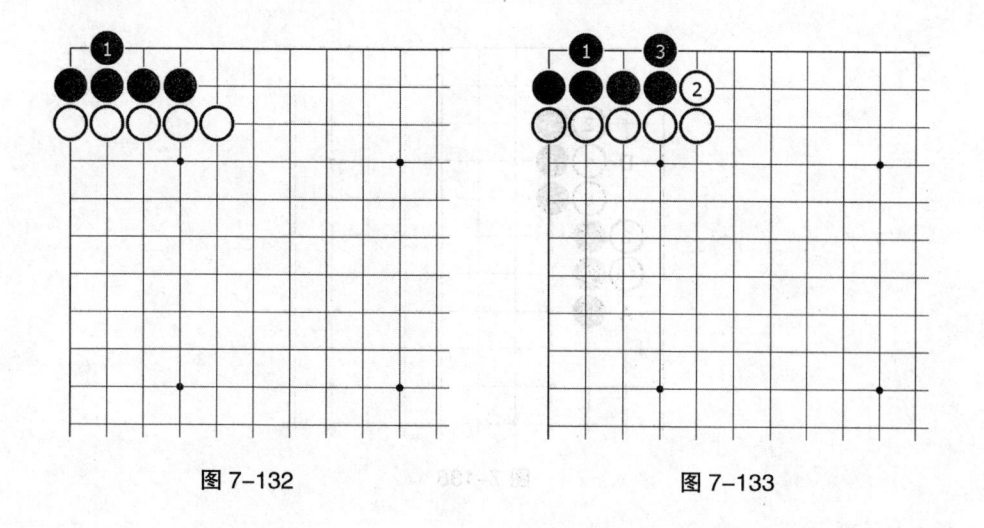

如图 7-134，黑 1 向外长，扩大眼位是正确的下法。待白 2 挡住后，黑 3 再下立，成直四活棋。黑棋一共围了 4 目空，比上面的做活效果要好得多，如图 7-135 所示。

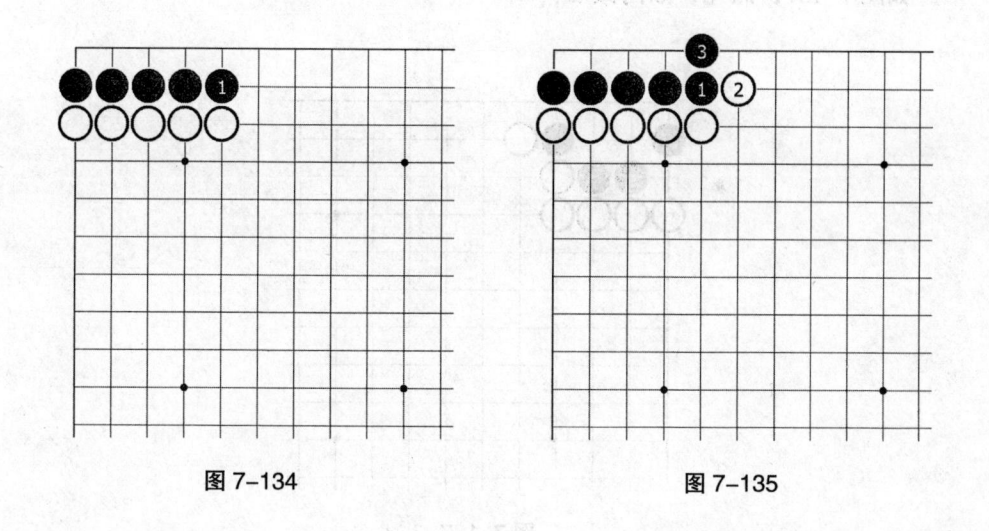

图 7-134　　　　　　　　　　图 7-135

做活很重要，但也不能过于委曲求全。在实战对局中，只要棋形饱满，做活空间足够，那么就没有必要刻意去做眼。自然成活才是高效的行棋方法。

如图 7-136，这是黑棋占据星位后，白棋入侵三三后形成的局面。白棋角部空间足够大，已经自然成活。接下来可以去其他更宽广的地方行棋。如果继续走 A 位、B 位或者 C 位扩大眼位，则效率不高。至于走 D 位做眼，则更加没有必要，不仅行棋效率低，还白白浪费了一手棋。

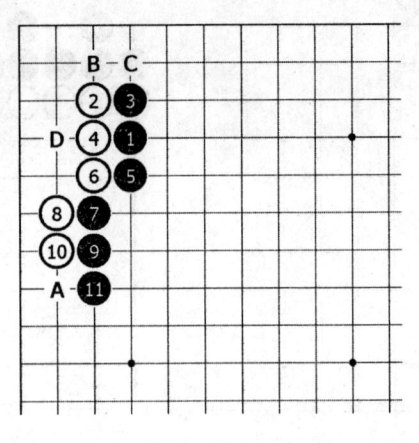

图 7-136

## 三、占据要点

要想做活也不能一味扩大眼位，有时候，占据做眼的要点才是做活的关键。

如图 7-137，黑先，如何做活？

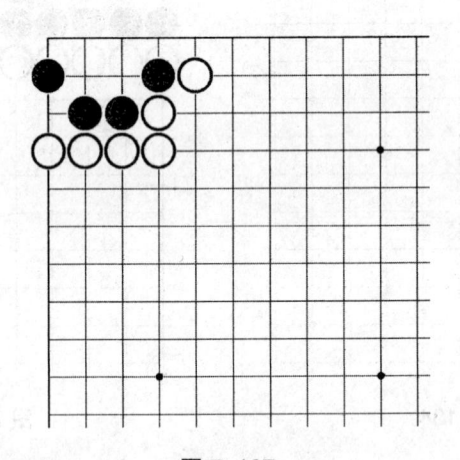

图 7-137

我们先来看一下错误的应对方法。

如图 7-138，如果只是照搬扩大眼位的教条，当黑 1 立时，白 2 在关键位置一点，那么黑棋便无法做活。

如图 7-139，黑 1 倒虎，表面上看起来眼位充分，同时还护住了自身的断点，但如果被白 2 占据了要点，黑棋就是死棋；因为黑 3 做眼时，当白 4 立下，由于黑棋气紧，×点位置必然被白棋占据，黑棋只能做出一只真眼。

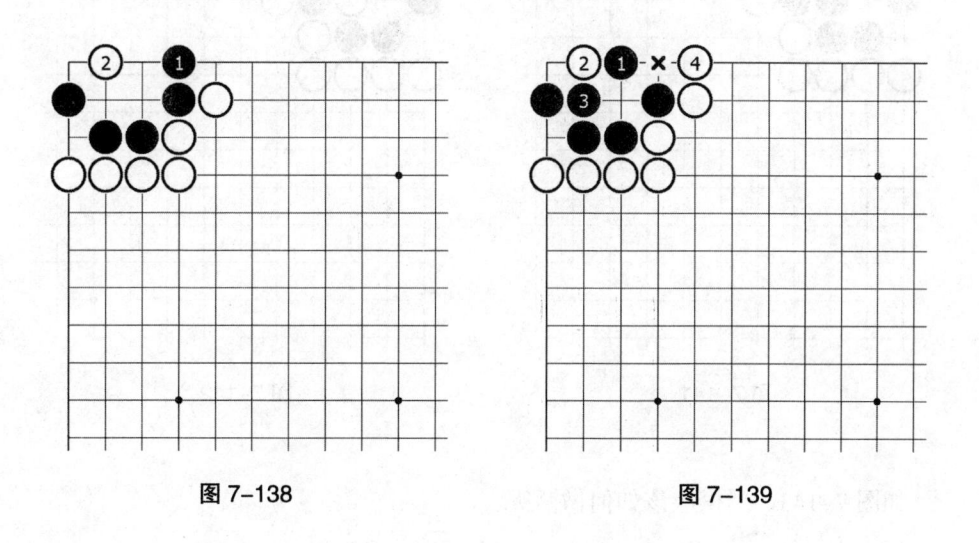

图 7-138

图 7-139

如图 7-140，黑 1 既占据了做眼的要点，又巧妙地保护住了黑▲，可成功做活。

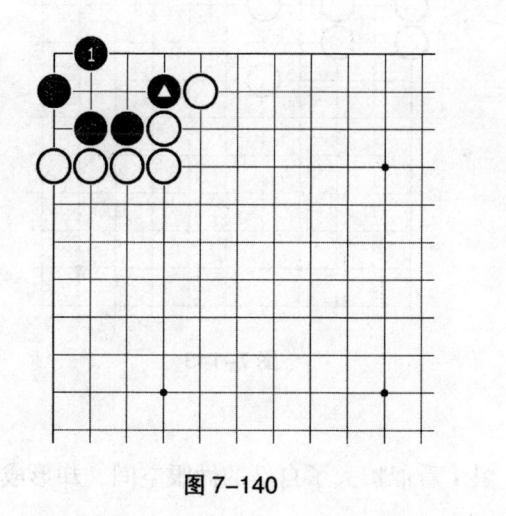

图 7-140

如图 7-141，白 2 打吃，黑 3 简单粘住即可做出两只真眼。

如图 7-142，白 2 把黑子往边上打吃也是无法吃掉黑棋的。黑 3 立下后，白棋气紧，难以在 × 点位置上落子。黑棋成功地做出 2 只真眼。

图 7-141                    图 7-142

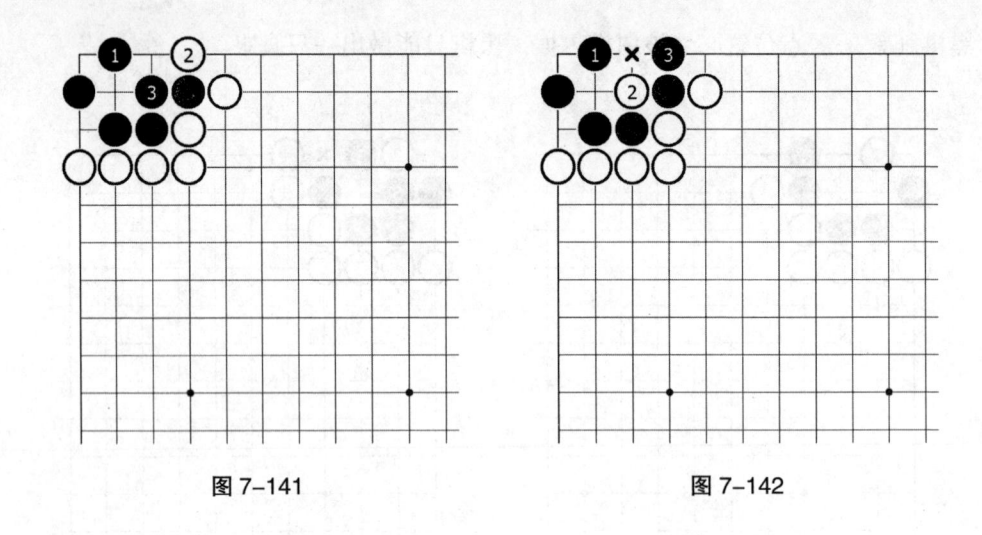

如图 7-143，黑棋应该如何做活呢？

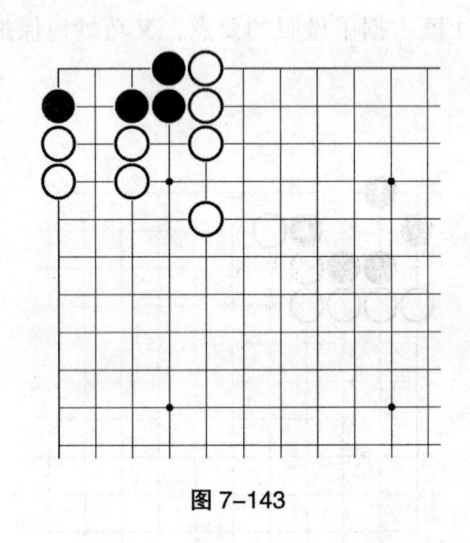

图 7-143

如图 7-144，黑 1 看似扩大了自己的做眼空间，却形成了直三的形状，被白 2 在中间一点，反而成为死棋。

如图 7-145，黑 1 是做眼的关键棋子。白棋要想吃掉黑棋，必须占住 A 位才行。但 A 位是虎口，白棋不能强行进入，而是需要先走 B 位。在一人一手的前提下，黑棋可成功做活。

图 7-144

图 7-145

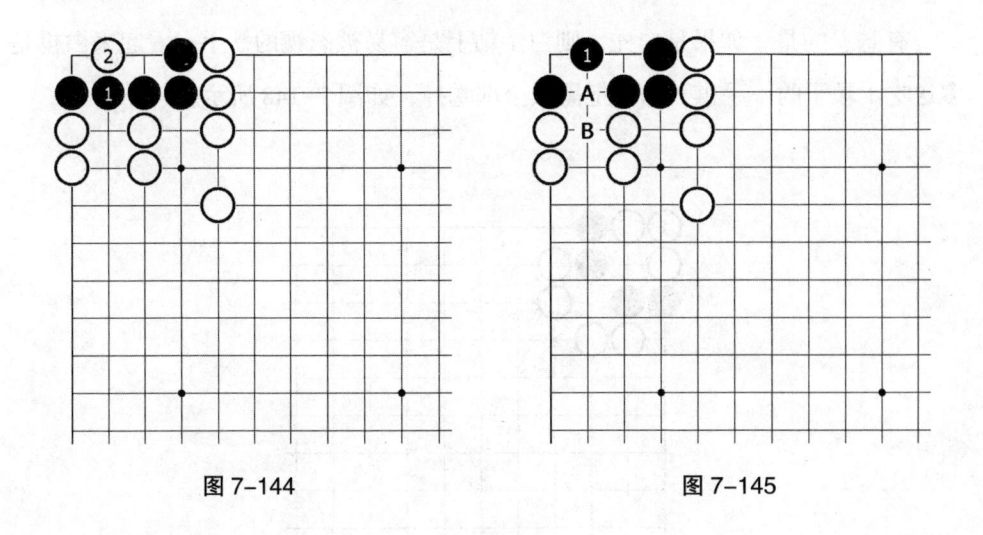

## 四、胀牯牛

如图 7-146，只有吃掉最左上边的 2 颗白子，黑棋才有做活的可能。黑棋应该怎么做？

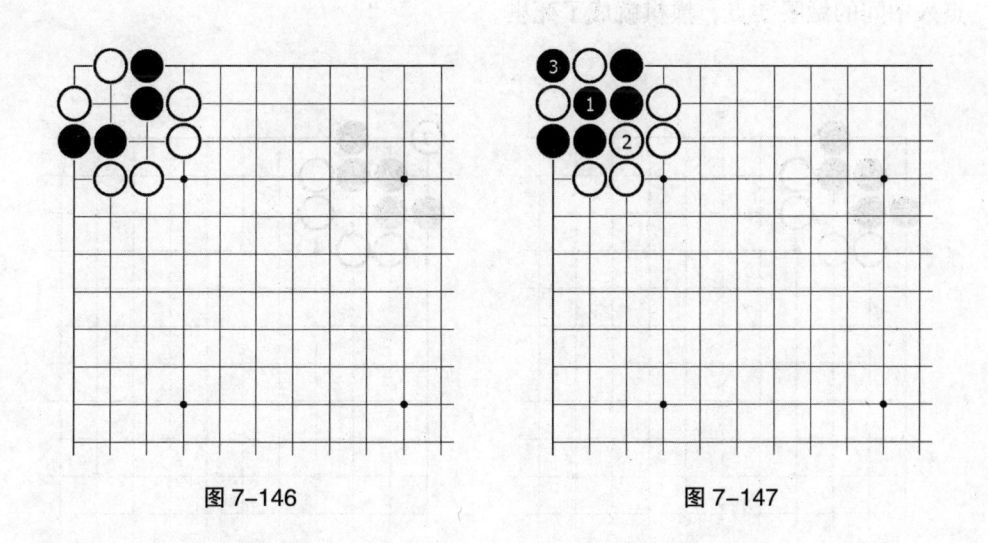

图 7-146

图 7-147

如图 7-147，当黑棋走在 1 位时，由于白棋不能"自杀"，黑 3 位置成为白棋的禁入点，所以白 2 只能在棋盘上的其他位置落子。黑 3 提掉 2 颗白子后，就成了活棋。这个方法叫作"胀牯牛"，是一种特别的做活手段。

有意思的是，如果是白先，则白 1 粘上是容易被忽视的妙手。看起来白棋是多送吃 1 颗子的一手棋，却能把黑棋全部吃掉，如图 7-148 所示。

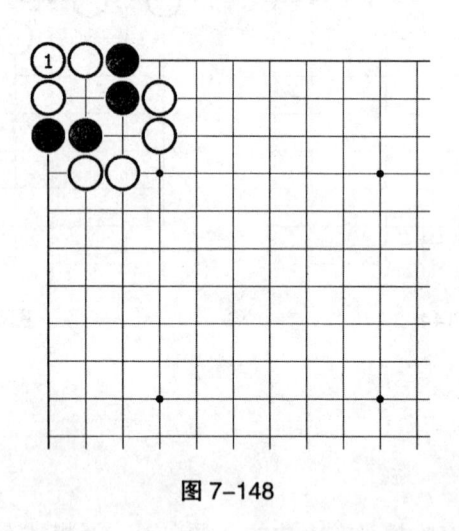

图 7-148

如图 7-149，黑 2 提掉白棋 3 颗子，形成弯三的棋形，如图 7-150。白 3 再点入中间的做眼要点，黑棋就成了死棋。

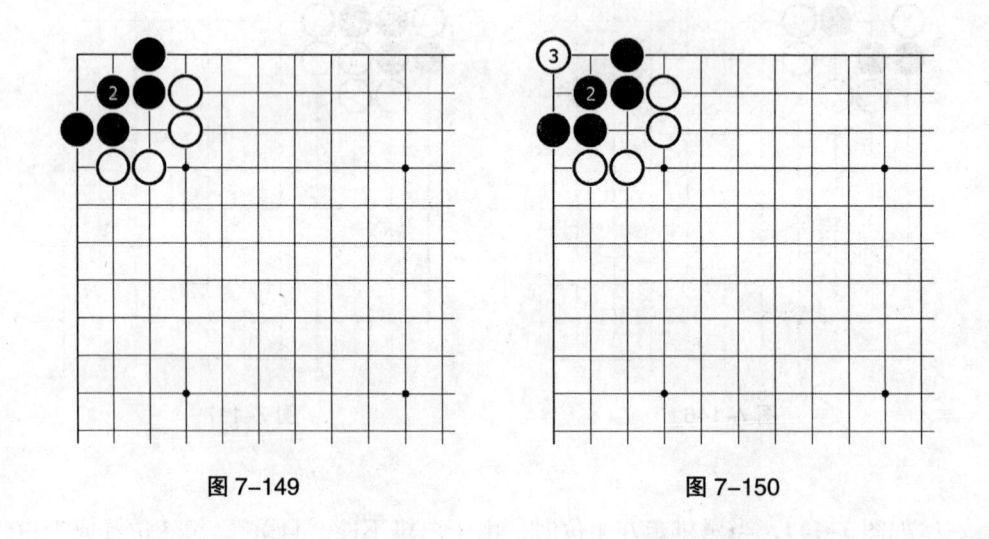

图 7-149

图 7-150

**思考与练习**

如图 7-151 至图 7-156，黑先，如何做活呢？

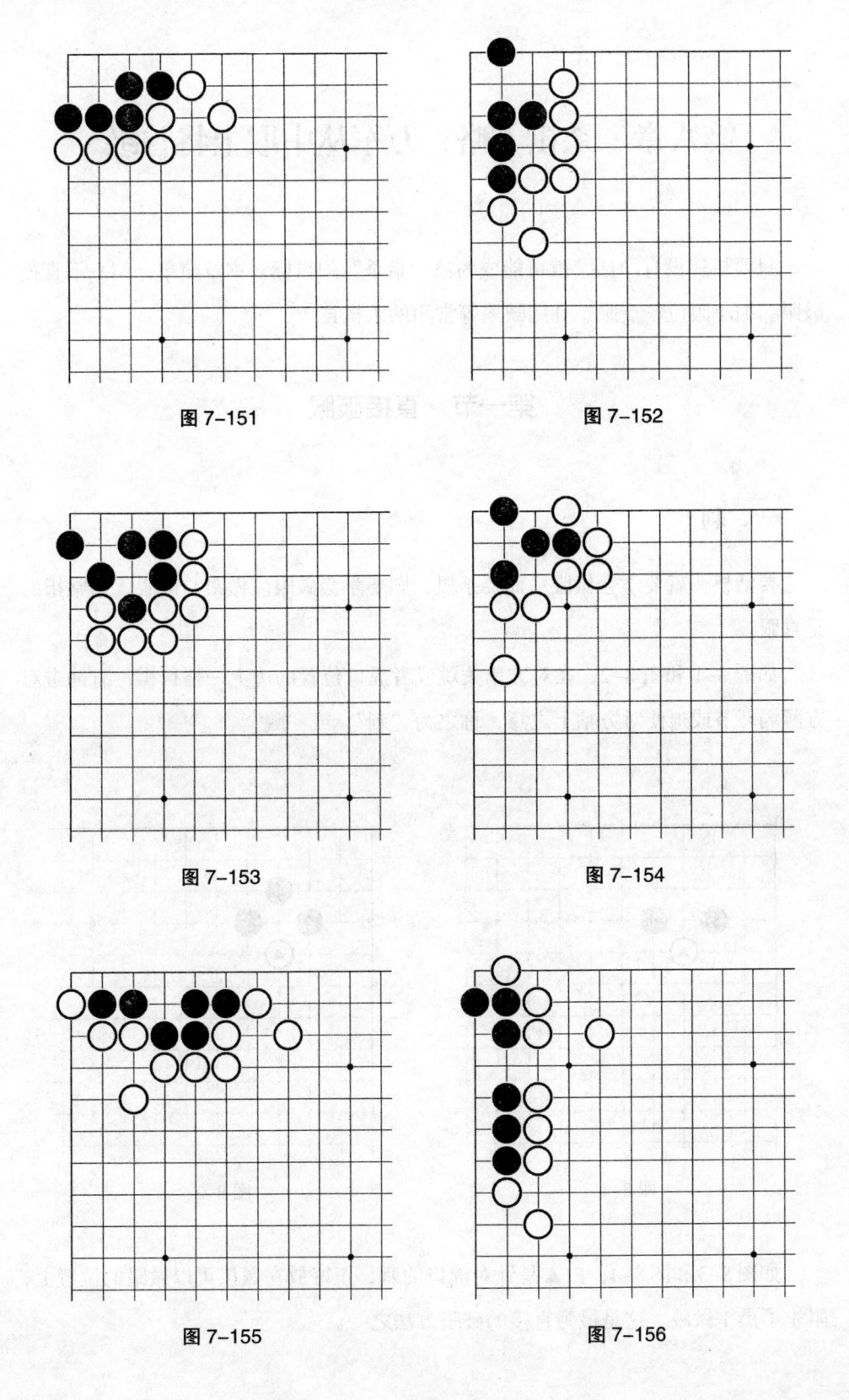

图 7-151　　　　　　　　图 7-152

图 7-153　　　　　　　　图 7-154

图 7-155　　　　　　　　图 7-156

# 第八章　杀棋方略：万军丛中取上将首级

只要棋还没有净活，就可能成为被"猎杀"的目标。本章简单介绍一下直接破眼、缩小眼位、点眼、利用缺陷等常用的杀棋技巧。

## 第一节　直接破眼

### 一、刺

要活棋，就要学会做眼；而要杀棋，则要学会破眼。做眼与破眼，通常指的是真眼。

如图 8-1 和图 8-2，在对方单关跳或者虎口位置的边上一格行棋，有冲击对方薄弱环节或迫使对方粘上之意，称之为"刺"，或"觑"。

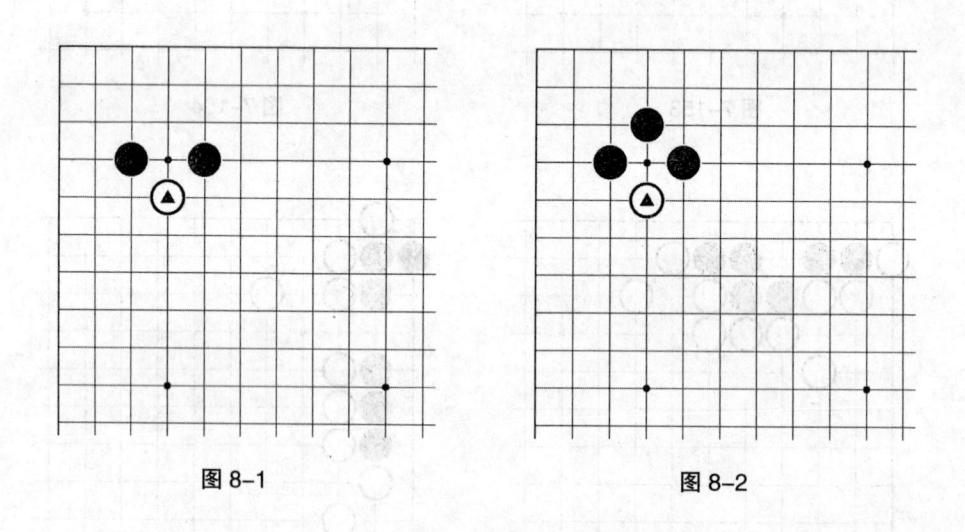

图 8-1　　　　　图 8-2

如图 8-3 和图 8-4，白▲是针对虎口的刺，正好放在黑棋可以做眼的位置上，阻止了黑 1 做眼。这是最为直接的破眼方法之一。

图 8-3　　　　　　　　　　　　　图 8-4

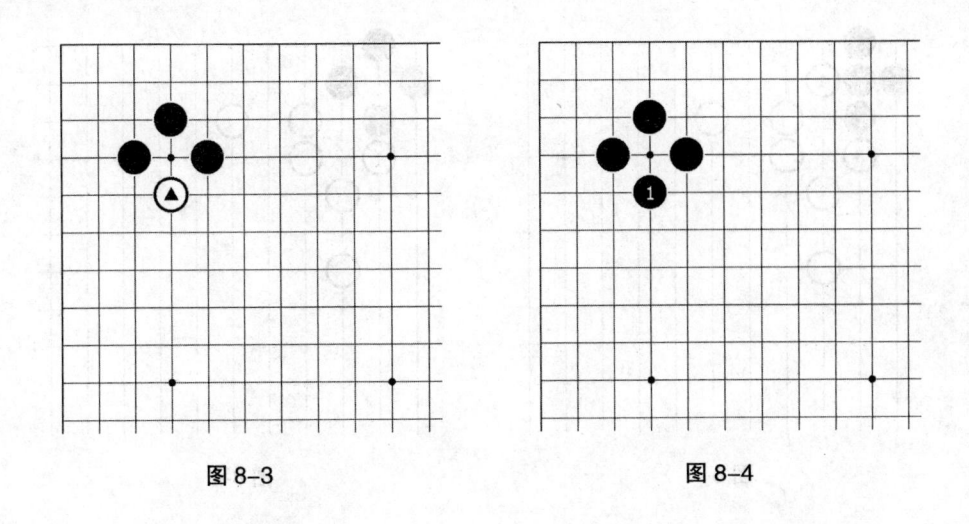

如图 8-5，白先，应该怎么进攻黑棋呢？要注意行棋的先后次序。

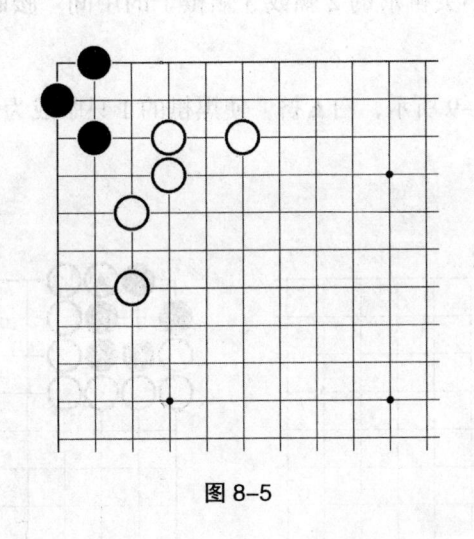

图 8-5

如图 8-6，白 1 先刺，直接破坏掉黑棋的 1 个眼位。黑棋要保护住角上的眼，只能粘上。然后，白 3 再挡住黑棋的出路。黑棋只能做出 1 只眼，成为死棋。

如图 8-7，如果白 1 先挡，则黑 2 可直接做眼成活。白棋对黑棋无可奈何。

图 8-6

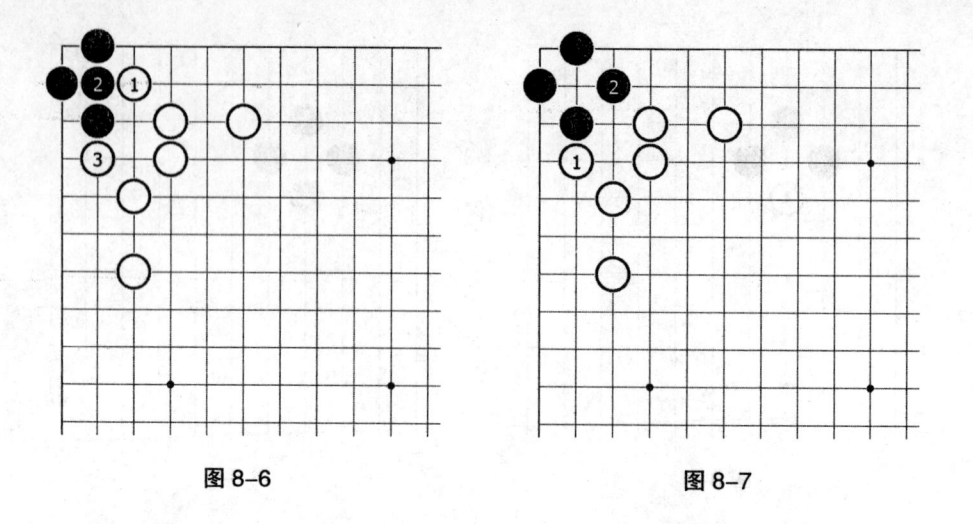

图 8-7

## 二、挤

从外侧在对方小尖棋形的 2 颗或 3 颗棋子的中间"腰眼"处行棋，称之为"挤"。

如图 8-8 和图 8-9 所示，白▲挤，使黑棋的 1 只眼成为假眼，这也是破眼的一种方式。

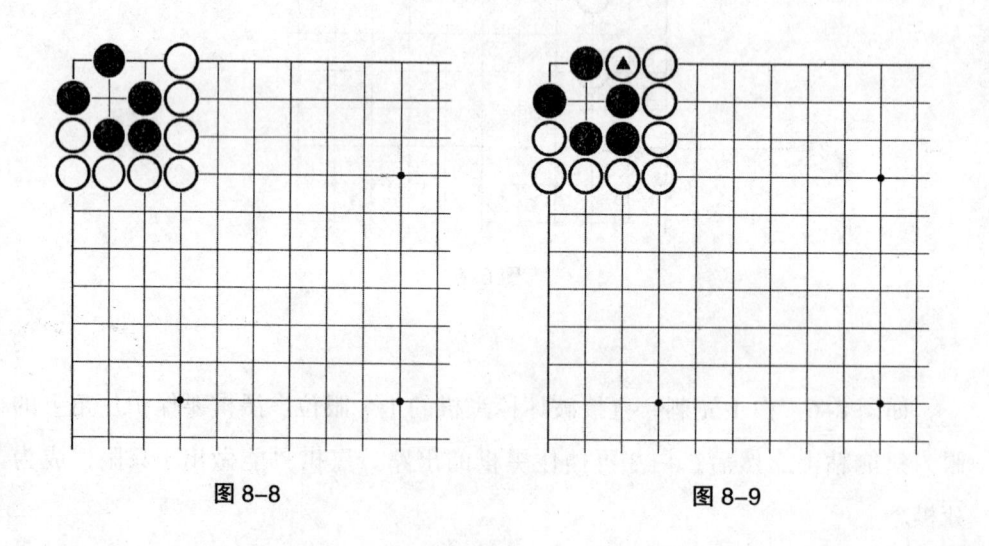

图 8-8

图 8-9

如图 8-10，白先，能破眼杀棋吗？

如图 8-11，白 1 挤后，A、B 两处白棋必得其一，黑棋外面的 1 只眼就成了假眼，也就是说白棋把黑棋外面那只眼破掉了，黑棋便成了死棋。

图 8-10

图 8-11

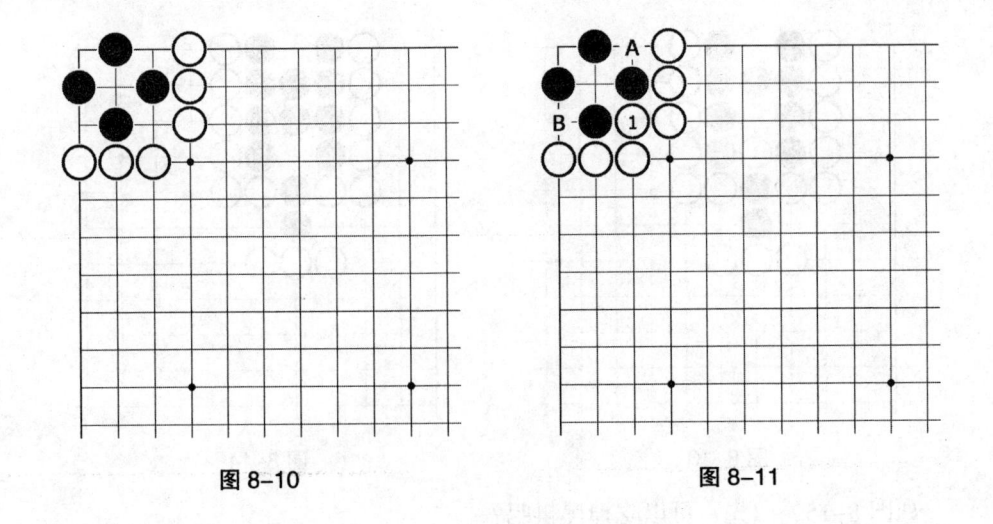

## 三、扑

我们在前面讲过，直接在对方虎口行棋，称之为"扑"。扑有送吃之意，也有破眼或紧气的作用。

如图 8-12，黑棋看起来已经做出了 2 只眼，白棋还有破坏眼位的手段吗？

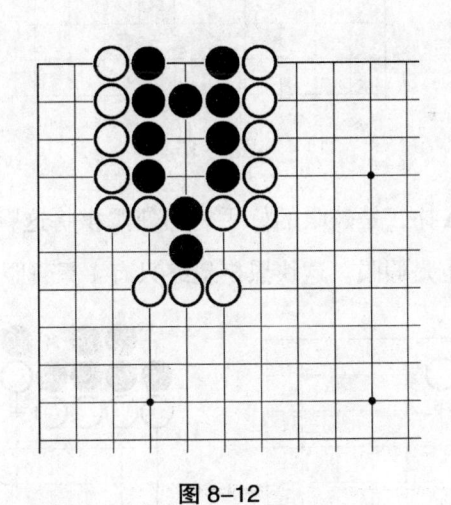

图 8-12

如图 8-13 和图 8-14，白 1 扑，看起来像是送死，但等黑 2 吃掉白 1 后，我们发现，黑棋吃子留下的空格处所形成的眼是假眼。这一手扑起到了破眼的作用，并非白白牺牲，它使整块黑棋成为死棋。

229

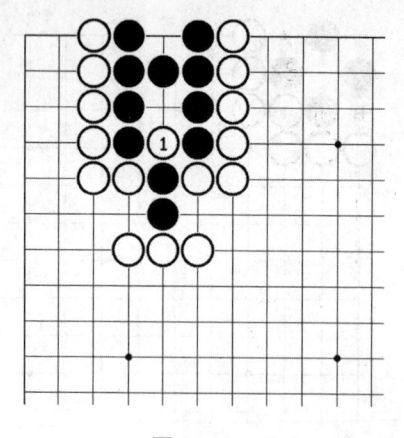

图 8-13                图 8-14

如图 8-15，白先，可以吃掉黑棋吗？

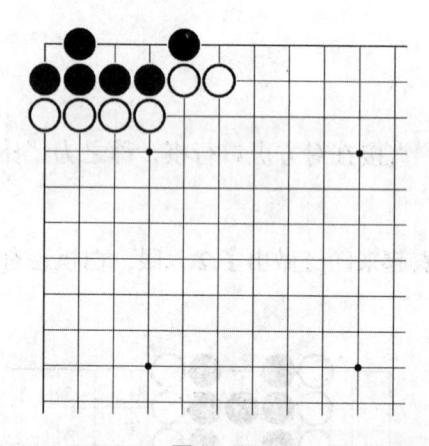

图 8-15

如图 8-16，白▲扑，是破眼的好手。即使黑棋将这颗白子吃掉，如图 8-17 中的 × 位形成的眼也是假眼。这块黑棋最终只有 1 只真眼，成为死棋。

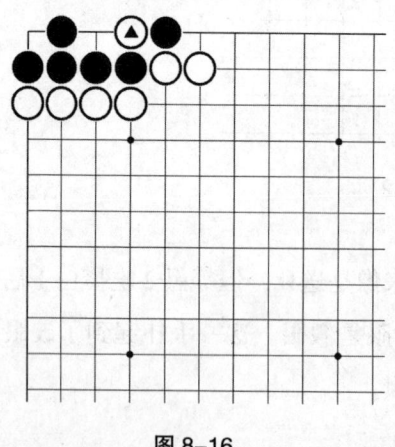

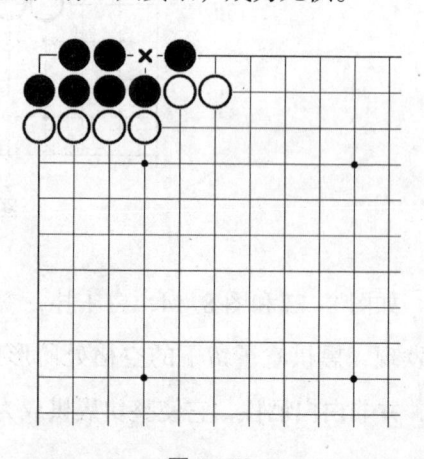

图 8-16                图 8-17

## 第二节 缩小眼位

缩小眼位,就是尽量压缩对方控制的势力范围,使之没有足够的空间做出2只真眼,是常用的杀棋技巧。

如图8-18,白棋怎么走才能够吃掉黑棋呢?

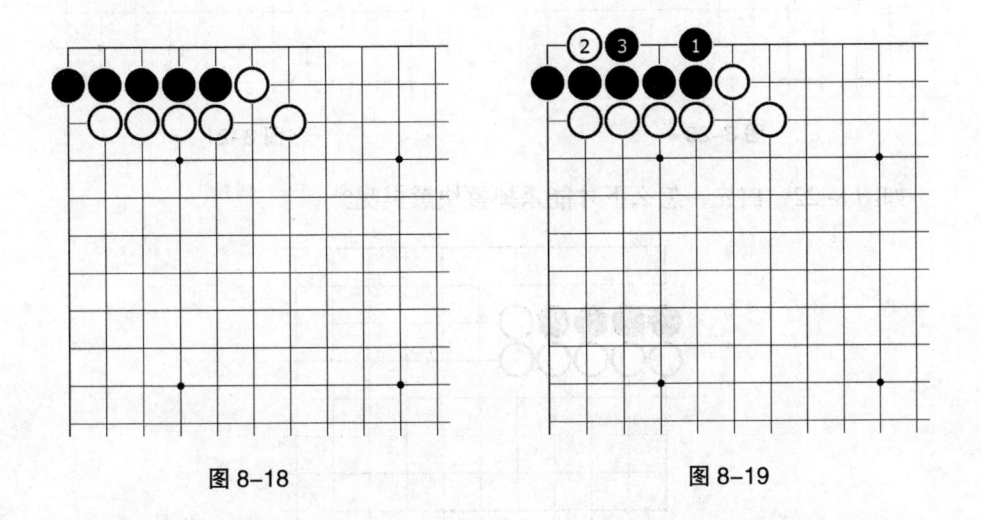

图8-18

图8-19

如图8-19,我们可以看出,若黑棋先下,则黑1立下,就围住了四个空,拥有了足够的做活空间。

白2点入,则黑3可做眼,黑棋可以轻松做活。如果白棋走黑3的位置,则黑棋可以走白2的位置,只要能把里面的空间分隔开来,黑棋总是可以做出两只真眼的。

如果想要吃掉黑棋,白棋就需要破眼。如图8-20,白1是缩小眼位的好手,压缩了对手的空间,使对方没有做眼的余地。

接下来,黑2挡后,白3在中间一点,黑棋无论如何也做不出2只真眼,成为死棋。

如图8-21,白1也可以直接点在眼位上,黑2扩大眼位时,白3继续破坏眼位,因为黑棋就算吃掉白棋2颗子,也只能形成1只真眼,所以黑棋还是死棋。

图 8-20

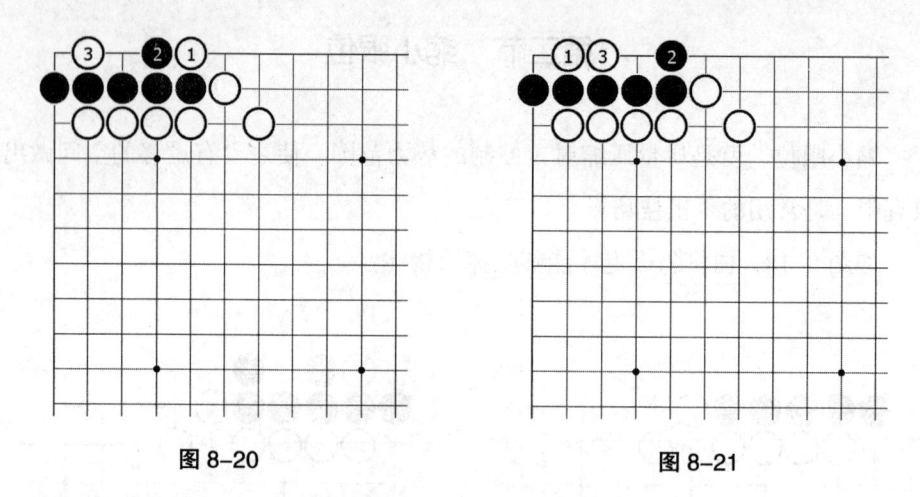

图 8-21

如图 8-22，白先，怎么下才能杀掉整块黑棋呢？

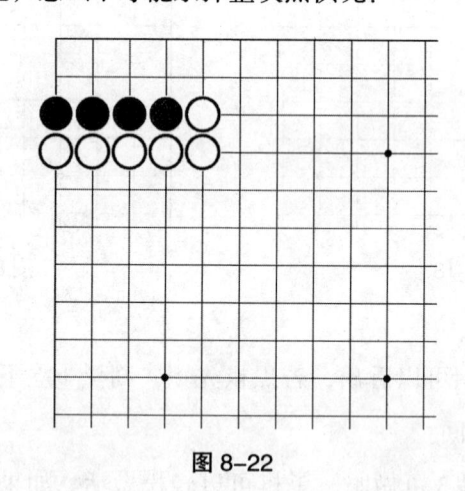

图 8-22

如图 8-23，白 1、3 的下法，我们称之为"二路扳粘"，成功缩小了黑棋的做活空间。黑棋在狭小的空间里无法两眼成活。

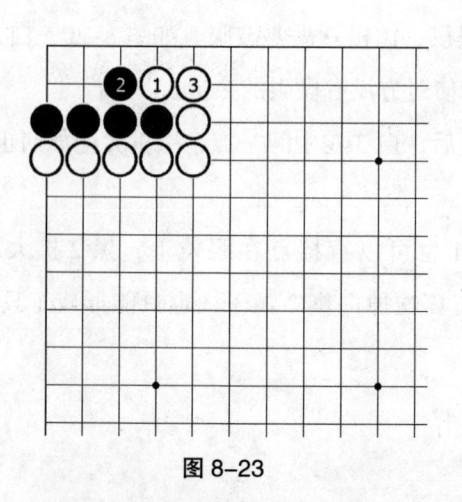

图 8-23

## 第三节 杀　　机

有的棋形，看起来具备一定的做活空间，或者貌似眼形丰富，若仔细分析，也能发现杀机。最典型的杀棋技巧就是点。

### 一、点杀

点，指的是直接从内部点入，抢占对方做眼的关键位置，使之无法两眼成活。点和扑都是直接侵入对方的眼位中，它们的区别是，点入的棋子至少有 2 口气，而扑入的棋子只有 1 口气。

如图 8-24 和图 8-25，白▲点入后，这两块黑棋都无法成为两眼活棋。

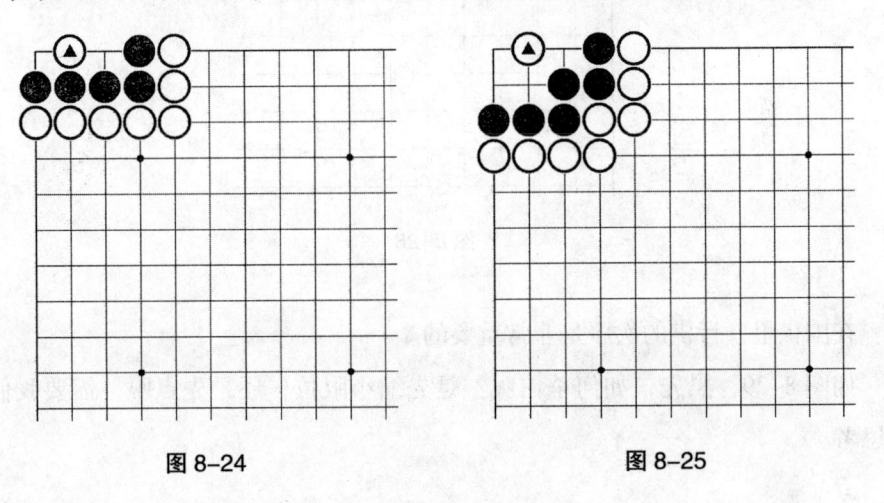

图 8-24　　　　　　　　　　图 8-25

在实战中，点眼和缩小眼位经常是配合运用的。图 8-26 中，二路线上有 7 颗黑子，白先，怎么杀掉黑棋呢？

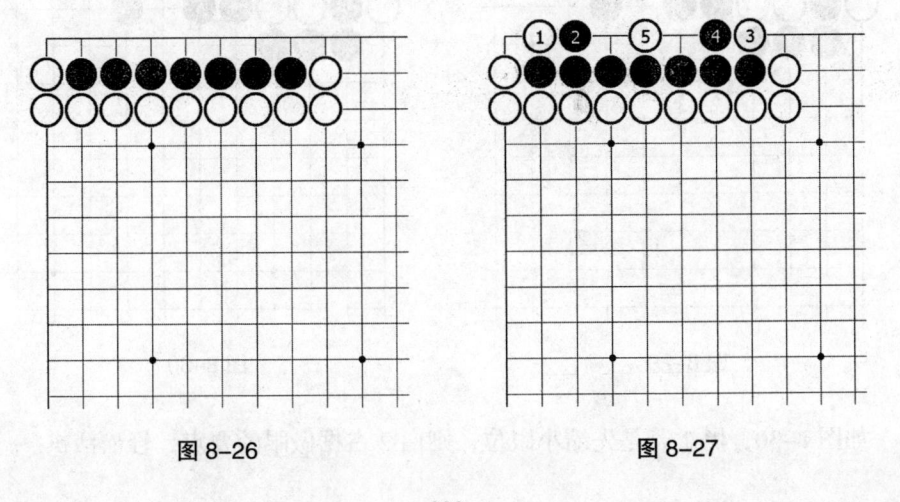

图 8-26　　　　　　　　　　图 8-27

如图 8-27，白 1、3 分别从两侧缩小黑棋眼位，待黑棋形成直三的形状后，白 5 再在中间点入，进行致命一击。

如图 8-28，二路线上如果是 8 颗黑棋，即使是白棋先走也无法将黑棋吃掉。

白 1、3 分别从两侧缩小黑棋眼位，黑 2、4 挡住后，中间形成直四的棋形，正好能活。所以，围棋里有"七死八活"的说法。

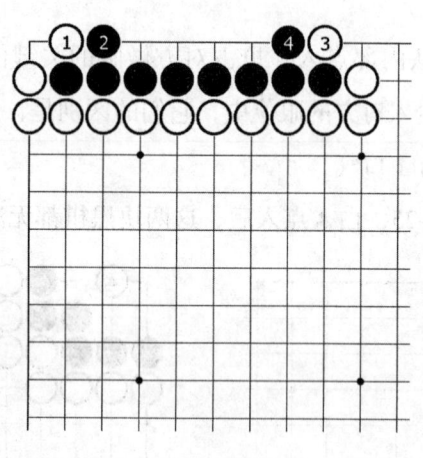

图 8-28

在围棋里，行棋的次序是非常重要的。

如图 8-29，黑先，如何杀白呢？是先缩小眼位，还是先点眼，需要我们认真思考。

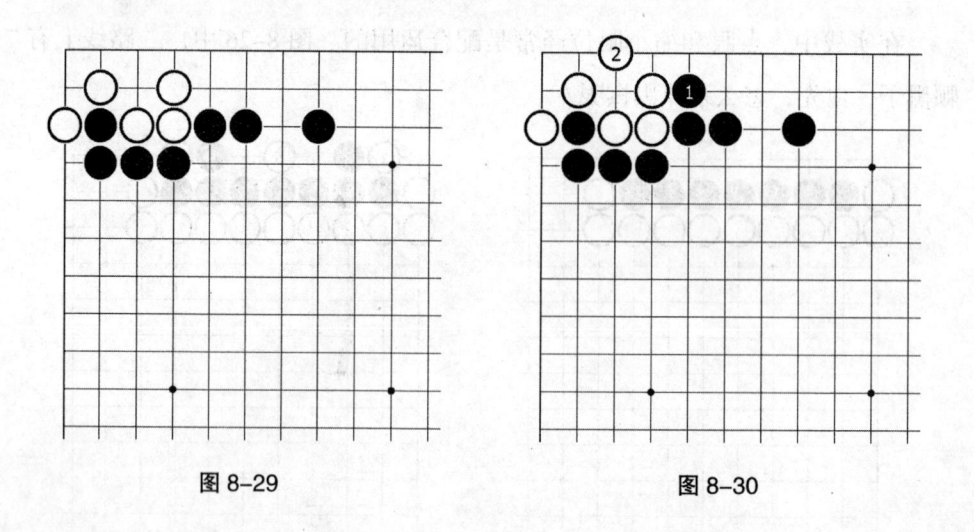

图 8-29　　　　图 8-30

如图 8-30，黑 1 若是先缩小眼位，则白 2 占据做眼的要点，轻松活棋。

如图 8-31 和图 8-32，黑 1 先破眼才是正着。此后只要黑棋应对无误，白棋怎么下都无法活棋。其中，黑 5 扑是最后一击，可彻底击碎白棋做出第二只真眼的企图。

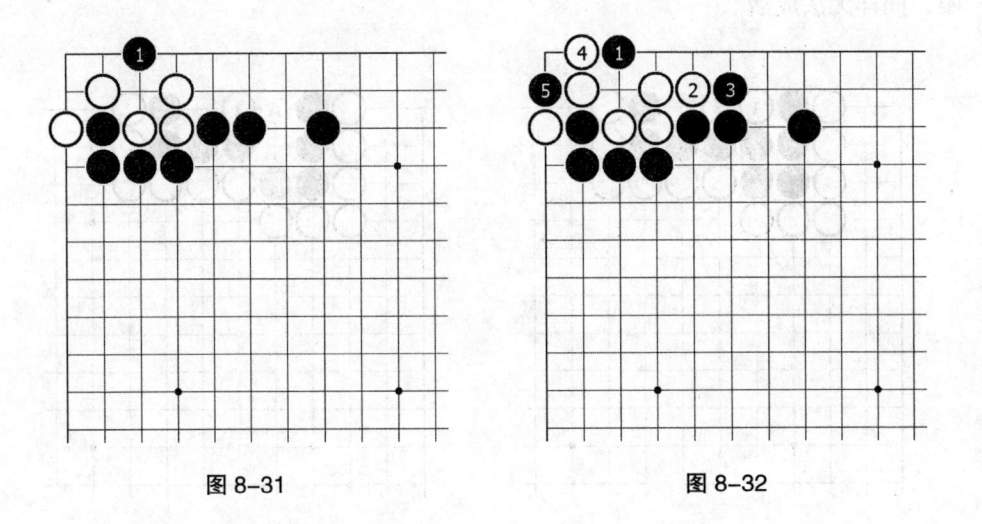

图 8-31

图 8-32

## 二、利用"缺陷"杀

有的棋看起来像是活棋的形状，但如果存在缺陷也就不一定能成活棋了。在实战中，我们要敏锐地捕捉对方棋形的弱点，发现它的缺陷。

如图 8-33，这是一个曲四的形状，白棋能把整块黑棋吃掉吗？

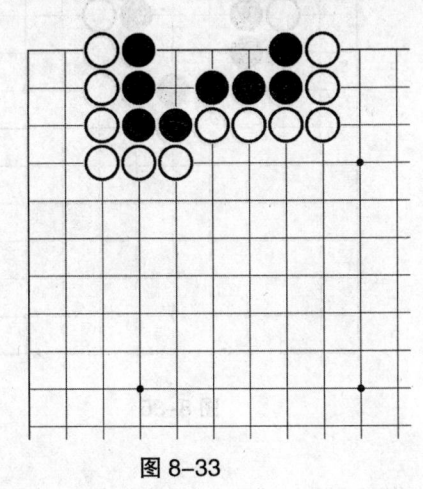

图 8-33

我们在前面讲过，边路没有缺陷的曲四是活棋。但此时的黑棋有一个断点，这是一个有缺陷的曲四。

如图 8-34，白 1 点入的同时还形成了打吃，黑 2 无奈粘上，白 3 长，占住黑棋做眼的关键点，整块黑棋已经无法成活。

如图 8-35，白 1 直接点在黑棋"腰眼"上，黑棋由于气紧，无法在 A 位做眼，同样无法成活。

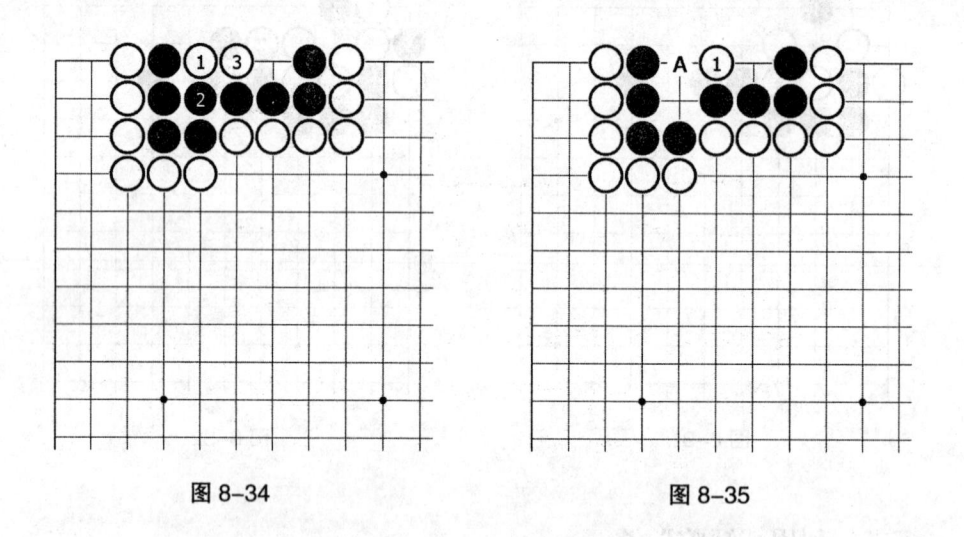

图 8-34　　　　　　　　图 8-35

如图 8-36，这是一个边上的板六，看起来拥有相当大的做眼空间。白先，能杀掉黑棋吗？

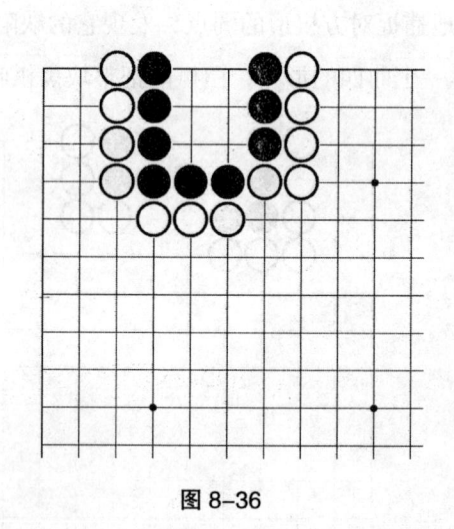

图 8-36

如图 8-37，白 1 靠左侧点入，黑 2 企图分两边做眼。白 3 长时，黑棋由于气紧，无法在 A 位做眼。黑 A 做眼则白 B 提子。

在图 8-38 中，白 1 靠右侧点入也可以，黑棋同样无法成活。黑棋走 3 位则白棋走 2 位，黑棋还是无法做出 2 只眼。

图 8-37

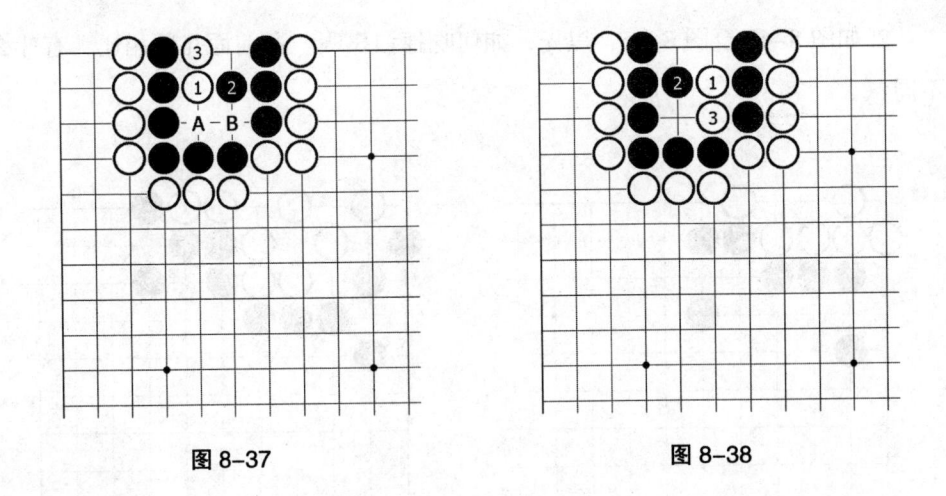

图 8-38

## 思考与练习

1. 如图 8-39 至图 8-42，黑先，如何吃掉白棋呢？

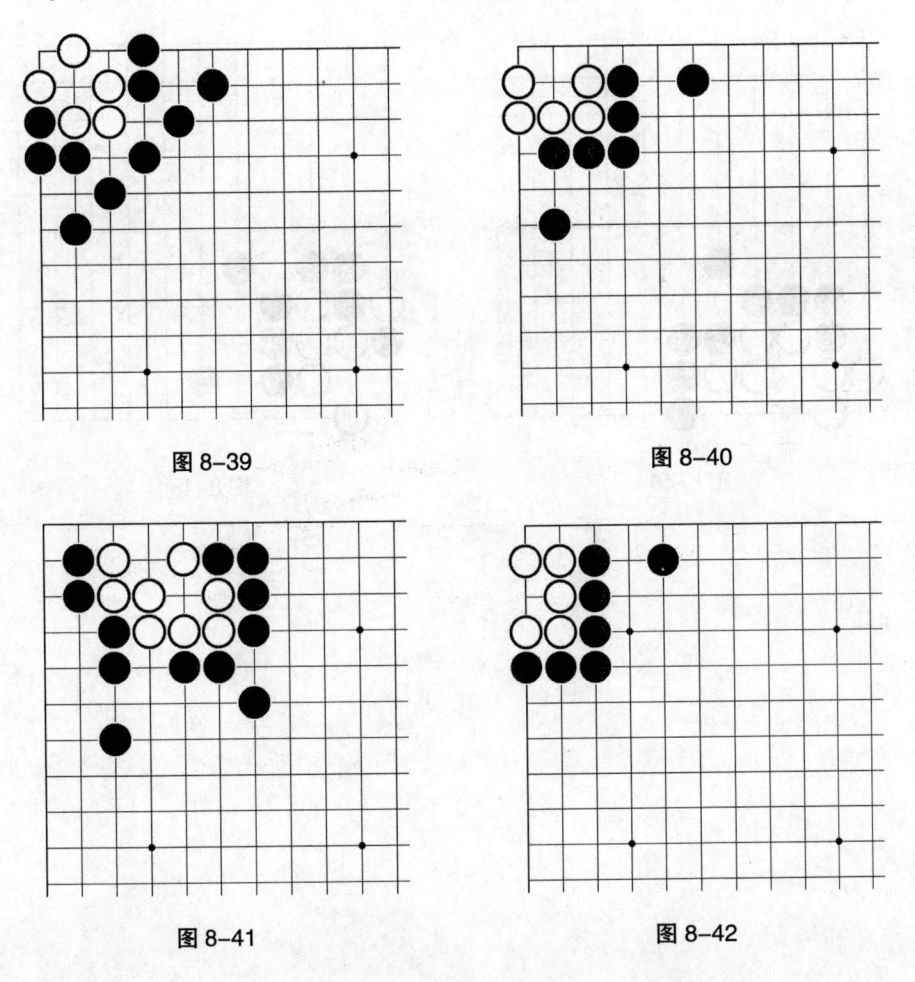

图 8-39

图 8-40

图 8-41

图 8-42

2. 如图 8-43 至图 8-46，黑先，如何吃掉白棋呢？和前面几题相比，有什么不同？

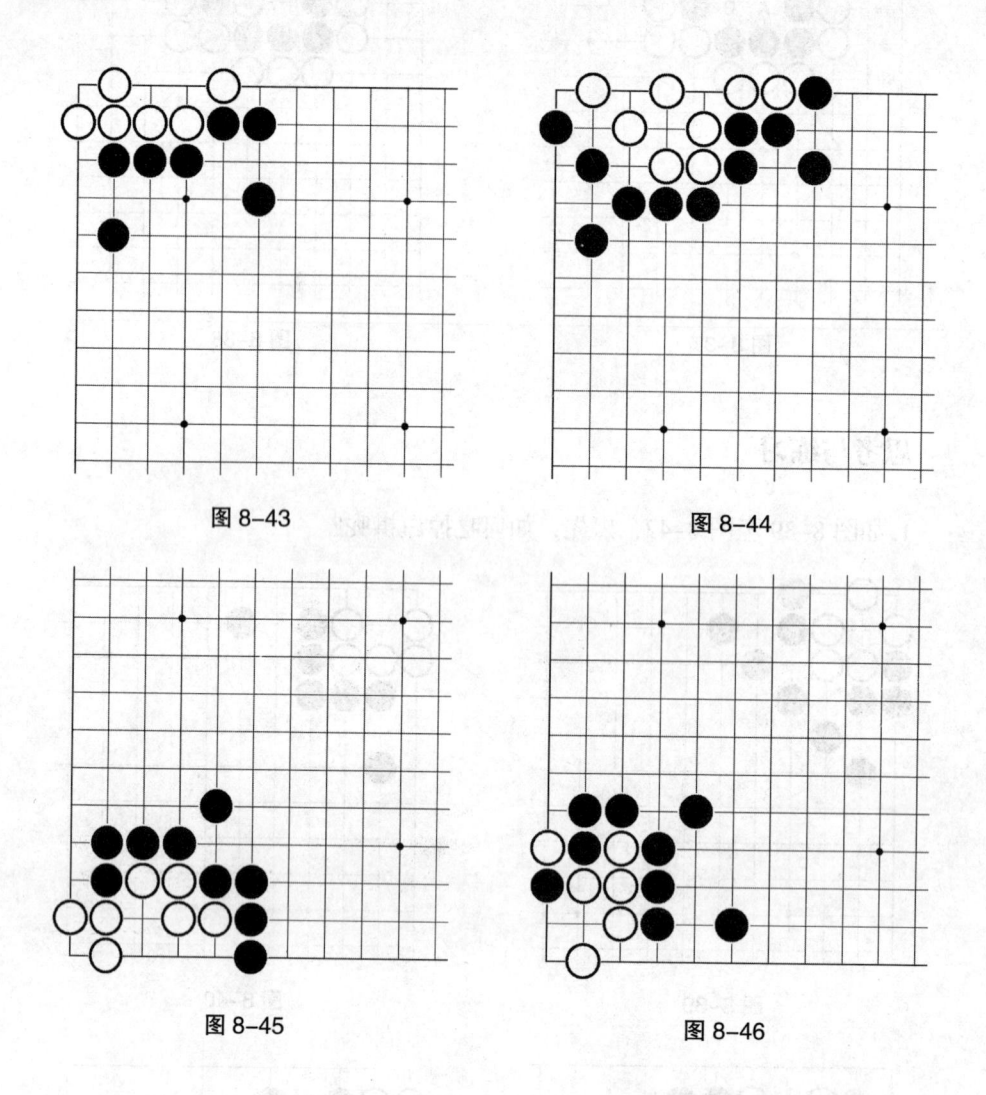

图 8-43

图 8-44

图 8-45

图 8-46

# 第九章　对杀：行进中的歼灭战

"猛虎啸洞壑，饥鹰鸣秋空"（李白《登广武古战场怀古》）。中盘战斗时，双方往往会形成互相包围、彼此攻击、激烈对杀的复杂局面。我们需要准确判断敌我形势，厘清头绪，沉着应战，熟练掌握战术技法，以实现手抚长剑、安定四荒八极的作战意图。

## 第一节　简单对杀

简单的直接对杀，主要看谁的气更长。如果气相差很多，气少的一方要趁早放弃，没必要进行无谓的挣扎。当双方两块棋的气一样多时，则先下手为强。

对杀的时候，数气是基本功。气的长短直接关系对杀的结果，一定要认真仔细地研究，养成准确数气的习惯。

### 一、对杀基本型

如图 9-1 和图 9-2，黑 × 的 3 颗子和白 × 的 3 颗子互相分断，形成对杀。黑方有 3 口气，白方也有 3 口气。这时候，黑先则黑胜，白先则白胜。

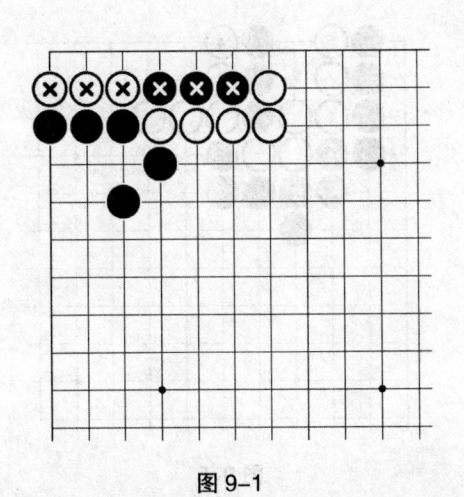

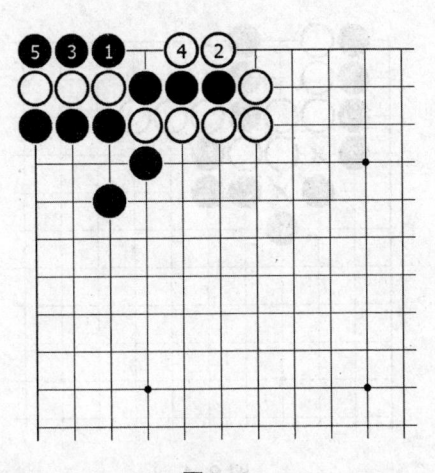

图 9-1　　　　　　　　图 9-2

如图9-3，黑▲的3颗子和白▲的3颗子都有3口气，同样也是谁先谁胜。

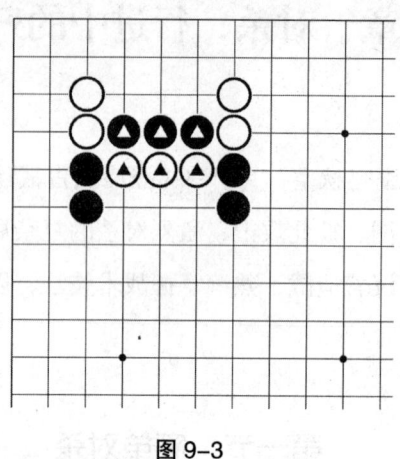

图 9-3

## 二、紧气的次序

在对杀过程中，紧气的先后顺序非常重要，要先外后内，有外气要先收外气，搞错顺序，就有可能会被对方反吃。

如图9-4，黑棋的3颗棋子和白棋的6颗棋子形成了对杀。2个▲位就是黑棋的外气，2个×位就是白棋的外气。如果黑先，黑棋应该按什么顺序紧气呢？

如图9-5，黑1、3先紧对方的外气是正确的顺序。对杀的结果是，双方形成双活。

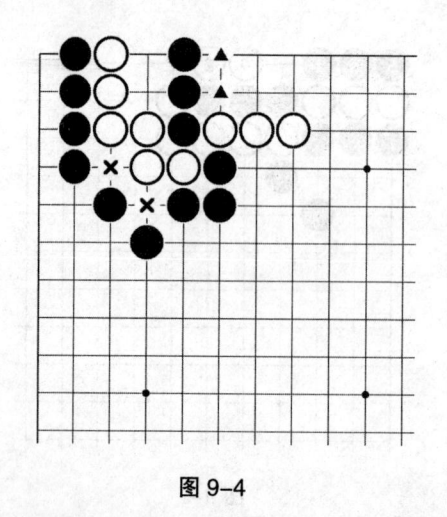

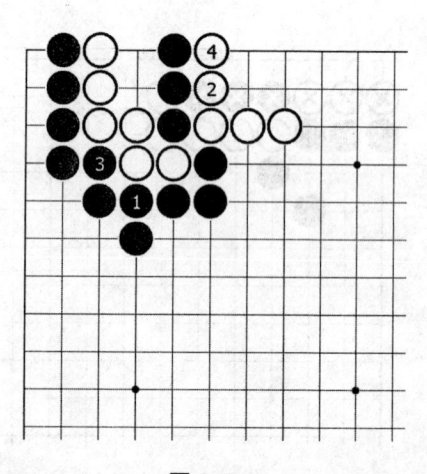

图 9-4    图 9-5

如图 9-6，黑 1 先紧内气，也就是公气，这是错误的顺序，因为这样反而会被白棋吃掉。

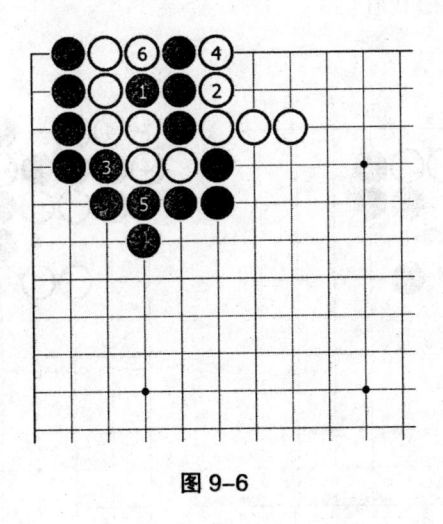

图 9-6

## 三、长气

当对杀的气不够时，我们可以考虑长气的手段。也就是说，先让自己的气变长，再回过头来进行对杀。

如图 9-7，黑先，白棋 3 颗子有 4 口气，黑棋 2 颗子只有 3 口气，直接紧气对杀，黑棋必败。那么有没有好的办法呢？

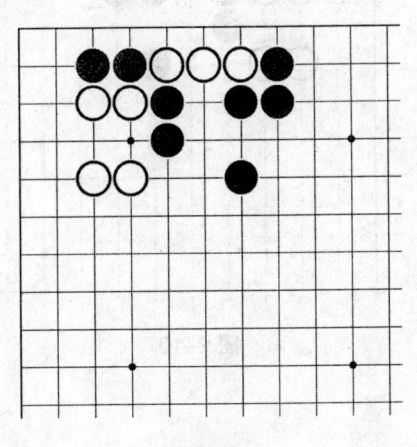

图 9-7

如图 9-8 和图 9-9，黑 1 先不着急紧白棋的气，而是向外单长，如此，这块黑棋就多了 2 口气，变成了 5 口气，而白棋 3 颗子没有长气的手段。在接下来的对杀中，黑棋可以轻松获胜。

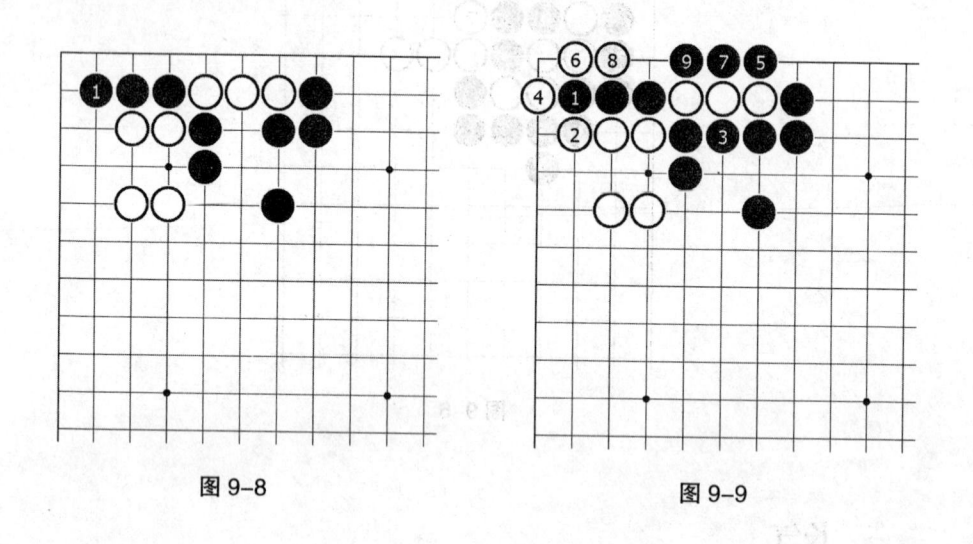

图 9-8

图 9-9

如图 9-10，黑 3 继续向角上长，则是更好的下法。这样黑棋还有 5 口气，不仅能吃住白棋 3 颗子，还能围住更多的地盘。

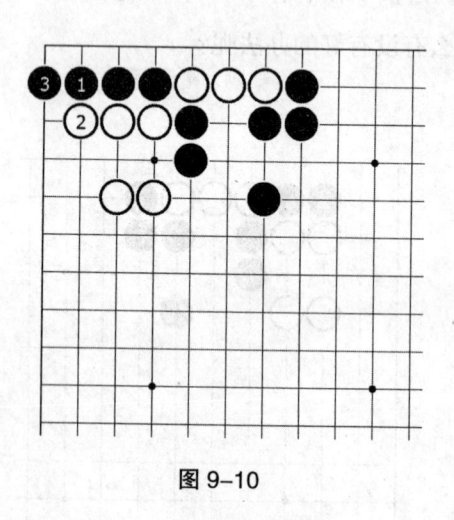

图 9-10

## 第二节 复杂对杀

在对杀时，当一方或双方有眼时，情况会相对复杂些。

### 一、有眼杀无眼

在对杀时，如果一方有眼，一方无眼，则公气属于有眼的一方。因此有"有眼杀无眼"的说法。

如图 9-11，黑棋 6 颗棋子中间有 1 只眼，一共只有 4 口气。而白棋 4 颗棋子有 6 口气。黑先，对杀能胜吗？

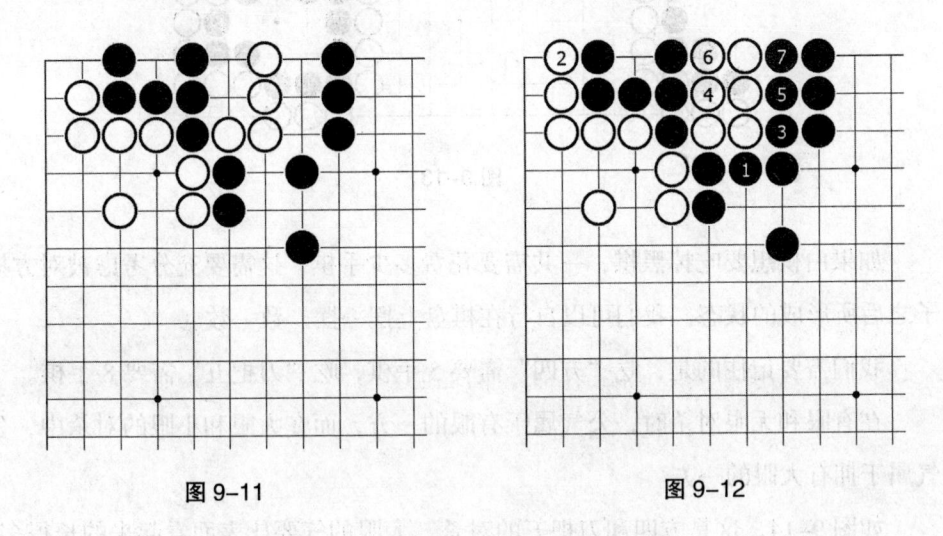

图 9-11　　　　　　　　图 9-12

如图 9-12，我们来看一看实际的对杀情况。黑棋先紧外气是正确的。由于黑棋中间有 1 只眼，白 4 和白 6 只能被迫紧内气，在紧对方气的同时也在紧自己的气。最终，黑棋竟然多 1 口气而胜出。

在上面的对杀中，2 口公气属于有眼的黑方。实际上，黑方是 4 口气，白方也是 4 口气，黑先则黑胜。

因此，在对杀的时候，要优先考虑做眼，有眼的一方往往会在对杀中占据有利地位。

### 二、大眼杀小眼

如图 9-13，黑棋围住的空不止一个且比对方大的时候，我们就称之为"大眼"。在对杀的时候，拥有大眼的一方往往会拥有更大的优势。

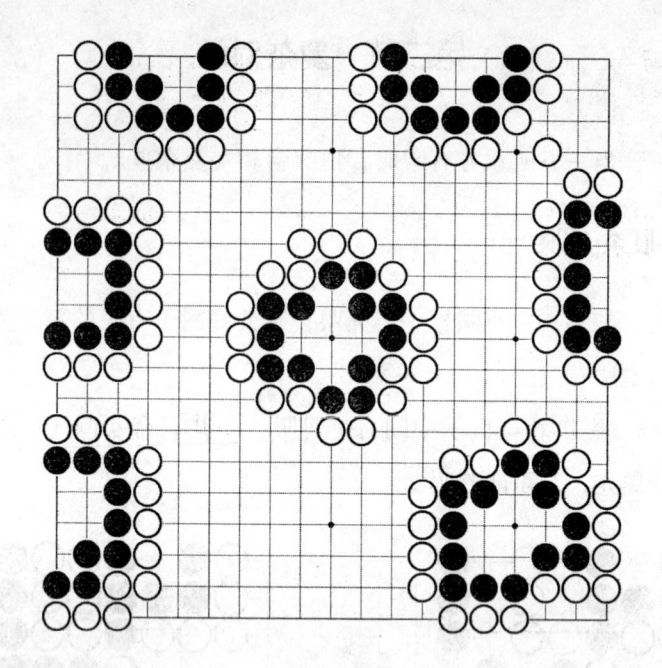

图 9-13

如果白棋想要吃掉黑棋，一共需要花费多少手棋？这需要充分考虑被对方提子之后所形成的状态。我们可以自行在棋盘上摆一摆、数一数。

我们需要记住的是，吃"方四"需要 5 手棋，吃"刀把五"需要 8 手棋。

在有眼和无眼对杀时，公气属于有眼的一方，而在大眼和小眼的对杀中，公气属于拥有大眼的一方。

如图 9-14，这是方四和刀把五的对杀，大眼的气要比表面看起来的长得多。请用心体会整个紧气对杀的过程。

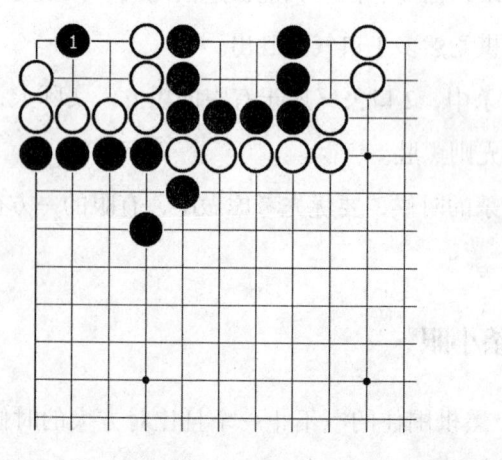

图 9-14

如图 9-14，右边的黑棋是方四，左边的白棋是刀把五。当黑 1 点入时，白棋无法两眼活棋，双方形成了对杀。

如图 9-15 至图 9-18，从表面上看黑棋先走，还多了 2 口外气，对杀理应获胜。但实际上并非如此，白棋竟然快一气胜！刀五把的气是相当长的。

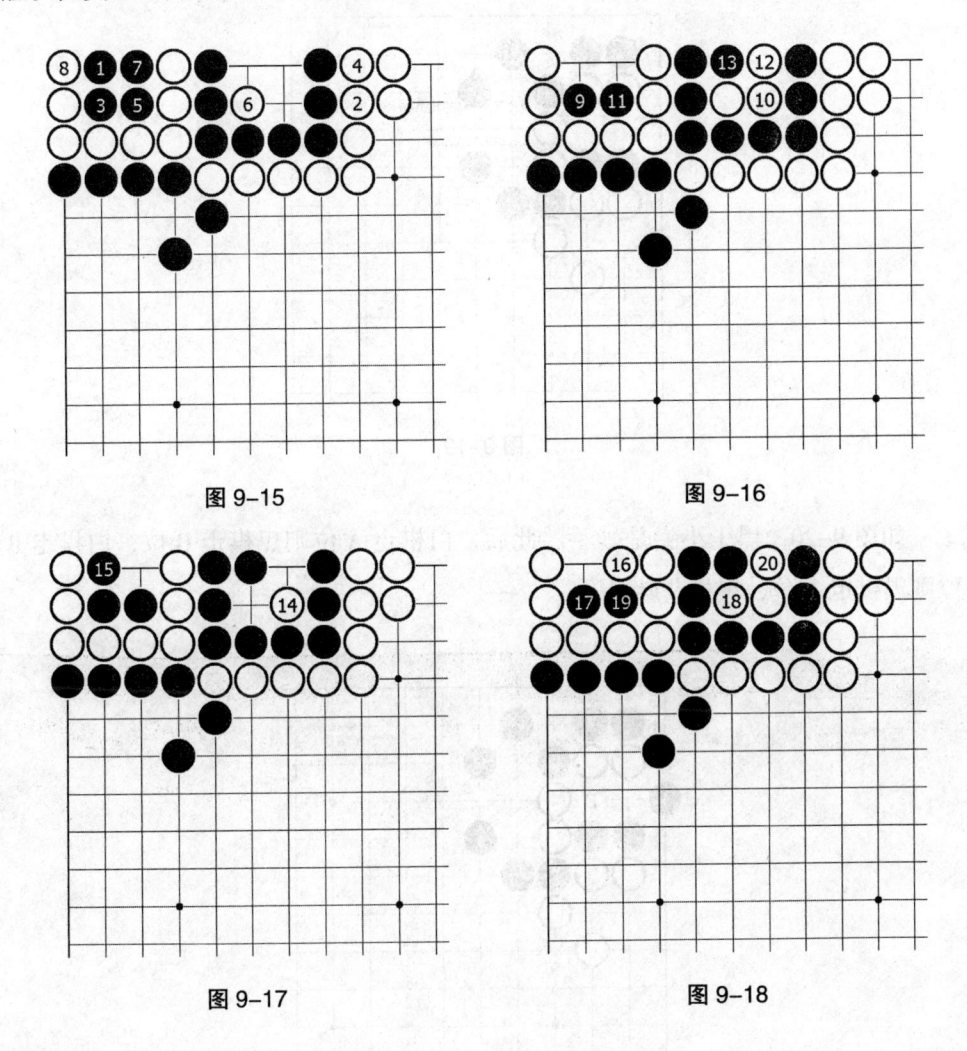

图 9-15

图 9-16

图 9-17

图 9-18

## 第三节　对杀的妙招

### 一、妙手的运用

妙手在对杀中往往能起到逆转乾坤的功效。这里简单介绍一下尖和点两种常用的妙手。

(一) 尖

如图 9-19，黑▲2 颗子能在对杀中获胜吗？直接断是不行的。这里有非常巧妙的手段，请认真思考。

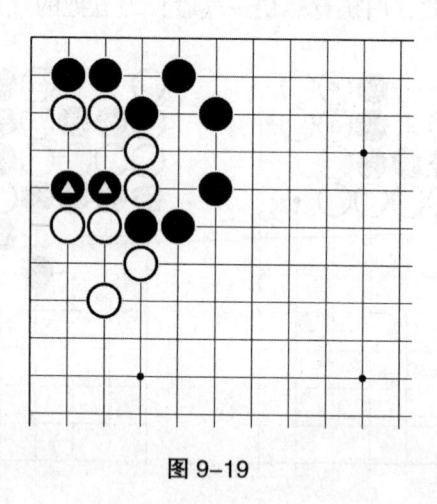

图 9-19

如图 9-20，黑 1 小尖是妙手。此后，白棋走 A 位则黑棋走 B 位，白棋走 B 位则黑棋走 A 位，黑棋获胜。

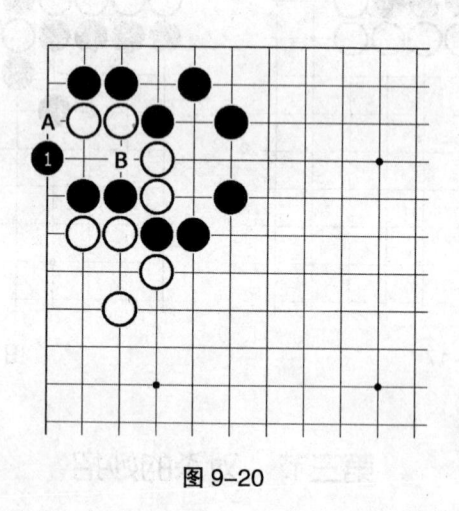

图 9-20

(二) 点

如图 9-21，黑先，表面上看，是 3 口气对 3 口气，但仔细分析后却发现，没那么简单。

如图 9-22，黑 1 如果直接紧气，白 2 打吃后，白 4 做眼，反而成活棋了。

图 9-21　　　　　　　　　　图 9-22

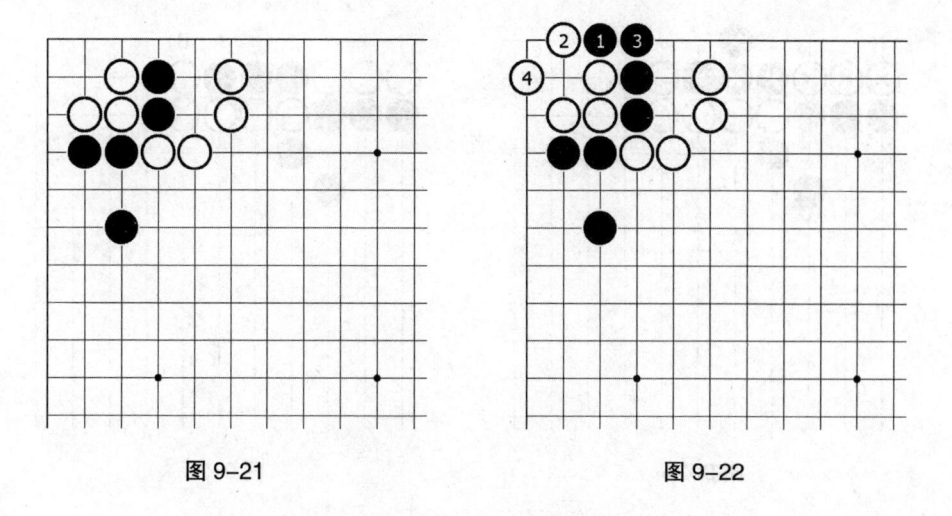

如图 9-23 和图 9-24，黑 1 点入是对杀的妙手。之后，白 2 黑 3，黑棋 3 口气对白棋 2 口气，黑棋对杀获胜。

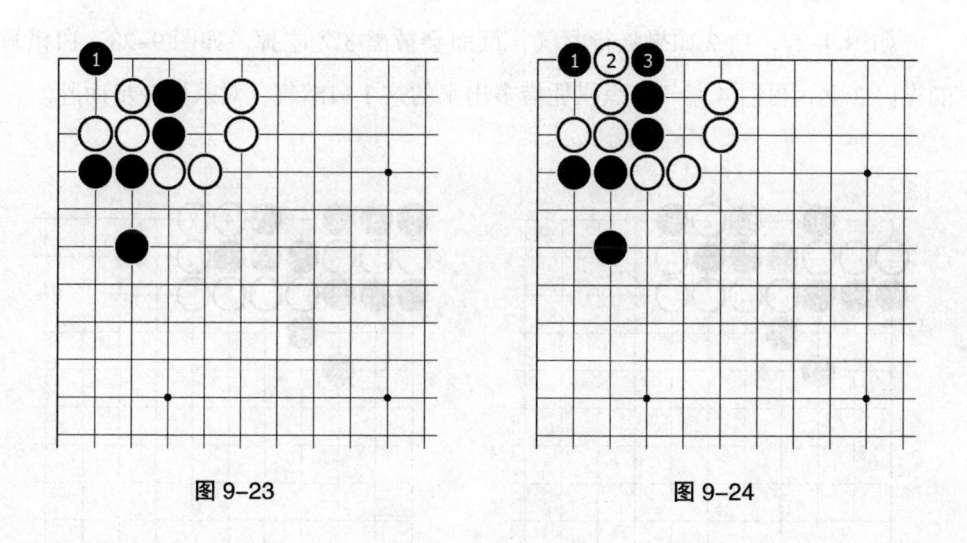

图 9-23　　　　　　　　　　图 9-24

## 二、隐含的杀机

### （一）暗气

数气的时候还要注意隐藏的气，也就是"暗气"。

如图 9-25，白 × 的 3 颗子有 3 口气，黑 × 的 4 颗子有 2 口气，黑先，对杀能赢吗？

247

图 9-25　　　　　　　　　　　　图 9-26

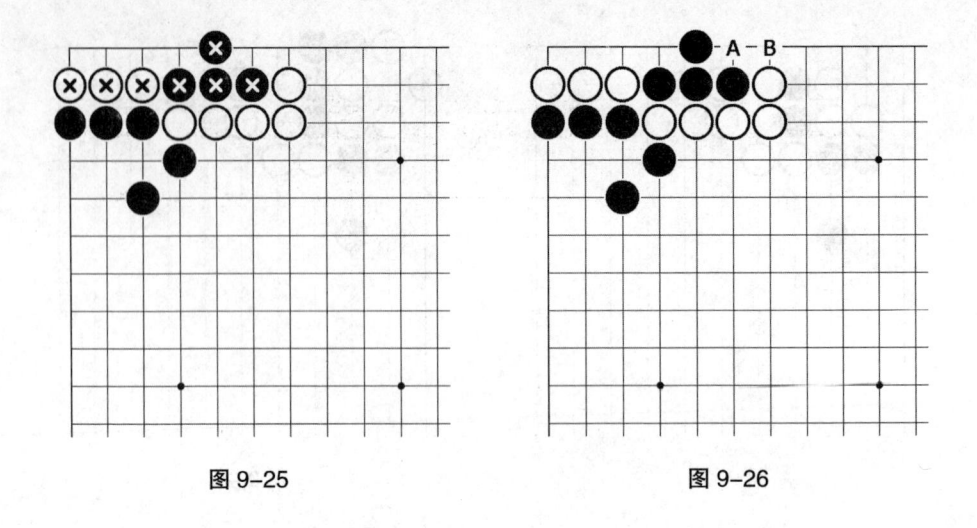

如图 9-26，黑棋看起来只有 2 口气，但是在实际的收气过程中，白棋要想下 A 位，必须先占据 B 位。A 位其实还隐含着 1 口气。

如图 9-27，白 2 如果强行紧气，反而会被黑 3 先吃掉。如图 9-28，白棋只能先白 2 立，再白 4 紧气。黑棋凭借多出来的这 1 口暗气，对杀快一步而胜。

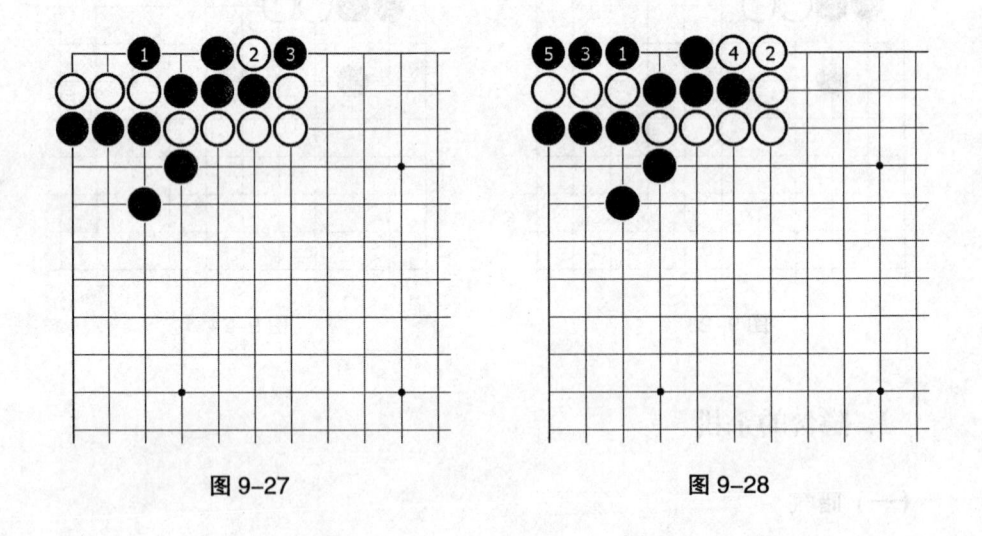

图 9-27　　　　　　　　　　　　图 9-28

如图 9-29，黑棋 2 颗子和白棋 3 颗子对杀，表面上看黑棋有 2 口气，白棋有 3 口气，黑棋气不够。

如图 9-30，由于白棋必须先走白 2 粘上，才能进一步白 4 紧气，也就是说白 4 这个位置隐含着 1 口暗气。实际对杀的结果是，黑先则黑胜。

图 9-29                    图 9-30

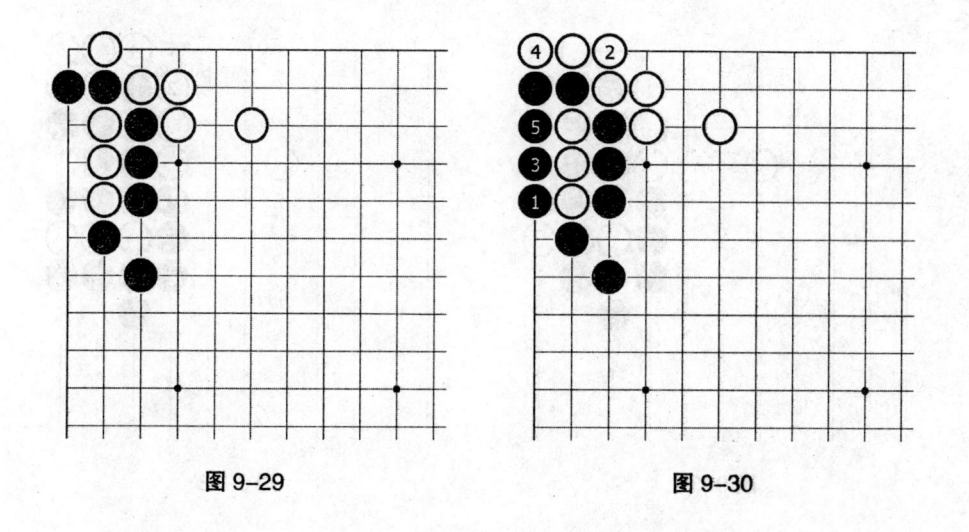

## （二）制造暗气

在实战中，我们通过主动制造暗气的方法进行长气，经常能够起到反杀对手的奇效。

如图 9-31，7 颗黑棋只有 2 口气，4 颗白棋则有 3 口气，粗看，黑棋危险，但黑棋有制造暗气的妙手。

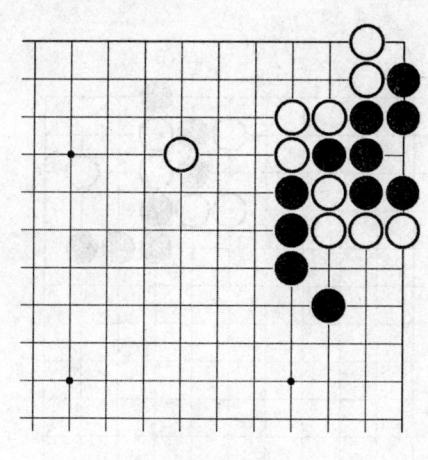

图 9-31

如图 9-32 和图 9-33，黑 1 先断，故意送吃一子，这是对杀的关键！白 2 只有打吃，接下来黑 3 再紧气。由于自身气紧，白棋必须先花一手棋吃掉黑 1，才能让白 6 进角紧气。黑棋通过制造暗气，间接长出 1 口气，从而赢得了这个局部的胜利。

图 9-32　　　　　　　　　图 9-33

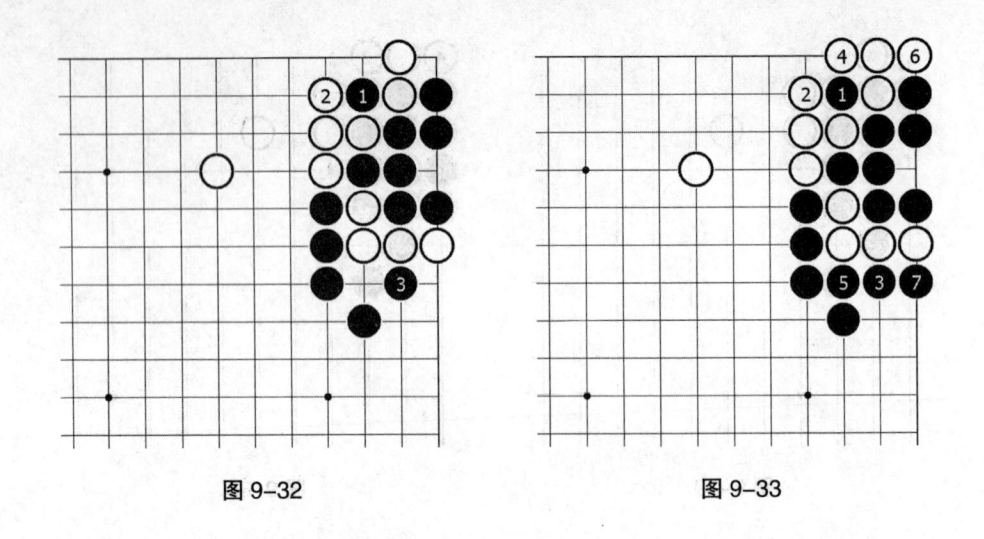

## 三、滚打包收

滚打包收是通过主动弃子，把对方的棋形打成愚形的作战技巧。滚打包收通常能使对方棋子的气变少，是非常实用的紧气技巧，在对杀中往往能收获奇效。

如图 9-34，黑棋上边的 3 颗子处于比较危险的境地，怎样才能化险为夷呢？

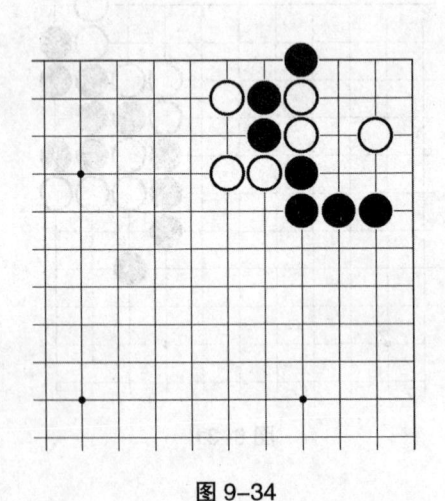

图 9-34

如图 9-35 和图 9-36，黑 1 挖吃后，再黑 3 断打，舍弃之前的黑 1，白 4 只有提掉黑 1，黑 5 继续追击将白棋打成愚形，最终对杀成功。

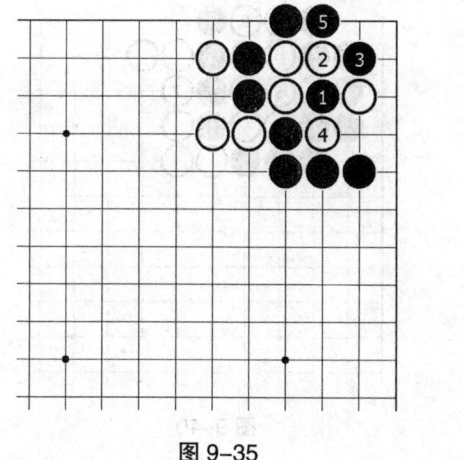

图 9-35 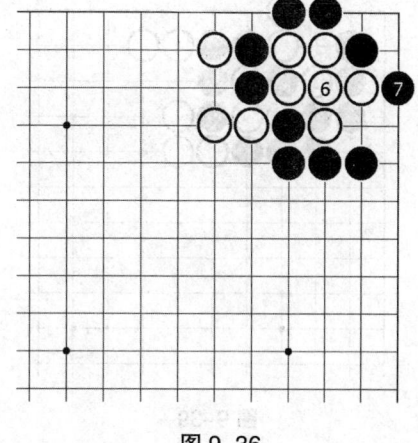　　　　　　　　　　　图 9-36

上面黑棋这样的弃子包收的技巧，就是"滚打包收"。

在对杀中，防止被对方滚打包收，也是一种需要牢记的间接长气的方法。

如图 9-37，白先，应该怎么着手呢？

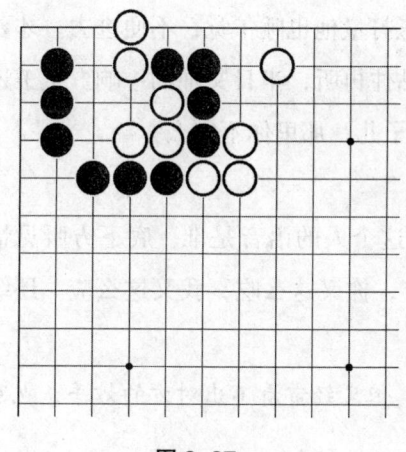

图 9-37 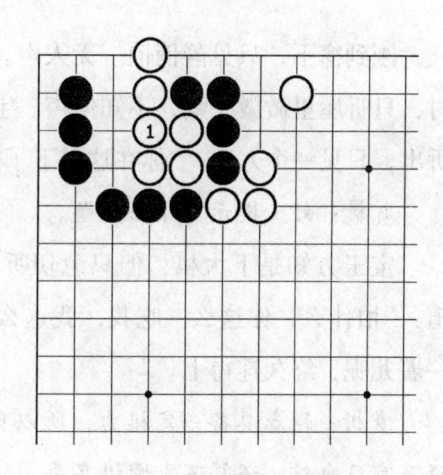　　　　　　　　　　　图 9-38

如图 9-38，白 1 粘上，是冷静的一手好棋，使黑棋没办法滚打包收。接下来，白棋 5 口气对黑棋 4 口气，白棋对杀胜出。

如图 9-39 和图 9-40，白 1 先收外气则显得过于心急，黑 2 扑是滚打包收的好手段。在接下来的对杀中，黑棋因快 1 口气对杀胜出。

251

图 9-39　　　　　　　　　　　图 9-40

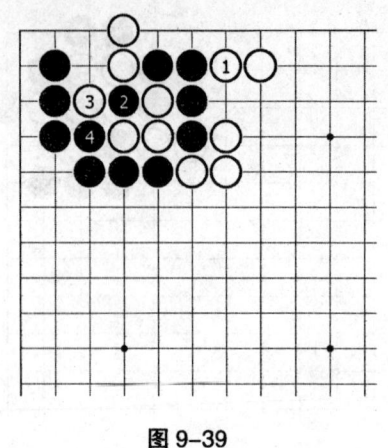

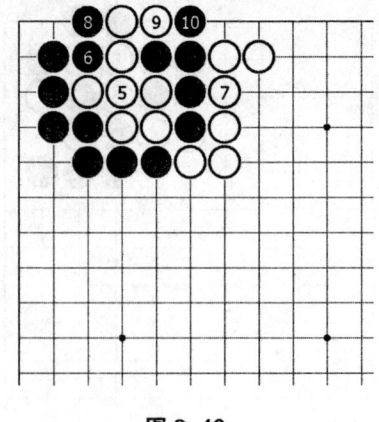

## 四、先舍而后得：倒脱靴

我们姑且先欣赏一段《红楼梦》里的围棋故事。在《红楼梦》第八十七回有这么一段：

刚到窗下，只见静悄悄一无人声。宝玉打量他也睡午觉，不便进去。才要走时，只听屋里微微一响，不知何声。宝玉站住再听，半日又啪的一响。宝玉还未听出，只见一个人道："你在这里下了一个子儿，那里你不应么？"

赏析：妙玉提示，指出问题。

宝玉方知是下大棋，但只急切听不出这个人的语音是谁。底下方听见惜春道："怕什么，你这么一吃我，我这么一应，你又这么吃，我又这么应。还缓着一着儿呢，终久连得上。"

赏析：惜春具备一定棋力，所以自信，但又经常看不出对方的妙手，也可以说是盲目自信，还算不上围棋高手。

那一个又道："我要这么一吃呢？"惜春道："阿嗄，还有一着'反扑'在里头呢！我倒没防备。"

赏析："阿嗄"，语气词用得非常到位。可爱状，并没有因为看错棋而懊悔万分，可爱的小姐妹们在棋盘上经常会少根筋，喜欢下围棋而又不拘泥于棋的胜负和成败得失，颇有风度雅趣。而没有品的男人们可能会来一句"屏头"，然后再扇自己一耳光。反扑即倒扑，这是围棋里容易被忽视的手段。

宝玉听了，听那一个声音很熟，却不是他们姊妹。料着惜春屋里也没外人，轻轻地掀帘进去。看时不是别人，却是那栊翠庵的槛外人妙玉。这宝玉见是妙玉，不敢惊动。

赏析：宝玉观棋不语，是真君子，同时也说明他非常尊重妙玉。

妙玉和惜春正在凝思之际，也没理会。宝玉却站在旁边看他两个的手段。只见妙玉低着头问惜春道："你这个'畸角儿'不要了么？"

赏析：再次提醒，说明两人水平不在一个层面。赢得过于轻松，会让高手觉得淡然无味。

惜春道："怎么不要。你那里头都是死子儿，我怕什么。"

赏析：惜春继续自信。

妙玉道："且别说满话，试试看。"

赏析：很多人是不到黄河不死心，不实践，还以为自己是对的呢。

惜春道："我便打了起来，看你怎么样。"妙玉却微微笑着，把边上子一接，却搭转一吃，把惜春的一个角儿都打起来了，笑着说道："这叫做'倒脱靴势'。"

赏析：倒脱靴，置之死地而后生，先弃而后取，先舍而后得。这是具备一定水平而又不算高手的人经常忽视的手段。实战中的倒脱靴，往往令人拍案叫绝，能下出倒脱靴的，其心情更是无法形容之畅快。

我们接下来就来说一说围棋里的绝妙手段——倒脱靴。

倒脱靴是围棋里非常特别的一类棋形。它的特点是在对方提掉自己的数子后，可以立即再反过来吃住对方的部分关键棋子。倒脱靴是围棋死活问题的经典案例，因有故意送吃这样的技巧，往往会成为大多数人的思维盲区，经常被人忽视。

如图9-41，整块黑棋岌岌可危，黑先，怎样走才能成活？

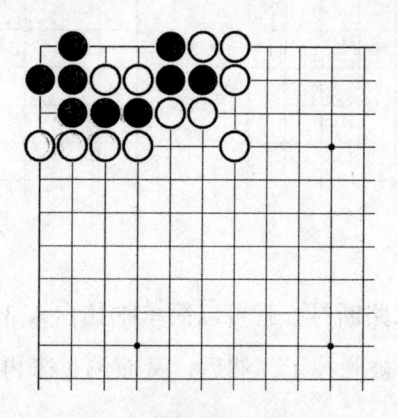

图 9-41

如图9-42，我们先简单分析一下。黑棋左上角×位已经有一个完整的真眼，但还不足以成活，需要想办法做出第二只真眼才行。而右侧3颗黑▲只有1口气，与2颗白▲对杀，肯定会因少1口气而被吃。乍一看会觉得黑棋已经没有活路了。

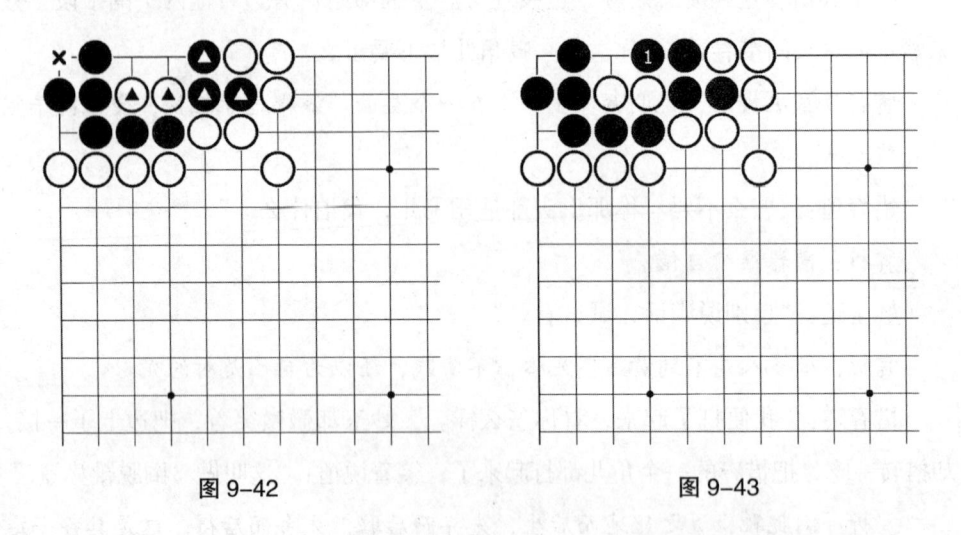

图 9-42

图 9-43

如图9-43，黑1送吃1颗棋子，这是常人的盲点，却正是破题的关键。

如果从图9-43中还看不出究竟，那么请再看图9-44和图9-45。白2顺手就可提掉4颗黑棋。但问题是，提掉之后会形成一种什么样的局面呢？

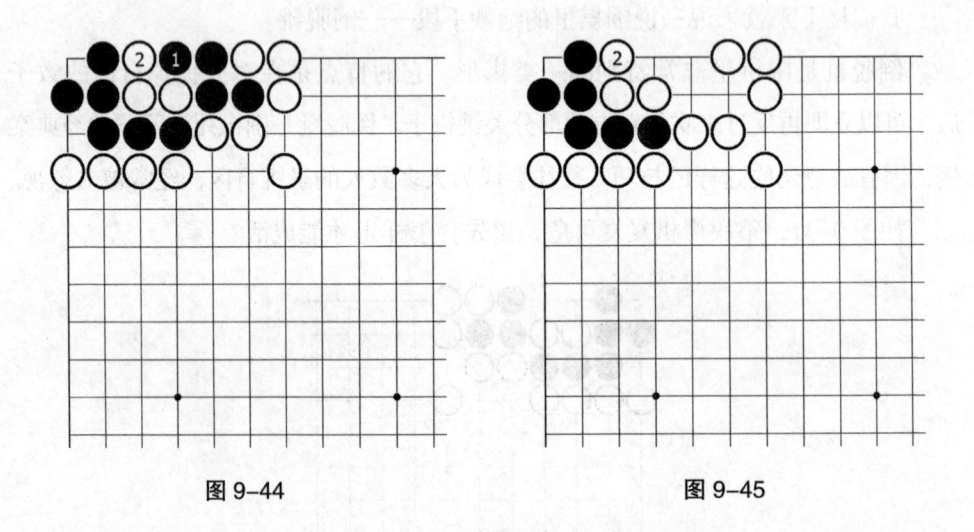

图 9-44

图 9-45

如图9-46，黑3二路断打，就可以简单吃住白▲3颗子。被吃掉的4颗黑子的形状像靴子一样，被脱掉了，然后，又能倒过来再穿回去。诸如这样的技巧，被称为"倒脱靴"。

254

吃住这3颗白子后，黑棋第2只真眼便水到渠成了，整块黑棋已然成活。

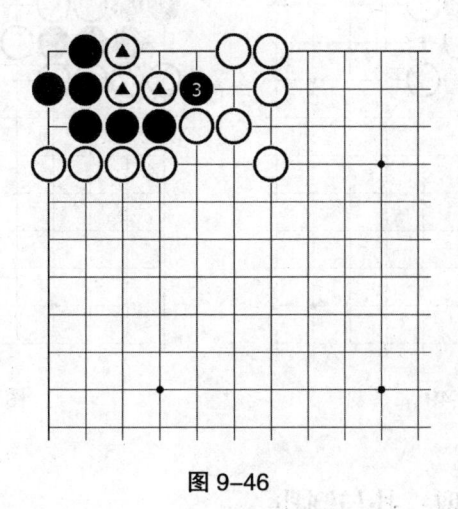

图 9-46

图 9-47 和图 9-48，白棋只能眼睁睁看着黑棋死里逃生。

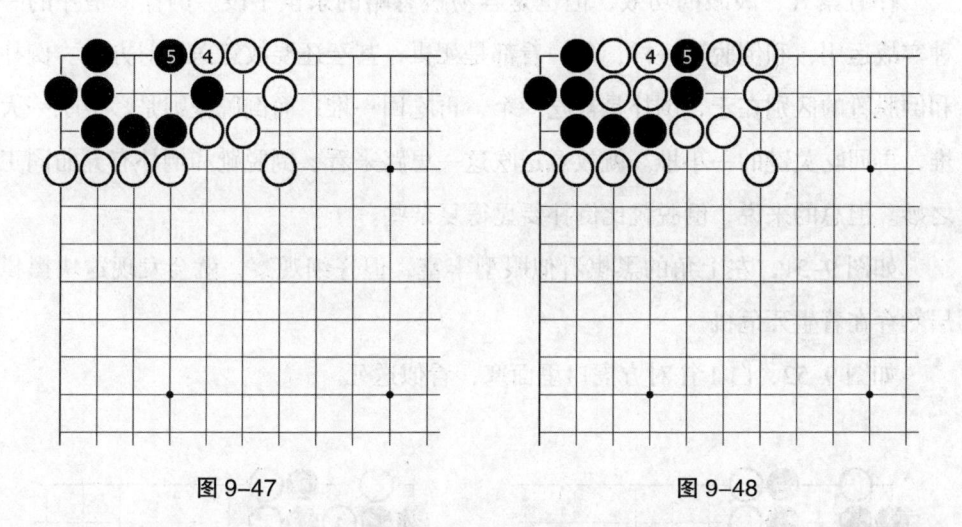

图 9-47　　　　　　　　　　图 9-48

"乱花渐欲迷人眼，浅草才能没马蹄"，倒脱靴之所以容易成为思维的盲点，是因为人们的眼里往往只有眼前，而很少去思考接下来会出现什么样的状态。轻易被"死子"所迷惑，而忽略一些非常的手段。

棋盘上的边角区域，一二路线上，空间狭小，棋子相互交织扭杀在一起，是最容易出现错觉的地方。错觉外的正着，便是妙手。

如图 9-49 和图 9-50，我们最后再来回顾一下倒脱靴的精彩瞬间。黑1，置之死地而后生。白2提子后，看着提子后所形成的棋形，脸上的笑容会瞬间凝固！

图 9-49　　　　　　　　　　　　图 9-50

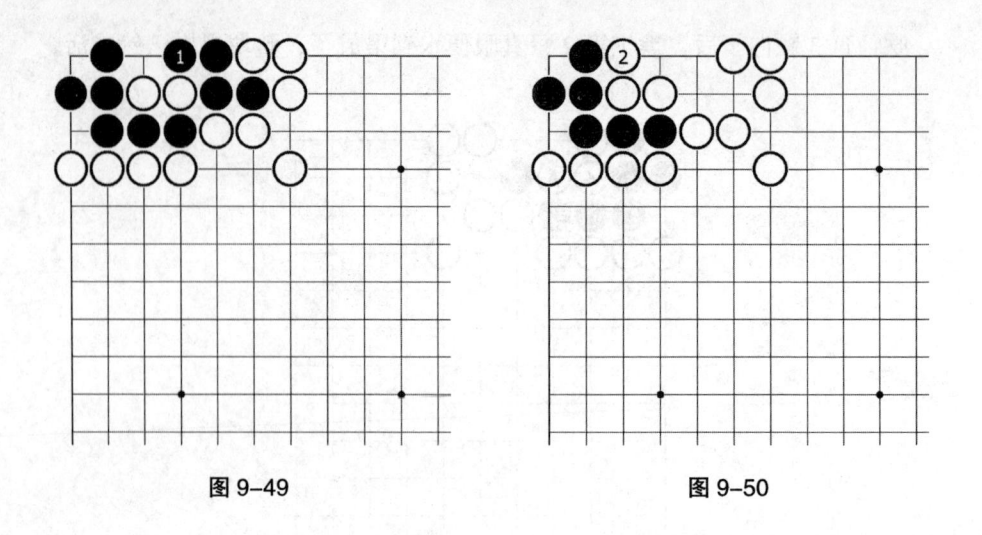

## 五、先弃而后取：扑与倒扑

扑有紧气、破眼的功效，但也是容易被忽略的杀棋手段。倒扑，是扑的一种实战运用，和倒脱靴一样，乍一看都是死棋，甚至还要故意送给对方吃。倒扑和倒脱靴的区别在于，倒扑是被吃一个，再吃回一堆；而倒脱靴则是，被吃一大堆，再回吃关键的一小堆。就故意送吃这一思路来看，倒脱靴和倒扑有异曲同工之妙。但总的来说，倒脱靴比倒扑要显得复杂些。

如图 9-51，左上角的黑棋看似眼型丰富，但仔细观察，就会发现这块黑棋居然存在着生死危机。

如图 9-52，白 1 往对方虎口里面塞，看似送死。

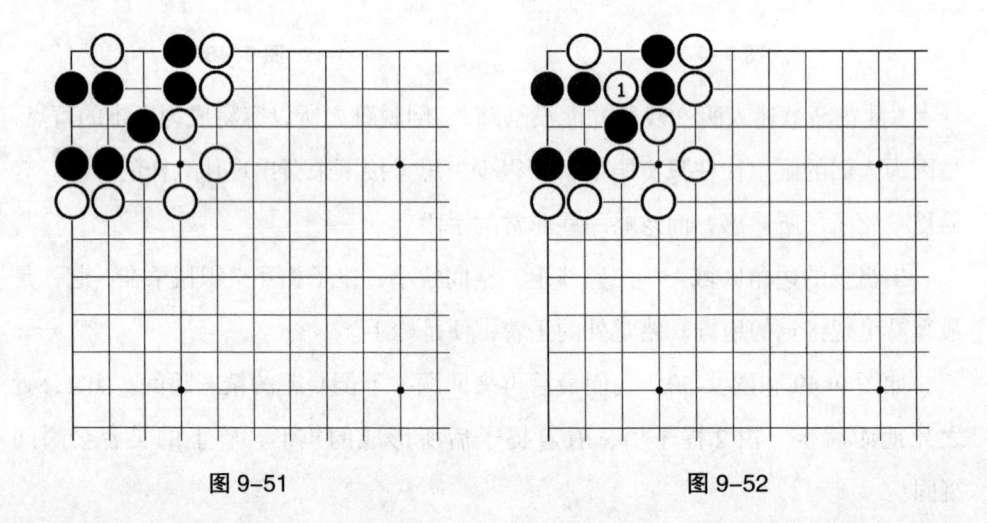

图 9-51　　　　　　　　　　　　图 9-52

如图 9-53 和图 9-54，黑 2 提掉白 1 后。黑▲的 3 颗子只剩下 1 口气，白棋可立即反提回来。这就是围棋中常见的吃子技巧"倒扑"。

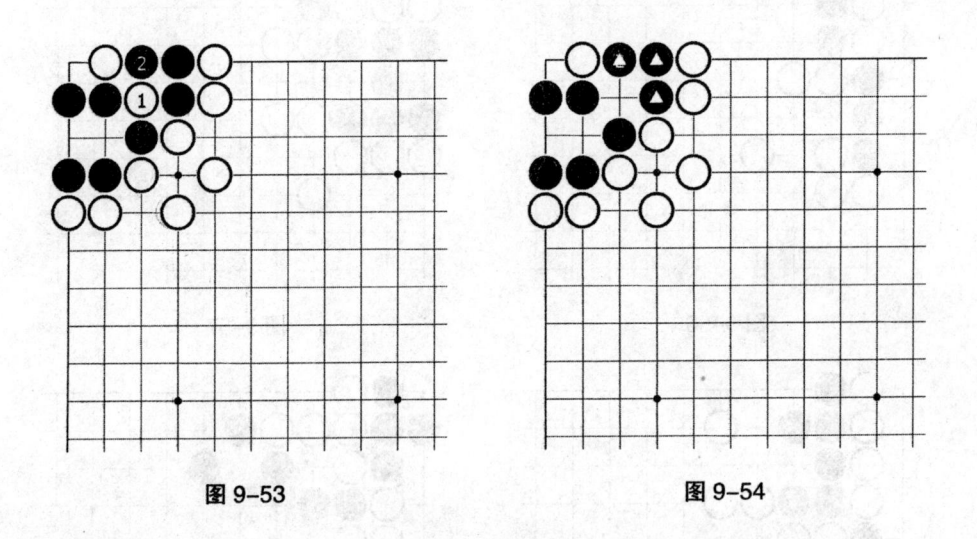

图 9-53

图 9-54

如图 9-55，白 3 倒扑提掉黑棋 3 颗子后，剩下的黑子也风雨飘摇，自然死亡了。

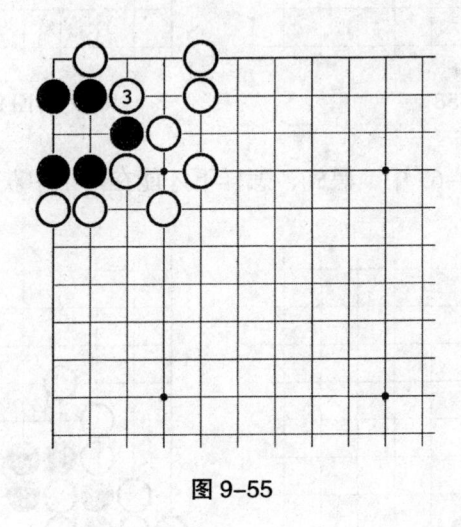

图 9-55

## 思考与练习

1. 图 9-56 至图 9-59 中，黑先，请问，对杀哪边能获胜？

图 9-56

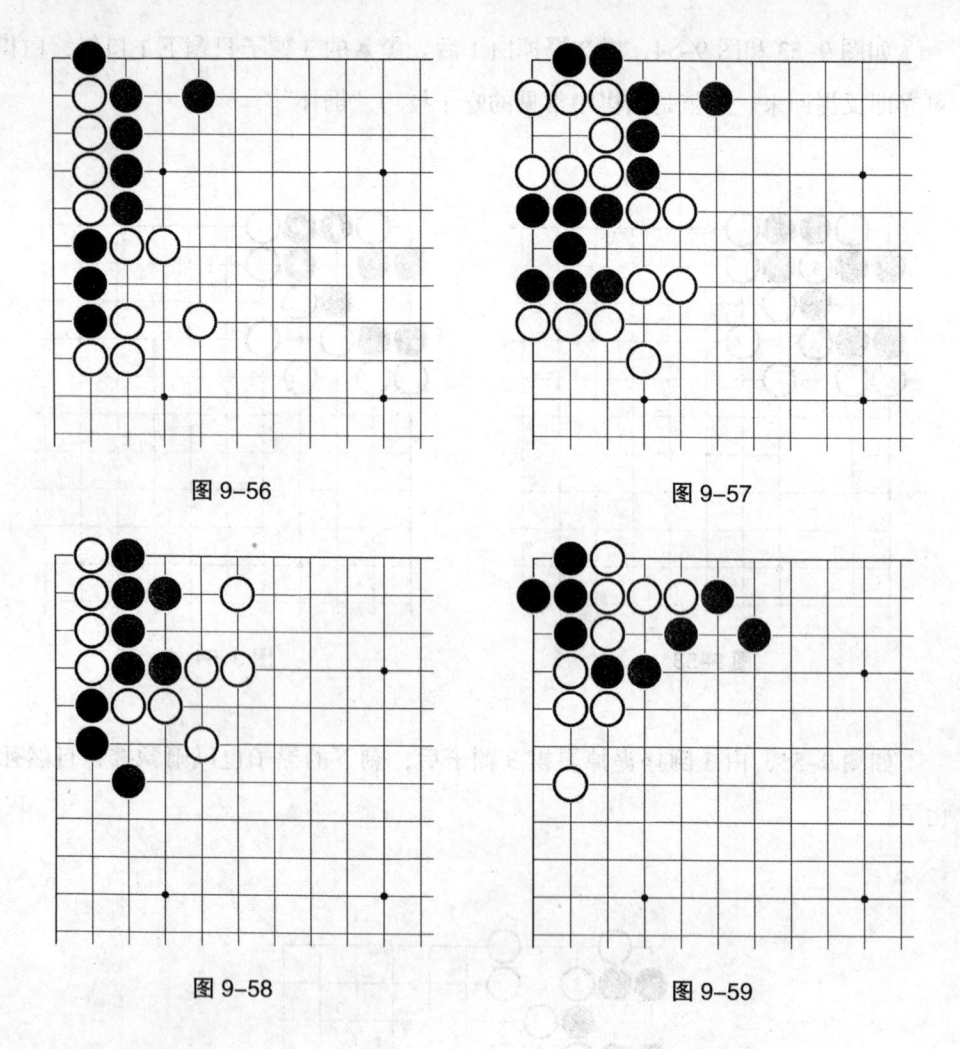

图 9-57

图 9-58

图 9-59

2. 图 9-60 至图 9-63 中，黑先，怎样下才能在对杀中获胜呢？

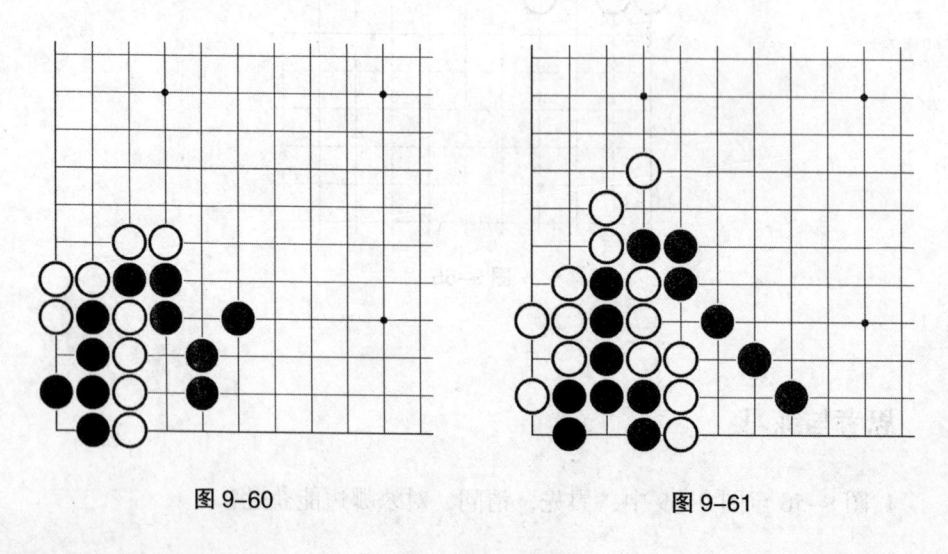

图 9-60

图 9-61

图 9-62　　　　　　　图 9-63

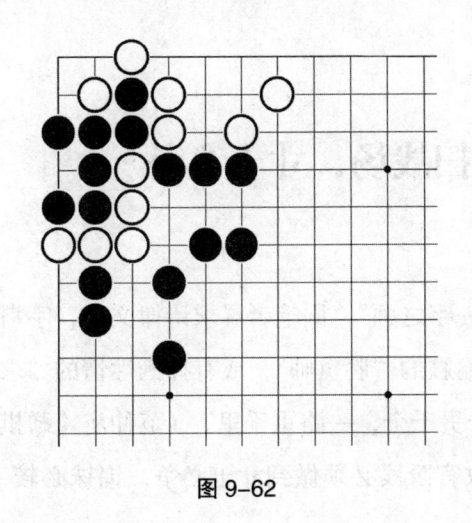

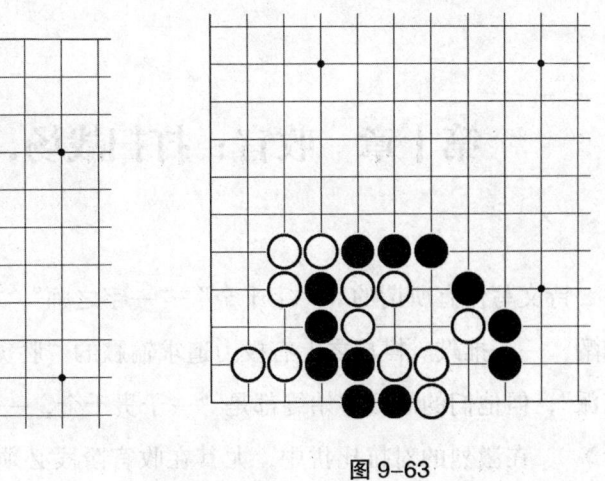

# 第十章　收官：打扫战场，寸土必争

诗文写作有所谓的"一字千金""一字之师"，搦笔者寻求诗律文法，字斟句酌，一一推敲。棋局之上有极力追求输赢的"胜负师"，或有挥洒性情的"求道派"，但他们的心目中始终都是"一子贵千金，一路重千里"（范仲淹《赠棋者》）。在激烈的对抗比拼中，尤其在收官阶段必须做到寸土必争，锱铢必较，以完成围棋这一竞技游戏自身的使命。

## 第一节　目的概念与计算

收官是一局棋最后的阶段。经过中盘战斗之后，双方在棋盘上的地域大致围定，但尚未分清地界，而为边界定形所下的子就是"官子"。收官阶段一般不涉及生死安危的战斗，行棋的主要目的是尽量扩大自己的地盘和缩小对方的地盘，确定双方最终的边界线。当双方都无法再扩大自己的地盘，也无法再缩小对方的地盘时，一局棋就结束了。

尽管我们在第一章讲围棋规则的时候提到过"目"的概念，但为了更好地下好官子，在这里还需要进一步讲清楚。因为准确计算每一手棋的价值，是下好官子的关键。

### 一、"目"的概念

围棋是围地的游戏，最后看谁围住的地盘多，地多为胜。地包括子和空，子空皆地。空的单位是"目"，我们一般用"目"来表示围住的空的大小，或衡量一手棋的价值。

图 10-1 中，交叉点表示黑棋已经围住的空。黑棋角上围住了 4 目空，边上围住了 4 目空，中腹围住了 4 目空，一共围住了 12 目空。

在实战中，活棋围住的空才算是自己的，死棋即便围住了空，也是属于对方的。所以，在算目的时候，需要先判断棋的死活情况。

图 10-1

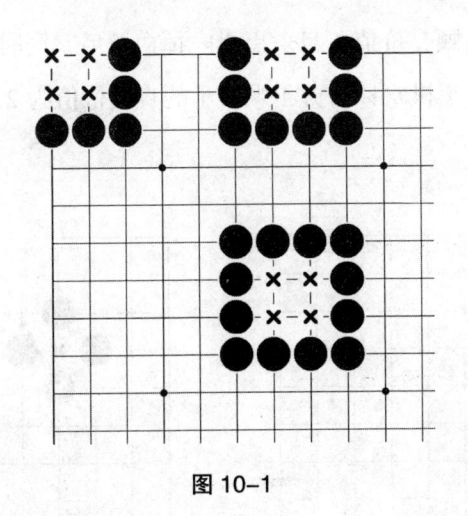

如图 10-2，黑棋 5 颗棋子围住了 4 目空，但板四是死棋，所以，标 9 个 × 的地盘实际上要算作白棋的地盘。

如图 10-3，黑棋虽然被白棋团团包围，但黑棋很明显是活棋。黑棋 8 颗棋子围住了 8 目棋，一共占据住了 16 个交叉点的地盘。

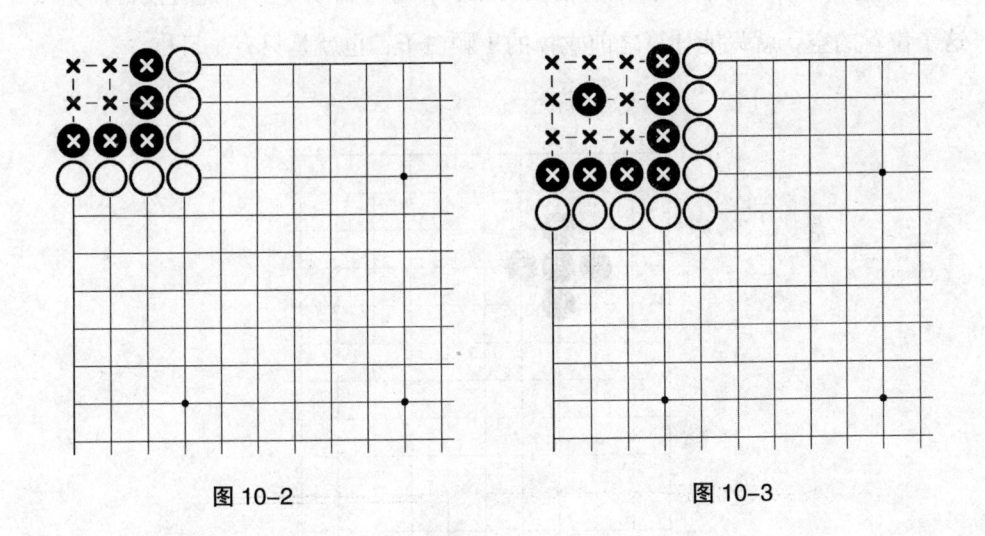

图 10-2　　　　　　　图 10-3

## 二、"目"的计算

如图 10-4 和图 10-5，吃掉对方 1 颗棋子后，同时围住了 1 个空，应该怎么计算空的大小呢？

黑棋吃掉 1 颗白子后，白棋在棋盘上就少了 1 颗棋子，也就是说棋盘上占据交叉点的棋子少了1颗，价值1目。黑棋吃掉白子后，同时又形成了1个空，价值1目。总的来说，黑棋吃掉对方1颗棋子的直接价值为2目。

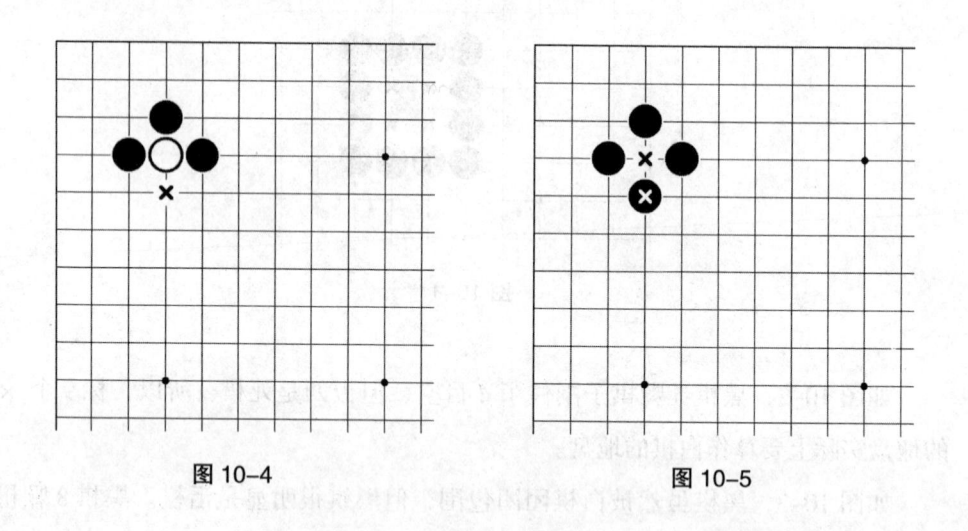

图 10-4

图 10-5

如图10-6，如果以后黑1有需要再粘上，等于自填1目。这时候再计算黑1这个位置的空，就只能计算之前吃掉的1颗白子，也就是只有1目棋。

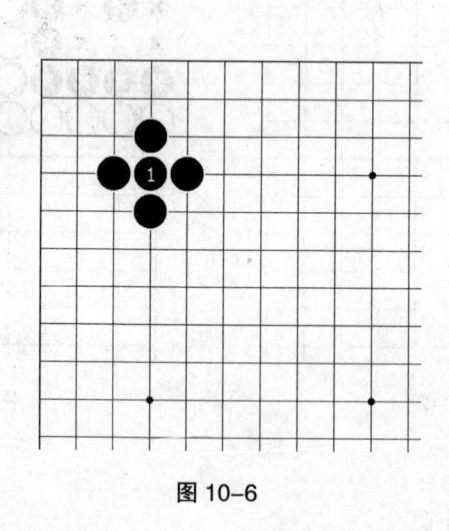

图 10-6

如图10-7和图10-8，黑1吃掉2颗白子，同时围住了2个空，那就是4目棋。

图 10-7　　　　　　　　　　　图 10-8

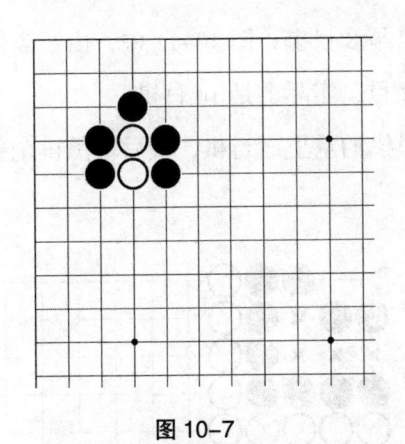

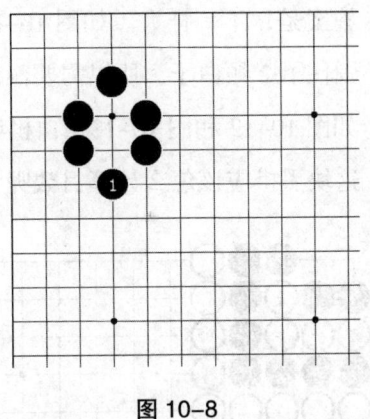

如图 10-9，如果黑 1 单纯地围住 2 个空，没有发生吃子，则黑棋就是 2 目棋。有没有发生吃子，直接关系着目数的计算。

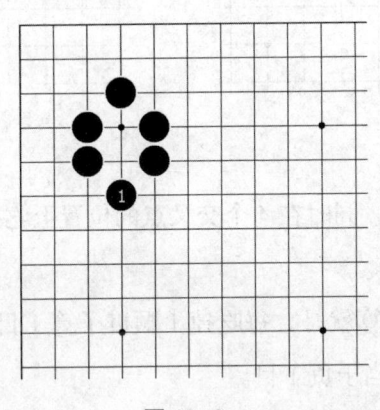

图 10-9

如图 10-10 和图 10-11，黑棋都是活棋，同样都占据了 16 个交叉点。如果计算目数，也一样大吗？

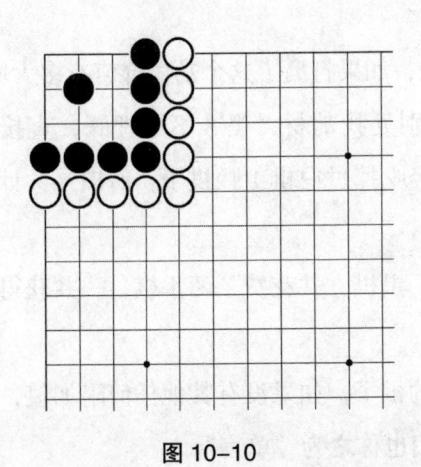

图 10-10　　　　　　　　　　图 10-11

答案是，不一样大。如图 10-10，黑棋是 8 目棋；图 10-11 中，由于黑棋同时还围住了 2 颗白子，所以需要额外加上 2 目，实际上是 10 目棋。

如图 10-12 和图 10-13，白棋继续在黑棋的空里面行棋，最后被黑棋全部吃掉。这块黑棋应该怎么计算目数呢？

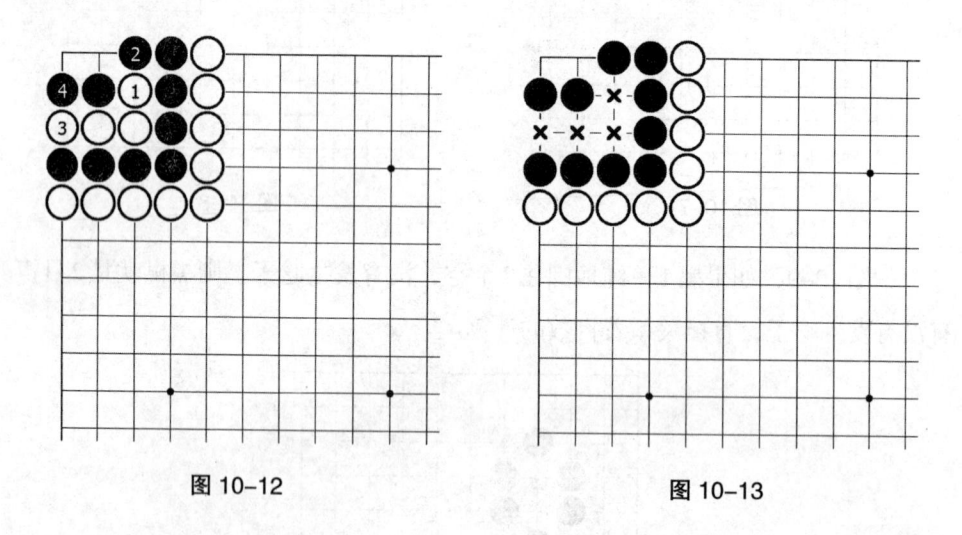

图 10-12

图 10-13

黑棋围住了 6 个空，同时在 4 个交叉点的位置上吃掉了 4 颗白子，所以，这块黑棋一共围了 10 目棋。

简而言之，目的计算就是，每吃掉 1 颗棋子算 1 目，每围住 1 个空算 1 目，自己填自己 1 个空则相当于负 1 目。

## 三、单劫的价值

如果一个劫争不涉及棋盘上其他任何因素，也就是说仅仅是单纯的一个劫，没有其他任何附加价值，则称之为"单劫"。

如图 10-14，假设这是一个单劫，黑先，如果打赢了这个劫，价值有多大呢？

如图 10-15，黑 1 提劫，白 2 表示在别处找劫材，黑 3 不予理睬，直接消劫。黑棋没有围住空，但在黑 3 的位置曾经吃掉过白棋 1 颗棋子，所以一共计为 1 目。

回顾整个过程，为了打赢这一个单劫，黑棋一共花费了两手棋，一共获得了 1 目空，平均每一手棋的价值就是半目。

白 2 既没有围住空，又没有吃掉黑棋的棋子，如果没有其他任何附加值，可以认为是零目。没有获得"目"的棋，我们也称之为"单官"。

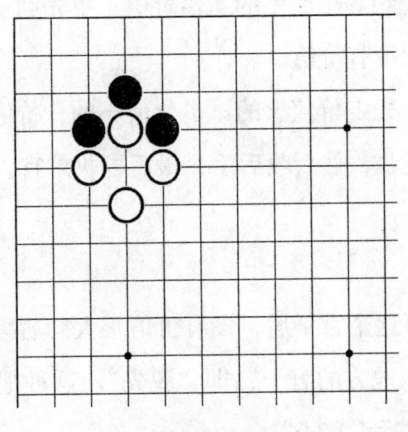

图 10-14

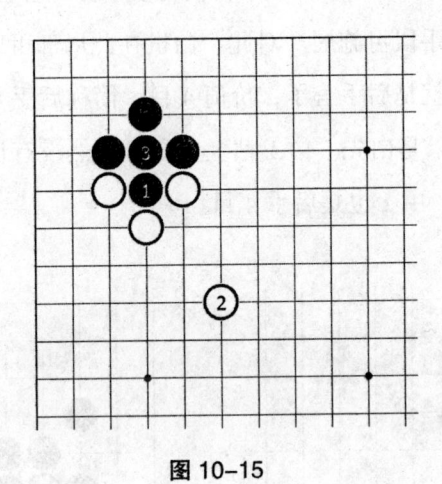

图 10-15

学了目的概念，我们可以再来回顾一下围棋胜负的判定。

中国围棋规则，黑棋要贴还白棋 3.75 子，1 子为 2 目，如果按照数目的计算方法，就是黑棋要贴还白棋 7.5 目。

当黑棋 185 子时，黑胜 0.75 子，即黑胜 1.5 目。当黑棋 184 子时，黑负 0.25 子，即黑负 0.5 目。由此来看，数目法和数子法的结果是一样的。

## 第二节 官子的种类

官子的种类有五种：后手官子、单方先手官子、逆收官子、双方先手官子和无目官子。它们又可简称为后手、单先、逆收、双先和单官。

从价值来说，双先约等于后手的 4 倍价值。单先和逆收一样大，约等于后手的 2 倍价值，而单官则没有价值。

从收官次序来说，先走价值大的再走价值小的；价值差不多大时，一般是先收双先，再收单先和逆收，然后收后手，最后再收单官。

## 一、后手官子

后手官子是指下了这个官子后，没有价值很大的后续着法，对方可以暂时不予理睬，而去抢占其他地方的官子，即"脱先"。这种把收官的主动权让渡给对方的官子着法，称为"后手官子"。

如图 10-16，黑 1 提掉白 2 颗棋子，获得了 4 目的官子利益。但白角已活净，黑棋却无有力的后续手段可施展。对此，白棋在此局部可以不应黑棋脱先抢占他处官子。因此，黑 1 就是后手官子，价值 4 目，简称后手 4 目。

如图 10-17，如果是白先。白 1 粘上，白棋虽然没有目，但黑棋失去了得到 4 目棋的机会，所以，白 1 也是后手 4 目。

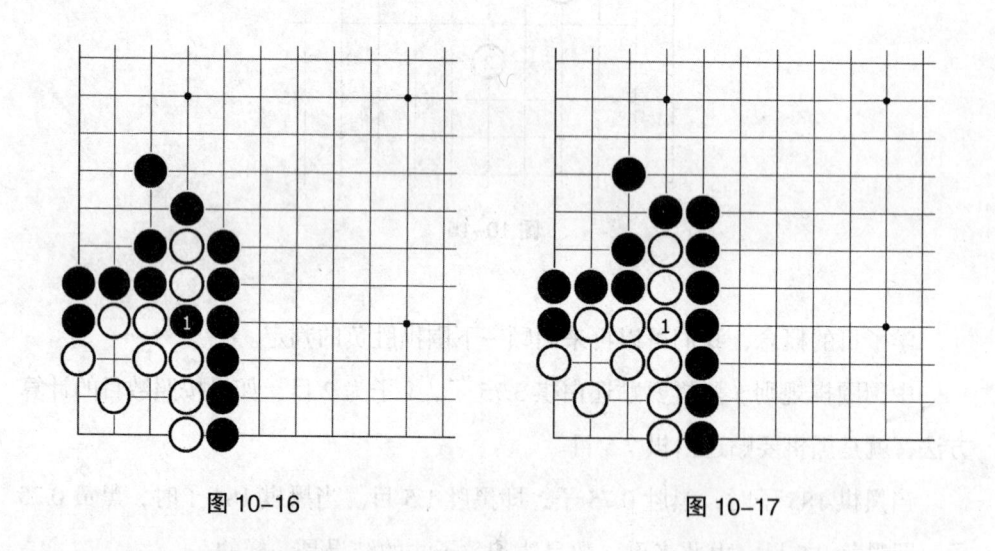

图 10-16

图 10-17

如图 10-18 和图 10-19，这是典型的一路扳粘的小官子。黑 1、3 扳粘后，边界已划定，黑棋没有进一步获利的手段，同时将收官的主动权让渡给对方，是后手官子。同理，白 1、3 扳粘，也是后手官子。

黑棋扳粘可以减少白棋 1 目空，反过来，白棋扳粘也可以减少黑棋 1 目空，一来一去，可以计算出，这样的一路扳粘，价值为后手 2 目。

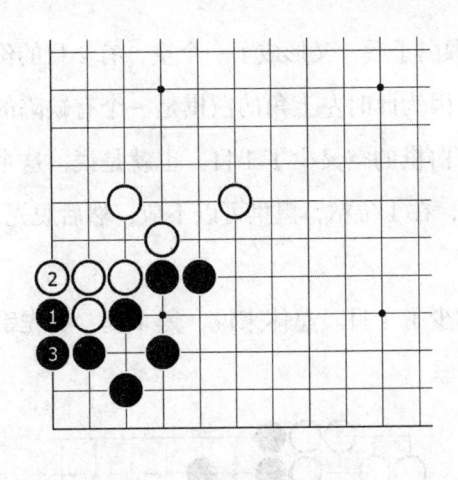

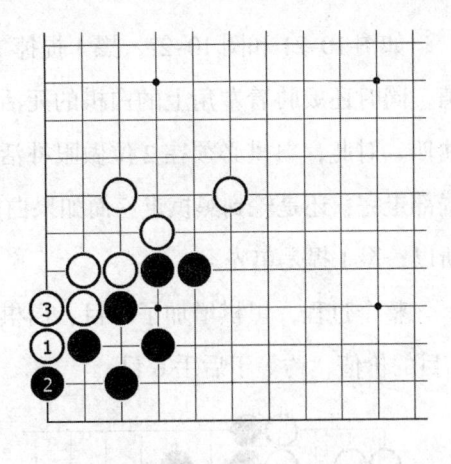

图 10-18

图 10-19

## 二、单方先手官子和逆收官子

除本身获得官子利益外，还为下一步留有手段，而且下一步可以获得的利益是全盘中最大的，如此迫使对方不得不应一手，即无法脱先，从而继续保持收官的主动权，这样的官子称为"先手官子"。

只有一方收官可以争得先手的官子，叫"单方先手官子"。双方收官都可以争得先手的官子，叫"双方先手官子"。我们先介绍单方先手官子，即"单先"。

对于单先官子，如果先手的一方没有收，被后手的一方抢先走掉，就叫作"逆收官子"，即"逆收"。逆收破坏了对方的单先，所以价值和单先一样大。

如图 10-20，左上角是一个曲四的形状，本身是活棋，现在轮到黑棋走，就是一个官子问题。

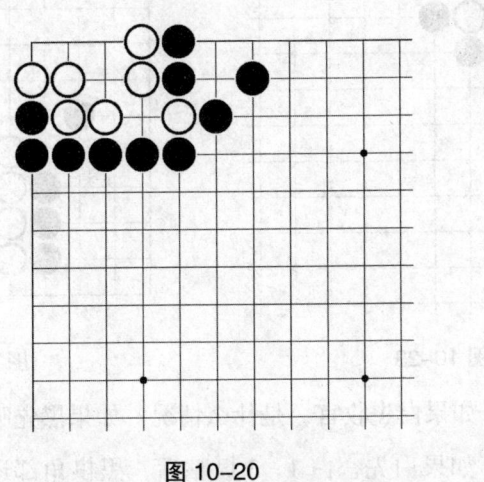

图 10-20

如图 10-21 和图 10-22，黑 1 提掉 1 颗白子后，又形成了一个空，有 2 目的价值，同时还威胁着左角上的白棋的死活，因为此时左上角的白棋是一个有缺陷的曲四。对此，白棋必须在 2 位做眼补活，白棋的空又少了 1 目。也就是说，这个局部走完，还是轮到黑棋走。而如果白先，在 1 位粘，黑棋可以不应，然后脱先，所以，黑 1 提是单先。

整个过程，黑棋增加了 2 目，白棋减少了 1 目。总体来说，黑 1 提，有先手 3 目的价值，约等于后手 6 目。

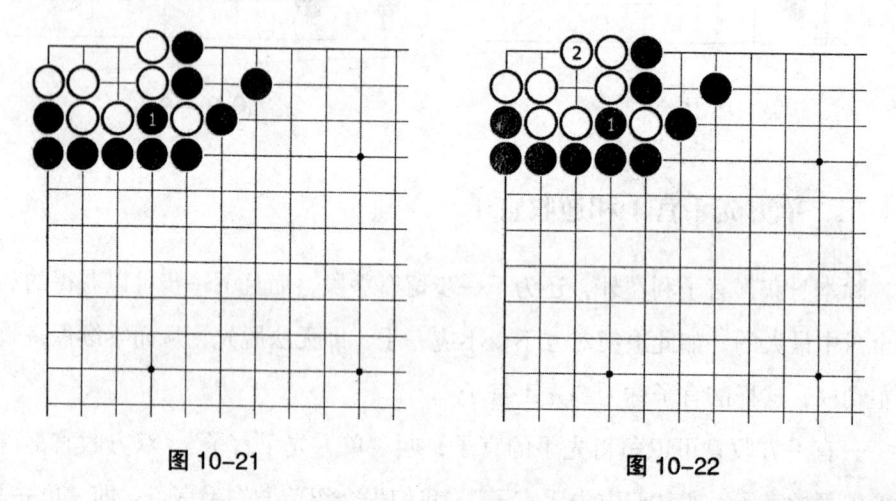

图 10-21

图 10-22

如图 10-23，如果白先。白 1 粘上，角上无须再补，多了一目，而黑棋则失去了提掉白棋 1 颗子的可能，所以，白 1 也是 3 目的价值。由于白 1 破坏了黑棋的先手，所以是逆收 3 目，价值也约等于后手 6 目。

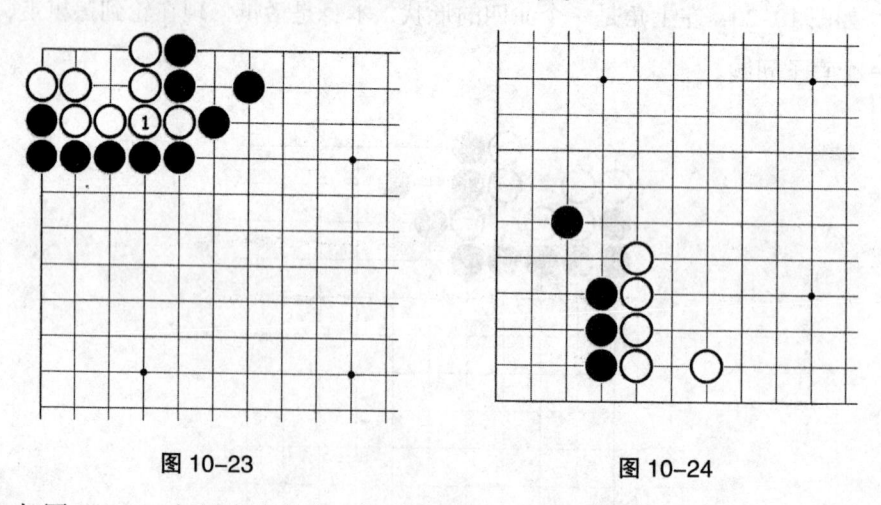

图 10-23

图 10-24

如图 10-24，如果白先收官，是什么情况？如果黑先呢？

如图 10-25，如果白先，白 1、3 扳粘后，黑棋角部还有缺陷，黑 4 需要补一手，白棋是先手，则黑棋减少了 2 目。

如图 10-26，如果黑先，黑 1、3 扳粘后，白棋完全没有后顾之忧，可以脱先抢占别处官子，黑棋是后手，白棋减少了 1 目。

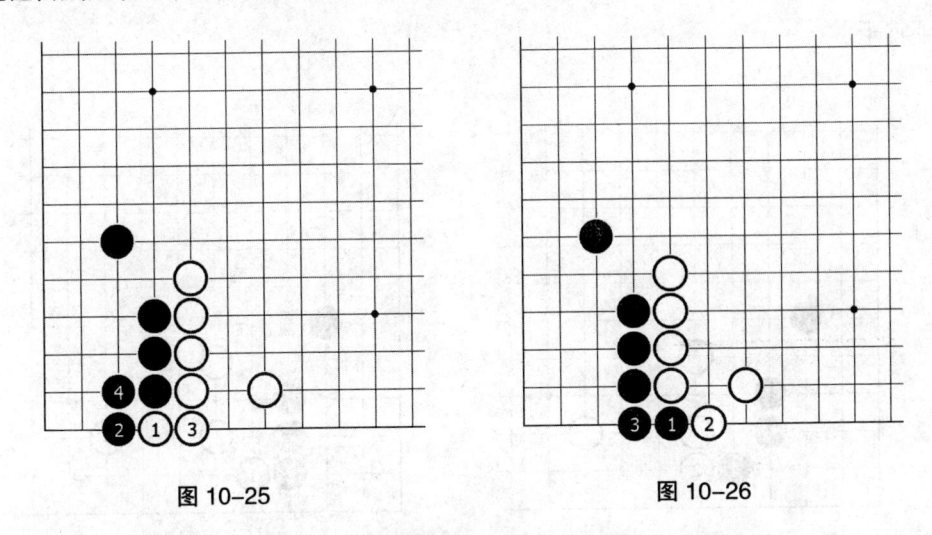

图 10-25

图 10-26

综上所述，这个局部的官子，价值 3 目。对于白棋来说是单方先手官子，对于黑棋来说则是逆收官子。单先 3 目和逆收 3 目价值一样大，都约等于后手 6 目。

## 三、双方先手官子

双方收官都可以争得先手的官子，就是双方先手官子，简称"双先"。双先官子价值巨大，约等于后手的 4 倍，是双方必争的官子。

如图 10-27，双方控制的区域大致划定，A 位对于双方来说都是非常重要的点，利用它可以扩张己方的地盘，并压缩对方的地盘。

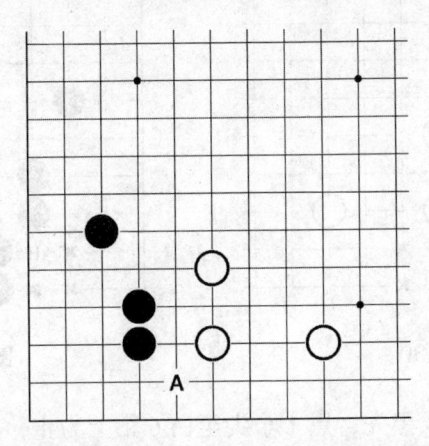

图 10-27

如图 10-28 和图 10-29，如果盘面的其他任何地方都没有这个地方价值大，黑 1 尖，白 2 必须挡住，否则黑棋可以继续侵入白棋边路。反过来，白 1 尖，黑 2 也必须挡住，否则白棋可以继续侵入黑棋角部。上述 A 位的官子，就是双方先手官子。

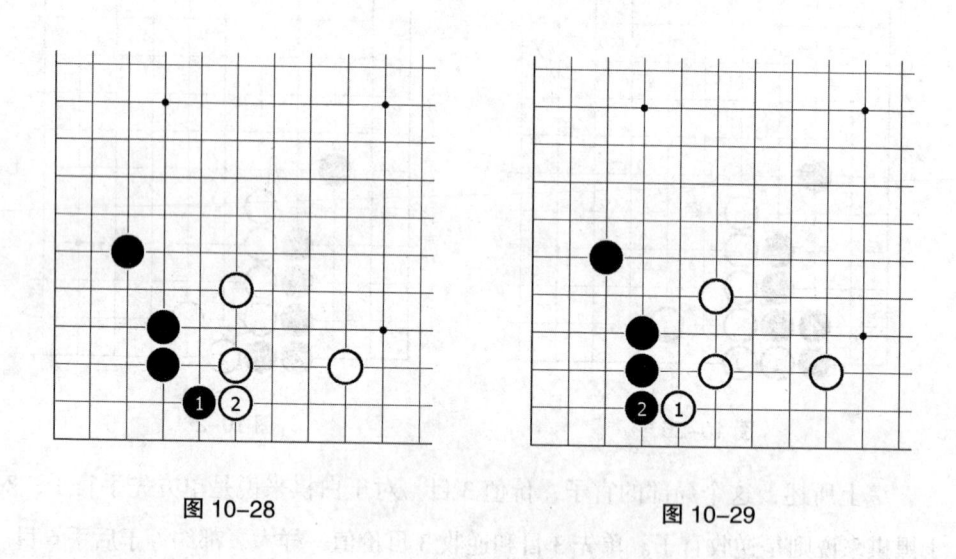

图 10-28

图 10-29

下面我们来具体计算一下，双先官子的价值到底有多大。

如图 10-30，如果白先，白 1 小尖至黑 6 粘上为止，白棋多围了 3 目。因为以后黑棋在 A 位挤时，白棋需要在 B 位补，所以 B 位不算白棋的目。

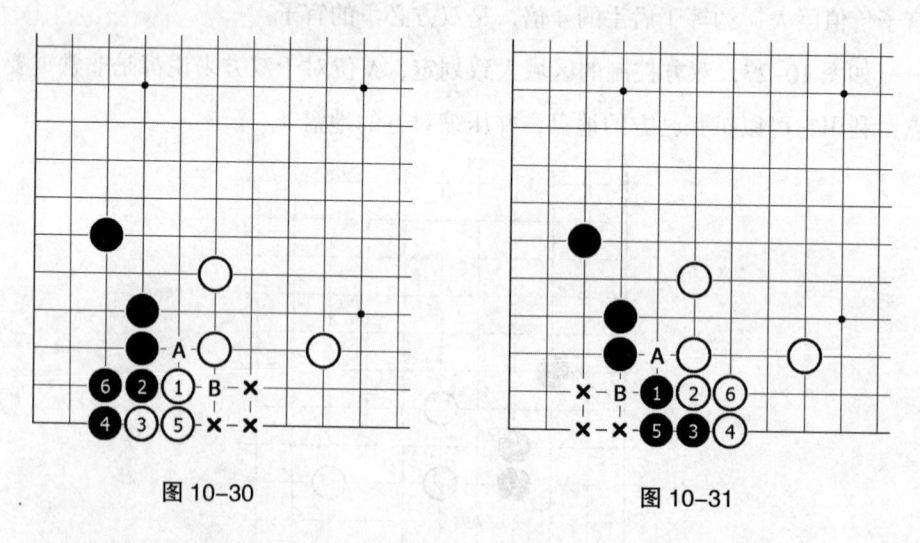

图 10-30

图 10-31

如图 10-31，如果黑先，黑 1 小尖至白 6 粘上为止，黑棋多围了 3 目。因为以后白棋在 A 位挤时，黑棋需要在 B 位补，所以 B 位不算黑棋的目。

这样一来一去，对于黑白双方来说，这个官子都是双先 6 目，约等于后手 24 目。这可以说是一个非常巨大的官子。正是由于双先的价值超乎想象，围棋里有"双先无限大"的说法。高手对决时，一旦被对方抢到双先，往往难以接受，经常会采取强行脱先、怒而反击的着法。

## 四、单官

官子若无目可言，就是单官。

由于单官是没有目的官子，没有价值，按照日本围棋规则，无须收单官。但按照中国围棋规则，则需要把单官收完，棋局才算结束（中盘认负的情况除外）。由于围棋是一人一手，所以，两种规则的结果通常是一样的。但也有特例，比如，棋局结束前还剩下一个单劫、一个单官，却处于绝对有利的一方，可以凭借劫材多的优势，不消劫，而是强行抢占单官，这样虽然会存在 1 颗子的差距，却可以影响到最终的胜负。这种情况复杂而罕见，在此不做过多的介绍。

如图 10-32 和图 10-33，角上黑棋已活，A、B、C、D 没有围住任何空，就是单官。如果非要走，也是黑 1 白 2，黑 3 白 4，一人一手，没有任何价值。

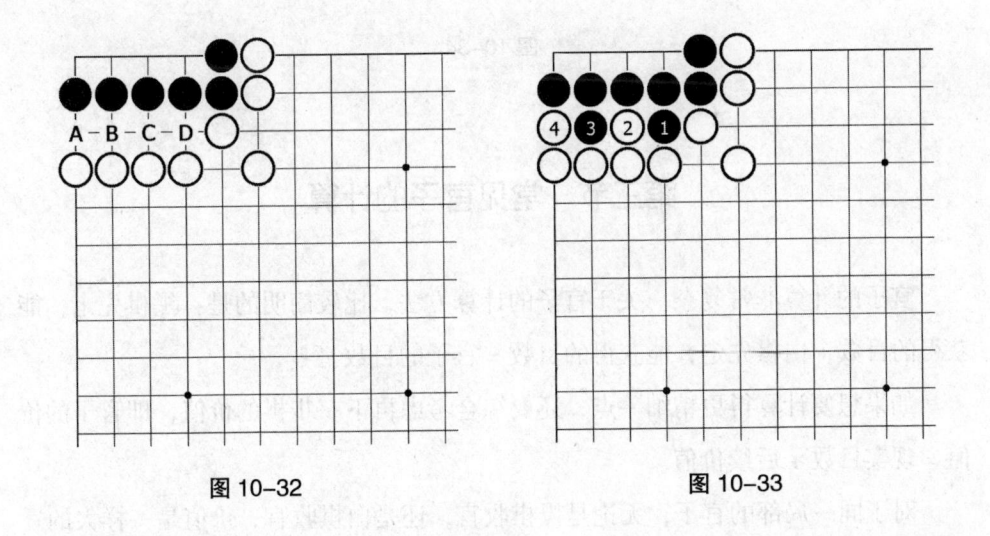

图 10-32　　　　　图 10-33

下面我们来回顾一下 1963 年 9 月 27 日，陈祖德九段（黑）对阵杉内雅男九段（白）的实战棋谱。

如图 10-34，这是终局时的局面。标 × 的棋子为死子，还剩下 A、B、C、D、E、F 共 6 个单官没收。按照中国围棋规则，是需要一人一手全部收完。但这场比赛是按照日本围棋规则进行的，所以没有收单官。就本局而言，是否收完单官，并不影响胜负。

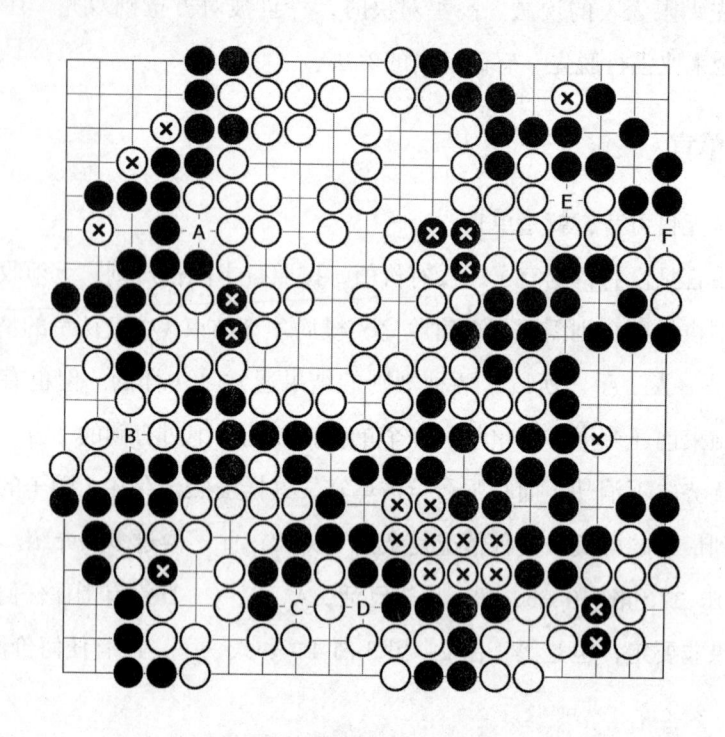

图 10-34

## 第三节　常见官子的计算

官子的计算非常复杂。关于官子的计算方法，比较简明的是：黑棋先走，能获得的目数 + 白棋先走，能获得的目数 = 官子的目数。

如果想要计算得更精细一点，还要综合考虑再下一步棋的价值，即官子的价值 = 现实目数 + 后续价值。

对于同一局部的官子，无论是黑棋收官，还是白棋收官，价值是一样大的。

下面是一系列官子计算实例。

1. 如图 10-35 和图 10-36，这是单劫。黑先，后手得 0.5 目；白先，后手得 0.5 目。

2. 如图 10-37 和图 10-38，黑先，后手得 1 目；白先，后手得 1 目。

图 10-35

图 10-36

图 10-37

图 10-38

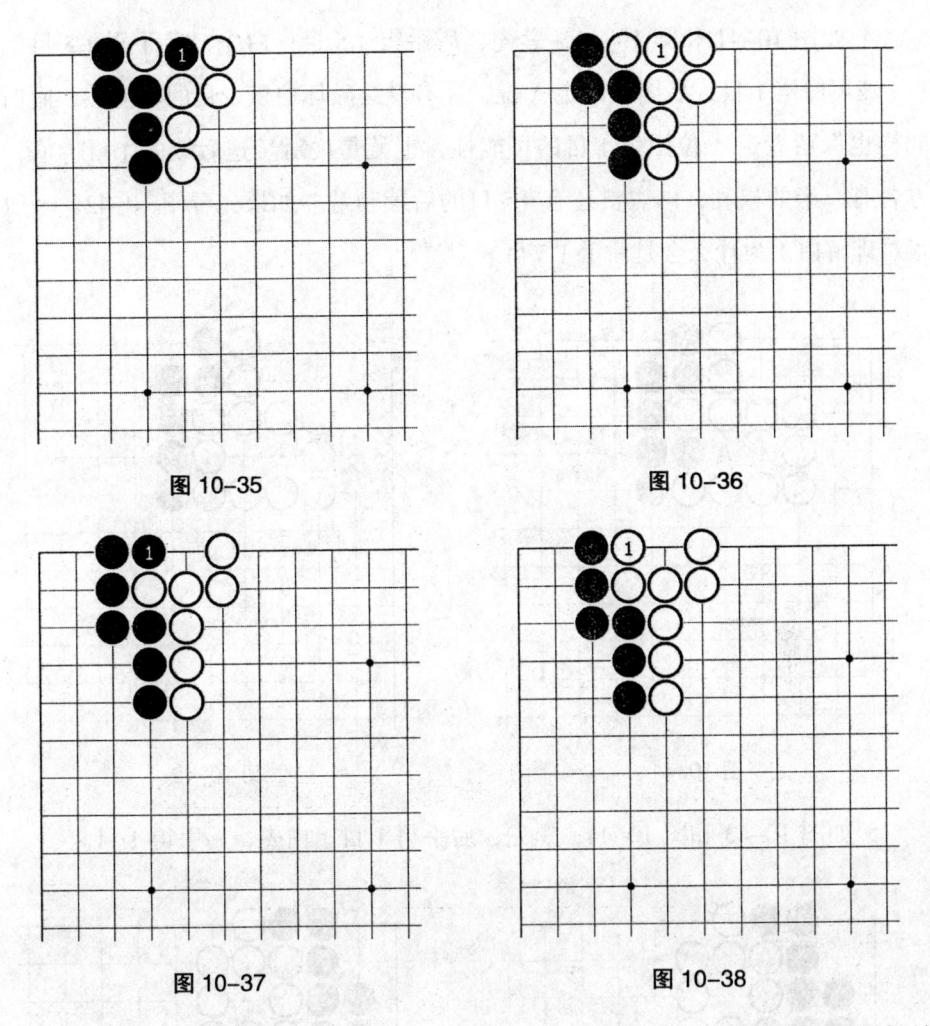

3. 如图 10-39 和图 10-40，黑先，后手得 2 目；白先，后手得 2 目。黑棋提掉 1 颗子是 2 目，但考虑到 A 位以后是必须补上的，在计算目数时，还需减掉 1 目。

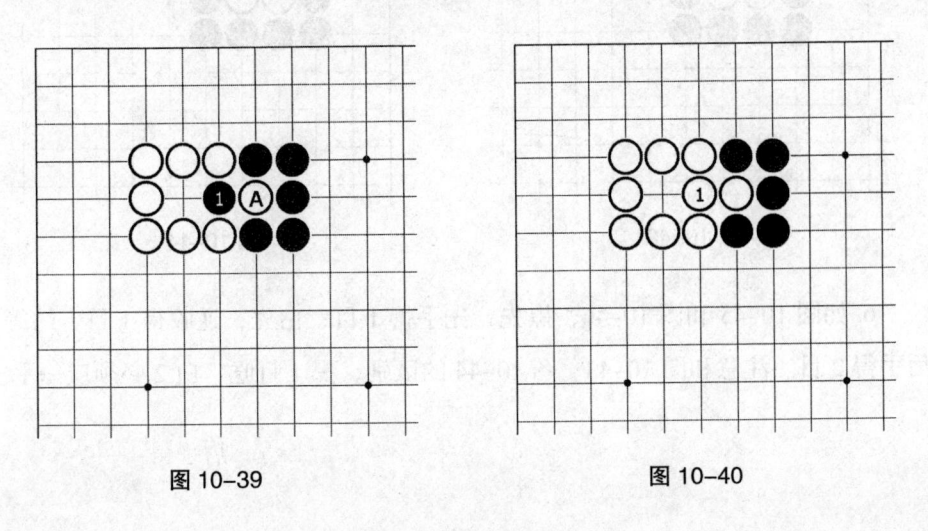

图 10-39

图 10-40

4. 如图 10-41 和图 10-42，黑先，后手得 1.5 目；白先，后手得 1.5 目。黑 1 先破坏白棋 1 目，后续如果走 A 位，还有继续破坏白棋 1 目的可能性，而白棋同样也保留着走 A 位围住 1 目的可能性，也就是说对于这后续的 1 目价值，双方各有一半的权利，即黑棋还有 0.5 目的后续利益。如果先看图 10-42，一般人很难理解白 1 为什么会是后手 1.5 目。

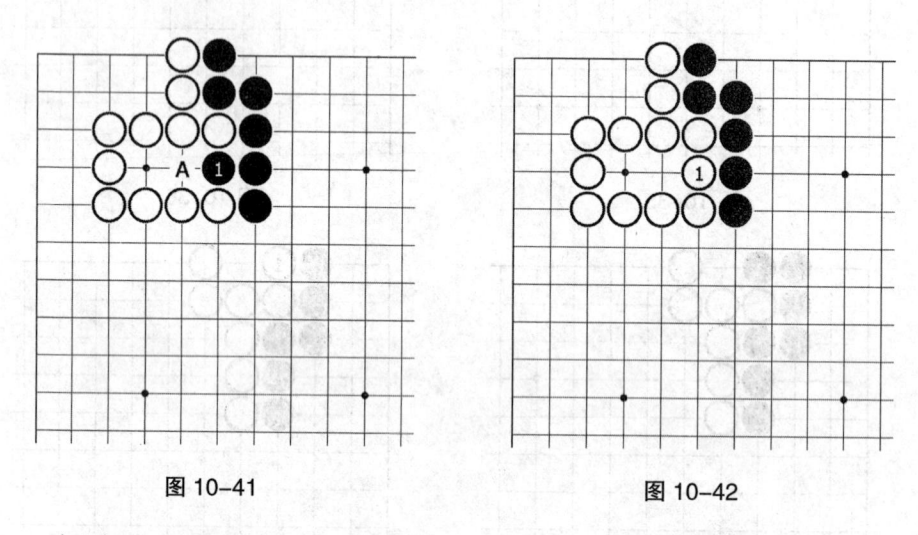

图 10-41　　　　　　　图 10-42

5. 如图 10-43 和图 10-44，黑先，后手得 1 目。白先，后手得 1 目。

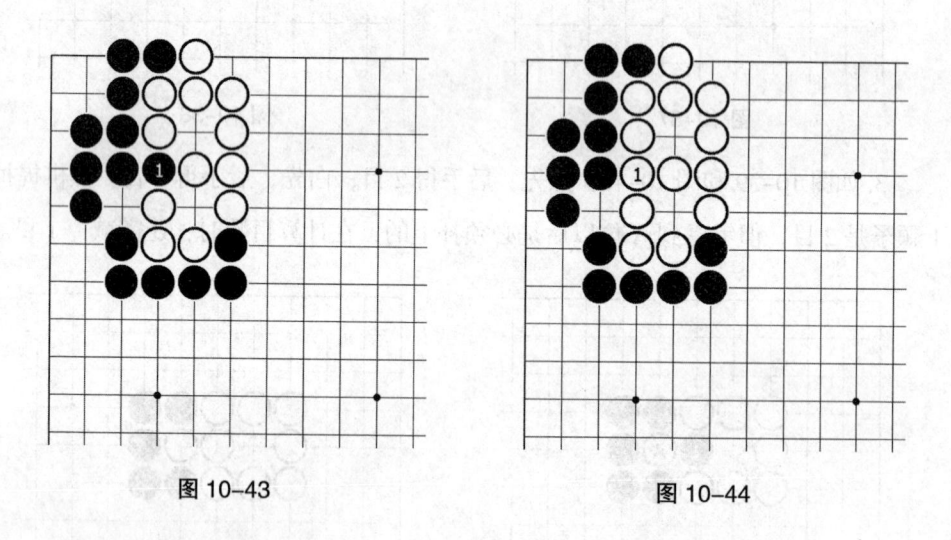

图 10-43　　　　　　　图 10-44

6. 如图 10-45 和图 10-46，黑先，先手得 1 目；白先，逆收得 1 目，约等于后手得 2 目。注意和图 10-43、图 10-44 的区别，黑 1 打吃，白 2 必须应一手。

274

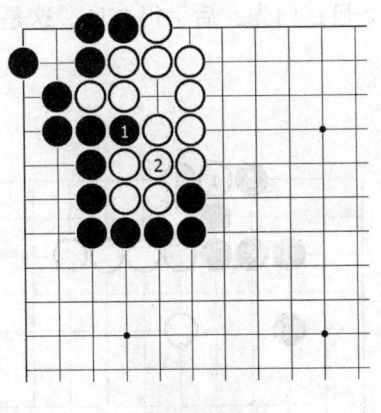

图 10-45

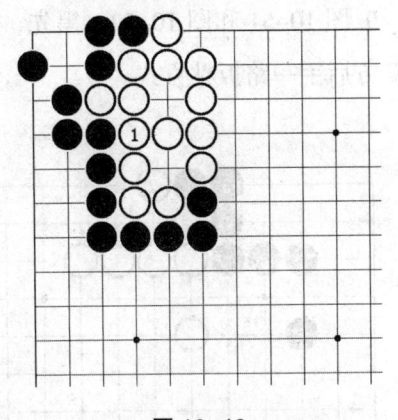

图 10-46

7. 如图 10-47 和图 10-48，黑先，先手得 2 目；白先，逆收得 2 目。黑 1 打吃破坏白棋 1 目后，还保留着 A 位打吃，先手得 1 目的权利。

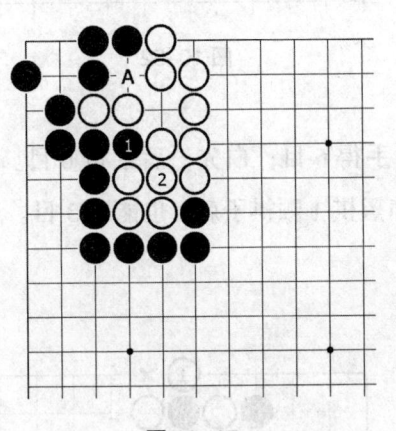

图 10-47

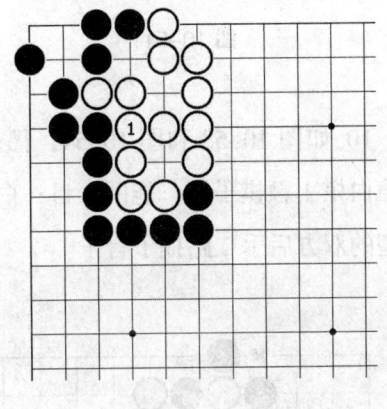

图 10-48

8. 如图 10-49 和图 10-50，黑先，后手得 2 目；白先，后手得 2 目。这时，黑 1 利用打吃，尽可能破坏白棋。

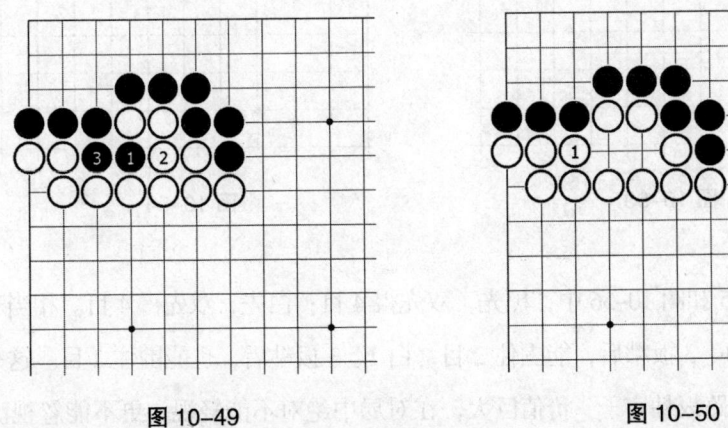

图 10-49

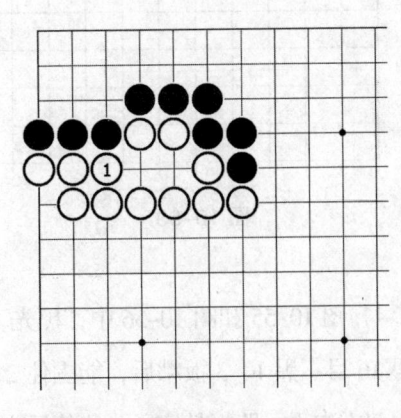

图 10-50

275

9. 图 10-51 和图 10-52，黑先，后手得 2 目；白先，后手得 2 目。这是典型的双方后手一路扳粘方式。

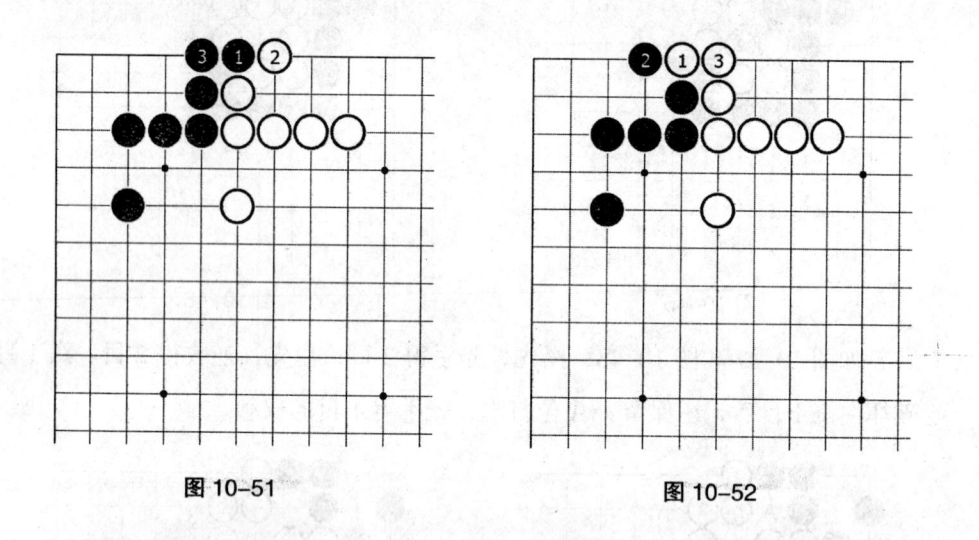

图 10-51

图 10-52

10. 如图 10-53 和图 10-54，黑先，后手得 6 目；白先，后手得 6 目。黑 1 提掉白棋 1 颗棋子后，能围 3 目；白 1 提掉黑棋 1 颗棋子后，也能围 3 目。这是典型的双方后手二路提子官子。

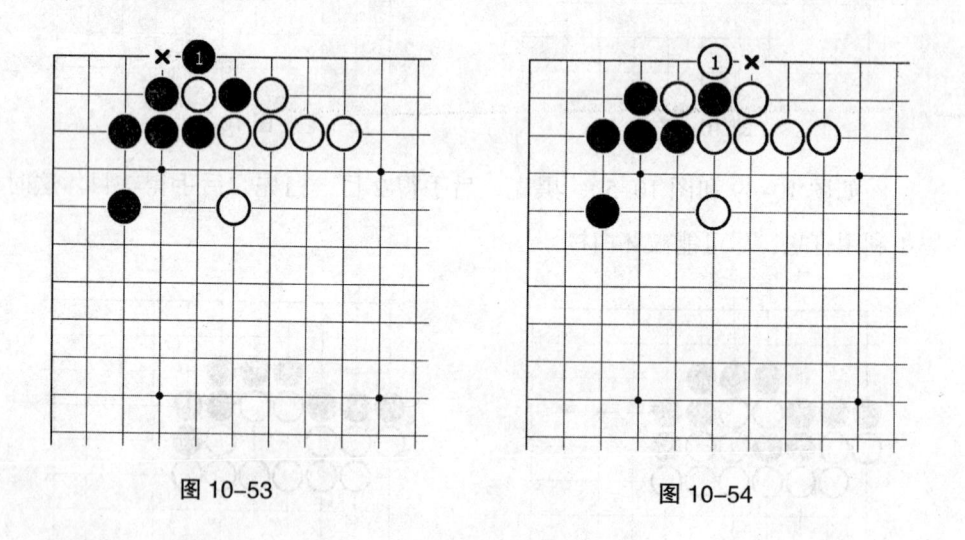

图 10-53

图 10-54

11. 图 10-55 和图 10-56 中，黑先，双先得 4 目；白先，双先得 4 目。相当于后手得 16 目。黑 1、3 扳粘后，能围住 2 目，白 1、3 扳粘后，也能围住 2 目。这是典型的双方先手一路扳粘官子，价值巨大，在对局中绝对不能轻视，更不能忽视。

276

图 10-55

图 10-56

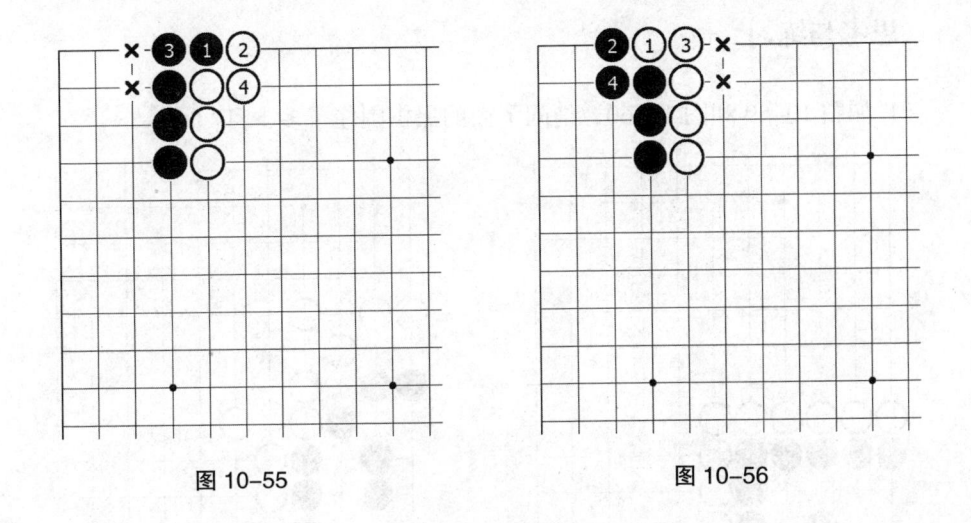

12. 如图 10-57 和图 10-58，黑先，如果白 A 需要立即提掉黑棋旁边的 1 颗子，则黑棋先手得 4 目，白先，则为逆收得 4 目，约等于后手得 8 目。

但是，如果白不在 A 位应一手，而是选择脱先，那么黑 1 提掉白棋 2 颗子为 4 目，还保留着后手接回黑棋 1 颗子（2 目）的一半权利（即 1 目），此时，黑 1 为后手得 5 目。这时候白 1 的价值也是后手得 5 目。

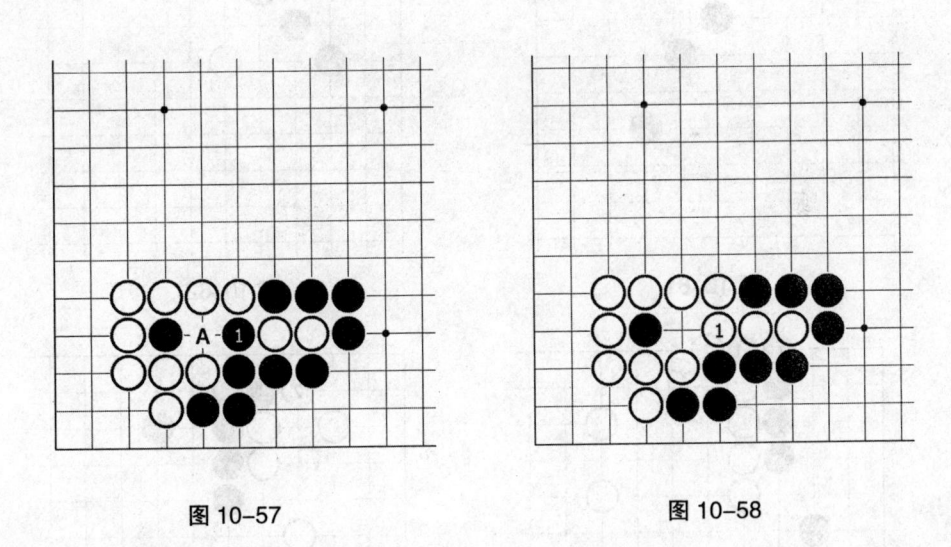

图 10-57

图 10-58

这是一个官子计算的特例，争先要比后手应对多获得了 3 目的利益。这充分说明了在围棋对局中，争先具备极高的价值。

下围棋只是跟着对方的节奏走，被动应对，是很难获胜的。弃子争先的本质是舍小就大，争先要知大小，明得失，不能为争先而争先。

## 思考与练习

1. 如图 10-59 和图 10-60，请问下面的黑棋围住了多少目？

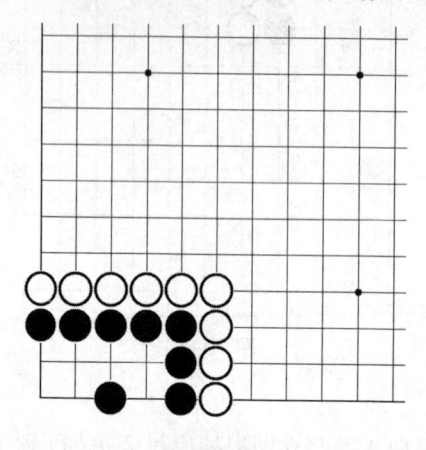

图 10-59

图 10-60

2. 如图 10-61 至图 10-64，请问下面黑棋收的官子价值有多大呢？

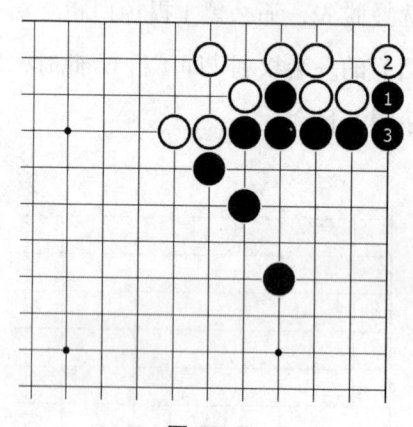

图 10-61

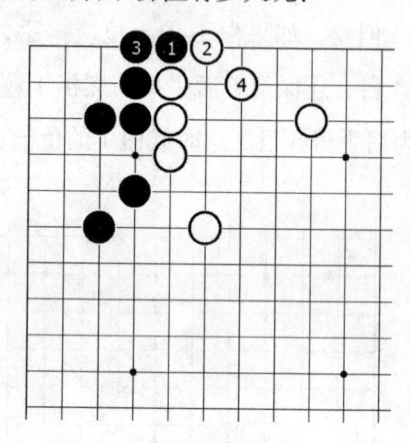

图 10-62

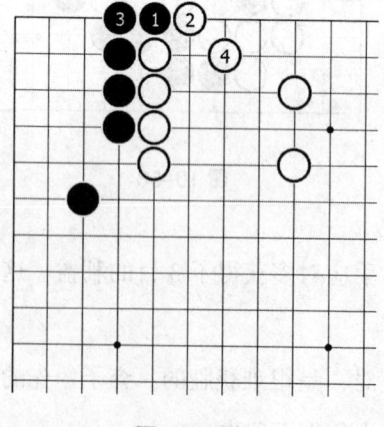

图 10-63

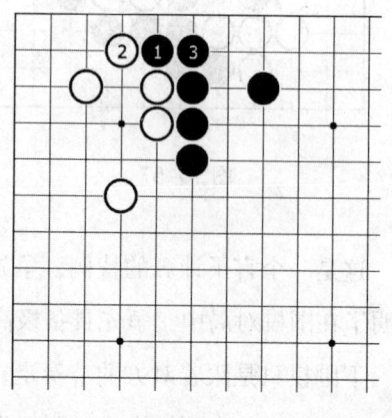

图 10-64

3. 图 10-65 是九路棋盘，黑先，请试着收完全部官子，并算一下最终是黑棋地盘多还是白棋地盘多。

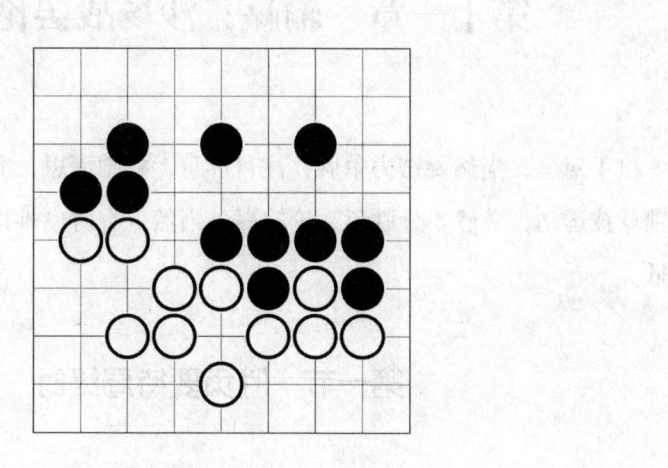

图 10-65

# 第十一章　输赢：沙场战罢论高下

棋手对坐，当然要奋力争胜，注目屏息，托腮深思，穷尽巧智……围棋作为一项竞技运动，必然要分胜负，论输赢。当然，有时也难得有和棋局面，但概率极低。

## 第一节　胜负要待局终时

围棋胜负以占地大小或围空多少而论，数子法是地多为胜，数目法是目多为胜。数子法和数目法的计算结果通常是一样的，只有在非常特殊的情况下才会有细微的差别。

无论采用哪种规则，双方在对局前必然已达成一致，因此，规则差异并不影响最终的胜负判定。

### 一、数子点目，异曲同工

如何看待"死子"和"单官"是数子法和数目法最主要的差别。

如图 11-1，这是一张基本图，请分别用数子法和数目法清点黑棋的地盘和目数。

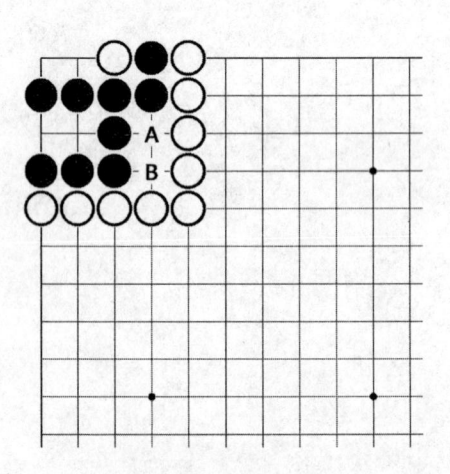

图 11-1

（一）死子

1. 数子法，不计死子

图 11-2 为数子时的情形，黑方原有 9 颗子，拿掉白方的 1 颗死子后，再填满黑棋所围地盘，还需要 5 颗黑子（标▲黑子）填满，一共为 14 颗子。

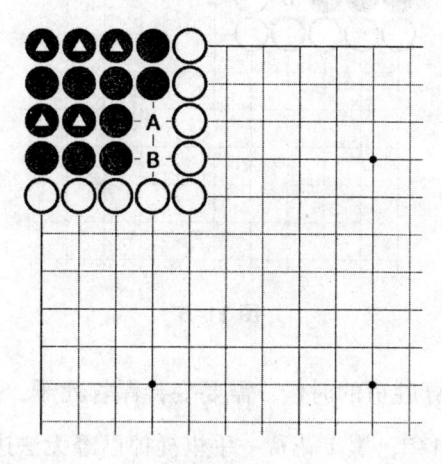

图 11-2

往自己确定的空里填子，如果使用数子法计算，不影响地盘大小，只是下了一着没有意义的棋。而如果使用数目法计算，这一手棋便会减少自己原有的目数。

图 11-3 中，黑 1 花费一手棋提掉已经无法逃出的白▲。图 11-4 为数子计算时的情形，黑方地盘不变，依旧为 14 颗子。黑 1 价值为零，白白浪费一手棋。

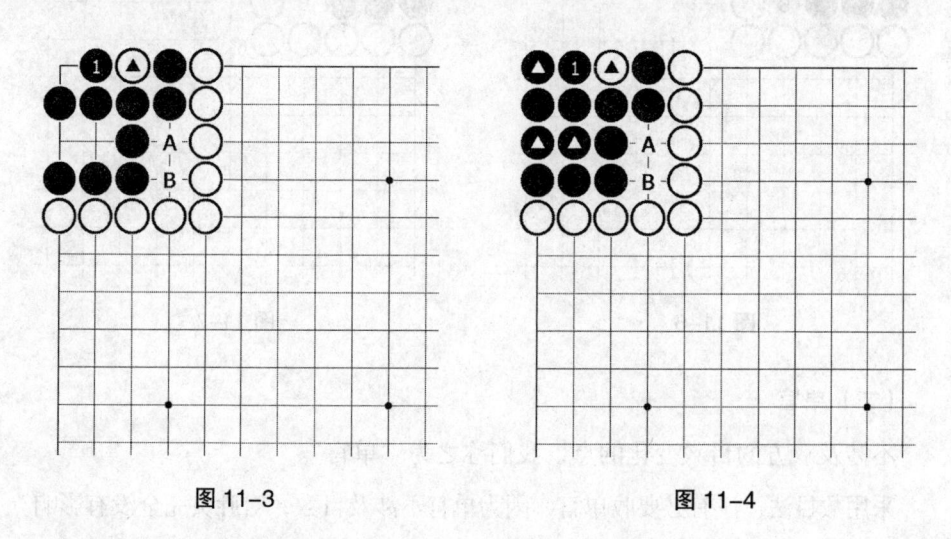

图 11-3　　　　　　　　图 11-4

2. 数目法，死子计目

如图 11-5，按照数目法，黑方围住空地 4 目，棋盘上的白棋死子 1 颗（这 1

颗棋子拿掉后还会留下1个空格）计2目。黑方一共是6目。

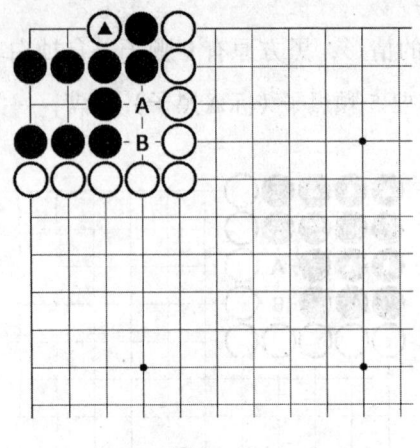

图 11-5

在使用数目法计算胜负的时候，需要妥善保管死子，死子多少和胜负相关。

如图 11-6 和图 11-7，黑 1 花费一手棋提掉已经无法逃出的白▲，黑方围住 4 目，加上提掉白方的死子 1 颗，共计 5 目。黑 1 相当于自填 1 目，价值为减 1 目，也就是说黑方的目数反而会减少 1 目。

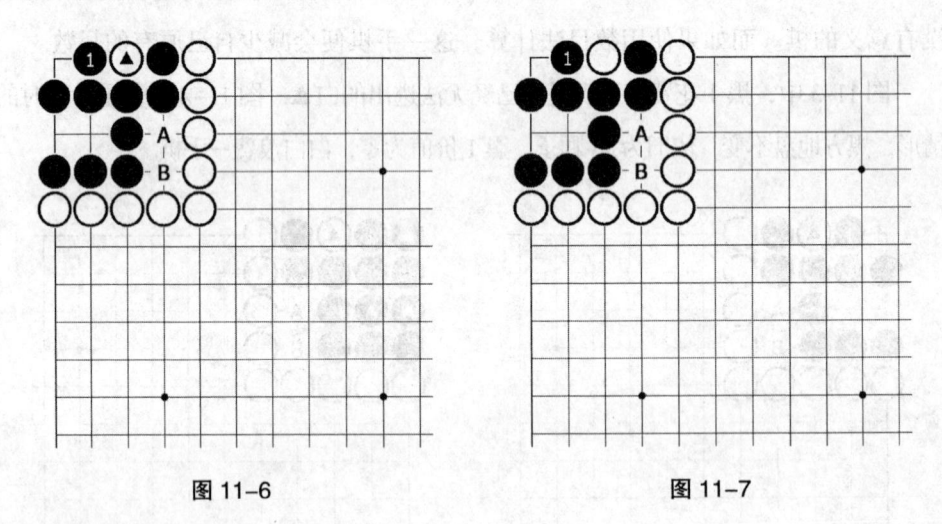

图 11-6　　　　　　　　　　图 11-7

（二）单官

不涉及双方的目数变化的点，我们称之为"单官"。

采用数目法，没有必要收单官，因为单官不涉及目数，对胜负完全没有影响。

采用数子法，则需要把全部单官收完，因为每走 1 个单官就能增加 1 颗棋子。当局势出现微妙变化时，就有可能和最后的胜负相关。

图 11-8 中，A、B 两点就是单官。按照数目法，这两个点和胜负无关，没有必要落子。即使 A、B 两点都被黑棋占住，黑方的目数还是 6 目。

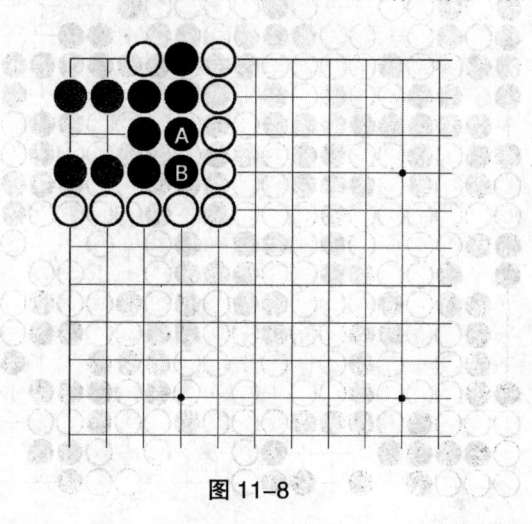

图 11-8

如图 11-9 和图 11-10，这是数子时的情形。A、B 两点是有必要落子的，如果被黑棋全占住，则黑方地盘增加 2 颗子，变为 16 颗子。如果一人一子，则黑方地盘为 15 颗子。单官虽小，却是有意义的棋。

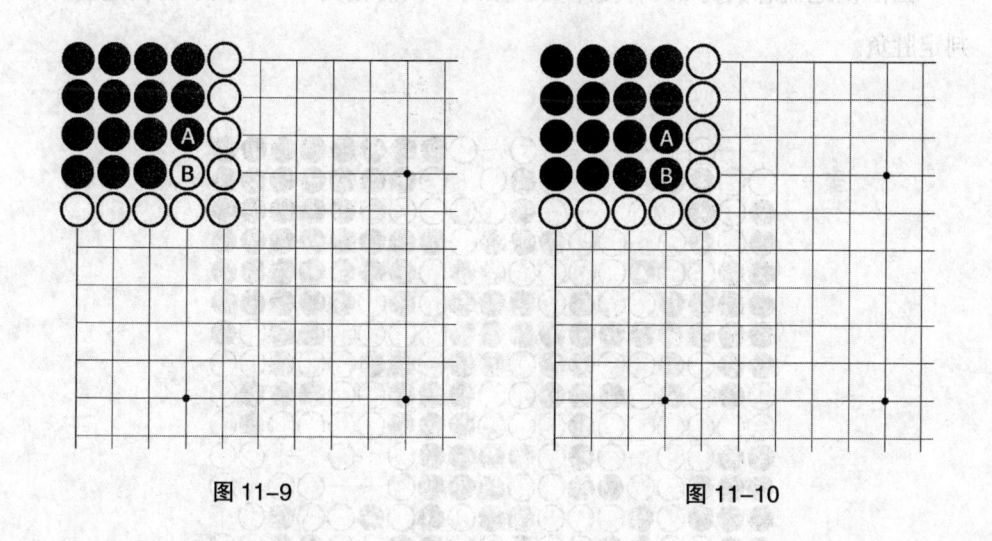

图 11-9

图 11-10

## 二、实战终局的胜负计算

如图 11-11，这是北京业余围棋俱乐部联赛中的一盘对局，双方战至终局，直至收完最后一个单官。黑白边界已定，谁胜谁负，需要通过数子或者数目来判定。

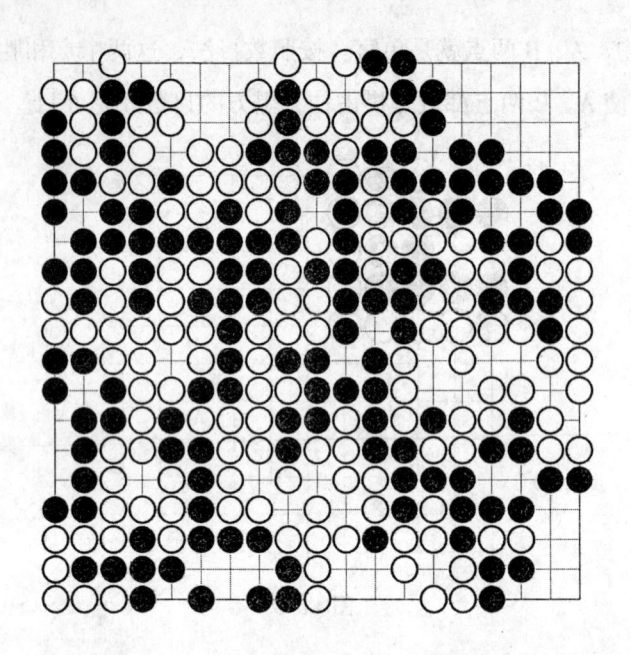

图 11-11

**(一) 数子法**

因围棋地盘总数为 361，使用数子法时，只需数其中一方棋子所占地盘即可判定胜负。

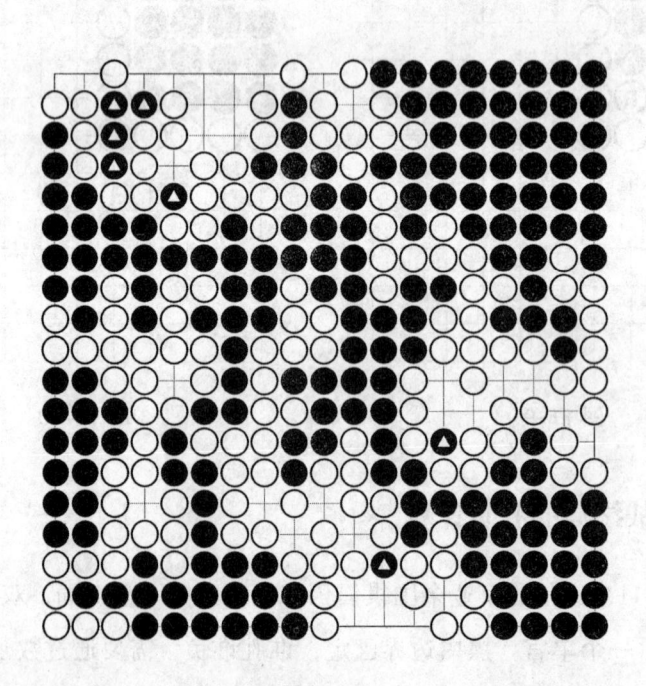

图 11-12

如图 11-12，先将双方的死子全部从棋盘上拿掉（包括标▲的 7 颗黑棋死子），再用黑子将黑空填满。最后清点棋盘上的全部黑子。本局黑方共 183 子，可推算出白方共 178 子。

按照数子规则，黑方需贴 3.75 子，即黑方需 184.25 子才能获胜。所以，本局结果为黑负 1.25 子。

### （二）数目法

数目法需要分别清点双方所得的目数，然后再进行比较。

如果使用数目法判定胜负，需要妥善保管提掉的死子。死子的数量和目数直接相关。因为在对局中，提掉对方几子，对方棋盘上就会少几颗棋子，所以每提 1 颗子算 1 目。

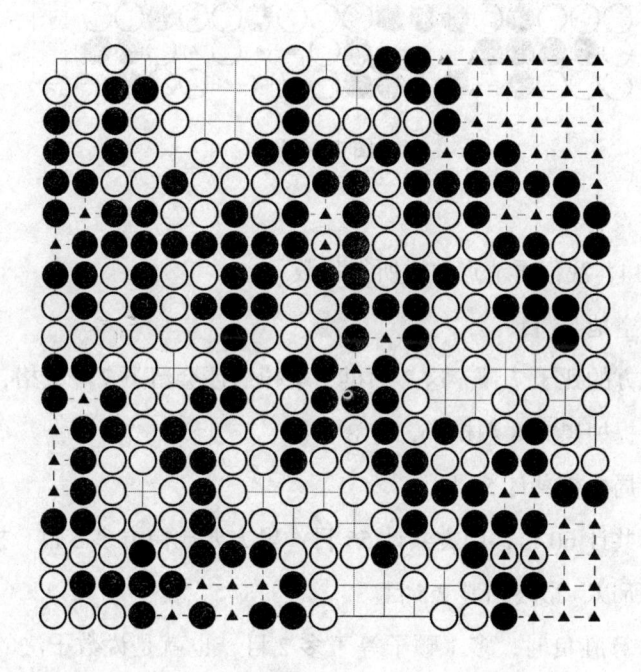

图 11-13

如图 11-13，我们先清点黑方所得目数。

黑方围住空地 48 目。

棋盘上对方的死子 3 颗。这 3 颗棋子拿掉后还会留下 3 个空格，计 6 目。

对局时曾提掉白方 6 颗棋子，计 6 目。

所以，本局黑棋共计 60 目。

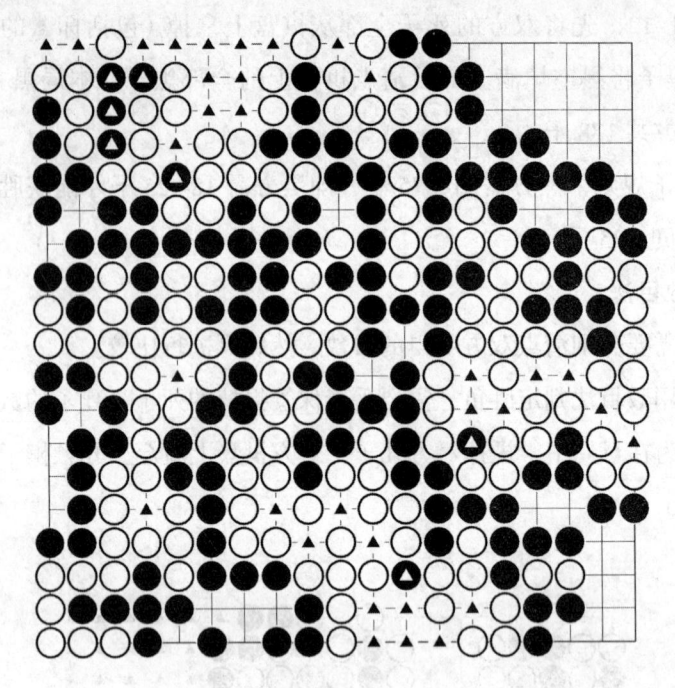

图 11-14

如图 11-14，我们再清点白方所得目数。

白方围住空地 33 目。

棋盘上黑方的死子 7 颗。这 7 颗棋子拿掉后还会留下 7 个空格，计 14 目。

对局时曾提掉黑方 8 颗棋子，计 8 目。

所以，本局白棋共计 55 目。

本局黑方共计 60 目，白方共计 55 目，黑要比白方多 5 目。按照规则，黑要贴 7.5 目，所以，最终白胜 2.5 目。

在最终计算胜负时，多 1 颗子等于多 2 目，也就是说数子法的黑负 1.25 子就等于数目法的白胜 2.5 目。就这盘棋而言，数子法和数目法的胜负结果是完全一致的。

## 第二节　中盘已无补天手

形势判断关系着一局棋的策略选择，在围棋竞技中至关重要。舍小就大，前提就是明大小，弃子争先，要在得与失之间做出正确的抉择。从某种意义上也可以说形势判断和棋力直接相关，形势判断能力越强，棋力也就越强。棋力高的人在收官之前甚至布局阶段，就能做出比较正确的形势判断。

## 一、形势判断基本原理

数子法虽然只需要清点一方的地盘，但要到双方已划定边界线甚至收单官时，才能清点地盘，通常只能用于终局的胜负计算，而很难应用于对局中的形势判断。

数目法在进行形势判断时，无须下至终局，就可以通过计算，省略双方以后一人一手的必然着法，对双方不确定的目数进行预测，进而做出形势判断，以利于下一步的决策。因此，我们通常用数目法进行形势判断。

对于还没有彻底围住的空，甚至还未定型的棋形，我们可以预估它最少可能围住的目数。在此基础上，还要根据自身的作战策略和实战经验，综合考虑厚薄、强弱、实地、外势、先后、潜藏手段等多方面的因素。因此，形势判断能力也可以说是棋手综合实力的体现。

### （一）简单棋形的目数预判

1. 一子围空

如图 11-15，三路是实地线，棋子落在三三的位置，在角部可以"一子围空"。由于空间狭小，白方无法从内部直接侵入，只能从外围最大限度地进行压缩。如图 11-16 中的白 1 黑 2，白 3 黑 4，由此可以推测，黑棋最少可以围住 4 目空。

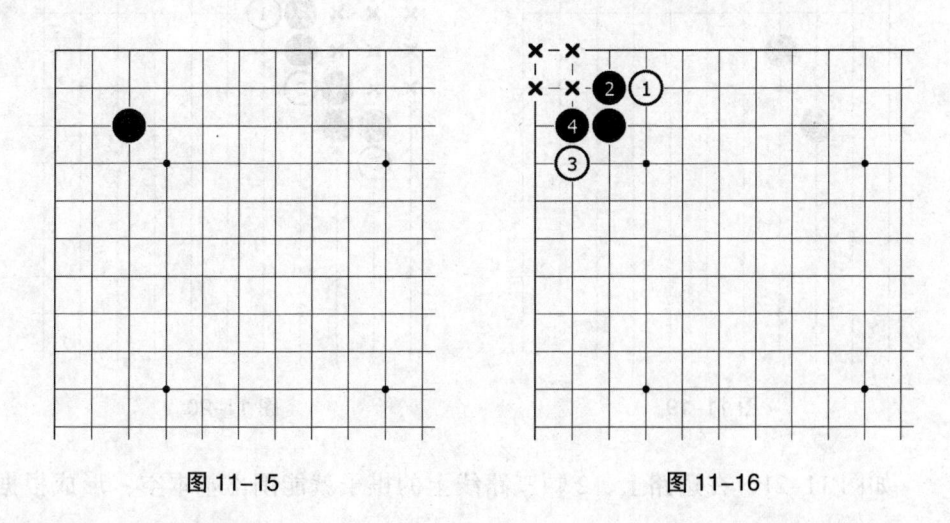

图 11-15　　　　　图 11-16

如图 11-17 和图 11-18，这是小目和星位的下法。由于棋子位于四路线上，不利于单独围空，通常需要 2 颗子以上的配合才能计算实空。更因为小目和星位在四路线上，存在形成外势的可能，这在进行形势判断时要综合考虑。

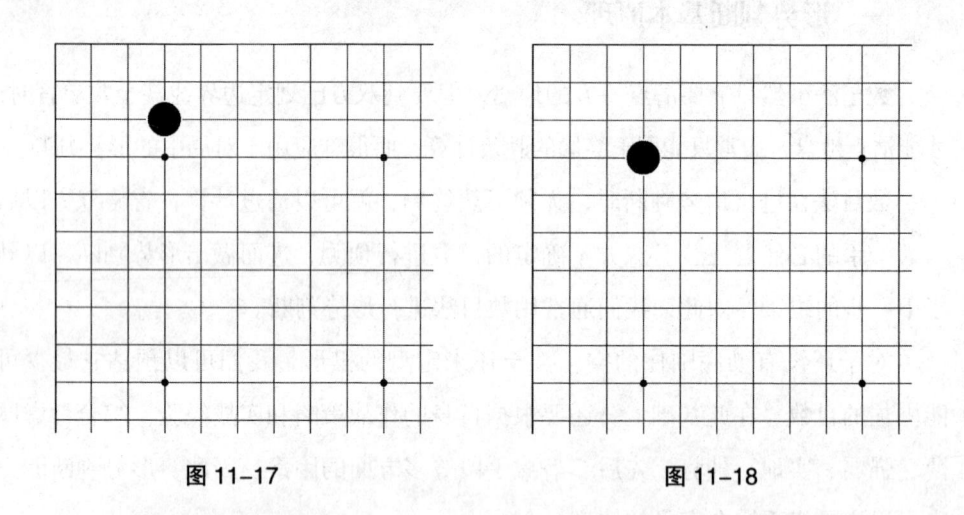

图 11-17

图 11-18

2. 两子围空

如图 11-19，这是小目、小飞守角后的形状，可以围住角上的实空，我们也称之为"无忧角"。如图 11-20，白方同样难以直接从内部侵入，只能用白 1、3、5 从外围压缩。可以推测，黑角至少可以围 11 目空。

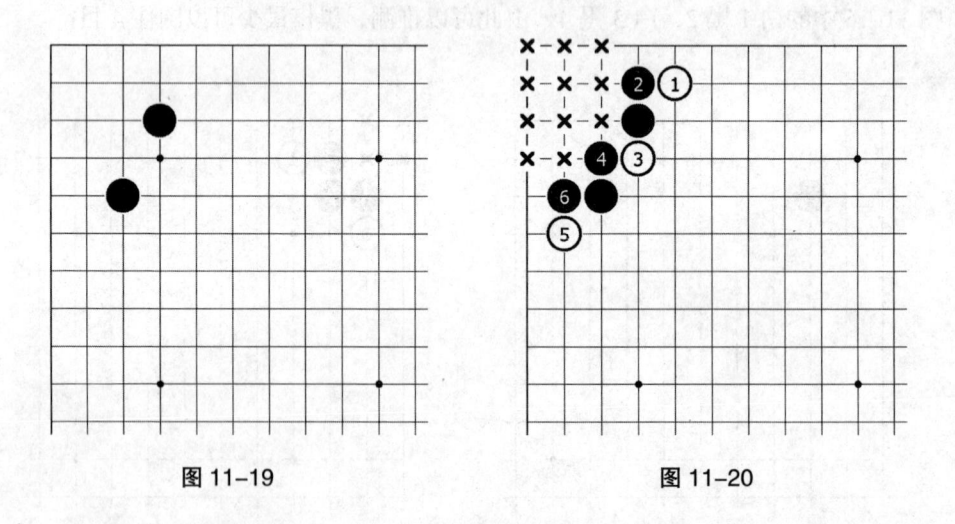

图 11-19

图 11-20

如图 11-21，在边路上，2 颗三路线上的棋子就能围出基本空，形成根据地。如图 11-22，这 2 颗黑子的形状，我们称之为"拆二"。它至少可以围住 4 目的实地。

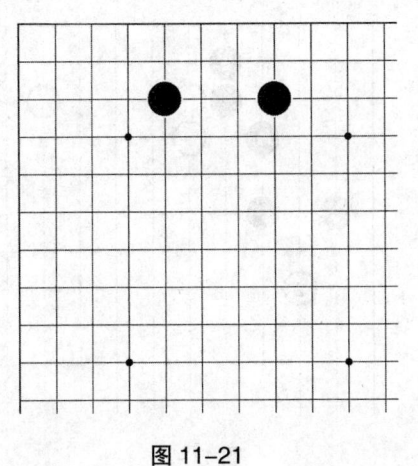

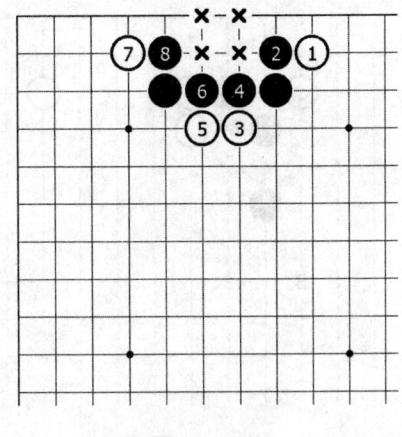

图 11-21　　　　　　　　　　　图 11-22

**（二）复杂棋形的目数预判**

如图 11-23，这是星位定式形成的基本型。黑白双方各有 3 颗棋子。如果只是简单地评估，黑方 18 目，白方 6 目，可以认为这是黑方优势的局面。但既然称之为定式，必然是一个平衡的局面。问题出在哪里呢？

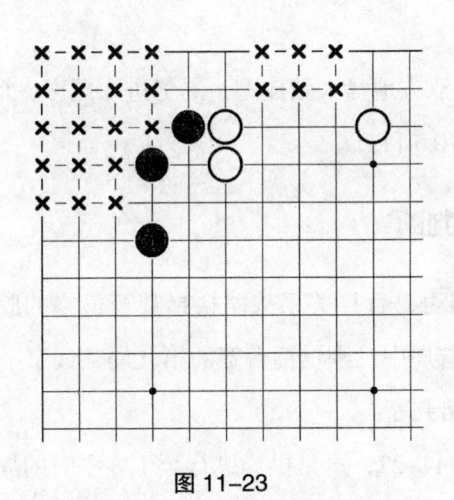

图 11-23

如图 11-24，黑方棋子均位于四路线上，位置偏高，白棋可以从白 1 点三三侵入黑角。此外，还可 A 位二路潜入，瓜分黑棋地盘或者从 B 位三路逼迫，进攻黑棋 3 颗子。如图 11-25，黑方还需黑 1 和黑 3 再补两手棋，才能确保自己的角地无忧。

综合来看，可以认为，图 11-23 中的黑方 3 颗子也有 6 目左右的实地。黑白双方依然是均衡的局面。

289

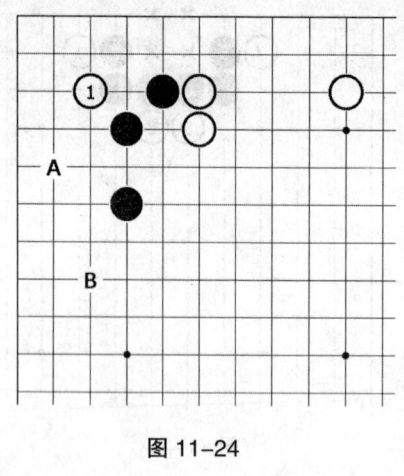

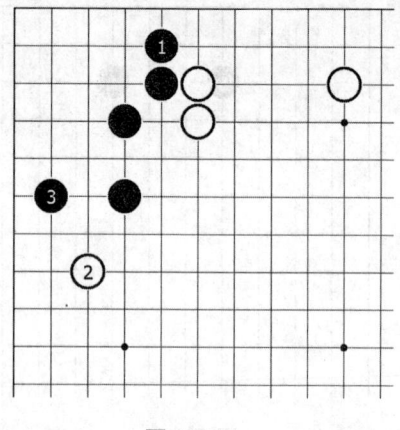

图 11-24　　　　　　　　　　　图 11-25

在布局阶段，局势不明朗，变数太多，判断形势可以稍微粗放一点。黑白双方如果按定式进行，在做形势判断时，可以将各自棋子的效能互相抵消，并简单地进行判断。

中盘阶段，双方激烈交战，判断形势时要重点考虑棋子强弱、厚薄甚至是死活问题。

到了官子阶段，双方地盘大致成型，局势进入尾声，形势判断就需要非常精确了，甚至要精确到 0.5 目。

## 二、实战形势判断

形势判断正确与否，直接关系战略抉择甚至最终的胜负。下面的一局棋是 1985 年 5 月 22 日，首届中日围棋擂台赛的第九局，钱宇平执黑对阵小林光一。

### （一）阶段性形势判断

如图 11-26 和图 11-27，这是棋局进行至 178 手时的局面。

我们先估算黑方的目数。图 11-26 中标 × 的点是黑棋围住的空：计 33 目空，加上 4 颗还没有提掉的白棋死子（计 8 目）和 3 颗已经提掉的白棋死子（计 3 目），共 44 目。

我们再估算白方的目数。图 11-27 中同样用标 × 的点来表示：计 34 目空，加上 3 颗还没有被提掉的黑棋死子（计 6 目）和 3 颗已经被提掉的黑棋死子（计 3 目），共 43 目。

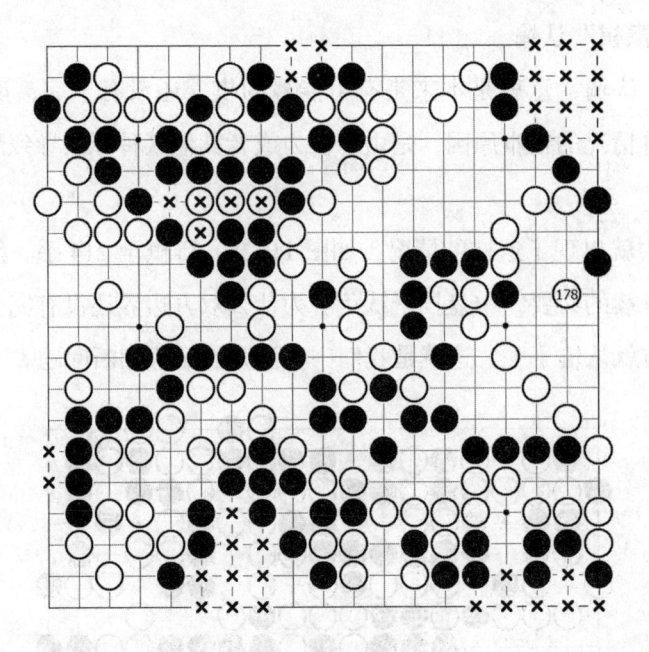

图 11-26

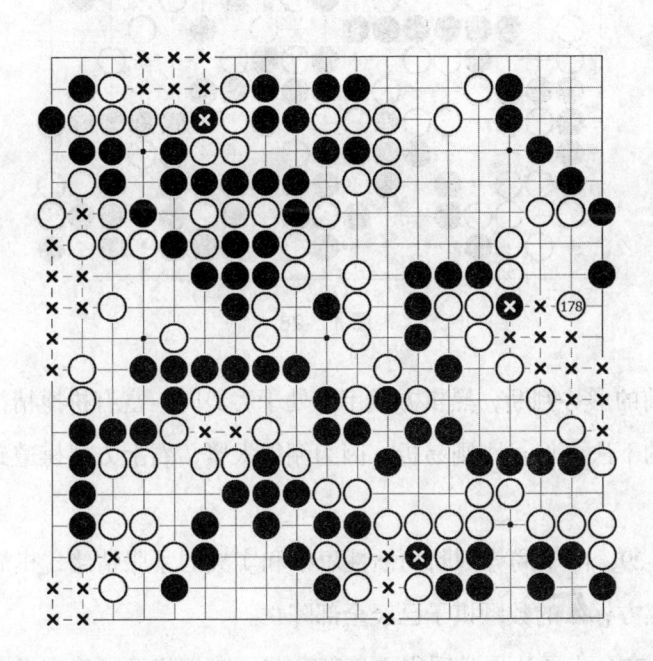

图 11-27

现在，我们可以大致做出形势判断了。黑白双方盘面目数相差不大，但黑方还需要贴目，所以现在应该是白方小林光一占优的局面。

黑方钱宇平在策略上应该积极求进，尽可能创造翻盘的机会。

## (二)"赢棋"认输

"赢棋"认输,意思是本来是有可能赢的棋,还没有下完,反而中盘认输了。发生这种情况的根本原因,是由于棋力或者其他某种原因导致形势判断出现重大错误。

在本局中就出现了这样的情况,如图11-28,行棋至214手。黑方钱宇平认为棋局已无继续的必要,中盘投子认负。为什么双方边界还没有完全划定,棋还没下完,黑方就认输了呢?这就是我们一直强调的形势判断问题。

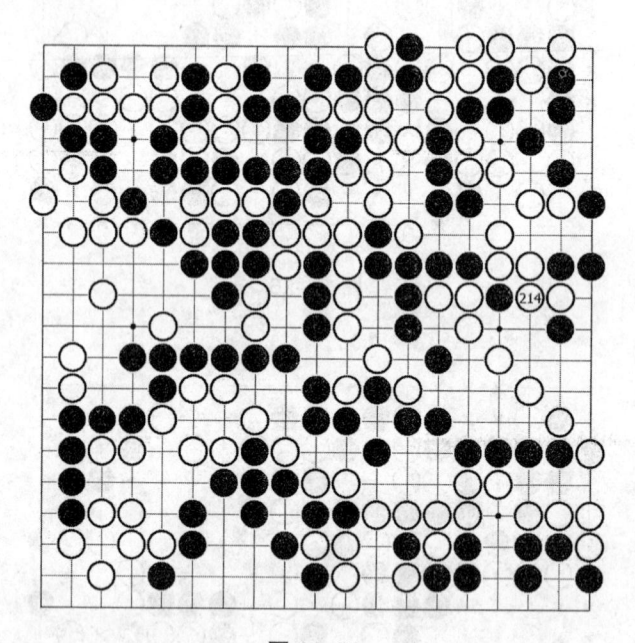

图 11-28

根据之前的形势判断,黑棋方钱宇平处于劣势时,富有拼搏精神,选择了积极甚至激进的下法。但过刚则易折,因为绷得太紧,右上方黑棋遭到了小林光一的猛烈反击。

如图11-29,出于局势判断的惯性思维和实战的紧张情绪,棋局至此,在钱宇平看来,黑方标▲的数颗棋子已经全部阵亡。

如图11-30,为了让大家看得更清楚一些,我们将已经确定没有生路的黑子拿掉,将白棋已经占据的地盘用白子填满。当然,在实际对局中,这个示意图只能在双方头脑中浮现。

我们可以看出,此时黑方大势已去,大局已定。于是,黑方钱宇平选择了中盘投子认负。这是他自己基于当时的形势判断所做的决定。

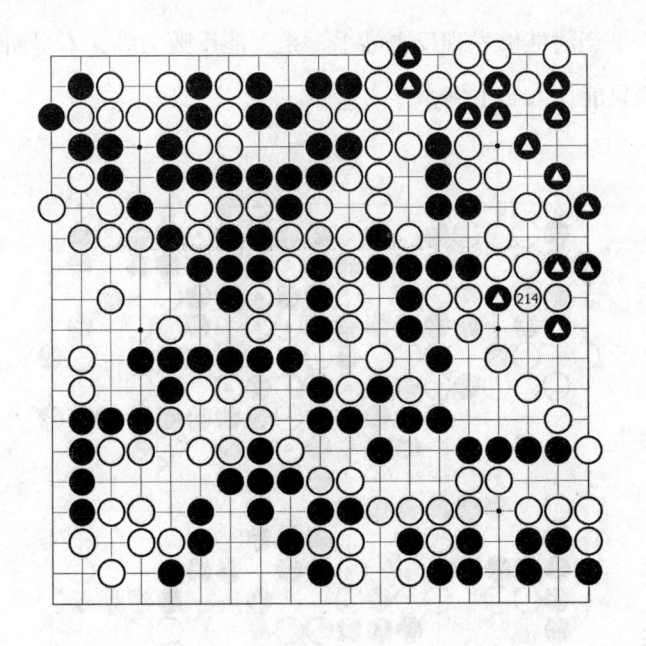

图 11-29

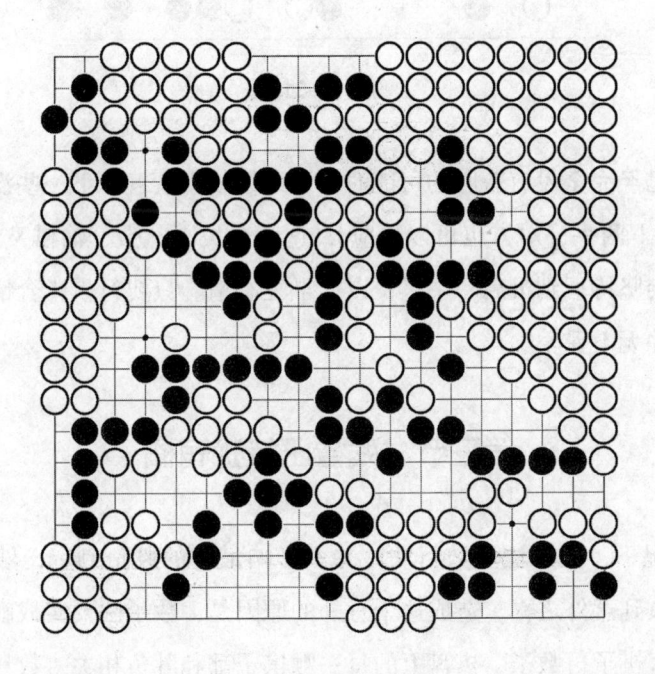

图 11-30

如图 11-31，在局后复盘时，观战高手指出，右上方白棋标▲的一大串棋子同样也有弱点，黑棋右上方的表面上看已经没有活路的棋子还有反击的机会，并非一定就是死棋。

如果钱宇平当时能够发现反击妙手，是否能反败为胜，不得而知，但落子无悔，事后感慨只能让人心生惋惜。

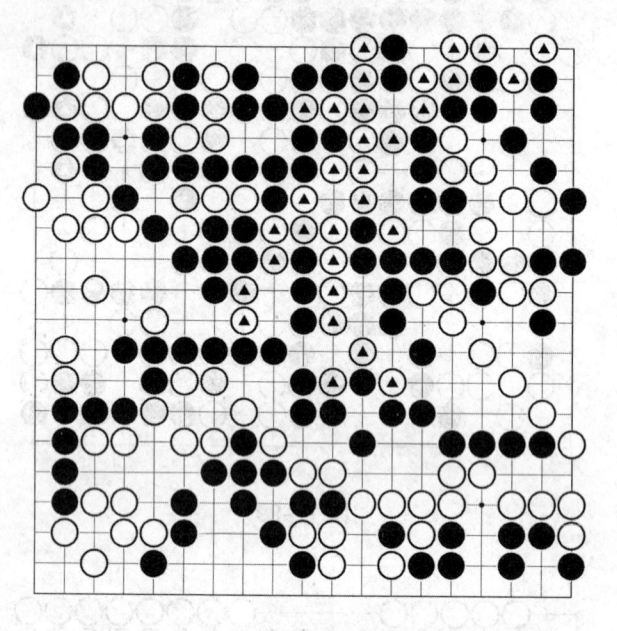

图 11-31

当棋局已经完全没有获胜的可能时，还继续胡搅蛮缠，下一些没有意义的棋（局部即使连下两手，对方也可以不应），这就会失了礼数，输棋又输人。当然，也有的棋手会坚持下到最后一手棋，以此平复心情。只要行棋皆合情合理，这样的选择倒也并无不妥。

## 第三节　残雪压枝犹有橘

通常情况下，数子法和数目法，并不影响最终的胜负判定，然而"粘劫收后"却可能收到意外之喜。造成这个意外的原因是，数子法要实战解决，须下完最后一颗单官棋子再数子，棋盘上的每一颗棋子都和胜负相关。数目法只比较双方目数的多少，最后的单官与最终的胜负没有关系。

### 一、粘劫收后

如图 11-32，A 位是单劫，有 0.5 目棋的价值；B 位是单官，没有"目"的价值。黑棋在 C 位有一个劫材。现在轮到黑棋下。

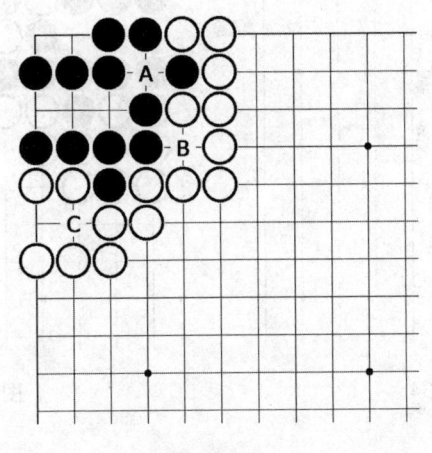

图 11-32

到图 11-33 时，在正常情况下，黑 1 粘上劫，白 2 走单官。

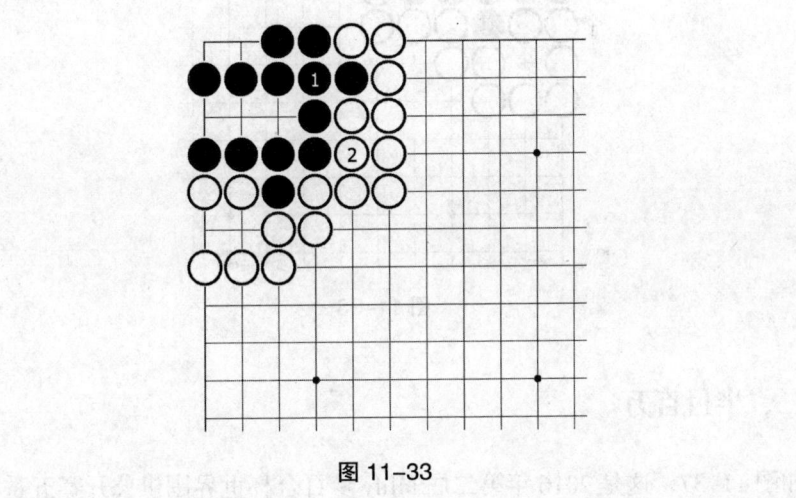

图 11-33

如图 11-34 和图 11-35，但在此局势下，黑棋可以先抢占黑 1，接着可以凭借黑 3 的劫材优势，把黑 5 位也抢到。因为走黑 3 时，白 4 必须予以应对，黑 5 便可把劫材反提回。

如图 11-36，白棋苦于没有劫材，白棋只能放弃一手，让黑棋再下一手。黑 7 最后把劫粘上，相当于黑棋把 A 位和 B 位都抢到了。

如果是数目法，黑方的目数并没有增加。但如果是数子法，黑方就能多得 1 颗棋子，这叫作"粘劫收后"，是数子规则下的特殊手段。

图 11-34

图 11-35

图 11-36

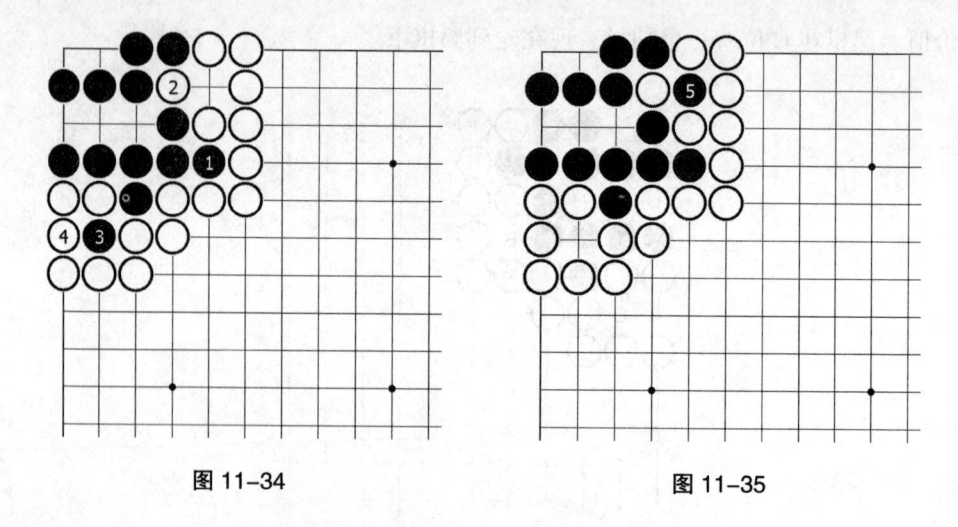

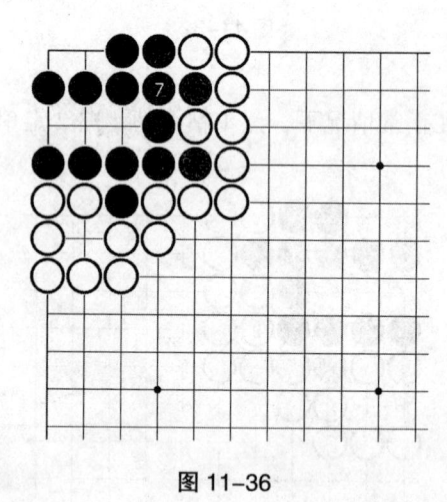

## 二、半目百万

如图 11-37，这是 2016 年第二届 Mlily 梦百合杯世界围棋公开赛五番棋决赛，中国柯洁九段执黑险胜韩国李世石九段，以 3∶2 的总比分获得冠军。

图 11-38 中，白 272 之后，轮黑方落子，下 A 位是单官，下 B 位是粘劫，有 0.5 目的价值。

此时，黑方为 71 目空，棋盘上白棋死子 8 颗，提子 19 颗，共计 98 目。白方为 67 目空，棋盘上黑棋死子 6 颗，提子 18 颗，共计 91 目。黑方比白方多 7 目，如果按数目规则，黑贴 7.5 目，白方以 0.5 目获胜。

按照数目法，黑方必然走 B 位，接下来，白方无论走不走 A 位，都已经获胜，黑棋是没有机会翻盘的。

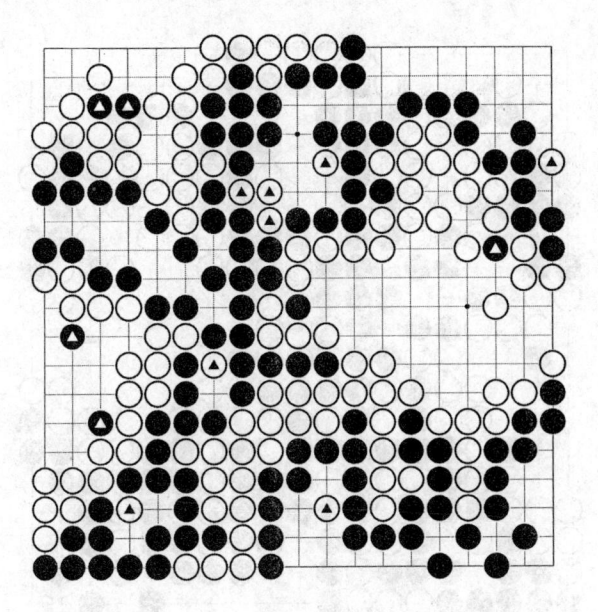

图 11-37

然而，Mlily 梦百合世界围棋大赛的规则是数子法。"残雪压枝犹有橘"，在最后时刻，黑棋居然还能强行挤出"一子之橘"，犹有争胜之机。

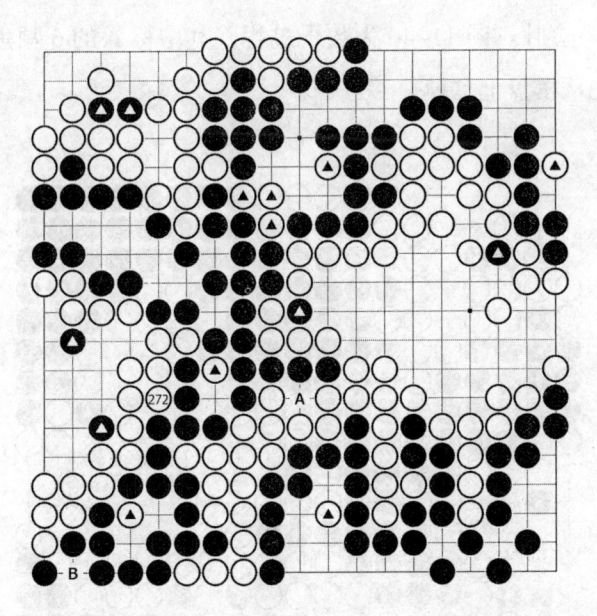

图 11-38

黑方实战选择了走 A 位，潜在意思就是 A 位和 B 位都想要。

如图 11-39，棋至 281 手，黑方凭借劫材的数量优势，如愿争抢到了 B 位，达到了 A、B 两位都占的目的。

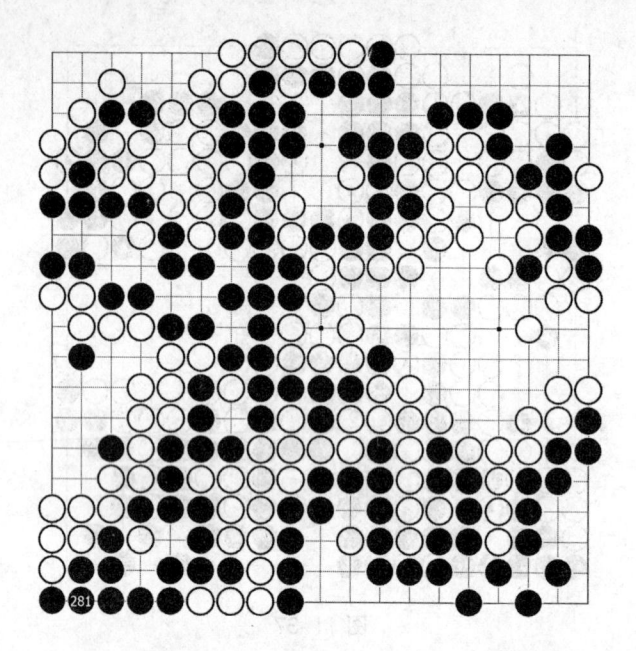

图 11-39

"山重水复疑无路,柳暗花明又一村",经过数子,柯洁执黑 185 子,最终以 0.75 子的优势险胜。图 11-40 为数子过程,其中标▲的 6 颗黑子为死子,在数子时,需要先从棋盘上拿掉。

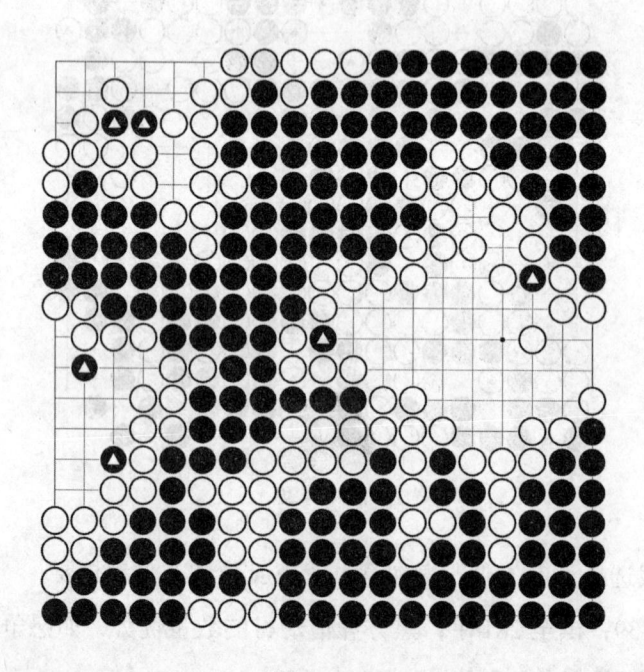

图 11-40

按照中国围棋规则，黑贴 3.75 子，即黑贴 7.5 目。如果盘面上黑方的目数领先 8 目，则胜半目。如果盘面上黑方的目数领先 7 目，则负 0.5 目。

假设这盘棋采取的是数目法，柯洁便无法使用"粘劫收后"的绝杀手段，最后反而会输 0.5 目。

2016 年 Mlily 梦百合世界围棋大赛的冠军奖金为 180 万，亚军奖金为 60 万，两者相差 120 万。可以说，这是价值百万的 0.5 目。

## 第四节　内省而外物轻

围棋的本质是竞技，争地盘，论大小，分胜负，围而杀之，争先恐后……同时，围棋是有"数"的。对坐棋枰，一番厮杀，点目计数，谁胜谁负立马分出。围棋比技术，拼谋略，较心理，斗智斗勇，虚虚实实，其中不乏高深玄妙的心机。在对弈活动中，有一颗争胜之心，是必须的，也是难免的。正如北宋思想家邵雍所言，"未去交争意，难忘黑白心"（《观棋绝句》）。

据记载，唐代大诗人元稹（779—831）在与李建（字杓直）弈棋时，其中的一人（因史料不足，具体是谁，目前无从考究）觉得大势已去，眼看要败下阵来了，于是做出一个"小动作"：窃数子而咽之。最后在数棋子论胜负时，反而装聋作哑寻子，又是追问，惹得对手"鼓局大怒"。假使此人真是如此"拼命"一搏，不但触犯了规则，而且败坏了风雅，关键是还伤及自身，真是得不偿失。

围棋的棋盘通常是木质的，弈棋活动自身极具魅力，常常会让人欲罢不能，由此古人曾戏称之"木野狐"。所谓的"狐媚"，作用的是人心，迷惑的是精神志气。要成就一个能独立自主、主体能动性强、积极有为的君子，就不应该被"木野狐"役使或管控住，不能被自己的欲望腐蚀。

古人有言："君子役物，小人役于物。"这是说一个才德出众的君子要对外物有掌控力，能驾驭住，而不会被外物控制，失去主体性。的确，人要想不断提升自己的德行，必须防止外物的诱惑，更不能玩物丧志，沉湎在"喜好"中不能自拔。进而言之，则是——内省而外物轻。

若有内省的力量在，外物——即便是"木野狐"，也可看轻了，拿得起，放得下。北魏时期的魏子建，字敬忠，以恩信治政，有权变之才，治下的风俗教化为之一变，深得上下左右的赞许。

初,子建为前军将军,十年不徙,在洛闲暇,与吏部尚书李韶、韶从弟延实颇为弈棋,时人谓为耽好。子建每曰:"棋于机权廉勇之际,得之深矣。且吾未为时用,博弈可也。"及一临边事,凡经五年,未曾对局。

"不徙",谓在同一官职上一直没挪窝。魏子建驻守洛阳时,闲暇之际与友人一起弈棋。这一爱好的程度之深,当时无人不晓。魏子建有治军理政的才能,他对围棋有独到的看法。机权,谓机智权变;廉勇,犹言进退。行棋要在变化中进退取舍,人在此过程中可以得到思维的锤炼。更为可贵的是,魏子建有此"耽好",他内心是清楚的,因不想为当权者所用,以弈棋来打发赋闲的日子,或许是最好的选择,而一旦统领边防事务,"凡经五年,未曾对局"。这样的举动不失为大智大勇。

王阳明特别强调"事上磨练",唯其如此,人方能"立"得住,心性方能达到"静亦定,动亦定"的境界。在棋事活动中磨砺锤炼,尤其是在输赢胜负之际,能超越一时得失成败,回归主体的修业进德。若不悟此,则理虽通,术虽精,计算力虽强,胜率虽高,无当于身心,胜了,又能如何?人毕竟不是机器。更何况在今天这个信息时代,一般人的心力已经无法战胜自己制造出来的机器,统摄不住此时此刻依然不停喷涌的海量数据,敌不过超然于人类棋手之上的软件程序。

古人在失意时往往会把棋和酒当成精神生活的安乐窝,聊以自慰。例如,大才子唐寅自叹"落魄迂疏自可怜,棋为日月酒为年"(《漫兴(其五)》),虽然还有一份愤懑和不甘心——"老向酒杯棋局畔,此生甘分不甘心"(《漫兴(其五)》),但无论如何,弈棋竞技,寄情于黑白世界的游乐,终究还是抚慰了他那颗不得志的心。进一步说,唐寅在棋中寄寓的,与其说一种难以排遣的情志,不如说是一种肆意狂放的游戏精神,胜负倒是其次的,"随斟冷暖开怀酒,懒算输赢信手棋"(《言怀(其二)》)。

当然,今天我们在正式对弈时,出于尊重对手,或者锤炼自己的目的,切不可信手行棋,必须积极争胜,认真对待每一手棋。弈棋的过程能做到入乎其内,对局的结果又能出乎其外,对黑白交争有一份超然超拔之心:本图忘物我,何必计输赢?

胜固欣然，败亦可喜。人生路上，游戏也罢，竞技也罢，无论是对弈，还是观棋，面对胜负输赢，轻重缓急分得清，拿得起，又放得下，方为真英雄，方是大赢家。

# 第十二章　复盘：温故而知新，可以为师矣

对局结束后，对弈的双方在一般情况下都要坐下来，认认真真地复演此局，检查对局中招法的优和劣，得与失。不难看出，复盘有回顾、反思和总结的意思在。请记住：复盘不是简单的重复，而是在重演中探索，在回顾中展望，在温故中知新，在总结中提升。

复盘是一盘完整对局的最后一个环节，同时也是围棋礼仪的重要组成部分。

## 第一节　古有覆棋，今有复盘

复盘，古时称覆棋，后世也有称"覆局"的，谓在棋局乱后，重新行棋布棋如旧。覆棋或覆局，在古时曾经是棋童聪慧的一个表征。按《陈书·陆琼传》记载：

> 琼时年八岁，于客前覆局。由是都下号曰"神童"。

唐代李瀚在《蒙求》一书中有：

> 蔡琰辨琴，王粲覆棋。

蔡琰，即著名的才女蔡文姬。蔡琰在六岁之时即深谙琴律，悉知琴音，能准确辨别判断出断弦是第几根，且可随口称引经典，可见她的博雅学识。

与这个著名的琴人雅事相并列的是——"王粲覆棋"。由此亦可知，琴、棋并列在三国时期已是既有的共识。这里的覆棋，就是今天的复盘。

王粲，字仲宣，为避战乱曾依刘表于荆州，后仕魏，归曹操，官至侍中，有《登楼赋》《七哀诗》等诗赋名篇传世，是中国文学史上著名的"建安七子"之首。建安，为汉献帝的年号（196—220）。汉末建安时期的作家孔融、陈琳、王

粲、阮瑀、应玚、刘桢、徐干等七人,均以诗文驰名于当时。曹丕曾对他们予以赞扬,因共居于邺都(今河北临漳西),故又称"邺下七子"。

王粲在中国围棋史上颇值一提。据《三国志·王粲传》记载:

> 观人围棋,局坏,粲为复之。棋者不信,以帕盖局,恢复以他局为之,用相比较,不误一道。其强记默识如此。

史载,王粲路旁观碑,过目而不忘,背而诵之,竟然可以做到不失一字。如此超强的记忆力,轻松地进行一场围棋复盘活动,自然算不得什么,只是王粲"强记默识"的一个注脚。

棋局千变万化,手数繁多,不通棋理,不明着法之所以然,是很难完整复盘的。所以,除了记忆力出众之外,我们可以推知,王粲一定还有相当高的棋艺棋力功底。

从头到尾观棋,还饶有兴致,且对过去的每一步棋都记得清清楚楚、一步不差,这说明王粲属于看门道的行家里手。仅凭记忆力强而复盘,于史家记叙的场景不甚相符。建安二十二年(216),王粲去世,曹丕在《王仲宣诔》有云:

> 何道不洽,何艺不闲。
> 棋局道巧,博弈唯贤。

这里曹丕特意点出王粲的博弈技艺是娴熟精巧的。可见,王粲一定是汉末时期的围棋高手,唯有此,才可能入多才多艺的魏文帝曹丕的法眼。

北周文学家庾信《奉和永丰殿下言志(其五)》一诗有言:"覆局能悬记,看碑解暗疏。"意谓像王粲一样不参照棋谱只凭记忆,能完整地复好一盘棋;看一眼碑文,即能背诵出来,意在说明他的聪慧,记忆力强。

背碑覆棋,早成为一个典故,后世常以之形容一个人的聪敏程度。

再回到唐代李瀚的《蒙求》一书。书名"蒙求",出自《周易·蒙卦》的卦辞:"匪我求童蒙,童蒙求我。"意幼稚蒙昧之人,求我不断地解决疑难。由此,后世多用"蒙求"二字作为启蒙类书籍的名字。全书为四言韵文,上下两句对偶，各讲一个典故，上承《千字文》，下启《三字经》，在唐宋时期影响巨大，属于那个时期儿童们必读的启蒙读物，不仅远播至西北的敦煌地区，更在唐末时期成为日本皇室的读本。

古人能覆棋覆局，今人则重复盘。

对弈胜负分出之后的复盘，是围棋活动不可缺少的一个环节，非但是一种学习的好习惯，而且是一种约定俗成的礼仪。在时间允许的情况下，对弈的双方不再是两军对垒时的剑拔弩张，而是心平气和互相切磋：一方虚心请教，一方悉心讲解，共同切磋琢磨，一道砥砺探讨。你一手，我一手，你一言，我一语，开诚布公，知无不言，言无不尽，把刚刚进行的对局重演一遍。

其实，棋手们在平时训练时，多数时间并不是在和别人搏杀，而是在深浅不一的复盘上。他们把大量的时间和精力投入复盘，这是因为复盘是慢活儿，是笨功夫，是在夯实根基，是不能忽视的"捷径"。

## 第二节　复盘进行时

硝烟散尽，握手言欢，其乐融融。复盘无疑是对弈中的一大乐事！

复盘可提升棋艺，又可实现自我突破。复盘的重要性在于总结经验教训，尤其是面对自己失算的招法、失误的谋略、失败的局面，要坦然，要认真，不遮遮掩掩，不给自己找借口和留后路，不吃"复盘胜"的安慰剂，老老实实，切切实实，在交流中成长，在锤炼中壮实。

下面是北京业余围棋俱乐部联赛的一盘对局。对局的双方为鹭鹭和墨墨。鹭鹭执白，墨墨执黑；对弈规则是让先（不贴目），黑棋181子即可获胜，每方各1.5小时包干。对局的结果是鹭鹭执白中盘获胜。

对局双方在赛后进行了充分的交流，氛围友好而热烈，研讨过程深入而细密，从布局、中盘和收官三个阶段进行了详细的复盘，以下为复盘实录。

### 一、布局

布局阶段是战略构思阶段，最重要的是——致广大。

布局是起始阶段，可谓海阔天空，每一手棋的价值都是巨大的，因此争先是布局阶段的主旋律。行棋要在追求效率的同时兼顾安全。

鹭鹭：如图 12-1，面对黑 5 挂星位，白棋不予理睬，白 6 脱先，反在左侧黑棋目外挂 1 颗子。这是积极进取的态度！

目外花一手棋守角与星位与花一手棋守角相比，形状更美观一些，行棋效率稍微高一点。可将黑 5 和白 6 交换一下位置，感受一下其中的不同。这也是为什么实战中白棋白棋选择互挂互破的理由。即使没有真占便宜，至少在心情上，是非常愉悦的。

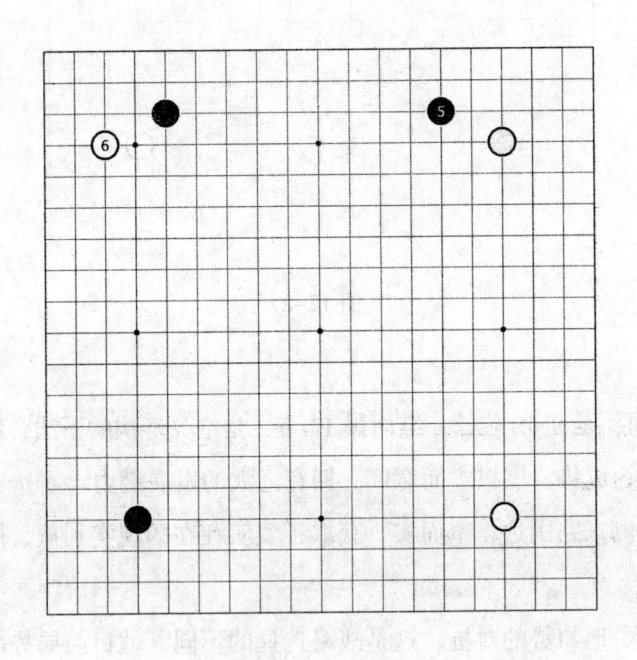

图 12-1

鹭鹭：图 12-2 中，黑 7 在四路飞压，进攻三路线上的白 6，而不是进攻右上星位的白▲，从某种意义上来说，黑棋认为左上角要比右上角更为急迫，这样便显得白 6 的价值比黑 5 大。尽管这里的价值差距是微乎其微的，但白 6 的脱先，从战略上看获得了成功，引领了战斗的方向。

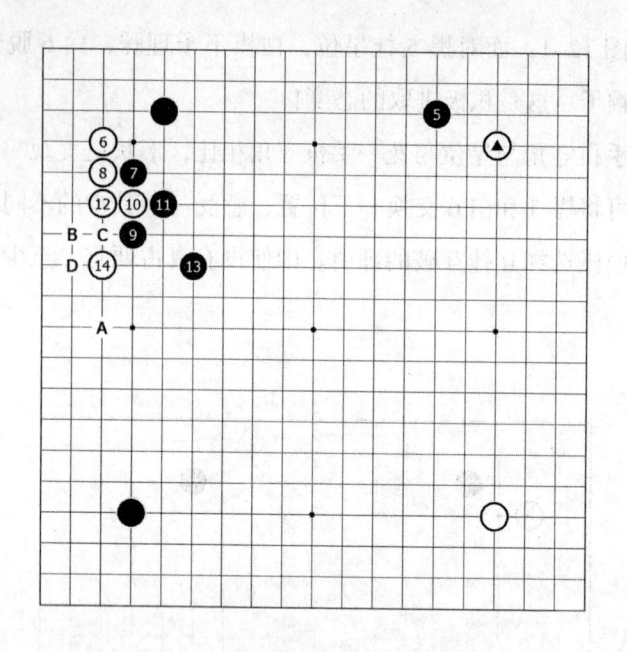

图 12-2

　　黑 11 跳而不是在 10 位长，继而黑 13 飞，是空灵轻快的下法，和右上的黑 5 遥相呼应，隐约成势。黑棋虚而宽广，拥有巨大的发展潜力。

　　白棋在左侧三路围边，窄而实，获取了实实在在的现实利益，但未来的发展潜力较小。

　　双方形成了地与势的对抗，这是战略选择的不同，就目前局势而言，是黑白双方均可满意的均衡局面。

　　白 14 是非常纠结的一手棋。如果在 C 位再爬一手会觉得略缓，而在 D 位二路小飞，又觉得主动低头，略显委屈。实战中，白 14 跳，头是抬起来了，但未来如果被黑棋从 A 位逼迫，会出现一个 B 位的弱点。

　　前面有好几条优劣明显的路，但只能做出一种选择，这是让人非常纠结的局面。

　　墨墨：如何进攻白 14，也让我非常纠结。同时，这个局部也让我产生了错觉，直接导致我在后来中盘作战时发生了决策失误。

　　鹭鹭：图 12-3 中，黑 15 是围空的保守下法，不能说不好，但确实不够积极进取。为何不在 A 位"双飞燕"夹攻白▲呢？白▲因之前脱先，本就欠一手棋，略显孤单。

306

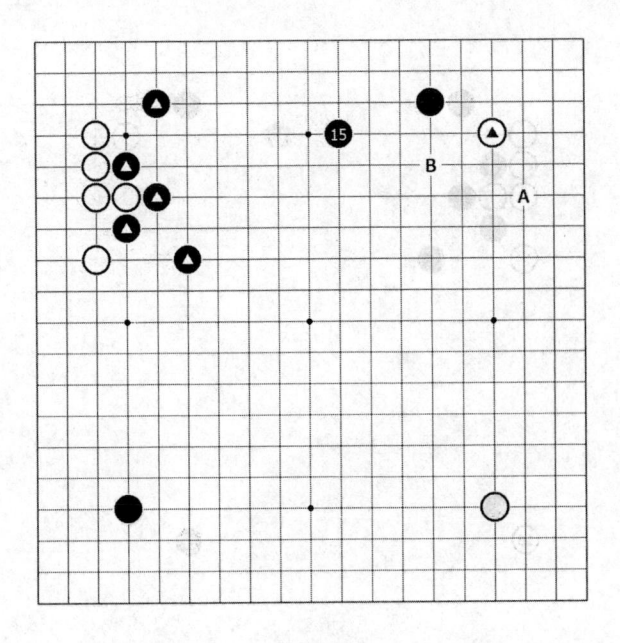

图 12-3

墨墨：我以前也曾想用"双飞燕"，但落空过一次，被对方夹击，或分投到自己的模式中，就把局面打散了。这不是自己喜欢的或者说擅长的格局。

不能专注于本局的思考，总是受过去某一对局的影响，确实是对局大忌。

实战与做研究不一样，不能将两件事纠缠在一起。做研究要不断搜集历史素材；实战应该着眼当下，摆脱历史包袱和干扰。

下一局棋，我应该踏踏实实下好每一手棋，心无旁骛，心无杂念。

复盘一局棋，其实也能看出本局之外的一些东西。

鹭鹭：如果是要围空，可以 B 位跳起，与左边黑▲数子遥相呼应，同时还能对白▲施加一定的压力。黑棋沿五路线，甚至在更高的线围空，尽可能使自己的势力范围变大。这时形成的强大外势，虽然还是虚空，但覆盖面极大。

如果白棋不打入，则黑棋上方将由虚变实，效率极高。

如果白棋打入黑棋上边，由于白▲还需自保，也会陷入两线作战的境地，使自己手忙脚乱。对此，白棋将很难抉择。

从战略上讲，既然左边选择了外围取势，就应该一以贯之，继续扩张外势，或者借攻击自然成空。实战中，黑 15 是前后矛盾、不够自信的一手棋。

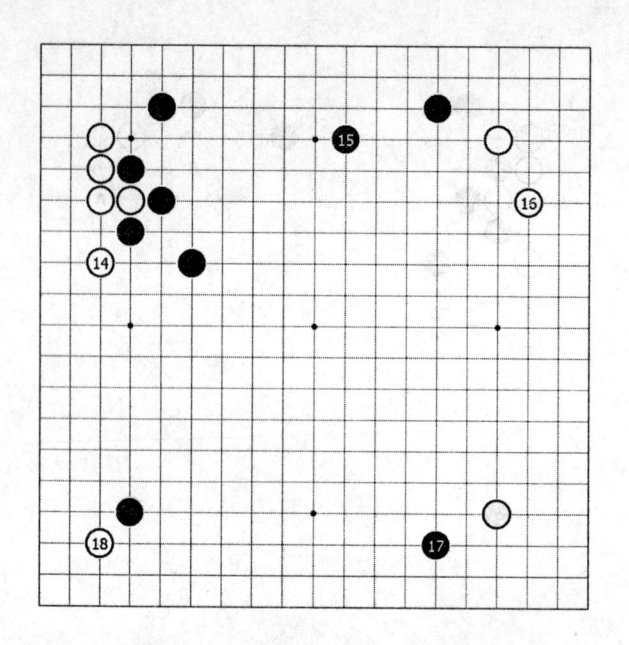

图 12-4

鹭鹭：图 12-4 中，对于黑 17 小飞挂角，白 18 再次脱先，点在三三位，抢夺左下角空。通过争先，可带动全局的节奏。

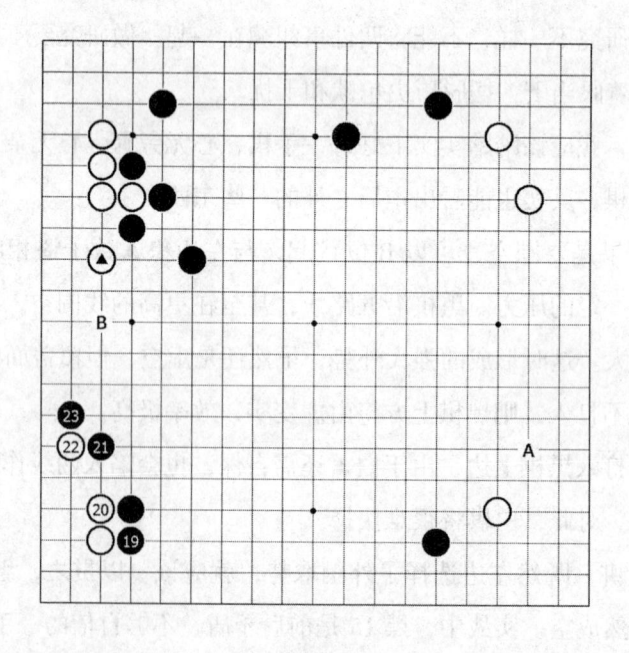

图 12-5

鹭鹭：图12-5中，黑23强行扳头，阻挡白棋的去路。这是非常强硬的下法，必将引发激烈而复杂的战斗，前面略显保守的黑棋，突然有了战斗的勇气。

其实完全没有必要，这是在错误的时间、错误的地方发起的一场错误的战争。由于有白▲的存在，白棋在左边的发展空间已经非常有限，何必再强行阻挡白棋的去路呢？

即使白棋选择不战，退缩回来，以后黑棋从B位逼迫过去，也显得非常狭窄和局促，效率并不高。

更何况，白棋一直在默默地等待作战的良机，此时不战，更待何时。

退一步海阔天空，黑棋此时应该尽力抢先手，继而在A位用"双飞燕"，惩罚白棋之前的"脱先"。宽广的右下方才是黑棋的主战场。

不能总是跟着对方的节奏走，对方走哪儿，就走哪儿，这样是很难赢棋的。

## 二、中盘

中盘是激烈战斗的阶段，力量和技巧决定着全局的走向。棋子的强弱，棋形的厚薄都是形势判断中需要认真考虑的重要因素。

优势局面，应稳中求进；劣势局面，应进中求稳；局势均衡，应持重守中。

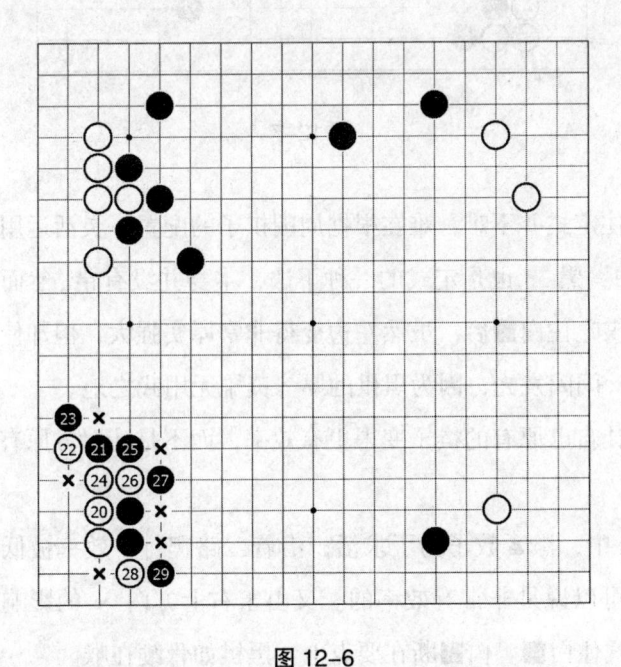

图 12-6

鹭鹭：在图 12-6 中，小小的局部竟然出现了 6 个断点（标 × 的位置），左下角正如白棋所愿，形成了异常复杂的局面。双方在此短兵相接，步步杀机，一个小小的失误就可能导致崩盘。

这是一盘让先的棋，黑棋原本是有先行之利的，选择如此激烈的拼杀，实非明智之举。

积极进取，不等于以命相搏。这时，黑棋又走入了另外一个极端。

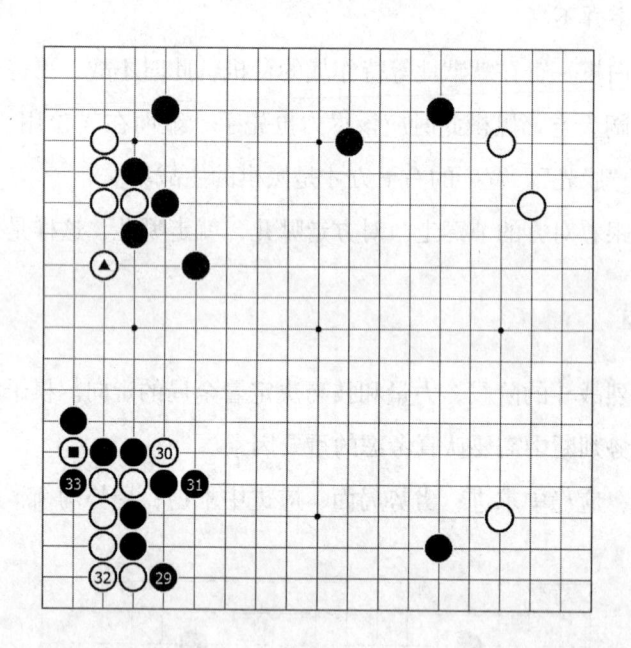

图 12-7

鹭鹭：记住定式并不难，难在根据周围棋子的配置，灵活运用。

图 12-7 中，黑 33 也是定式的一种下法，本身并没有错，然而方向选择却出现了问题。黑棋吃住白■后，虽然左边变得非常厚实强大，但却使原先让白棋倍感纠结的白▲，闪闪发光，因为黑棋的厚势英雄无用武之地。

我们应该让自己原有的棋子变得更有效率，而不是让对方原有的棋子变得效率十足。

在图 12-8 中，黑▲数子为了求活，沿着二路爬行，效率极低。白▲数子压在三路线上，可以说是非常有效率的。又由于右上方白 × 的影响，黑棋无法通过征子的手法吃住白■。白■断在要点上，黑棋如骨鲠在喉。

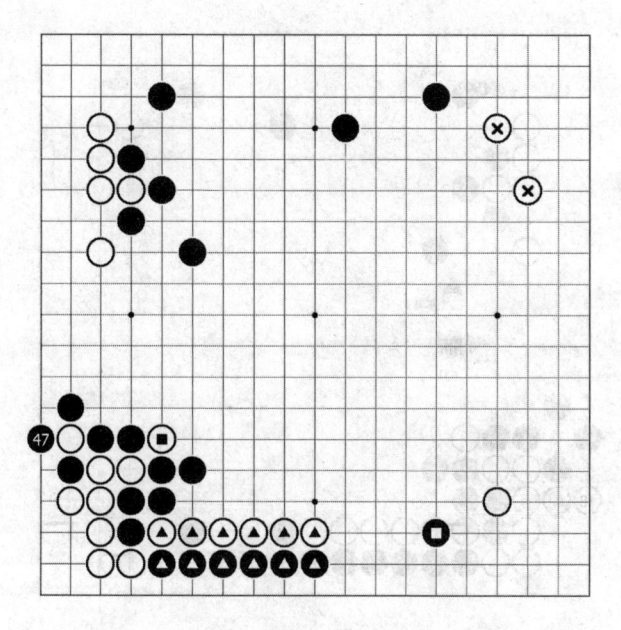

图 12-8

墨墨：我原本觉得有右边黑■的接应，将战火引至右边，黑棋将不惧一战。白▲数子飘在上方，一点也不安定。

在这里，我向未知挑战，勇气可嘉，下出并不常见的棋，也有打破对手思路的意味。然而，实际效果如何，确实值得商榷。

鹭鹭：可是实战中，黑棋并没有打破白棋的战略意图，甚至可以说是正好进入了白棋所希望的局面。

目前局势，黑棋虽然并没有落后多少，但在战略选择上，却出现了问题。至少对于白棋而言，全盘无废子，局面生动有趣。

墨墨：如图 12-9，白 48 一路硬腿立下补棋，有点出乎意料，某种程度上对黑棋形成了干扰和压迫。

鹭鹭：白 48 是我后悔的一手棋。因为太拘泥于左下角白棋数颗子的死活问题。当然，这几颗棋子说大不大，说小不小，食之无味，弃之可惜，这也是促使我实战回补的一个原因。

白棋应该在 A 位继续进攻右边，保持主动性。但实战中，我又担心万一攻击不当，落了后手，反而被黑棋来一个回马枪，把左下角的白棋数子全给杀掉，就得不偿失了。实际上，即使白棋被吃，白棋也可弃子争先，从外围进攻左边的黑棋，以此获得充分的补偿。

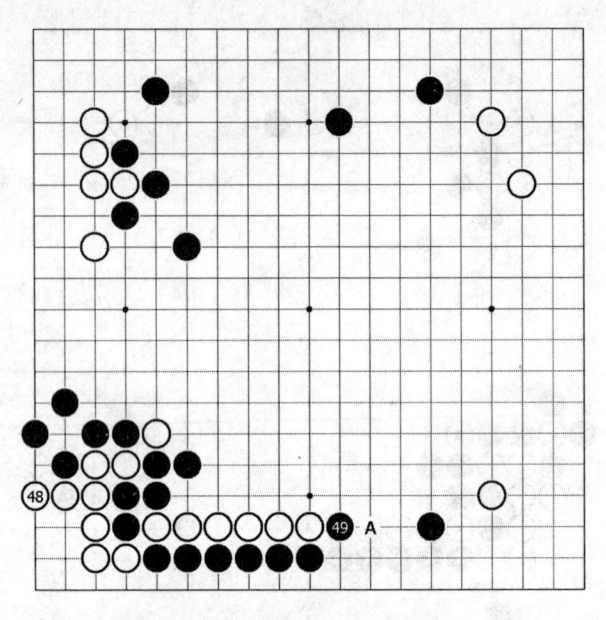

图 12-9

实战的犹豫不决,当断不断,反而导致了错误的决策。

墨墨:对局时,心还是没有真的静下来、沉下来。黑49"扳头",进攻白棋,不一定是坏棋,但是明显考量不足,想得过于简单了,并没有考虑有没有更好的方案。我应该进一步拓展思路。

鹭鹭:黑49走得挺好,如果不扳起,被白棋继续从三路上进攻,黑棋会变得更加憋屈。

当然,黑棋还有别的方案可供选择。比如,换个方向进攻,可以考虑从中腹虚罩过来,借此还可以间接补强黑中腹数子,同时兼顾上方的黑棋。可谓一举多得。

鹭鹭:如图 12-10,白60犹豫不决,是自相矛盾的一手。应该A位吃住黑■,整块白棋以后就不再担心受攻。

墨墨:黑61碰,这本是自我感觉良好的一手棋。

贴身纠缠住白▲,同时还看轻了左边"拔花"的5颗黑▲。因为之前白棋在一路立了一个,以后若B位小飞压迫进攻,还得在C位再花一手棋才能将黑棋完全吃住,合计花费三手棋,效率并不高。于是就想灵活弃取,有"想下得华丽一些潇洒一些"的心理在作祟,但是这种思想是华而不实的,从效果看,这是一个废招。

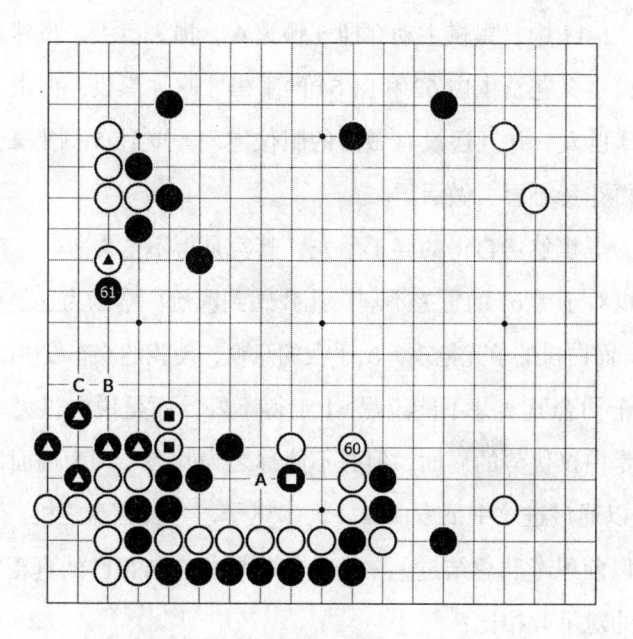

图 12-10

鹭鹭：黑 61 本身下得挺好，白棋在局部很难应对。黑棋还可以借力打力，声东击西，间接攻击下方的 2 颗白■。

应对不好的地方不应，也是一种灵活的作战思路。实战白棋就选择了脱先，不应！从 B 位抢攻 5 颗黑▲，以攻代守。

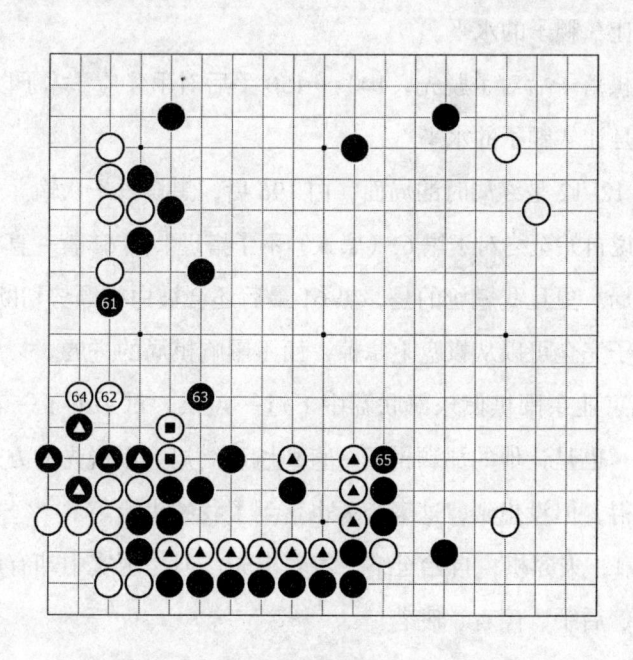

图 12-11

鹭鹭：图 12-11 中，黑棋主动弃掉 5 颗黑▲，损失巨大。虽然这正如黑棋所设想的那样，白棋又花费了白 62 和白 64 两手棋才吃住黑棋，但由于白棋中间的 2 颗白■并不算强大，并且还没有做活的眼位空间。吃住 5 颗黑▲后，2 颗白■变强，就不用再花费心思去做活了。

综合分析，黑棋悠然自得的弃子争先，其实是得不偿失。

墨墨：白棋对于黑 61 的置之不理，让我感到尴尬！本以为这是白棋必须予以应对的一手棋，而白棋的争先抢攻，出乎我的意料，使我的心态发生了微妙变化。

鹭鹭：这个回合其实并不能说黑 61 走得不好，而是说白棋灵动，下得更出色。此时确实是白棋优势的局面，但并不能称之为胜势。因为局面还很宽广，黑 65 落子后，可以通过进攻中下方白▲一大串棋子，寻找翻盘之机。

墨墨：我以前思考和总结过，一个人的临场状态与自己的真正实力（或者与本来旗鼓相当的对手）相比：

如果一手棋落子后对手脱先，20～30 手后对方才应（才予以理睬），对手还赢了，应该是让先的水平。

如果一手棋落子后对手脱先，30～50 手对方才应（才予以理睬），对手还赢了，应该是让 2 颗子的水平。

如果一手棋落子后对手脱先，50～100 手对手才应（才予以理睬），对手还赢了，应该是让 3 颗子的水平。

如果一手棋落子后对手脱先，100～150 手后对手才应（才予以理睬），对手还赢了，应该是让 4 颗子的水平。

墨墨：图 12-12 是终局时的局面，白 196 后，黑棋投子认输。

白棋可以说自始至终对于黑 61（黑▲）不予搭理。黑 61 就一直在那儿尴尬地待着，直至终局。更让我尴尬的是，黑 61 最后还会被白棋顺势切断，自然死亡。可以说这颗棋子完全可以从棋盘上拿掉，而不影响棋局的进展。

之前在北京业余围棋俱乐部联赛中下过一盘棋，对手下了一着貌似先手的棋，我不理睬，也是让他的那颗棋子一直尴尬至终局。以脱先的方式拿下那局棋后，还颇为自得，但没想到，这事今天也落到了我的头上。

《棋经》曰：夫弈棋，自始至终，着着求先。但是现实中却有层出不穷的后手死、纯后手、后手、停着、废着。

事后回顾，从某种意义上来说，本局至此，胜负已分。

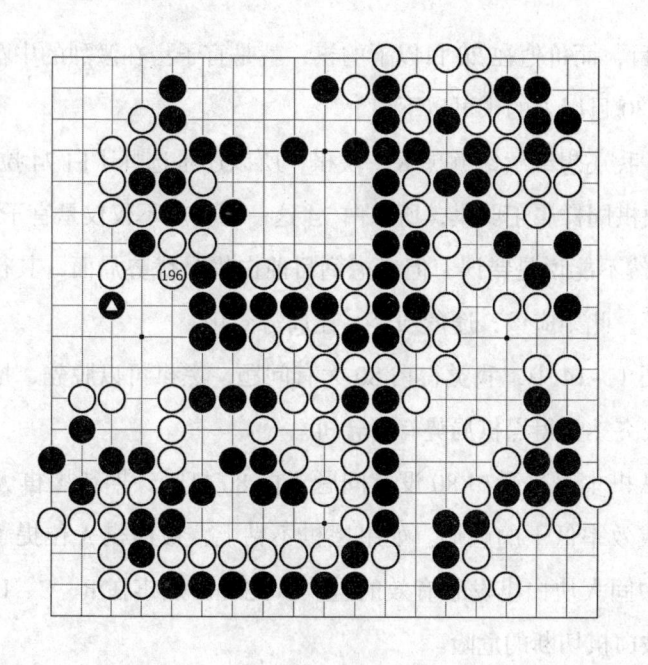

图 12-12

墨墨：图 12-13 中，黑 73 落子时，白 74 是否可以考虑脱先，弃掉 6 颗白▲，乘机卸下包袱呢？

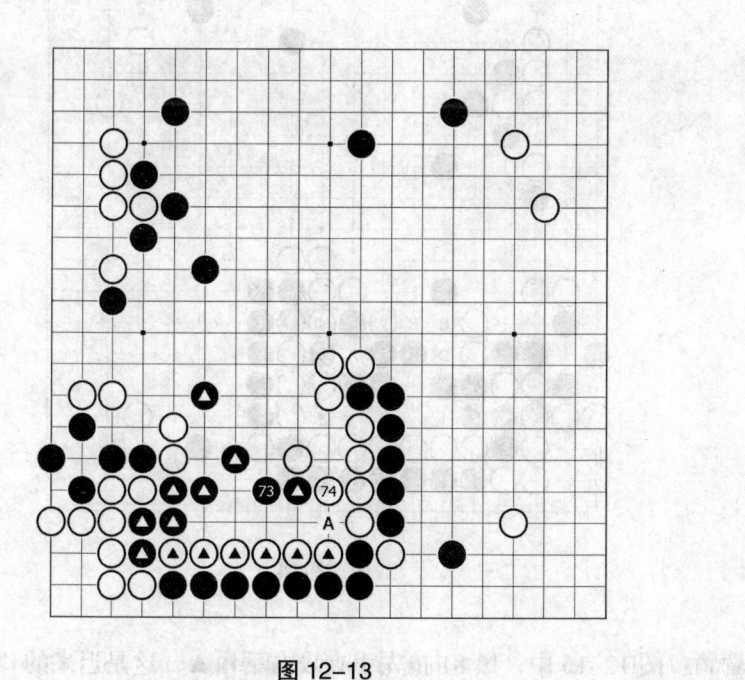

图 12-13

鹭鹭：确实可以考虑脱先。黑棋 A 位截断还需再花一手棋吃住这块棋，相当于后手 16 目，而价值在 20 目以下的棋，就是官子。在激烈的中盘战中，有很多 20 目甚至 30 目以上的棋可以下。

实战中，我还想继续纠缠黑▲一块棋，所以还是选择了白 74 拉回 6 颗白▲。因为黑▲一块棋同样属于弱棋，所以白 74 这一手棋就不仅仅是官子价值了。

白 74 虽然不能说是错误，但考虑到目前白棋是优势局面，其行棋思路就存在一定问题了。此刻应该，逢危须弃，让局势简化。

墨墨：图 12-14 中，我觉得白 80 大有问题，黑棋可以脱先，抢攻右下角白棋。此刻，我突然觉得黑棋局势有了转机。

鹭鹭：从棋本身来看白 80 没有问题。白 80 打吃，期待黑棋 A 位粘上，聚成一团，形成效率低下的愚形。如果黑棋不粘上，被白棋 A 位提子以后，黑棋就无法再对中间大块白棋发起有效的进攻。此外，黑棋在 B、C、D 等位置还有弱点，存在被白棋切断的危险。

但穷寇莫追，从战略上看，白 80 是存在问题的。

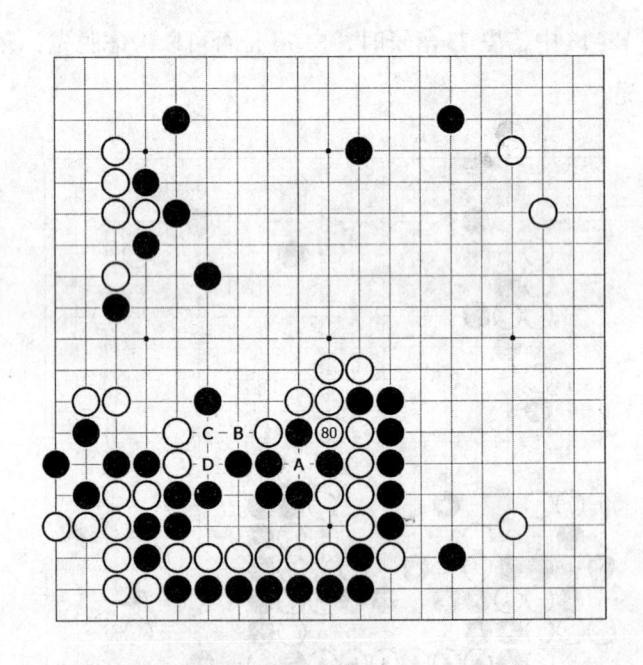

图 12-14

鹭鹭：图 12-15 中，黑 81 抢先手夹攻右下白▲，这是迟来的"双飞燕"。此时必须破釜沉舟，奋力一战。黑棋在这里弃子争先，突然发力，让我感到压力，开始变得患得患失，局势开始失控。

局后反思，此刻白棋应该逢危须弃，果断弃掉右下白▲。贯彻之前的战略意图——既然黑棋敢于脱先，那就在 A 位一带截断一串黑■的归路。各行其事，针锋相对，这在围棋里叫作"气合"。

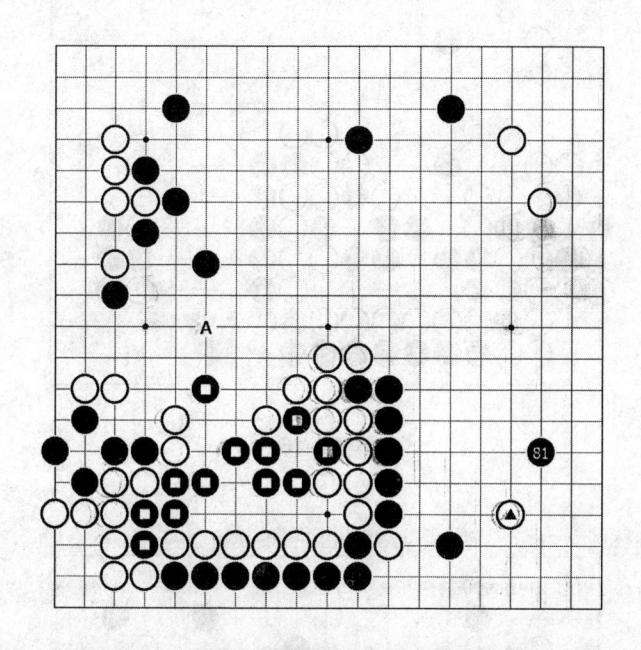

图 12-15

鹭鹭：图 12-16 中，白 82 靠压，是想纠缠住黑棋，寻找脱身之机。但黑 83 冷冷地一长，不给白棋借劲的机会，重剑无锋，大巧不工。这是充满力量的一手棋。

非常时刻，得用非常手段。黑 85 其实可以在 A 位飞，从二路线上夺取白棋的根基，因为角部是最容易成活的地方。

黑棋把白棋连根拔起后，再发动整体的攻势。黑棋若如此，白棋恐怕就得考虑弃子了。右下方白棋万一被全歼，局势就有可能逆转。

墨墨：我当时顺手一冲，确实没有想到黑棋还有 A 位小飞这样犀利的攻击手法。实战被白棋就地做活，黑棋就失去了进攻的目标。

鹭鹭：患得患失是优势局面下的大忌。图 12-17 中，白 100 是没有进取之心的下法，过于求稳，竟然没有从 A 位对一串黑▲发起总攻。而此刻的黑棋则思路清晰，下得非常积极。黑 101 脱先，点三三，对右上角 2 颗白▲进行强攻。

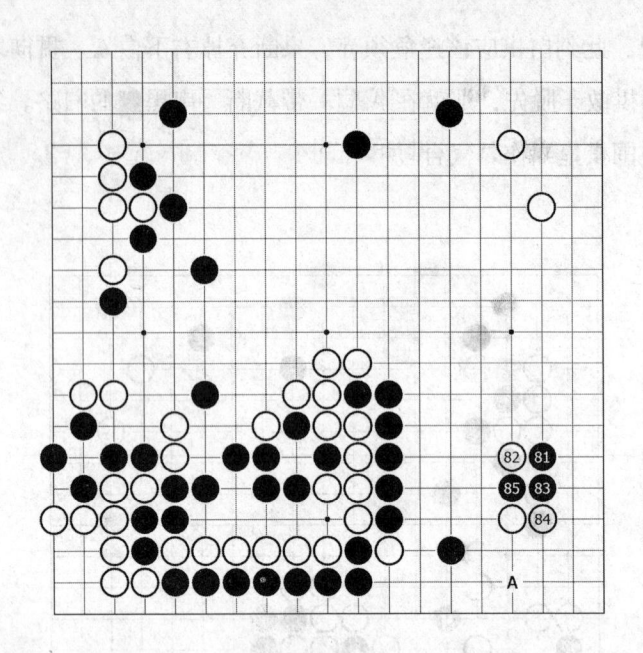

图 12-16

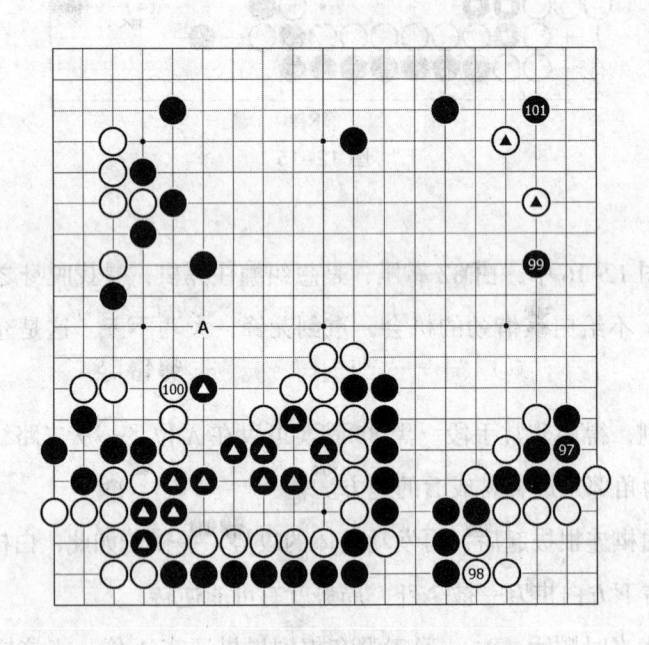

图 12-17

鹭鹭：图 12-18 中，黑 113 主动放活右上角一堆白▲，让我颇感意外。由于黑棋存在 A 位打吃，强行进攻下方白■大龙，这是一种非常手段。黑棋完全可以对上下两块白棋分而击之，缠绕攻击。这样，黑棋可以在混乱中求胜。

318

实战中，白114吃住4颗黑▲后，安全成活。不仅收获巨大，而且还卸下了包袱。现在只要集中精力处理好下方的白■大龙，即可获胜。处理一块棋，肯定要比同时处理两块棋要简单得多。

墨墨：当时想，"博二兔不得一兔"，主动放活右上白棋，是想全力进攻下方的白棋，却没有从对手的角度去思考问题。关键时刻，思想跑偏了。

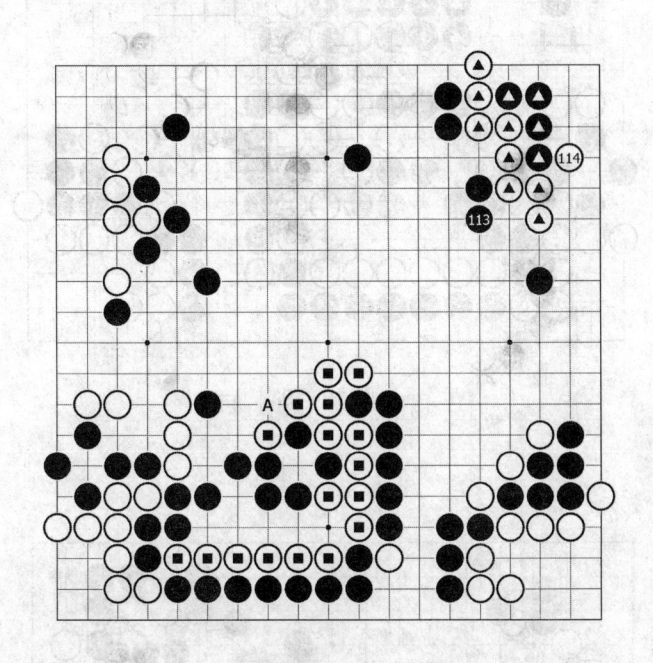

图 12-18

鹭鹭：在做活的过程中，白棋妙手连发，通过弃子，迫使黑棋在中腹形成愚形。

图 12-19 中，黑 135 点刺破眼，这是最后的拼搏；而白棋棋形舒畅，眼位丰富，易守难攻。

鹭鹭：大优局面下，便开始悠然自得，不思而行，差点乐极生悲。

图 12-20 中，黑 143 截断了上面的 5 颗白▲，白 144 只得提掉黑棋 1 颗子。这样黑棋获得了在上方先动手的权利，上方突然有了围出巨空的可能。这里涉及大规模的转换和变化，人在短时间内是很难判断得失的。

虽然局后复盘，冷静分析，此时依然是白棋优势的局面，在实战对局时，我顿感不安，头脑中混沌一片，着实吓出了一身冷汗。

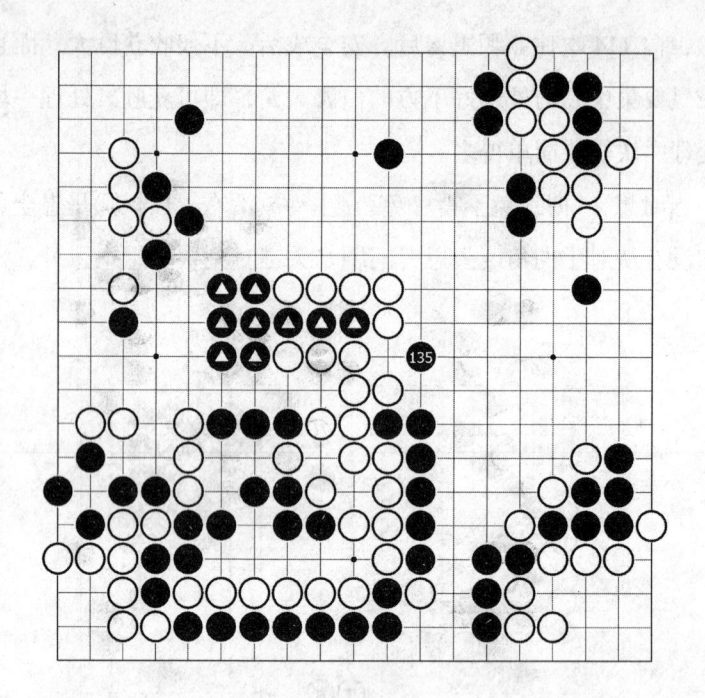

图 12-19

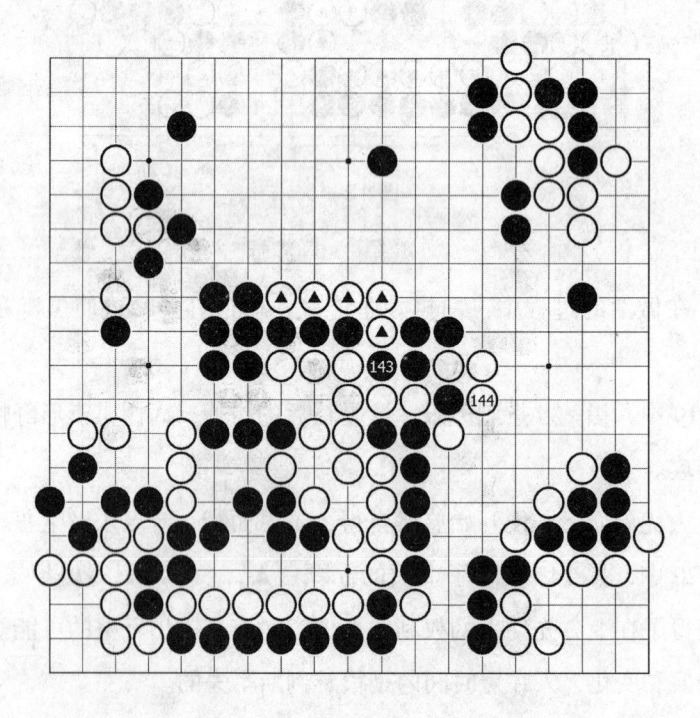

图 12-20

## 三、官子

在围棋里，形势判断贯穿全局。形势判断可以说与棋力强弱直接挂钩，棋力越强判断越清晰，行棋策略也就越合理。

官子阶段是打扫战场、最终划定边界的阶段，已经没有大战场和涉及生死存亡的拼杀，形势判断能力尤显重要。

形势判断要尽精微。一目棋甚至半目棋，都能影响最终的胜负。

鹭鹭：图 12-21 中，白 146 中盘发力试探黑棋应手。黑 147 突然松劲，竟然在自己的大空里回补了一手。这是不可思议的一手棋，可以说是黑棋最后的败招。难道黑棋觉得局势已经大好，要赢了吗，以至于这么稳健地防守？黑棋必然是在最后的形势判断上出现了大问题。

墨墨：图 12-21 中，上面的这块空，确实太大了。对局时，我突然想起曾经有一局被人在自己的大空中活出一块棋来，担心白棋万一打入，却又吃不住白棋，于是鬼使神差一般，我就在自己空里补了黑 147 这么一手。

鹭鹭：黑棋在关键时刻突然掉了链子，此时的消极防守几乎相当于停了一手棋。图 12-22 中，白棋抓住机会，大幅度压缩黑棋，黑棋再无翻盘可能。

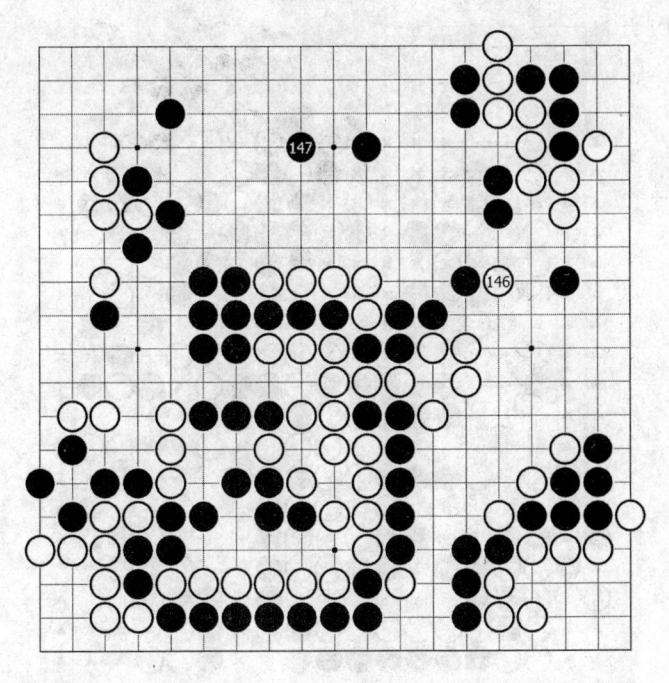

图 12-21

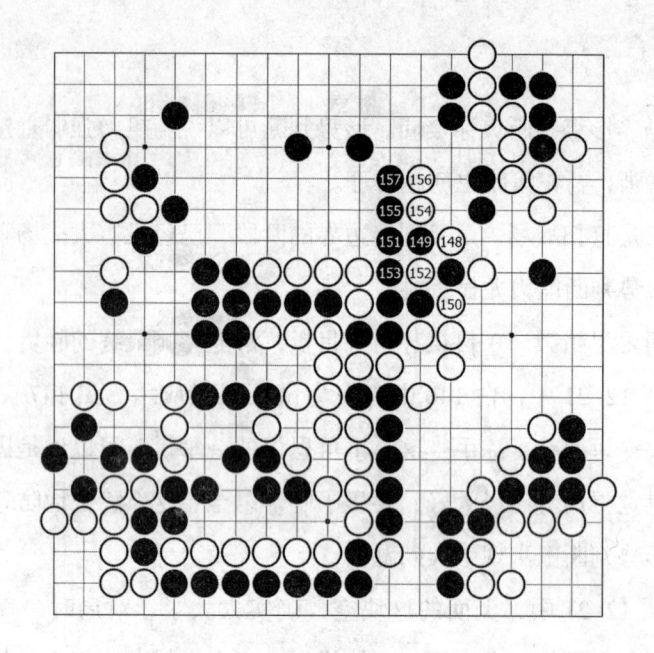

图 12-22

鹭鹭：图 12-23 中，白 196 后，黑棋眼见局势已定，投子认负。我们可以简单地分析一下局势，标 × 区域为黑方地盘，标▲区域为白方地盘，差距巨大，黑棋确实难以为继。

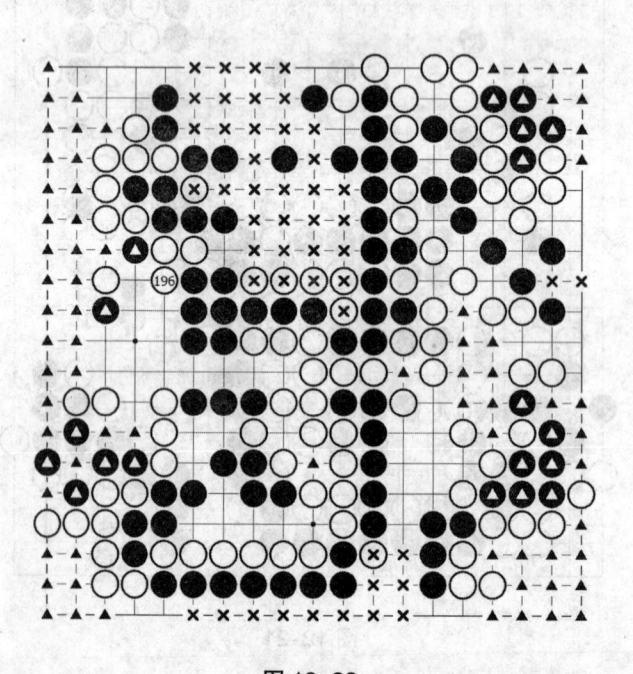

图 12-23

墨墨：事后来看，本局临场发挥状态，是被你让 4~5 子的水平，或者说是比自己的真正实力差 4~5 子。

一切竞技都讲究克敌制胜。"克"字，就是为让对手发挥不出来真实水平，更别提超常发挥了。

鹭鹭：本局黑棋失误较多，确实没有发挥出应有的水平，尤其是最后回补的那手败招，大失水准。

当初选择取势，就是为了将来能有围大空的潜力。后来，眼看大空将成，反而心生犹豫，失去了布局之初的雄心壮志。

实际上，白棋若真敢入侵，那就在此决一死战，又有何惧！黑棋本局之败，主要还是败在了心态上。

## 第三节　复盘的心法和技法

每一位棋手，无论是刚入门的初学者，还是"高处不胜寒"的职业高手，或多或少都会通过复盘来收获自己的成长，夯实具体而微的技术战术，明晰高屋建瓴的大思路，树立视野开阔的大局观，甚至在心理状态、思想信念上获得点滴积累，以求逐步提升。

《论语·为政》篇载有孔夫子的教诲："温故而知新，可以为师矣。"温，有寻绎之意，谓反复玩索，详细推究；故，旧有的知识，刚发生的事情。学棋而能时时温习旧闻，在复盘过程中潜心深究，相信一定会有新的收获。如此则所学在我，其应不穷，必定能取得更大进步，最后成为老师。

复盘，再次回到激烈博弈时的"当下"，换一个心态，变一种身姿，不再以竞技争胜为主，而是以交流为目的；不再以一己得失为主，而以探讨棋理为重；不再各为其主，而是携手共进；不只手谈，还要言谈；既自省又教人，既惠及他人又助益自我。

戒骄戒躁，分清大小，以对棋理的研磨为大，以一己之胜败为小。胜，知其所以然；败，亦知其所以然。重新走一遍刚才下的棋，有效地加深对自己行棋的印象，找出攻守双方的"漏洞"，肯定围杀时彼此的"妙手"，思考每一步是否合理，研判各种可能性，详加分析，细密推理，避免下次犯同样的错误。

复盘，是重演对弈过程，表面上探索的是行棋思路以及技战术的优劣问题，深层的问题其实是——人。

棋理乃至棋道，自有天则。而人在复盘过程中，则是虚明且灵动的，收获之多寡需要一个中正的心态和明确的方法论，否则不能超越"自我"乃至"小我"，让意气之争充斥棋枰，再美好的手谈都会变成心嗔意恶，甚而是白眼相视。

平和中正的心态是完美复盘的前提。胜欣然，败可喜，两个棋手再次握手，坦然面对两人的"作品"，重新演绎再次玩味，是幸事，亦是乐事。

复盘需要注意：作为当事人，复盘者虽隔着棋盘对坐，但此时当内心无界，共同扮演好复盘的角色，明确自身的角色职能，激发出复盘本该有的潜能。

无论复盘的具体情形是什么样的，周边有没有别的人参与进来，其中至少有三个角色——引导者、发问／回应者和追忆记录者，是对弈双方要担当或扮演的。

三者各有担当，协同配合。引导者，引领并确保复盘按照正确的流程进行，主要把握方向和进度。心中有罗盘，明确复盘的目的，掌控好复盘过程中的逻辑方向，确保复盘不跑偏，少走弯路。当然，复盘必须要观照并调节当事人的情绪，创造出融洽和谐的"手谈＋言谈"的氛围来。

发问者，积极主动地追问，提出各种可能性的假设，有打破砂锅问到底的勇气，激发思考；作为回应者的一方，若桴鼓相应，直面且有针对性地予以回答，一起研判，得出阶段性的结论。

追忆记录者，对弈棋过程进行情境再现，如实讲述博弈中思考的曲折和原委，真诚记录彼此尤其是对方的见解、主张和观点，不隐匿，不删改，不文过饰非。

一场完美的复盘，必然是虚心求教的叩问和自我批判的省思，对弈双方在激发启迪的交流中，探索棋道的内涵，揭示棋理的规律。开放式的提问，批判性的反思，充满亲和力的倾听，让所有参与者的省思更具洞察力。从大局观到谋略到战术以至于彼此的心理活动，都可在"手谈＋言谈"的交流中积累最宝贵的经验，切实提高竞技水平。

# 第十三章　打谱：转益多师是汝师

复盘，主要是研究自家的战斗过程，是围棋初学者自修自学的方便法门。若有高手在旁，能予以及时指导，逐步分析，那自然是再好不过了。按照棋谱排演其他人的棋局，要么与自己水平相近，棋风相类；要么是名家名局，这是另外意义上的"复盘"，我们往往称之为"打谱"，或研究棋谱。

## 第一节　一灯明暗覆吴图

摆谱儿，是北方话，说的是故意去装点门面，有意地把自家的体面甚至安逸从容的气派都"亮"出来，讲排场，摆架子，表现出自己啥都有！这不算个好词儿，加到某人身上，大多语带讥讽。摆谱儿，还有一层意思，显示自己的老资格。

一个人爱摆谱儿，在学习生活中，在人际交往中，虽不是多大的毛病，但总觉得不妥，少了些许取法中庸的慧性，有失谦逊礼让的美德。但对一个学围棋的人而言，"摆谱"是必修课，是基本功，爱摆谱是好习惯，是品行俱佳的完美体现。

这里的"谱"，指的是棋谱。棋谱，泛而言之，指用文字描述或图形图片指导下棋的各种书籍，具体而言，指自家的或别人的，如今的或前人的已有棋谱。

三国时期的吴国，棋风盛行，因有棋谱留存传世——据说这是已发现的古代留存的最早围棋图例，号称"吴图二十四盘"（敦煌《棋经》）。具体的图示皆已失传，但美名仍在，于是以此代称棋谱或围棋。唐宣宗大中二年（848），晚唐诗人杜牧（803—852）专门写了两首诗送给当时的国手王逢，其中有著名的诗句："别后竹窗风雪夜，一灯明暗覆吴图。"写出了研究棋谱的那份辛苦和执着。

元代以前，棋谱惯常称之为"集"。例如，元末明初人陶宗仪撰写的《辍耕录》中，卷二十八专列"棋谱"条，载棋谱九种，分别为：《通玄集》《通远集》

《清远集》《清乐集》《幽玄集》《机深集》《增广通远集》《玄玄集》《忘忧集》等。

棋有棋谱,琴有琴谱,专业属性强,外行人一看,直叹宛如"天书"。但"曲虽仍旧谱,指要发新声"(宋·蔡沈《赠琴士刘伯华》),前贤那些"作品",自有遗韵,传递的是彼时的心思和胸臆,我们多加揣摩,详加体会,在时光流水中转识成智,化为心源之泉水,汩汩然,流出新意妙法来。

棋谱,更是如此。古老的旧谱在有心人这里,一定会启迪出新智慧。

唐代诗人姚合在《独居》一诗中说自己深闭柴门,长时间不外出应酬,也就免了询问别人姓字名谁的客套话,但自己设定的功课却是满满的,还真没多少闲暇。

> 翻音免问他人字,
> 覆局何劳对手棋。

既然是闭门谢客,也就谈不上什么棋逢对手了,于是诗人自己一个人"覆局",自研棋道弈理,不用劳驾别人,不失为一件苦中作乐之事。

中国在传统上重视历史经验的积累,倡导"以史为鉴",这一文化精神自然体现在围棋竞技活动中——摆摆谱,打打谱。唐代诗人郑谷在《寄棋客》一诗中即有:"覆图闻夜雨,下子对秋灯。"这里的覆图,即所谓的打棋谱。如此研磨棋理,好学之中还多了一番清静幽深之美。

## 第二节　经典棋谱评析

打谱百遍,其义自见。打谱可以学习超一流高手的着法和构思,熟悉实战常形,感受围棋,寻找灵感,是学习围棋的重要方法之一。

每张棋谱就是一段历史,每张棋谱就是一个人生,每张棋谱就是一个故事,经典的围棋棋谱里蕴含着丰富多彩的内容。即使是打同一张棋谱,不同时期、不同阶段、不同心境,也都会有不同的感悟。经典的棋局最好能按顺序背下来。初学者可以尝试打棋谱的布局阶段或者前五十手。

## 一、血泪篇

黄龙士（1651—?），名虬，又名霞，字月天，号龙士，江苏泰州姜堰人，清康熙年间的围棋国手，和范西屏、施襄夏并称"清代三大棋圣"，著有《拟子谱》《弈括》。

徐星友（约1644—?），名远，浙江钱塘人。初见黄龙士，龙士授以四子相让；后来有了进步，乃授以三子。徐星友觉得不敌黄龙士，自此足不下楼，苦学三年，后成为国手，被称为雍正、乾隆年间的棋坛盟主，享盛名四十年，著有《兼山堂弈谱》。

黄龙士以三子相让，与徐星友下了十局棋。这十局棋精彩绝伦，是中国历史上让子棋的经典之作，当时被人们称为"血泪篇"。

如图13-1和图13-2，这是"血泪篇"中的一局，徐星友执黑，黄龙士执白。

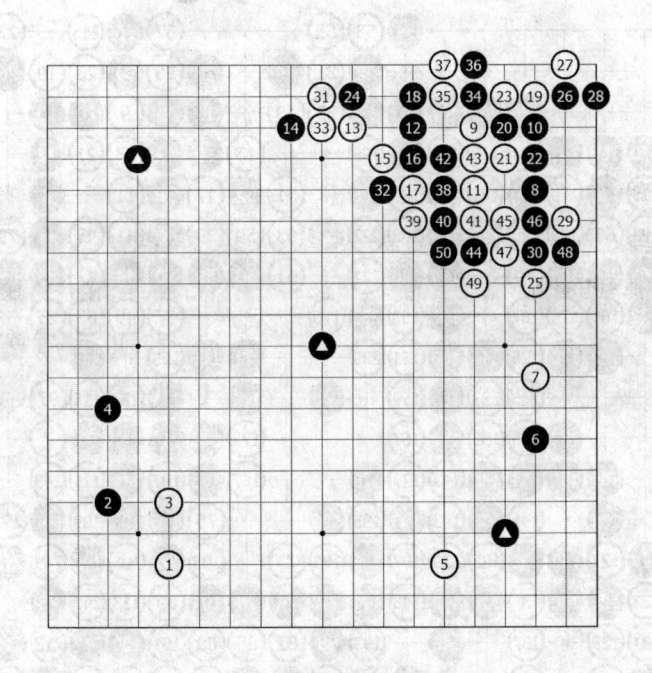

图 13-1

图13-1中的3颗黑▲，是黑方预先放在棋盘上的棋子，表示黑棋受让3颗子，由白方先行。

图13-3是全局谱。图13-4为本局结束时的情形，其中，标 × 的棋子已经被对方吃住，无法逃脱。

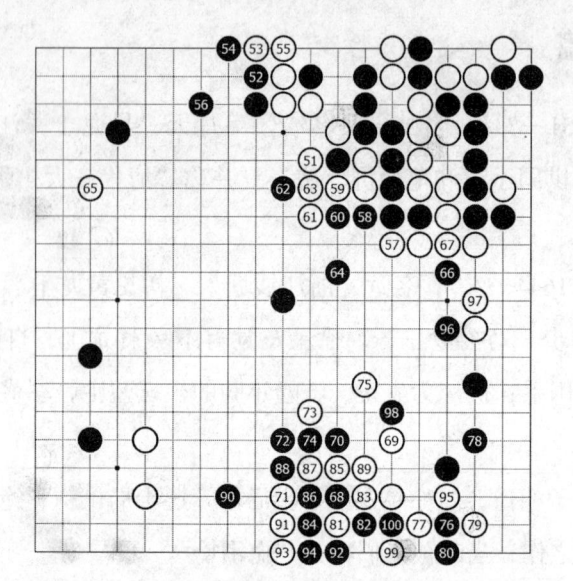

图 13-2

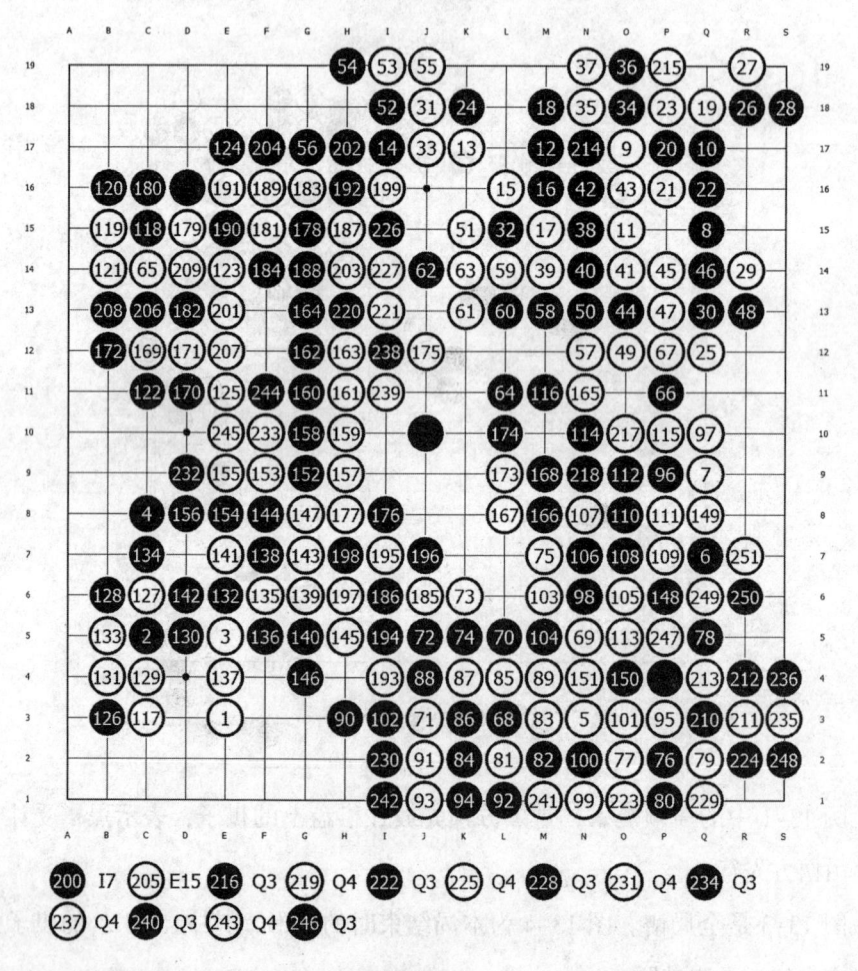

图 13-3

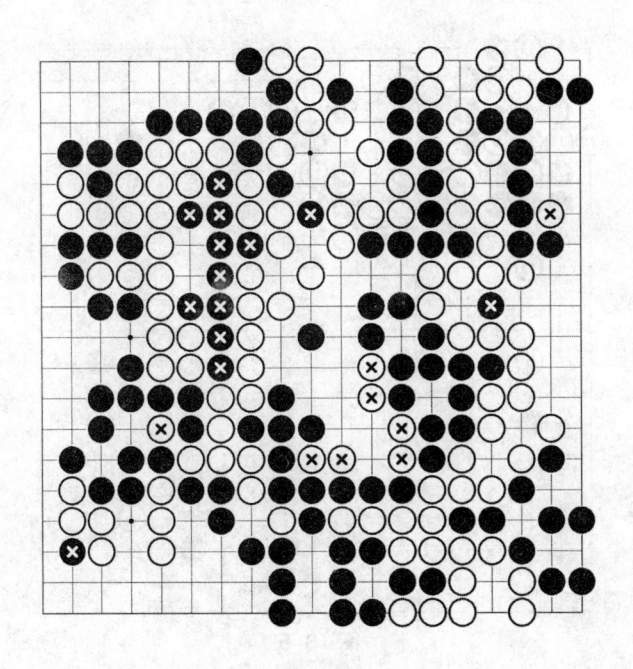

图 13-4

全局共 251 手，虽未下完，但白方黄龙士判断，局势至此已难以获胜，中盘认负。本局结果为徐星友执黑中盘胜。

## 二、当湖十局

范西屏（1709—1769），浙江海宁人，十六岁就以"第一手"扬名天下，棋风遒劲灵变，着子敏捷，有"棋圣"之称，著有《桃花泉弈谱》。

施襄夏（1710—1771），与范西屏同为浙江海宁人，棋风精严缜密，推算深远，著有《弈理指归》等。

乾隆四年（1739），施襄夏与范西屏在浙江平湖（又名当湖）张永年宅对弈十三局（或言十局），胜负各半，史称"当湖十局"。这十局棋着法精妙，代表了清代棋艺的最高水平，也是中国古代围棋座子制下的巅峰之作。

下面我们来介绍十局中的最后一局。图 13-5 和图 13-6 是本局的前 100 手棋的棋谱，范西屏执白、施襄夏执黑。本局为座子制，图 13-5 中的 2 颗黑▲和 2 颗白▲，是双方预先放在棋盘上的棋子，由白方先行。

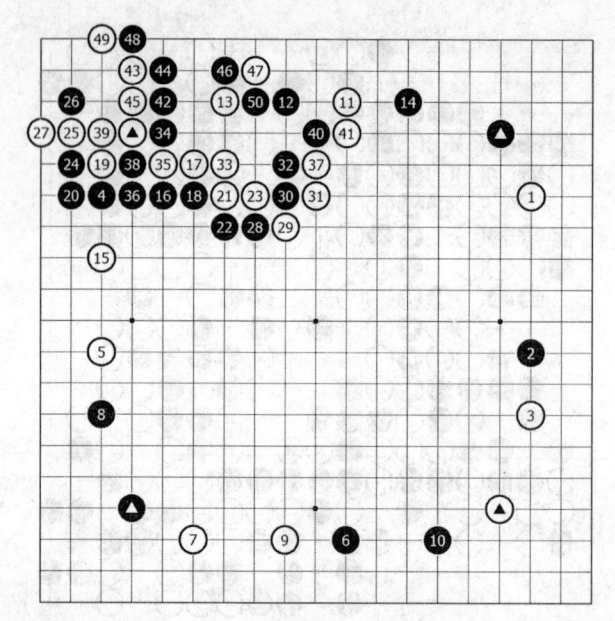

图 13-5

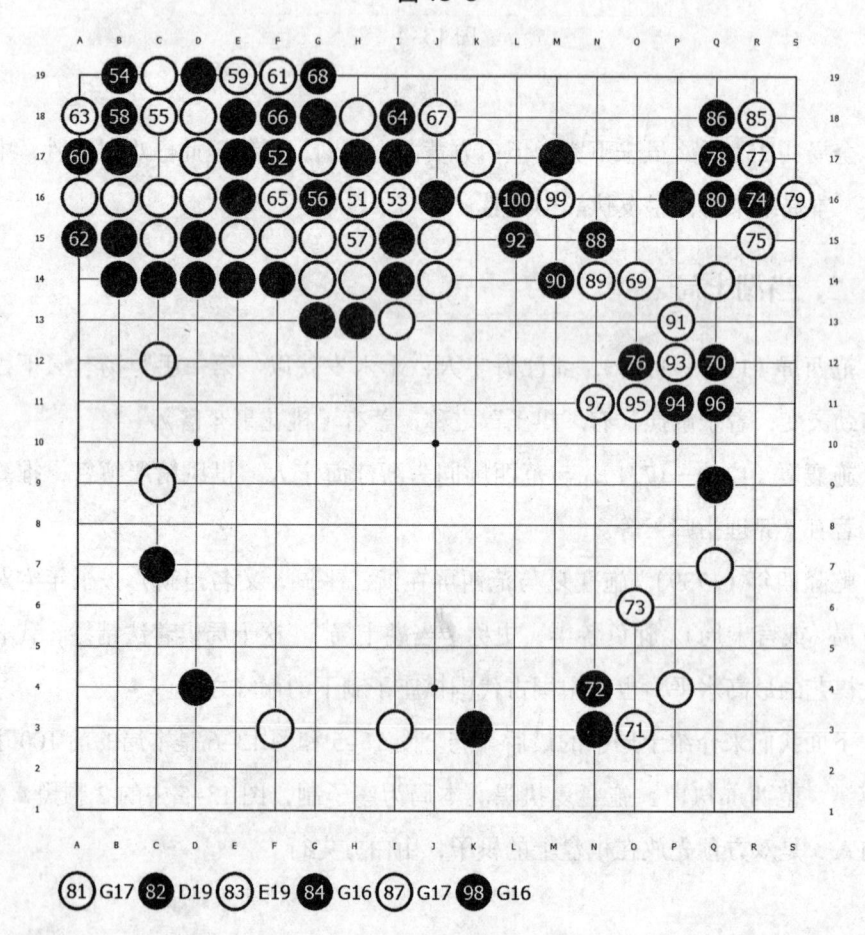

图 13-6

81 G17 82 D19 83 E19 84 G16 87 G17 98 G16

图 13-7 是全局谱。图 13-8 为本局结束时的情形，其中，标 × 的棋子已经被对方吃住，无法逃脱。

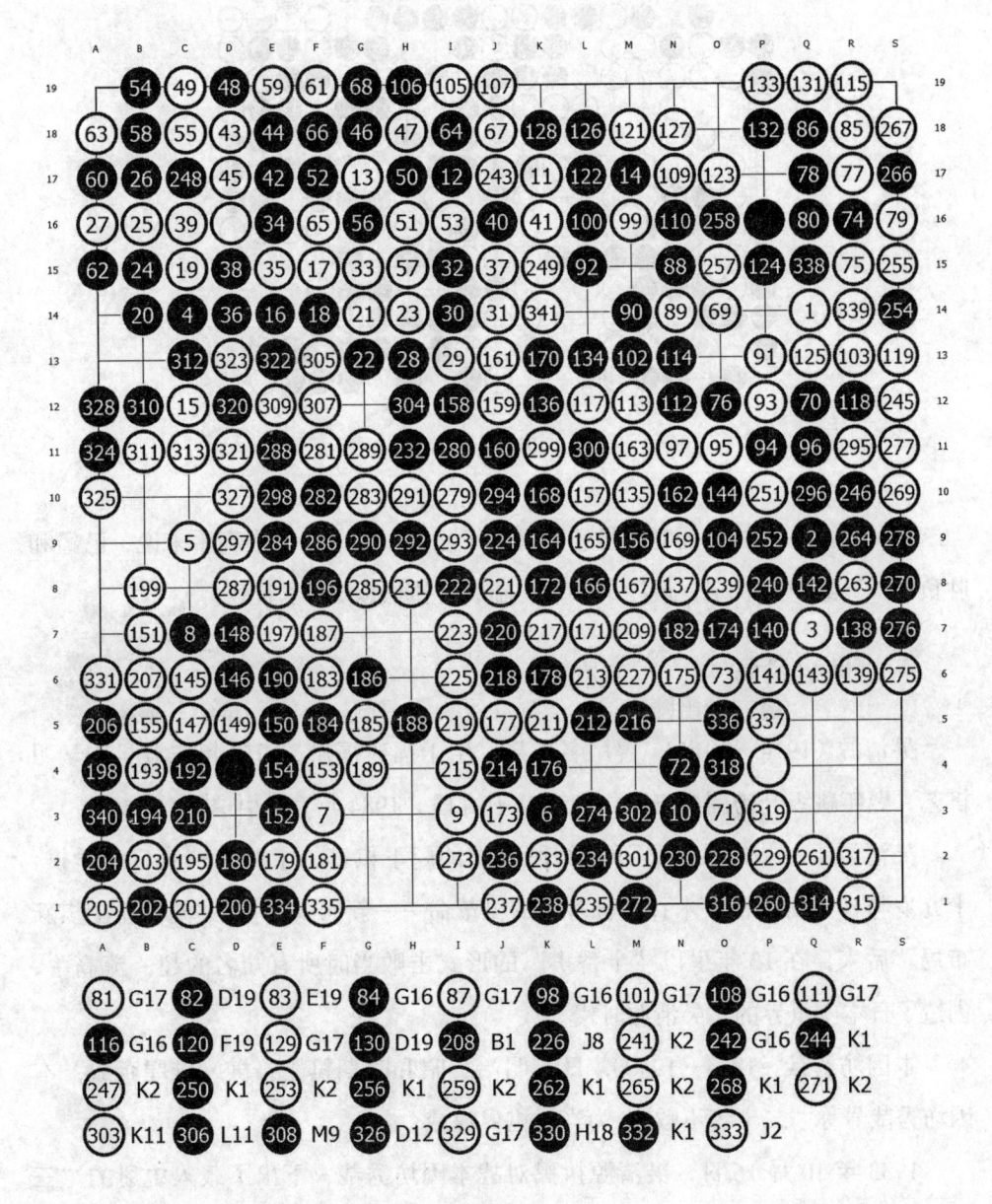

图 13-7

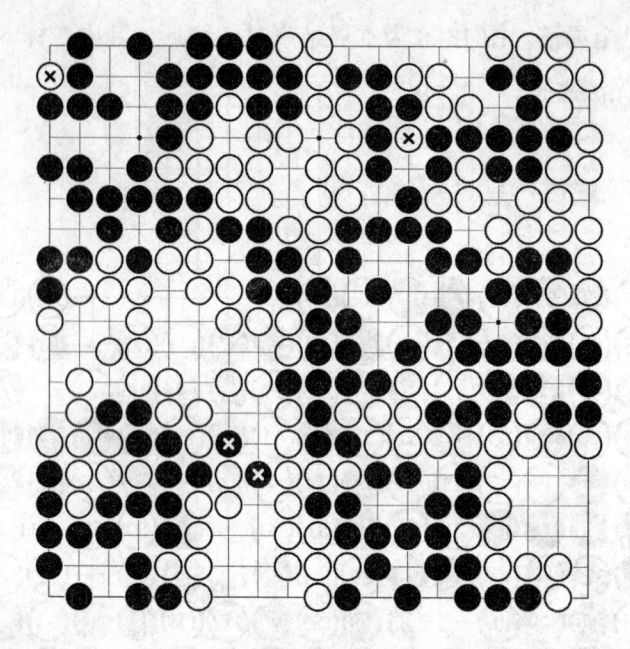

图 13-8

全局共 341 手，终局时，虽还有可落子之处，但对于两大高手来说，已经和胜负无关，经双方认定，最终结果为，施襄夏执黑以 2.5 子获胜。

### 三、世纪名局

吴清源（1914—2014），曾用名吴泉，生于福建福州。1928 年东渡日本学习棋艺，翌年跳级升为围棋三段，1950 年升九段。1984 年宣告引退。

吴清源十一岁时成为北洋军阀段祺瑞的门下棋客，十四岁东渡日本学棋，十九岁与日本新锐棋手木谷实合著《围棋革命——新布局法》，共同创立围棋新布局。后来，在 13 年里以"十番棋"的形式击败当时所有知名的超一流高手，创造了日本围棋界的"吴清源时代"。

本因坊秀哉（1874—1940），日本明治、昭和时期棋士，棋风雄肆奔放，本因坊秀哉号称"二十年不败"，为当时棋界权威。

1933 年 10 月 16 日，吴清源执黑对战本因坊秀哉，下出了载入史册的"三三""星""天元"布局，轰动了整个日本棋坛，这局棋被誉为"世纪名局"。

图 13-9 和图 13-10 是本局的前 100 手棋的棋谱。

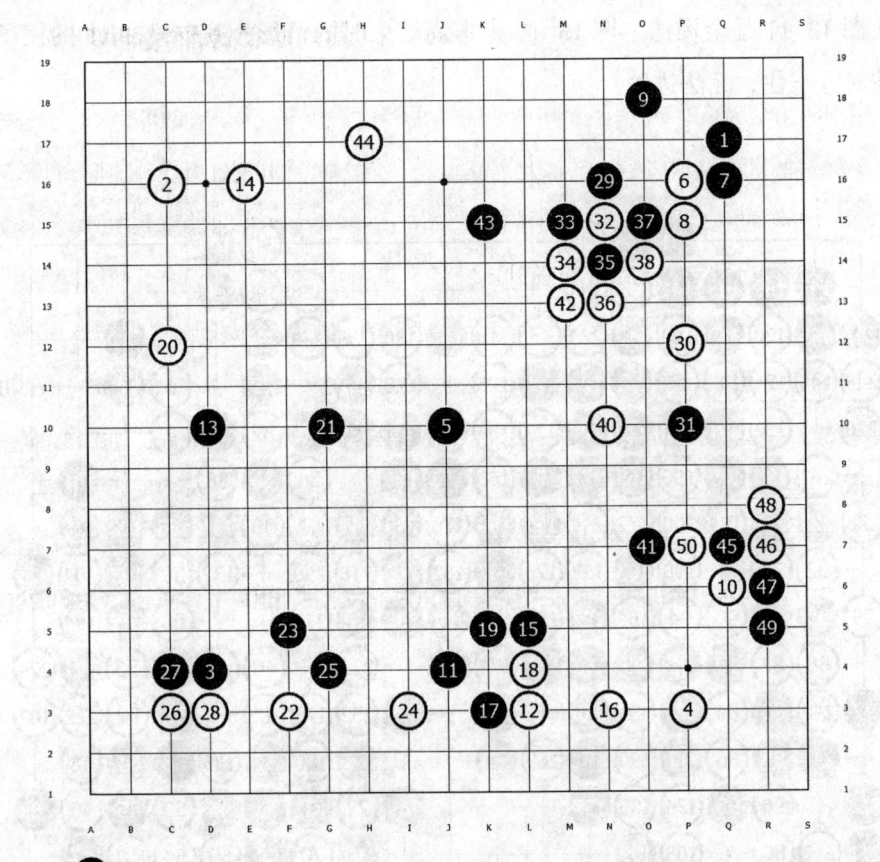

39 N15

图 13-9

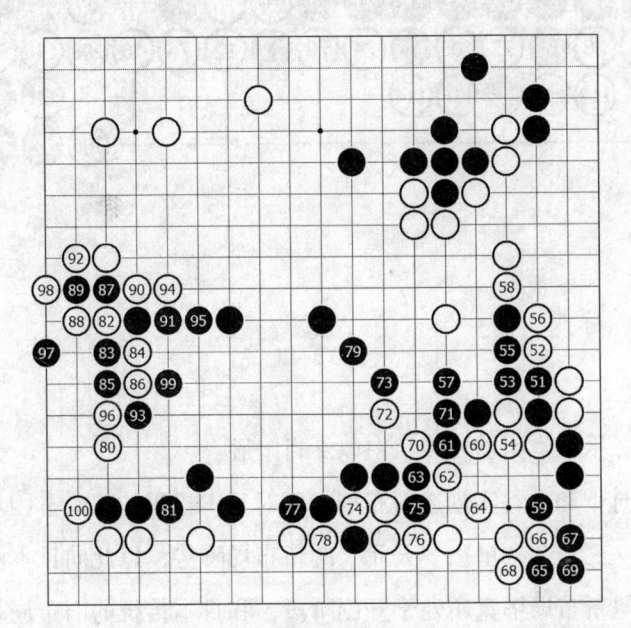

图 13-10

333

图 13-11 是全局谱。图 13-12 为本局结束时的情形，其中，标 × 的棋子已经被对方吃住，无法脱。

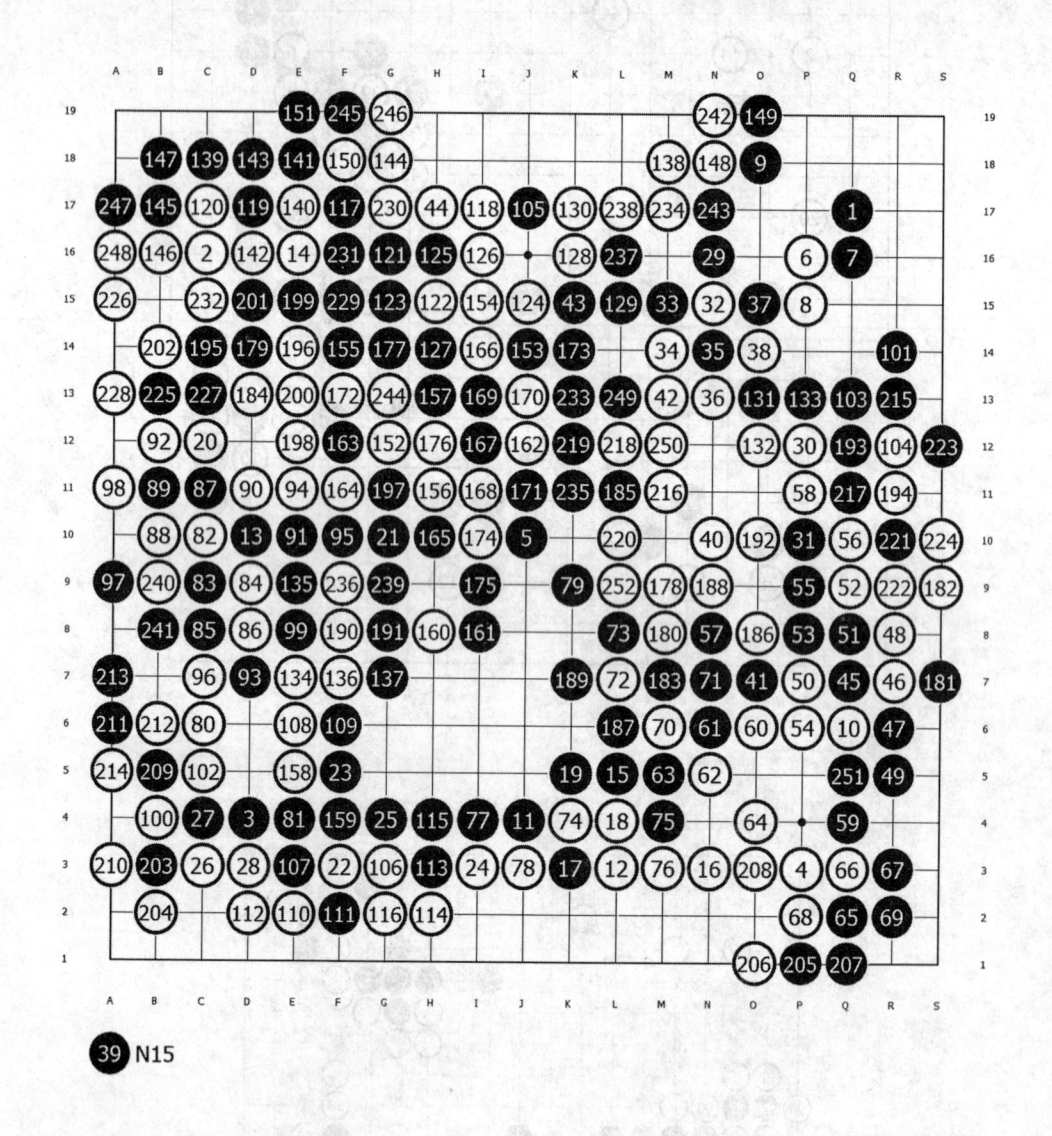

㊳ N15

图 13-11

全局共 252 手，本因坊秀哉执白以 2 目险胜。

吴清源当时正和木谷实创造新布局，面对日本棋界的权威本因坊秀哉，吴清源直接摆出了"三三""星""天元"的新布局阵势，以此向日本注重小目布局的传统挑战。但新布局毕竟还处于开创阶段，和日本传统的旧布局相比，并非一

334

定优越，而且对局的结果也受棋手的综合实力以及其他各方面因素的影响。最终吴清源还是以 2 目之差落败。

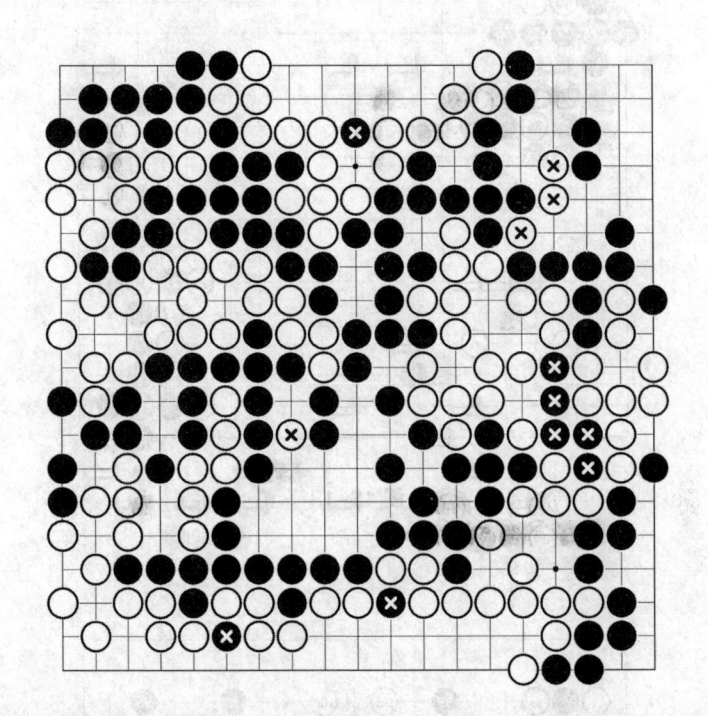

图 13-12

这盘棋下了 3 个月，黑方净耗时 22 小时 6 分，白方净耗时 22 小时 17 分。其间，本因坊秀哉多次被迫打挂，暂停对局，整个过程跌宕起伏，双方战至最后方分出胜负。吴清源可谓虽败犹荣。

## 四、人机大战

阿尔法围棋（Alpha Go），是谷歌公司开发的一款围棋人工智能程序。2017 年 5 月 23 日至 27 日，在中国乌镇围棋峰会上，Alpha Go Master 版本以 3∶0 的总比分战胜当时世界排名第一的中国棋手柯洁九段。Alpha Go 的出现，从根本上"颠覆"了传统棋论的诸多观点。

下面是这三盘对局中的第一盘。柯洁执黑，Alpha Go 执白。

图 13-13 和图 13-14 是本局的前 100 手棋的棋谱。

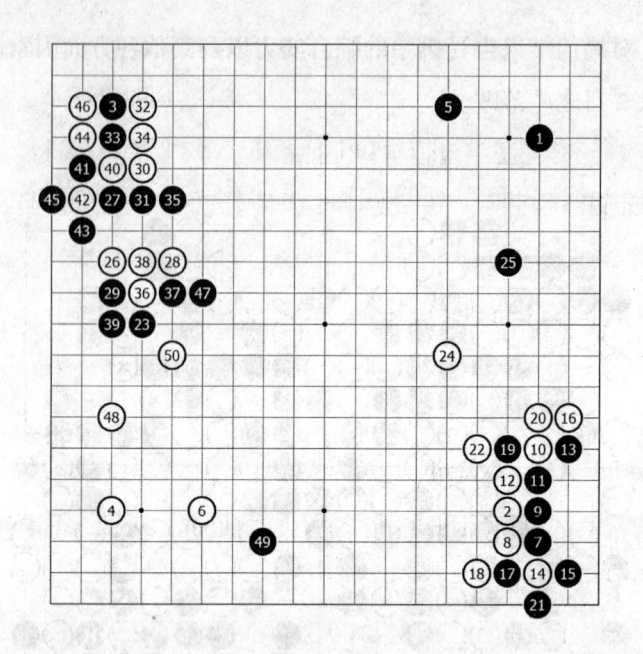

图 13-13

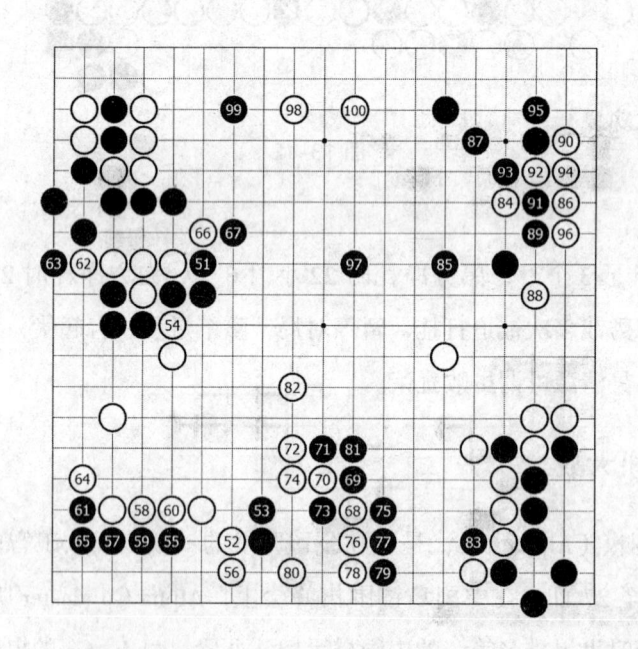

图 13-14

图 13-15 是全局谱。图 13-16 为本局结束时的情形，其中，标 × 的棋子已经被对方吃住，无法逃脱。

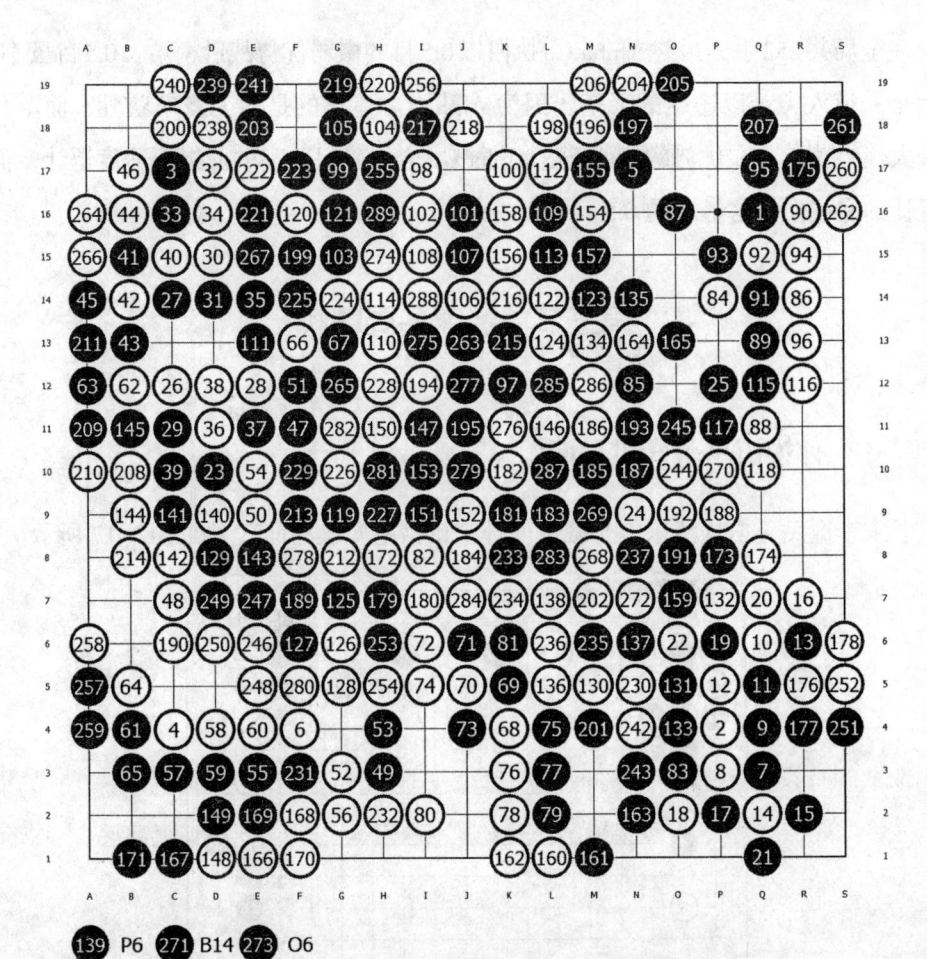

图 13-15

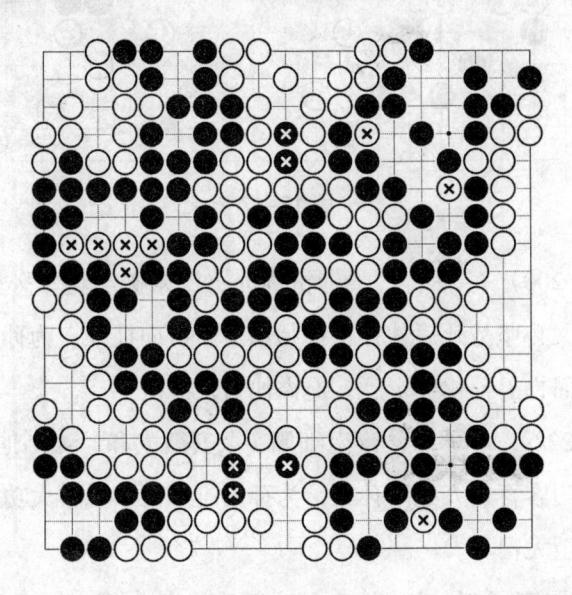

图 13-16

337

全局共252手，最终Alpha Go执白以0.5目的微弱优势战胜柯洁。0.5目虽小，却是一道人类难以逾越的天堑。因为Alpha Go追求的是最大概率获胜，而不是最大优势获胜。在优势的局面下，Alpha Go会在确保胜利的前提下适度退让，而退让的底线便是这最小的0.5目。

## 第三节　名家名局精解

### 一、孙策诏吕范弈棋局面

宋李逸民《忘忧清乐集》载有"孙策诏吕范弈棋局面"，如图13-17所示。

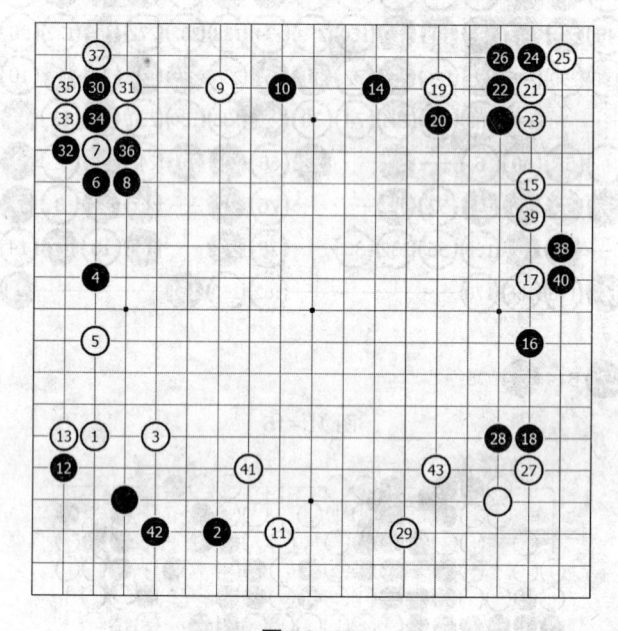

图 13-17

孙策（175—200），字伯符，吴郡富春人，汉末破虏将军孙坚长子，三国时吴主孙权之兄。父孙坚战死后，孙策挥师南下，所向披靡，为孙吴立国奠定了基础。后中箭伤重而亡。孙权称帝后，追谥他为长沙桓王。

吕范（？—228），字子衡，汝南细阳（今安徽太和）人。他年轻时为县吏，后避乱寿春，率门客百余人归附孙策，为孙吴打下江东立下大功，被拜征虏中郎将。孙权时，官至大司马。

三国时期采取座子制，如图13-18，双方先各自摆上了对角星。对角星布局，由于双方阵势开局时就被分隔开，容易导向混战之局。

按照对局礼仪，吕范执白先行。白1和左下角星位的黑子形成小飞之形，也称之为小飞挂角，缓缓进攻角部。

在通常情况下，黑棋可以在A位小跳或者B位小飞进行防守，但孙策采取了追求效率的大飞守角，非常积极。

白棋正常是在三路线上的C位或者四路线上的D位进行围空，这样是比较平和中庸的下法。但吕范的白3选择了在五路上跳起，布局阶段就走在五路线上，从围空的角度来看，是比较虚的，但却有对左下角施加压力之意，使得孙策追求效率的大飞守角显得薄弱起来。

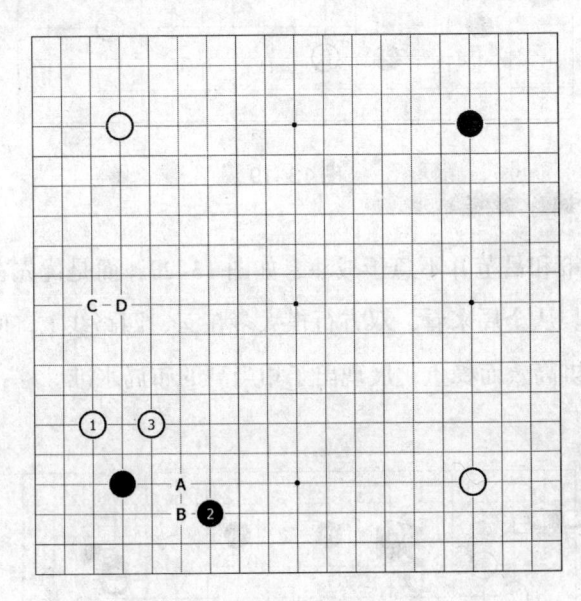

图13-18

如图13-19，孙策对左下角的薄弱之处视而不见，黑4分隔白棋左边阵势，无形之中化解了白3跳起的围空潜力。

吕范白7以小尖之形顶住黑6，一边攻击一边防御角部。在接触战中，黑8采取了坚实的长。我们比较黑4、6、8和白1、3、5，白棋的行棋效率要稍微高一点。这便是白7之功。

在布局阶段，在二路线上落子本身效率是不高的。但在本局中，黑12下在二路线上，是孙策防御左下角的积极手段。而吕范的白13下在二路线上，既加强自身又继续对左下角黑棋施加压力。这两手棋均为攻守兼备之着，而不仅仅是为了围空。

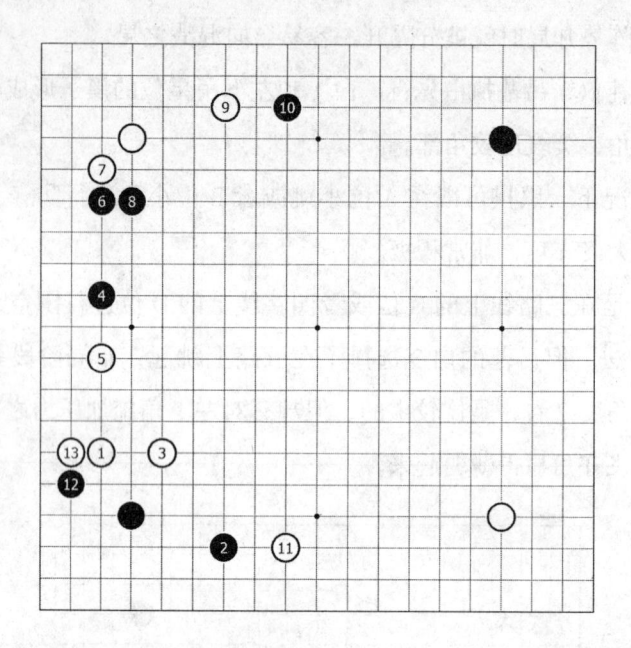

图 13-19

接下来,孙策和吕范并不急于战斗,如图 13-20,而是优先在棋盘的宽阔处行棋,抢占大场。从全局来看,双方行棋大多在三、四路线上,间隔合理,分布均匀而美观,行棋高效而稳重,展现出了相当高的布局水准。

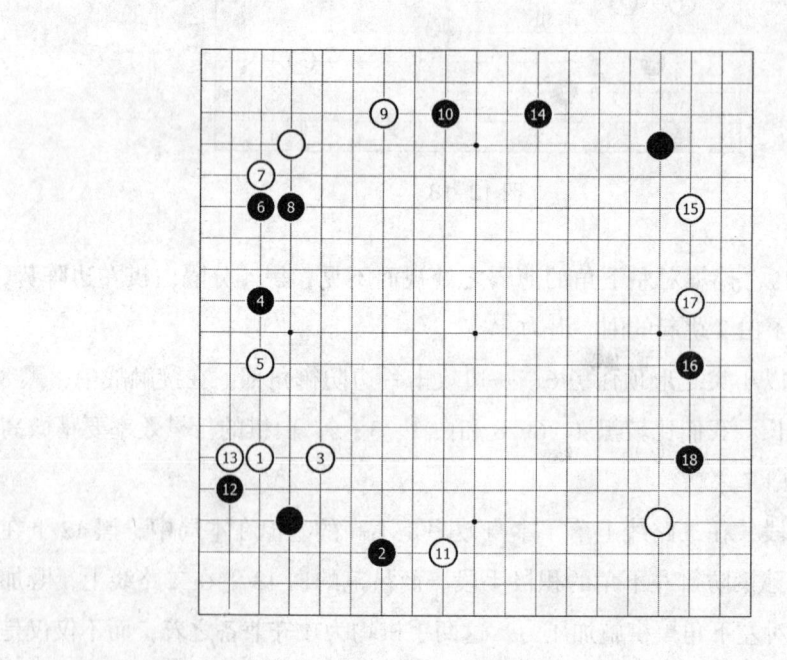

图 13-20

340

如图 13-21，吕范白 19 率先发起了进攻，直接侵入黑棋上方的势力范围内，孙策黑 20 正面迎战。吕范却不予纠缠，白 21 转身抢夺角地。孙策黑 24、26 二路行棋，既压缩了白角又吃住白 19。

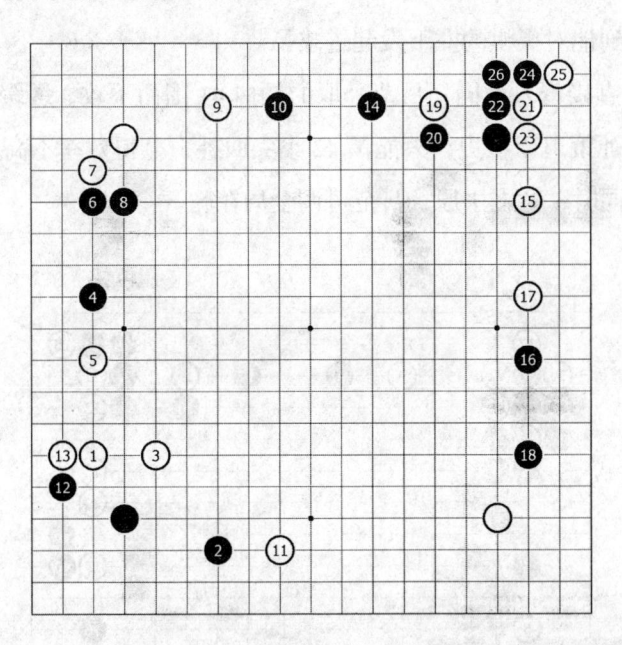

图 13-21

如图 13-22，孙策黑 30 侵入白角，谋定而后动，吕范无奈割地求和。

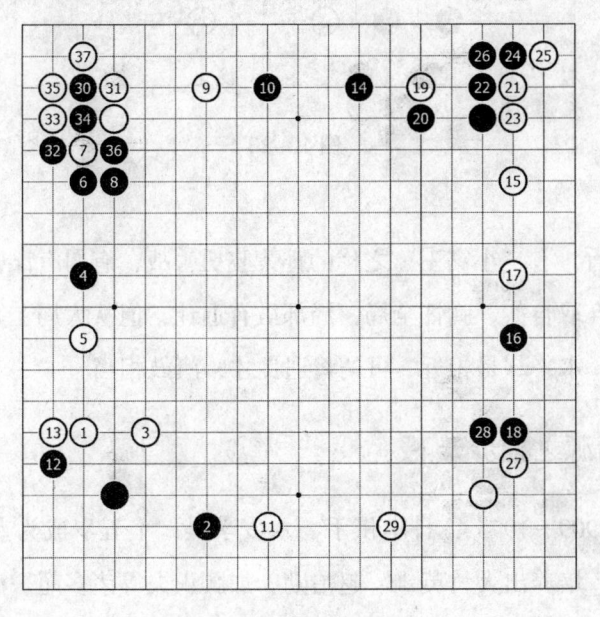

图 13-22

如图 13-23，孙策黑 38 挥师右边，孤军深入，继续进攻。吕范深知孙策绝非鲁莽之辈，强攻硬吃未必会有好的结果，于是选择了白 39 防守，显得非常冷静。孙策在此处有浑身力量难以施展之感，只能黑 40 撤兵。吕范的冷静收获了先机，现在轮到他对黑棋的左下发起进攻了。

和孙策的直接侵入不同，吕范采取的是白 41 围而不攻，缓缓对黑棋的左下角施加压力。孙策迫于压力，只能黑 42 小尖回补，显得效率不高。最后，白 43 兼顾右下角的同时，意在中原，吕范可谓全局在胸。

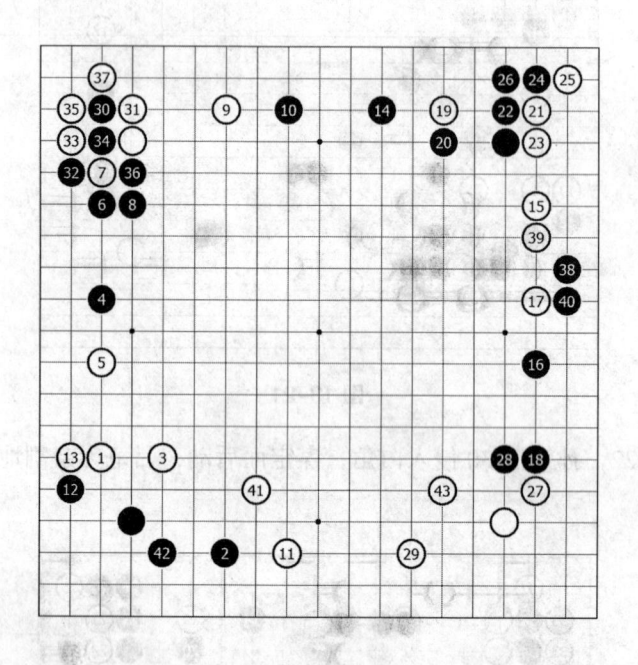

图 13-23

从棋局上看，有"小霸王"之称的孙策骁勇善战，有勇有谋，攻城略地，着法精妙。吕范弃取自如，胸怀全局，局部虽有退让，但从大局上并不落后。双方棋风虽有不同，水平却是相近，可谓将遇良才，旗鼓相当。

## 二、吴清源之独步天下

木谷实（1909—1975），日本棋手，六岁学棋，十五岁成为专业初段。他开设了木谷道场，培养出大竹英雄、赵治勋、加藤正夫等诸多超一流高手，可谓桃李满天下。

1933年的夏季，木谷实与吴清源一起研究"新布局"，提出排除一切清规戒律，主张掌控全盘、不计局部得失的围棋思路，在当时的棋界掀起轩然大波，一度被棋界视为"歪理邪说"。

下面的图13-24是1933年吴清源（黑）和木谷实（白）对战的第五局。这盘棋可以视为两大高手对新布局的探索之局。

执黑的吴清源以两个"三三"开局，一手棋占角，强调布局的效率速度，充分体现了新布局的战略思想。而当时权威的旧布局则推崇小目占角，之后再花一手棋守角，坚实而实惠，但行棋速度稍缓。

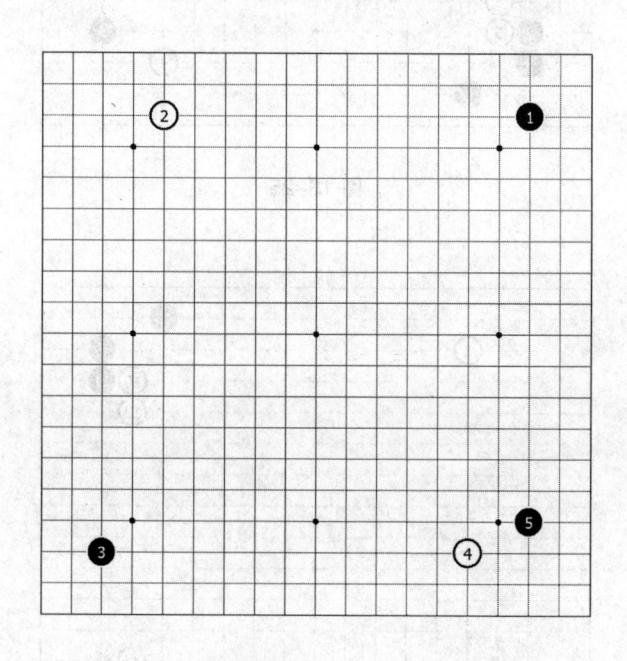

图 13-24

如图13-25，对于黑棋的两个"三三"，白棋可以从四路进行压迫，黑取地，白取势，地和势是平衡的。黑9和黑13向二路小飞，主动降低身段，一方面，见龙在田，稳稳建立根据地；另一方面，为将来龙飞九天、逐鹿中原，积蓄力量。

如图13-26，白14飞的同时压迫黑5小目之子，也称之为飞压。随后白16轻灵一跳，白棋8颗棋子均落在四路和五路线上，遥相呼应，面向中央，展现了木谷实整体的布局构思。

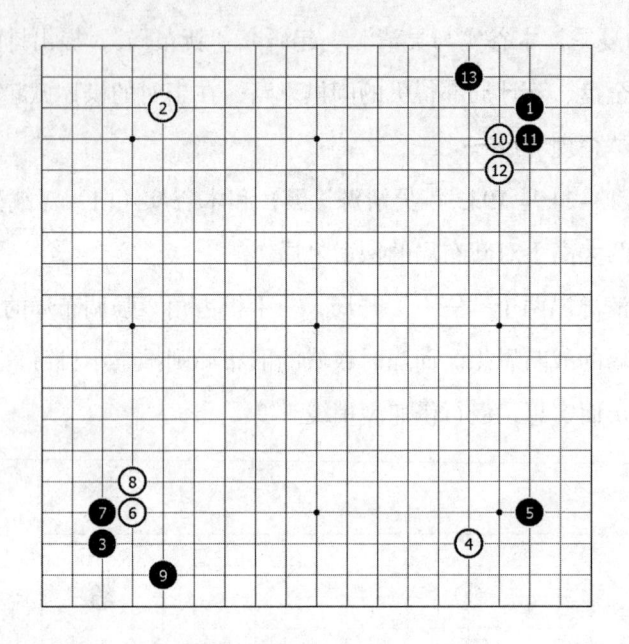

图 13-25

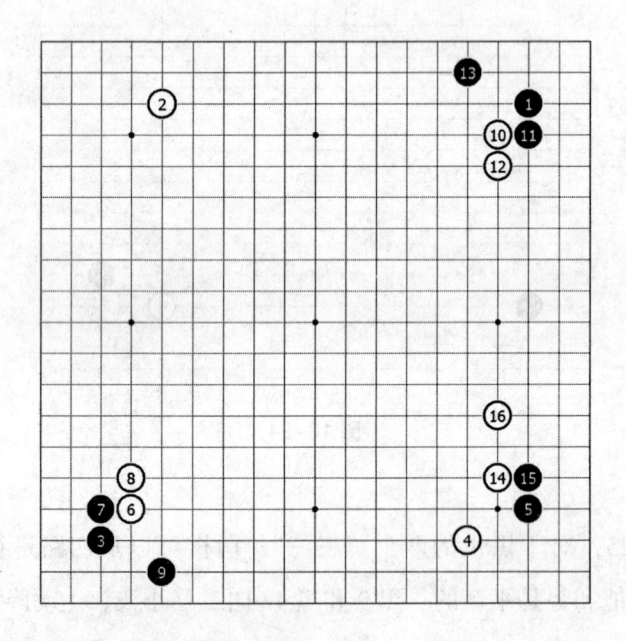

图 13-26

如图 13-27 中，黑 17 挖，冲击白棋薄弱环节，白 18 从外侧打吃，继续贯彻经营中腹的战略意图。白棋如果从 A 位打吃，则黑棋从白 16 的位置长出。局部来看，黑棋两块棋非常结实，而白棋分成四块，显得非常薄弱，作战不利。

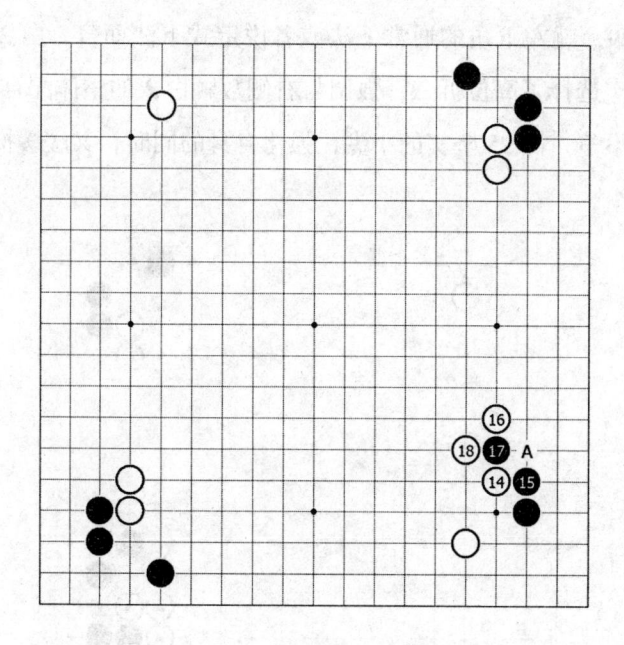

图 13-27

如图 13-28，在不担心被白棋冲断的情况下，黑 23 从三路跳出，快速行棋。白▲虽有被抱吃的危险，但白▲的死活并不影响白棋外围的整体阵势，白棋可以弃子争先，舍小就大。

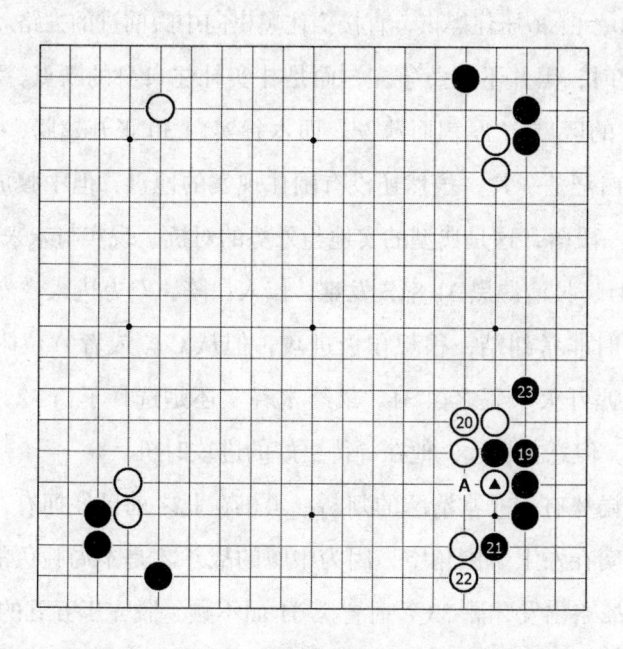

图 13-28

如图 13-29，就左下角的通常下法或者说定式下法而言，白 24 应该在 A 位大跳。但木谷实选择了高位拆三，强调与右侧数颗白▲的整体配合。而吴清源不急不躁，流水不争，黑 25 坚实的小尖，强化自身的同时，又缓缓挺进了中原。

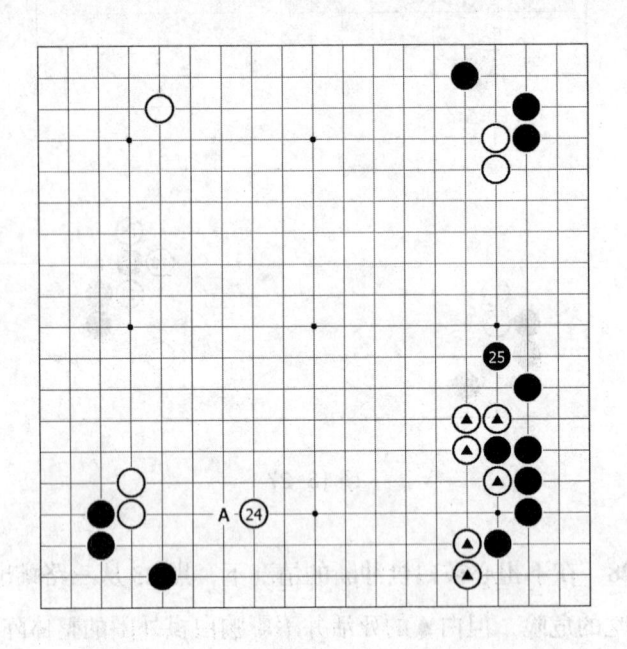

图 13-29

如图 13-30，白 26 压住黑棋，直接挡住黑棋向中腹前进的去路。黑 27 扳头后，再黑 29 虎。此时，黑并不着急争先，而是扎实补住自身的断点，牢牢围住了边角实地（标 × 的区域），厚积而薄发。而木谷实白 30 张开翅膀，飞向天空，此时的中腹已是白茫茫一片，虽然还没有围住现实的地盘，但中腹成空潜力巨大。布局至此，告一段落，这是典型的实地与外势的对抗、现实与未来的选择。

如图 13-31，吴清源黑 31 率先发难，侵入白阵，双方进入激烈的中盘战斗。木谷实此时非常纠结，很想积极进攻，但从 C 位或者 D 位附近进行包围，并没有十足把握歼灭来犯之黑 31。最终木谷实还是选择了白 32，防守兼围空，虽然略显委屈，但意在长远，他在等待更好的进攻时机。

吴清源对局势有着非常清醒的判断：黑棋在此之前已经拥有非常多的实地，并不担心木谷实在左上方围角空，因为中腹的战斗才是本局胜负的关键。于是，吴清源从全局战略出发，黑 33 暂时置黑 31 而不顾，脱先于五五的位置挂角，展现了天才的构思。

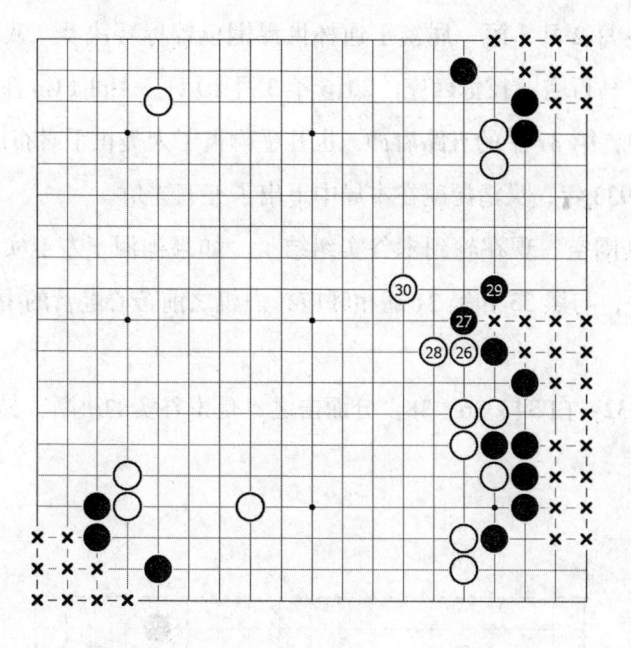

图 13-30

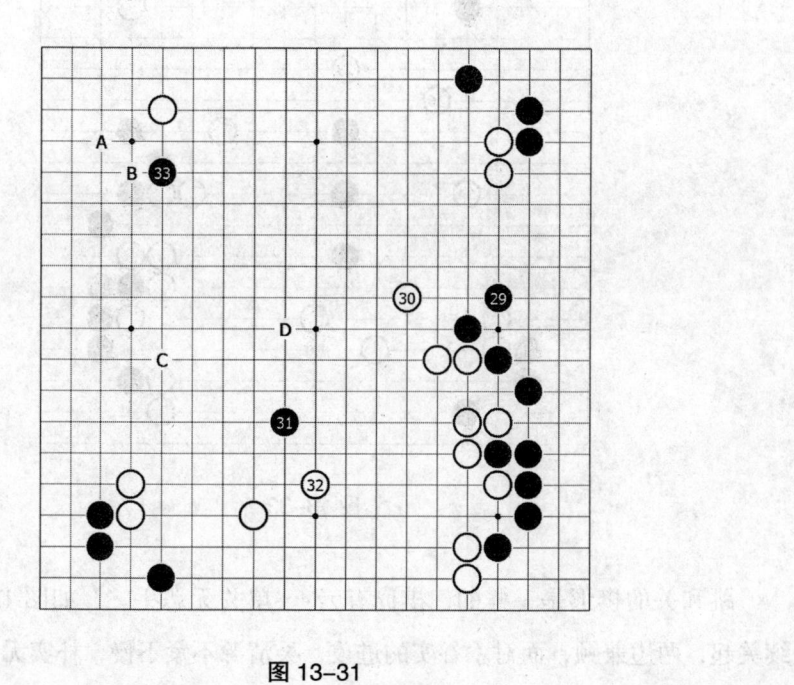

图 13-31

按照传统围棋理论，从五路压迫对方的边角非常有损实地，通常情况下是不宜考虑的。如果要挂角，正常是挂在 A 位，因为三路线和四路线是地势平衡线。考虑将来在中腹可能发生的战斗，从 B 位挂角或也可行。

1988年9月2日，第一届富士通杯世界围棋锦标赛决赛，武宫正树的"五五"肩冲，天马行空，技惊四座。2016年3月10日，Alpha Go在和李世石对战的第二回合中，第37手的五路肩冲，也几乎颠覆了人类棋手对布局理论的认知。其实，早在1933年，吴清源就在本局中下出了五五挂角。

攻击还是围空？现在轮到木谷实纠结了。如果拘泥于左上实地，让黑棋在中腹再走一手，与黑33和黑31遥相呼应，白棋之前苦心经营的中腹潜力将荡然无存。

如图13-32，白34、36、38，分而击之，是木谷实的决断，吴清源如何能够两边兼顾呢？

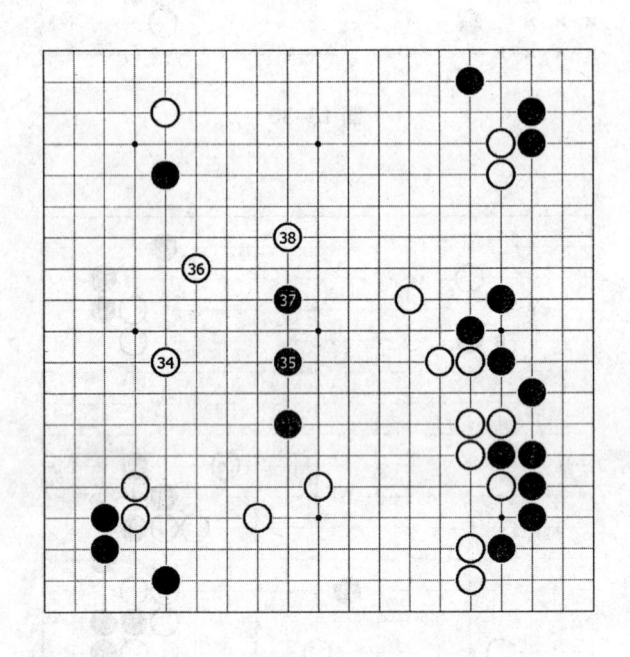

图 13-32

跳和关的棋形是一样的，棋谚有云："单关无恶手。"如图13-33，黑棋连续关起，两边兼顾，面对木谷实的进攻，吴清源不紧不慢，朴实无华。

如图13-34，黑41和黑43先在左边建立根据地。

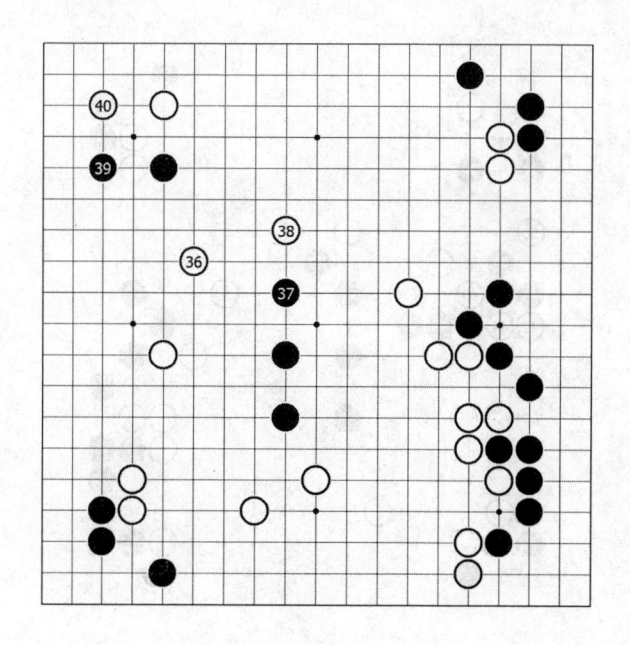

图 13-33

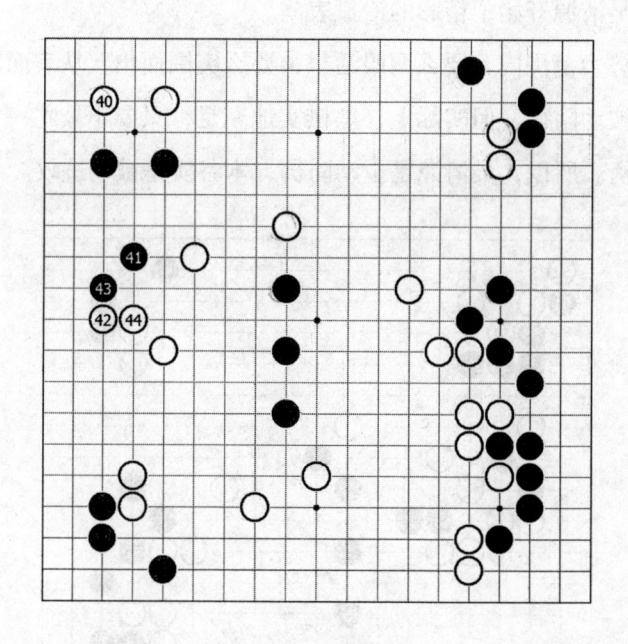

图 13-34

从局势进展来看，木谷实必须对两块黑棋发起有效的攻击，通过进攻获得足够的利益，才有获胜之机。图 13-35 中，白 48 先是彻底隔断中腹和边上黑棋的联络，再白 50 点入，从内部对 2 颗黑▲和黑 41、43 棋子发起了猛烈的进攻。

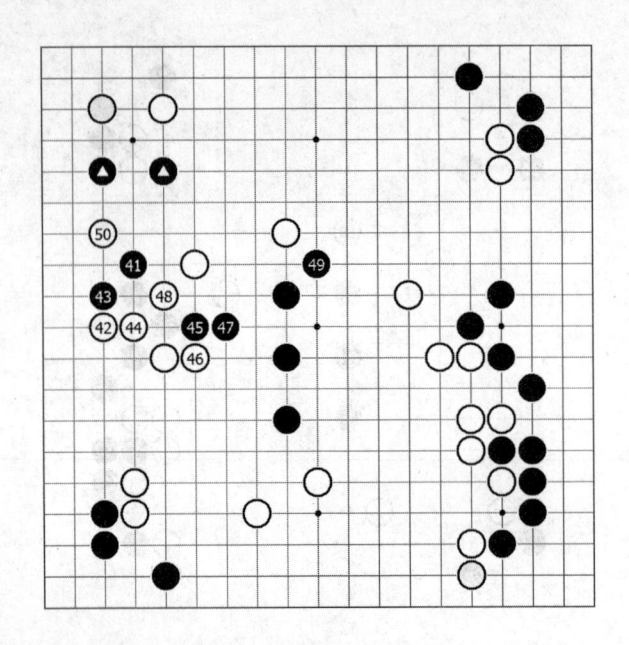

图 13-35

接下来，吴清源开始了精彩的治孤表演。

在对方的势力范围内，要么两眼活棋，要么突围而出。从表面上看，白棋攻势很强，黑棋被动防御。但实际上，黑棋实地充足，只要不被吃一大块，就能维持住局势的均衡。所以，吴清源是主动防御，木谷实是被动进攻。

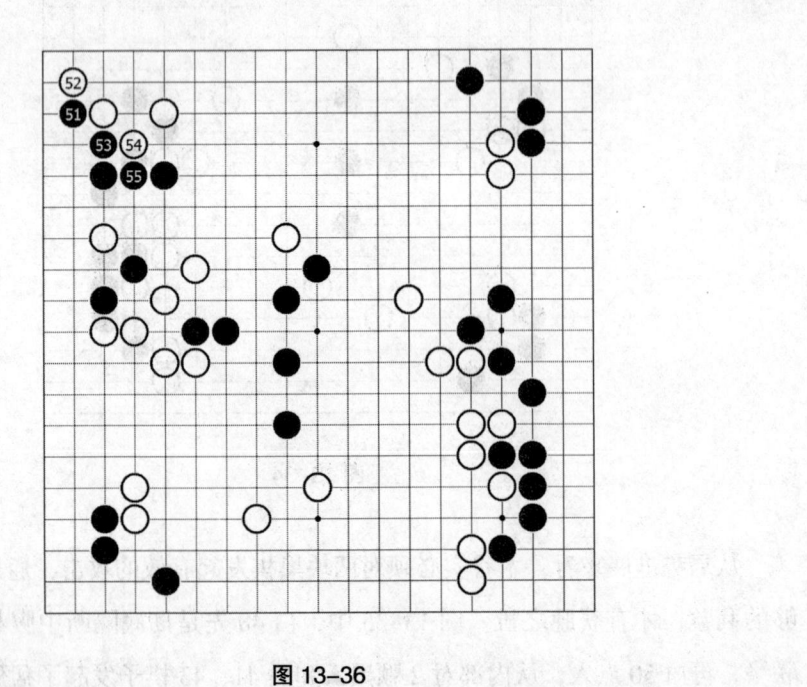

图 13-36

如图 13-37 和图 13-38，白 60 一手棋是非常巧妙的，虽然小尖的 2 颗白子与两边都不挨着，但 A 和 B 两点白棋必得其一，并有被吃掉的危险。

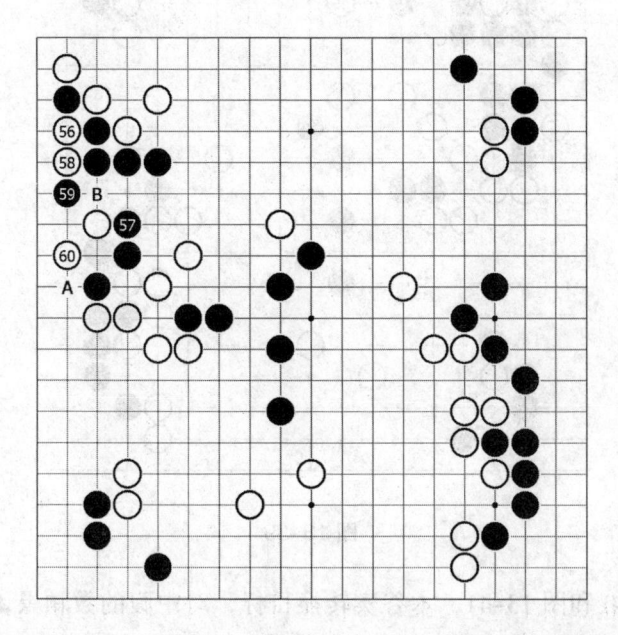

图 13-37

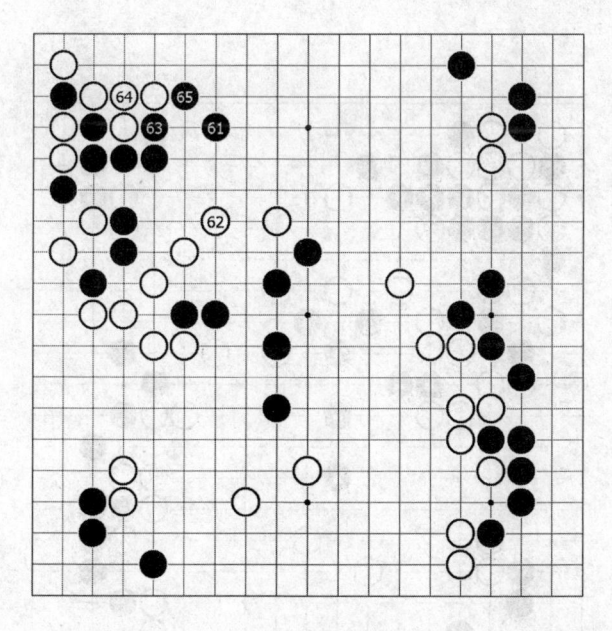

图 13-38

如图 13-39，至黑 67 扳为止，左上方黑棋无论是继续向右侧突围还是 A 位就地做眼成活，都没太大难度。

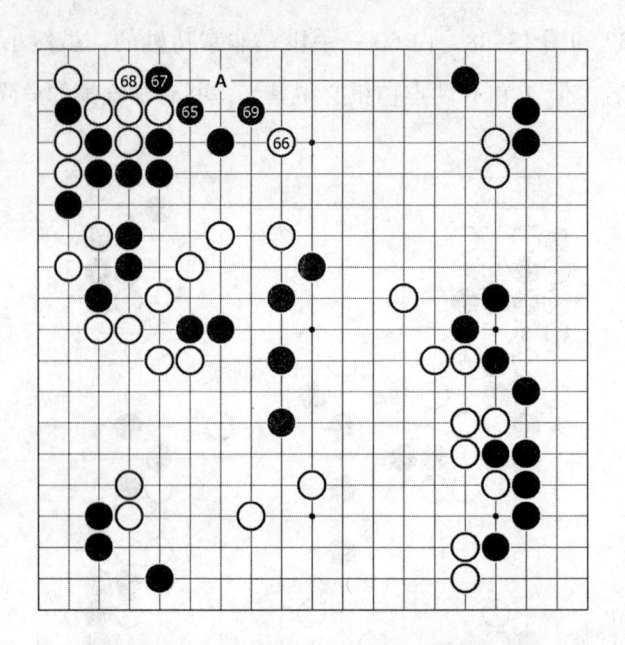

图 13-39

如图 13-40 和图 13-41，木谷实转换目标，对中腹的数颗黑▲发起了进攻。黑棋则左冲右突，寻求治孤的头绪。

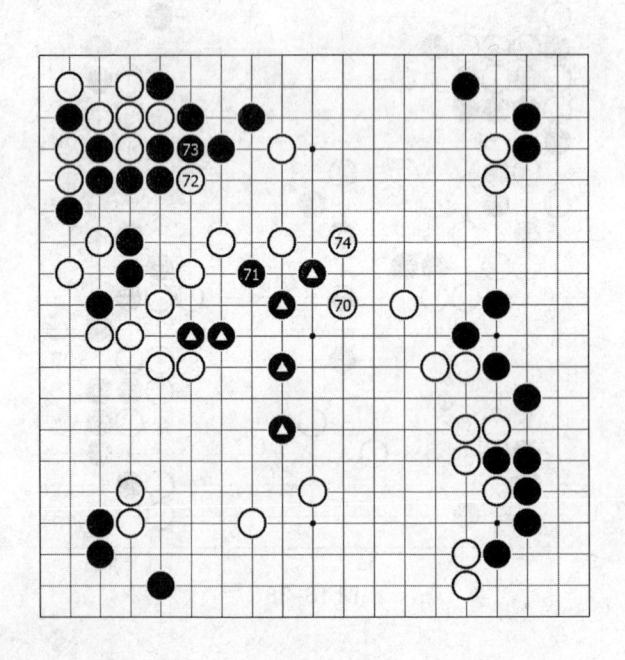

图 13-40

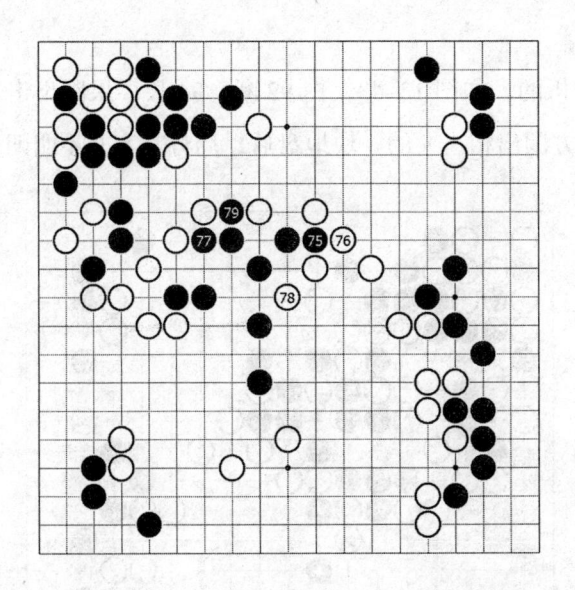

图 13-41

如图 13-42，势孤取和，至黑 85，黑棋治孤成功，不仅中间的眼位丰富，还能突围而出。

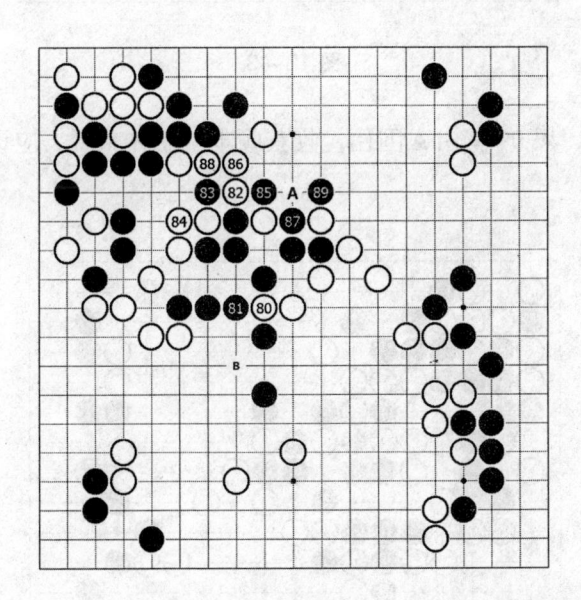

图 13-42

此时，黑 89 如果补在中央的 B 位是非常积极的一手棋，加强自身的同时还能限制白棋在中央围出大空。

但围棋是辩证的，想获得更大收益，也将面临对方的反击。实战中，吴清源经过形势判断，黑 89 极其稳健地确保自身眼位，并向外出头，最终使得整块黑棋没有死活问题。

正如前面分析的，如图13-43，白92断，94长，果断出击，将2颗黑▲分隔开，白棋中下方围出相当大的一块地盘后，局势其实并不明朗。

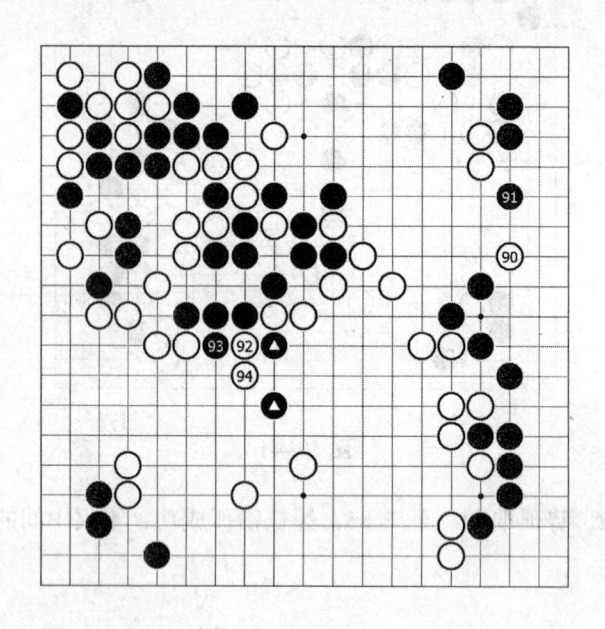

图 13-43

如图13-44，黑99将白▲围住，收获颇丰。总体来说，应该还是黑棋的局面稍好一些。

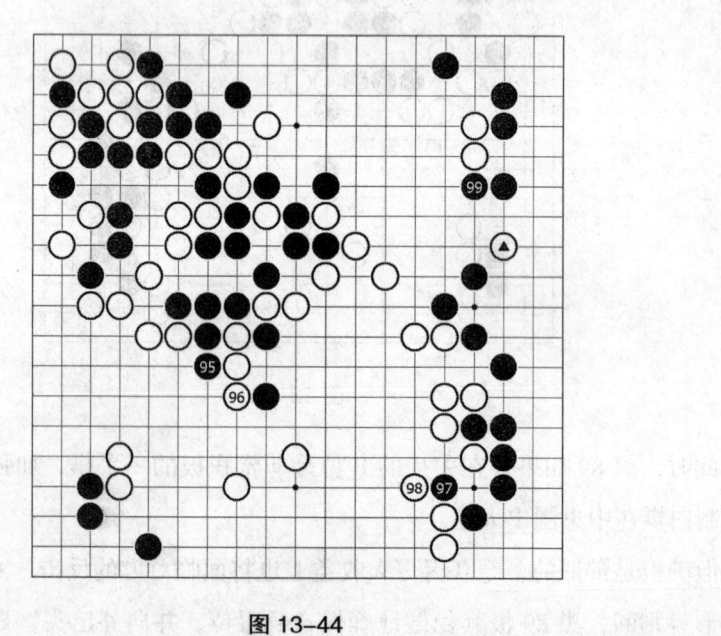

图 13-44

接下来，对局进入了官子阶段。

如图 13-45 和图 13-46，双方各自抢占大官子。

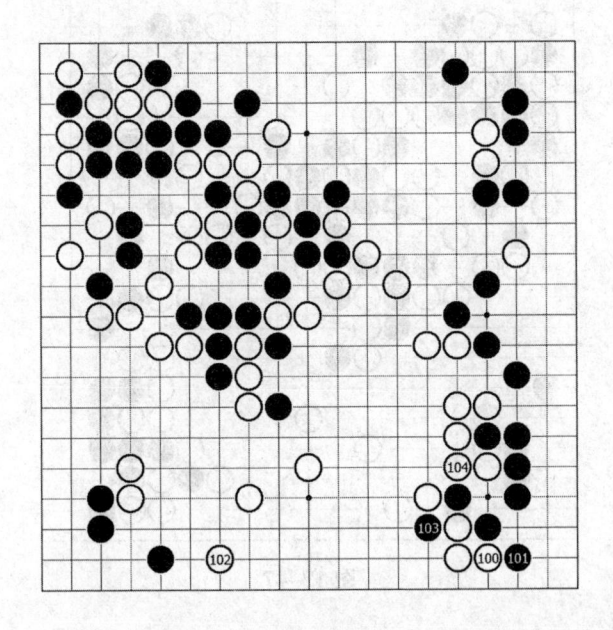

图 13-45

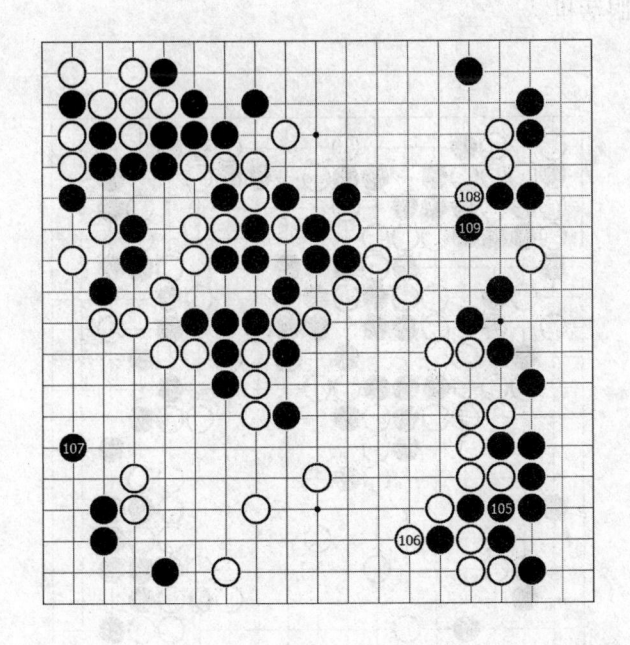

图 13-46

如图13-47，白棋视3个断点而不见，尽可能撑住，应该是感到局势不妙了。

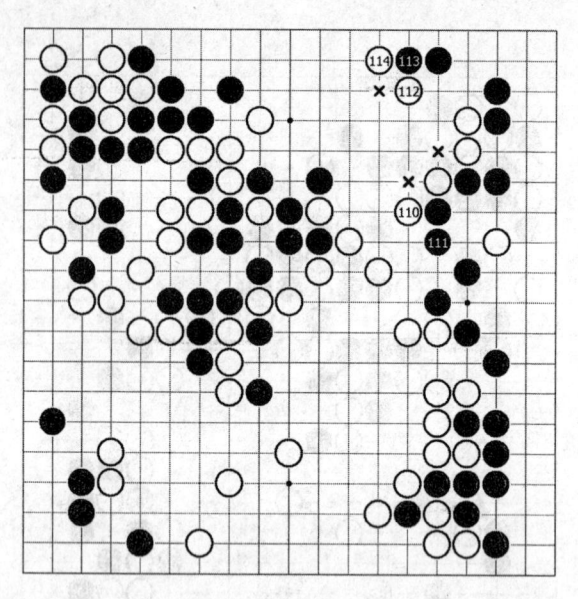

图13-47

图13-48至图13-50中，虽然白棋分断了黑棋，但黑▲一整块大龙有惊无险，正好能两眼活棋。

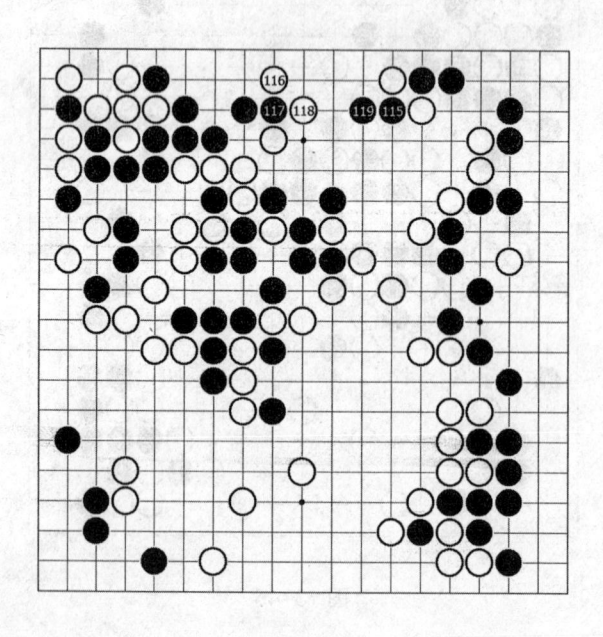

图13-48

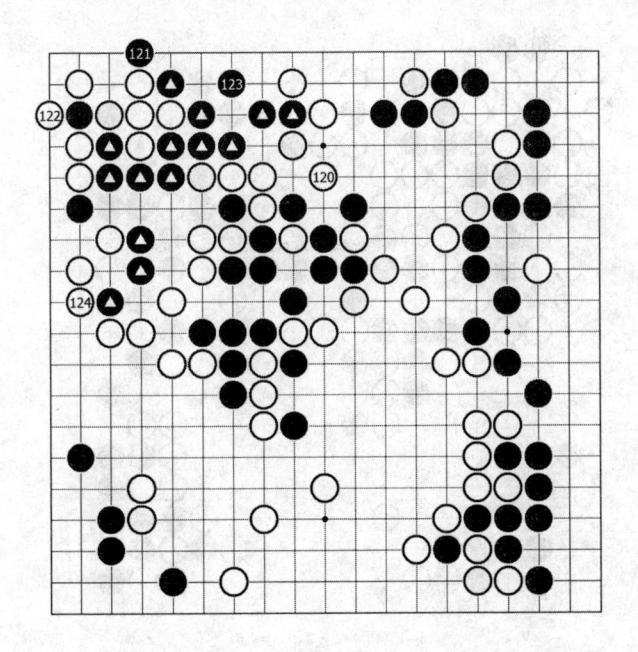

图 13–49

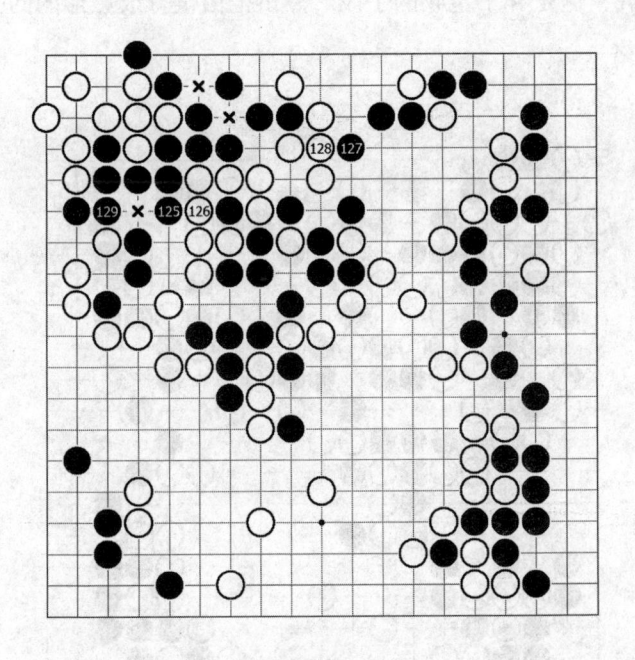

图 13–50

断点多的地方，往往就是弱点，图 13–51 中，黑 137 咔嚓一断，4 颗白▲已被吴清源收入囊中。

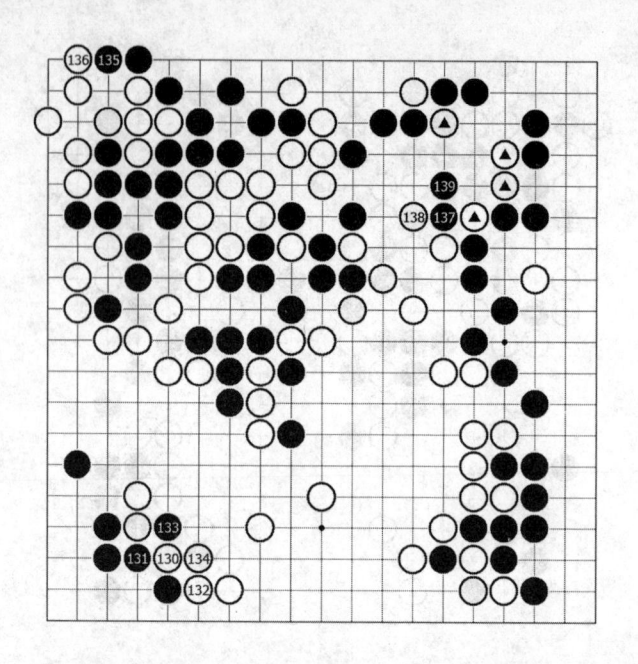

图 13-51

如图 13-52，这是弃子包收的手段。黑棋把白棋打成愚形的同时，也确保了自身外围有联络。

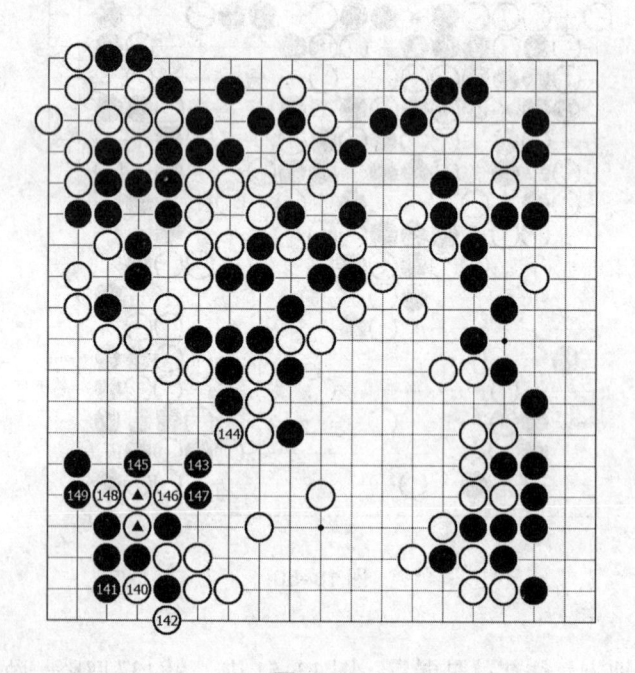

图 13-52

如图 13-53 和图 13-54，黑棋在左侧围住了一小块地盘。白棋实空不足，且难以找到可以发力的地方。最终，白棋木谷实中盘认负。

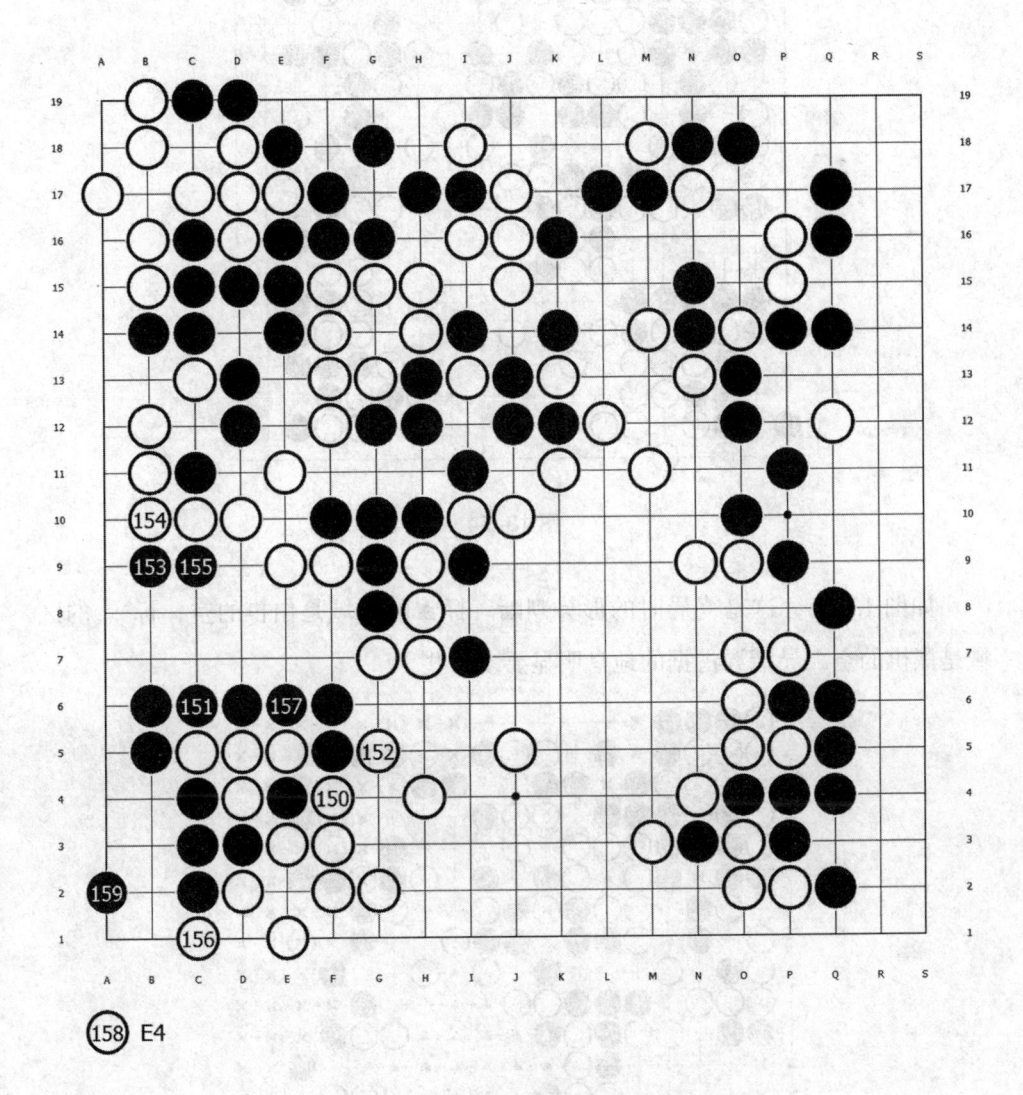

图 13-53

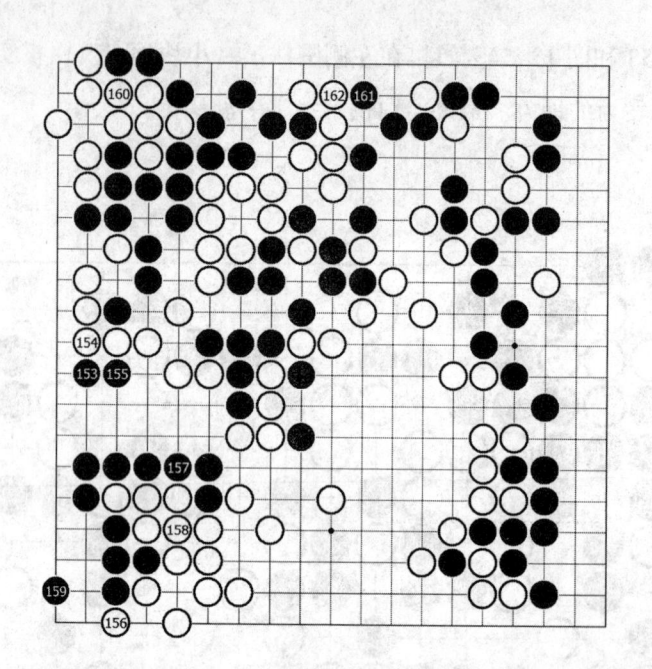

图 13-54

如图 13-55，这是终局时的形势判断。标▲的区域是白棋的空，标 × 的区域是黑棋的空。吴清源占据的地盘明显要多一些。

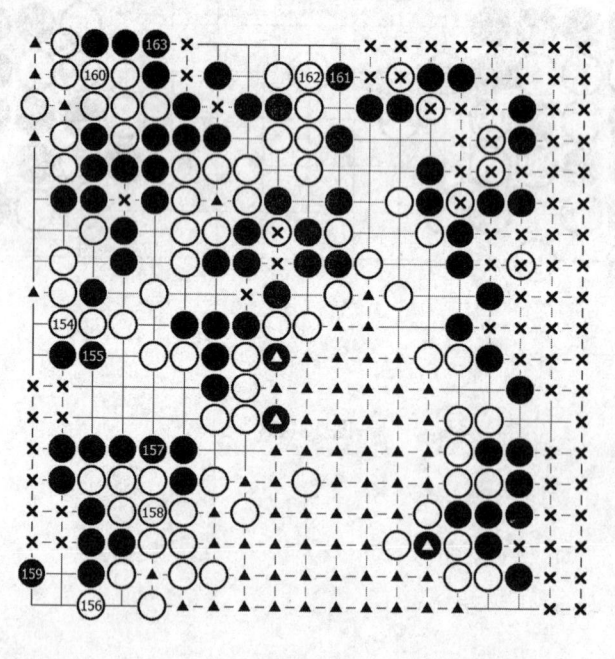

图 13-55

### 三、聂卫平之擂台雄风

1984 年，中日两国棋界共同发起 NEC 杯中日围棋超级对抗赛。此项赛事的赛制安排与中国传统的打擂台相仿，因此在中国被称为"中日围棋擂台赛"。

下面介绍的这盘棋是 1985 年 8 月 27 日，首届中日围棋擂台赛的第十三场，聂卫平执黑对阵小林光一。最终，聂卫平以 2.5 目获得胜利，终结了小林光一的擂台六连胜。这是中国队首次战胜日本超一流棋手。

如图 13-56，小林光一的棋风是喜爱实地，由此聂卫平选择的策略是有针对性地先捞取实地，逼迫小林光一在中腹决战。黑 7 二路小飞进角，正是贯彻战略意图的一手棋。一般来说，二路位置偏低，围空效率不高，但有利于快速建立根基。对此，小林光一直接脱先，不予理睬，白 8 先在左下角挂角，根据聂卫平的应对，再回过头来处理左上角。因为左上角白 2 和白 6 暂时并没有危险。

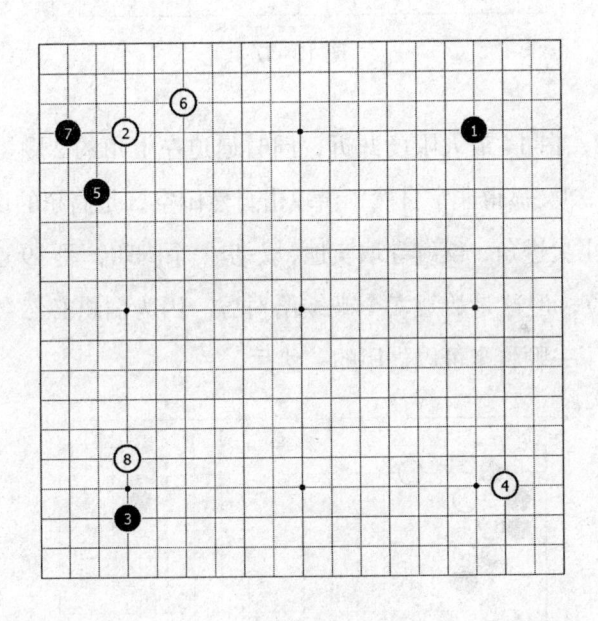

图 13-56

如图 13-57，聂卫平黑 9 托先，选择了扎实取角地的定式，在三路行棋，继续贯彻捞取实地的既定战略。

从高效补断的角度来看，白 12 也可以在 A 位虎，下一步可以在更远一点的 B 位拆边。

但白 12 牢牢粘住，按照基本定式，"立二拆三"，下一步白棋可以在 C 位或

D位开拆占边。但小林光一并没有照搬定式，如果说白12的粘是收回拳头、积蓄力量，那下一步便是挥拳出击了。

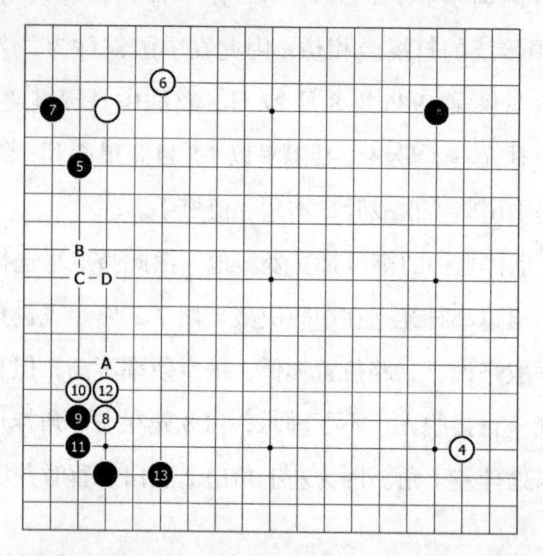

图 13-57

如图13-58，白14最大限度开拆，同时逼迫左上角的2颗黑子。小林光一看似撑得很满，却又显得非常自然，借攻击自然围空，是高超的设想。聂卫平不为所动，黑15小尖进角，继续夺取实地，一步一个脚印，黑19连扳，很明显有一个A位的断点，但这是故意卖个破绽给对方。因为白棋必然会形成外势，而黑19则是预留了一颗将来可以借用的"伏兵"。

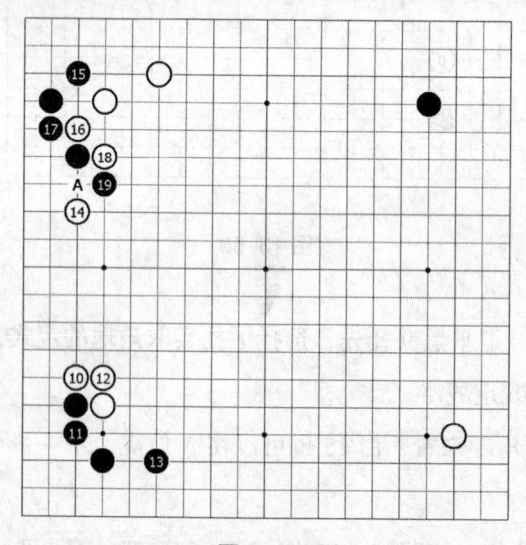

图 13-58

如图 13-59，聂卫平的黑 23 小飞挂角，声东击西，同时还瞄着左上方黑 19 的洞出。

图 13-59

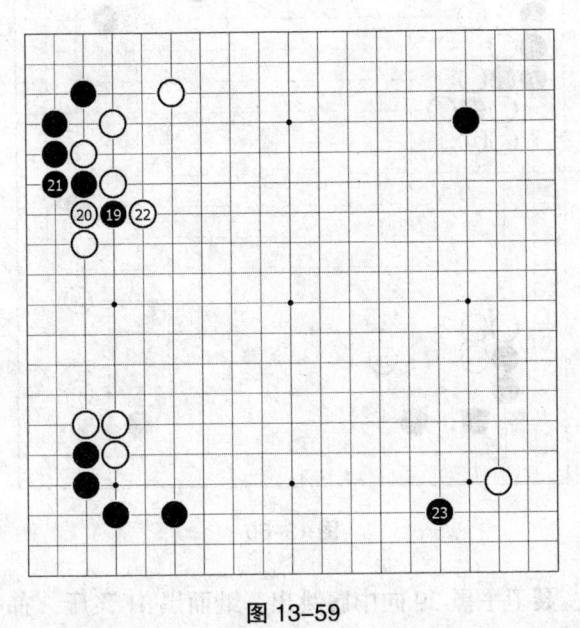

图 13-60 中，小林光一识破了聂卫平的意图。白 24 立即提子。从行棋效率来说，5 颗白子包围提掉 1 颗黑子，并不算高招，但从白棋左边路的间距来看，整体效率还算不错。而且，这一手提子，打消了黑棋洞出的一切可能，也体现了小林光一对后半盘的自信。

当然，从目前局势来看，聂卫平除了实现既定的战略意图，对局势也是相当满意的。

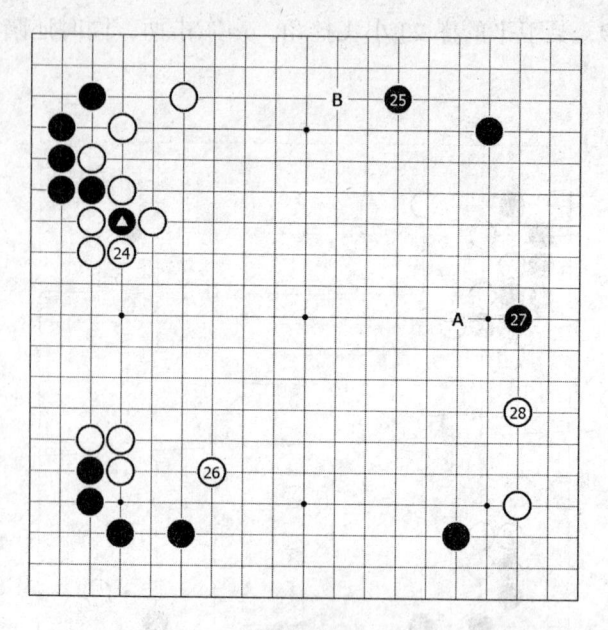

图 13-60

如图 13-61，聂卫平黑 29 向中腹跳出，继而黑 31 飞压，右上方黑棋立体式扩张，气势磅礴，围空效率相当高。布局至此，聂卫平丝毫不逊小林光一。

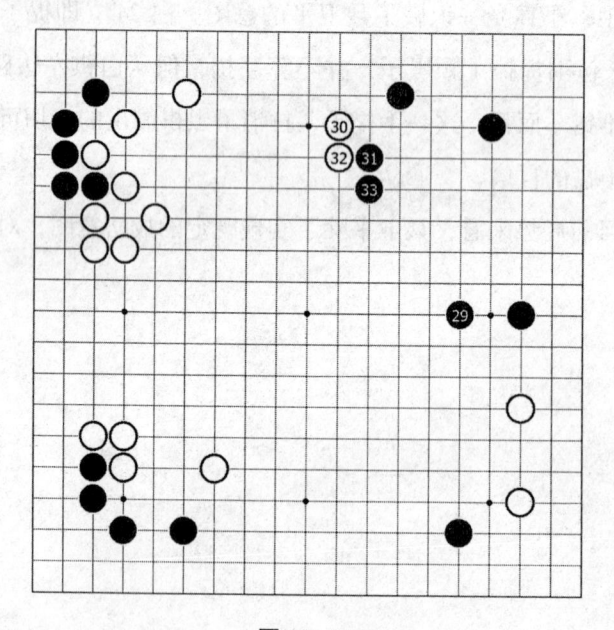

图 13-61

如图 13-62，小林光一终于无法容忍聂卫平高效围空。白 34 点"三三"，直接侵入右上方的黑阵中。双方互围，率先进攻的一方，往往是被动的一方。这从某个角度反映出小林光一对之前布局形势的不自信。因为从战略上看，优势一方应该采取防守策略，只有劣势一边才有侵入的动机。

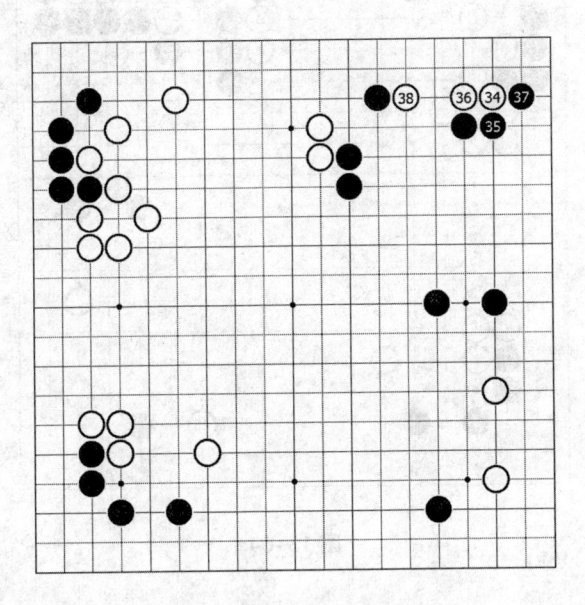

图 13-62

图 13-63 和图 13-64 中，小林光一侵入作战的结果是，成功夺取右上角。但 2 颗白▲却遭到重创，自己外围也付出了相当大的代价。这就是所谓的"有所得必有所失"。

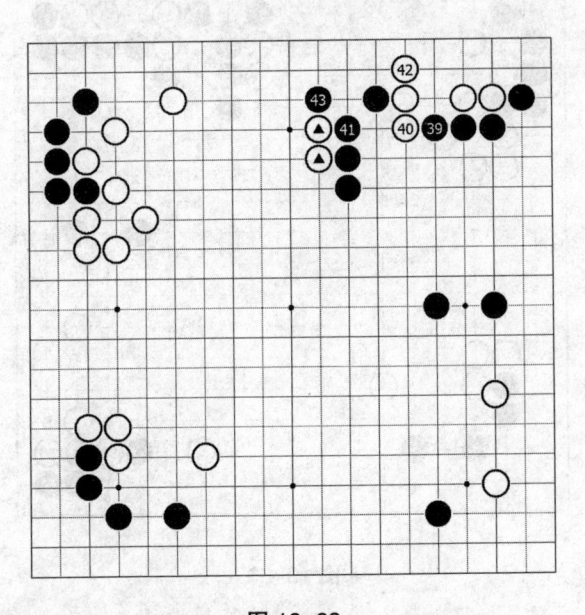

图 13-63

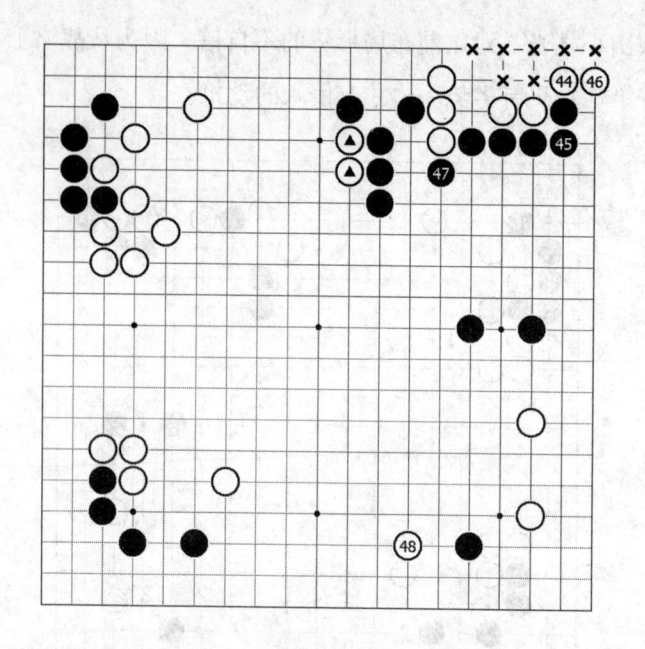

图 13-64

如图 13-65，聂卫平获得先手后，非常自然地在右下角发起战斗。在这里，有 A 和 B 两个断点，不可兼得，哪个重要，就补哪个。

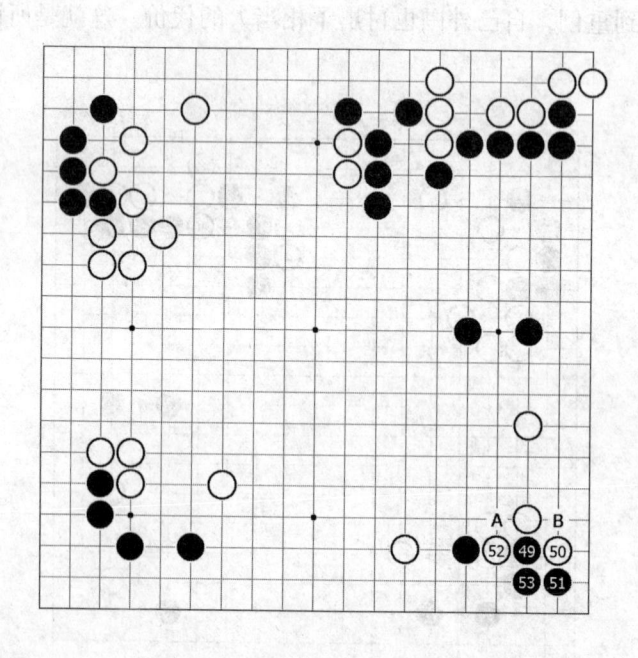

图 13-65

图 13-66 至图 13-68 中，聂卫平黑 57 横顶白棋，促使白 58 向上立起，本身是效率不高的下法，但好处是可以争得先手。

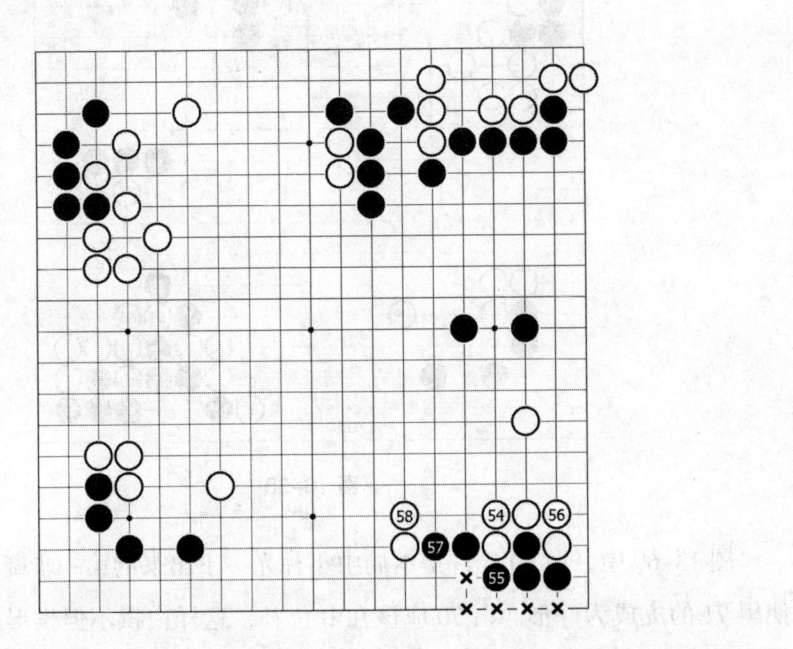

图 13-66

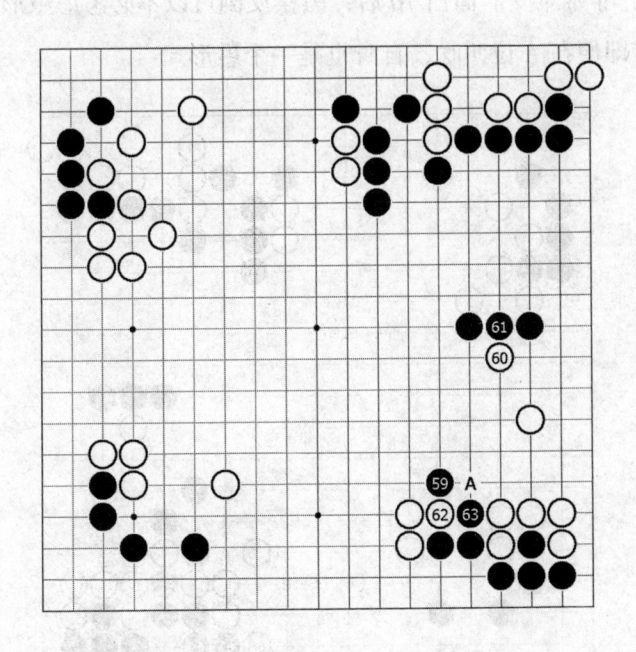

图 13-67

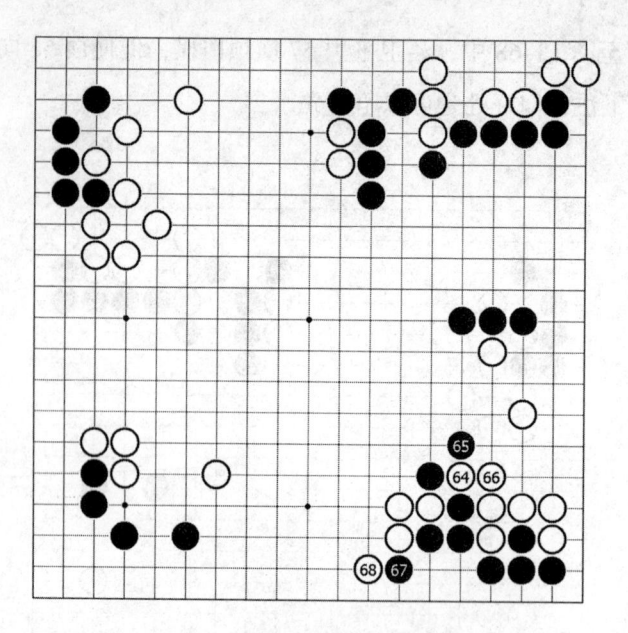

图 13-68

图 13-69 中，白 70 或许是本局中小林光一下出来的第一步疑问手。这步棋使黑 71 的虎成为好形。白 70 应该在 B 位补，这样白棋不但棋形厚实整齐，而且间接地使黑棋无法再走 71 位虎，因为此时如果遭到白棋 A 位打吃，黑棋就会形成"愚形"，非常难受。而白 70 后，黑棋反倒可以不必考虑愚形不愚形的问题了。因为白棋即便在 A 位叫吃，自身也是一个愚形。

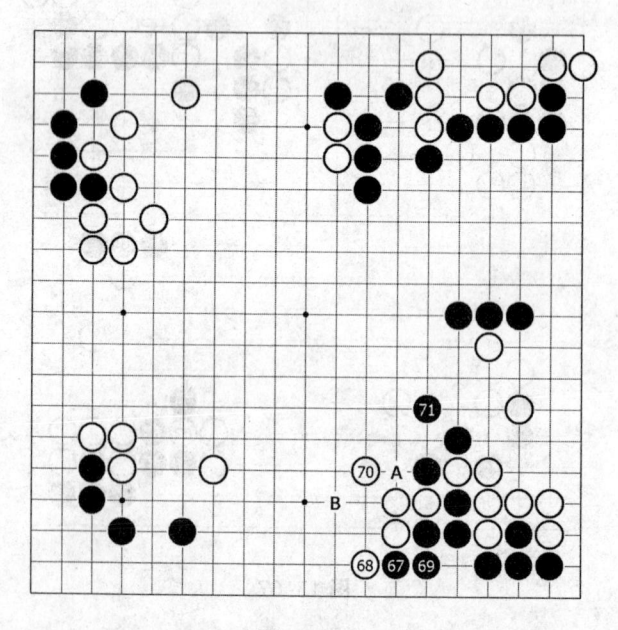

图 13-69

在局势混沌不清时，双方的棋形是形势判断的重要参考。当聂卫平下出黑71虎的这一手棋时，棋形充满弹性，局势应该还是不错的。

如图 13-70 和图 13-71，右下角聂卫平数颗黑▲眼位充足，并无大碍。白棋下 A 位则黑棋下 B 位，黑棋 6 可先手成"直三"之形，最后 D 位做眼，轻松成活。

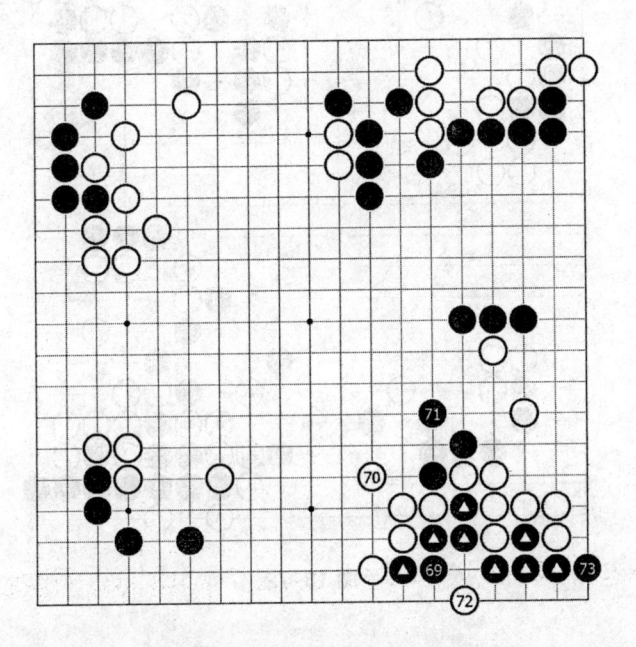

图 13-70

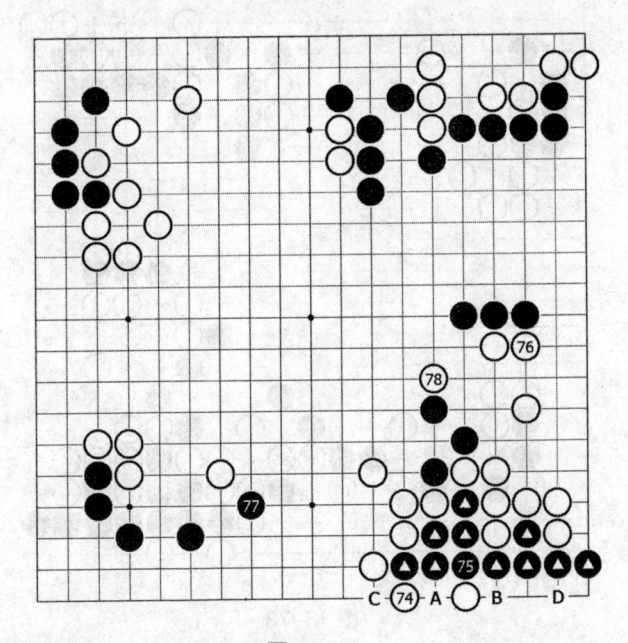

图 13-71

如图 13-72 和图 13-73，聂卫平黑 83，一方面压迫数颗白▲，一方面隐约防护 A 位的断点。这是一种积极求进的态度。

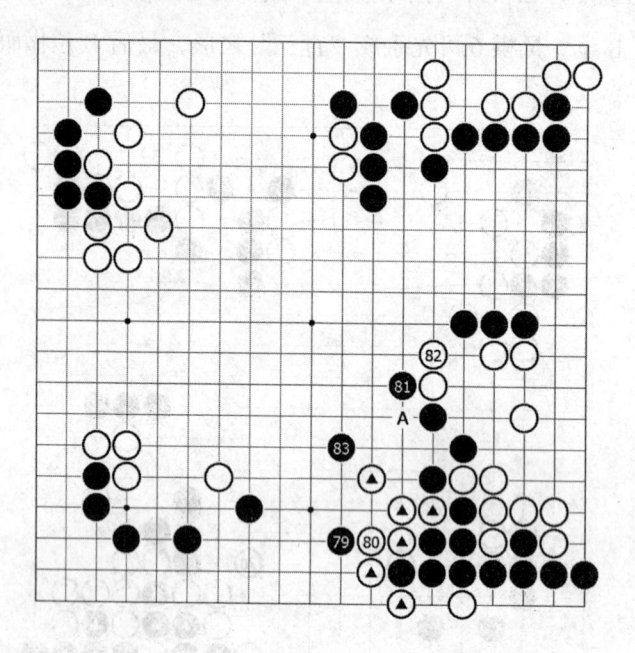

图 13-72

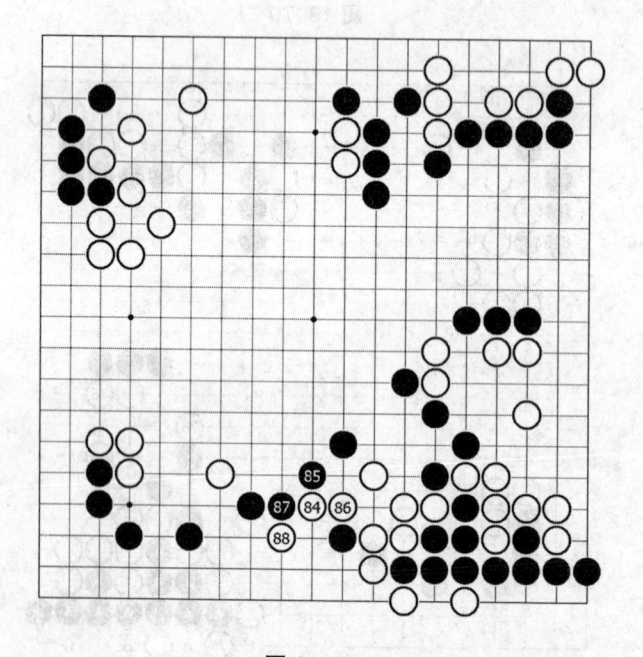

图 13-73

图 13-74 中，战至黑 89，聂卫平行云流水一般，充分实现了自己的战略意图。小林光一会坐以待毙吗？

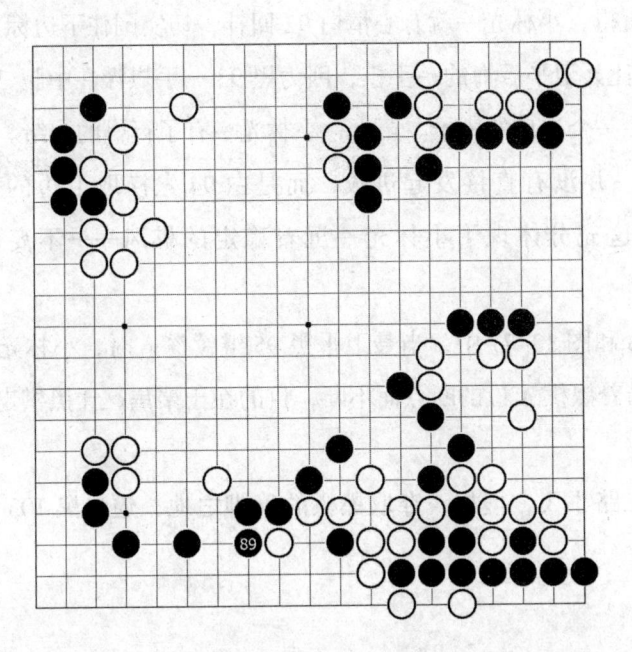

图 13-74

图 13-75 中，白 90 是小林光一敏锐的反击，对此，聂卫平黑 91 无奈先粘住

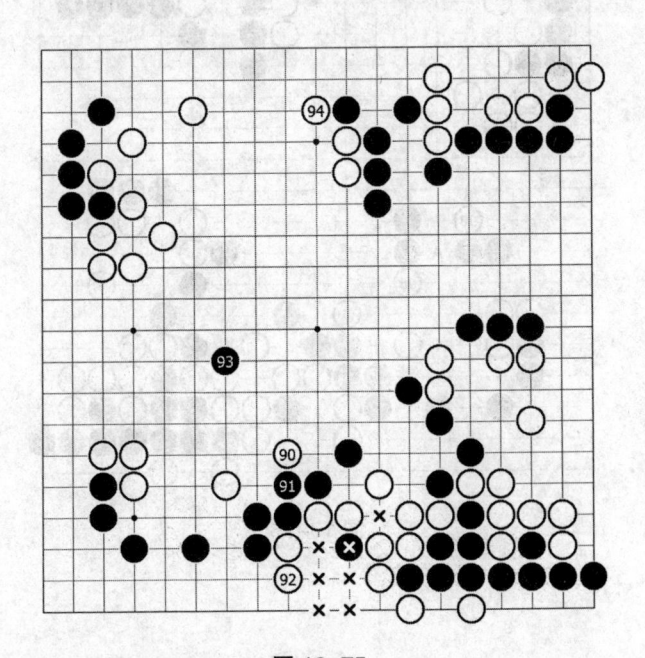

图 13-75

371

自身断点。这两手棋的交换，小林光一在外侧，聂卫平在内侧，从效率上来看，小林光一在这个回合扳回一局。

既然有所得，小林光一就有心情白92回补，切实围住下边标×的区域。而黑93应该是让聂卫平后悔的一手棋，因为黑93一手棋浮在中腹，很明显，凭空给了小林光一一个进攻的靶子。至少，小林光一有了行棋的头绪。

小林光一并没有直接发起进攻，而是白94先捞取上边的实空，再伺机进攻黑93。这充分体现了小林光一沉着稳定的棋风——不妄动，攻则必有所得。

图13-76和图13-77中，当聂卫平黑95继续深入时，小林光一发起了凌厉的攻势——瞄着黑棋A位的断点而不断，目的在于聚焦，让黑棋走重，无法轻言放弃。

白102二路小飞，搜根，夺取黑棋的落脚之地，逼迫黑103低效率从中路逃回。

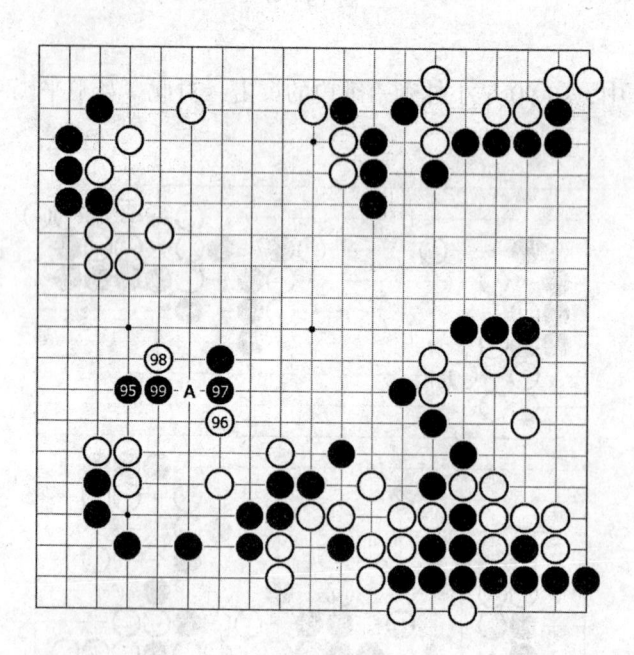

图13-76

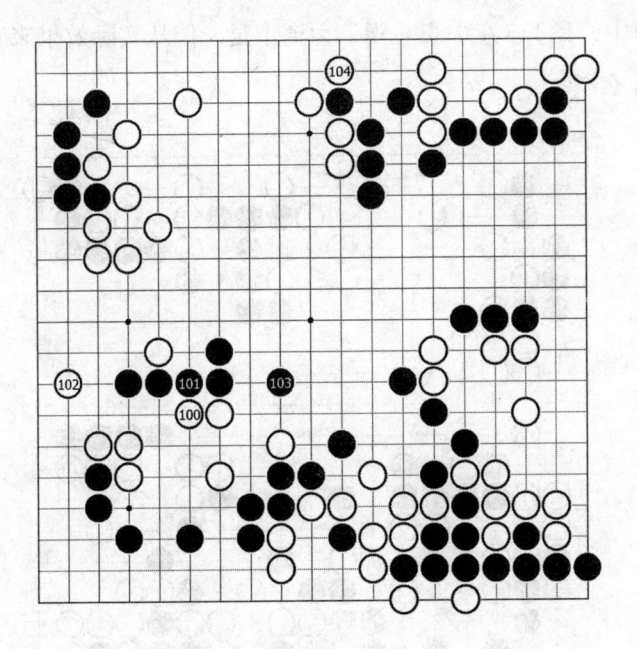

图 13-77

图 13-78 中，小林光一并不是一味地猛攻，至白 108，白棋一手棋护住 A、B 两个断点，同时围住上边的空。局势开始向小林光一倾斜。

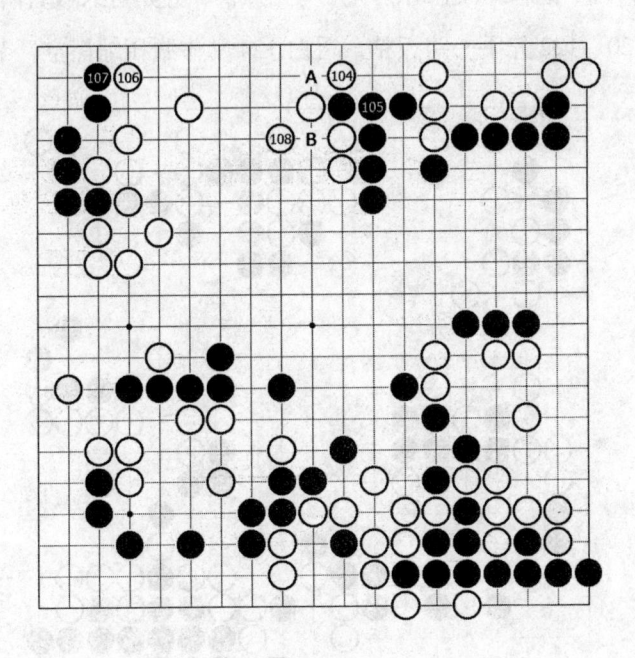

图 13-78

图13-79中，黑115在中腹一拐，力道十足。但从实际效果来看，华而不实，并没有围到什么空。

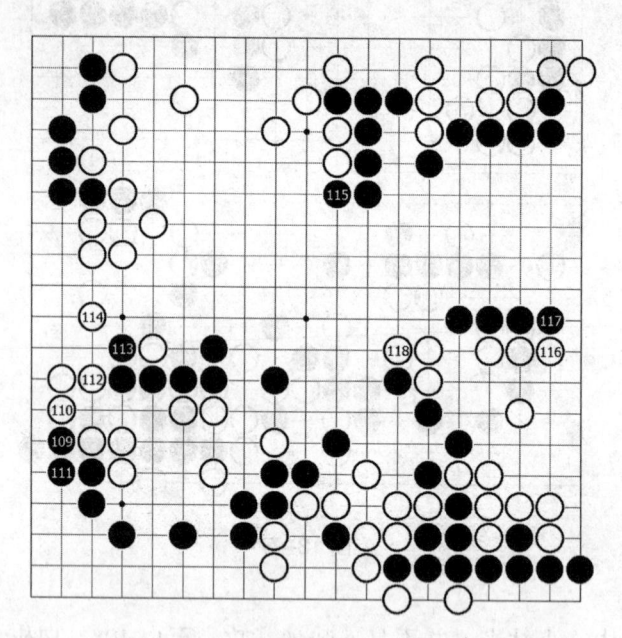

图 13-79

图13-80中，中盘战斗至此，双方均无孤棋，开始进入收官阶段。小林光一先是右边白120、122先手一路扳粘，再白124从中腹压缩黑空，节奏井然有序。

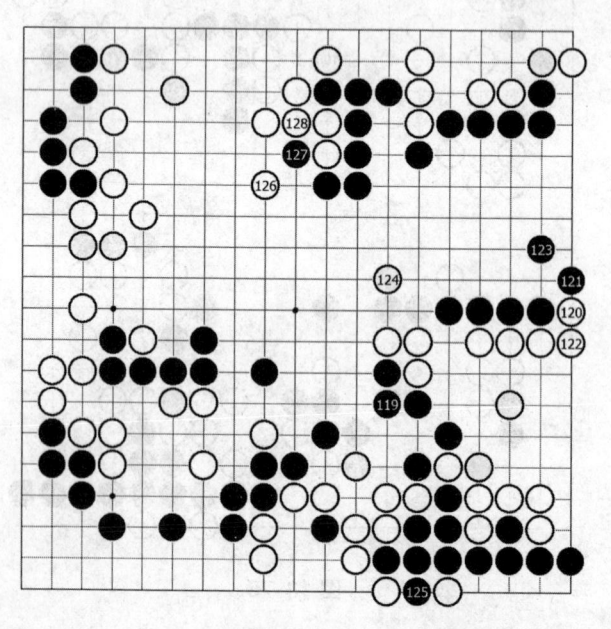

图 13-80

聂卫平也是相当冷静地寻找机会，不急不躁。黑 125 是似小实大的逆收官子，如果白棋走 125 的位置是绝对先手，那么黑棋右下角将会只剩下 2 目，而现在则至少有 6 目，还同时打吃着白棋一子。逆收和先手一样，价值是后手官子的两倍。

图 13-81 中，聂卫平黑 131、133、137 形成"愚三角"的形状，苦涩的愚形，却是争胜的手段，把选择权交给了小林光一。小林光一是选择 A 位围空，还是补 B 位的断点？关键时刻，面临很多选择时，往往容易出错。白 138 虎，看似高效补住了 B 位的断点，却给了聂卫平脱先的机会。

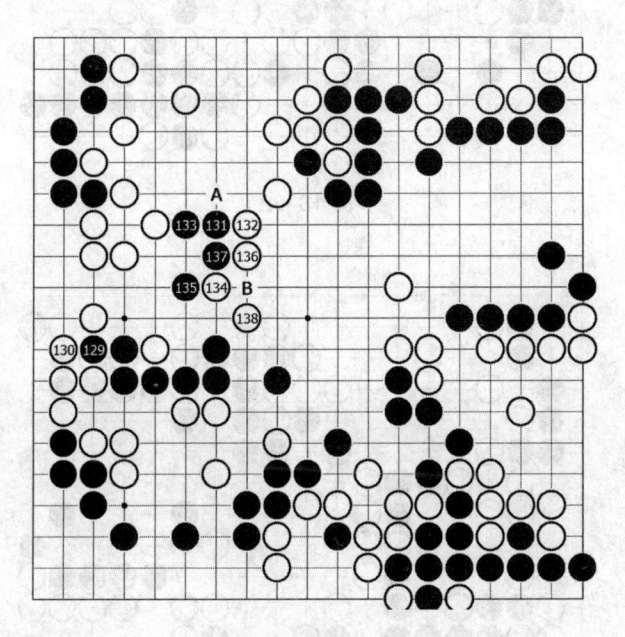

图 13-81

图 13-82 和图 13-83 中，由于以后有黑 145 打吃，所以一大串黑▲可以连接成一整块。聂卫平果断脱先，黑 139 围空，确保实空不落后。他在等待小林光一的进攻，以静制动。

小林光一果然对数颗黑▲发起了进攻，A 位是黑棋眼见的弱点。但小林光一在优势局面下，并没有下出最凌厉的攻击手段。白 148 虽是非常大的官子，却是放虎归山。聂卫平临危不乱，A、B、C 位必得其一，吃住数颗白▲，局势逐步好转。

对局时，优势不等于胜势。有时候因为心态上的波动，没有下出最强着法，局势就很可能会被逆转。

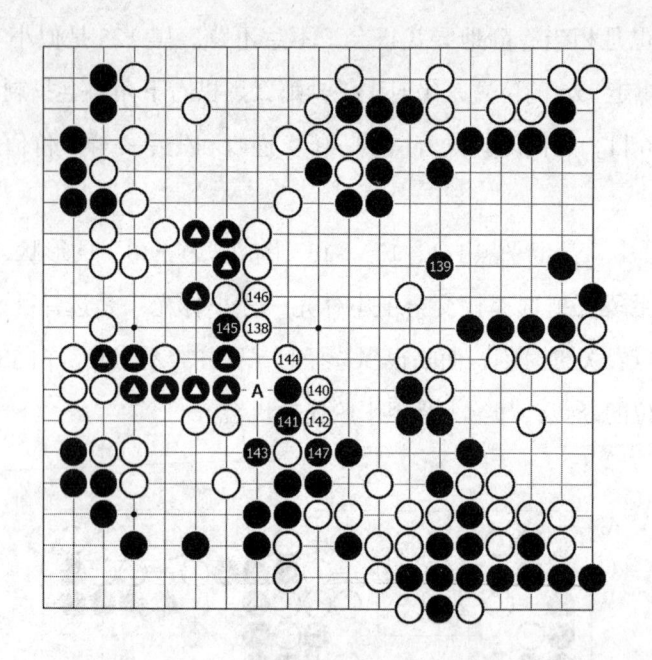

图 13-82

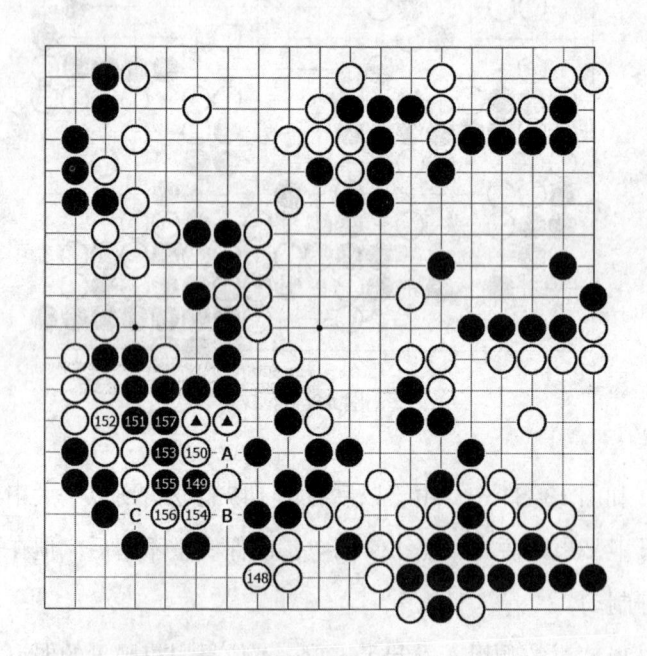

图 13-83

图 13-84 中，黑 163 吃住 3 颗白▲后，胜利的天平开始倒向聂卫平。但局势差距并不大。已经六连胜的小林光一，官子实力非常强大。聂卫平丝毫不敢放松。

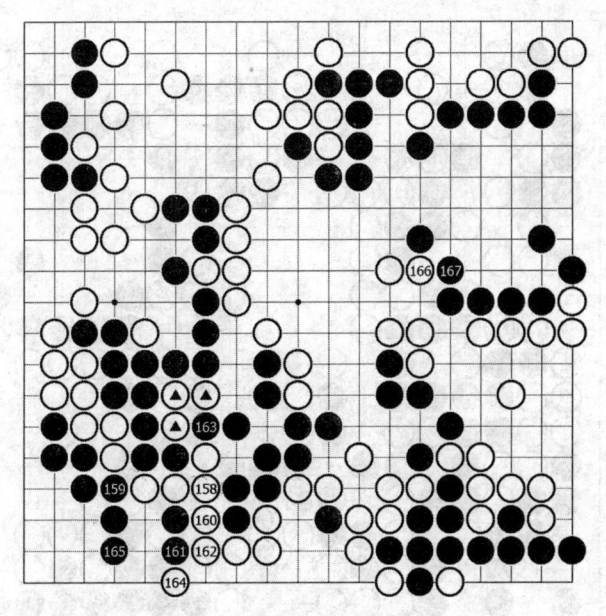

图 13-84

图 13-85 至图 13-90 中，两人你来我往，拼起了官子功夫。双方局势上的差距是非常小的。小林光一对实地非常敏感，白 168 和白 170，都是先手官子，而白 174 则用逆收的大官子围住中腹的空。

在接下来的官子中，双方你来我往，各显神通。

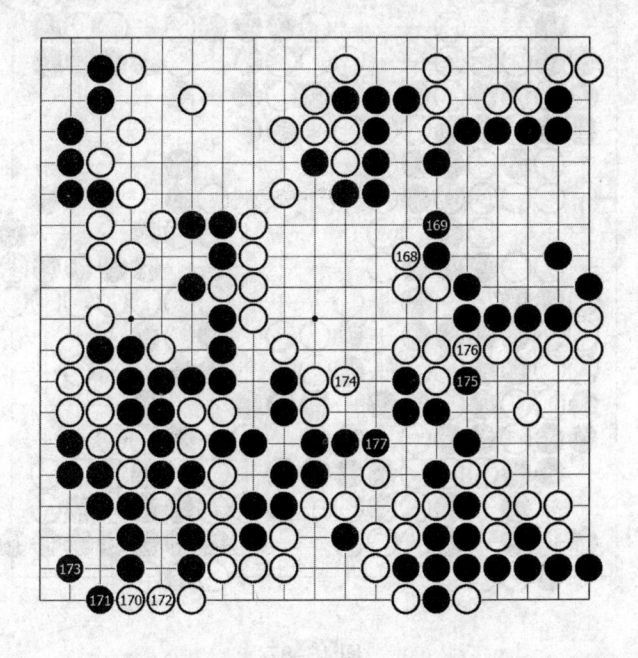

图 13-85

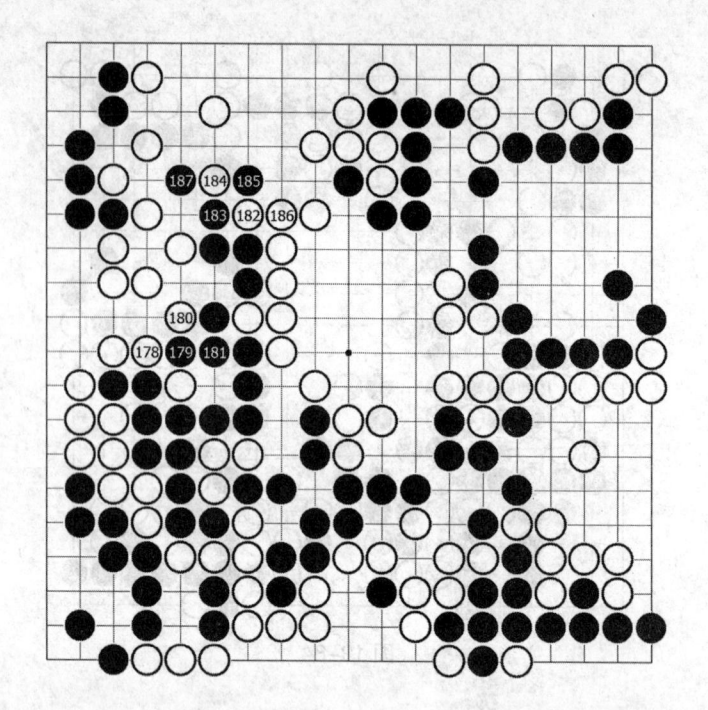

图 13-86

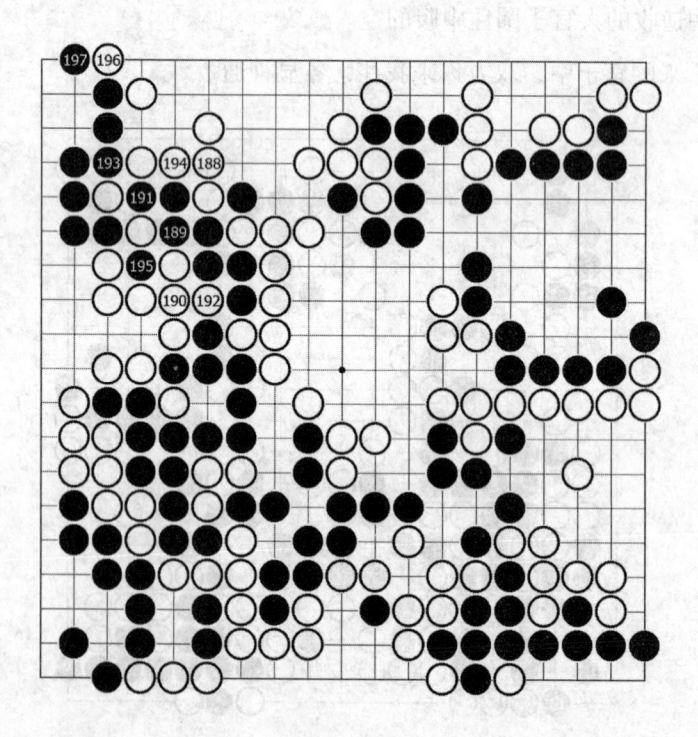

图 13-87

378

205 D13

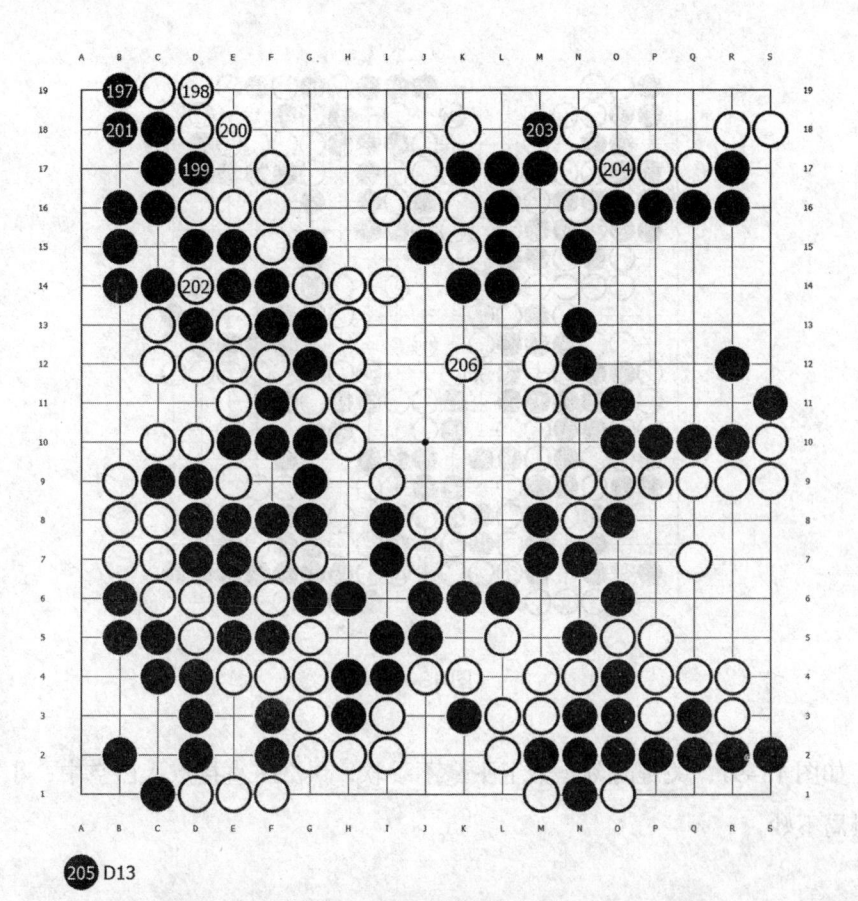

图 13-88

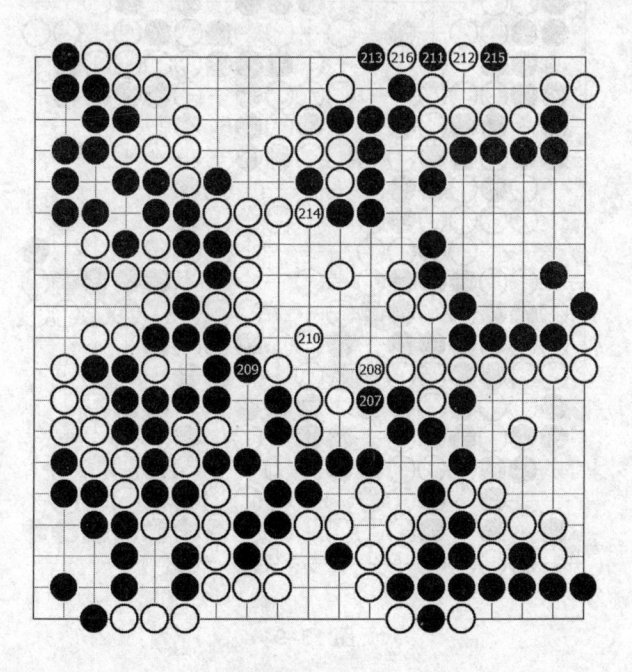

图 13-89

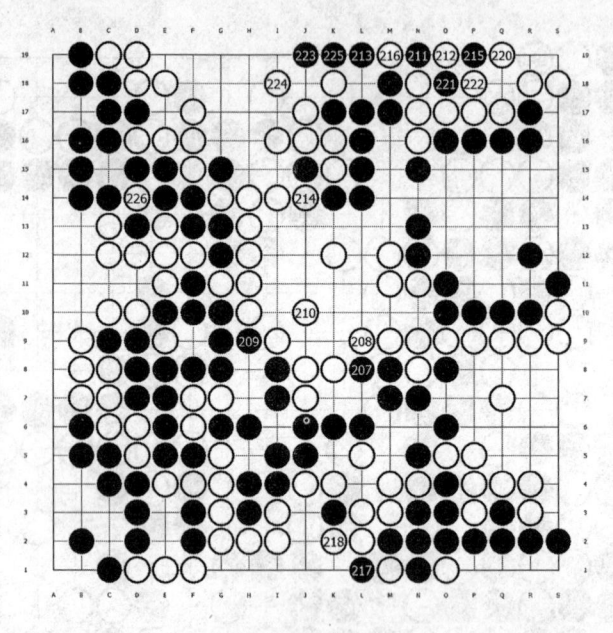

图 13-90

如图 13-91，关键时刻，聂卫平毫不手软，黑 231 直接点入白空中；小林光一棋局不妙。

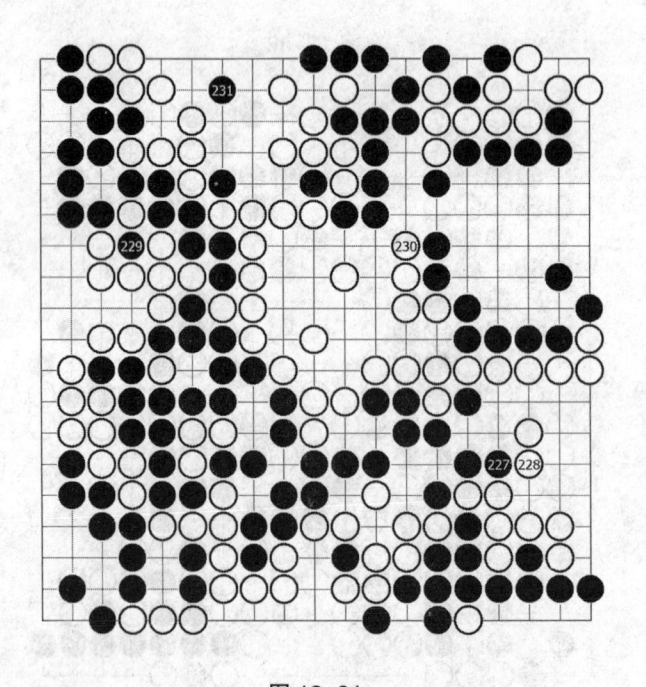

图 13-91

图 13-92 至图 13-94 中,最后的小官子阶段,聂卫平沉着冷静,虽偶有失误,但最终还是将优势保持到了最后。

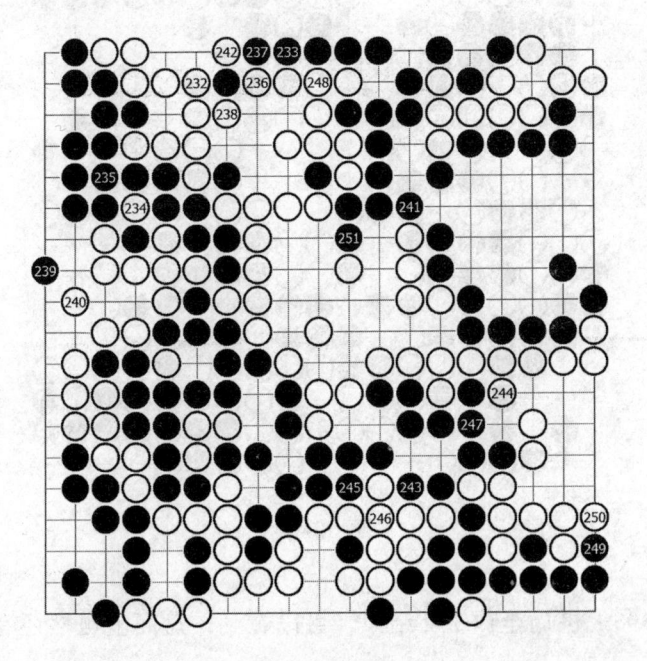

图 13-92

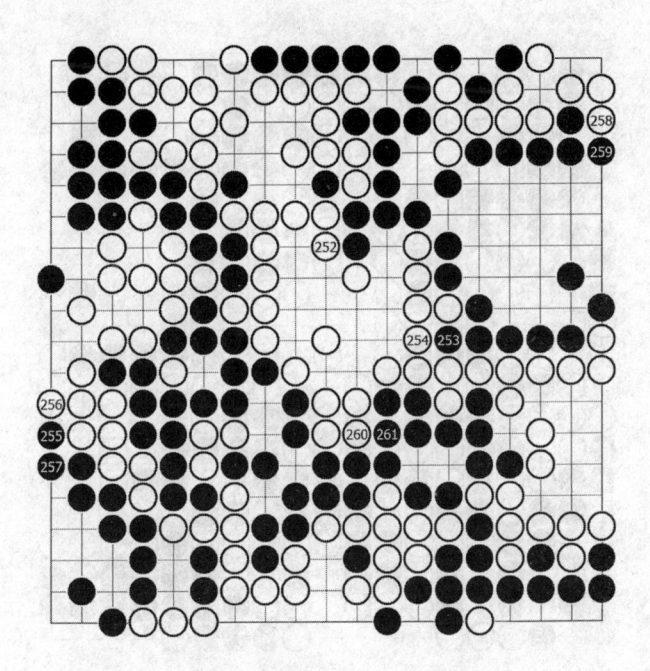

图 13-93

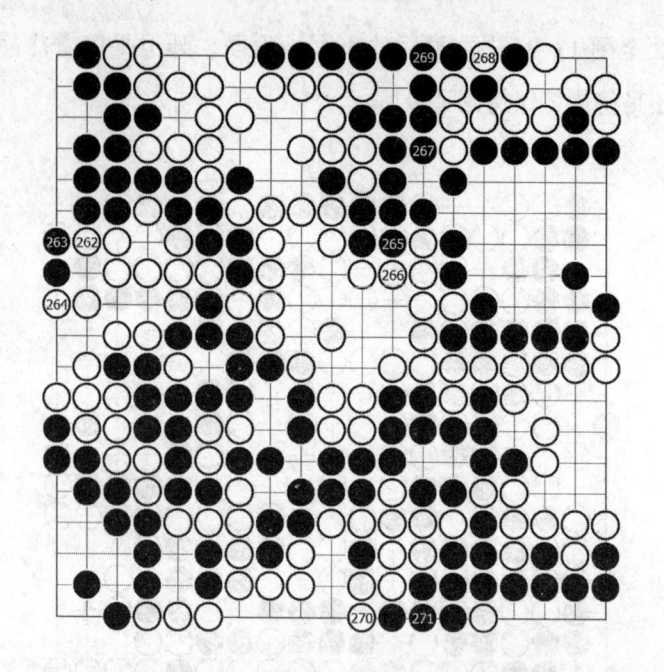

图 13-94

如图 13-95，棋局至白 272 结束，可以看到，盘面上虽然还有 A 至 G 等官子没有收完，但这是一人一手的单官，和胜负已没有关系。

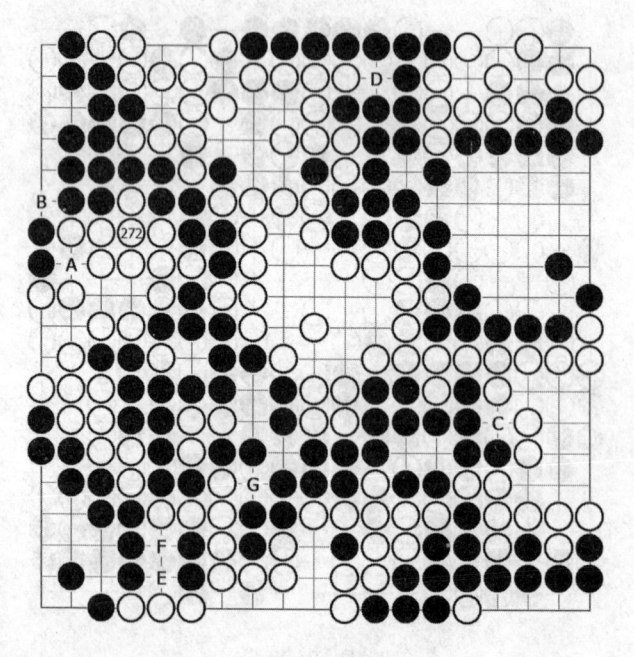

图 13-95

382

如图 13-96，这就是最终的局面，标 × 的区域就是黑棋围住的地盘，子空皆地。剩下的则是白棋的地盘。经过清点，最终聂卫平执黑以 2.5 目的优势艰难战胜小林光一，拿下了这至关重要的一盘棋。

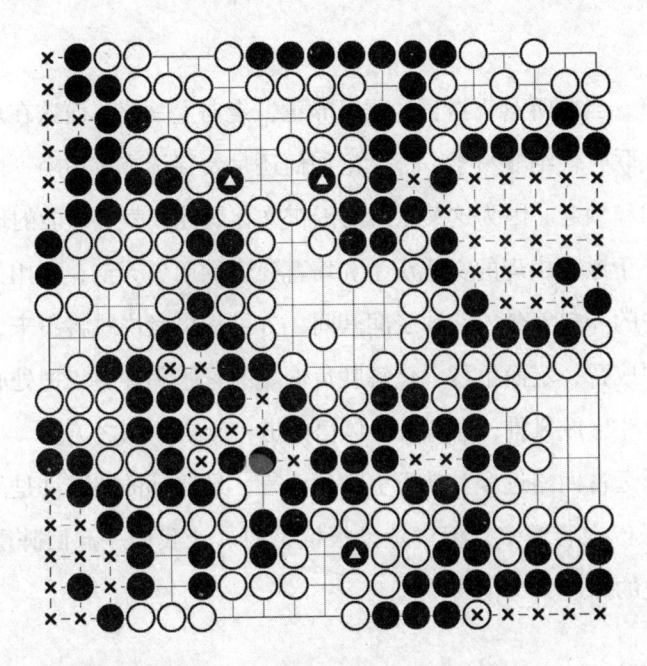

图 13-96

# 第十四章 弈史：旧学加邃密，新知转深沉

初学弈事，当聆听贤哲嘉言，蒙以养正，走向上一路，而这在众声喧哗群言淆惑的信息互联时代绝非易事。但无论如何还是要穿透重重迷障，回归对围棋历史脉络的认知和领会。因为这关系着对围棋文化属性和教育功能的理解和体悟。

唯有寄心于滋养棋理的文化沃土和培育弈道的历史天空，享用其中的阳光雨露，汲取其中的养料养分，涵泳浸润其间，方可从棋盘内跳将出来，自黑白间超脱开来，转识成智，定而生慧，化解胜负输赢的紧张和冲突，把处心积虑化为温文尔雅，让争斗生成风雅，在竞技中体悟大道，领会中和之美。

大事记详远古而略近今。就历史文化而言，最遥远的路或许是最便捷的，虽然它绵渺漫长，内容繁多，但毕竟是根柢泉源。让我们一起回眸围棋的前世今生，感悟历史的深邃、文化的博大。

## 第一节 远古时期

在远古的原始氏族社会，陶器上有各种线纹装饰。最早的纹饰见于约1万年之前，绳纹是线纹的一种，它的排列交错粗乱，但仍可看出不同纹饰及各种组合方式，它们大略源于陶器制作过程中留下的印痕。在仰韶文化时期（前5000—前3000），以细泥红陶和夹砂红褐陶为主的彩陶器上的纹饰，即有绳纹、弦纹、锥刺纹、附加堆纹、指甲纹、席纹或棋盘纹的区别。从彩陶纹饰的表现手法和内容看，大致可分为自然纹饰和几何纹饰两大类。在黄河上游地区的马家窑文化（前3300—前2100）中，属于晚期的半山彩陶纹饰，其中装饰的网格纹、棋盘纹、菱形纹等，不但花纹精致，色彩富丽，而且结构严谨。

在原始社会新石器时代，仅就西安半坡出土的100多块陶片上的编织印痕来看，先民的编织技术基本有四种方法：斜纹编织法，缠结编织法，绞缠法，还有就是棋盘格式间格编织法。在棋盘纹中，经纬两线垂直相交，互相间隔压穿。

包括棋盘纹在内的几何纹，是原始纹饰中最具艺术魅力的表现形式之一，原

始先民的创造活动由具象到抽象，由模仿到创造。

远古陶器上的棋盘纹对称均衡，线条纹路在对比中又有统一，先民心中洋溢着如此精致的形式法则，纵横交错，平直方正，不得不让我们推想，它或许就是现代围棋棋盘的种子或萌芽。

【关键词：棋盘纹】

结绳，指文字产生前的一种思维方式。上古之时没有文字，事大大结其绳，事小小结其绳，先民以结绳记事的方法治理天下。通过大大小小的绳结以及不同的排列组合来帮助记忆，存续所思所想，其精神成果以"结绳"实现记录记载。

结绳记事在基本形制上和围棋有形似之处：结绳是在绳上系圆结，而围棋则是在线与线的交叉点上排布棋子。

【关键词：结绳记事】

早在殷商时期的甲骨文中，已有"棋"这个字，字形写作🙰。

🙰（棋）字，在字形从木，从廾，🅇（其）声，像双手持箕木之形。

篆文🙰（棋）字，则改🅇为箕，增加"兀"形，又把"🙰（木）"移至箕（其）下，从而从木、其声。隶书棋和楷书棋，又把篆文下形上声的字形，改造为左形右声。

【关键词："棋"字的前世今生】

再回到甲骨文的字形🙰，属于形声，兼会意。下面，重点来解释一下这个字形是如何来具体"会意"的，探讨一下在绵渺历史深处这个"棋"字的深意。

就🙰（棋）而言，最关键的是这个🅇字。

🅇（其）字，甲骨文或作🅇，直至西周晚期的金文作🅇，或作🅇。这个字其实就是簸箕的"箕"字。其，最初是"箕"字之义，但后来被借作他用，且一借不还，于是"其"字之上加竹字头（⺮），最终演变为另一个字——箕。

簸箕，古时用来扬去谷类糠皮的器具，以竹篾或柳条等编成。中国地大物博，一般是北人用柳，而南人用竹。

箕，远在天上，是个星宿名，形状像簸箕。例如《诗经·小雅·大东》有言："维南有箕，不可以簸扬；维北有斗，不可以挹酒浆。"这里的箕，指夏秋之间出现在南方天空的箕宿；斗，形状像酒斗的星宿。箕，又近在指尖，我们的指纹大致而言，一种是簸箕纹，一种是斗纹。

簸箕，或者说箕，又和围棋的"棋"字有何关联呢？

在簸箕的编织制作中，最大的特点是在一根根竹篾或柳条交替上下过程中，先民用慧心巧手制作出一个个完美的实用器具。⊠字除了彰显出簸箕之形状外，还有里边那个交错符号——×。你一手，我一手，一阴一阳，交替推移……后来，此字成为一个日常生活中的用具，成为星星点点分布在棋局上的一盘棋。

【关键词："棋"字的思想内涵】

从实用的器具到抽象的哲理，皆遵循了阴阳之道。自遥远的年代开始，朴素且玄妙的哲理、孳蔓演进成一个游戏，一场竞技，再有气韵生动、辉光笃实的文化赋能、夹持和护佑，先民创制两人对战的智力竞技游戏——围棋，亦是应运而生，可谓呼之欲出。需要特别指出的是：棋在初始阶段，不仅指围棋，还包含博——即六博游戏。博，最初作"簙"，是所谓的局戏，六箸，十二棋，棋子亦分黑白。

【关键词：棋中的阴阳之理】

围棋与《易经》之间的关系颇值得深究细究。若以战国时代的文献《世本》为信史，根据其记载的"尧造围棋，丹朱善之"，以此论之，围棋产生的时间，当比西周之《易》，甚至比夏朝的易学（《连山》）、商朝的易学（《归藏》）更早。历史地来看，自黄帝之后的远古部落联盟的首领尧舜的时代，远比夏商周为早。若按《周易·系辞上》所传述，有伏羲"始作八卦"的记载。即便按历史传说，伏羲比尧又要早上好几千年，如此易学又比围棋要早了。

《易》是中国文化最古老的典籍之一，儒家经典之一，被誉为"群经之首""大道之源"。"易"有三义：变易（穷究事物变化），简易（执简驭繁），不易（永恒不变）。相传系周人所作，当然还有一说，"周"有周密、周遍、周流之义，故名《周易》。传统上有"三易"之说：《连山》《归藏》和《周易》。相传《连山》和《归藏》分别为夏、商之《易》，其书大都散佚失传。本书所指，均为后世之《周易》。

鉴于传世文献皆为远古传说，不足为凭。非但围棋之发源为文化之谜团，易之如何产生亦为一个文化"黑洞"。若以思想演进的逻辑来推断,"易"派生出"弈"的说法或更恰当,更妥当。弈毕竟是有形之物,尚在"器"的层面,而易则在更高的"道"的层面。

学术界通常认为《易经》原是上古卜筮之术,在商周之际经周文王的整理和注述,将其从卜筮的范畴提升到天人之际的学问,是谓《周易》。它通过八卦(分别象征天、地、雷、风、水、火、山、泽八种自然现象)的形式,推测自然和社会的变化,认为阴阳两种势力的相互作用是产生万物的根源,提出"刚柔相推,变在其中矣""无平不陂,无往不复"等观点,含有朴素辩证法的观点。

易道广大,无所不包。棋论经典《棋经十三篇》顺其自然地说道:"枯棋三百六十,白黑相半,以法阴阳。"取法乎阴阳,效法乎易道,当不为过。

【关键词:易和弈】

自古即有箕子造棋之说。箕子,商末周初人,名胥余,生卒年不详,为殷纣王叔父,与微子、比干齐名,史称"殷末三贤"。箕子官至太师,纣王无道,屡谏不听,被囚,乃佯狂为奴。箕子,还是殷末周初著名的卜筮大家,通达阴阳四时之事。至周武王访箕子,箕子倡言阴阳五行,述大法九章,而五纪明历法。武王灭殷,据传箕子率五千人避往朝鲜为君。

山西陵川为淇水源头之地,距商都城殷墟(今河南安阳)和别都朝歌(今河南淇县)约70公里,或为商末贵族箕子的封地。陵川有棋子山,又名箕子山,相传为箕子隐居之地,山中多有圆润光洁黑白分明的扁圆凸起石子,且有古岩洞保留有围棋棋盘图案。以山西陵川棋子山作为围棋起源之地,以箕子造棋为说,提供了一种可能性,值得继续探索思考。

【关键词:箕子造棋】

《易经·系辞上》:"河出图,洛出书,圣人则之。"河,指黄河;洛,指洛水。相传有龙马——即龙头马身的神兽,自黄河中出现,背负神秘的"河图";又有神龟从洛水出现,背上有九组不同点数组成的图画,大禹因而排列次第,乃成治理天下的九种大法,称为"洛书"。

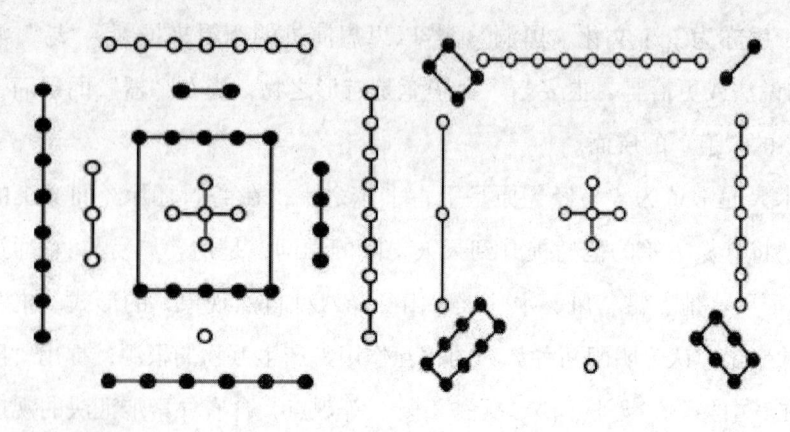

图 14-1

河图洛书，是传统儒家关于《周易》卦形来源以及《尚书·洪范》"九畴"创作过程的传说（图14-1）。就围棋发源而言，河图洛书与围棋之间的隐秘联系可从以下两个方面来解读：其一，河图洛书线条之上有规律分布的黑点和白点，其中蕴含内在的秩序和意义；围棋亦如是，黑子、白子在线路之上，有自身特定的行进规则和运算规律。其二，河图洛书中的黑白点交错分布，在对立中求平衡；围棋对弈的双方皆重在行棋效率，彼此的目数计算是内在要求。两者都以"数"来计量，"数"是其内在的大精神。古人一直都有围棋来源于河图洛书之说。清代大国手施襄夏在《弈理指归·自序》即认为"弈之为道，数叶天垣，理参河洛"，故而围棋亦有"河洛"的别称。

【关键词：围棋和河图洛书】

## 第二节　先秦时期

共和元年（前841），中国历史有确切纪年的开始；鲁襄公二十五年（前548），《左传》载有卫国大夫太叔文子的话："弈者举棋不定，不胜其耦。"是最早见诸文献的围棋记事。

【关键词：最早的史籍记载】

下围棋古人称之为"弈"。东汉许慎《说文解字》："弈（𦦵），围棋也。从廾，亦声。"廾，像两手下棋时的情状；亦，表声，又可作"又"解，意谓一手接一手地落子下棋。"弈"与古代方言有关，例如班固曾指出，当时北方之人称"棋"为"弈"。

【关键词：弈】

孔子（前551—前479）对围棋等竞技游戏有论及。《论语·阳货》："子曰：'饱食终日，无所用心，难矣哉！不有博弈者乎？为之犹贤乎已。'"孔子的态度是宽容的，对围棋的价值是肯定的。

【关键词：博弈犹贤】

相传为春秋末期的道家著作《关尹子》载有："习射习御，习琴习弈，终无一事可以一息得者。"认为弈棋与射箭、驾驶车马、弹奏古琴一样，技艺的获得绝非一呼一吸之间的事，亦非一朝一夕之功。

《孟子》一书载有弈秋教棋之事。"弈秋，通国之善弈者也"，弈秋由此为中国围棋史上第一位"国手"。孟子认识到弈棋是专门的技艺，"不专心致志，则不得也"（《孟子·告子上》），列举不孝者有五，其中位居第二的是"博弈好饮酒，不顾父母之养"（《孟子·离娄下》）。围棋、六博等竞技游戏活动，与饮酒并列，其在社会群体中的吸引力、影响力可窥一斑。

战国时期的名家学派著作《尹文子》载有："以智力求者，喻于弈棋，进退取与，攻劫杀舍，在我者也。"这部著作最早提及围棋的技战术，高扬"我"的主体价值，充分肯定了人的智识力量。

战国时期的道家著作《文子》认为，不当以无用害有用，若"以博弈之日问道"，则关于"道"的知识必然会精深许多。

【关键词：诸子论棋】

## 第三节　两汉三国时期

汉高祖刘邦的宠姬戚夫人，在汉初宫廷中有弈棋活动："八月四日，出雕房北户，竹下围棋，胜者终年有福，负者终年疾病，取丝缕，就北辰星求长命乃免。"（《西京杂记》）围棋竞技与祈福风俗联系在一起。

汉文帝时期的政论家、文学家贾谊（前201—前169）有言："失礼迷风，围棋是也。"可见竞技游戏已在当时社会生活中颇有影响力。

【关键词：竹下围棋、社会风俗】

汉武帝时期，淮南王刘安（前179—前122）在《淮南子》一书中有言："行一棋，不足以见智。"棋类游戏属"智"，是一项专业技能。其后的唐代诗僧王梵志（？—670）《无题》诗有："双陆智人戏，围棋出专能。"①

【关键词：围棋和智】

汉宣帝刘询（前91—前49）幼年流落民间，卑微之时曾与陈遂深交，"相随博弈"。汉宣帝以辞赋家王褒等人为侍从，以孔子有"博弈犹贤"之论，从而认为辞赋与古诗具有相同的价值意义，且形式华美绮丽，招人喜爱，故而"贤于倡优博弈远矣"。

【关键词：辞赋贤于博弈】

"围棋"二字连用，出现在西汉文学家、哲学家扬雄的著述中。例如在语言学著作《方言》中有："围棋谓之弈。自关而东，齐鲁之间，皆谓之弈。"弈，属方言。在《法言·问道》篇中有："围棋、击剑、反自、眩形，亦皆自然也。"②围棋与击剑、杂技、幻术等，和刑名之术一样，发扬其大，可作正道；任由其小，亦可能入奸邪不正之道。

【关键词："围棋"一词出现】

西汉时期陕西杜陵县的杜夫子，名不详，善弈棋，号为"天下第一人"。曾有言："精其理者，足以大裨圣教。"认为精通围棋之理，有益于儒家教化的施行。

【关键词："天下第一人"】

陕西咸阳西汉中晚期的汉墓中，出土有十五路石棋盘，棋盘呈正方形，边长

---

① 双陆：古代一种博戏。棋盘上两边各置十二格，有十五枚黑或白色棒槌状的马子，分立于两边，比赛时双方各持一色，按掷骰子的点数行走，先走到对方区域者获胜。

② 自，当为"身"；反身，犹杂技。眩，通"幻"。眩形，即幻术，变戏法。

66.4 厘米，厚度 3.2 厘米，四角有圆形铁足，足高 4.8 厘米。

【关键词：十五路铁足石棋盘】

政论家桓谭（约前 23—56）撰述《新论》，其中有"世有围棋之戏，或言是兵法之类也"的论断。

【关键词：围棋和兵法】

史学家班固（32—92）撰写《弈旨》，为现存最早的围棋专论文章。

【关键词：最早的围棋专论】

作家李尤在汉和帝（79—105）时拜兰台令史，安帝（94—125）时迁谏议大夫，作有《围棋铭》，为现存最早的以围棋为主题的铭类文。

【关键词：最早的围棋铭文】

著名经学家马融（79—166）撰写出《围棋赋》，是为史上第一篇《围棋赋》。

【关键词：最早的围棋赋】

汉桓帝时期，在士林中声誉极高的黄宪撰有《机论》一文，论说事物发展变化的关键——机、时机，指出围棋的精微和玄妙在于如何处理好虚实关系（"弈之机，虚实而已"）。

【关键词：弈棋之"机"】

三国时政治家、军事家和诗人曹操（155—220）善围棋，水平相当高，据史载，与当时的围棋名家山子道、王九真、郭凯等人不相上下。骑都尉孔桂，因通晓博弈等游戏技艺，曹操对其宠爱有加，每在左右，出入随从。

安徽亳州曹操宗族墓葬中出土有松绿石刻成的方形棋子，共 122 枚，1 厘米见方，厚度 0.3 厘米，分翠绿和墨绿两色，当为围棋子。

【关键词：曹操善围棋，方形棋子】

汉代的《古歌》可称得上是最早的围棋古诗："上金殿，著玉樽。延贵客，入金门。入金门，上金堂。东厨具肴膳，椎牛烹猪羊。主人前进酒，弹瑟为清商。投壶对弹棋，博弈并复行……"博弈和投壶、弹棋成为当时雅集宴饮欢会的常备游戏活动。建安十六年（211），五官中郎将曹丕与建安文士集团有"南皮之游""西园宴游"。曹丕《与朝歌令吴质书》中有："每念昔日南皮之游，诚不可忘。既妙思六经，逍遥百氏；弹棋间设，终以博弈……皦日既匿，继以朗月，同乘并载，以游后园。"

【关键词：雅集欢会中的围棋】

"建安七子"之一的孔融（153—208）自负才气，对曹操多侮慢之辞，终与曹操积怨而被杀。孔融被收押时，其二子（女七岁，男九岁）方弈棋，端坐不起。这是关于儿童下围棋的最早记载。孔融在给郗原的书信中有以棋论时局："乱阶未已，阻兵之雄，若棋弈争枭。"

【关键词：孩童弈棋】

"建安七子"之一的王粲（177—217）覆局，不差一道。

【关键词：覆局】

"建安七子"之一的应瑒（？—217）撰写《弈势》。这是最早分类阐述弈棋形势特点的专论篇章。

【关键词：棋形棋势】

据敦煌《棋经》记载，有所谓的"汉图一十三势""吴图二十四盘"。这说明早在汉代已有关于围棋棋谱的记录、收集和整理工作。

建安四年（199），孙策破庐江郡等地后，返回东吴，"从容独与（吕）范棋"。孙策，字伯符，少时有名于江淮间，后在江东地区建立孙氏政权，封吴侯，后遇刺死。吕范，字子衡，少为县吏，后避乱寿春，率私客百余人归附孙策，从征江东各割据势力，拜征虏中郎将，在孙权时官至大司马。孙、吕君臣二人皆好弈，史有明载。南宋李逸民编纂的《忘忧清乐集》载有"孙策诏吕范弈棋局面"，为最早的实战对局棋谱。棋盘为十九路，对角星座子开局，白先行，共

43着。

【关键词：最早棋谱】

魏文帝曹丕（187—226）忌惮任城王曹彰骁勇壮健，借与之在卞太后处共下围棋之时，置毒于枣蒂中，毒杀之。

【关键词：借棋杀人】

三国时期，吴国朝野盛行围棋。孙和在东吴大帝孙权赤乌五年（242）立为太子，侍从蔡颖为围棋高手，喜弈棋。太子孙和对弈棋之风持反对意见，"乃命侍坐者八人，各著论以矫之"。太子中庶子韦曜撰写《博弈论》，批评当世之人，"多不务经术，好玩博弈"，成为历史上第一篇系统反对围棋的专论文章。

【关键词：反对围棋】

三国时期，吴国的严武（字子卿）、马绥明，在东晋时期被推崇为"棋圣"。所谓的"棋圣"，即善围棋之无比者，谓棋艺极高，在一段时间内无人能及。严武的围棋，与皇象的书法、赵达的计算、吴范的相风、刘惇的占气、宋寿的占梦、曹丕兴的绘画、孤城郑妪的相术等号称"吴中八绝"。

【关键词：棋圣】

三国魏时的邯郸淳撰有《艺经》，其中有"棋局纵横十七道"之说，合289个交叉点，黑、白棋子各约150枚。河北望都1954年发现东汉晚期古墓，出土石质棋盘一块，棋盘正方形，边长69厘米，高14厘米，"盘有四足，纵横十七道"。

【关键词：十七路围棋盘】

三国时，吴大帝嘉禾五年（236），陆逊领兵攻魏，在情报泄露的危急关头，"与诸将弈棋射戏如常"，力挽危局，最后安全撤兵。蜀后主延熙七年（244），大将军费祎即将领兵抗魏，光禄大夫来敏登府相送，在羽檄交驰人马披甲待令而发时，请求与之对弈下棋。费祎与来敏"留意对戏，色无厌倦"。

【关键词：军中围棋】

## 第四节　魏晋南北朝时期

阮籍（210—263），竹林七贤之一，不拘礼教，任性不羁，性至孝。得闻母亲去世，正与人下围棋，对局者请求停止对弈，阮籍留与决赌，既而饮酒二斗，举声一号，吐血数升。

阮简，竹林七贤之一阮咸的侄子，以旷达闻名，为开封令，治下有劫贼出没，阮简正围棋长啸，属吏禀告数次，甚急，阮简曰："局上有劫，亦甚急！"

【关键词：名士与围棋】

太康元年（280），镇南大将军杜预上表问伐吴日期，晋武帝与中书令张华正在弈棋。晋武帝推到明年，张华推开棋盘，谏言"宜亟讨之"。进讨之策，由此确定。

【关键词：棋中决策】

陶侃（259—334）劝人珍惜寸阴，不可游逸荒醉，视樗蒲之类的赌博游戏为"牧猪奴戏"。部下僚属若谈论游戏而荒废了政事，即下令搜检出酒器和樗蒲器具，悉数投之于江水之中。检校佐吏，若是属下的官吏将领，则施以鞭子责打的刑罚。

【关键词："牧猪奴戏"】

祖纳，字士言，祖逖（266—321）之兄，好弈棋，王隐劝导说，"禹惜寸阴，不闻数棋"。祖纳回答说："我只不过是借此忘忧罢了。"

【关键词：围棋别称"忘忧"】

袁羊（312—347）博学有文才，精易象，与人共在窗下围棋，一边解答《周易》的义理问题，一边弈棋不辍。

【关键词：弈棋不辍】

王导（267—330）在西晋洛阳倾覆后，联合南北士族拥立司马睿称帝，任丞相，号为"仲父"；以堂兄王敦统六州，出镇荆州，族人多居要职，时称"王与马，共天下"。王导有六子，其中王悦善棋，王导常与之弈棋；王恬多技艺，善弈棋，"为中兴第一"。

淝水之战（383），谢安出任征讨大都督，指导策划，克敌有功。他两次下围棋：一是与侄子谢玄下围棋，赌别墅，展现出临危不惧的大将风度；一是与客人下棋，听闻捷报传来，喜怒不形于色，依旧把棋下完，"既罢，还内，过户限，心喜甚，不觉屐齿之折"。

【关键词：王谢大族和围棋】

宋文帝刘义隆（407—453）喜弈棋，羊玄保善弈棋，棋品第三。羊玄保与宋文帝赌郡戏，胜，出补宣城太守。羊玄保为政宽和，在任上废除吏民亡叛连坐法，声名颇佳。

【关键词：棋赌太守】

褚胤（？—454），南朝宋时吴郡（今江苏苏州）人，善弈棋，七岁即入高品，长大后冠绝当时。因父褚荣期与臧质谋反，受牵连被杀。何尚之为之求情，"（褚）胤弈棋之妙，超古冠今……特乞微命，使异术不绝。"不许。褚胤的围棋，与杜道鞠的弹棋、范悦的诗歌、褚欣远的楷书、徐道度的疗疾，并称"天下五绝"。

【关键词：天下五绝】

北魏太武帝拓跋焘（420—450），与给事中刘叔下棋，过于专注，竟无心听臣属的政事陈奏。

宋明帝刘彧（439—472在位）好围棋，但技法甚拙，与普通棋手相比还差七八道，众人以君王之尊而欺瞒之，定为三品。明帝不自知，与位列第一品的王抗下棋赌戏。王抗只好故意让他，并奉承他说："皇帝飞棋，臣抗不能断。"明帝信以为真，因此"好之愈笃"。

【关键词：帝王与围棋】

宋明帝刘彧置"围棋州邑"，以建安王刘休仁为"围棋州都大中正"，王谌、沈勃、庾珪之、王抗四人为"小中正"，褚思庄、傅楚之为"清定访问"。

【关键词：围棋制度】

元嘉四年（475），高句丽招募善弈的僧人道琳，以棋技获得了嗜棋的百济国王的宠信，趁机蛊惑之，使得百济仓廪虚竭、国穷民困。道琳返回高句丽通风报信，趁势伐灭百济。

【关键词：僧人弈棋】

齐高帝萧道成（427—482），博涉经史，善属文，工草隶书，喜弈棋，列第二品，与臣属下棋，累局不倦。

萧道成还是地方官时，居处甚贫，诸子少时无棋局，于是破荻为片，纵横以为棋局。齐高帝第六子萧晔才华出众，工弈棋，曾在齐武帝萧赜前与竟陵王萧子良对弈，大败之。

【关键词：齐高帝和围棋】

北魏孝文帝拓跋宏派遣李彪出使齐，随行人员中有范宁儿，善围棋，齐武帝萧赜令江南上品王抗与之对弈。最终，范宁儿制胜而还。

【关键词：南北围棋对抗赛】

任昉（459—507），善为文，武帝时为义兴、新安太守，颇有政声。传为其所撰的《述异记》，共两卷，内容冗杂，多载珍闻奇说。其中记晋代王质在信安郡石室山入山砍柴，遇仙人下棋，弹琴唱歌，置斧而观，后见斧柄朽烂，回家时年已百岁，时人皆已不识。围棋因有"烂柯"的别称。信安郡，南朝陈置，治所在信安（今浙江衢州）。

【关键词：围棋的别称"烂柯"】

梁武帝萧衍（464—549）六艺备闲，棋登逸品，与颇有才学的到溉对弈，从夕达旦；命柳恽品定棋谱，登格者多达278人，第其优劣，为《棋品》三卷。到溉常常与朱异、韦黯等人在武帝处校棋比势，覆局不差一道。亲自上手撰写棋论著述，按《隋书·经籍志》记载，萧衍撰有《围棋赋》一卷，《围棋品》一卷，《棋法》一卷等。仅有《围棋赋》片言只语流传至今，其中有"君子以之游神，先达以之安思。尽有戏之要道，穷情理之奥秘"，对围棋之道极尽颂美。

沈约（441—513）为梁武帝的《棋品》撰写《棋品序》。

昭明太子萧统（501—531）编纂《文选》，其中收录有韦曜的《博弈论》。梁简文帝萧纲（503—551），著有《棋品》五卷。

【关键词：梁武帝嗜棋】

梁武帝大同年间（535—546）末年，梁武帝诏令陆云公校定棋品。陆云公之子陆琼时年八岁，即可在宾客面前覆局，都下号称"神童"。

【关键词：围棋"神童"】

颜之推（531—约591），《颜氏家训·杂艺》篇中有"围棋有手谈、坐隐之目，颇为雅戏"，肯定围棋在精神文化上的品格和价值，同时认为它令人沉湎心乱，有"不可常也"的告诫。与围棋相近的是弹棋，"弹棋亦近世雅戏"。

【关键词：雅戏】

北齐时期的王子冲，善棋通神，著有《棋势》十卷（已佚），与天下号为"画圣"的杨子华，并称"二绝"。

【关键词：棋画"二绝"】

北周时期的《棋经》，为中国棋史上的第一部棋经，发现于敦煌石窟。写本《棋经》一卷（S5574号），现藏于伦敦大英博物馆。卷首已残缺，卷尾完整并题有"碁经一卷"字样，还有古藏文签名，说明曾有藏人看过或收藏过。现存169行，2400余字，分两部分：第一部分是《棋经》七篇，第二部分是梁武帝的《棋评要略》。

【关键词：《棋经》】

朝鲜围棋在南北朝时期颇为兴盛。唐代学者纂修的史籍对朝鲜的围棋活动均有记载。李延寿《北史·百济传》、令狐德棻《周书·百济传》均称"尤尚弈棋"。《北史·倭传》记载："倭国……好棋博。"这是最早记载日本围棋活动的文字。

【关键词：朝鲜、日本围棋】

## 第五节　唐宋时期

隋代初年的张盛（502—594）墓（河南安阳）出土一件随葬用的白釉瓷围棋盘。呈正方形，边长10厘米，高4厘米，为袖珍棋盘，是死者的明器。棋盘小而精致，盘面纵横刻有17道直线，加上边线，共为19道，天元、星位标示很清楚，与今天的棋盘形制一致。这表明隋代初年，十九道围棋盘已经出现。

【关键词：19道棋盘】

唐高祖李渊（566—635）喜好围棋，尚在隋时，留守太原甚至达到"通宵连日，情忘厌倦"的痴迷程度。唐太宗李世民（599—649）专门创作有五言《咏棋》诗两首，对围棋颂美有加。从诗的字里行间，可以推知李世民对棋道弈理有精深的理解和体悟。由于皇帝对围棋的喜爱和痴迷，唐代宫廷在相当长的一段时间内设有"棋博士"一职。据《新唐书·百官志》记载："宫教博士二人，从九品下。掌教习宫人书、算、众艺。"围棋，即包含在"众艺"之中。

唐玄宗李隆基设置"棋待诏"制度。最著名的棋待诏有：王积薪（玄宗时期），王叔文（德宗、顺宗时期），顾师言（宣宗时期），滑能（僖宗时期）。这些棋手供奉于翰林院中，属于专业棋手，棋品高，技艺精，有"国手"之称。

著名的《围棋十诀》（一、不得贪胜；二、入界宜缓；三、攻彼顾我；四、弃子争先；五、舍小就大；六、逢危须弃；七、慎勿轻速；八、动须相应；九、彼强自保；十、势孤取和）的作者，相传即为唐玄宗时期的棋待诏王积薪。

【关键词：棋待诏】

魏征等奉敕撰述的《隋书·经籍志》遵循南朝梁代目录学传统，远绍前人遗绪，把围棋文献列入子部的兵家类，共著录有《棋势》《棋图势》《棋九品序录》《棋法》等11种，共57卷，另有亡佚文献若干种。

【关键词：围棋文献】

王维（699—759）工诗，通音律，擅书画，苏轼称其"诗中有画，画中有诗"。王维诗中有围棋，"草际成棋局，林端举桔槔"（《春园即事》），"曲几书留小史家，草堂棋赌山阴墅"（《同崔傅答贤弟》）；画中亦有围棋，据载王维有《三士弈棋图》《四皓弈棋图》《林亭对弈图》等画作。

唐代史家李肇在《唐国史补》中记载了围棋活动中的"盲棋"。

【关键词："盲棋"】

杜甫（712—770）自言"且将棋度日，应用酒为年"（《寄岳州贾司马六丈巴州严八使君两阁老五十韵》），一局棋曾是诗人艰苦生活的慰藉。杜甫的诗作中多次出现棋具意象和弈棋场景，例如"对棋陪谢傅，把剑忆徐君"（《别房太尉墓》），"老妻画纸为棋局，稚子敲针作钓钩"（《江村》）；或以弈棋喻政局，"闻道长安似弈棋，百年世事不胜悲"（《秋兴》），或描写观棋场景，"置酒高林下，观棋积水滨"（《赠王二十四侍御契四十韵》），"楚江巫峡半云雨，清簟疏帘看弈棋"（《七月一日题终明府水楼》）。

【关键词：诗圣爱棋】

李泌（722—789），少聪敏，七岁知为文，唐玄宗召之入宫。时玄宗皇帝正与张说一起观弈，以"方圆动静"试其才。李泌迟疑片刻曰："愿闻其略。"张说引导说："方若棋局，圆若棋子，动若棋生，静若棋死。"李泌随即应答道："方若行义，圆若用智，动若骋材，静若得意。"张说向玄宗皇帝称贺得一"奇童"。

【关键词：奇童赋棋】

"唐宋八大家"之一的韩愈（768—824）在《送灵师》一诗中有"围棋斗黑白，生死随机权"的诗句。除围棋外，此诗还先后写到"六博""战诗"和"饮酒"，彰显出当时高雅游戏的情态。

【关键词：韩愈诗中的围棋】

白居易（772—846）在给挚友元稹的信中，自言为关东一男子汉，但除了读书属文之外懵然无知，甚至书法、绘画、围棋和博戏——"可以接群居之欢者，一无所晓"。白居易似乎不会下围棋，但诗作中多有吟咏弈棋处，例如"兴发饮数杯，闷来棋一局"（《孟夏思渭村旧居寄舍弟》），"棋罢嫌无敌，诗成愧当前"（《宿张云举院》），"山僧对弈坐，局上竹荫清。映竹无人见，时闻下子声"

(《池上二绝》)。甚至"棋瘾"还不小——"围棋赌酒到天明"(《刘十九同宿时淮寇初破》)。

【关键词：白居易和围棋】

805年，唐顺宗在位仅八个月，棋待诏王叔文（753—806）任用柳宗元、刘禹锡等人进行政治改革，史称"永贞革新"。永贞革新失败后，刘禹锡贬谪至朗州（今湖南常德），写有《观棋歌送儇师西游》一诗，其中有"初疑磊落曙天星，次见搏击三秋兵。雁行布阵众未晓，虎穴得子人皆惊"的咏棋名句。

【关键词：棋待诏王叔文和刘禹锡】

唐宣宗大中二年（848），日本国王子入唐，宣宗皇帝令棋待诏顾师言与之对局。顾师言在第33着下出"镇神头"之招。

【关键词：棋待诏顾师言】

唐宣宗大中二年（848），杜牧（803—852）作《赠国棋王逢》《重送绝句》两首诗送给"国棋"王逢，其中有著名诗句"玉子纹楸一路饶，最宜檐雨竹萧萧"。另，《齐安郡晚秋》有"雨暗残灯棋散后，酒醒孤馆雁来初"，则写出了羁旅在外的萧索和可怜。

【关键词：国棋王逢】

唐宣宗（846—859在位）时，杭州刺史出缺，宰相令狐绹推荐李远出任。宣宗皇帝质疑道："朕闻远诗有'青山不厌千杯酒，白日惟销一局棋'，是疏放如此，岂可临郡理人？"令狐绹对答道："诗人之言，非有实也。"最终李远还是得到了任命。

【关键词：白日惟销一局棋】

晚唐诗人温庭筠（约812—870）在诗中写出对雨中弈境的体悟和留恋，"一局残棋千点雨，绿萍池上暮方还"（《春日访李十四处士》），"湖上残棋人散后，岳阳微雨鸟归时"（《寄岳州李员外》）。

【关键词：诗境中的围棋】

晚唐时期的皮日休（约838—约883），撰写出著名的围棋专论《原弈》，旗帜鲜明地提出围棋是战国纵横家发明创制的，与尧舜无关。

【关键词：《原弈》】

《旧唐书·高丽传》载高丽"好围棋之戏"。《新唐书·新罗传》："（新罗王兴光）二十五年死，帝尤悼之，赠太子太保，命邢璹以鸿胪少卿吊祭……又以国人善棋，诏率府兵曹参军杨季鹰为副，国高弈皆出其下，于是厚遗使者金宝。"

新罗不断派遣留学生远赴大唐都城长安。新罗人朴球以客卿的身份在长安任棋待诏多年，在他归国时，进士张乔专门作《送棋待诏朴球归新罗》一诗以送之："海东谁敌手，归去道应孤。阙下传新势，船中覆旧图。穷荒回日月，积水载寰区。故国多年别，桑田复在无。"

701年，日本《大宝律令》禁止僧尼玩博戏，而围棋不在禁限之中。中日围棋交流的先驱吉备真备于开元五年（717）随第九次遣唐使团，到长安留学，并于日本圣武天皇天平七年（735）返回日本。日本醍醐天皇（893—930），曾与宽莲法师对局，宽莲法师撰有《碁式》。

【关键词：围棋东传】

花蕊夫人，后蜀主孟昶的夫人，有才色，能文，撰《宫词》百首传世，其中有："日高房里学围棋，等候官家未出时。"

【关键词：宫中围棋】

五代词家欧阳炯（895—971）事前、后蜀，官至宰相，后入宋，官至翰林学士。有《赋棋》诗，其中有言："古人重到今人爱，万局都无一局同。"

【关键词：千古无同局】

南唐中主李璟（916—961）、后主李煜（937—978）皆爱弈棋。

五代南唐画家周文矩，后主李煜时为翰林待诏，绘有著名的绢本设色画卷《重屏会棋图》，纵40.3厘米，横70.5厘米。画面正中绘两人据胡床对弈，两人观棋，一童子侍立在旁，中心人物为头戴高帽的长者。画中的屏风上面又画屏风，故而又名《重屏图》。画中会棋的四人，当为中主李璟、晋王景遂、齐王景达、江王景逿。画家描绘出当时对弈的场景，画面中描绘的器具除围棋外，还有茶具、投壶以及榻几、箱筐、屏风等，弥足珍贵。周文矩另有《明皇会棋图》图卷。明皇，即唐明皇李隆基，画中他正与一高僧对弈。

【关键词：《重屏会棋图》】

李璟在宫中与宰相弈棋，第九子宜春王李从谦在侧，未弱冠有能诗之名，受命立赋《观棋》诗。诗曰："竹林二君子，尽日竟沉吟。相对终无语，争先各有心。恃强斯有失，守分固无侵。若算机筹处，沧沧海未深。"李璟览之惊叹，下令颁示百僚以为规诫。士流争写，京城建康为之纸贵。

【关键词：少年咏围棋】

南唐后主李煜在位十四年（961—975），继位之初多次与宠幸的近臣弈棋。萧俨入朝，见状，神情严肃怒气填胸，上前投局于地。后主李煜惊骇，诘问道："汝欲效仿魏征吗？"萧俨说："臣非魏征，则陛下亦非唐太宗矣。"后主为此而罢弈。后主国后周娥皇，通书史，善歌舞，弈棋逞妙。

【关键词：投局进谏】

徐铉（917—992），工诗文，擅书法，精文字学，所著《围棋义例诠释》，又名《棋图义例》，将唐代之前围棋的通用术语归纳为32个，是第一部专门解释围棋基本术语的文献。

古棋图，以古汉语平、上、去、入四种声调分区域进行记录，可谓交杂难辨。徐铉创造性地改进了棋图的标记法，改为十九字：一天、二地、三才、四时、五行、六宫、七斗、八方、九州、十日、十一冬、十二月、十三闰、十四雉、十五望、十六相、十七星、十八松、十九客。如此则相对简便多了。

【关键词：围棋术语和棋谱记法】

宋太宗赵光义（939—997）当天下清平无事之际留意于文事，而琴棋技艺皆造极品。宋太宗棋品堪称第一，曾独创"独飞天鹅""大海求明珠"等棋势，示三馆学士，皆不能晓。著有《太宗棋图》一卷传世。

时人认为太宗的棋待诏贾玄，技艺堪比唐代的王积薪。

【关键词：宋太宗的棋艺】

潘慎修（937—1005）善弈棋，淳化年间（990—994）知直秘阁，宋太宗屡召对弈，因作《棋说》以进献："棋之道在乎恬默，而取舍为急。仁则能全，义则能守，礼则能变，智则能兼，信则能克。"

【关键词：棋道中的仁义礼智信】

宋初诗人王禹偁（954—1001）在官以刚直敢言称，工诗文，于宋太宗淳化四年（993），在商州团练副使任上创作有《官舍竹》，其中有"声拂琴床生雅趣，影侵棋局助清欢"的诗句。

【关键词：雅趣和清欢】

后晋刘昫等奉敕集体编成的《旧唐志》中，弈谱从子部的"兵家"中分离出来，置于子部新辟的"杂艺术"门类中。

史学家郑樵（1104—1162）在所撰著的《通志·艺文略》打破四部分类法，将图书分成12大类，把古今弈谱置于"艺术"类下新辟的"弈棋"一属，共载围棋文献32部，92卷。这比清代《四库总目》中把弈谱文献置于"艺术"类中的"杂技之属"，与投壶、射法等混在一起，在目录学上显得更科学。

【关键词：围棋在目录学中的位置】

诗人林逋（967—1028），隐居西湖孤山，植梅养鹤，终生不仕不娶，常言："世间事皆能之，惟不能担粪与著棋耳。"此语似对围棋有不恭，或自谦棋力不高。清代学者分析说，今人称棋品低者谓之"臭"，大概滥觞于此。林逋诗中咏棋，则有别样景致，"春静棋边窥野客，雨寒廊底梦沧州"（《荣家鹤》），"别后交游定相忆，酒灯棋语几清霄"（《寄岑迪时黜官居曹州》）。

【关键词："臭棋"】

范仲淹（989—1052），经略陕西，号令严明，后任参知政事，推行新政。工诗文及词，喜弹琴，平日只弹《履霜》一曲，故时人称之为"范履霜"。范仲淹赞叹棋手技艺之精妙，或乃神仙所传，"何处逢神仙，传此棋上旨"；自勉当书写出一部棋史来，"成败系之人，吾当著棋史"（《赠棋者》）。

【关键词：吾当著棋史】

沈括（1031—1095）在《梦溪笔谈》卷十八"技艺"中，对"棋局都数"即围棋可能的总局数，提出多样化、简约化的解法，表达了"见简即用，见繁即变"的通术原则。沈括在计算中运用组合数学和指数法则，得出都局数为3361，指出这个数的数量级为"大约连书万字四十三"，即173位的大数。当然，这个数字并没有把"打劫""提子"等情况考虑在内。

沈括还以运筹学的思想论述了"四人围棋战术"。

【关键词：沈括与棋局都数】

宋仁宗皇祐年间（1049—1054），《棋经十三篇》成书，为中国最早的系统的棋论专著。这部书在社会上广为流传，具有划时代意义。《棋经十三篇》，共13篇，撰者不详，有宋张拟、张靖、刘仲甫等多种说法。此书最早收录在《忘忧清乐集》，自书的立意、书名篇名乃至行文均以《孙子兵法》为圭臬，为中国棋论的集大成者，在中国围棋史上有崇高的地位。

【关键词：棋论集大成者】

"唐宋八大家"之一的欧阳修（1007—1072）自谓藏书一万卷，集录金石遗文一千卷，琴、棋各一，酒一壶，及自身一老翁，因自号"六一居士"。欧阳修一生爱棋，曾造棋轩以招友人对局。

【关键词：六一居士】

思想家邵雍（1011—1077）精先天象数之学，对围棋多有歌咏。其中五言诗《观棋大吟》共360句，1800字，为现存最长的围棋诗。

【关键词：最长的围棋诗】

"唐宋八大家"之一、著名政治家王安石（1021—1086），居钟山时曾与薛昂（字肇明）下棋赌诗。薛败而不善诗，王安石为之代作《与薛肇明弈棋赌梅花诗输一首》。王安石虽爱围棋，但视之为戏事，输赢看得开，绝不会沉迷，曾写诗规劝下棋要有度。

【关键词：大政治家的围棋观】

史学家司马光（1019—1086）在宋哲宗初入朝为相，诗中多有咏棋佳句，例如"何似松间煮新茗，更来花底复残棋"（《小友招僚友晚游后园》）、"绿篠影侵棋局暗，黄梅花渍酒卮香"（《又和南园真率会见赠》）等。

【关键词：史学家的围棋诗句】

"唐宋八大家"之一的苏轼（1036—1101），自言平生有"三不如人"：下棋、饮酒和唱曲。即下围棋而言，苏轼表达得更直接，"予素不解棋"，但这不妨碍苏轼饶有兴味地观棋——"隅坐竟日，不以为厌"，在人生哲思的高度上去看棋——"胜固欣然，败亦可喜"（《观棋并引》）。苏轼对棋理的理解和体悟在棋盘之外，无疑是深刻的、高妙的，"丈夫功名在晚节者甚多……静以待之，勿令中途龃龉，自然获济。如国手棋，不烦大段用意，终局便须赢也。"（《答王定国二首其一》）

【关键词：棋不如人的苏轼】

宋哲宗元祐九年（1094）正月初十日，刘仲甫、王玨、杨中和、孙侁四人共下一局棋。杨中和、王玨执黑，刘仲甫、孙侁执白。黑受先。双方各下 125 着，最终白胜一路。四人联棋谱，取名为《成都府四仙子图》，载《忘忧清乐集》中，为中国围棋史上最早的联棋。

【关键词：四手联棋】

宋代抗金名将宗泽（1060—1128），有文武才略，金兵围汴，以副元帅从磁州入援，屡战皆捷。宋高宗建炎（1127—1130）初为东京留守，大破金兵。金军逼近汴京时，都城上下震恐，僚属入问计，宗泽正与客弈棋，笑言："何事张皇？刘衍等在外，必能御敌。"他同时选精兵强将绕到敌后，伏击其归路，前后夹击，金兵果然大败。

【关键词：儒将之风】

宋徽宗时期设立了最早的女子棋待诏。

【关键词：宫廷女子围棋】

宋徽宗时期，翰林院棋待诏李逸民编纂成一本棋谱。书中有徽宗赵佶的题诗："忘忧清乐在枰棋，仙子精攻岁未笄。窗下每将图局按，恐防宣诏较高低。"由此棋谱命名为《忘忧清乐集》。此书为现存发现最早的棋谱。书中刊有三局古谱，分别为：一、孙策诏吕范弈棋图；二、晋武帝诏王武子弈棋图；三、明皇诏郑观音弈棋图。

【关键词：《忘忧清乐集》】

刘仲甫，钱塘人，翰林院棋待诏，擅名二十余年，在北宋哲宗（1085—1100）、徽宗（1100—1126）时独霸棋坛所向披靡，为宋代第一大国手，时人称其技艺较唐代的王积薪高"两道"。宋徽宗大观年间（1107—1110），刘仲甫撰成《棋诀》一篇，分布置、侵凌、用战和取舍四部分，总结其弈棋技巧和心得。

【关键词：第一大国手】

相传刘仲甫和骊山老妪对弈，留存有局部记录《遇仙图》，亦称《呕血图》。呕血，犹言"椎心泣血"，形容对弈时的用心劳苦、殚精竭虑。围棋史上多有以"呕血"命名的棋谱，此为最早的呕血图谱。

【关键词：最早的呕血棋谱】

思想家陆九渊（1139—1192）主张琴棋技艺当滋养人的精神和德行："棋所以长吾之精神，琴所以养吾之德行。艺即是道，道即是艺，岂惟二物？"如果寄心于大道，则杂乱欲念消泯，技艺会跟着长进的。

据传陆九渊少年时常坐临安市肆观棋，如是者累日。受邀对弈，委婉拒绝。后购棋一副，回家后悬之室中，卧而仰视之两日，忽然顿悟："此河图数也。"遂前往与棋手对弈，连胜两局，可见其悟性之高。

【关键词：长精神，养德行】

高似孙（？—1231），宋孝宗淳熙十一年（1184）进士，其所撰的《纬略》一书中有言："棋有赋五，一曰汉马融《围棋赋》，二曰晋曹摅《围棋赋》，三曰晋蔡洪《围棋赋》，四曰梁武帝《围棋赋》，五曰梁宣帝《围棋赋》。棋有论三，一曰汉班固《弈旨》，二曰魏应场《弈势》，三曰梁沈约《棋品序》。有能悟其一，当所向无敌，况尽得其理乎？"

【关键词："五赋三论"】

1253年，日莲对吉祥丸对局，是为日本最古老的棋谱。

【关键词：日本最古老的棋谱】

## 第六节　元明清时期

元好问（1190—1257），字裕之，号遗山，金忻州秀容人，官至尚书省左司员外郎，金亡，不仕，以著作为己任。《与张仲杰郎中论文》一诗中有言："工文与工诗，大似国手棋。国手虽漫应，一着存一机。不从着着看，何异管中窥。"体悟棋理，可谓深得其中三昧。

【关键词：行棋与诗文创作】

"元曲四大家"之一的关汉卿（约1230—约1300）在著名的《一枝花·不伏老》中道："我也会围棋。"

【关键词：我也会围棋】

元惠宗至正年间（1341—1370），严德甫、晏天章辑《玄玄棋经》，又名《玄玄集》，书名取自《老子·第一章》"玄之又玄，众妙之门"，喻围棋技艺之深奥精妙。全书共六卷，分别以"六艺"（礼、乐、射、御、书、数）来命名，载录《棋经十三篇》、皮日休《原弈》、班固《弈旨》、柳宗元《序棋》、马融《围棋赋》、吕公《悟棋歌》、徐宗彦《四仙子图序》、刘仲甫《棋诀》等围棋论著；紧接着以边角定式为主，附以术语图解；最后三卷列棋势387型，主要为死活问题，供后人取法，是全书的精华。

至正七年（1347），虞集（1272—1348）为《玄玄棋经》撰序；至正九年

(1349)，欧阳玄（1273—1357）为《玄玄棋经》撰序。

【关键词：《玄玄棋经》】

有明一代，朝廷曾一度下令禁绝民间弈棋。明太祖朱元璋、明成祖朱棣等皆酷爱围棋，也不反对皇室、官吏、士人弈棋，所谓的禁令也是名存实亡。

明太祖洪武年间（1368—1398）下诏邀请国手相礼（字子先）至京师，并赐"龙弈具"。在京期间，当世无敌的相礼曾与燕王朱棣对弈。

明成祖朱棣（1360—1424）曾与刘伯温之子刘璟对弈。永乐（1403—1424）初年，国手楼得达在明成祖的撮合下，与相礼对弈，最终取胜。成祖命吏部给以冠带。

【关键词：明太祖、成祖嗜棋】

正德年间（1491—1521），著名国手范洪（字元博）活跃于京师棋坛，与金忠的卜、袁珙的相、吕纪的画，并称"四绝"。

【关键词：四绝】

嘉靖三年（1524），林应龙编辑的《适情录》刊印。此书共20卷，为明代棋谱中卷帙最多的一部。此书正编部分载，定居杭州的日本僧人虚中所传弈谱384图，分别以正兵、奇兵、游击、鏖战等标题，喻解棋理更形象化。

【关键词："四绝"与《适情录》】

万历四十一年（1613），明代国手雍皞如编著的《弈正》一书刊印发行，分四卷，前两卷为前代流行棋势和名手棋谱，卷三、卷四则为侵分和残局。

【关键词：《弈正》】

范洪之后，明代围棋取得大发展，名家辈出，形成三大流派：永嘉派（又称浙派），代表人物有鲍一中、李冲、周源、徐希圣等；新安派（又称徽派），代表人物有汪曙、程汝亮、方子谦等；京师派，代表人物有颜伦、李时养等。

岑乾，浙江余姚人，精于弈，属天才少年，至京师击败年事已衰的京师派领袖、号称"天下第一手"的颜伦，声名大振，成为明代中后期的著名国手。据传明代棋谱《弈选》一书，为岑乾所撰。

【关键词：围棋流派】

明万历年间棋坛的新安派代表人物苏亦瞻编撰的《弈薮》，共六册，在天启年间（1621—1627）刊行于世。此书内容丰富，三色墨套印，制作精美，相传后世棋谱皆从此书脱胎而出。康熙年间的《休宁县志》称之为"古今第一"。苏亦瞻在《弈薮·凡例》中提出一律改为白先。

【关键词：《弈薮》和白先】

嘉靖三十年（1551），许榖编辑的《石室仙机》成书。此书分为五卷，以资料见长，相当完整地收载了明代以前的围棋文献。所选棋谱皆执黑先行。其中首次收录了"十诀法"，尤其可贵。

【关键词：《石室仙机》】

明代文学家、史学家王世贞（1526—1590），万历时官至刑部尚书，诗文与李攀龙齐名，世称"王李"。王世贞撰有《弈旨》《弈问》，对围棋人物、围棋历史进行品评和辨析。或以这两篇文章即同时期的王穉登（1535—1612）所撰的《弈史》一卷，清四库馆臣对此评价，"历述古来弈品，层次颇为简洁"，辩驳历来的围棋史上的附会神奇之说，"亦颇中理"。其后明末的冯元仲撰《弈旦评》一文，着意于品评历代棋手，俨然一部简明扼要的棋史。

【关键词：《弈史》】

崇祯二年（1629），陆玄宇编辑的《仙机武库》成书。这本书后经明末清初过百龄的重新整理，以及董中行的校勘而最终定稿。

【关键词：《仙机武库》】

过百龄，常州府无锡人，生而颖慧，十一岁即通晓弈理，与人弈辄胜，曾击败时称"弈品第二人"的天启内阁首辅叶向高；后游京师，开关延敌，屡败天下高手，被推尊为大国手。数十年间，天下言弈者，皆以无锡过百龄为宗。著有《官子谱》《三子谱》《四子谱》。其中《四子谱》专门研究在让四子条件下的棋式变化，对后世影响颇大。

【关键词：明末清初大国手】

1590年左右，丰臣秀吉正式授予棋艺高超的日海和尚（1559—1623）"本因坊"称号，以"算砂"代其名。1612年，日本幕府将军德川家康给棋艺高超的棋家敕封俸禄，受封的棋家共8人，棋院家元制度（一种传子、传徒的世袭制）自此开始。8家之中的本因坊、井上、安井以及同时稍后崛起的林家，并称"棋所四家"，成为日本围棋在江户时代（1600—1867）发展的基石。他们享有幕府的俸禄，署理围棋事务，指导将军弈棋，还有颁发段位证书的特权。

1644年，幕府建立"御城棋"制度，出战者为"棋所四家"和其他六段棋手，名门望族亦可破格参加，参加"御城棋"被看作与武士们在将军面前比武同等高尚。

1677年，本因坊四世道策（1645—1702）被推举为"名人棋所"。道策是日本近代围棋的开山鼻祖，一反偏于力战的传统着法，开创全局协调的近代布局理论。

【关键词：日本近代围棋】

周懒予，清浙江嘉兴人，本字览予，"览"声讹作"懒"。祖父周慕松善弈，自幼旁观，渐通攻守应变之术，数年后遂成国手。与前辈国手过百龄对弈，多胜，可谓后来居上。康熙初年，与姚吁儒对弈十局，神明心力消耗过甚，不旬日而卒。

【关键词：清初国手】

黄龙士（1651—？），清江苏仪征人，十八岁成国手，战胜当时著名棋手周东侯；二十岁时挑战棋界耆宿盛大有，七战七胜；二十五岁前后，又击败国手谢友玉。黄龙士和周东侯在扬州棋社弈乐园大战三十回合，胜负相当。周棋新颖，黄棋神化，一如虎，一如龙，此战史称"龙虎之争"。清初弈坛自过百龄之后，是群雄并起的局势，待黄龙士一出，可谓独领风骚，康熙一代称为"棋圣"。清初学者阎若璩将黄龙士与顾炎武、黄宗羲、朱彝尊等人并列，奉为"十四圣人"。著有《拟子谱》《弈括》等。

【关键词：康熙棋圣】

徐星友，清浙江钱塘人，名远，善围棋，兼精象棋。初遇黄龙士，龙士授以四子，渐有进步，乃授以三子。星友自此足不下楼，苦学三年，遂成国手。黄龙士去世后的三四十年间，为第一国手。游京师时，有高丽使者自认为棋技无对手，徐星友与之对弈，连胜之，由此声名益著。著有《兼山堂弈谱》。

【关键词：雍乾时期的棋坛盟主】

梁魏今（1680—1760）年辈最长，程兰如（1692—？）次之，与范西屏（1709—？）、施襄夏（1710—1771）并称"四大棋家"。

【关键词：康乾时期的"四大棋家"】

雍正、乾隆时期，"棋圣古今推第一"的范西屏、施襄夏活跃于棋坛，"双子星座"的出现标志中国古代围棋达到顶峰。范西屏，浙江海宁人，年十二与师齐名，十六岁时称国手，历游京师、扬州、杭州等地。当时能与之颉颃者，唯施襄夏一人而已。棋风遒劲灵变，着子敏捷，有"棋圣"之称。著有《桃花泉弈谱》。

施襄夏，字定庵，与范西屏同里同学，幼从父学琴，继而学弈。棋界向以"施范"并称，棋风精严缜密，推算深远。著有《弈理指归》等。

【关键词：棋坛双璧】

乾隆四年（1739），施襄夏与范西屏应邀在浙江平湖张永年宅对弈十三局（或言十局），难分伯仲，史称"当湖十局"。

【关键词：当湖十局】

1727年，日本围棋四大门派（本因坊、安井、井上、林）的掌门依次在书状上签名，认定："围棋创自尧舜，由吉备公传来。"吉备，即吉备真备，日本奈良时代的学者、政治家，曾两次出任遣唐使。

【关键词：日本围棋的渊源】

## 第七节　近现代

1870年,琉球使臣杨光裕到访,以棋艺自命不凡。安徽巡抚邀陈子仙(1821—1870)与之对局,最终这位使臣借口推辞,莫敢应战。陈子仙,浙江海宁人,与扬州的周小松齐名,是公认的晚清两大国手。

1894年,传统社会的最后一位围棋国手周小松去世,宣告一个围棋时代的终结。周小松编撰有《餐菊斋棋评》,一图一评,于同治十一年(1873)刊行。

1902年,日本安藤如意撰写《坐隐谈丛》,号称"围棋全史"。

1909年,日本职业四段高部道平访华,开启近代中日围棋交流的篇章。

1919年,日本棋手高部道平五段、广濑平治郎六段、本因坊秀哉九段等先后访问上海。

1925年,日本棋院本部在东京成立,并分设关西总本部和中部总本部。日本棋院规定,专业棋手的段位分为九个等级,即从初段或一段开始,二段、三段至九段。九段为专业棋手最高等级,达到这个等级的棋手可终身保持这一称号。段位以下设级位制度,初段以下为1级,1级是最高级,以下2级、3级直至20级。

1928年,十四岁的吴清源东渡日本学习棋艺。

1932年,顾如水、过惕生等人建立上海围棋社。

1933年,吴清源与号称"二十年不败"的本因坊秀哉名人较艺,下出第一、三、五手分别在"三三""星""天元"的新布局。这一局棋被称为"世纪名局"。这是对道策以来日本传统布局理论的一次挑战,成为当代围棋理论的开拓者。

1935年,美国围棋协会成立。

1938年,第一届欧洲围棋锦标赛举行。

1945年,韩国现代围棋之父赵南哲设立汉城棋院。

1952年,北京棋艺研究社正式成立。

1954年,韩国棋院正式成立。

1957年,第一届全国围棋锦标赛正式开战,现代围棋元老过惕生荣获冠军。

1959年,围棋成为第一届全国运动会的比赛项目,围棋界名宿有"大将"之称的刘棣怀荣获冠军。

1960年，上海棋社成立，《围棋》月刊创刊；日本围棋访华团首次访问中国，团长为濑越宪作九段。

1962年，中国围棋协会成立，陈毅任名誉主席，李梦华任主席；同年，中国围棋代表团首访日本。

1963年，陈祖德受先战胜日本杉内雅男九段。这是中国棋手第一次在比赛中战胜日本九段。

1965年，陈祖德分先战胜岩田达明九段。这是中国棋手第一次在不让先的对局中战胜日本九段棋手。

1976年，中国围棋代表团访问日本，进行一年一度的中日友谊赛。聂卫平连续击败日本围棋大赛冠军获得者，被日本棋界称为"聂旋风"。

1979年，由日本棋院主办的第一届世界业余围棋锦标赛在东京举行，聂卫平荣获冠军。

1982年，第一届全国围棋段位赛在北京举行；国家体委向首批获得高段位的10名围棋手颁发证书，其中九段棋手为陈祖德、聂卫平和吴淞笙，中国围棋的职业段位制度正式建立。同年，国际围棋联盟（International Go Federation）成立；曹薰铉成为韩国第一位九段棋手。

1984年，第一届中日围棋擂台赛在东京举行。直至1996年，中日围棋擂台赛共举行11届，中国队以7∶4占优；双方共赛136局，中国队取得71胜、65负的战绩。聂卫平在第一届中日围棋擂台赛中战胜小林光一，这是中国棋手首次战胜日本超一流棋手。聂卫平带领中国队获得前三届冠军，成为时代英雄，在中国掀起了全民学围棋的热潮。

1988年，国家体委授予聂卫平九段"棋圣"称号；芮乃伟成为世界围棋历史上第一个女子九段棋手；第一届富士通杯世界职业围棋锦标赛举行，日本棋手武宫正树夺得冠军，成为第一个职业围棋世界冠军。

1989年，曹薰铉以3∶2击败聂卫平，夺得第一届应氏杯世界职业围棋锦标赛冠军。韩国围棋自此振兴，曹薰铉亦被称为韩国的"围棋皇帝"。

1991年，中国棋院成立，陈祖德出任院长。

1992年初，李昌镐在第三届东洋证券杯世界围棋锦标赛中以3∶2击败日本超一流棋手林海峰九段，夺得其个人的第一个世界冠军，自此开启世界围棋的"李昌镐时代"。

1995年，中国棋手马晓春九段荣获东洋证券杯世界围棋锦标赛冠军，成为中国第一个职业围棋世界冠军，同年再夺富士通杯世界职业围棋锦标赛冠军，成为中国第一个世界围棋"双冠王"。

2005年，中国棋手常昊九段以3∶1击败韩国棋手崔哲瀚九段，获得第五届应氏杯世界围棋冠军。这是中国棋手首次在有"围棋奥运会"之称的应氏杯比赛中称雄。

2006年，中国棋手罗洗河九段执黑5目半战胜韩国棋手李昌镐九段，以2∶1的总比分夺得第十届三星杯世界围棋公开赛冠军。此前，李昌镐在世界棋坛称霸14年，从未在世界围棋的番棋决赛中输给过非韩国棋手。

2015年，在第十届春兰杯世界围棋大赛决赛三番棋中，古力以2∶0战胜周睿羊，获得冠军，成为中国首个世界围棋"八冠王"。

2015年，由Google的Deep Mind公司开发的一款围棋程序Alpha Go，以5∶0战胜三届欧洲围棋冠军樊麾二段。这是人工智能首次在未让子的情况下击败职业围棋选手。

2016年，Alpha Go以4∶1的成绩战胜韩国棋手李世石九段。在第四轮对决中，李世石在局面不利的情况下，弈出第78挖的"神之一手"，执白中盘战胜Alpha Go。这是人类棋手对阵Alpha Go取得的唯一一场胜利。

2017年，Alpha Go Master以3∶0击败世界等级分排名第一的中国棋手柯洁九段。古老的围棋跨入人工智能时代，人类对围棋的认知进入到一个新纪元。

2020年，中国棋手柯洁九段以2∶0击败韩国棋手申真谞九段，夺得第二十五届三星杯世界围棋大师赛冠军，成为中国围棋史上最年轻的世界围棋"八冠王"。

览弈史，观棋事，多识前言往行，以蓄积培育德行，鉴往知来以提高棋技，精湛棋艺，做到刚健笃实、辉光日新。正如朱熹在《鹅湖寺和陆子寿》一诗中所言，"旧学商量加邃密，新知培养转深沉"。

# 结语　棋风：知行合一，成为你自己！

中国文化有着鲜明的人文特征。围棋的大精神、真精神，同样是以人为本。决定命运、导致胜败的不仅有外在的力量，而更在"我"。这其中包含有自身的德行、计算力的快慢高下、思维的愚钝迅捷、谋略的长短优劣等等。即便有所谓的"侥幸"、灵光乍现，或一时的"失误""大意"，那也是偶然的。围棋竞技充分体现出中国文化精神的主体性、独立性和能动性，进而呈现为异彩纷呈的棋风。

棋风，即行棋风格。弈者在行棋过程中或多或少会表现出带有个人倾向性的、相对稳定的特点。棋风，可以理解为棋手对棋理弈道思考理解的显现，和个人精神世界在棋局上的映射。例如，日本棋手赵治勋九段的棋风一向坚忍固守，扎扎实实，积极捞取实地，甚至可行棋于低位，又能在看似被动的战斗中顽强反击，把自己的孤棋做活，由此而被誉为"斗魂"。因常常在棋盘上长时间思考盘算，赵治勋往往会比对手先进入读秒阶段，而"斗魂"有着惊为天人的读秒功夫，能在秒针滴答催促的危急情形下丝毫不受影响，反而越下越好。因为赵治勋谋划长远，计算精深，反而逼得对手频频下出漏着，最终败下阵来。

人们往往把棋风贯注在约定俗成的活泼有趣的语词当中。例如，日本棋手坂田荣男的棋风以犀利著称。犀利，意味着锋利，手段迅捷，能在关键时刻完成一击致命。故有"剃刀"的大号。犀利，自然要求快，讲求效率，在布局时处处争先，棋看似单薄，但在中盘对战时总能下出出人意料的手筋。

棋风是多样的。一种棋风往往会有一种甚至是一组相反相对的棋风存在。有精悍的"剃刀"，即有所谓的"钝刀"。中国棋手钱宇平性格谨慎，基本功扎实，攻杀算路精准，行棋看似温暾，实则有大力量，在不慌不忙中蓄势待发，"厚"发制人，浑厚中往往能做到后之发而先之至，故而有"一代钝刀"之称。

棋风之间甚而有相生相克的关系。与钱宇平一起在中国棋坛号称"双绝"的是马晓春的"妖刀"。马晓春以飘逸著称，他在行棋运思时挥洒自如，进退轻灵，速度快，取舍常常思落天外，于是有了"妖刀"的雅号。"妖刀"之妖，是说马晓春的招法惊艳，往往匪夷所思，甚至在一般人看来有些"怪异"。然而，面对以不变应万变的韩国棋手李昌镐，马晓春多次都以极小的差距惜败而又无可奈何。李昌镐在棋局上有岿然不动的定力，有"石佛"之称。他对棋局有超强的把控力，严谨至极，次序井然，官子功夫独步天下。但即便是全胜时期的李昌镐，面对强悍好战的女将芮乃伟，居然也无能为力，负多而胜少。

图 15-1 是 2000 年韩国第四十三届国手战挑战者决定赛，芮乃伟在中盘战胜李昌镐。以李昌镐的强大战力居然都没能坚持到自己最为擅长的官子阶段。芮乃伟在接下来的决赛中，又以 2∶1 逆转战胜韩国"围棋皇帝"曹薰铉，成为韩国围棋史上第一位夺得男子棋战头衔的女棋手，轰动了世界棋坛。

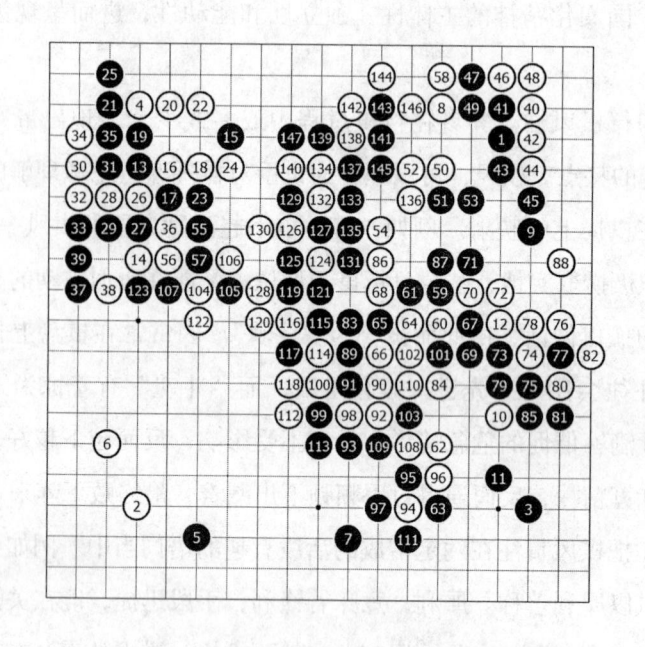

图 15-1

按围棋的基本常识，本当重视先手，处处争先，而日本棋手高川格九段的行棋却自然而然，舒卷自如，绝不去打不必要的仗。力量潜藏，真气内转，高川格讲求调和而示人以柔软之风，其座右铭即是"流水不争先"。这看似违背棋理，高川格却也战绩辉煌，本人因在"本因坊"战中实现了九连霸而获封"秀格"的称号。其实，早在清康熙十五年（1676）的初冬，大思想家王夫子在给棋友惟印的书信中附有一首五言绝句，即对这样的棋风有诗意的描述："看局如暝烟，下子如流水；著著不争先，枫林一片紫。"既然棋之全局如傍晚的烟霭，看不清，算不透，索性就如流水一样自然行棋；每一步棋，都依循天道，我行我素，不争先，不恐后，同样可以拥有"霜叶红于二月花"的美景。

王夫之好弈，然而自称棋品不高，与以弈为游戏的惟印终日欣然对局不倦。他们在弈道中体悟天地境界，获得了大快乐。

棋界有的是"大力士"，他们是力战型的棋手。这些棋手大都手握屠龙刀，中盘战力超强，以围杀大龙为重头戏。对战时，每手棋都惊心动魄，攻杀起来痛快淋漓。虽然云淡风轻的韵味少了，却紧张刺激、扣人心弦。中国棋手时越就喜欢战斗，擅长攻杀，动辄屠龙，有着"场均一条龙"的称号。日本名誉棋圣藤泽秀行，棋风华丽，计算敏锐，杀法凌厉，经常上演精彩的大杀局。

如图15-2，1961年11月22日，日本第一期名人战循环赛中，藤泽秀行对决坂田荣男。这一盘棋的结果直接关系着名人头衔的归属。

双方战至中盘，藤泽秀行"宁为玉碎不为瓦全"，黑117凌空一挤，强行破眼，霸道而华丽。超一流棋手很少像这样不留后路而直线强杀大龙的。据说，当时观战的人全都惊呆了，坂田荣男的扇子都掉在了地上。白▲长龙在黑棋势力范围内左冲右突，始终无法两眼活棋。坂田荣男近50子的大龙全军覆灭。

1962年8月6日，藤泽秀行以九胜三败的循环赛成绩，成为日本第一位"名人"。

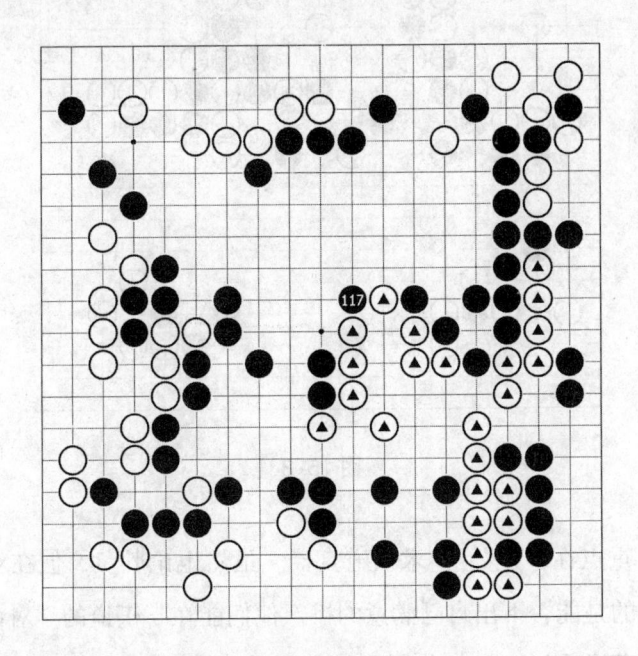

图15-2

日本棋手大竹英雄因行棋中正，创造力强，一心一念在实战布局中达到棋形完美，而在棋界有"美的大竹"的雅称。这位美学棋士散发出浪漫艺术家的气质，胜，要胜得漂亮；败，要败得光彩。他的行棋布局与艺术构思创作相仿佛，坚信棋谱是要流传后世的，不可弄"脏"了，更不可下"丑"了，在世界棋坛可谓独树一帜。

大致而言，棋风有以"功利"为重的胜负师，有以"理想"为主的求道派。胜负师，核心在"胜负"。即字面而言，胜负师在争胜负、较输赢上有特殊的本领，能攻坚作战，对胜负的微妙处有超常的灵敏感觉。中国的"聂旋风"聂卫平和韩国棋手李世石当属"胜负师"类型。

2016年3月13日，李世石在和人工智能Alpha Go的第四场对决中，放下一切包袱，在局面不利的情况下凭借对胜负的敏锐嗅觉，下出了白78凌空一挖的"神之一手"，扭转了局势。最终，李世石执白中盘战胜Alpha Go，这是人类棋手面对Alpha Go所取得的唯一一场胜利（如图15-3）。

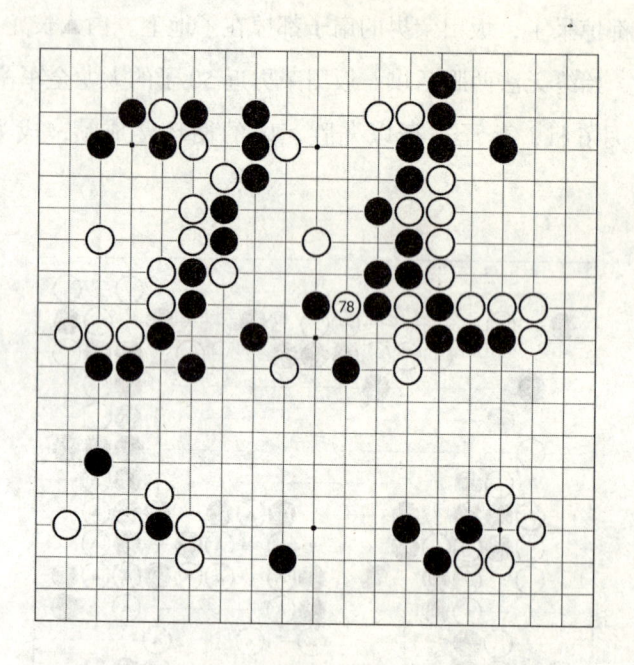

图 15-3

求道派，重点在"道"，追求棋道真谛。虽然也论胜负，但在对局时心理更平和些，看重的是能否下出自己满意的棋。他们能在与棋道的"对话"中自得其乐。日本棋手藤泽秀行以"五十步以内感觉天下第一"而著称，他认为谋篇布局的关键在瞬息间的构思，力求把最好的构思付诸一步一步的行棋过程中，并从中得到弈棋的最大乐趣。

当然，在赛事的不断磨炼中，在生活经历的磨砺下，棋手们都要省思总结，心态会随时调整，心理在成长变化，两种棋风类型交融互补，但主体还是依然故我。

纵观棋界，还有一个倾心于"创造"的创新派——当然这只属于少之又少的天才棋手，如"昭和棋圣"吴清源等人。日本棋手武宫正树以"宇宙流"的布局方式构成大模样，然后进行作战，可谓想象力丰富且活力十足，内蕴豪迈之气，在棋坛独树一帜，是日本最富开拓精神的超一流棋手之一。

今天，人工智能 Alpha Go 似乎亦有自己的棋风。它追求胜率最高，而不是利益最大化的策略。在和韩国棋手李世石的第一场对局中，面对李世石短兵相接的战法，Alpha Go 不急不躁、不慌不忙、稳扎稳打，全局几乎零失误。当它逮住对手的一个弱点，就迅速取得优势，并最终吃掉李世石的一条大龙而获得完胜。

古人曾把围棋比作无声的音乐，只是它的意境偏适于寂寥幽静罢了。棋风，亦如诗风。范西屏、施襄夏这两位雍乾时期的大国手，棋风迥别，在棋界如同诗坛之"李杜"。范西屏更像飘逸的李白，酣战时往往不假思索，嬉戏游乐似不经意，任情歌呼，甚至在落子后"哈台鼾去"（袁枚《范西屏墓志铭》）。他的棋艺神出鬼没，端倪莫测，在合围打劫生死的关键时刻，往往是——"一招落枰中，瓦砾虫沙尽变为风云雷雨，而全局遂获大胜"（毕沅《秋堂对弈歌序》）。施襄夏则如老成的杜甫，性拙喜静，有沉郁顿挫之姿，敛眉沉思，时常枯坐一整天竟不落一子，棋思缜密，步步为营。

的确，围棋是一种美学，是可以用来玩味静静品赏的。这种美是智性的，又是天然的。每局棋都是棋手最不经意、无心而为之的艺术作品，智思和情性自然而然地凝聚在棋盘之上，最终固化为一张张棋图棋谱。

"黑白谁能用入玄，千回生死体方圆"（唐·张乔《咏棋子赠弈僧》），棋盘之上黑白推移交错，变化几乎是无可穷尽的，古往今来几无相同之局。人又如何在"变"中求一个"定"，在"无限"中得一个"极致"呢？

围棋体为方，而用在圆。鉴于围棋与大道之间的关联，我们无妨站在宇宙天地的境界高处来看，看似两个人在博弈对抗，竞的是一个"技"，比的是一个"术"，分的是高下，较的是输赢，其实何尝不是天道在流行，天理在运化！清代康熙年间的大国手施襄夏于此有很深的体悟："非心与天游，神与物会者，未易臻其至也。"（《弈理指归序》）这里的"天""物"指的就是传统文化中念兹在兹的天地、天理和天道。下棋者的心神意念，还须与高远玄妙的大道相切近，相会通，在不即不离逍遥游戏的状态中使技艺、技术达到极致境界。如此来看，围棋更能让人领悟天地精神、宇宙境界，当然还有人生况味。

围棋是有生命的，有天然的律动蕴含在其中。日本棋手林海峰曾说，我们是可以从中感到有节奏的呼吸。一呼一吸，一阴一阳，于是乎，我们拥有了独具生命力的"宇宙流"武宫正树、"美学棋士"大竹英雄、"电子计算机"石田芳夫、"聂旋风"聂卫平、"妖刀"马晓春、"石佛"李昌镐、"韧圣"常昊、"古大力"古力、"僵尸流"李世石……无论是个体生命围棋的风格，还是民族围棋的基调，最终孳乳长养他们的还是各自的思想资源和文化底蕴。

当然，棋坛局面的底子得厚实，有充足的棋手基数，唯有如此，个性鲜明的棋手们方可在大赛中各尽其才，在不断的竞争对抗中自然而然地形成百花齐放争奇斗艳的局面。

风物长宜放眼量。在千古无同局的大前提下，黑白方圆可以盛得下个体生命体验的全部。杜甫说"闻道长安似弈棋"，王阳明说"却怀当年刘项事，不及山中一着棋"，历史的风云际会，仙道的烟云缥缈，何尝不在其间！诚如清初学者尤侗（1618—1704）所言：试观一十九行，胜读二十一史。

看一个个棋风迥异的棋手，体贴领会他们的特殊之处，我们的"心"也会跟随着一起长大。最关键的问题还是——我们又在哪里呢？这是人生的大问题，亦是弈道的终极追问。我们必须在学棋弈棋的过程中尝试着去解答。

诚如王阳明强调要在事上磨炼，知行并进合而为一。弈棋是专门之学，是技艺，是技术，是巧艺。仅仅有"知"是不行的，尤要实践，在千变万化的对局对战中去践行自己的认知和经验，锤炼心智。知，乃行之始，唯有践行了，方可成就真正的"知"。

弈棋活动需要思维的灵敏，智识的高远，谋略的深沉，乃至鲜明个性的呈露和高扬，所有这些都离不开专心致志的修行功夫。正如以强韧著称的日本棋手藤泽秀行所言，"醒的时候谁都可以学围棋，但为了超过别人，就得在睡眠中也不忘记围棋"。那就无妨兢兢业业，致广大，尽精微，多在弈事上磨炼自己，做到"知"得真切笃实，"行"得明觉精察。

围棋，这一古老的竞技游戏活动，承载了中国文化的博大精深，哲学思想的深奥和中正，古今贤哲的告诫教诲，中外棋士的遗风遗韵，展现出特有的东方哲思方式，最终必将凝聚为一种精神艺术美的载体。

棋界有让我们高山仰止的圣手棋士，有让我们心仪已久崇拜追慕的英雄，有让我们苦苦追寻的风格和境界，其实，最终还要把这一切给化解消融，回归到我们的心性和德行，转换为自己前行的资源和动力。

道理虽散布在包括弈棋在内的万事万物之中，而它们最终不外乎一个生命主体的精神世界。眼前的时代资讯发达，信息互联，人们更着意的是基于"计算"的得失成败。棋手们从开局到官子一以贯之地算计，以至于具有美学风范的棋风变得相当模糊，甚而有黯然失去鲜亮色泽的危险。外师造化，中得心源，方能在自家棋盘上"立"起来一个自我，在执子行棋的过程中重构一个"自我"。

如果你认为自己是个十足的乐观派，相信自己能兑现可期待的美好愿景，实现作战意图，那就无妨在棋盘上张开局面，舒展大模样，待对手进来阵地，然后强攻猛打，以获取最后的胜利；如果觉得不那么自信，那就无妨谨慎行棋，处处求稳，让棋子棋形先有其根柢，有了生机和活路，然后再去攻城略地，寻求争胜的机会。

如果你有艺术家一样的敏锐感觉和灵感思维，那就无妨像大竹英雄一样，在别人还在隐约感觉或依稀瞥望而看不清楚下不了定论时，让心思凝定于复杂局面，洞察全局找出缝隙或破绽，构思谋划作战计划，迅速找到着棋的点位，果断出击。

我们观书，我们学艺，不过是将此"心"苦炼一番，观书而内心躁火不生，学艺而内心妄念不起，让精神凝聚，德性涵育，悟道而有得，明理以有为，让自家的个性在棋局上自然呈露，与自己合而为一的风格在对弈场上高高飘扬。